ZHUANLI YINLING CHANYE CHUANGXIN

GUANGDONGSHENG ZHANLÜEXING XINXING CHANYE
ZHUANLI DAOHANG XILIE BAOGAOJI

专利引领产业创新

——广东省战略性新兴产业
专利导航系列报告集
（第二册）

广东省知识产权局　组织编写

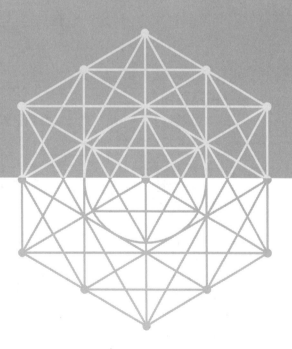

知识产权出版社
全国百佳图书出版单位

图书在版编目（CIP）数据

专利引领产业创新：广东省战略性新兴产业专利导航系列报告集．第二册/
广东省知识产权局组织编写．—北京：知识产权出版社，2018.10

ISBN 978 – 7 – 5130 – 2162 – 3

Ⅰ.①专… Ⅱ.①广… Ⅲ.①新兴产业—专利—研究报告—中国 Ⅳ.①F279.244.4

中国版本图书馆 CIP 数据核字（2018）第 241779 号

内容提要

本书覆盖"广东省战略性新兴产业专利信息资源开发利用计划"项目第三批（2015 年立项）系列成果，包含以下 12 个产业领域的专利分析及预警报告：新一代显示技术产业、集成电路产业、风能产业、核电技术产业、高端新型电子信息材料产业、高性能油墨产业、新材料产业（铝合金材料方向）、绿色建筑材料产业、海洋生物及微生物产业、海洋渔业产业、海洋油气及海底矿产开发利用产业、海洋可再生能源开发产业。

责任编辑：王祝兰　王瑞璞　　　　　　　责任校对：潘凤越

封面设计：张　冀　　　　　　　　　　　责任印制：刘译文

专利引领产业创新

——广东省战略性新兴产业专利导航系列报告集（第二册）

广东省知识产权局　组织编写

出版发行：知识产权出版社有限责任公司	网　　址：http：//www.ipph.cn
社　　址：北京市海淀区气象路 50 号院	邮　　编：100081
责编电话：010 – 82000860 转 8555	责编邮箱：wzl@ cnipr.com
发行电话：010 – 82000860 转 8101/8102	发行传真：010 – 82000893/82005070/82000270
印　　刷：三河市国英印务有限公司	经　　销：各大网上书店、新华书店及相关专业书店
开　　本：787mm×1092mm　1/16	印　　张：46.25
版　　次：2018 年 10 月第 1 版	印　　次：2018 年 10 月第 1 次印刷
字　　数：1065 千字	定　　价：178.00 元

ISBN 978 -7 -5130 -2162 -3

编　委　会

序

　　战略性新兴产业是以重大技术突破和重大发展需求为基础，代表新一轮科技革命和产业变革的方向，是培育发展新动能、获取未来竞争新优势、引领未来经济社会发展的重要力量。2018年3月，习近平总书记在参加十三届全国人大一次会议广东代表团审议时，对广东提出建设"两个重要窗口"总目标和"四个走在全国前列"总任务，指示广东要"把新一代信息技术、高端装备制造、绿色低碳、生物医药、数字经济、新材料、海洋经济等战略性新兴产业作为重中之重，构筑广东产业体系新支柱"，同时强调"要着眼国家战略需求，主动承接国家重大科技项目，引进国内外顶尖科技人才，加强对中小企业创新支持，培育更多具有自主知识产权和核心竞争力的创新型企业"。

　　广东省委、省政府深入贯彻落实习近平总书记重要讲话精神，将战略性新兴产业作为现代产业体系建设的核心领域，发展新经济，培育新动能，奋力在建设现代化经济体系上走在全国前列。作为知识产权管理部门，我们深刻认识到，战略性新兴产业具有创新要素密集、投资风险大等特点，对知识产权创造和运用的依赖性强，对知识产权管理和保护的要求高。如何有效运用知识产权，特别是以专利信息开发利用为切入点，培育发展战略性新兴产业，充分发挥知识产权支撑战略性新兴产业发展的作用，是广东培育发展战略性新兴产业的重要路径和竞争策略。

　　专利信息是人类最大、最全的技术宝库，构成各领域技术创新的基础和背景。专利信息利用贯穿创新链条全过程，对提升创新效能和产业竞争力具有不可或缺的作用。据世界知识产权组织（WIPO）研究，全球每年发明成果的90%以上都可在专利信息中查到，而其中80%以上的技术并不出现在其他技术文献中。在创新过程中，善用专利信息可大幅度节约研发时间和经费。围绕战略性新兴产业开展专利信息分析，对创新主体而言，可掌握产业的技术竞争格局，明晰产业技术发展的热点和趋势，导航创新的方向和路径；提高创新起点，直接将创新建立在人类现有的最新最高水平，显著提高创新效率；避免创新的盲目性和重复性，防范知识产权风险，提高创新决策的科学性。对产业发展决策部门而言，专利导航是掌握产业创新发展态势和定位、明确产业创新发展路径的重要工具，可为产业规划制定和发展决策提供重要依据。

为充分发挥知识产权导航和支撑产业创新发展的作用，助推广东战略性新兴产业高端突破，广东省知识产权局组织实施了"广东省战略性新兴产业专利信息资源开发利用计划"，围绕云计算、生物医学工程、集成电路等22个战略性新兴产业领域，立项组织开展专利导航分析，研究覆盖了广东重点培育发展战略性新兴产业的重要细分领域。各项目现已形成专利导航成果，并在广东省知识产权公共信息综合服务平台（www.guangdongip.gov.cn）建立了系列产业专利数据库和检索平台，同时正有序推进专利导航成果的公开发布。通过专利导航，各项目团队从专利视角，深入分析了广东省战略性新兴产业专利申请分布状况，形成了一系列视角独特、分析深入、贴近实际、建议丰富的研究成果，提出了广东在全球产业格局调整中实现赶超的切入点与突破口，对促进战略性新兴产业发展的工作实践具有较高的参考价值。我们对22个产业领域专利导航成果组织进行提炼、梳理和汇总，提取各产业专利导航成果的精华，将研究形成的核心数据、核心结论、核心对策建议汇编成两册（分别覆盖10个和12个产业领域）予以公开出版发行，促进项目成果推广应用，便利社会各界和各行各业更有效地运用项目成果，从中获取有用的信息。

下一阶段，广东将深入贯彻实施党的十九大和习近平总书记重要讲话精神，积极倡导创新文化，强化知识产权创造、保护、运用，深化知识产权领域改革创新，加快建设引领型知识产权强省。我相信，作为项目研究成果的重要载体，《专利引领产业创新——广东省战略性新兴产业专利导航系列报告集》的出版发行，将对广东建设以创新为引领的现代产业体系和开放型经济新体制作出积极贡献，为广东奋力实现"两个重要窗口"总目标和"四个走在全国前列"总任务提供有力支撑。

何巨峰

2018 年 6 月

前　言

　　根据国务院印发的《"十三五"国家战略性新兴产业发展规划》，战略性新兴产业代表新一轮科技革命和产业变革的方向，是培育发展新动能、获取未来竞争新优势的关键领域。要把战略性新兴产业摆在经济社会发展更加突出的位置，牢牢把握全球新一轮科技革命和产业变革的重大机遇。按照加快供给侧结构性改革部署要求，以创新驱动、壮大规模、引领升级为核心，构建现代产业体系，培育发展新动能，推进改革攻坚，提升创新能力，深化国际合作。目前迫切需要加强统筹规划和政策扶持，全面营造有利于战略性新兴产业蓬勃发展的生态环境，加快发展壮大一批新兴支柱产业，推动战略性新兴产业成为促进经济社会发展的强大动力。

　　党的十九大报告明确提出，倡导创新文化，强化知识产权创造、保护、运用。2018 年 3 月 7 日，习近平总书记参加全国两会广东代表团审议时，对广东提出"四个走在全国前列"的殷殷嘱托——"在构建推动经济高质量发展体制机制、建设现代化经济体系、形成全面开放新格局、营造共建共治共享社会治理格局上走在全国前列"，并强调要"培育更多具有自主知识产权和核心竞争力的创新型企业"。"四个走在全国前列"的新要求是根据十九大部署的发展任务与战略目标，在新时代对广东的新定位，是广东作为中国改革开放的前沿阵地承担的光荣使命。

　　广东要走在全国前列，知识产权大有作为。广东作为知识产权大省，近年来，为推进知识产权工作支撑产业发展，根据广东省委、省政府促进战略性新兴产业发展的有关部署，广东省知识产权局会同广东省财政厅组织实施"广东省战略性新兴产业专利信息资源开发利用计划"，组织专利信息服务专业机构和产业龙头创新主体，围绕广东省重点培育发展的战略性新兴产业领域，深度开展专利导航分析及预警。这是广东省知识产权部门主动创新、发挥知识产权支撑产业创新驱动发展的重要举措，还是持续贯彻落实党的十九大精神、助推广东培育更多具有自主知识产权和核心竞争力的创新型企业的具体行动。随着该计划的深入实施，各研究团队陆续产出了一批专利分析研究成果，为广东省战略性新兴产业创新发展提供了有力支撑。我们相信，这些成果将为支撑和引领广东实现"四个走在全国前列"提供有力的支持。

为进一步提升成果的社会影响力，增强传播效果，扩大成果应用受众范围，提升知识产权服务机构工作水平和品牌价值，支撑引领型知识产权强省建设，广东省知识产权局对"广东省战略性新兴产业专利信息资源开发利用计划"最近两批项目相关成果，进行统筹规划及提炼、梳理和汇编，以图书的形式推广应用和"点对点"推送相关成果，便利社会各界对专利导航成果的了解和运用。《专利引领产业创新——广东省战略性新兴产业专利导航系列报告集》（第一册、第二册）正是为了满足上述社会需求，围绕本计划研究成果，按照科学合理的范式及思路，进行提炼、统稿编辑。

本报告集共分为两册，汇集了 22 个战略性新兴产业领域的专利导航报告的精华内容，包括各项专利导航研究形成的核心数据、核心结论和对策建议。其中，第一册覆盖以下 10 个产业领域：1. 生物医学工程产业；2. 云计算产业；3. 移动互联网产业；4. 卫星导航及应用产业；5. 智能制造装备产业；6. 高端新型电子元器件产业；7. 环保装备产业；8. 废弃资源再生循环利用产业；9. 高性能高分子材料 PVC/ PU 产业；10. 生物农业主要产业。

第二册覆盖以下 12 个产业领域：1. 新一代显示技术产业；2. 集成电路产业；3. 风能产业；4. 核电技术产业；5. 高端新型电子信息材料产业；6. 高性能油墨产业；7. 新材料产业（铝合金材料方向）；8. 绿色建筑材料产业；9. 海洋生物及微生物产业；10. 海洋渔业产业；11. 海洋油气及海底矿产开发利用产业；12. 海洋可再生能源开发产业。

　　各产业专利导航分析及预警报告均注重报告框架的系统性与层次性、数据采集的完整性与有效性、研究方法的可行性与创新性。在项目实施过程中，各项目组进行了大量的基础调研和深入研究，并结合专家、产业资深人士的理论认识和实践经验，形成内容实、质量优、兼具特色、紧扣需求的专利分析及预警报告。

　　本报告集具有以下主要特点：

　　第一，结构合理，重点突出。各产业研究涵盖产业发展现状、基础专利分析、特色专利分析、结论建议等四个方面，研究注重突出广东省战略性新兴产业专利技术发展在全球及国内的相对位置，并提出针对广东产业发展的措施建议。

　　第二，多维度、多视角的专利分析方法展示。各专利分析及预警报告涉及趋势分析、生命周期分析、区域分布分析、技术分布分析、专利类型分析、法律状态分析中至少四种模块的基础分析，涉及专利流向分析、技术发展路线分析、专利轨迹分析、技术功效分析、技术空白点分析、专利合作申请分析、专利诉讼分析、风险专利分析、活跃度指数分析、竞争力分析、五力模型分析、TRIZ 原理结合分析中至少三种模块的特色分析。采用了丰富的专利分析模块展示方式，在满足不同产业专利分析需求的同时，运用了多种专利分析工具、制图软件，从而获得更具特色的可视化效果。

　　第三，"建议"章节采用结论式标题。各专利分析及预警报告的建议部分高度凝练，注重与前文分析内容的紧密结合，小标题普遍采用结论式的表达形式，以更好地为读者提供决策依据。

　　由于本报告集中专利文献的数据采集范围和专利信息分析工作的固有特点，加之研究人员的水平客观存在一定局限性，报告的数据、结论和建议仅供社会各界借鉴研究。

本书编委会

2018 年 8 月

新一代显示技术产业专利分析及预警项目课题研究团队

一、编写单位

北京国知专利预警咨询有限公司　广州圣理华知识产权代理有限公司

二、编写组组长

于立彪　顿海舟

三、编写组成员

王乐妍　杨蔚蔚　张　礅　张　鹏　全宇军　魏会敏　康　凯
任　滨　彭　博

四、研究分工

文献检索： 王乐妍　杨蔚蔚　张　礅　张　鹏　全宇军　魏会敏

数据清理： 钱凌影　陈　灿　绍　琛　张　凯

数据标引： 周永恒　潘月仙　朱玉婷

图表制作： 王乐妍　张　礅　全宇军

报告执笔： 王乐妍　杨蔚蔚　张　礅　张　鹏　全宇军　魏会敏
　　　　　　康　凯　任　滨　彭　博

报告统稿： 董觉非　周永恒　钱凌影

报告编辑： 康　凯

报告审校： 彭　博　任　滨

五、报告撰稿

康　凯： 主要执笔第 2.1 节、第 2.6 节

王乐妍、杨蔚蔚： 主要执笔第 2.2 节

张　礅、张　鹏： 主要执笔第 2.3 节

全宇军、魏会敏： 主要执笔第 2.4 节

任　滨： 主要执笔第 2.5 节

彭　博： 主要执笔第 2.6 节

六、指导专家

田　虹　国家知识产权局专利局专利审查协作北京中心光电技术发明审
　　　　查部主任，研究员

集成电路产业专利分析及预警项目课题研究团队

一、编写单位
国家知识产权局专利局专利审查协作广东中心

二、编写组组长
崔　磊

三、编写组成员
孙　鹏　赵吉鹤　黄宝莹　刘玮德　谭岳峰　孟祥宏　孙大伟

周忠饶　李健壮　谢宜瑾　黄广龙

四、研究分工
文献检索： 孙　鹏　刘玮德　孙大伟　黄广龙

数据清理： 孙　鹏　赵吉鹤　黄宝莹　谭岳峰　孟祥宏

数据标引： 赵吉鹤　孙大伟　周忠饶　李健壮

图表制作： 孙　鹏　黄宝莹　刘玮德　谢宜瑾　黄广龙

报告执笔： 孙　鹏　赵吉鹤　黄宝莹　刘玮德　谭岳峰　孟祥宏
　　　　　　孙大伟　周忠饶　李健壮　谢宜瑾　黄广龙

报告统稿： 黎　欣　潘元真　叶常茂　章　媛

报告编辑： 谢中亮　刘　鑫

报告审校： 邱绛雯　崔　磊　谭　雯

五、报告撰稿
黄宝莹： 主要执笔第 3.1 节

孙　鹏： 主要执笔第 3.2 节、第 3.5.3 节

谭岳峰： 主要执笔第 3.3.1 节

孟祥宏： 主要执笔第 3.3.2 节、第 3.5.1 节

李健壮： 主要执笔第 3.4.1 节

谢宜瑾： 主要执笔第 3.4.2 节

刘玮德： 主要执笔第 3.4.3 节

赵吉鹤：主要执笔第3.4.4节

黄广龙：主要执笔第3.5.2节

孙大伟：主要执笔第3.6.1节、第3.6.3节

周忠饶：主要执笔第3.6.2节、第3.6.4节

六、指导专家

唐跃强　国家知识产权局专利局电学发明审查部半导体一处处长

王　丹　国家知识产权局专利局电学发明审查部半导体节能器件处副处长

孙学锋　国家知识产权局专利复审委员会电学申诉一处副处长

张小凤　国家知识产权局专利局审查业务部审查业务研究室主任

蒋一明　北京国知专利预警咨询有限公司专利运营总监

温孟斌　华为技术有限公司知识产权部部长

孙宏伟　华进半导体封装先导技术研发中心有限公司质量部部长，高级工程师

张国平　中国科学院深圳先进技术研究院副研究员

许晓民　广东省电子行业协会秘书长

杨晓丽　中国集成电路知识产权联盟秘书长，高级工程师

风能产业专利分析及预警项目课题研究团队

一、编写单位

广州嘉权专利商标事务所有限公司

二、编写组组长

冯剑明

三、编写组成员

刘　聪　梁国平　王　湘　区杰斌

四、研究分工

文献检索：刘　聪　梁国平　王　湘　区杰斌

数据清理：刘　聪　梁国平　王　湘　区杰斌

数据标引：刘　聪　梁国平　王　湘　区杰斌

图表制作：刘　聪　梁国平　王　湘　区杰斌

报告执笔：刘　聪　梁国平　王　湘　区杰斌

报告统稿：刘　聪

报告编辑：刘　聪

报告审校：冯剑明

五、报告撰稿

梁国平：主要执笔第 4.3.2.2 节、第 4.3.3.1 节、第 4.3.3.2 节、第 4.3.4 节

王　湘：主要执笔第 4.1 节、第 4.2 节、第 4.3.1 节

区杰斌：主要执笔第 4.3.2.1 节、第 4.3.2.3 节、第 4.3.3.3 节

刘　聪：主要执笔第 4.4 节

六、指导专家

陈宇萍　广东省知识产权研究发展中心合作部部长

许谅亮　广州中新知识产权服务有限公司总经理助理

傅　闯　南方电网科学研究院有限公司教授级高级工程师

李 颖 广东省电气行业协会秘书长

谢运祥 华南理工大学电力学院教授，博士生导师

舒 杰 中国科学院广州能源研究所研究员

李 谦 广东电网公司电力科学研究院教授级高级工程师

七、合作单位

中山市明阳电器有限公司

核电技术产业专利分析及预警项目课题研究团队

一、编写单位

广州奥凯信息咨询有限公司

二、编写组长

谢应霞

三、编写组成员

叶广海　　郑少金　　徐彩云　　熊呈润　　范晓婷

四、研究分工

文献检索：郑少金　　徐彩云　　熊呈润　　范晓婷

数据清理：郑少金　　徐彩云　　熊呈润　　范晓婷

数据标引：郑少金　　徐彩云　　熊呈润　　范晓婷

图表制作：郑少金　　徐彩云　　熊呈润　　范晓婷

报告执笔：郑少金　　徐彩云　　熊呈润　　范晓婷

报告统稿：叶广海

报告编辑：叶广海

报告审校：谢应霞

五、报告撰稿

郑少金：主要执笔第 5.1 节、第 5.5 节

徐彩云：主要执笔第 5.2 节

熊呈润：主要执笔第 5.3 节

范晓婷：主要执笔第 5.4 节

六、指导专家

林鸿江　大亚湾核电站运营管理有限责任公司副研究员

七、合作单位

大亚湾核电运营管理有限责任公司

高端新型电子信息材料产业专利分析及预警项目课题研究团队

一、编写单位

佛山市中山大学研究院　知识产权出版社有限责任公司

二、编写组组长

王　钢

三、编写组成员

刘化冰　范冰丰　杨　光　杨晶晶　陈梓敏　李　健　卓　毅

蔡广烁　陈慧君　张人元　冯琳琳　袁　辉　陈丽莎　崔国振

邓和平　肖　丽　王　涛

四、研究分工

文献检索: 陈慧君　冯琳琳　张人元

数据清理: 李　涛　卢振华

数据标引: 陈慧君　张人元　冯琳琳　陈丽莎　王　涛

图表制作: 陈慧君　陈丽莎　张人元　肖　丽　王　涛　袁　辉

报告执笔: 陈慧君　张人元

报告统稿: 杨晶晶　陈慧君　张人元

报告编辑: 陈慧君　杨晶晶　张人元

报告审校: 范冰丰　杨　光　杨晶晶　邓和平　崔国振

五、报告撰稿

陈慧君: 主要执笔第 6.1.1 节、第 6.2 节

张人元: 主要执笔第 6.1.2 节、第 6.1.3 节、第 6.1.4 节

范冰丰: 主要执笔第 6.1.5 节、第 6.2.5 节

高性能油墨产业专利分析及预警项目课题研究团队

一、编写单位
国家知识产权局专利局专利审查协作广东中心

二、编写组组长
王启北

三、编写组成员

孙　燕　肖西祥　吴　冲　郭　祯　贺丽娜　王莹莹　严玉芝
王敏莲　邢亚晶　李　椰　刘丹萍　赵　娜　陈　秋　张智禹
程愉悴

四、研究分工

文献检索： 刘宏伟　贺丽娜　王莹莹　吴　冲　刘丹萍　赵　娜

数据清理： 贺丽娜　王莹莹　王敏莲　郭　祯　程愉悴　陈　秋
　　　　　　张智禹

数据标引： 王莹莹　严玉芝　王敏莲　刘丹萍　赵　娜　邢亚晶

图表制作： 贺丽娜　王莹莹　李　椰　王敏莲　严玉芝　郭　祯
　　　　　　程愉悴

报告执笔： 贺丽娜　王莹莹　李　椰　王敏莲　邢亚晶　刘丹萍
　　　　　　赵　娜　程愉悴　郭　祯

报告统稿： 孙　燕　肖西祥

报告编辑： 尹梦岩　刘春磊

报告审校： 曾志华　王启北　邱绛雯

五、报告撰稿

邢亚晶： 主要执笔第 7.1.1 节、第 7.1.2.1 节

王敏莲： 主要执笔第 7.2.1 节、第 7.2.3 节

贺丽娜： 主要执笔第 7.2.2 节、第 7.3 节

王莹莹： 主要执笔第 7.4 节

刘丹萍：主要执笔第 7.5 节

赵　娜：主要执笔第 7.6.2.1 节、第 7.7.6 节

郭　祯：主要执笔第 7.6.2.2 节

程愉悻：主要执笔第 7.1.2.2 节、第 7.6 节

李　椰：主要执笔第 7.6.1 节、第 7.7.1~7.7.5 节

吴　冲：辅助执笔第 7.4 节

六、指导专家

行业专家：

陈广学　华南理工大学教授

王小妹　中山大学化学学院高分子研究所油墨/涂料研究中心主任

李亚玲　北京化工大学印刷学院副教授

技术专家：

冯文照　洋紫荆油墨有限公司技术经理

曾明德　珠海艾派克科技股份有限公司墨水工厂经理

钦　雷　珠海艾派克科技股份有限公司耗材事业部墨盒产品中心技术总监

何永刚　珠海天威飞马打印耗材有限公司研发部经理

专利分析专家：

曾志华　国家知识产权局专利局专利审查协作广东中心

邱绛雯　国家知识产权局专利局专利审查协作广东中心

张小凤　国家知识产权局专利局审查业务部

蒋一明　北京国知专利预警咨询有限公司

潘志娟　国家知识产权局专利局材料发明审查部

刘　建　国家知识产权局专利局机械发明审查部

曲新兴　国家知识产权局专利局专利审查协作广东中心审查业务部

孙孟相　国家知识产权局专利局专利审查协作广东中心通信发明审查部

新材料产业（铝合金材料方向）专利分析及预警项目课题研究团队

一、编写单位

广州粤高专利商标代理有限公司

二、编写组组长

任　重　陈　卫

三、编写组成员

冯振宁　陈海祥　胡杨阳　吴　恙　陈炯润　张月光　张金福

陈伟斌　隆翔鹰　邓任娇

四、研究分工

文献检索：胡杨阳　吴　恙　陈炯润　张金福　陈伟斌　隆翔鹰

数据清理：胡杨阳　吴　恙　陈炯润　张金福　陈伟斌　隆翔鹰

数据标引：胡杨阳　吴　恙　陈炯润　张金福　陈伟斌　隆翔鹰

图表制作：张月光　邓任娇

报告执笔：冯振宁　陈海祥　胡杨阳　吴　恙　陈炯润

报告统稿：胡杨阳　陈海祥

报告编辑：冯振宁　陈海祥　胡杨阳　吴　恙　陈炯润

报告审校：冯振宁　陈海祥

五、报告撰稿

陈炯润、吴　恙：主要执笔第 8.1 节

胡杨阳、陈伟斌：主要执笔第 8.2 节

吴　恙、陈海祥：主要执笔第 8.3 节

陈炯润、陈海祥：主要执笔第 8.4 节

陈炯润、张金福：主要执笔第 8.5 节

冯振宁、陈海祥：主要执笔第 8.6 节

绿色建筑材料产业专利分析及预警项目课题研究团队

一、编写单位

广州特种承压设备检测研究院 广州新诺专利商标事务所有限公司科学城分公司

二、编写组组长

李茂东 华　辉

三、编写组成员

吴静芝　杨　波　王　焕　李仕平　刘　羚　罗泳诗　区道明
赵军明　刘　娟　林金梅　甘　弟

四、研究分工

文献检索：赵军明　吴静芝　王　焕　刘　羚　罗泳诗　区道明

数据清理：吴静芝　王　焕　刘　羚　罗泳诗　区道明

数据标引：刘　娟　吴静芝　王　焕　刘　羚　罗泳诗　区道明

图表制作：王　焕　刘　羚　罗泳诗　区道明　甘　弟

报告执笔：王　焕　刘　羚　罗泳诗　区道明　甘　弟

报告统稿：林金梅　吴静芝　王　焕　刘　羚　罗泳诗　区道明

报告编辑：杨　波　吴静芝

报告审校：王　焕　刘　羚　罗泳诗　区道明

五、报告撰稿

王　焕：主要执笔第 9.1 节、第 9.4 节

刘　羚：主要执笔第 9.2 节

罗泳诗：主要执笔第 9.3 节

甘　弟：主要执笔第 9.5 节

区道明：主要执笔第 9.6 节

六、指导专家

杨　波　广州特种承压设备检测研究院高级工程师

杨　麟　广州特种承压设备检测研究院高级工程师

吴春蕾　广州吉必盛科技实业有限公司总经理，教授级高级工程师

杨建坤　广州市建筑科学研究院有限公司所长，教授级高级工程师

吕大鹏　洛科威防火保温材料（广州）有限公司北京分公司工程师，标准/技术专家

胡兴邦　广州市兴杭塑胶制品有限公司董事长

七、合作单位

广州骏思知识产权代理有限公司

海洋生物及微生物产业专利分析及预警项目课题研究团队

一、编写单位

广州万慧达知识产权咨询服务有限公司

二、编写组组长

王　虎

三、编写组组员

谢敏楠　詹海芴　戴书炜　张孟迪

四、研究分工

文献检索：谢敏楠

数据清理：戴书炜　张孟迪

数据标引：戴书炜　张孟迪

图表制作：戴书炜　张孟迪

报告执笔：戴书炜　张孟迪　詹海芴

报告统稿：谢敏楠

报告编辑：詹海芴

报告审校：谢敏楠

五、报告撰稿

詹海芴：主要执笔第 10.1 节、第 10.4 节

戴书炜：主要执笔第 10.2 节

张孟迪：主要执笔第 10.3 节

六、指导专家

李　伟　中国科学院南海海洋研究所研究员

鞠建华　中国科学院南海海洋研究所研究员

刘永宏　中国科学院南海海洋研究所研究员

孙恢礼　中国科学院南海海洋研究所教授，研究员

向文洲　中国科学院南海海洋研究所研究员

尹　浩　中国科学院南海海洋研究所研究员

钱　曼　中国科学院南海海洋研究所研究员

孙龙涛　中国科学院南海海洋研究所研究员

七、合作单位

中国科学院南海海洋研究所

海洋渔业产业专利分析及预警项目课题研究团队

一、编写单位

广州华进专利商标代理有限公司

二、编写组组长

吴 平

三、编写组成员

黄正奇 李 悦 杨 光 黄 菲 陈 亮 吴梦弦 王 青

四、研究分工

文献检索： 杨 光 黄 菲 陈 亮

数据清理： 杨 光 黄 菲

数据标引： 杨 光 黄 菲

图表制作： 杨 光 黄 菲 吴梦弦 王 青

报告执笔： 黄正奇 李 悦 杨 光 黄 菲 吴梦弦 王 青

报告统稿： 黄正奇 李 悦

报告编辑： 黄正奇 李 悦 陈 亮

报告审校： 吴 平

五、报告撰稿

杨　光： 主要执笔第 11.1.1 节、第 11.2.5 节、第 11.2.6 节、第 11.3.5 节、第 11.3.6 节、第 11.4.4～11.4.6 节

黄　菲： 主要执笔第 11.1.2 节、第 11.5.5 节、第 11.5.6 节、第 11.6.5 节、第 11.6.6 节、第 11.7.4～11.7.6 节

吴梦弦： 主要执笔第 11.2.1～11.2.4 节、第 11.3.1～11.3.4 节、第 11.4.1～11.4.3 节

王　青： 主要执笔第 11.5.1～11.5.4 节、第 11.6.1～11.6.4 节、第 11.7.1～11.7.3 节

黄正奇： 主要执笔第 11.8.1～11.8.3 节

李　悦：主要执笔第 11.8.4～11.8.6 节

六、指导专家

喻子牛　中国科学院南海海洋研究所研究员

刘文生　华南农业大学海洋学院教授

海洋油气及海底矿产开发利用产业专利分析及预警项目课题研究团队

一、编写单位

广州恒成智道信息科技有限公司

二、编写组组长

陈劲松　朱顺军

三、编写组成员

杨欣宇　李　钊　张何元　邢道远　陈颖贤　李　晶　丁　宬

夏利英　刘　挺

四、研究分工

文献检索：夏利英　李　晶　邢道远　陈颖贤

数据清理：李　晶　夏利英　邢道远　陈颖贤

数据标引：邢道远　丁　宬　杨欣宇　陈颖贤

图表制作：丁　宬　邢道远　夏利英

报告执笔：杨欣宇　邢道远　夏利英　丁　宬　李　晶　陈颖贤

报告统稿：李　钊　杨欣宇

报告编辑：夏利英　刘　挺

报告审校：李　钊　张何元

五、报告撰稿

杨欣宇：负责研究框架设计

陈颖贤：主要执笔第 12.1 节

邢道远：主要执笔第 12.2 节

李　晶：主要执笔第 12.3 节

夏利英：主要执笔第 12.4 节

丁　宬：主要执笔第 12.5 节

杨欣宇、李　钏：主要执笔第 12.6 节

六、指导专家

李小森　中国科学院广州能源研究所副所长

唐达生　深海矿产资源开发利用技术国家重点实验室教授级高级工程师

高宇清　长沙矿山研究院有限责任公司（中国五矿集团公司）所长

尹复辰　长沙矿山研究院有限责任公司（中国五矿集团公司）教授级高级工程师

张叶春　中国科学院南海海洋研究所研究员

七、合作单位

中国科学院广州能源研究所

技术组成员：林丽珊　陈朝阳　赵晏强　李家成　陈春霞

　　　　　　苏　明　张建军

海洋可再生能源开发产业专利分析及预警项目课题研究团队

一、编写单位

广东省知识产权研究与发展中心　北京国知专利预警咨询有限公司

二、编写组组长

彭雪辉　于立彪

三、编写组成员

陈宇萍　黄少晖　李润聪　武月娇　姚　毅　邵　娟　郭志坤
王　刚　孟建民　雒　先　侯璐瑶　孙玉帅　李　丹　刘昱萱
吕家欣　田　佳　张　倩

四、研究分工

文献检索： 黄少晖　李润聪　李　丹　刘昱萱　吕家欣　田　佳
张　倩

数据清理： 李　丹　刘昱萱　吕家欣　田　佳　张　倩

数据标引： 李　丹　刘昱萱　吕家欣　田　佳　张　倩

图表制作： 王　刚　雒　先　侯璐瑶

报告执笔： 王　刚　孟建民　雒　先　侯璐瑶　孙玉帅　李　丹
刘昱萱　吕家欣　田　佳　张　倩

报告统稿： 陈宇萍　黄少晖　李润聪　武月娇　姚　毅　邵　娟
郭志坤　王　刚　孟建民　雒　先

报告编辑： 李润聪　王　刚　孟建民　雒　先

报告审校： 孟建民　雒　先

五、报告撰稿

王　刚： 主要执笔第13.1节、第13.3节、第13.7节

孟建民： 主要执笔第13.2节

雒　先： 主要执笔第13.4节

孙玉帅、李　丹、刘昱萱、吕家欣、田　佳、张　倩：

主要执笔第 13.5 节、第 13.6 节、第 13.7 节

六、指导专家

孙瑞丰　国知知识产权局专利局专利审查协作北京中心专利服务部主任，研究员

郭震宇　国家知识产权局专利局专利审查协作北京中心机械发明审查部主任，研究员

黄志敏　北京国知专利预警咨询有限公司总监

孙红要　北京国知专利预警咨询有限公司副总经理

目 录

第1章　研究方法

"广东省战略性新兴产业专利信息资源开发利用计划"项目各系列成果的研究方法具有较强共性，本书采用综合概述的方式进行编辑，各系列成果对应内容不再分别赘述。根据战略新兴产业的发展需求，借助专业的专利数据库、专利分析工具，并结合调查法、文献研究法、比较研究法、跨学科研究法、案例研究法等科学方法，各系列成果针对研究对象进行技术分解，深度加工产业专利信息以获得专利数据分析的样本，经过综合分析后形成专利分析及预警报告。

1.1　检索对象

为全面、客观、准确地确定各课题的研究对象，各项目课题组通过各种途径对相关企业、技术专家进行了前期调研和座谈，在充分了解各项目的产业政策趋势和产业发展目标的基础上，根据产业特点及技术归类确定检索对象。

1.2　检索策略

1.2.1　技术分解

数据采集和处理阶段是专利分析前期工作的重要环节，数据采集的全面性与准确性决定了后续专利分析报告的质量和可信度。技术主题分解作为数据采集和处理阶段的第一个环节，直接关系到数据检索的难易和分析报告的技术价值，是专利分析前期工作中需要首先解决的问题。技术分解需遵从以下原则：充分调研，对接行业；便于检索，数据适中；边界清晰，重点突出；灵活调整，科学准确。

各项目课题组在把握技术主题分解原则、充分了解技术主题发展状况的基础上，对所要分析的技术主题进行分解。根据产品类型、产品技术构成、产业链等要素，综合考虑专利检索分析的可操作性，从不同层次展示技术主题所涉及的技术分支，并形成表格。

1.2.2　数据采集

各项目课题组根据行业特点及需求，选择包括但不限于以下数据库：

（1）专利文献数据库

WIPS（全球专利检索分析平台）、SIPOABS（世界专利文摘数据库）、EPODOC

（欧洲专利局世界专利数据库）、INPADOC（欧洲专利局全球专利文献法律状态数据库）、WPI/DWPI（德温特世界专利索引数据库）、VEN 数据库（由 SIPOABS、DWPI 组成的虚拟数据库）、Innography 数据库、Orbit 数据库、CNABS（中国专利文摘数据库）、CPRSABS（中国专利摘要数据库）、CNTXT（中国专利全文文本代码化数据库）、CPRS（专利之星检索系统）。

（2）非专利文献数据来源

欧洲电信标准化协会、国家标准全文公开系统、Westlaw 数据库、CNKI（中国知识资源总库）系列数据库、万方数据知识服务平台、百度搜索引擎、Google 搜索引擎。

1.2.3 专利文献的去噪

专利检索过程中通常会产生不同程度的噪声，其主要来源于检索策略中利用的关键词与分类号。基于对噪声来源及影响程度的分析，采取以下去噪策略：①利用关键词去噪，即通过浏览、筛选、测试发现不相关的关键词进行去除；②利用分类号去噪，即对检索结果用适当层级、适当范围的分类号进行限制；③数据标引过程去噪，即在标引过程中，通过阅读摘要或全文进行手动去噪。

去除噪声的步骤可归纳为：

1）确定拟去除的关键词、分类号或其他字符，在检索结果中进行噪音去除；

2）浏览去除的文献，评估噪声去除效果，如果去除的文献中含有较多与技术主题相关的文献则需要对去噪检索式作出调整；对于去噪效果较好的检索式，检查误删文献，并将这些文献重新加入到已去噪的检索结果中作为目标文献；

3）利用调整后的去噪检索式继续去噪，重复前两个步骤，直至达到满意去噪效果。

1.3 检索结果的评估

1.3.1 查全率的评估方法

查全率（Recall Ratio）是指从数据库内检出的相关的信息量与总量的比率。查全率评估在某种程度上类似于抽样调查，是检验一个有效文献集合的子集中有多少已经被查全专利文献集合所包含。设 S 为待验证的查全专利文献集合，P 为查全样本专利文献集合（P 集合中的每一篇文献须与分析的主题相关，即"有效文献"），则查全率 r 可以定义为：

$$r = \text{num}\ (P \cap S)\ /\text{num}\ (P)$$

其中，$P \cap S$ 表示 P 与 S 的交集，num（·）表示集合中元素的数量。

查全率评估过程通常需要注意三个方面：

1）基于不同的检索要素构建查全样本专利文献集合。用于评估待验证的查全专利文献集合的检索要素与用于构建查全样本专利文献集合的检索要素之间不应存在交集，否则易出现用子集检验全集的查全率评估现象，从而导致逻辑上的谬论。

2）有合理的样本数。若查全率评估样本集的样本数量过小，则不能全面反映待评估集合的全貌，将导致评估结果的失真；若查全率评估样本过大，将带来较大的工作量，失去抽样调查的本意。因此，应当根据待评估集合的数量将样本数量控制在合理的范围内。通常，若待评估查全专利文献集合的文献量在 5000 篇以下，查全样本专利文献集合的文献量不应少于总量的 10%，若待评估查全专利文献集合的文献量超过 5000 篇，则查全样本专利文献集合的文献量不应少于总量的 5%。

3）查全率的评估阶段至少包括：

① 初步查全结束时。当初步查全工作结束时，必须对初步查全专利文献库的查全率进行评估，该查全率是表明能否结束查全工作的依据。若此时查全率不够理想（例如不足 50%），则需要继续进行查全工作，反之若达到预期的查全率，则可结束查全工作。

② 去噪过程结束时。去噪过程也被称为"查准"的过程，其是对查全数据库进行去除与分析主题无关的专利文献的过程，该过程中不可避免地误删有效文献，为了检验去噪过程中是否误删了过多的有效文献，在去噪工作结束时必须对去噪之后的专利文献集合进行查全率的评估。

1.3.2　查准率的评估方法

查准率（Precision）是衡量检索结果精准度的一种指标，即检出的相关文献与检出的全部文献的百分比。设 S 为待评估专利文献集合中的抽样样本，S' 为 S 中与分析主题相关的专利文献，则待验证的集合的查准率 P 可定义为：

$$P = num（S'）/num（S）$$

num（·）表示集合中元素的数量。查准率可通过对待验证的集合的抽样，统计有效文献量来评估。为了保证抽样的科学性与客观性，抽样过程应当注意以下规则：

1）多样性和随机性。常见的抽样方法包括：按年代分布抽样、按技术分支抽样、按申请人或发明人抽样、按国家地区分布抽样、随机抽样。需要注意的是，在抽样过程中，尽量避免采取单一的抽样方法，而应当采取多种抽样方法随机地抽取评估样本，以保证其客观性。

2）足够大的样本容量。对于待评估的专利文献集合而言，若文献量在 5000 篇以下，抽样数量不应少于总量的 10%，若数量超过 5000 篇，抽样数量不应少于总量的 5%。

3）通常需要在以下两个阶段对查准率进行评估：

① 查全工作结束时。当查全工作结束时，对查全专利文献集合进行查准率评估能够帮助分析人员预先判断噪声量，以制定合理的去噪策略。

② 去噪工作预结束时。此时对查准率进行评估的目的是决定是否停止去噪工作。通常，去噪工作预结束条件可以是：文献量已控制在人工阅读范围内；进一步去噪难

度加大、去噪效率严重降低，而查准率已经合适。值得注意的是，查准率的评估与去噪过程应紧密结合。

1.4 数据标引

通过专利数据库检索得到的初步结果，通常不是课题需要的最终数据。一方面需要排除检索过程中各种原因引入的噪声，另一方面则需要对检索数据按照本课题的系统划分重新进行标引，以确定每项专利技术在本课题所处的技术分支。

数据标引就是对数据进行进一步的加工整理，将经过数据清理和去噪的每一件专利申请赋予属性标签，以便于统计学上的分析研究。所述"属性"可以是技术分解表中的子分支类别，也可以是自定义的需要研究的项目的类别。当为每一件专利申请进行数据标引后，就可以方便快捷地统计相应类别的专利申请数量或者其他方面的数据。因此，数据标引在专利分析工作中具有重要的地位，是实施统计分析的便捷手段之一。

各项目使用的数据标引方式涉及两种：人工标引和批量标引。人工标引是课题组成员通过阅读专利文献来标注标引信息，批量标引是对检索得到的原始数据通过使用相对严格的检索式直接批量标注标引信息，在某些情况下批量标引与人工标引会结合使用。

1.5 专利分析方法

各项目专利分析内容包括基础分析及特色分析：

基础分析涉及趋势分析、生命周期分析、区域分布分析、技术分布分析、专利类型分析、法律状态分析、申请人类型分析、申请人分析、发明人分析等的相关模块。

特色分析涉及专利流向分析、技术发展路线分析、专利轨迹分析、技术功效分析、技术解析分析、技术空白点分析、专利合作申请分析、专利维持年限分析、专利运用分析、专利诉讼分析、风险专利分析、失效专利分析、广东申请人的国外专利布局分析、地市技术对比分析、企业研究热点对比分析、活跃度指数分析、竞争力分析、五力模型分析、TRIZ 原理结合分析等的相关模块。

1.6 相关事项及约定

专利同族：同一项发明创造在多个国际申请专利而产生的一组内容相同或基本相同的专利文献出版物，称为一个专利族或同族专利。从技术角度来看，属于同一专利族的多件专利申请可视为同一项技术。

项：在进行专利申请数量统计时，对于数据库中以一族（这里的"族"指的是同族专利中的"族"）数据的形式出现的一系列专利文献，计算为"1 项"。一般情况下，专利申请的项数对应于技术的数目。

件：在进行专利申请数据量统计时，例如，为了分析申请人在不同国家、地区或组织所提出的专利申请的分布情况，将同族专利申请分开进行统计，所得到的结果对应于申请的件数。1 项专利申请可能对应于 1 件或多件专利申请。

多边申请：同一项发明可能在多个国家或地区提出专利申请，同时在三个或三个以上国家或地区提出申请的专利申请定义为多边申请。

专利所属国家或地区：根据专利申请的首次申请优先权国别来确定，没有优先权的专利申请根据该项申请的最早申请国别确定。

申请人名称：同一申请人可能存在多种不同的表述方式，或者同一申请人在多个国家或地区拥有多家子公司，为了正确统计各申请人实际拥有的专利申请量与专利权数量，对数据库中出现的主要申请人进行统一约定，使用标准化后的申请人名称。

合作申请：具有两个及两个以上申请人的专利申请。

有效或有权：是指到检索截止日为止，专利权处于有效状态的专利申请。

失效或无权：是指到检索截止日为止，已经丧失专利权的专利或者自始至终未获得授权的专利申请，包括专利申请被视为撤回或撤回、专利申请被驳回、专利权被无效、放弃专利权、专利权因费用终止、专利权届满等情形。

未决：是指该专利申请可能还未进入实质审查程序或者处于实质审查程序中，也有可能处于复审等其他待定法律状态。

维持期限：对于失效专利，该期限起止日期定义为申请日至专利权终止日期；对于有效专利，该期限起止日期定义为申请日至法律状态查询日。

第2章　新一代显示技术产业专利分析及预警

2.1　绪　　论

2.1.1　研究背景

新一代显示产业是信息产业重要的战略性和基础性产业。加快新一代显示产业发展对促进产业结构优化调整，实施创新驱动发展战略，推动经济提质增效升级具有重要意义。而显示技术种类繁多，所涉及的产业、技术、产品更是难以穷举。近年来，随着技术发展速度的加快，尤其是信息技术的飞速发展，基于新成像原理、采用新显示方式、应用于新显示设备等不同的新一代显示技术不断出现，而对现有显示技术的深入研发，也在不断催生出从已有技术演变而来的新一代显示技术。在这样的背景之下，关于谁是新一代主流显示技术的争论从来没有停止过。

近年来，我国显示产业实现跨越式发展，成为全球显示产业的重要力量。未来几年，全球显示产业格局和竞争态势将发生深刻变化。一方面，随着我国面板产能逐步释放，全球显示产业竞争日趋激烈；另一方面，新型显示技术发展日新月异，孕育重大突破和变革，我国新型显示产业已进入发展的攻坚期和深水区。在显示技术即将迎来变革的关键时期，如何做出正确的选择对产业发展至关重要。

从以往经验来看，历史上显示技术的每一次变革都伴随着残酷的竞争，伴随着对落后技术的淘汰，以及不能适应市场需求的新技术的消亡。在平板显示器逐渐替代CRT显示器的过程中，我国产业就曾面对在液晶显示技术和等离子显示技术做出选择的局面，而选择了等离子技术的企业无一不承受了巨大投入付之东流的重大损失。此外，显示产业是知识产权密集的产业，以专利控制市场的经典案例不胜枚举。MEPG LA 公司通过高额专利许可费，对我国 DVD 产业造成的毁灭性打击仍然历历在目，这仅仅是显示行业无数知识产权风险中的沧海一粟。

因此，针对新一代显示技术进行专利预警分析，从对专利大数据的挖掘中寻求产业发展之路是势在必行的。本报告从我国显示产业，尤其是广东省显示产业的现状出发，选取适应地区特点的、具有代表性的新一代显示技术进行专利预警分析。根据不同显示技术的特点和现状，提出具有针对性的结论和建议，希望能为我国新一代显示技术产业在抉择来临之时提供更多有价值的参考资料。

2.1.2　研究对象的选取

显示技术类目繁多，无论是对显示原理、对显示形式、对显示内容等各方面的创新都可以被称为新一代显示技术，对新一代显示技术给出明确的定义难度较大。考虑到无法对新一代显示技术给出能覆盖所有创新角度的定义，本报告综合考虑技术改进角度、产品应用范围、产业发展阶段、行业认可程度，以及符合广东省已有产业现状，选取了 4 项新一代显示技术作为代表性技术进行分析。这 4 项技术分别是：3D 显示技术、激光显示技术、柔性显示技术、HEVC 编码技术。

2.1.2.1　3D 显示技术

3D 显示技术打破了传统显示的二维显示方式，是提供新视觉体验的显示技术，主要应用于各类平面显示器。3D 显示由来已久，由于主要应用于平面显示设备上，每一次平面显示设备的更新换代都会引发一波 3D 显示技术的热潮，但似乎每次热潮过后，3D 显示产业都会再次进入一段时间休眠期。3D 显示产业经历了多次起伏，产业目前面临的问题在于如何走出低谷。我国进入 3D 显示产业的企业众多，广东省更是 3D 显示技术大省，3D 显示产业目前正在经历的低谷期对这些企业影响较大。考虑以上因素，报告选取 3D 显示技术作为产业瓶颈期的代表性新一代显示技术。

2.1.2.2　激光显示技术

激光显示技术相比于传统显示技术采用了新的显示原理，目前主要应用于投影显示。投影显示在电影放映、会议、教育等领域有着广泛应用，市场规模十分可观。有评论认为，激光显示从显示方式和显示原理上颠覆了现有的平板显示系统，有可能成为取代液晶显示的"第四代"显示技术。采用激光显示的投影设备已经量产并投入市场，产业目前面临的问题在于如何继续改进技术，改善产品性能、降低成本，进一步推广产品。我国在激光显示领域的研究起步较早，有一定的积累，广东省更是拥有在激光显示领域具备竞争力的企业。考虑以上因素，报告选取激光显示技术作为产业化初期技术的代表性新一代显示技术。

2.1.2.3　柔性显示技术

柔性显示技术主要对显示设备本身的性质做出改进，改变了传统显示器的刚性特征，使之可以弯曲，主要应用于各类便携电子设备。柔性显示改变了显示设备本身的物理特性，因此可以衍生出多种多样，对用户的吸引力巨大。可以预见，柔性显示产品大规模投入市场后将迅速扩张。但真正意义上的柔性显示技术目前还处于实验室阶段，产业目前仍然面临如何实现量产，讲产品投入市场的问题。我国在柔性显示领域并不具备优势，但国内主要的显示企业应意识到了柔性显示的重要性，纷纷启动了对柔性显示设备的开发。广东省不仅拥有有能力开展柔性显示设备研发的大规模企业，还拥有在柔性显示领域动作频繁的新兴企业。考虑以上因素，报告选取柔性显示技术作为尚未产业化的代表性新一代显示技术。

2.1.2.4　HEVC 编码技术

HEVC 是一种新的视频编码技术，是 High Efficiency Video Coding（高效率视频编码）的缩写。与以上三种技术不同，HEVC 技术主要对显示内容的存储、传输方式作出新的改进，其应用领域极其广泛，可以说凡是需要播放视频的场合均可应用这一技术。视频编码技术是为了能让视频内容更便捷的被存储、更高速的在网络上传输而诞生的。随着通信技术的发展，视频编码技术不断更新换代，HEVC 就是目前正在逐渐替代已有技术的新一代视频编码标准。沿袭了通信行业注重标准化和专利运营的特点，HEVC 作为一种视频编码标准同样存在大量的标准专利，以及专利池，因此该技术所涉及的专利收费风险尤其突出。我国从事视频服务的企业繁多，广东省则拥有在通信行业具备足够话语权的龙头企业。考虑以上因素，报告选取 HEVC 编码技术作为专利运营活跃的代表性新一代显示技术。

2.1.3 产业发展现状

2.1.3.1 3D 显示

传统 3D 显示技术普遍分为：基于双目视差原理的眼镜 3D 显示技术、裸眼 3D 显示技术、体三维 3D 显示技术、全息 3D 技术四个分支。然而，随着虚拟现实 VR 和增强现实 AR 的发展，特别是 2015 年前后虚拟现实和增强现实概念的爆发，3D 显示技术的另一分支，头戴 3D 技术迅速发展起来。

3D 显示技术已最先在影视、游戏等互动娱乐以及仿真设计等领域有了规模化应用，在临床医疗、电子地图、交通管理、智慧生活等方面也具有广阔的应用前景。此外，其作为新型可视化技术，与虚拟现实技术更是联系密切，虚拟现实技术要给人提供一个多感官刺激的可交互的虚拟环境，这个环境能给人身临其境的感觉，要让人在身体或者精神上沉浸其中。高清、全彩色、3D 的显示技术无疑是虚拟现实技术的重要组成部分。3D 显示技术目前最吸引人眼球的还是娱乐方面的应用，如电影、电视、游戏、展示等，这些领域给用户可以带来更好的 3D 效果和体验感受，因此是近年来发展研究的热点，代表着新一代显示技术领域的发展趋势。国外领先企业如三星、LG、东芝、索尼等，都将 3D 显示技术作为其公司发展战略的重要组成部分，并很早就进行了专利布局。

从全球市场竞争格局来看，欧美主导内容市场、日韩主导终端市场的产业格局基本形成。欧美 3D 市场以其先进的 3D 内容摄录系统、专业的内容制作团队、发达的媒体应用市场，在内容制作方面具有明显竞争优势。日韩在 3D 产业终端显示方面优势突出，产业链相对完整，尤其在 3D 立体平板显示技术方面拥有全球竞争力。由于目前全球 3D 产业仍处于发展初期，产业推动力量主要来自 3D 产业基础较好的国家和地区，因此，这种产业格局在短期内将更趋显性化。

在国际大背景下，科技部印发了《新型显示科技发展"十二五"专项规划》，其中提出，"十二五"重点发展激光显示和 3D 显示的共性关键技术，增强移动互联网终端显示创新能力，推动产业化进程，提升新型显示技术的自主创新能力，提高当前主流显示产业的国际竞争力。在国家发展要求大环境下，国内对于 3D 研发的速率明显加快，2012 年之前我国虽然掌握了一些核心技术和专利，但整体实力还是偏弱，但伴随着《新型显示科技发展"十二五"专项规划》的逐步落实，国内企业涉及 3D 显示的申请量出现了大幅增长。

总体来讲，3D 显示领域正在蓬勃发展，因此，各国都对 3D 显示技术的发展高度关注，目前来看，眼镜 3D 显示技术与裸眼 3D 显示技术都趋于成熟，而体三维 3D 显示技术和全息 3D 显示技术正处于发展阶段，头戴 3D 显示技术在人们对虚拟现实 VR、增强现实 AR 和混合现实 MR 的需求下，处于起步阶段有高速发展的趋势，未来将有广阔的发展空间。

2.1.3.2　激光显示

有评论称激光显示为黑白显示、彩色显示、数字显示之后的第四代显示技术。激光显示系统主要包括激光光源、图像调制装置和屏幕三个部分，激光光源发出的光通过图像调制装置生成图像，经过光学系统作用于屏幕，形成显示画面。

与传统的投影显示相比，激光显示具备高亮度、高清晰、宽色域、长寿命以及小型化等特点，因此，激光显示作为新一代的投影显示技术，出现在越来越多的应用领域中。在传统投影显示技术已经占据的电影、办公投影仪领域，激光显示凭借上述多种突出的优势，正在替代传统投影技术。可以说，激光显示技术的未来，在大尺寸、高画质，和简单、便携两个方向同时具备广阔的发展前景。因此，激光显示技术，是一项已经具有成熟的消费市场，同时又有极大的潜力有待挖掘的技术。

激光光源是整个激光显示技术的关键环节，光源类型的选择关系到整个激光显示系统的设置，并对最终的显示效果产生重要影响。目前激光显示系统中的光源类型主要包括三原色光源、激光荧光光源和混合光源三种类型。

2.1.3.3　柔性显示

近几十年来，显示技术飞速发展，显示屏也经历了更新换代，随着科学技术的不断发展和进步，LCD、PDP、OLED、FED 等平板显示技术的日趋成熟，传统的 CRT 显示器已经逐渐被平板显示器所取代。近年来，柔性显示凭借轻、薄、可挠曲和耐冲击等性能，其潜在的优势日益突出。柔性显示适用于移动电话、个人数字助理、笔记本电脑、电子书、电子海报、汽车仪表盘、RF 辨识系统、传感器等工业领域。利用柔性显示的可弯曲特性使得工程设计不局限于平面，可实现多元化外形的显示模式。

目前，柔性 OLED、EPD、LCD 产品都已经面世，柔性 EPD、LCD 由于自身显示原理的特点，都存在一定的局限。柔性 EPD 存在如下问题：一是响应速度慢，因为电泳技术依赖于粒子的运动，用于显示的开关时间较长；二是显示的双稳态，以及转换速度慢，其影响了显示色彩的性能，双稳态的显示还需要采用一种独立的驱动器架构，导致成本上升；三是制造工艺复杂，对材料要求高，成本较高。在显示高品质的视频图像方面，柔性 LCD 存在如下问题：如何提高响应速度、液晶材料的抗外力冲击能力和刷新率。柔性 OLED 由于具有自发光、响应速度快、视角宽、清晰度高、亮度高、低功耗的特点，其是一种无背光、低功耗的反射型显示技术。在这三种显示技术中，柔性 OLED 显示技术具有明显优势，也是当前研究最多、申请专利最多的一种技术。柔性 OLED 显示技术也是本报告研究的重点。

目前该三类主要的柔性显示技术正在取得前所未有的进步，LCD 与 EPD 技术都可应用于无背光、低功耗的反射型显示领域，如电子纸等。柔性 OLED 显示的目标应用包括智能手机、电视、笔记本电脑、平板电脑等。柔性 LCD 显示也可应用于笔记本电脑、电视等。但是相比而言，柔性 OLED 显示具有如下的优异性能：自发光显示、响应速度快、视角宽、高清晰度、高亮度、抗弯曲能力强、低压驱动、低功耗、宽温范围、全固态、更加轻薄等。有源驱动技术和薄膜封装技术的应用也极大地丰富了柔性显示的色彩并延长了 OLED 的寿命。尤其是响应时间短，OLED 单个器件的响应速度是目前液晶材料元件的 1000 倍以上，可实现高质量的视频回放和 3D 游戏显示，可以跟 CRT 的响应速度相媲美。因此，近些年柔性 OLED 显示成为柔性显示技术研究的热点，成为各大厂商积极布局的重点对象，各大厂商对其投入了极大的人力与财力。

2.1.3.4　HEVC 编码

近年来，视频的分辨率不断提高，4K、8K 分辨率的视频正渐渐走入人们的生活，H.264 标准逐渐不能很好地满足更高分辨率视频的实时传输及播放需求。从 2004 年开始，VCEG 便着手研究比 H.264 更高效的视频编码标准，并提出了多种可能提高编码效率的关键技术。MPEG 从 2007 年也开始了类似的工作，旨在研究编码码率比 H.264 High Profile 低 50% 的高性能视频编码标准。2010 年 1 月，VCEG 与 MPEG 联合成立了 JCT-VC 组织（the Joint Collaborative Team on Video Coding，视频编码联合协作组），并将新的标准命名为 HEVC（High Efficiency Video Coding，高效率视频编码）。新标准旨在有限带宽下传输更高质量的网络视频。自 ITU-T/VCEG 和 ISO-IEC/MPEG 两大国际标准组织成立的视频编码联合开发小组于 2010 年 4 月在德国德累斯顿召开了第一次 HEVC 会议开始接纳提案以来，HEVC 视频编码标准不断发展完善，并于 2012 年 2 月在美国圣何塞召开的第 99 届 MPEG 会议中决定 2013 年 1 月正式发布 HEVC 最终版本，其在 ITU-T/VCEG 被称为 H.265，在 ISO-IEC/MPEG 则被命名为 MPEG-H 第 2 部分（ISO/IEC23008-2）。HEVC 目前定义了 13 个不同的级别，分别支持从 QCIF 到 8K 多种分辨率的图像。该标准 HEVC 标准在码率减少 50% 的情况下，HEVC 的视频编码质量与 H.264 相近甚至更好，对于分辨率在 1080p 以上的视频，相比于 H.264，HEVC 的编码码率可减少 50% 以上。

作为新一代视频压缩编码标准，HEVC 从一开始制定就引起广泛关注。从 2010 年被正式命名之后，在标准化组织 MPEG 和 ITU-T 的推动下，2013 年 1 月 26 日 HEVC 正式成为国际标准，其后，ITU 更是不遗余力地给予推广，声称"所有的 4K 电视都应该具备 HEVC 编解码功能"。HEVC 标准即 H.265 是在 H.264 标准的基础上发展起来的，结合 H.264 在视频应用领域的主流地位，可以预见 H.265 协议在未来广阔的发展前景。世界上一些主流电视组织以及媒体运营商已经选择 H.265 作为媒体格式标准，一些主要的编解码设备厂商也一直积极参与到 H.265 标准的研究中。HEVC 标准的制定过程，得到了众多工业界公司的积极参与，其中不乏工业界的主流公司。如今，各大世界级的芯片厂商都在积极研发和提升 HEVC 实时编码器。

但是，HEVC 标准的应用并非一帆风顺，HEVC 标准的实施正在面临专利许可和知识产权不确定的风险。由于 ITU、ISO/IEC 的专利政策偏于宽软，导致现已披露的专利仅是冰山一角。HEVC 标准涉及的专利权人遍布全球，专利权人利益诉求趋向多元化，标准发布后已出现多方许可收费，标准实施者可能需要付出高昂的谈判成本和精力，疲于应付多个专利权人的要求，这将严重影响 HEVC 标准的实施，给整个产业发展带来不利影响。

2.2　3D 显示技术

2.2.1　全球专利布局分析

2.2.1.1　申请态势

图 2-1 示出了 3D 显示技术全球专利申请趋势状况。1964~1990 年，受限于显示技术整体的发展水平，3D 显示技术也处于起步阶段，全球年申请量徘徊在 100 件以下。1991 年以后，随着液晶显示技术的兴起，3D 显示技术也逐渐有了缓慢的发展，全球年申请量从 1991 年的 100 件逐渐攀升到 2008 年的 831 件。2009~2011 年，随着 3D 巨作电影《阿凡达》的上映，掀起了一轮 3D 显示研究热潮，世界各国纷纷加大了对 3D 显示领域的研发投入，全球申请量出现了大幅度的增长，其中 2011 年的全球申请量达到了峰值 2941 件。2012 年以后，随着市场的爆发式拓展浪潮的过去，全球申请量趋于平稳并有一定的回落趋势，申请量逐渐回落到 1000 多件，这与 3D 技术的各个分支趋于成熟或遇到瓶颈有关。

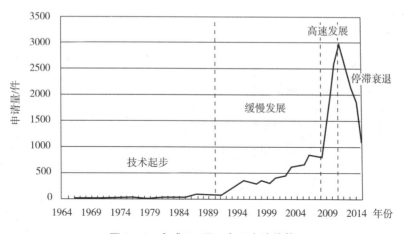

图 2-1　全球 3D 显示专利申请趋势

2.2.1.2　技术分布

图 2-2 示出了各技术分支的申请量占比和发展趋势，从各技术分支的申请量占比上来看，眼镜和裸眼分支占据了最大的比例，两者之和占据了 70% 以上，而全息、体三维和头戴这三个分支所占比例均不到 10%。这也是与目前市场上的情况适应的，目前市场上在售的 3D 显示产品主要集中在眼镜 3D 领域，无论是平板电视，还是火爆的 3D 电影，都是以佩戴眼镜为基础。而裸眼 3D 显示虽然投入市场的产品不多，但由于其原理大多基于平板电视，因此，各大平板电视厂商也都投入了较大的研发力度。全息技术目前还不成熟，体三维技术由于其原理的限制难以推广，头戴技术则处在起步

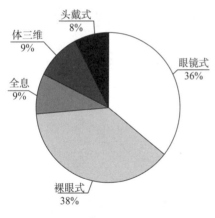

图 2-2　全球 3D 显示专利申请分布

阶段，因此，三者占据的比例都不大。从数量上来看容易得出眼镜和裸眼 3D 技术仍然是现在的主流技术这样的结论，但从各分支的发展趋势上来看，却可以发现一个重要的趋势：随着 3D 显示技术整体的衰退，眼镜和裸眼技术的申请量均出现了大幅度的下滑，而与之相反的，头戴技术的申请量在近几年却逆势而动，出现了大幅度的持续增长，已经成为 3D 显示技术中的一支新兴力量，未来一定能够引领 3D 显示技术进入一个新的时代。

图 2-3 示出了 3D 显示领域全球申请量在前十位的申请人，可以看到，该领域的主要申请人集中在国外，占了前十名中的八位，前十名中国内只有京东方和华星光电技术有限公司（以下简称"华星光电"），这也与 3D 显示领域的技术发展相一致。由于 3D 显示技术新，技术含量高，研发要求高，这就需要具有一定的显示技术能力的基础上，才能获得各个技术上的突破，在显示领域中，日韩企业一直为最重要的显示制造商，它们在显示领域的技术一直处于世界领先水平，并且掌握着该领域中的核心技术，例如，三星的相关申请量为 975 件，索尼为 910 件，LG 为 892 件，足以见得日韩在 3D 显示领域中领导者地位，是 3D 显示领域技术发展的中坚力量。

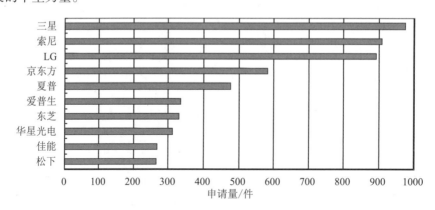

图 2-3　全球 3D 显示专利申请人排名

我国由于 3D 显示起步较晚，只有京东方和华星光电申请量较多，这跟我国在显示领域中的研发技术能力有关，跟世界显示领域龙头相比，国内企业 3D 显示技术产业在研发上处于追赶世界水平的过程中，虽然数量上明显少于日韩企业的申请量，技术还不够成熟，投入市场的产品还不多。但从整个 3D 显示领域上看，国内企业申请量进入了前十，这说明国内企业的 3D 显示技术已经逐渐开始担当起全球 3D 显示技术领域中不可或缺的角色，这是我国在 3D 显示领域中可喜的一面。

2.2.2　国内专利布局分析

2.2.2.1　申请态势

3D 显示技术专利向中国申请的总申请量和其中中国国籍申请量的总体趋势与全球专利申请趋势大致相同，也经历了技术起步、缓慢发展、高速发展、停滞衰退的四个阶段。较 3D 显示技术全球专利申请，中国专利申请起步较晚，1983 年才开始有少量专利申请，一直到 2000 年才超过 100 件。随后缓慢发展，2009 年以后在全球大环境的影响下开始高速发展，于 2012 年达到峰值，总申请量 1801 件。

从图 2-4 可以看出，中国国籍申请量 2005 年以前申请量都在 100 件以下，一直处于起步阶段，2006 年年申请量才超过 100 件，进入缓慢发展阶段，不过，经过缓慢发展，在高速发展阶段，中国国籍申请在中国专利申请中占比具有明显优势，在 2012 年峰值时中国国籍申请量 1212 件，占中国总申请量的 67.3%。2012 年以后，中国总申请量和中国国籍申请量都逐渐回落，这与全球趋势相同，是 3D 技术各个分支或趋于成熟或遇到瓶颈的反映。令人欣慰的是中国国籍申请量于 2014 年略有回升，这与中国各分支技术发展的独特性有关。

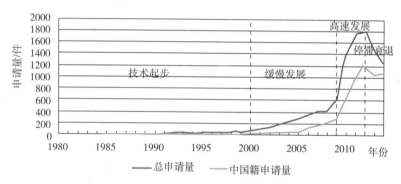

图 2-4　国内 3D 显示专利申请趋势

2.2.2.2　申请分布

我国 3D 显示技术专利申请主要集中在高科技发达的地区，大部分集中在华北地区、华东地区、华南沿海地区以及台湾地区。其中，广东省以 2298 件的申请量遥遥领先，是我国显示屏产业的重头地区，由于广东省具有华星光电、亿思达、超多维等众多科技企业，并且是国外显示产业转移和产业布局时间较早的省市，是目前国内最大的显示产业聚集区域，其具有雄厚的研发能力和吸收创新国外先进 3D 显示技术的先天优势。北京和台湾申请量分别居于第二和第三，北京的京东方和台湾的友达光电从创立以来，一直针对显示产品进行不断创新，并且在全球 3D 显示大趋势下，不断改进技术填补显示屏制造空白，3D 显示申请量在全国位列前茅。目前，深圳、广州、北京等城市也高度重视 3D 显示产业的发展，明确定位，并制定了相应的发展规划。其次为华东地区，主要涉及浙江、上海、山东、安徽等省市，尤其以长江三角洲地区最为典型，该地区目前拥有全国最大的光电产业集群，在研发、制造、应用等各个产业链环节都

13

走在全国的前列，全国最大的液晶产业基地分布在苏州、上海等地，其3D显示技术在依托光电产业集群的研发能力下，很快将科研结果转化为专利申请，并进一步转化为产品。但总体而言，3D显示技术产业区域发展欠缺均衡，主要集中于华北、华南、华东地区，广东尤其突出，而我国西南地区拥有长虹等企业，具备发展潜力。

2.2.2.3 技术分布

如图2-5所示，就技术分支而言，与全球数据类似，我国眼镜和裸眼分支占据了

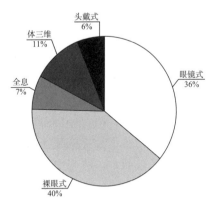

图2-5 国内3D显示专利申请技术分布

最大的比例，二者之和占75%以上，体三维分支占11%，全息和头戴分支更少分别占7%和6%。这与目前3D显示技术的市场主要集中于3D电影和3D电视有关。

就各技术分支的申请量占比而言，与全球数据相比，我国眼镜、裸眼、体三维分支分别占据了更大的比例，而全息和头戴则占据了更小的比例。目前，眼镜、裸眼和体三维技术发展比较成熟，而全息技术目前还不成熟，头戴技术则处在起步阶段，由此可以看出我国申请偏向于成熟技术，对于新技术的研发欠缺。

从各分支发展趋势可以看出，我国各分支专利申请都晚于其他国家，眼镜、裸眼、体三维和全息三分支起步于1983年，头戴起步于1992年，前者与我国专利总体发展有关，后者则是单纯技术落后所致。

就发展趋势而言，与各分支与全球数据大致相同。眼镜、裸眼、体三维和全息四个分支与3D显示技术总的趋势相同，都经过技术起步、缓慢发展、高速发展、停滞衰退的四个阶段，只有头戴分支不同，在其他分支停滞衰退时一枝独秀成为3D显示技术的生力军。

2.2.3 广东专利布局分析

2.2.3.1 申请态势

如图2-6所示，广东省专利申请的发展同样历了技术起步、缓慢发展、高速发展、停滞衰退的四个阶段，只是起步较晚，同时高速发展阶段较短。缓慢发展阶段和高速发展开始时间与中国申请中中国国籍申请发展同步，在国际和中国申请量高速发展的巅峰2012年广东省申请量反而有所下降。下降的主要原因是2012年国际金融危机的影响，广东省处于改革开封最前沿容易受海外市场冲击，加上广东省3D显示技术企业规模不大抵抗力弱，因此，导致研发力量有所减弱，申请量随之下滑。

广东省专利申请虽然技术起步稍晚，但是起步后到2011年期间的缓慢发展和高速发展的发展趋势与国内申请中中国国籍专利申请完全同步，由此可以看出，广东省的3D显示技术发展一直是中国3D显示技术发展的主流，在2011年广东省的申请量占中国国籍申请量的47%之多。

与中国国籍申请量趋势相同，在国际申请量都位于停滞衰退期的阶段，广东专利

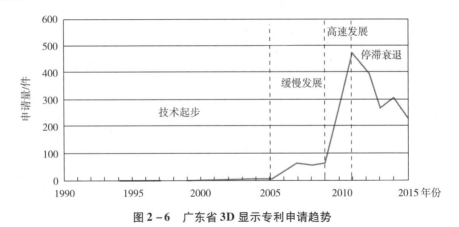

图 2-6　广东省 3D 显示专利申请趋势

申请量与中国国籍专利申请量一样，都于 2014 年略有回升。

2.2.3.2　申请分布

广东省是我国 3D 显示技术申请量最大的省，广东省 3D 技术专利申请主要集中分布在珠江三角洲地区，尤以深圳、广州为甚，其他地区几乎为零。各城市地区的申请量可大致分为五个梯队，每个梯队之间差距明显。

珠江三角洲地区是有全球影响力的先进制造业基地和现代服务业基地，是我国南方地区对外开放的门户，也是我国的 3D 显示产业的重头地区。其中，作为中国高新技术产业基地的深圳以 1719 件的申请量占据广东省总申请量的 79%，遥遥领先其他城市。省会广州市申请量 226 件，占据广东省总申请量的 10%，位居第二。东莞、惠州两市总申请量均位于 70～80 件，为第三梯队。汕尾、佛山、中山、珠海、汕头、江门总申请量都位于 10～50 件，为第四梯队。其他各市申请量均 10 件以下。

2.2.3.3　技术分布

如图 2-7 所示，就技术分布而言，与全球和国内数据相比，广东省眼镜和裸眼分支占据了更大的比例，二者之和占 81% 以上，体三维分支占 10%，全息和头戴分支分别约占 4%。这集中反映了广东省是我国显示屏产业的重头地区。

就各技术分支的申请量占比而言，与全球和国内数据相比，广东省眼镜分支占据总申请量的38.6%、裸眼分支占据总申请量的 43.2%，分别占据了更大的比例，体三维分支占据总申请量的比例基本相同，而全息和头戴分支则占据了更小

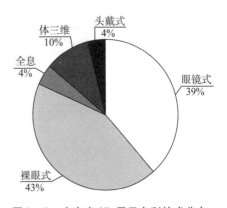

图 2-7　广东省 3D 显示专利技术分布

的比例。由此可以看出，广东省在相对比较成熟的技术上存在一定的优势，对于相对不成熟的技术或者新起步的技术优势不足，需要加强对新技术的支持力度，尽量提早作相关技术的专利布局，赢得主动。

从各分支发展趋势可以看出，广东省各分支专利申请在国内算是起步较晚的省市，眼镜、裸眼和全息三分支起步于 1999 年，体三维起步于 2004 年，头戴到 2009 年才开

始有专利申请量。

就发展趋势而言，各分支与全球、国内数据大致相同。眼镜、裸眼、体三维和全息四个分支与 3D 显示技术总的趋势相同，都经过技术起步、缓慢发展、高速发展、停滞衰退的四个阶段。头戴分支在其他分支停滞衰退时有增长的趋势。

2. 2. 3. 4　重点企业

图 2 - 8 示出了广东省在 3D 显示领域的重要申请人。从数量上来看，华星光电、亿思达、超多维、天马微电子的专利申请数量都达到了百件以上，其中华星光电和亿思达更是能在国内的申请人排名中排到了第五和第六的位置，显示出了较强的实力。但从专利申请的质量上来看，各家企业却呈现出了不同的态势：其中华星光电、超多维、TCL、鸿富锦、群康、中山大学的申请中发明申请占比都达到了 60% 以上，而亿思达、天马微电子、康佳的申请中发明申请占比都在 50% 左右，信利半导体的申请中发明申请占比只有 29.55%，占比最低。发明申请在创造性要求要高于实用新型申请，其保护期限也长于实用新型，因此，一般比较核心的技术创新都会以发明申请为主，发明申请占比在一定程度上体现了创新的技术含量。在发明授权率方面，华星光电、超多维、群康、TCL 都达到了 60% 或接近 60%，具有较高的授权率，可见这些企业的申请具有较高的技术含量和创新性。而在申请量上排名第二位的亿思达，发明的授权率只有 11%，也就是说 229 件申请中，已经授权的专利申请只有 14 件，相对来说申请质量不高。总体来说，广东省的这些企业虽然都比较重视知识产权，但在申请质量上参差不齐，存在申请质量较低的问题。

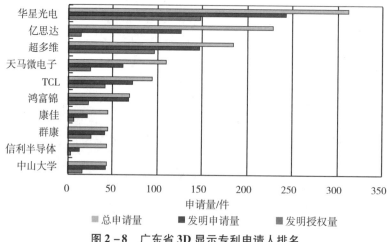

图 2 - 8　广东省 3D 显示专利申请人排名

2.3　激光显示技术

2.3.1　全球专利布局分析

2.3.1.1　申请态势

图 2 - 9 示出了激光显示技术全球专利的逐年申请趋势状况。由图中可以看出，全

球的专利申请，开始于 20 世纪 60 年代，但是数量很少，2000 年之前每年的申请量都不足 100 件，从 2000 年以后进入快速发展，几乎呈直线增长，到 2005 年申请量已经接近 500 件，2009 年、2010 年申请量有少许回落，但是仍然保持在 500 件以上，之后又开始迅速回升，并在 2012 年达到最高峰的 700 余件。可见，激光显示技术的申请量在全球一直都保持着较高的申请量，而且随着激光显示技术的兴起，上述情况有望持续保持。

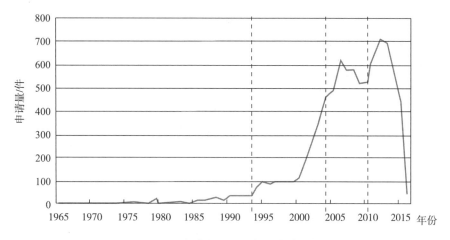

图 2-9　全球激光显示专利申请趋势

2.3.1.2　技术分布

如图 2-10 所示，全球激光显示的专利申请主要集中在光源和图像调制，屏幕所占的比例很少，其中光源占比接近一半，可以看出，光源是全球激光显示领域的热点技术。另外，光源的申请量从 2000 年左右开始迅速增长，并一直持续到 2014 年，高峰时期达到每年 500 件的申请量，图像调制开始的早一些，从 20 世纪 90 年代开始就进行快速发展期，到 2010 年达到峰值的 300 多件，并开始有所下降，屏幕的申请量一直都不大，每年的申请量都没有超过百件。可以看出，光源和图像调制一直都是激光显示的主要研发方向，也是发展的重点。

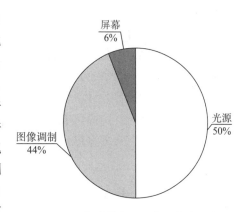

图 2-10　全球激光显示专利技术分布

2.3.1.3　重要申请人

图 2-11 示出了激光显示领域在全球的前 16 名专利申请人，其中包括 3 家国内企业：深圳光峰科技有限公司、海信集团有限公司以及鸿海，分别位于第四位、第十四位和第十五位。中国企业在激光显示领域占有一席之地，特别是光峰光电，其申请量挤进全球前五名，说明其在激光显示领域位于全球领先地位。前 16 名中日本公司占据

9个，中国3个，韩国2个，欧洲2个。前五名日本占据4个，说明激光显示技术日本优势明显。

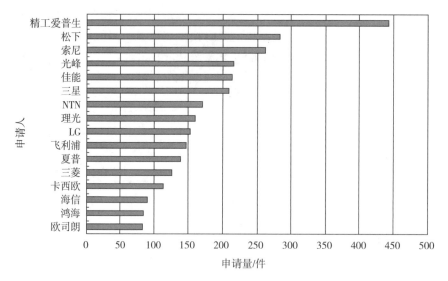

图2-11　全球激光显示专利申请人排名

2.3.2　国内专利布局分析

2.3.2.1　申请态势

由图2-12中可以看出，国内国籍的申请开始于20世纪80年代，从2003年开始，进入快速发展，并一直保持持续增长。国内国籍2007年之前的申请量都不足百件，2015年达到最高的340件，国内申请的开始时间与国内国籍相同，国内总申请量于2003年突破百件，并在2011年突破400件，在2013年达到峰值483件，并且在2014年和2015年略有回落，但是国内国籍的申请却一直保持增长，说明下降的原因是国外国籍的申请导致的。国内国籍的申请量从不足总申请量的一半，迅速增长为接近2/3的份额，说明国内对激光显示技术越加重视。

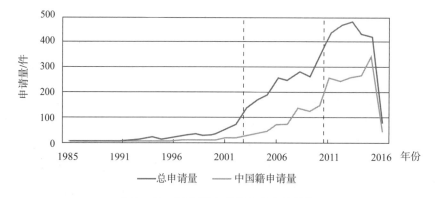

图2-12　国内激光显示专利申请趋势

2.3.2.2　申请分布

广东、上海、北京、台湾、江苏是国内申请量排名前五位的省市，申请量分别为 508 件、244 件、224 件、206 件和 200 件，其中广东占比为 23%，领先其他省份。上述前五位省市的申请量总和占国内激光显示专利申请总量的 60%，远远领先于其他省份。全国只有广东省的申请量超过 500 件，超过 150 件的省份有四个，还有山东省和浙江省的申请量也过百件，其他省份均未达到 100 件。总体上，激光显示主要分布在广东等东南沿海及北京等经济发达省份，西部和东北的申请量较小。

2.3.2.3　技术分布

由图 2 - 13 可以看出，国内激光显示的专利申请主要集中在光源，占比超过一半，其次是图像调制，屏幕所占比例相对较少，上述比例与全球专利各个分支的占比情况类似，可以看出，光源是全球和国内激光显示领域的热点技术。其中，光源的总申请量为 2914 件，图像调制的总申请量为 1722 件，屏幕的总申请量为 258 件。另外，光源在国内的申请均开始于 20 世纪 80 年代，从 2000 年以后开始进入快速发展期，并且申请量一直保持持续增长，峰值时期的年申请量超过 300 件，图像调制与光源类

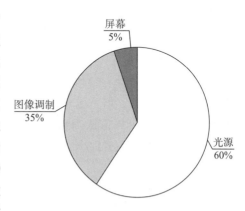

图 2 - 13　国内激光显示专利技术分布

似，从 2000 年开始进入快速发展期，但是其申请的数量较光源要少，峰值时期的年申请量约为 150 件。屏幕的申请量更少，其年申请量一直都未超过 50 件。可见，光源和图像调制仍然是国内发展和研发的主要方向。

2.3.3　广东专利布局分析

2.3.3.1　申请态势

广东省的激光显示申请从 2001 年才出现，但是前几年的申请量都不大，从 2001 年到 2009 年每年的申请量都不到 20 件，从 2011 年开始，申请量增长很快，达到 78 件，开始进入快速发展，并一直保持较大的申请量。2014 年的申请量达到峰值 83 件，2015 年略有回落，为 76 件，但仍然保持较高的申请量。

2.3.3.2　申请分布

从图 2 - 14 可以看出，广东省激光显示专利地区分布并不均匀。深圳市、广州市、东莞市、惠州市、中山市的申请量排在全省的前五位，申请量分别为 396 件、44 件、19 件、19 件和 11 件，其中深圳市的申请量远远高于其他地区，比其他地区总和还多，位于第一梯队；广州市、东莞市、惠州市和中山市申请量相当，位于第二梯队；佛山市、梅州市、珠海市、汕尾市、潮州市、汕头市和河源市的申请量比较少。

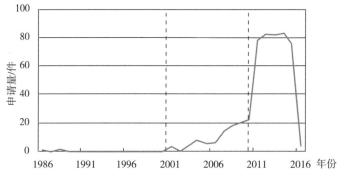

图 2 – 14　广东 3D 显示专利申请趋势

2.3.3.3　技术分布

　　广东省激光显示的专利申请的技术分布与全球和国内的情况类似，主要集中在光源和图像调制领域，但是更加集中在了光源领域，占比达到 69%，其次是图像调制，占比为 25%，屏幕所占比例相对较少，才占 6%（参见图 2 – 15）。另外，光源，图像调制和屏幕，在广东省的申请均开始于 21 世纪初，光源分支 2010 年前每年的申请量都不到 20 件，2011 年的申请量达到 70 件，并开始进入快速发展期，2014 年达到最高值的 79 件。图像调制分支 2008 年之前发展也比较缓慢，年申请量都不超过 10 件，2009 年达到 15 件，之前每年的申请量都保持比较稳定，2013 年达到峰值的 26 件。屏幕分支的申请量一直都不大，年申请量均未超过 10 件。可见，广东省在光源领域有一定的积累和优势，可以抓住该优势，进行积极布局，对于图像调制和屏幕领域，国外公司起步较早，布局较多，相应的企业应该注意防范侵权的可能。

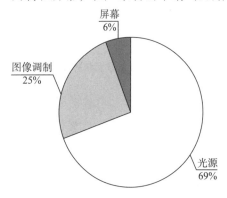

图 2 – 15　广东激光显示专利技术分布

2.3.3.4　重点企业

　　图 2 – 16 示出了激光显示领域广东省的重要申请人情况，由图中可以看出，第一

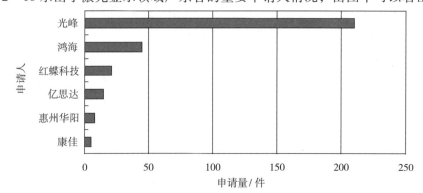

图 2 – 16　广东激光显示专利申请人排名

的光峰光电技术有限公司的申请量超过 200 件，第二、第三和第四的鸿海集团公司，红蝶科技有限公司以及深圳市亿思达科技集团有限公司的申请量均未达到 50 件，第五、第六的惠州市华阳多媒体电子有限公司和康佳集团股份有限公司的申请量不足 10 件。

光峰光电技术有限公司在前文中已经介绍过，下面简单介绍其他几家公司。鸿海近年申请多件激光投影装置的专利，并且同时在国内和美国同时申请，显示出鸿海精密工业股份有限公司也涉足激光显示领域。红蝶科技主要提供微型投影光机的 ODM/OEM 服务，产品包括内置光机和外挂式投影。亿思达科技集团 2014 年发布拥有自主知识产权的高清大屏幕激光显示光学引擎，这套产品包括高清超短焦投影光学系统、激光电视光源模组和专用激光电视幕三个元素，可实现超近距离高清投影。惠州市华阳多媒体电子有限公司主要从事车载抬头显示（HUD）、车载无线充电、车载滑动机构、DVD 机芯、微型投影、微型马达、高频变压器、工业智能设备（定制）的设计开发、生产制造和销售以及激光头及其配件的生产制造。其申请的专利大多涉及 HUB 激光投影显示装置。康佳 2014 年推出激光电视，2015 年在 CES 2015 消费电子展中，康佳推出了旗下首款 100 寸激光电视。康佳此次推出的 100 寸激光影院不需要像投影一样需要远距离的投射距离，只需要离墙壁半米左右即可投射 100 寸的面积，节省空间。

2.4　柔性显示技术

2.4.1　全球专利布局分析

2.4.1.1　申请态势

如图 2-17 所示，1998 年之前属于柔性显示技术的萌芽期，1985～1998 年的专利申请总量只有 77 件，前期的专利大部分是基础专利，属于柔性显示技术的探索阶段，处于新技术的尝试期。1997～2006 年柔性显示领域的专利申请量呈现较为明显的增长趋势，这个阶段一共有 1348 件涉及柔性显示技术的专利申请，其中年产出量在 2001 年猛增到 133 件，首次突破 100 件，并在 2005 年达到申请量顶峰，为 270 件。这段时间为柔性显示行业技术发展的导入期，行业内的许多大型企业逐步建立了自身的技术竞争优势。受国际金融危机及企业整合的影响，2007 年的专利申请量有所下滑，但整体来看，从 2007～2013 年涉及柔性显示的专利申请量基本呈现稳中有升的态势，每年申请量保持在 270 件以上，这是因为，随着科技的发展，人们对柔性显示器件的需求开始增加，意识到柔性显示巨大的市场前景，很多企业加大了研发力度。

总体来看，柔性显示技术在全球的申请量并不是单一的变化趋势，其基本呈现"兴起—增长—顶峰—趋于稳定"的态势，中间受金融危机、产业整合以及企业战略的影响，在全球的申请量有所波动。尽管目前已经有零星的柔性显示产品出现，比如三星的 round，LG 的 G Flex，但其仅仅是屏幕具有一定的弧度，远没有达到随意弯曲的程

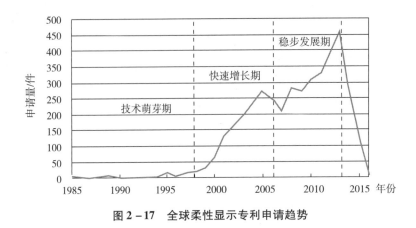

图 2 - 17　全球柔性显示专利申请趋势

度，柔性显示的技术还不十分成熟，还有很长的路要走。可以预见，未来几年内，柔性显示技术仍将处于对新产品的探索阶段，专利申请态势则会相应持续快速增长。

2.4.1.2　技术分布

柔性显示技术主要分为柔性 OLED、柔性 EPD 和柔性 LCD，对三种柔性显示技术分别进行分析，三种技术的专利申请趋势和占比如图 2 - 18 所示。

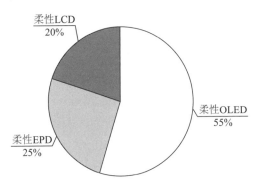

图 2 - 18　全球柔性显示专利技术分布

柔性 EPD 和柔性 LCD 的第一件专利申请均出现在 1985 年，柔性 OLED 的第一件专利申请出现在 1989 年。相比较而言，柔性 OLED 出现较晚属于新兴技术。柔性 OLED 在柔性显示中占 55%，具有绝对优势；柔性 EPD 占比是 25%，柔性 LCD 占比是 20%，柔性 EPD 和柔性 LCD 所占比重比较接近。由三者的申请态势曲线可知，柔性 EPD 和柔性 LCD 出现的年代早于柔性 OLED。2000 年至今，柔性 OLED 进入了快速发展阶段，柔性 EPD 和柔性 LCD 也得到了一定程度的发展，但二者的发展速度明显小于柔性 OLED。2010 年至今，柔性 OLED 的发展速度惊人；柔性 EPD 和柔性 LCD，由于其技术本身的局限性，其发展速度比较缓慢。

2.4.1.3　重要申请人

图 2 - 19 是柔性显示技术全球申请量在前十位的申请人。韩国的三星和 LG（乐金）是柔性显示领域的领头羊，其专利的申请量遥遥领先于其他申请人；三星以总申请量 488 件稳居第一位，占到重要申请人申请总量的 30.2%，LG 以 319 件位居第二位，占到重要申请人申请总量的 19.7%；处于第二集团的是京东方等三家公司，每个公司的申请量都是 100 多件；处于第三集团的是 E - INK 等五家公司，其申请量有几十件。

在这些重要申请人中，韩国的三星和 LG 在全球的申请量接近上述重要申请人申请

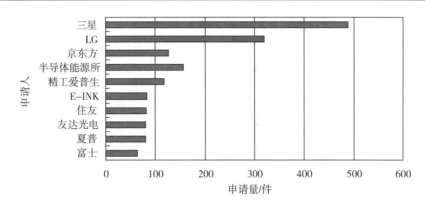

图 2 – 19　全球柔性显示申请人排名

总量的一半，为 49.9%；半导体能源所、精工爱普生、住友、夏普、富士是来自日本的企业，京东方和友达光电是来自中国的企业，E – INK 是来自美国的企业。韩国在柔性显示技术领域具有绝对优势；日本排进前十名的有五家公司，日本在柔性显示领域中进行的研究也很多；中国排进前十名的有两家公司，中国企业在柔性显示领域也占有一席之地；美国排进前十名的有一家公司。

在这些重要申请人中，韩国的三星和 LG 在柔性 OLED、柔性 EPD、和柔性 LCD 方面都有研究，近几年的侧重点是柔性 OLED，特别是柔性 AMOLED；日本的企业偏重于发展核心 OLED 材料技术，在柔性 EPD、柔性 LCD 上也有研究；中国的企业偏重于柔性 OLED；美国的 E-INK 公司偏重于柔性 EPD。

2.4.2　国内专利布局分析

2.4.2.1　申请态势

图 2 – 20 是国内总申请量与中国国籍申请量变化趋势图。在中国的 2407 件申请中，总申请量趋势图中，第一件申请出现在 1992 年，中国申请量趋势图中，第一件申请出现在 1993 年。

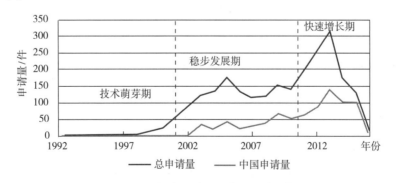

图 2 – 20　国内柔性显示专利申请趋势

2000 年之前属于柔性显示技术的萌芽期，1992 ~ 2000 年的专利申请总量只有 61 件，前期的专利大部分为基础专利，属于柔性显示技术的探索阶段，处于新技术的尝试期。2001～2010 年柔性显示领域的专利申请量呈现稳中有升的态势，这个阶段一共有 1245 件涉及柔性显示技术的专利申请，其中年产出量在 2003 年猛增到 123 件，首次突破 100 件，并在 2005 年达到申请量顶峰，为 176 件。这段时间为柔性显示行业技术发展的导入期，行业内的许多大型企业已经逐步建立了自身的技术竞争优势。中国籍申请人的申请量在 2003 年进入了稳步增长阶段，中国籍申请人的起步晚于外国申请人的起步，中国籍申请量不足总申请量的一半。中国籍申请人在柔性显示领域还有很大的进步空间。从 2011～2013 年涉及柔性显示的专利申请量基本呈现较为明显的增长趋势，每年申请量保持在 200 件以上，这是因为，随着科技的发展，人们对柔性显示器件的需求开始增加，意识到柔性显示巨大的市场前景，很多企业加大了研发力度。

中国籍的申请量变化趋势与全球申请人的申请量的变化趋势基本一致，在 2007 年中国籍申请人受经济危机的影响明显小于全球其他国籍申请人。柔性显示在中国境内的申请态势和全球申请态势基本一致，都是在 2000 年前处于技术萌芽期，2000 年后处于快速增长期和稳步发展期。且在快速增长期内，都是在 2005 年达到申请量顶峰。可见，中国市场是重要市场，柔性显示技术在中国的发展备受瞩目。

2.4.2.2　申请分布

国内各省专利申请量排名第一的是台湾，其申请量有 263 件，排名第二的是广东，其申请量有 180 件，排名第三的是北京，其申请量有 160 件，江苏以 78 件排名第四，上海以 55 件排名第五，四川以 33 件排名第六，其他省份的申请量在 10 件左右或 10 件以内。可见，国内柔性显示技术的发展主要集中在台湾、广东和北京，这三个技术相对较发达，柔性显示技术发展最快。

广东排名第二，仅次于台湾，广东申请量占比 20.5%，广东柔性显示技术的研究处于领先地位，其技术的进步必将提升国内的柔性显示技术水平。

2.4.2.3　技术分布

在国内，柔性 OLED 的第一件专利申请出现在 1994 年，柔性 EPD 的第一件专利申请出现在 1993 年，柔性 LCD 的第一件专利申请出现在 1982 年；它们在中国的出现年份均晚于其在全球的出现年份，可见，柔性显示技术在中国的发展晚于其在全球的发展。

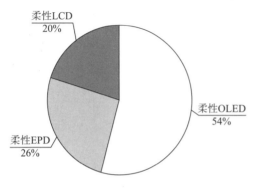

如图 2-21 所示，柔性 OLED 在柔性显示中占 54%，具有绝对优势；柔性 EPD 占比是 26%，柔性 LCD 占比是 20%，三者在中国的占比与其在全球的占比几乎相同。可见，三者在中国的占比情况与其在全球的占比情况类似。

由三者的申请趋势曲线可知，柔性 EPD 和柔性 LCD 出现的年代早于柔性 OLED。2001 年至今，柔性 OLED 进入了快速发展阶段，柔性 EPD 和柔性 LCD 也得到了一定程

图 2-21　国内柔性显示专利技术分布

度的发展，但二者的发展速度明显小于柔性 OLED。2010 年至今，柔性 OLED 的发展速

度更是惊人；柔性 EPD 和柔性 LCD，由于其技术本身的局限性，其发展速度非常缓慢。三者在国内的发展趋势与其在全球的发展趋势也类似。中国柔性技术的发展是与全球柔性技术的发展密切相关的，其紧紧跟随着全球柔性显示技术的发展。

2.4.3　广东专利布局分析

2.4.3.1　申请态势

广东共有 181 件柔性显示专利申请，最早的申请出现在 2004 年，其申请人是时运达（深圳）电子有限公司，其是关于柔性 EPD 和柔性 LCD 的。

如图 2-22 所示，广东柔性显示技术在 2004~2008 年处于技术萌芽期，每年申请量不超过 3 件；在 2009~2011 年处于稳定发展期，每年申请量为 10~13 件；在 2012~2013 年处于快速增长期，每年的申请量都有 40 多件；2014 年至今，受未公开影响，申请态势曲线下降。总的来说，广东柔性显示技术在近几年处于快速增长期。

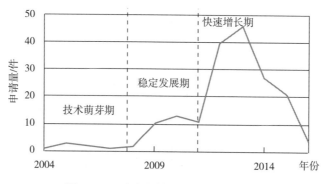

图 2-22　广东柔性显示专利申请趋势

广东柔性显示技术的出现年代明显晚于全球和中国柔性显示技术的出现年代，稳步发展期和快速增长期的出现年代也明显晚于全球和中国柔性显示技术的出现年代，这说明广东企业在柔性显示技术方面的研发起步较晚。柔性显示在广东的申请态势和全球申请态势、中国申请态势比较相似，但是，广东的起步明显晚于国内和全球，稳步发展期的起始年也晚于国内和全球。广东近几年的年申请量达到了 40 多件，这说明广东企业近几年是非常重视柔性显示专利在国内布局的。

2.4.3.2　地域分布

在广东省的各个地域中，深圳市以 122 件申请量遥遥领先于其他地区，广州市以 28 件申请量处于第二位，东莞市、惠州市、汕尾市、佛山市、汕头市、珠海市也有一定的申请量，申请量是 12 件以内。广东省的其他地区没有专利申请。从上述专利申请分布可以看出，广东省的分布是以深圳市、广州市为中心向周边的几个地区辐射，这些地区也是广东省的传统高科技区域。广东省的这些区域可以在保持现有技术优势的基础上，进一步增大研发投入。对于柔性显示这样一种需要大量积累和投入的技术，其他区域暂时无法产出专利也在情理之中。

2.4.3.3 技术分布

在广东省内，柔性显示的三种主要技术——柔性 OLED、柔性 EPD 和柔性 LCD 的占比如图 2–23 所示。

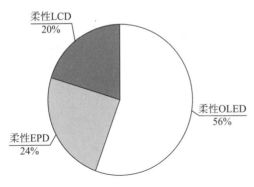

图 2–23 广东柔性显示专利技术布局

广东省内，柔性 OLED 和柔性 LCD 的第一件专利申请出现在 2005 年，柔性 EPD 的第一件专利出现在 2004 年；广东省申请人的第一件专利申请明显晚于国内第一件的出现年份，更晚于全球第一件的出现年份，可见，柔性显示技术在广东省的起步晚于其在国内的发展，更晚于其在全球的发展。

柔性 OLED 在柔性显示中占56%，具有绝对优势；柔性 EPD 占比是 24%，柔性 LCD 占比是 20%。三个分支的广东省申请人申请量占比与三个分支在中国的占比、三个分支在全球的占比几乎相同。可见，三个分支在广东省的占比情况与其在国内的占比情况、其在全球的占比情况类似。

由三个分支的申请趋势曲线可知，柔性 EPD 出现的年代早于柔性 OLED 和柔性 LCD。2010 年至今，柔性 OLED 进入了快速发展阶段，柔性 EPD 和柔性 LCD 也得到了一定程度的发展，但二者的发展速度明显小于柔性 OLED。柔性 EPD 和柔性 LCD，由于其技术本身的局限性，其发展速度比较缓慢。三者在广东省的发展趋势与在国内的发展趋势、在全球的发展趋势也类似，只是出现的年份较晚些。

在三种柔性显示技术中，广东省的柔性 OLED 的发展速度非常可观，与中国、全球的趋势相同。

2.4.3.4 重点企业

图 2–24 是广东省的柔性显示技术的申请量排在前十位的重要申请人。深圳市华

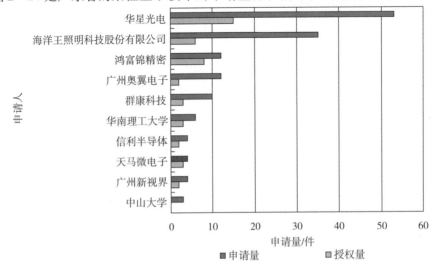

图 2–24 广东柔性显示专利申请人排名

星光电（TCL）处于明显的优势，有 53 件专利申请，其占广东省重要申请人总量的 37.0%；排名第二的是海洋王照明科技股份有限公司，二者的申请量明显多于其他企业。华星光电、海洋王照明科技股份有限公司是广东省的柔性显示技术的领军人物，在中国柔性显示技术中排名分别为第八、第十，在中国柔性显示领域也占有一席之地。

在发明授权数量方面，申请量较少的广州奥翼和天马微的授权专利较高，分别为 66.7% 和 75%。申请量上排名第一的华星光电的授权专利有 28.3%；排名第二的海洋王照明科技股份有限公司则只有 17.1%；排名第三的鸿富锦精密有 16.7%。总体来说，广东省的这些企业虽然都比较重视知识产权，但在申请质量上参差不齐，存在申请质量较低的问题。

2.4.4　重要申请人专利布局分析

虽然华星光电的申请量在广东省排名第一，但是其申请量相比于在中国排名第一的三星和排名第二的 LG 的申请量还有一定差距。因此，广东省企业要做的重点工作是吸取国外企业，特别是三星和 LG 的先进技术，并形成自己的专利保护体系。本小节将对韩国的三星和 LG 的专利技术展开全方位的重点分析，希望能为广东省企业提供启示。

2.4.4.1　三星、LG 塑料基板技术分布

由于三星和 LG 在柔性 OLED 方面的申请处于绝对的优势，下面重点分析三星和 LG 柔性 OLED，为广东省显示领域相关企业借鉴和参考。

三星柔性 OLED 塑料基板技术主要分为柔性基板技术、封装技术、驱动技术、透明导电技术、显示元件技术五个分支。塑料基板柔性 OLED 显示元件的核心在于基板具有柔性，能够弯曲，所以，柔性基板技术是柔性 OLED 显示技术的基础，塑料基板具有耐热性差、隔绝水氧的能力差的缺点，要想制造出满足需要的柔性 OLED 显示器件，必须对塑料基板作出改进。

图 2-25 是三星和 LG 的 OLED 塑料基板技术分布，从图中不难发现，柔性基板技术是三星目前柔性 OLED 技术的研发重点，涉及柔性基板技术的专利申请达到 93 件，占所有技术的 34.4%。一方面，是因为塑料本身具有的耐热性和隔绝水氧的能力欠缺，必须对塑料材质或柔性基板的组成结构进行改进；另一方面，OLED 显示元件之所以具有柔性，主要是采用了具有柔性的基板，柔性基板技术是柔性 OLED 显示技术的核心和基础。涉及封装技术的专利申请为 86 件，占据塑料基板柔性 OLED 显示技术的 31.9%。涉及显示驱动技术的申请为 48 件，占据塑料基板柔性 OLED 显示技术的 17.8%。此外，显示元件技术和透明导电技术的专利申请分别为 13 件和 14 件。

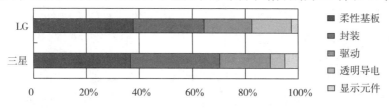

图 2-25　三星、LG 柔性显示专利技术分布

2.4.4.2　三星、LG 的剥离技术

柔性 OLED 中的塑料基板技术主要分为柔性基板技术、封装技术、驱动技术、透明导电技术、显示元件技术五个分支。三星和 LG 公司的专利布局覆盖了上述五个分支，且在各个分支都具有较强的实力，其中柔性基板技术是目前塑料基板技术的研发重点，也是三星和 LG 公司在塑料基板技术中申请量最大的分支。

通过引用和被引用的次数、同族的数量、转让等方面对三星、LG 的塑料基板技术中的柔性基板技术进行了筛选，共筛选出 26 件专利，上述专利的技术改进主要分布在基板的保护、基板的材质、剥离、强度和耐温等方面。其中剥离技术占比最高，达到 24.6%。剥离技术是三星、LG 的柔性基板技术的重点技术，该领域也是广东省显示技术相关企业需要重点关注的技术方向。

剥离技术是通过将塑料基板黏附在刚性的支撑基板上，并在塑料基板上完成薄膜器件的制备，最后将制备有器件的塑料基板与支撑基板分离的技术。三星和 LG 的剥离技术的重点专利主要针对四个方面的技术改进，一是对塑料基板的材质的改进，技术方案是采用多层膜的塑料衬底来提高塑料基板的强度、耐热性以及表面的平坦度。二是对黏结剂的改进，技术方案分别是采用含有四氢呋喃 THF（tetrahydrofuran）的溶剂溶解硅胶黏结剂来减少剥离后残余量、采用两面具有不同的黏接强度的黏接层使得工艺完成后塑料基板与支撑基板间容易脱离、采用加入了抗静电剂的硅胶黏结剂来提高抗静电能力以及在发光层上形成较强黏附力的黏接膜使得塑料基板与支撑基板分离时不需要激光辐射工序。三是对分离层进行改进，技术方案分别是：将柔性衬底上的阻挡层充当传统的用于激光剥离用的分离层来简化工艺和降低成本、进一步设置充当分离层的阻挡层的材料为 SiN_x，使得激光剥离容易，以及采用包含具有不大于 0.5 的相似性分数（similarity score）聚酰亚胺树脂的剥离层替换传统的分离层，无需激光或光辐射，简化了制备工艺和成本。最后是对剥离过程中的保护层进行改进，技术方案是采用阻挡层直接覆盖密封塑料基板上的显示单元，从而在激光辐射剥离或者弯曲的过程中，起到隔离保护的作用。

2.4.4.3　三星、LG 的重要专利

剥离技术是塑料基板 OLED 的主流制备技术，其是通过将塑料基板黏附在刚性的支撑基板上，并在塑料基板上完成薄膜器件的制备，最后将制备有器件的塑料基板与支撑基板分离的技术。为了实现有效的剥离，需要对塑料基板的材质、黏附用的黏接剂、分离层以及分离采用的保护层等方面进行改进。

如图 2-26 所示，2001 年三星申请的专利 US2002150745A1 采用多层膜的塑料衬底，提高了塑料基板的强度、耐热性以及表面的平坦度；2005 年三星申请的专利 US2006078671A1 采用硅胶黏结剂，且采用含有四氢呋喃 THF（tetrahydrofuran）的溶剂溶解该硅胶黏结剂，剥离后残余量小，且该黏结剂具有化学稳定性和热稳定性；2007 年三星申请的 US2007175582A1 对黏接层进行改进，采用的黏接层两面具有不同的黏接强度，使得工艺完成后塑料基板与支撑基板间容易脱离；2007 年 LG 申请的 CN101443429A 对黏结剂的抗静电进行改进，向硅胶黏结剂中加入抗静电剂，该抗静电

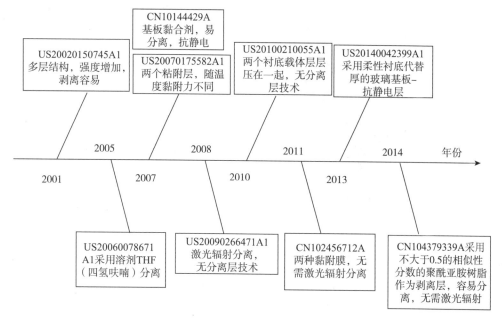

图 2-26　三星、LG 的剥离技术路线

剂为由金属阳离子和阴离子组成的无机盐或者由阳离子和阴离子组成的有机盐；2008 年三星申请的 US2009266471A1 改进激光辐射用的分离层，将柔性衬底上的阻挡层充当了传统的用于激光剥离用的分离层，简化了工艺，降低了成本；2010 年三星申请的 US2010210055A1 是上述 US2009266471A1 的系列申请，其进一步对作为分离层的阻挡层进行了进一步的改进，设置阻挡层的材料为 SiN_x，使得激光剥离容易；2011 年 LG 申请的 CN102456712A 在发光层上形成较强黏附力的黏接膜，使得塑料基板与支撑基板分离时不需要激光辐射工序，降低了制造成本和提高了产率；2013 年三星申请的 US2014042399A1 采用阻挡层直接覆盖密封塑料基板上的显示单元，从而在激光辐射剥离或者弯曲的过程中，起到隔离保护的作用；2014 年 LG 申请的 CN104379339A 对作为黏附层的剥离层进行改进，采用包含具有不大于 0.5 的相似性分数（similarity score）聚酰亚胺树脂的剥离层，无需激光或光辐射，简化了制备工艺和成本。

2.5　HEVC 编码技术

2.5.1　全球专利布局分析

2.5.1.1　申请趋势

截至 2016 年 3 月，全球 HEVC 视频编解码技术专利申请量累计达 4533 项，其中图像分块相关的专利申请 678 项，占总申请量的 15%，帧间预测相关的专利申请为 927 项，占总申请量的 20%，帧内预测相关的专利申请为 312 项，占总申请量的 7%，变化量化相关的专利申请 1186 项，占比达到了 26%，熵编码相关的专利申请量为 526

项，占比为 12%，环路滤波相关专利申请为 759 项，占比为 17%，SEI 消息相关的专利申请量为 145 项，占总申请量的 3%，参见图 2 - 27。

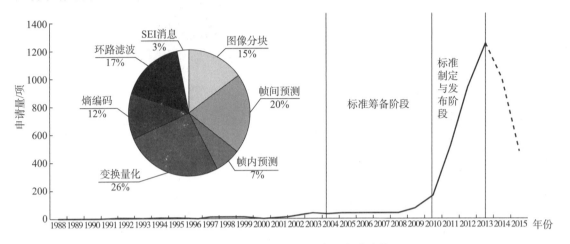

图 2 - 27　全球 HEVC 编码专利申请趋势

HEVC 视频编解码标准是从 2004 年开始筹备，并在 2010 年才提出的，然而，与 HEVC 标准涉及的相关技术专利最早出现于 1983 年，已经储备了近 20 年，有些技术未被之前的压缩标准采纳，该领域全球专利申请趋势反映出其技术研发并非一朝一夕完成，而是经历了必要的积累和发展。

从 20 世纪 80 年代起，HEVC 视频编解码标准相关的全球申请量呈持续缓慢发展阶段，尚处于技术萌芽期。

直到 2004 年 VCEG 开始着手研究比 H. 264 更高效的视频编码标准，进入了标准的筹备阶段，从而推动了 HEVC 相关专利技术的研发和申请，进一步提升了该领域的专利申请量，2004 ~ 2010 年，虽然其申请增长幅度不大，但相比之前，呈现出逐步增长的态势。

2010 年 1 月，VCEG 与 MPEG 联合成立了 JCT - VC 组织，将新的标准命名为 HEVC（High Efficiency Video Coding，高效率视频编码），并于 2010 年 4 月在德国德累斯顿召开了第一次 HEVC 会议开始接纳提案以来，HEVC 视频编码标准不断发展完善，2013 年 4 月 HEVC 标准的第一个正式版公布。2010 ~ 2013 年为标准的制定和发布阶段，申请量出现大幅攀升，增长态势迅猛，全球申请人数量也急剧增加，从 2010 年的不足 100 家上升到 300 多家。

2013 年之后标准成熟，进入了标准的实施阶段。2014 ~ 2015 年申请的小幅回落部分可能是由于截至检索日仍然有部分申请未公开而导致。在 HEVC 标准发布以后，业界相关单位和组织开始新的一轮技术研究，视频标准的竞争趋势加剧，围绕着以 HEVC 编码技术进一步开展的技术改进和研发工作将加快，以其为基础扩展起来的新的下一代视频编码标准技术的专利布局也将同步加快，因此在未来几年内，HEVC 相关技术的专利申请仍将继续维持上升态势。

2.5.1.2　技术分布

将 HEVC 编解码技术按照其编码框架和编解码流程，可以将其主要技术进一步细分为：图像分块、帧内预测、帧间预测、变换量化、熵编码、环路滤波、SEI 消息 7 个技术分支。对涉及不同技术的同一申请，将其同时列入不同的技术分类中。

如图 2-28 所示，从 HEVC 编解码领域各技术主题全球专利申请趋势来看，变换量化技术、帧间预测技术相关的申请量相对较多，占了 20% 以上，反映出该领域在这两个技术方向上投入研发改进的力度较大，关注度相对较高；而图像分块、熵编码、环路滤波各技术方向专利申请量分布较为均衡，分布比例在百分之十几左右，而帧内预测、SEI 消息技术分布专利申请数量相对较少，反映出从这两个技术方向改进编解码技术的关注程度较低。

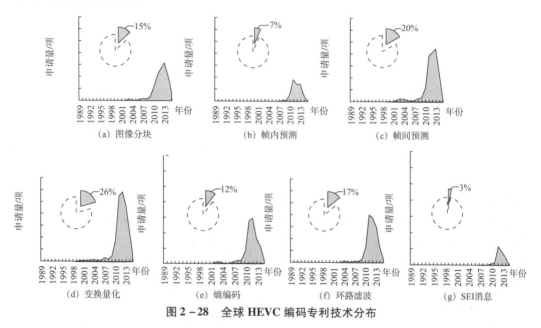

图 2-28　全球 HEVC 编码专利技术分布

总体来看，HEVC 编解码技术的研发投入并没有集中在某一个技术分支上，而是较为分散投入到多个技术点上，并且从理论上来说除了熵编码技术的改进难度较大外，其他技术上都有一定的改进空间，因此 HEVC 编解码技术仍有着较大的扩展前景。

从各个技术分支的年度分布来看，在 2010 年之前申请量均较少，而在 2010~2013 年申请量出现了快速攀升，而 2010~2013 年正是标准的制定和发布阶段，其与整体申请量的趋势基本吻合。

2.5.1.3　重要申请人

如图 2-29 和表 2-1 所示，从 HEVC 视频编解码技术全球专利申请量来看，高通以 700 多项的申请量占据了遥遥领先的优势地位，索尼和联发科技在总申请量均逼近 300 项的申请量，排位中处于第二集团，而松下、华为、佳能、夏普、三星、LG 以 100 项上下的申请量，形成了专利申请量的第三集团，爱立信、通用电气申请量相对较少在 100 项以下，位于第四集团。

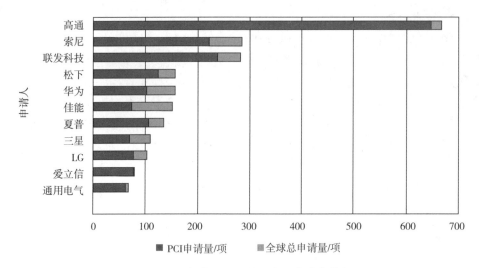

图 2-29　全球 HEVC 编码专利申请人排名

可见，高通在 HEVC 视频编解码领域申请了大量的专利，该公司自 1985 年成立伊始，就将公司的主要业务目标锁定在通信领域的高新技术研究与提供上，仅涉足基础芯片等十分有限的实体产品领域，其在通信领域的技术，往往都是这一领域的基础性技术。一方面，高通属于 HEVC 国际标准研发组织成员之一，向 ITU 和 ISO/IEC 均提交了提案和专利许可声明，谋求以专利权为依托攫取更多利润；另一方面，2014 年 2 月高通公司发布了两款最新的 64 位移动系统芯片——骁龙 610 和 615，以基于 ARM 架构定制的微处理器内核为基础，具备极高的处理速度、极低的功耗、逼真的多媒体和全面的连接性，依托其在芯片技术上的优势，全面支持 HEVC 高速编解码。在巴塞罗那 MWC 2012 上，除了骁龙 S4 处理器之外，高通还展示了下一代视频编码标准 H.264 继任者 H.265 的效果。因此高通主推 HEVC 编解码技术，并在该领域以庞大的专利数量，顶尖的技术质量，处于全球领先的优势地位。

索尼和联发科技作为老牌的家电及通信行业巨头企业，拥有众多的多媒体电子产品，属于 HEVC 国际标准研发组织成员之一，向 ITU 和 ISO/IEC 均提交了提案和专利许可声明，其中，联发科技还加入了 HEVC Advance 专利池以期满足其通过拥有的专利权获得更多利润的较强的利益诉求。

松下、华为、佳能、夏普、三星、LG 也都是知名的家电、通信老牌企业，其专利申请量数量级较接近，反映出该领域竞争的激烈程度。

可以看出，HEVC 编解码技术全球专利申请量排名前十的申请人的申请状况呈现以下特点：

1) PCT 申请占比较大，其占据申请量的比例都在 50% ~ 96%，专利质量都较高，表明在该领域呈现出技术密集型竞争态势。

2) 除 LG、通用电气不是 HEVC 国际标准研发组织成员之一外，其他 8 家申请人均为 HEVC 标准的制定提案方，反映出标准制定与专利布局的密切关联关系。

表 2-1 HEVC 编解码专利申请的全球主要申请人的概况

申请人	全球申请量/项	PCT申请量/项	专利许可申明	MPEG LA专利池	HEVC Advanced 专利池	关注技术领域	重点产品	重点布局地区
高通	777	746	√			通信	芯片（骁龙）	美国、中国、欧洲、德国、日本
索尼	285	224	√			家电、通信	电视、相机、平板电脑、DVD播放器等	美国、中国、日本
联发科技	283	241	√		√	通信、多媒体	芯片、电视、DVD等	美国、中国、欧洲
华为	158	104	√			通信	手机、芯片（海思）、平板电脑	中国、美国
松下	158	127	√			家电	手机、摄像机	美国、中国、日本
佳能	154	75	√			多媒体	相机、打印机、复印机等	美国、日本
夏普	137	107	√			家电、通信	液晶电视、手机、蓝光播放器等	美国
三星	111	70	√	√		家电、通信	手机、电视等	韩国、美国
LG	104	77	√			家电、通信	电视、手机、平板电脑、DVD播放器等	中国、美国、韩国
爱立信	80	79	√			通信	芯片、广播电视采集和分发系统等	美国、欧洲
通用电气	68	63			√	医疗、航空	广播电视网、影视公司	美国

3）编解码技术与芯片技术密不可分，上述申请人中大部分都拥有自己的芯片产品，依托芯片技术优势获得 HEVC 编解码的全面硬件支持，同时只有拥有自主的编解码核心技术才能更好地将内含该编解码的芯片产品推向市场，而不会受制于他人。

4）除三星、联发科技、通用电气外，拥有庞大专利数量的另外 7 家巨头企业：高通、索尼、华为、松下、佳能、LG、爱立信目前都没有加入任何专利组织，而很可能是倾向于自行收取授权费，使得 HEVC 标准的专利情况变得复杂。

5）对技术集中度的分析表明，全球申请中申请量前十位的申请人的申请量总和占到了总申请量的近 1/2，申请量前 40 位的申请人的专利申请总量占该领域全球专利申请量的 74.7%，反映出在 HEVC 编解码技术领域出现明显的技术垄断现象。

2.5.2 国内专利布局分析

2.5.2.1 申请趋势

专利制度具有区域性的特点，为使中国政府以及企业能够更好地了解 HEVC 标准必要专利在中国的布局情况，需要对在中国提出的 HEVC 标准必要专利进行深入的分析。

如图 2 - 30 所示，中国 HEVC 编解码领域的专利申请总体呈上升态势，其申请趋势与全球基本一致，截至 2016 年 3 月，中国累计申请量已达到 2732 件。其中，图像分块申请总申请量占比为 17%，帧内预测申请量比例为 12%，帧间预测相关专利申请量占比 26%，变换量化相关专利申请量占申请总量的 25%，环路滤波为 6%，熵编码申请量占 11%，SEI 申请量相对较少为 3%。

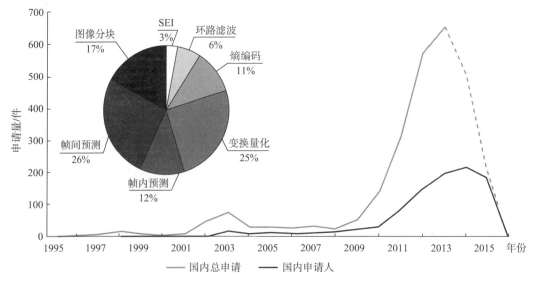

图 2 - 30 国内 HEVC 编码专利技术分布

自 1995 年起三星、索尼、松下等日韩企业最早开始在中国持续申请 HEVC 编解码技术领域的相关专利；2003 年首次进入中国申请相关专利的杜比公司，在当年的申请量达到了 10 件，使得总体申请量出现了一次小高峰；2010 年起提出 HEVC 视频编解码标准，中国成为国外申请人抢占的目标市场，在 2010～2013 年标准的制定和发布期间，申请量出现大幅攀升，增长态势迅猛。而国内申请人起步较晚，从 1998 年才开始有相关专利申请，2011 年才出现了申请的明显增长，申请增长幅度也相对国内总体申请量增长幅度较小。

2.5.2.2　申请分布

如表 2-2 所示，国内 HEVC 编解码技术专利申请地域分布主要集中在广东、北京、台湾、上海、浙江等地，共涉及 25 个省份，其中，申请量在 200 件以上的有 2 个，100～200 件的有 2 个，50～100 件的有 1 个，10～50 件的有 7 个，10 件以下的有 13 个。

表 2-2　HEVC 编解码技术中国专利主要申请地区概况

地区	申请量/件	授权量/件	申请人数量/个	平均专利	主要申请人
广东	228	46	41	5.56	华为、中兴、清华大学深圳研究生院
北京	208	68	61	3.41	LG 中国、北京大学、北京工业大学、中国科学院计算技术研究所
台湾	126	12	8	15.75	联发科技、财团法人工业技术研究院
上海	115	20	32	3.59	复旦大学、上海交通大学、同济大学
浙江	73	10	14	5.21	浙江大学、宁波大学

广东作为经济发达地区，拥有华为、中兴等一批创新力强的通信行业巨头企业，同时拥有一批视音频电子产品制造商，申请主体以企业为主，专利申请量达到了 200 多件，其中华为一家的申请量就占到了广东整体申请量的近 55%。

而北京一直积极贯彻以自主创新推进产业转型的战略方针，在 HEVC 编解码技术领域"学院派"申请人申请量较大，申请量超过 10 件的申请人中除 LG 中国为企业外，其余基本为以北京大学为首的大学、科研院所。

台湾以半导体代工制造见长，拥有联发科技这样专注于无线通信及数字多媒体等技术领域的企业，申请主体以企业为主，其中联发科技一家的申请量占到了该地区申请量的 85%。

上海、浙江同属于国内经济发达以及高校较为集中的地区，其申请量较多的申请主体都是高校，例如复旦大学、上海交通大学、浙江大学、宁波大学等，而企业的申请量均较少。

2.5.2.3 技术分布

对比全球 HEVC 编解码技术研发方向，国内申请更多地布局在变化量化、帧间预测技术分支上，这与全球的技术布局情况一致，同时图像分块、帧内预测、熵编码也有相对均衡数量的专利申请，SEI 技术方向的申请量相对较低；但值得关注的是，国内申请在环路滤波技术方向的研发力度和专利布局相对减少。

同时，环路滤波、SEI 消息、熵编码、变化量化技术在 2013 年左右申请量均减少，呈下滑趋势；而帧内预测、图像分块、帧间预测技术分支的申请量在 2013 年仍保持相对高点，反映出这几个技术点可能代表了该领域最新的研发方向。

2.5.3 广东专利布局分析

2.5.3.1 申请趋势

如图 2-31 所示，广东从 2003 年开始有零星申请，发展相对较晚，从 2010 年起申请量快速攀升，在 2010~2013 年处于标准制定和发布的期间，广东的申请趋势与国内整体申请趋势大体一致，2013 年出现了申请量的高峰，截至 2016 年 3 月广东在该技术领域申请量为 228 件。

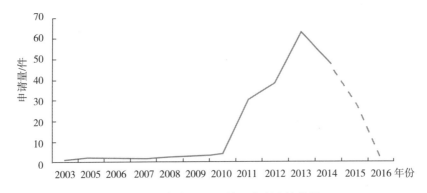

图 2-31　广东 HEVC 编码专利申请趋势

2.5.3.2 地域分布

截至 2016 年 3 月，广东累计申请量已达到 228 件，占全国总申请量的 23%。广东省各地市的申请量中，深圳具有明显的优势，这主要是因为其拥有实力强劲的通信终端厂商企业，如华为和中兴，其次，周边的城市，如广州和珠海、佛山等，也在该领域具有一定的专利申请量，其中深圳总申请量约占全国申请量的 20%，申请量较多。

2.5.3.3 重点企业

如图 2-32 所示，广东省排名前十的申请人列表中，华为申请量最大为 126 件，占据了广东省申请量的 55%，中兴排名第二，申请量为 34 件，占据比例为 15%，而其他申请人申请量不足 20 件，申请量较少。华为作为通信行业的龙头企业，引领着行业的技术发展。

广东的该领域申请人涉及 40 多家，与国内申请人以"学院派"为主的整体情况不同，广东申请人中，企业申请人为 32 家，高校、科研院所约 8 家，申请人主体以企业

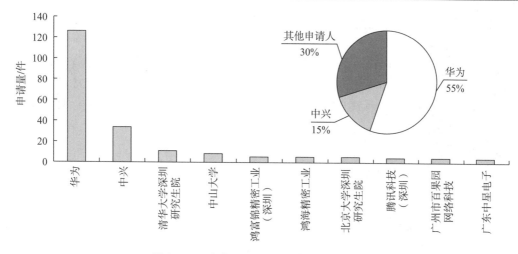

图 2-32　广东 HEVC 编码专利申请人排名

居多；企业申请量为 217 件，占总申请量的 86%，高校、科研院所申请的申请量为 35 件，占总申请量的 14%。可见，广东省企业无论是申请人数量还是专利申请量都占据优势，多家通信、电子产品企业关注 HEVC 编解码技术研发和专利布局，积极参与到编解码通信技术的研发中。同时，企业注意与高校、科研院所机构相合作，有效发挥了产学研结合带动行业发展的优势，例如华为与北京大学、清华大学、浙江大学、中国科学技术大学等联合进行技术研发并申请了多件专利。由于视音频编解码技术涉及技术含量高，所需投入研发成本也高，包括大学在内的科研院所在视音频编解码技术领域都致力于长期深入的研究，企业通过与科研院所展开广泛的技术研发合作能够有效地降低产品研发成本，同时将科研院所的科技成果转化成生产力，形成市场价值。

2.5.4　HEVC 标准专利许可

2.5.4.1　概述

面对社会和产业发展对标准的需要，许多标准化组织在相应领域制定了标准。标准化组织通常希望在标准中采用当前最先进的科技，否则不利于推广先进科技成果，基于该标准开发的产品也难以与使用先进科技的产品相竞争，从而难以得到广泛应用。当今时代，技术发明创造的成果往往被申请专利，因而标准中常常会包含许多他人的专利技术。这种为符合某一标准所必须要实施的专利技术称为标准必要专利。现代许多产业的技术标准中往往涵盖非常多的标准必要专利。

专利池许可是解决涉及标准的专利许可问题的主流模式，它是由多个专利权人持有的多项专利技术组成的专利许可交易平台，专利权人在专利池内进行横向许可，对外以统一的许可条件向第三方进行横向或纵向许可。专利池许可的优点是通过一次性许可来获得标准实施的全部必要专利，减少许可谈判环节和成本。目前有关 HEVC 标准的专利池许可有 MPEG LA 和 HEVC Advance 两个组织运营的专利池，都是针对第 2 版进行许可。不同于 H.264 时代 MPEG LA 专利授权组织（池）的一家独大，H.265 时代有多家授权组织正跃跃欲试地想从设备厂商口袋里掏钱。

2.5.4.2 MPEG LA 专利池分析

（1）专利池概述

MPEG LA 是 1996 年在美国成立的一家专利授权代理公司，MPEG LA 公司是独立的授权管理人，与各标准机构无关，与各专利持有人亦无附属关系。MPEG LA 公司实行"一站式"专利池管理模式：该公司从多方专利权人手中获得非独占专利许可，而用户以单一交易的方式获取必需的适用于专门技术标准或平台的专利权，而无须单独与每一方谈判通过协议。目前 MPEG LA 正在运营包括 HEVC、AVC/H.264、ATSC 以及 MPEG-2 和 MPEG-4 相关标准等 13 个标准的专利池。

（2）专利权人分布

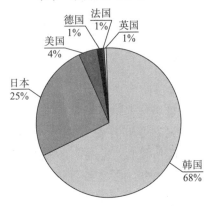

图 2-33　MEPG LA 专利权人分布

如图 2-33 所示，目前，MPEG LA 管理的 HEVC 标准专利池共有专利 1104 项，专利权人主要分别来自 32 位专利权利人。其中，韩国 17 家、日本 9 家、美国 3 家、德国 1 家、英国 1 家、法国 1 家。另外，在该专利池的 1084 项专利中，韩国 744 项，日本 281 项，美国 39 项，德国 17 项，法国 2 项，英国 1 项。值得注意的是，韩国专利权人的数量以绝对优势占据首位。这一改以往在 MPEG LA 的其他视频编码标准专利池中日本专利权人占据第一的局面。

MPEG LA 的 HEVC 专利池中持有专利数量最多的前十家企业如图 2-34 所示。前十位的专利权人中，日本 5 家，韩国 5 家，美国 2 家，德国 1 家，共拥有 984 项专利，占整个专利池的 89.13%。三星电子公司则以 517 项专利高居首位，这足以说明三星公司在 HEVC 视频编码技术上的领先优势。其已经建立了庞大的专利体系，形成了有效的专利武器，必须引起我国企业的高度重视。

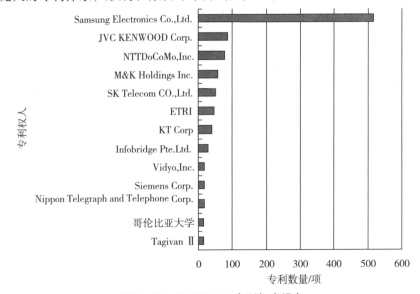

图 2-34　MPEG LA 专利权人排名

（3）中国布局专利

MPEG LA 的 HEVC 专利池中在中国共有 41 件专利，分属于 9 家企业。韩国三星在中国拥有的专利最多，达到 19 件；其次是日本的 NTT DoCoMo，有 12 件。我国的企业应当对表 2-3 中所列 49 件专利尤其关注。

表 2-3　MPEG LA HEVC 专利池内中国专利

公告号或申请号	专利权人
CNZL200780011497.5	Vidyo Inc.
CNZL201280012331.6	Vidyo Inc.
CN102273206	SK Telecom Co. Ltd.
CN102598669	SK Telecom Co. Ltd.
CN201080013412.9	SK Telecom Co. Ltd.
CN201080038707.1	SK Telecom Co. Ltd.
CN201080058670.9	SK Telecom Co. Ltd.
CN201080063636.0	SK Telecom Co. Ltd.
CN101099388	Siemens Corp.
CN1122419C	Siemens Corp.
CN1204752	Siemens Corp.
CN1297146	Siemens Corp.
CN03801207.3	Samsung Electronics Co. Ltd.
CN200880020191.0	Samsung Electronics Co. Ltd.
CN201080036789.6	Samsung Electronics Co. Ltd.
CN201080063102.8	Samsung Electronics Co. Ltd.
CN201110039379.3	Samsung Electronics Co. Ltd.
CN201110039386.3	Samsung Electronics Co. Ltd.
CN201110039387.8	Samsung Electronics Co. Ltd.
CNZL200410005357.5	Samsung Electronics Co. Ltd.
CNZL200410089938.1	Samsung Electronics Co. Ltd.
CNZL201080034035.7	Samsung Electronics Co. Ltd.
CNZL201080036020.4	Samsung Electronics Co. Ltd.
CNZL201080036192.1	Samsung Electronics Co. Ltd.
CNZL201080036788.1	Samsung Electronics Co. Ltd.

公告号或申请号	专利权人
CNZL201080049289.6	Samsung Electronics Co. Ltd.
CNZL201210210549.4	Samsung Electronics Co. Ltd.
CNZL201310013117.9	Samsung Electronics Co. Ltd.
CNZL201310013142.7	Samsung Electronics Co. Ltd.
CNZL201310013145.0	Samsung Electronics Co. Ltd.
CNZL201310013187.4	Samsung Electronics Co. Ltd.
CN200980106143.8	Orange SA
CN101360239B	NTT DOCOMO INC.
CN102792696	NTT DOCOMO INC.
CN103270700	NTT DOCOMO INC.
CN200310100660.9	NTT DOCOMO INC.
CN200310100758.4	NTT DOCOMO INC.
CNZL02817073.3	NTT DOCOMO INC.
CNZL03808944.0	NTT DOCOMO INC.
CNZL03809436.3	NTT DOCOMO INC.
CNZL03819520.8	NTT DOCOMO INC.
CNZL200410076620	NTT DOCOMO INC.
CNZL200810145317.9	NTT DOCOMO INC.
CNZL200810145318.3	NTT DOCOMO INC.
CN101822062	Nippon Telegraph and Telephone Corporation
CN1922888	Nippon Telegraph and Telephone Corporation
CNZL20048001666	Nippon Telegraph and Telephone Corporation
CN201180031338.8	M&K Holdings Inc.
CN200980129083.1	Hitachi Maxell Ltd.

（4）许可政策及费率

MPEG LA 对 HEVC 的授权与收费延续了 H. 264 的收费策略，H. 264 时代，MPEG LA 的专利许可费大概是每台设备（多为电视、手机、个人电脑等终端产品）0.1 美元，每年的最高许可费（cap）约为 500 万美元。具体收费标准如表 2 - 4 所示。MPEG LA 的 HEVC 专利池许可政策有如下特点：

表 2 - 4　MEPG LA 专利组合许可费用标准

项目	具体内容
许可对象	向最终用户销售含有 HEVC 编码和/或编码器的产品的被许可人（半导体芯片供应商或其他包括 HEVC 编码器和/或编码器的产品供应商可以其获许可的客户的名义支付 HEVC 专利税）
许可类型	全球范围的分许可（制造、使用、销售）
收费标准	每年不超过 100000Unit，不收费
	每年超过 100000Unit 的部分，每 Unit 收 0.2 美元
	每个企业每年最多收费 25000000 美元
许可期限	2013.05.01 ~ 2020.12.31，以后每 5 年一个时段
费率调整	每次向上调整不超过上一次的 20%

1）对符合 HEVC 标准的内容不收费，主要的许可对象是市场上的硬件和平台供应商，因为它们是内容分销商的客户。

2）专利池信息相对透明。MPEG LA 对每一件申请加入的专利都会提交给独立的专利专家评估其必要性，并在官方网站列举了全部的专利清单，供用户浏览、研究。

3）专利许可成本的确定性较强。首先，设有最小规模的许可收费例外和封顶费用。其次，许可期限和费率调整的原则事先公开，便于预估。最后，在当前条款下及整个许可期内，可以增加新的许可人和必要专利，但不增加额外的许可费用。

4）专利许可政策在标准被批准前确立。

5）MPEG LA 要求被许可人以相同的许可条件对必要专利进行回授许可。

2.5.4.3　HEVC 标准 HEVC Advance 专利池分析

（1）专利池概述

HEVC Advance 是一家在 MPEG LA 的 HEVC 专利池之外新成立的、专门针对 HEVC 标准开展专利许可的专利池，成立于 2015 年 3 月。由原通用许可的执行副总裁 Peter Moller 担任 CEO，其目标是汇集超过 500 项属于 HEVC 技术的专利。

（2）专利权人分布

截至 2016 年 3 月，HEVC Advance 池内共汇集了 480 项专利，HEVC Advance 专利池的初始成员有：GE、Technicolor、Dolby、Philips 和 Mitsubishi Electric 五家企业，9 月 27 日，HEVC Advance 对外宣布 Mediatek 加入该专利池。目前的 6 家成员中，Dolby、Mitsubishi Electric、Mediatek 三家企业向 ISO/IEC 和 ITU 都提交的《专利许可声明表》，其余三家企业未见其进行专利披露的资料。

2016 年 2 月，刚被拉进 HEVC Advance 没多久的 Technicolor 公司宣布"单飞"，声称"离开 HEVC Advance 可以让我们的专利授权业务更加自由，例如可以将 HEVC 专利和其他技术、产品、服务一起授权给客户"。

（3）中国布局专利

目前的 HEVC Advance 专利池中，分布在中国的专利共有 18 项专利，分属于 3 家企业。由表 2 - 5 所列可以看出，杜比拥有 14 项专利，都是从夏普收购的；联发科技股份有限公司和三菱电机株式会社分别有 2 项专利。我国的企业同样应对下述 18 项专利予以关注。

表 2 - 5　HEVC Advance 专利池中国布局专利

申请号	标题	专利权人
CN02819594.9	减少位深的量子化方法	杜比国际公司
CN200710127006.5	减少位深的量子化方法	杜比国际公司
CN200710127007.X	减少位深的量子化方法	杜比国际公司
CN200980110928.2	用于并行视频编码和解码的方法、设备和系统	杜比国际公司
CN02817995.1	基于边界强度的自适应过滤	杜比国际公司
CN200810176151.7	减少位深的量子化方法	杜比国际公司
CN200510070391.5	在视频解码器中动态选择变换尺寸的方法和系统	杜比国际公司，费什迪沃公司
CN201110166830.8	改进的视频压缩帧插值	杜比实验认证公司
CN03814629.0	视频图像压缩方法	杜比实验认证公司
CN201110166826.1	改进的视频压缩帧插值	杜比实验认证公司
CN201110166828.0	改进的视频压缩帧插值	杜比实验认证公司
CN201180007128.5	用于图像和视频编解码中的参考处理的方法和系统	杜比实验认证公司
CN201080006265.2	视频编码方法、视频装置和编码系统	杜比实验认证公司
CN201280040738.X	在视频编码中依据量化矩阵处理变换区块的方法与系统	杜比实验认证公司
CN201010567188.X	编码器、解码器、视频帧编码方法及比特流解码方法	联发科技（新加坡）私人有限公司
CN201010567188.X	编码器、解码器、视频帧编码方法及比特流解码方法	联发科技股份有限公司
CN200680035467.3	运动图像编码装置以及运动图像译码装置	三菱电机株式会社
CN201080023464.4	图像解码装置以及图像解码方法	三菱电机株式会社

（4）许可政策及费率

令人惊奇的是，在池内专利情况不明的情况下，HEVC Advance 在成立伊始就公布了专利许可费率。以表 2 - 6 为例,"主要 profile"是指第一版中的 Main、Main10 和 Mian Still Picture 三个 Profile。"扩展 profile"主要是指第二版中的 21 个范围扩展、2 个可伸缩扩展和 1 个多视角扩展三类 Profile。"可选功能必要专利"是指含有涉及 HEVC 标准规定的一个或多个特征的权利要求的必要专利,该必要专利实现的功能是实施 HEVC 标准的产品可以选择的。"归属收入"意味着从终端用户那里收取的、与消费相关的任何直接或间接收入,以及从与视频消费相关的任何渠道或实体的非终端用户获取的任何收入,包括广告、赞助或其他类似收入。需要注意的是,这里的收入是应纳税的收入,而非利润。

表 2 - 6 HEVC Advance 对编码设备和服务的收费标准 单位:美元

收费对象	主要的 profile 的收费		扩展 profile 的收费		可选功能必要专利
—	Main 10	Main 或 Main Still Picture(基于 Main 10 的折扣)	Main 10 以上含有任一扩展 profile 的额外收费	Main 10 以上含有全部扩展 profile 的额外收费	—
移动设备	0.40	[- 0.15] 0.25	+ 0.10	+ 0.25	0.025
UHD 4K + TV's	0.75	—	+ 0.20	+ 0.50	0.05
其他设备	0.55	[- 0.225] 0.325	+ 0.125	+ 0.3125	—
内容服务	归属收入的 0.5%				归属收入的 0.05%

HEVC Advance 没有设置最小规模的许可例外,也没有许可费用的封顶。HEVC Advance 针对商业性的 HEVC 视频内容进行收费,贯穿了内容许可和内容分发环节。许可条款适用于所有内容服务,包括从广告、订阅和 PPV 中获得收入的内容服务,几乎相当于能想到的每类内容所有者。此外,由于多数内容所有者和分销商可能在今后使用 HEVC 标准对它们拥有的视频进行转码,它们每年可能支付上亿美元的许可费。总之,相比 MPEG LA 的专利池许可政策和费率,HEVC Advance 做了重大调整,尤其是许可费率的大幅提高,引发了业界普遍的担忧和不安,甚至是质疑和反对。

2.6 结论和建议

2.6.1 3D 显示

2.6.1.1 产业现状——3D 显示发展遭遇瓶颈

从技术上看,3D 显示技术整体上已经比较成熟,日韩企业在 3D 显示终端领域已形成初步垄断,广东省内虽然有以华星光电为代表的面板厂商和以超多维为代表的创新型企业初具一定实力，但仍然难以撼动日韩企业的垄断地位，在市场地位和技术创新上仍然处于追随者的位置。

从市场上看，现阶段平板 3D 显示已经日渐式微，行业领先者三星、索尼、LG 等均战略性的消减或放弃了平板 3D 产品。平板 3D 显示产业未来可能会逐渐被市场抛弃。对于广东省内处于追随者位置的企业要想在平板 3D 显示的市场上有所建树更是举步维艰。

因此，总体上看，平板 3D 显示产业已经进入发展的瓶颈期，继续在平板 3D 显示产业加大投入已经难以取得较大的突破。

2.6.1.2　寻求转型——头戴显示是突破口

在 3D 显示产业整体遇到瓶颈的情况下，广东省内现有的 3D 显示企业急需寻求新的出路。随着虚拟现实技术的兴起，头戴 3D 技术异常火爆，技术创新和市场发展均如火如荼，代表了 3D 显示未来可能的发展方向。广东省内企业应当能够敏锐地认清当前 3D 显示领域的大形势，积极寻求向能够与虚拟现实技术结合的头戴 3D 显示器方向转型的可能性。

头戴 3D 显示器是虚拟现实技术中的关键设备，随着虚拟现实的高速发展，未来必定有着巨大的市场。头戴 3D 显示器中的关键技术，3D 图像算法的处理与平板 3D 显示技术是相通的，从技术上来说，转型是有一定技术基础的。从索尼推出 VR 显示产品可以看到，行业领先者也已经给我们指明了切实可行的转型路线。广东省内企业应当结合自己的技术特点，积极寻求向头戴 3D 显示器方向转型的技术切入点，以期获得发展的捷径。

2.6.1.3　风险预警——仍需关注索尼、微软所布局专利

在头戴 3D 显示领域，基础、核心专利都被索尼、微软这样的行业领先者所掌握。广东省内的企业相对来说起步较晚，技术力量还比较薄弱。从重要申请人的分布来看，还没有形成自己的核心领军企业，各家企业仍在各自为战。从专利申请的技术分布来看，仍然徘徊在对外围技术的改进，涉及技术核心的创新并不多。从专利申请的类别来看，发明申请占比不大，申请技术含量不高。

因此，分析认为，广东省内企业在头戴 3D 显示领域尚未掌握核心技术，存在较高的知识产权风险。广东省内企业在今后的发展中一方面要积极创新，逐渐掌握自己的核心技术，另一方面要积极防范侵权风险。

表 2－7 是通过对专利度、特征度、被引用次数、同族数等指标综合考量，筛选出的头戴 3D 显示领域的 10 件核心专利，并且标示出了该专利的改进方向。准备在头戴 3D 显示领域有所建树的广东省内企业可以对这 10 件专利进行重点分析，并结合自身的技术特点，深入研究是否有可能规避上述核心专利。对于无法规避的核心专利，企业一方面可以寻求合作或技术转让，另一方面可以在这些核心专利的基础上，提高研发起点，从不同的方向进一步细化、改进，申请一系列的改进发明，在后续可能的专利纠纷中为自己增加谈判的筹码。

表 2 - 7　头戴 3D 显示国内重要专利列表

公开号	申请日	申请人	改进点
CN102566049B	2011 - 11 - 07	微软公司	图像处理
CN102540463B	2011 - 09 - 19	微软公司	光学设计
CN102419631B	2011 - 10 - 17	微软公司	图像处理
CN102566756B	2011 - 12 - 15	微软公司	图像处理
CN102445756B	2011 - 11 - 18	微软公司	光学设计
CN101726857B	2009 - 10 - 23	索尼株式会社	机械结构
CN102375235B	2011 - 08 - 11	索尼株式会社	机械结构、光学设计
CN102213831B	2011 - 04 - 01	索尼株式会社	图像处理
CN101446685B	2008 - 11 - 28	索尼株式会社	光学设计
CN102213832B	2011 - 04 - 01	索尼株式会社	光学设计

当然，广东省内在头戴 3D 显示领域也存在一定的优势，就是参与者众多，122 件申请分布在 82 家申请人中，可见省内在头戴 3D 显示领域的创新活力非常强。在整体创新水平都不高的情况下，广东省应当积极引导，一方面可以引导企业进行整合合作，协同创新；另一方面，在短时间无法掌握核心技术的情况下，从外围进行设计改进也是一个容易取得突破的方向。

2.6.2　激光显示

2.6.2.1　关键技术——坚持激光荧光光源技术

通过以上分析可以看出，激光显示是新一代显示技术的重要组成，尤其在投影显示领域具有广阔的应用前景。激光显示技术包括光源、图像调制和屏幕三个主要分支，其中光源是激光显示系统中技术含量高、专利申请数量多、增长快的重要分支，而我国企业，尤其是广东省企业在光源方面拥有一定的技术优势和市场基础，在专利布局方面也有良好的表现。因而，广东省相关企业应当坚持以光源为主，力争保持并扩大光源领域的竞争优势。

激光显示光源包括激光荧光、三原色和混合光源三种主要类型，其中三原色技术发展最早，主要应用于大型投影机，混合光源技术难度相对较低，具备成本优势，激光荧光是目前发展最快、专利申请量最多的光源技术，并且激光荧光在分辨率、显色性和小型化方面更具优势，在家用产品和便携式办公产品方面极具市场潜力，成为众多企业竞相发展的热点技术。

从技术竞争情况来看，激光显示领域国内相关企业的竞争压力主要来自日本企业。日本企业发展历史久、技术实力雄厚、技术类型全面，并且领域内多家日本企业形成集团优势，是我国企业，尤其是广东省相关企业的主要竞争对手。从技术构成来看，光源也是日本企业的重要发展方向，尤其三原色技术是精工爱普生、松下、索尼等日本知名激光显示企业的主导技术类型，而另一家日本知名企业卡西欧则以激光荧光技术为主，并且具有世界领先的技术水平。值得注意的是，近几年来，随着激光荧光技术的快速发展，一些以三原色技术为传统优势技术的日本企业也开始增加激光荧光方向的投入。

广东省拥有激光荧光方向全球领先的企业——光峰光电，光峰在激光荧光技术上拥有自主知识产权，技术水平居于全球领先地位，全球专利申请量也排在前列，因此可以说，广东省激光显示产业在技术发展方向上已经选择了最具发展潜力的激光荧光方向，并且牢牢占据领先位置。

对于广东省内优势企业，如光峰光电来说，坚持将激光荧光作为激光显示的关键技术，保持并扩大技术领先优势是未来的发展目标；对于广东省内其他激光显示企业来说，同样应当认识到激光荧光的技术优势和市场前景，借鉴光峰的成功经验，以技术创新为主要手段，提升自身实力，以改善省内激光显示技术主体单一、企业间技术实力相差悬殊的局面。

2.6.2.2 把握机遇——主动寻求激光荧光技术的新突破

激光显示产业正面临极大的机遇，激光显示技术正在各个应用领域替代传统的投影显示，激光显示技术同时向大尺寸、高画质和简单、便携两个方向发展，新产品不断涌现，越来越多的国内外企业对此也有充分认识，也逐渐加入激光显示领域的竞争中。

广东省的激光显示产业在国内处于领先地位，尤其是以光峰光电为代表的优势企业在激光荧光光源方面已经取得了一定的技术领先，是我国企业在显示技术领域做大做强的"排头兵"。一方面，广东省内优势企业要充分意识到自身的技术领先优势，承担起行业领导者的角色，充分发挥自身优势，带动整个激光显示产业共同发展，对于相同类型的国内企业应当以协作互惠为主，避免恶性竞争。政府则应从政策层面给予支持，努力促成省内同类型企业、研究机构与企业之间的合作，打造以广东省为主导的国内激光显示产业集团优势。另一方面，广东省内优势企业同样要认识到持续研发的重要性，对于激光显示，尤其是激光荧光下一代技术的发展方向作出更多的思考，不断进行新技术的尝试。同时要抢占制高点，抢先完成新技术的专利布局，从技术和专利保护两方面共同完成激光荧光技术的新突破，为激光显示技术的蓬勃发展注入更多动力。

2.6.2.3 应对挑战——对卡西欧等日企保持关注

尽管我国激光显示产业已经抓住了发展的契机，做出了一定成绩，但在全球范围内，无论在全球布局范围还是技术积累上，与美日两个领先者仍然有不小差距，目前仍然应以把握住国内市场为主，进军国际市场的时机尚未到来。因此，做好相关专利布局是当前知识产权工作的重点。

在国内，由我国企业布局的专利仅占总数的一半，日、美、韩、欧等企业纷纷在我国进行了相当数目的专利布局，其中，日本企业技术积累雄厚、市场占有量大，专利布局早、布局量大，对我国企业更具威胁。在广东省激光显示产业最为关注的激光荧光光源方面，以卡西欧为代表的日本企业的技术现状及研发动向尤其值得关注。卡西欧在激光荧光光源领域与广东省内优势企业存在技术重叠，在专利保护运用方面，双方更是存在互相提起专利无效请求的情况，由此可见，二者之间相互竞争的格局基本已经形成。因此，广东省内企业对卡西欧等日企的动向保持持续关注势在必行。建议可以考虑建立针对竞争对手的长效专利预警机制，企业知识产权部门（或委托专利咨询服务机构）应定期获取其近期市场、研发、专利布局动向，报送领导决策层知悉。省内知识产权主管部门也应寻找时机调研省内优势企业，对企业如何在与竞争对手的竞争中占据主动给予指导，帮助我国企业在日趋积累的产业竞争中占得先机。

2.6.3 柔性显示

2.6.3.1 产业优势——国内领先

在柔性显示国内申请量排名中广东省排名第二，仅次于台湾，其申请量有 180 件。广东省申请量的占比是 20.5%。广东省柔性显示技术在 2004～2008 年处于技术萌芽期，每年申请量不超过 3 件；在 2009～2011 年处于稳定发展期，每年申请量为 10～13件；在 2012～2013 年处于快速增长期，每年的申请量都有 40 多件；2014 年至今，受未公开影响，申请态势曲线下降。总的来说，广东省柔性显示技术在近几年处于快速增长期。柔性显示技术在中国公开的重要申请人排名的前十名中有两家来自广东，分别是华星光电和海洋王照明科技股份有限公司，申请量分别为 53 件和 35 件。由此可见，广东省的柔性显示技术在国内具有重要地位，其研究处于国内领先地位。

柔宇科技的实用新型专利涉及电子领带、电子箱包、手环、头戴等穿戴设备，还涉及手机终端产品。外观设计主要涉及带柔性屏幕的电子产品。在柔宇科技应用方面的专利中，以实用新型和外观设计申请为主，少量涉及发明专利的申请。实用新型和外观设计都具有审查周期短、费用低、有利于专利快速市场化等优点。

柔性 OLED 塑料基板技术是柔性显示领域的重点技术，其在中国出现较晚，华星光电从 2012 年才开始申请专利，且之后一直保持增长的态势，表明华星光电近几年对柔性 OLED 塑料基板技术专利布局的重视。

2.6.3.2 产业劣势——与国际领先水平差距巨大

广东省柔性显示技术的出现年代明显晚于全球和中国柔性显示技术的出现年代，稳步发展期和快速增长期的出现年代也明显晚于全球和中国柔性显示技术的出现年代，广东省企业在柔性显示技术方面的研发起步较晚，技术积累相对较薄弱。

在广东省的各个地域的专利分布中是以深圳市、广州市为中心向周边的几个地区辐射，这些地区也是广东省的传统高科技区域，广东省内的各个区域的专利布局不均衡。在柔性显示技术中，华星光电的申请量在广东省排名第一，但是其量相比于国内排名第一的三星和排名第二的 LG 还有一定差距。在塑料基板柔性 OLED 显示领域全球和国内申请人的申请数量的排名中，华星光电与三星、LG 相比，差距依然巨大。

在柔宇应用方面的专利中，以实用新型和外观设计申请为主，少量涉及发明专利的申请。由于实用新型专利一般未经过实质审查，其权利也相对不够稳定。因此，在遇到专利权纠纷时，往往还需要通过其他途径予以确权。虽然实用新型和外观设计都能快速地获得保护，但保护的期限较短，为了对设计研发的产品进行稳定的保护，还需要对研发的产品在发明专利方面进行有针对性的专利布局。

韩国三星和 LG 公司在塑料基板柔性 OLED 领域专利布局早，申请量大，技术发展也较成熟，近年都推出了基于塑料基板的柔性 OLED 的手机产品，在柔性 OLED 塑料基板领域处于绝对的优势。华星光电专利布局晚，申请量少，与三星、LG 公司相比，在专利积累的数量和技术上都差距巨大。

2.6.3.3 创新方向——剥离技术是重点

柔性显示主要分为柔性 OLED、柔性 LCD 和柔性 EPD，其中柔性 OLED 优势明显，是未来重点发展方向。柔性 OLED 主要分为塑料基板技术、金属基板技术和超薄玻璃技术，其中又以塑料基板技术为主要的发展方向。塑料基板技术主要分为柔性基板技术、封装技术、驱动技术、透明导电技术、显示元件技术五个分支。三星、LG 公司的专利布局覆盖了上述五个分支，且在各个分支都具有较强的实力，其中柔性基板技术是目前塑料基板技术的研发重点和专利布局的重点方向，同时也是三星、LG 公司在塑料基板技术中申请量最大的分支。通过分析三星、LG 的专利布局情况，可以为广东省相关企业借鉴和参考。

三星、LG 的塑料基板技术中的柔性基板技术的技术改进主要分布在基板的保护、基板的材质、剥离、强度和耐温等方面。其中剥离技术占比最高，达到 24.6%。剥离技术是三星、LG 柔性基板技术的重点研发的方向，也是该领域需要重点专利布局的方向。剥离技术是通过将塑料基板黏附在刚性的支撑基板上，并在塑料基板上完成薄膜器件的制备，最后将制备有器件的塑料基板与支撑基板分离的技术。三星、LG 的剥离技术的重点专利主要针对四个方面的技术改进，一是对塑料基板的材质的改进，如三星的 US2002150745A1，其是采用多层膜的塑料衬底来提高塑料基板的强度。二是对黏结剂的改进，如三星的 US2006078671A1、US2007175582A1 和 LG 的 CN101443429A，其通过采用含有四氢呋喃 THF（tetrahydrofuran）的溶剂溶解硅胶黏结剂、两面具有不同的粘接强度的作为黏结剂的粘接层和加入了抗静电剂的硅胶黏结剂等方面来对黏结剂的性能进行改进。三是对分离层进行改进，如三星的 US2009266471A1、US2010210055A1 和 LG 的 CN104379339A，其通过采用柔性衬底上的阻挡层作为分离层、将上述阻挡层的材料设置为 SiNx，以及采用包含具有不大于 0.5 的相似性分数（similarity score）聚酰亚胺树脂的剥离层等方面对分离层进行改进。四是对剥离过程中的保护层进行改进，如三星的 US2014042399A1，其通过采用阻挡层直接覆盖密封塑料基板上的显示单元来对保护层进行改进。从重点专利的数量以及技术改进等综合来看，对黏结剂的改进是三星、LG 目前的剥离技术的重点技术方向。广东省的相关企业可以借鉴上述相关的技术。

2.6.3.4 机遇挑战——核心技术的重点投入以及合作共赢

广东省在柔性显示技术领域的申请量在国内仅次于台湾，广东省柔性显示技术的研究处于国内领先地位，广东省柔性显示技术的进步必将提升国内的柔性显示技水平。

　　华星光电在柔性显示领域处于广东省内明显的优势地位，然而与韩国的三星、LG相比，无论是数量还是技术等方面都差距明显。建议华星光电将专利布局的重点放在柔性 OLED，特别是柔性 OLED 塑料基板技术中的剥离技术，加大资金和人才的投入，对重点的技术方向进行攻关，如对剥离技术中的黏结剂技术作为重点研发的方向。同时对柔性 OLED 技术的各重点研发方向有针对性地进行专利布局，争取占领一席之地。另外，可以通过和国际技术领先的公司进行合作，或者通过专利许可和转让，快速地进行技术的更新改造，给柔性显示产品推向市场赢取时间。

　　而对于更多的中小规模企业而言，柔性显示技术的研发需要大规模的人力、财力投入，难度大、周期长，在柔性显示制造上实现突破并不现实。在这样的背景下，作为科技创新型公司代表的柔宇科技，从下游环节入手抢先进行专利布局，可以说走出了一条另辟蹊径的道路。政府可以考虑引导这样的企业积极在柔性显示应用领域进行创新，抢占申请布局制高点，争取抑制三星、LG 等国外企业在整个产业链完成封闭式专利布局，为迎接未来柔性显示技术爆发带来的激烈竞争做好准备。

　　柔性显示离完全产业化尚有一定距离，在全球范围内韩国三星、LG 无论在研发、产品、专利布局上都走在前列。然而广东省内已经有企业开始在该行业投入力量，虽然并不处于国际领先地位，但是近几年专利申请增长显著，参与者较多；虽然整体上技术积累相对薄弱，核心技术欠缺，然而通过有针对性地进行专利布局，寻找技术突破口，以及通过合作、专利许可或转让，必将占有一席之地。

2.6.4　HEVC 编码

2.6.4.1　发展趋势——HEVC 编码标准难以绕开

　　视频标准制定基本遵循 10 年一代的进度，从 MPEG-2 到 H.264、从 H.264 到 HEVC 差不多间隔都是 10 年。在 HEVC 标准发布以后，业界相关单位和组织开始新的一轮技术研究，视频标准的竞争趋势加剧，视频编码标准的发展趋势主要有以下几个方面。

　　传统的基于块的混合编码框架从 H.261 一直沿用到 HEVC，在下一代标准中，MPEG、VCEG 组织有可能仍然采用该框架。JVET 小组的技术探索，将压缩性能进一步提升，其探索的技术主要包括三类：一类是对 HEVC 现有技术的扩展，比如更大的编码 CTU 单元、更多的帧内预测方向、更大的变换块；另一类是将 HEVC 制定过程中没有采纳的技术进行改进，比如利用亮度分量预测色度分量技术、二次变换技术；第三类技术是新引入的技术，比如 OBMC（Overlapped Block Motion Compensation）。从这些技术来看，都没有突破基于块的混合编码框架，只是在该框架上进一步改进、精细化。

　　视频源多样化将是未来编码标准发展的另一趋势。虽然 H.264 和 HEVC 标准都是通用标准，面向各行各业的应用，但是在标准的制定过程中，所采用的测试序列都是广电级别的视频，从图像质量到拍摄方法都与影视节目类似。随着技术的发展，其他类型视频源增长迅速，多样化趋势明显。比如：用手机录制视频、监控视频、视频会议、屏幕录制视频；VR、AR 技术的继续发展将会带来大量的全景视频。不同视频源的特性不同，采用不同的方法压缩可以进一步提高性能。JCT - VC 工作组就在 HEVC 的基础上，针对屏幕视频专门开发新的技术，形成屏幕视频特有的标准。而在 JVET 工作组的技术探索过程中测试序列也呈现多样化。

分辨率增加的关注度正在下降。从 H. 261 到 HEVC，每一个标准的制定，都针对更大分辨率的应用。但是，随着分辨率的增大，给视觉带来的主观质量提升幅减小，4K 分辨率在正常的观看距离已经逼近人眼能分辨像素的极限了，8K 和 4K 对人眼观看来说，差别细微。很有可能，在新一代标准制定中，主要目标将不是针对 8K 的应用，而是其他提升视觉质量方面。例如，高动态范围 HDR（High Dynamic Range）、宽色域 WCG（Wide Color Gamut）和高帧率 HFR（High Frame Rate）。

而 HEVC 由于其在压缩效率、并行处理能力以及网络适应性方面的极大改进，HEVC 编码标准的产生和发展顺应了视频编解码标准技术发展的趋势，可以预见，未来的视频标准将以 HEVC 标准作为最主要的技术标准，成为大部分消费电子类产品绕不过去的技术标准。

2.6.4.2 专利许可——无须过多担忧超高费率

关于 HEVC 标准的专利许可，目前主要有三种模式：一是专利权人联合通过专利池进行专利许可；二是专利权人针对具体专利进行单独许可；三是一些企业希望利用自行开发的专有技术来绕开专利许可。

目前，有关 HEVC 标准的专利池许可有 MPEG LA 和 HEVC Advance 两个组织运营的专利池，MPEG LA 对 HEVC 的授权与收费延续了 H. 264 的收费策略，专利池透明、收费内容确定性强，而 HEVC Advance 许可费率大幅提高引发了业界普遍的担忧和不安；除了专利池许可模式之外，已向 ITU、ISO/IEC 提交《专利许可声明表》的专利权人中，尚有 20 余家约六成企业尚未明确表态将来会加入哪个专利池，不排除在未来会采取单独许可的模式；此外在已向 ITU、ISO/IEC 提交《专利许可声明表》的专利权人和两个专利池的专利权人之外，还存在其他的掌握 HEVC 编码技术的专利权人。可以说，HEVC 标准涉及的专利权人遍布全球，专利权人利益诉求趋向多元化，标准发布后已出现多方许可收费，标准实施者可能需要付出高昂的谈判成本和精力，疲于应付多个专利权人的要求，这将影响 HEVC 标准的实施，给整个产业发展带来不利影响。

由于 HEVC 标准面临复杂的专利情况，HEVC 标准的实施正在面临专利许可和知识产权不确定的风险。但实际上，我国企业无须对 HEVC Advance 收取较高专利许可费存在过多担忧。通过一系列典型专利许可费诉讼案例的分析可以看到，采用涉案专利先前的许可或其他类似许可作为参照，已经成为法院对于标准必要专利 FRAND 许可费率计算的判决确定的重要因素之一，因此可以预期类似 HEVC Advance 主张的高额专利许可费很有可能不会得到法院支持。

2.6.4.3 应对策略——推行自己主导的编码标准

随着互联网企业的发展，越来越多的替代性编码标准正在崭露头角。谷歌推出开源免费的视频压缩标准 VP8 和 VP9，旗下 YouTube 的视频大部分采用 VP9 压缩方式。

2015 年，谷歌进一步联合思科、微软、英特尔、亚马逊等巨头，成立开放媒体联盟（简称 AOM），目的是针对互联网的应用，开发免费开源的编码标准。AOM 的成立，将与 MPEG、VCEG 组织展开竞争，如果 AOM 的标准能够在 2017 年初如期发布，对 MPEG、VCEG 组织将是威胁。我国也在推行自己的视频编码标准 AVS、AVS2.0。这些替代性标准在推行之初，通常会采用开源、免费许可的方式增加影响力，但随着标准推广程度的加深，势必将重复 HEVC 标准相关专利的复杂局面。

视频编码标准专利信息的存在不确定和不透明，将为国内相关产业的技术应用和大规模商用带来了诸多不确定性的风险，应该引起高度重视。而以我为主，制定并推行由我国企业主导的视频编码标准才能够占据主动。但我们需要时刻牢记标准化的目的，专利贡献于标准化的同时，不能阻碍标准的实施和推广。而当前环境下，在合理无歧视（RAND）的专利许可原则和条件下，国内企业可以权衡标准实施的专利许可成本选择自身推行的技术标准。

第3章 集成电路产业专利分析及预警

3.1 集成电路产业发展概况分析

3.1.1 集成电路产业研究背景

集成电路（Integrate Circuit，IC）产业是关系国民经济和社会发展全局的基础性、先导性和战略性产业，是信息产业发展的核心和关键，其技术水平和产业规模已成为一个国家经济发展、科技进步和工业实力的重要标志，美、日、韩和中国台湾经济的起飞无不是从发展半导体集成电路产业开始。同时，集成电路也占据了主要的市场容量，目前发达国家国民经济总产值增量的65%与集成电路相关，集成电路已成为拉动传统产业迈向数字时代的强大驱动，同时也是经济发展的命脉和支柱。

自2000年以来，我国颁布了一系列政策法规，将集成电路产业确定为战略性产业之一，大力支持集成电路行业的发展。《鼓励软件产业和集成电路产业发展的若干政策》（国发〔2000〕18号）首次专门针对集成电路产业制定了鼓励政策，对集成电路行业的发展具有重要意义。《国家中长期科学和技术发展规划纲要（2006~2020年）》（国发〔2005〕第044号）将高端通用芯片定为16个国家科技重大专项之一。《国务院关于加快培育和发展战略性新兴产业的决定》（国发〔2010〕32号）提出着力发展集成电路、高端服务器等核心基础产业。《国民经济和社会发展第十二个五年规划纲要》提出大力发展新一代信息技术产业，其中重点发展集成电路等产业。《集成电路产业"十二五"发展规划》作为我国集成电路行业发展的指导性文件和加强行业管理的依据，为"十二五"期间集成电路产业的发展指明了方向。2014年，《国家集成电路产业发展推进纲要》正式发布，其中重点强调了"强化企业创新能力建设。加强集成电路知识产权的运用和保护，建立国家重大项目知识产权风险管理体系，引导建立知识产权战略联盟，积极探索与知识产权相关的直接融资方式和资产管理制度"。凭借多项政策的引导，中国集成电路行业初具规模，也有了一定的技术竞争力，在市场中也基本占据了主要地位。国内芯片设计行业已经具备国际先进水平，集成电路制造行业蓬勃发展，国内的封装测试行业也在不断地积极强化技术升级，开发具有自主知识产权的产品。例如先进封装（例如SiP、WLCSP、BGA、FC和3D/TSV）领域正在大步流星地追赶着国际先进水平。在自主知识产权领域，国内的集成电路企业形成了开发自主知识产权与获取自主知识产权并重的局面。

在上述国家政策的引导下，广东省政府也相继出台了一系列的支持政策，支持集成电路的发展与创新，并着重强调知识产权的重要性。《广东省战略性新兴产业发展"十二五"规划》中指出产业发展重点集中领域包括高端新型电子信息产业，强调加强芯片设计、制造和封装的知识产权布局及产业化。借助政策的引导和市场需求的带动，广东省集成电路产业快速发展，产业规模迅速扩大，技术水平显著提升，已初步形成了包括研发设计、芯片制造和封装在内的较为完整的集成电路产业链，成为全国重要集成电路产业基地。

但是集成电路行业，尤其是制造和封装技术发展至今，其核心专利大都被国外企业以及中国台湾企业所掌控，中国企业所面临的风险越来越大。国外掌握核心知识产权的大企业通常会形成专利联盟，从而制约我国集成电路企业的发展。如何建立起有效的专利侵权风险防范措施，是摆在国内封装企业面前的一道难题。

通常情况下，企业知识产权的积累会经历了三个阶段。第一阶段是知识产权防御阶段。该阶段特点在于，快速增强中国专利实力，合理运用中国市场在全球贸易中的重要性，平衡公司面临的全球知识产权风险。在此阶段工作主要侧重中国专利布局，实现国内知识产权实力的原始积累。第二阶段是知识产权攻守兼备阶段，特点在于为了应对欧美市场区域高发的知识产权诉讼及谈判风险，避免对市场经营造成重大影响冲击。在此阶段强化全球专利、欧美专利布局以及全球知识产权竞争和风控能力提升。第三阶段是知识产权开放式竞争阶段，特点在于通过知识产权实现在整个产业链上的合纵连横，求同存异开展合作及差异化竞争，以促进产业的良性发展及企业自身知识产权市场竞争及运营价值的提升。

目前，集成电路企业总体在广东省正处于由模仿、并驾齐驱的阶段发展向国际一流前进的阶段，在这个发展过程中知识产权的保驾护航是必不可少的。因此，本项目旨在通过对先进集成电路技术领域的国内外专利申请状况进行分析研究，探明该领域的技术发展趋势和发展状况，帮助我国企业或行业确定技术发展趋势；对国内外的专利分布状况进行比较，帮助广东省企业或行业规避可能存在的国外公司的技术威胁，协助企业或行业占领国外公司的技术盲区，并为建立具有自主知识产权的技术体系提供专利布局方面的支持，也可为行业内技术的顺利实施提供强有力的专利策略等方面的政策性建议，为我国、广东省企业开发具有自主知识产权的先进封装技术提供帮助和支持。

3.1.2　集成电路产业发展概况

3.1.2.1　全球发展状况

半导体产业是高新技术的核心产业，是现代通信、电子、工业控制、军事技术等产品的基本元素和重要组成部分。集成电路一直稳定占据着80%左右的全球半导体市场份额，其具有深刻的国际性，是国际化竞争最激烈，全球范围内资源流动和配置最为彻底的产业之一。以下将从三个方面阐述全球集成电路产业的发展状况。

（1）产业结构的发展

集成电路产品从小规模集成电路逐渐发展到现在的超大规模集成电路，整个集成电路产品的发展经历了传统的板上系统到片上系统的过程。在这一历史过程中，世界集成电路产业为适应技术的发展和市场的需求，其产业结构经历了三次变革。第一次变革是以加工制造为主导的集成电路产业发展的初级阶段；第二次变革体现为以制造加工为主的代工型企业与专注芯片设计的集成电路设计企业的分离发展；第三次变革则出现"四业分离"的集成电路产业，即形成了设计业、制造业、封装业、测试业独立运营的局面。

近年来，在全球半导体产业结构的快速调整中，集成电路产业中的 IC 设计业与晶圆代工业呈现异军突起之势。美日欧占据了整个集成电路产业链的上游，掌握着设计、生产、装备等核心技术。尤其是美国作为集成电路产品设计和创新的发源地，全球前 20 家集成电路设计公司大都在美国。

（2）技术形态的发展

全球集成电路技术的发展呈现以下趋势：

一是延续摩尔定律（More Moore），芯片特征尺寸沿着不断缩小的方向继续发展；二是超越摩尔定律（More than Moore），开发新的半导体材料，运用电子电路技术和电路设计等概念，在物理结构和器件设计方面产生新的突破；三是为满足小型化而产生系统集成技术，不断扩展应用半导体技术，带动光伏产业、半导体显示等产业的迅猛发展，产生了"泛半导体技术"的概念。

（3）商业格局的发展

全球半导体产业已渐渐步入成熟期。在这一大背景下，半导体企业间的整合重组正日益频繁。随着半导体的客户端产品慢慢进入成熟期，例如手机、PC 的大市场在收缩，新的市场还没有形成，竞争进入白热化，越来越多的企业通过资本并购的方式，扩大企业规模，保持企业竞争力。

未来几年，全球集成电路产业将进入重大调整变革期，随着投资规模迅速攀升，市场份额加速向优势企业集中，不少领域将形成企业垄断局面。此外，国际企业通过构建合作联盟、兼并重组、专利布局等方式强化核心环节控制力，市场进入壁垒进一步提高。全球集成电路产业依然"大者恒大"；产业技术革新难度加大，速度开始变缓，技术竞争愈发激烈。在投资强度及市场竞争的压力下，全球集成电路产业尤其是制造业呈现出从发达地区向发展中国家和地区转移的趋势。

3.1.2.2 中国发展状况

我国虽然是全球最大 IC 消费市场，但我国 IC 业的发展相对弱小，从全球范围看，我们仍处于第三梯队，而且在细分市场多样化的领域面临激烈竞争。目前，中国半导体企业整体分布为约有 20% 是 Fabless 芯片设计公司，30% 则从事晶圆代工服务，其余将近 50% 的企业参与封装和测试环节。

（1）中国 IC 设计业现状

随着半导体晶圆代工厂标准工艺生产线的日益成熟，近年来一种无晶圆生产线的集成电路设计公司（Fabless）纷纷建立起来并得到迅速的发展。我国 Fabless IC 设计业近几年来突飞猛进，其市场竞争能力和企业效益都得到了很大的提高和改善，已经跃居全球第三位，仅次于美国和中国台湾地区。目前中国大陆聚集着大大小小 500 家国内品牌的芯片设计企业，其产品应用范围涉及无线通信、多媒体应用、模拟器件、功率器件、导航设备、智能卡、消费电子类等十大市场，但其中绝大多数依然规模较小。

（2）中国 IC 制造业现状

在全球晶圆代工厂排名中，台积电（TSMC）稳坐第一位，市场占有率高达 44%，且营业额规模几乎是第二名格罗方德（Globalfoundries）的 4 倍。三星主要受益于为苹果代工应用处理器，排名跃居第三位。中国大陆晶圆代工老大中芯国际（SMIC）排名第五名，但营收规模只有台积电的 1/10。宏力（Grace）则排名第六名，营收规模只有台积电的 1/20，差距更大。短期内无人能撼动台积电在晶圆代工一枝独秀的"领头羊"地位。中国大陆晶圆代工业的发展起源于 2000 年中芯国际成立，通过学习和借鉴中国台湾晶圆厂的发展模式和经验，大陆积极投资和建设晶圆代工厂，除了中芯国际外，还有宏力、华虹 NEC、和舰科技等，中国大陆也一跃成为仅次于中国台湾的全球第二大晶圆代工生产基地，同时也带动了大陆半导体产业的整体发展。

（3）中国 IC 封装业现状

半导体封装测试的最先进的技术现在都集中被全球封测领域中领先企业掌控，内资企业规模仍偏小，虽具备一定创新能力，但技术能力仍不强。随着最新的 3D 封装技术逐步形成商用量产，这将对我国及世界现有封测行业格局造成很大的冲击。一是，相比较于 IC 制造和 IC 设计业，传统的封装测试业技术进入门槛比较低，参与企业较多且市场价格比较透明，竞争极为激烈，但随着 2.5D 及 3D 叠堆、硅片穿孔等高级封装技术的引入，这种市场格局将被打破，封测行业的技术门槛大幅提高。二是，由于 3D 封装技术，可能导致封装行业与芯片制造行业发生融合。三是，封装企业必将两极分化发展，龙头企业继续扩大生产规模、占据行业大部分利润份额，而中小企业竞争则更加激烈，技术落后或产能不足的企业将加快被淘汰。

3.2　集成电路产业总体专利分析

本节将对集成电路产业总体专利申请状况进行分析，通过对集成电路领域全球专利申请状况、中国专利申请状况以及广东省专利申请状况的分析，为掌握专利技术发展路线、各重点技术领域的专利技术分布等提供帮助。

3.2.1　全球专利态势分析

集成电路领域的全球专利申请状况是衡量该领域技术发展水平的重要指标，也是该领域专利态势分析研究的切入点。截至 2017 年 10 月，检索到世界范围内涉及集成电路领域的专利申请共 1055215 项，其中中国专利申请 251288 件。在此检索基础上，围绕对该领域在全球的申请趋势、区域布局、主要申请人状况以及主要技术分支状况等几个方面对其全球专利申请状况进行阐述。

3.2.1.1　申请趋势分析

通过对全球集成电路领域相关专利申请随年代变化趋势的分析，可以初步掌握自

1964 年至今全球集成电路技术的发展过程和趋势，从而对其未来发展方向进行简单判断。

图 3-1 反映了集成电路技术在全球范围内的专利申请态势分布，柱状图示出集成电路领域的年代专利申请量的变化情况。从图中可以看出，1980~2001 年，申请量总体呈快速上升的趋势，而从 1992 年开始，申请量迅速增长，在 2004 年之后申请量趋于稳定并在 2007 年达到峰值，2008~2009 年由于受到全球经济危机的影响，申请量有所下降，之后全球申请量基本保持稳定。图中的实线表示的是 1999~2015 年全球半导体市场销售额的变化趋势，如图 3-1 所示，集成电路全球市场销售额在 2001 年显著下降，2002 年开始回升并持续增长，随后于 2008~2009 年再次出现负增长，并与 2010 年开始反弹。集成电路市场的变化对专利申请量也产生了巨大的影响，全球专利申请量在 2008~2009 年出现了下降，并在 2010 年后开始恢复。

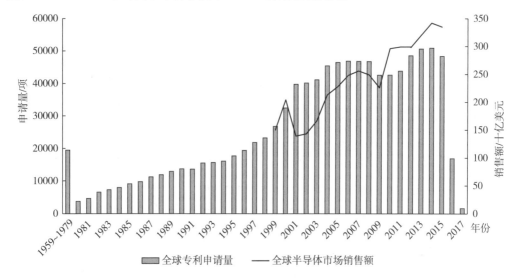

图 3-1　集成电路领域全球专利申请年代分布趋势

3.2.1.2　国家/地区分布分析

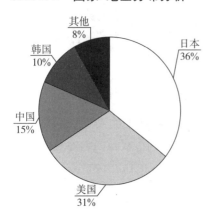

图 3-2　集成电路领域全球专利申请首次申请国家/地区分布

图 3-2 反映的是集成电路领域全球专利申请首次申请国家/地区分布图，可以看出，日本籍申请人申请量占比 36%，美国籍申请人申请量占比 31%，中国籍申请人申请量占比 15%，韩国籍申请人申请量占比 10%，可见，绝大多数的相关全球专利申请被日本、美国、中国和韩国籍申请人占有，说明该领域技术集中度非常高。其中，日本籍申请人是该领域最主要的申请人，申请量位居全球首位，该领域日本具有明显优势。美国作为集成电路领域的传统大国，在集成电路封装领域的全球申请量排名第二，而中国虽然在该领域起步较晚，但发展迅速，全球申请量位居第三，而韩国籍申请人在该领域的

专利申请全球排名第四，可见韩国在该领域也具有一定技术实力。

　　图 3-3 给出了日本、美国、韩国和中国籍申请人在集成电路领域的历年专利申请量变化情况。可以看出，日本在集成电路领域的起步较早，一直是该领域最主要的申请人，早期申请占比较大，而目前申请量出现下降，说明近期日本在该领域的影响力逐渐下降。美国在集成电路领域的发展也较早，其申请量在 2007 年之前基本上是持续增长，之后开始有所下降并趋于稳定，说明其对集成电路制造产业的投入逐步稳定。韩国在集成电路领域起步晚于日本和美国，但发展迅速，该国申请量从 1995 年开始增长并在 2008 年达到峰值，之后申请量有所下降。中国在集成电路领域发展较晚，从 20世纪 90 年代初至今，专利申请量快速增长，说明中国虽然在该领域的研发较晚，但是近年来研发投入力度较大，增长迅速。

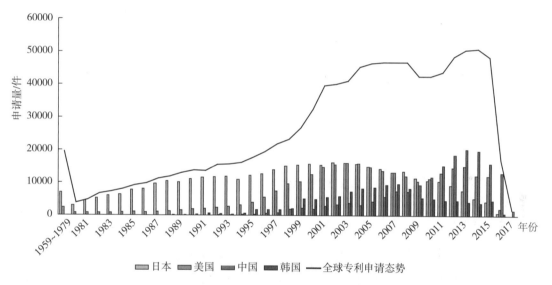

图 3-3　集成电路领域全球专利申请主要首次申请国家/地区专利申请趋势

3.2.1.3　主要申请人分析

　　专利申请人是专利申请的主体，也是专利布局的谋划者。集成电路领域历年来申请人排名变化情况都是专利布局研究中应该关注的热点，因此通过分析该领域主要申请人的状况，进一步对该项专利技术的整体态势产生更深入的认识。

　　图 3-4 是集成电路领域全球申请量排名靠前的申请人排序情况，可以看出，排名前列的企业中，大部分是属于日本的公司，说明日本专注于集成电路领域的企业相对集中，其中，位于排名之内的日本企业有松下、瑞萨、东芝、索尼、三菱、富士通、日立、精工爱普生，这些企业无论是在半导体元器件领域还是在消费电子产品领域，都是全球知名的大公司，申请量较多。韩国的三星和海力士排名分别位列第一和第二，上述公司的业务范围贯穿集成电路设计、制造、封装等各个领域，涉及领域宽、技术研发实力强。美国的 IBM 公司全球申请量排名第七位，其是全球著名的计算机生产商，在集成电路制造工艺、制造设备以及集成电路封装等领域也有所涉及，范围较广。排

名第十二和十三位的是中国的台积电（中国台湾地区）和中芯国际，上述公司都是集成电路制造领域的大公司，涉及半导体制造工艺、设备以及半导体封装领域。

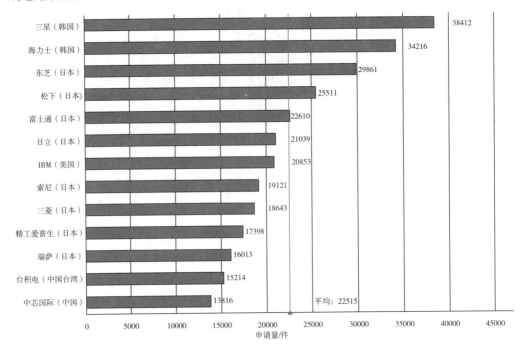

图 3-4　集成电路领域全球重要申请人的申请量分布

3.2.1.4　各技术分支分析

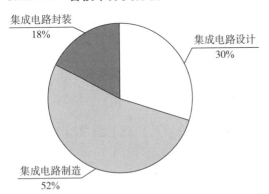

图 3-5　集成电路领域全球专利
申请专利技术分支分布

图 3-5 给出了集成电路领域专利技术分支分布情况，可以看到，集成电路制造占比最大，达到 52%，说明集成电路制造受关注较高，集成电路制造工艺的更新发展是集成电路尺寸按照摩尔定律等比例缩小的关键。由于集成电路设计方案会对集成电路的性能产生关键性影响，因而该领域也一直是产业研发的重点，其申请量占比为 30%，集成电路封装领域处于整个产业的后端，技术难度相对较低，占比 18%。

3.2.2　中国专利态势分析

以检索得到的向中国国家知识产权局专利局提交并公开的涉及集成电路领域的专利申请为研究对象，此部分数据统称为中国专利申请，对集成电路领域在中国的整体申请状况进行统计与分析，其中，由中国大陆及港澳台地区申请人提交的申请称为国内专利申请，外籍申请人通过不同方式中国国家知识产权局专利局提交的申请则称为国外来华专利申请。

截至本次检索截止时间，在中国专利检索与服务系统数据库中，经检索式检索与人工筛选，最终确定的涉及集成电路领域的专利申请量为 251288 件。其中国内专利申请 134791 件，占全部申请总量的 53.6%，国外来华专利申请 116497 件，占全部申请总量的 46.4%。

下面在这一数据基础上从专利申请整体发展趋势、专利申请国家/地区分布、专利申请技术主题分析、主要专利申请人分析等角度对集成电路封装领域的专利状况进行分析。

3.2.2.1　申请趋势分析

专利申请量表征了专利申请的趋势信息，可以表示申请人对该技术的关注程度、投入的精力，间接地说明了该技术领域的专利活跃程度。

图 3-6 反映了集成电路领域在中国范围内的专利申请态势分布，柱状图示出了集成电路封装领域的中国专利申请量的变化情况。20 世纪 90 年代初，集成电路领域开始在国内起步，中国专利申请量开始增长，1999~2006 年，随着国内对集成电路行业的重视以及研发投入的增加，申请量快速增长。2006~2009 年申请量增长速度停滞，其主要原因在于全球经济发展减缓及 2008 年的国际金融危机。2009~2014 年，随着消费电子产品的兴起，集成电路领域又迎来一次快速增长的时机，增速迅猛，虽然 2015 年的专利申请数据由于部分还未公开，因此不全，但总体上来看，申请量的增长趋势还是非常明显的，说明我国在该领域的关注力度、投入力度都较大。

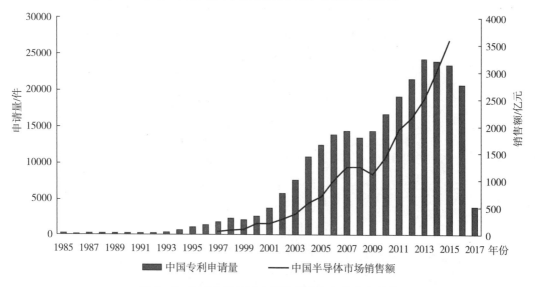

图 3-6　集成电路领域中国专利申请年代分布趋势

图 3-6 中的实线表示的为 1997~2015 年中国集成电路市场销售额的变化趋势，该变化趋势与全球市场销售额的趋势基本吻合。

图 3 - 7 给出了集成电路领域中国专利申请总量、国内申请、国外来华申请的年代分布趋势，从图 3 - 7 可以看出，国外来华申请量在 2008 年之前相较于国内申请量具有较大的优势。国外来华申请在 2006 ~ 2014 年的申请量增速放缓并处于平稳状态，说明处于技术成熟期，申请量稳定。而中国的技术发展较晚，国内申请量从 2001 年开始明显增长，其在 2009 年首次超越了外国来华申请量，其主要原因在于，国内集成电路产业正处于大力研发阶段，申请量快速增长。

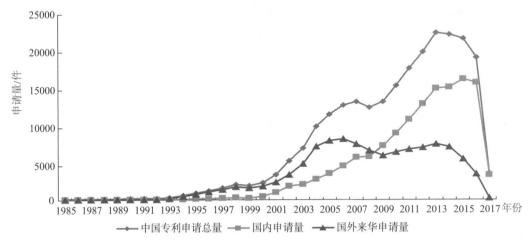

图 3 - 7　集成电路领域中国专利申请总量、国内申请、国外来华申请年代分布趋势

3.2.2.2　国家/地区分布分析

分析中国专利申请中专利的来源，可以客观反映其他国家/地区对中国市场的重视程度以及国内本土在集成电路封装领域的发展程度。

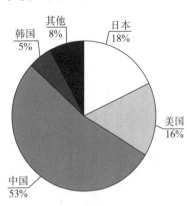

图 3 - 8　集成电路领域中国专利
申请首次申请国家/地区分布图

图 3 - 8 反映了各国在华的专利申请分布情况，总体来看，中国本土申请人申请量达到了 53%，主要是由于从 2001 年开始中国籍申请人的申请量迅速增长，在 2009 年申请量已经超越了外国来华申请量的总和。日本籍申请人一直关注中国市场，其申请量占总申请量的 18%，美国的申请人很早就进入中国申请专利，申请量占比 16%。韩国依靠本国的国际知名企业的技术优势，申请量占比为 5%。

图 3 - 9 给出了集成电路领域全国首次申请地区分布情况，可以看出，集成电路领域在国内地域分布比较集中，各地区之间申请量差距悬殊，主要申请人集中在台湾、江苏、广东、上海、北京等省市。

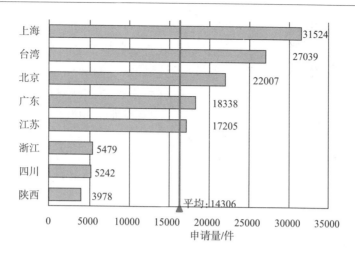

图 3 - 9　集成电路领域全国首次申请地区分布图

3.2.2.3　主要申请人分析

专利申请人的申请量排名反映了某一领域内专利申请人的技术掌握情况及其专利布局策略。一般来说，专利申请数量可以反映某申请人的研发投入情况、专利申请积极性和市场重视程度。

从图 3 - 10 可以看出，集成电路领域中国主要申请人排名前十位的申请人主要分布在中国、日本、韩国和美国，其中中国 4 个，美国 3 个，日本 2 个，韩国 1 个。可见全球的主要申请人非常重视在中国进行专利布局，比如，日本的松下、东芝，韩国的三星，美国的高通、IBM、英特尔。与全球的主要申请人相比，增加了中国籍申请人中国科学院，这主要是因为部分外国籍申请人并不重视在中国的专利布局，在中国的专利申请量较少。

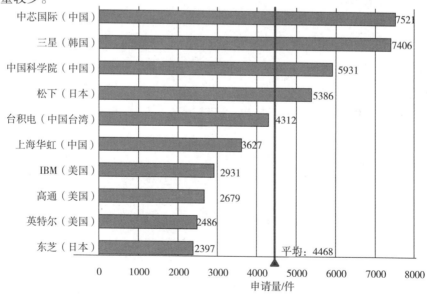

图 3 - 10　集成电路领域中国主要申请人的申请量分布图

3.2.2.4　各技术分支分析

图 3-11 给出了集成电路领域中国专利申请专利技术分支分布情况，可以看到，国内集成电路设计领域专利申请占比最大，达到 38%，高于该领域全球专利占比，说明集成电路设计在国内受关注高，研发投入力度较大。集成电路制造领域的发展决定了产品的集成度，因而该领域在国内也同样是研究的重点领域，其占比为 48%。集成电路封装领域占比 14%，基本与全球专利占比持平。

3.2.2.5　专利申请类型分析

图 3-12 给出了集成电路领域中国专利申请类型分布图。从图中可以看出，在我国集成电路领域的专利申请当中，发明占据了主要地位。其中，国内申请人的发明专利申请量占 42.4%，反映了国内申请人在该领域的关注度较高，研发力度较大。国外来华申请人发明专利申请量占比 48.7%，高于国内申请人占比，可见国外来华申请人对该技术领域在中国的专利布局的高度重视。实用新型占比很小，占 8.9%。

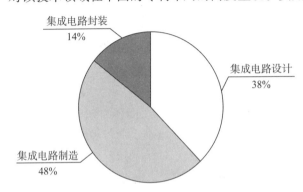

图 3-11　集成电路领域中国
专利申请专利技术分支分布

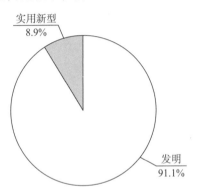

图 3-12　集成电路领域
中国专利申请类型分布

3.2.3　广东专利态势分析

研究集成电路领域广东省的专利分布趋势，对帮助广东省企业确定技术发展趋势具有重要意义。截至 2017 年 10 月，检索到广东省专利申请共 17626 件。在此检索基础上，围绕该项技术在广东省的发展趋势、区域布局、主要申请人状况等几个方面对其专利申请状况进行阐述。

3.2.3.1　申请趋势分析

通过对广东省集成电路领域相关专利申请随年代变化趋势的分析，从而对其未来发展方向形成简单判断。

图 3-13 给出了集成电路领域广东省的专利申请态势分布，从图中可以看出，从 21 世纪初开始，集成电路技术广东省的专利申请量开始增长，在 2012 年增速放缓，2013 年后专利申请量呈现快速增长态势。

图 3-14 给出了集成电路领域国内申请与广东省申请的对比，从图中可见，相对于国内申请的总量，广东省集成电路领域的申请量总体上还处于较低水平，在国内申

请人的总申请量中仅占比 7%，这与广东省作为国内消费型电子、通信产品的最大生产基地的身份不符，研发投入力度有待加强。

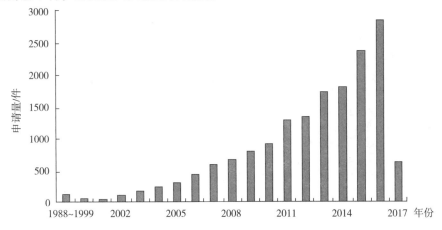

图 3-13　集成电路领域广东省专利申请态势分布

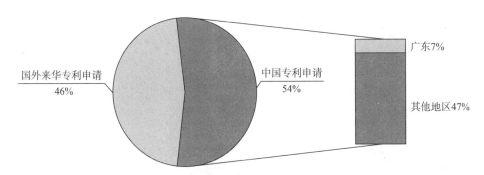

图 3-14　集成电路领域广东省专利申请占比分布

3.2.3.2　地区分布分析

分析广东省专利申请中专利的来源，可以客观反映各地市在集成电路领域的发展程度。

图 3-15 反映了广东省各地市集成电路领域专利申请分布情况，总体来看，广东省内的集成电路产业分布比较集中，分布在深圳、广州、东莞等城市。深圳专利申请量占比最大，达到了 65.6%，广州申请量占比 13.7% 位居第二，东莞在广东省专利申请中占比 7.8% 位居第三。另外，在佛山、珠海、惠州、中山等城市也有集成电路产业的分布。

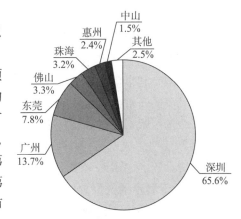

图 3-15　广东省专利申请首次申请地区分布

3.2.3.3　主要申请人分析

图 3-16 给出了广东省主要申请人的申请量分布，可以看到，排名靠前的申请人包括企业以及高校，其中华南理工大学以及中山大学是广东省知名高校，专注于前沿

技术的研究。排名第一的华为是全球领先的信息与通信解决方案供应商，在集成电路领域的专利申请主要涉及多媒体、通用处理器、射频、存储器等方面。排名第二的中兴通讯股份有限公司，其专利申请主要涉及通用处理器、多媒体、放大器、射频等领域。富士康科技集团是大型的3C产品研发制造企业。努比亚是国内知名手机生产商。比亚迪是汽车电子产业的知名企业，在集成电路领域的专利申请主要涉及集成电路以及功率器件的制造与封装。深圳方正微电子、广东欧珀电子、腾讯等企业也都是全国知名的大型企业。

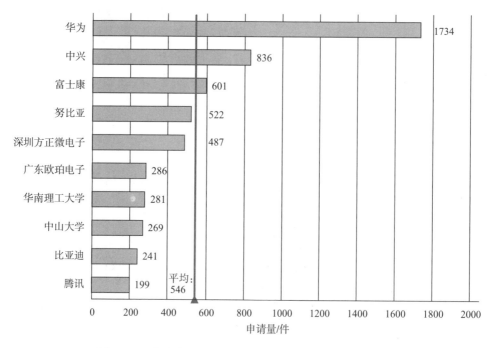

图3-16　集成电路领域广东省主要申请人的申请量分布图

3.2.3.4　各技术分支分析

图3-17给出了集成电路领域专利技术分支分布情况，可以看到，广东省集成电路设计领域专利申请占比最大，达到59%，说明集成电路设计在本省受关注较高，以华为为代表的一批优秀企业在该领域具有优势。集成电路制造工艺的更新发展是集成电路尺寸按照摩尔定律等比例缩小的关键，广东省在该领域投入增长迅速，其申请量占比为26%，集成电路封装领域处于整个产业的后端，相对于集成电路设计与制造来说，申请量较少，占比15%。

3.2.3.5　专利申请类型分析

图3-18给出了集成电路领域广东省的专利申请类型分布，从图中可以看出，在广东省的申请中，发明以77%的比例占据优势，而实用新型占比23%，远高于中国申请实用新型8.9%的占比。从广东省发明与实用新型专利申请类型的分布与该领域的中国专利类型分布的差距可以看出，广东地区的申请人在该技术领域研发难度相对较小。

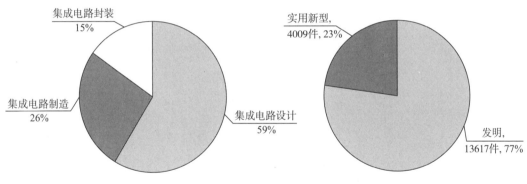

图 3 – 17　集成电路领域广东省专利申请　　　　图 3 – 18　集成电路领域广东省
专利技术分支分布　　　　　　　　　　专利申请类型分布

3.3　重点申请人分析

本节对业内关注的国内重要申请人的基本概况以及专利布局情况进行分析。本节的国内重要申请人是我国集成电路领域的龙头企业，而且这些企业在我国集成电路领域占据了很大的份额。通过对重点专利申请人的分析，能初步构建出国内重要申请人的专利布局情况、重点专利技术，为调整行业分布和专利技术预警做准备。

3.3.1　华为

3.3.1.1　概况

华为技术有限公司是一家生产销售通信设备的民营通信科技公司，于 1987 年在中国深圳正式注册成立，总部位于中国广东省深圳市龙岗区坂田华为基地。华为是全球领先的信息与通信技术（ICT）解决方案供应商，其产品主要涉及通信网络中的交换网络、传输网络、无线及有线固定接入网络和数据通信网络及无线终端产品，为世界各地通信运营商及专业网络拥有者提供硬件设备、软件、服务和解决方案。目前，华为有 17 万多名员工，其产品和解决方案已经应用于全球 170 多个国家或地区，服务全球运营商 50 强中的 45 家及全球 1/3 的人口。

3.3.1.2　申请态势分析

通过分析企业的专利申请年代与数量，可以了解企业的专利申请情况，以及企业的发展情况。

图 3 – 19 为华为集成电路设计专利申请量变化趋势，从图 3 – 19 可以看出华为关于集成电路设计的专利申请量自 1999 ~ 2007 年一直处于逐年上升状态，其中 1999 ~ 2006 年申请量比较小，2007 ~ 2009 年申请量有较明显的增长，2009 ~ 2010 年申请量有所下滑，其主要原因在于 2008 年开始出现了全球经济危机。2010 年初在我国进一步鼓励集成电路产业发展政策促进下以及华为对知识产权的保护力度的加大，2010 ~ 2013 年集成电路设计专利呈现加大的申请量。2015 年以后申请量开始出现大幅下降，其原因是

2016 年和 2017 年的申请的专利有可能还没有公开。

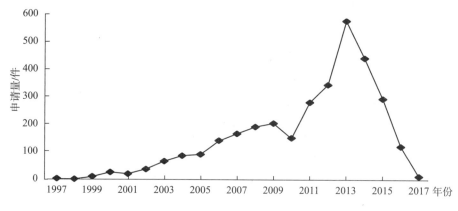

图 3-19　华为集成电路设计专利申请量趋势分布

3.3.1.3　技术分支分析

本报告对华为在集成电路设计方面申请的专利作出如下的技术分支划分：导航芯片、存储器、智能可穿戴芯片、锁相环、电源 IC、通用处理器、ADC&DAC、逻辑电路、放大器、多媒体、射频 RF。

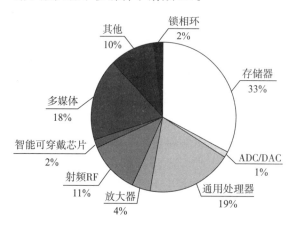

图 3-20　华为的集成电路设计在国内各分支分布

本报告对集成电路做出如下的技术分支划分：存储器、通用处理器、多媒体、射频 RF、智能可穿戴芯片、ADC&DAC、放大器、锁相环和其他类，其中其他类主要包括：导航 IC、电源 IC、逻辑电路、开关电路、滤波器、振荡器、混频/倍频电路和时钟电路等。各个分支的申请数量如图 3-20 所示。由图 3-20 可知，华为主要在存储器、多媒体、通用处理器 RF 射频相关的技术分支布局的专利较多，其中存储器的专利申请占国内总申请量的 33%，可见华为在数据存储方面的重视程度，比如华为于 2007 年与赛门铁克合作成立合资公司，开发存储和安全产品与解决方案，并在 2011 年对华赛进行收购，足见华为对数据存储方面的关注度，这与当前所属的大数据时代不无关系。与此同时，华为在多媒体方面的申请量占国内总申请量的 18%，通用处理器的申请量占国内总申请量的 19%，这与当前用户对优良的视听效果的需求相关。

3.3.1.4　技术发展路线分析

存储器是现代信息技术中用于保存信息的记忆设备，其对于当今社会的重要性不言而喻。华为作为一家科技创新公司，关于数据存储秉承"Data on Demand"（数据按需服务）的理念和愿景，其储存器产品线聚焦 IT 基础设施，构建面向云数据中心的存储融合资源池，整合存储基础架构，让数据在不同业务间共享，为客户提供自动化、按需供给的数据服务，实现企业敏捷云转型。以下按信息的可保存性将存储器分为易失性存储器和非易失性存储器。

如图 3 - 21 可以看出华为在存储器领域的专利申请量 1999 ~ 2009 年呈逐年上升趋势，2008 ~ 2010 年申请量有所下滑，其主要原因在于 2008 年开始出现了国际经济危机，从 2011 年开始申请量大幅上升，这与经济复苏有一定的关系，同时移动互联网技术的发展，用户数据存储量的大幅攀升也推动了企业对数据存储技术的研发以及专利的申请。2014 ~ 2015 年以后申请量开始出现大幅下降，其原因是 2015 ~ 2017 年申请的专利有可能还没有公开。同时从图 3 - 21 可知，华为在华申请量与全球申请量的趋势类似，这与华为的企业性质有关，华为作为中国企业，其在外国申请的专利一般会与在华申请为同族专利。

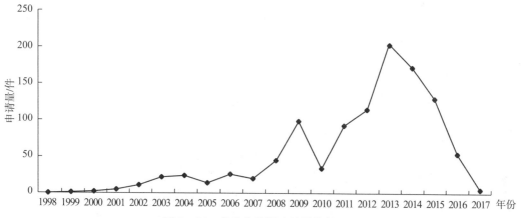

图 3 - 21　华为存储器申请量趋势分析

如图 3 - 22 示出，华为的存储器专利申请中非易失性存储器占 62%，易失性存储器占 38%。非易失性存储器是指当电源供应中断后，存储器所存储的数据不会消失，只要重新供电后，就能够读取数据的存储器。以下将以华为非易失性存储器的专利申请数据作为分析对象，从多个角度对华为非易失性存储器的相关专利进行梳理。

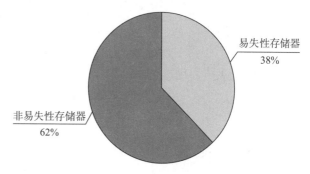

图 3 - 22　华为存储器技术分支分布

华为在非易失性存储器领域的专利申请覆盖比较广，包括的技术点多而繁杂，比如在存储器数据安全方面、存储器 I/O 性能方面、存储器功耗/节能方面和存储器寿命方面等，近年来随着移动互联网的发展，伴随而来的是越来越多的用户信息泄露，促使人们对信息安全或数据安全的高度重视。如图 3 - 23 所示，华为在非易失性存储器的安全领域的相关专利主要集中在数据加密、校验/纠错和冗余备份等方面。

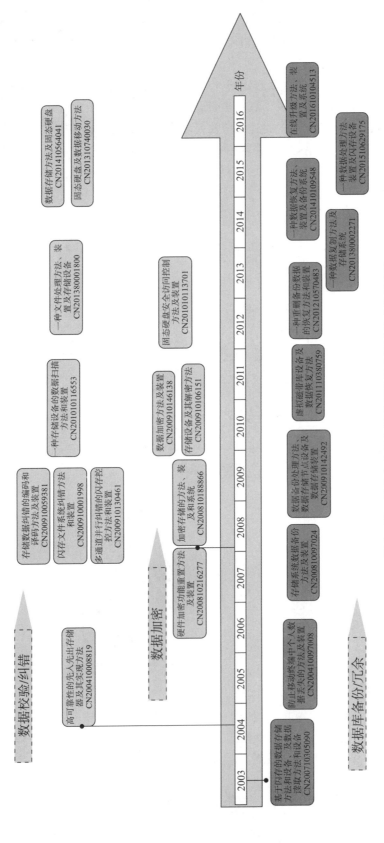

图 3-23　华为在非易失性存储器安全领域技术发展路线

3.3.2　中兴

3.3.2.1　公司概况

中兴通讯是全球领先的综合通信解决方案提供商，能够研发、制造 2G、3G、4G 全系列终端产品。公司成立于 1985 年，是在香港和深圳两地上市的大型通信设备公众公司。公司为全球 160 多个国家和地区的电信运营商和企业网客户提供创新技术与产品解决方案，让全世界用户享有语音、数据、多媒体、无线宽带等全方位沟通。

中兴通讯主要产品包括：2G/3G/4G/5G 无线基站与核心网、IMS、固网接入与承载、光网络、芯片、高端路由器、智能交换机、政企网、大数据、云计算、数据中心、手机及家庭终端、智慧城市、ICT 业务，以及航空、铁路与城市轨道交通信号传输设备。

2014 年，中兴通讯启动 M－ICT 万物移动互联战略，聚焦"运营商市场深度经营，政企价值市场，消费者市场融合创新"三大领域，并布局"新兴蓝海业务"。2015 年，中兴通讯在以芯片、政企、物联网、车联网、云计算、大数据、大视频等为代表的新兴业务呈现强劲增长趋势。目前，中兴通讯已全面服务于全球主流运营商及企业网客户。

3.3.2.2　申请态势分析

通过分析企业的专利申请年代与数量，可以了解其专利申请情况，并且推测其后续的专利申请趋势。

图 3－24 为中兴通讯的集成电路相关的专利申请趋势，总体分为两个阶段。

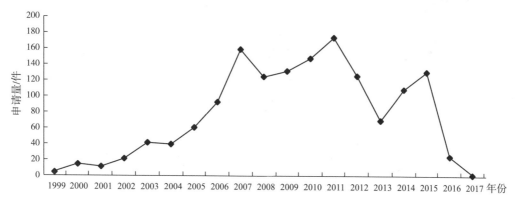

图 3－24　中兴通讯集成电路的专利申请趋势

第一阶段为 1999～2002 年，其间中兴通讯中国专利申请量一直在小范围内起伏，而这一时期正是中兴成立的初期，主要处于模仿创新阶段。随后申请量呈现波动增长态势，总体来说申请量没有出现爆发式增长，与中兴通讯主要在中国开展业务有关。

第二阶段为 2003 年至今，随着中兴通讯进入自主创新阶段，中兴通讯在 3G（WCDMA、TD－SCMA、CDMA2000）产品以及终端等领域的持续研发，专利申请呈现快速增长的态势，随后几年的申请量一直保持较高值，这一变化趋势与通信技术的发展趋势密切相关。3G（包括 TD – SCDMA）大规模商用，并且 4G 也进入商用阶段，并且中兴也拓展了业务范围，例如手机终端等。

3.3.2.3　技术分支分析

技术分支能够反映出一个申请人在不同时期对不同技术分支采取的申请策略，明确其技术侧重点以及将来可能的侧重方向。

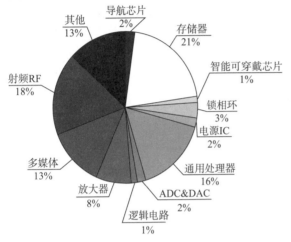

图 3 – 25　中兴通讯关于集成电路的技术分支

由图 3 – 25 可知，中兴通讯在射频 RF 和放大器、通用处理器、存储器以及多媒体相关的技术分支布局的专利较多，这与中兴以通信产品作为公司的主营业务有关。通信产品一方面需要对多媒体等数据进行压缩、编码等，另一方面需要完成数据的传输，例如使用射频收发机，而射频收发机中需要放大器、通用处理单元、存储器等相关部件的配合才能完成相应的数据传输工作。此外，中兴通讯还在滤波器（包括模拟滤波器、数字滤波器）、分频器、混频器、时钟、

脉冲、波形产生电路上进行一定的专利申请。

3.3.2.4　技术发展路线分析

当前主流的通信技术有 2G、3G、4G 三种制式，并且每一种制式都有不同的制式，因此手机终端需要支持不同的网络制式，但不同的通信制式之间会存在干扰的问题。多模终端中主要存在以下两方面的问题：①射频的干扰；不同的通信制式会使用相邻的频段或者重合的频段，这样就会存在射频的干扰，如果不采取任何处理措施，那么在此情况下，整机性能将随双模工作频率的间隔发生明显的变化。因此，多模终端中需要对临近频率的干扰进行处理。②PCB 的面积过大；多模终端中需要使用多个天线，例如 Wi – Fi、蓝牙（BT）等，均需要不同的天线进行支持，从而增加多模终端的 PCB 的体积。中兴通讯在多模制式终端及其之间的干扰处理方法的相关专利申请路线详见图 3 – 26，主要通过消除多模终端中的干扰以及减少 PCB 的面积来实现目的。

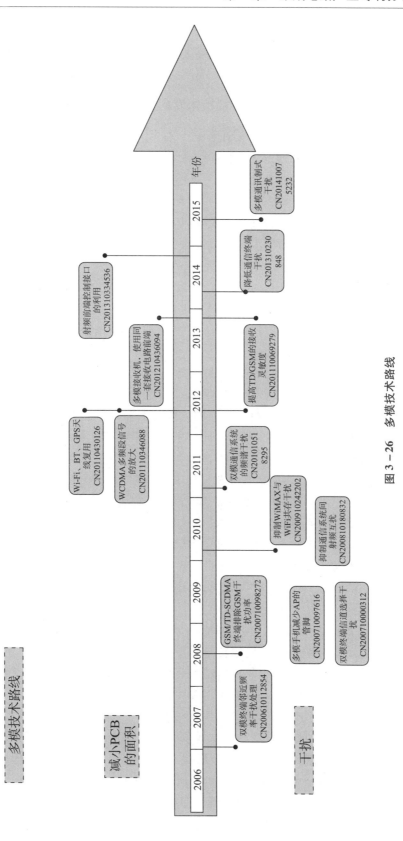

图 3 - 26　多模技术路线

3.4　重点技术分支专利技术及风险分析

3.4.1　非隔离型电感式 DC－DC 转换技术专利技术及风险分析

3.4.1.1　技术发展路线分析

以下将非隔离型电感式 DC－DC 转换技术中关于提高效率方面的技术划分为降低开关损耗的技术和降低传导损耗的技术，对相关重要专利的技术发展路线进行分析。技术发展路线如图 3－27 所示。

非隔离型电感式 DC－DC 转换器有两类功率损耗：静态损耗和动态损耗。无论负载电流大小，静态损耗都是恒定的；而动态损耗则会随着负载电流的增加而增加。动态损耗也分为两类：开关损耗和传导损耗。转换器又随着频率大小变化的开关损耗，包括开关管的开启和关闭损耗、驱动损耗以及在每个开关周期产生的主体二管损耗。这些损耗都与开关频率成正比，大多数损耗也随着负载的变化而变化。传导损耗依负载大小而变化，并且包括由于电源的功率开关管和电感器的压降而产生的损耗。负载电流越大，传导损耗越高。

从图 3－27 可以看出，关于降低开关损耗的技术，早在 1989 年，Insinooritoimisto Pentti Tamminen 公司已经提出了使用高效率的开关元件 MOSFET 实现 DC－DC 转换，同年，国际整流器公司提出通过两级级联的方式降低输入电压以降低晶体管的开关损耗。1991 年，VLT 公司和 Gerald D. Ewing 分别提出零电流切换和零电压切换的 DC－DC 转换器，以降低开关损耗。1993 年，凌力尔特公司提出使两个 MOSFET 同时为 OFF 状态的"睡眠模式"，与其中一个开关总是处于 ON 状态相比，可以降低损耗。在轻负载时，将反馈控制模式从 PWM 切换为 PFM，减少开关元件开关操作的次数，从而降低开关损耗，这是降低开关损耗的重要方法，这方面的申请人包括精工电子、英特尔公司、日立公司、富士电机公司、理光公司、英飞凌公司等。其中，理光公司在 2005 年提出使用伪负载来防止 PFM 控制切换至 PWM 控制导致的输出电压发生突峰的问题；英飞凌公司在 2010 年提出通过选择预定义的频率阈值使对应的输出电流高于的电流阈值以避免不期望的轮转。

TechWitts 公司在 2000 年提出使用具有一个包括两个开关、一个电容和一个电感值较小的电感的主动复位切换单元代替转换器中的主开关，形成零电压切换式转换器，降低开关损耗。精工电子在 2001 年提出使用具有不同特性的 MOS 晶体管来提高轻载效率。爱立信公司在 2008 年提出小电流使用线性调节器，大电流使用开关调节器，以解决开关调节器轻载效率不高的问题。

关于降低传导损耗的技术，1989 年，摩托罗拉公司提出了通过感测开关装置的电流来降低流经电感的电流。阿格斯技术公司在 1992 年提出了限制二极管电流的改变率以降低损耗。德州仪器公司在 1994 年提出的通过禁用同步整流器以阻止电感电流回流及相应的效率损耗。通过不设置感测电阻以降低损耗是降低传导损耗的重要方法，这

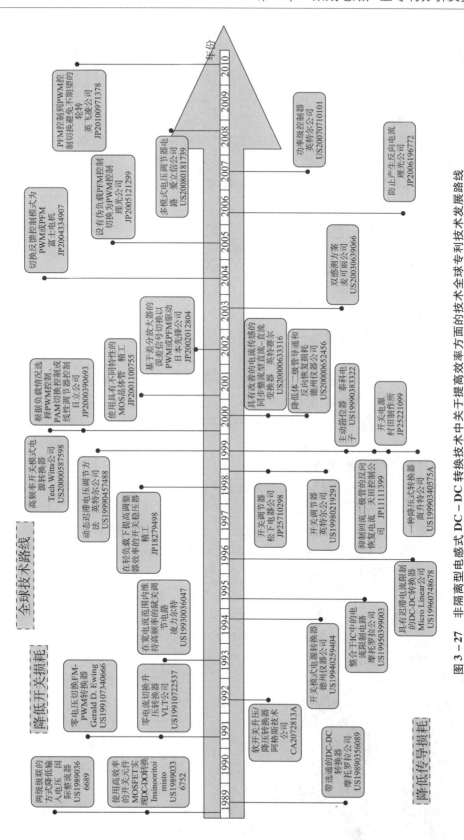

图 3 - 27　非隔离型电感式 DC - DC 转换技术中关于提高高效率方面的技术全球专利技术发展路线

方面的申请人包括摩托罗拉公司、Micro Linear 公司、松下电路公司、村田制作所等。英特尔公司在 1998 年提出通过多个切换电路控制对电感的供电。抑制二极管的反向恢复电流以降低反向恢复损耗也是降低传导损耗的重要方法，这方面的申请人包括天田控股公司、泰科电子公司、德州仪器公司、理光公司。商升特公司在 1999 年提出使用具有可选绕组的电感对开关元件中的一个的电压尖峰进行箝位。英特赛尔公司在 2000 年提出通过传感开关 FET 的漏 - 源电阻上的压降可传感 DC/DC 变换器中的负载电流，麦可丽公司在 2003 年提出分别感测两个开关的电流来驱动开关，英特尔公司在 2007 年提出无须对输出电感电流的即时或逐个周期地感测和取样以改进效率。

3.4.1.2　专利风险分析

电源模块可分为开关电源和线性电源。与传统的线性电源相比，开关电源的优势在于效率高，加之开关晶体管工作于开关状态，损耗较小，发热较低，不需要体积/重量非常大的散热器，因此体积较小，重量较轻。开关电源分为隔离型及非隔离型转换器，隔离型开关电源没有使用隔离变压器等隔离措施，电路较简单，成本较低。按照储能元件的不同，非隔离型转换器分为以使用电感器作为储能元件的电感式和以使用电容器作为储能元件的电容式，在大多数情况下，电感式转换器的效率较高且可以输出较大电流。

高效和低功耗是非隔离型电感式 DC - DC 转换技术不可或缺的性能指标。在中国申请中，提高效率方面的申请量最多，472 件，占比达到 34.2%。

在中国专利数据库中检索涉及提高效率方面的非隔离型电感式 DC - DC 转换技术的 472 件专利申请中，226 件授权维持，34 件失效，116 件处于待审阶段。在 226 件授权维持专利申请中，国外来华申请量为 70 件，占有效申请的 30.97%，其中日本来华申请 30 件，占有效申请的 13.27%，美国来华申请 30 件，占有效申请的 13.27%。中国专利申请量为 156 件，占有效申请的 69.03%，从这个角度来说，国内申请在非隔离型电感式 DC - DC 转换技术领域的优势明显，占据了大部分的有效专利。

提高效率的技术手段包括控制 PWM 模式与 PFM 模式之间的切换以降低损耗，例如美国芯源系统股份有限公司的专利 200610142569、精工电子有限公司的专利 98120748 和 03104376 等；降低检测输出电感电流的损耗，例如英特赛尔公司的专利 99127797、英特尔公司的专利 200810081137 等；降低反向恢复损耗，例如半导体元件工业有限责任公司的专利 200410079164；上述三种提高效率的技术手段已经非常成熟，国外企业对此在我国的专利布局较早也较为完善，国内企业若想从中突破比较困难，专利风险较大。

提高效率的技术手段还包括根据负载情况选择线性电源和开关电源中效率较高的一个，例如富士通株式会社的专利 200610067426、复旦大学的专利 201010246352、浙江大学的专利 200910096764 等，这方面技术国内外申请人都有布局，国内高校研究较多，国内企业若与复旦大学、浙江大学等国内高校合作，专利风险较小。

提高效率的技术手段还包括利用开关元件的特性降低损耗，例如西安交通大学的专利 201010246249，通过改变开关管的栅宽，并不采取额外开关管工作频率的控制环节，在降低损耗的同时消除变频控制带来的不良后果；循环利用能量以降低损耗，例如福州华映视讯有限公司的专利200910111445，通过设置电荷回收电路回收多余的电荷并适时释放以降低损耗。这方面技术的研究还比较少，专利风险较小，国内企业可予以适当的重视。

从表3-1可以发现，涉及提高效率方面的非隔离型电感式DC-DC转换技术中，在控制PWM模式与PFM模式之间的切换、降低检测输出电感电流的损耗、降低反向恢复损耗等技术上，国外企业在我国的专利布局较早也较为完善，国内企业从中突破的专利风险较大；在根据负载情况选择线性电源和开关电源中效率较高的一个的技术上，国内高校研究较多，国内企业若与国内高校合作，专利风险较小；在利用开关元件的特性降低损耗、循环利用能量以降低损耗等技术上，目前研究还比较少，专利风险较小，国内企业可予以适当的重视。

表3-1　提高效率方面的非隔离型电感式DC-DC转换技术的重点专利技术手段和国家分布

提高效率的技术手段	涉及专利	
	专利号	国家
控制PWM模式与PFM模式之间的切换	98120748	日本
	03104376	
降低检测输出电感电流的损耗	200610142569	美国
	99127797	
	200810081137	
降低反向恢复损耗	200410079164	
根据负载情况选择线性电源和开关电源中效率较高的一个	201010246352	中国
	200910096764	
	200610067426	日本
利用开关元件的特性	201010246249	中国
循环利用能量	200910111445	

3.4.2　运动估计与补偿专利技术及风险分析

从视频编码器的构成来看，视频编码包括如下关键技术DCT变换、量化、熵编码和运动估计与补偿技术，而运动估计与补偿技术作为编码过程中运算量最大的部分，在整个视频压缩系统中具有极其重要的作用，其执行速度决定了编码的效率，并在一定程度上决定了整个视频压缩编码系统的性能和效率，是视频编码技术领域的核心内容，且经过统计发现，涉及运动估计与补偿的专利申请量也远高于其他编码技术的专利申请量。因此，本小节选取了多媒体芯片中的视频编解码芯片中专利申请量居前的运动估计与补偿技术进行重点分析。

3.4.2.1 国外来华专利风险状况

以下对多视点图像和立体视频编码技术的国外来华的重要专利技术进行专利风险分析。

国外大型企业和研究机构在多视点图像和立体视频编码领域都有专利申请，但每个公司基于技术优势、经营策略和在华的商业经营情况，对自己的在华专利布局不尽相同，因此并不是所有的公司都来华申请了该技术领域的专利。

在该领域，国外的公司在我国有着比较全面的布局，技术覆盖面广，且大多是多视点图像和立体视频编码技术领域的基础性专利，且申请人在后期对还继续针对已有专利进行改进，以实现全面布局，国内公司在申请相关领域的专利申请时应当予以关注。

三星公司及LG作为韩国来华的重要申请人，在该领域在华申请了大量的专利。以三星公司为例，1998～2001年，其专利申请主要涉及3D网格编码技术，从2005年开始，三星公司有关3D编码技术的申请量逐渐增多，且大多涉及多视点编码，其涉及的技术点包括预测结构方面、利用视点间的进行预测、视点间差异补偿及高层语法等方面，其涉及的技术点多而全面，且三星公司关于多视点编码技术的专利申请大部分选择进入中间，由此可知，不管是横向还是纵向层面，三星公司在多视点图像和立体视频编码技术领域的专利布局都相当全面。

汤姆森特许公司申请了大量的多视点编码相关的专利，其也涉及多方面的改进点，但主要集中于高层语法层次和宏块层处理，特别是高层语法层次方面，汤姆森特许公司相对其他公司更具优势。

以下对在审的国外来华申请进行分析研究，从中梳理出多视点图像和立体视频编码技术领域的技术发展方向，以期为我国相关企业及科研单位提前规避相应风险提供帮助。表3-2列出了涉及多视点图像和立体视频编码技术的在审的国外来华重点专利申请。

表3-2 在审的涉及多视点图像和立体视频编码技术的国外来华重点专利申请

申请人	申请号	发明名称	技术领域/技术要点	法律状态
三星电子株式会社	CN201310130439	用于对运动矢量进行编码/解码的方法和设备	基于所述运动矢量预测因子和从比特流获得的差分矢量来获得当前块的运动矢量，其中，所述邻近块包括当前块外面的位于当前块的左下侧的第一块	在审
三星电子株式会社	CN201510919253	对视频进行解码的方法和设备	根据截断二值化方案获得逆二值化的前缀，根据固定长度二值化方案获得逆二值化的后缀，通过使用逆二值化的前缀和逆二值化的后缀来重建指示变换块的最终系数位置的符号	在审

申请人	申请号	发明名称	技术领域/技术要点	法律状态
高通股份有限公司	CN201380069176	在多视图译码文件格式中当前视图对参考视图的相依性的指示	剖析视频数据的轨迹及剖析信息以确定需要参考视图的是纹理视图还是深度视图以用于解码所述轨迹中的所述一或多个视图中的至少一者	在审
杜比实验室特许公司	CN201510890688	视频编码方法、视频信号解码方法及视频装置	对 n 个图像进行子采样；将每个采样图像分离为子图像；将子图像一起封装到图像帧中；通过视频编码器对单个图像帧进行编码，子采样步骤包括例如梅花形五点采样	在审

在多视点图像和立体视频编码技术领域，国外的公司在我国有着比较完整的布局，技术覆盖面广，从而使得我国在该技术领域的发展面临非常大的阻碍和风险。

3.4.2.2　国内申请专利风险状况

以下对国内申请人的已授权且目前仍有效的重要专利进行分析（详见表3-3），并且与国外来华的布局情况进行比较分析，希望能得出国内申请人申请专利的风险和突破口等结论。以下借助专利引证频次与同族数的排名，多边申请情况以及重点申请人信息，筛选出多视点图像和立体视频编码技术领域的国内申请人的重点节点技术专利，并对重点节点技术做深入分析。以此确定该领域的核心构成技术，为建立具有自主知识产权的技术体系提供支持。以下将对授权的国内专利进行分析研究，以为我国相关企业提前规避相应风险提供帮助。

表3-3　授权的涉及多视点图像和立体视频编码技术的国内重点专利

申请人	申请号	发明名称	技术领域/技术要点	法律状态
中国科学院	CN03148031	多视角视频编解码预测补偿方法及装置	在两个相关视序列间采用全局运动预测补偿和运动向量预测补偿，充分利用多视角视频中各个视之间的相关性，有效对多视角视频进行编解码	专利权维持
浙江大学	CN200910102153	一种融合运动信息与几何信息的深度提取方法	通过运动目标检测，分离出静止背景和运动前景，对运动前景物体计算运动矢量，同时融合物体运动信息和场景几何信息产生深度图	专利权维持

申请人	申请号	发明名称	技术领域/技术要点	法律状态
宁波大学	CN200610052895	多模式多视点视频信号编码压缩方法	自适应地从候选预测编码模式中动态选择适合当前编码的多视点视频信号特点以及预测编码模式对多视点视频信号进行编码	专利权维持
宁波大学	CN200810163801	一种立体视频编码方法	通过改变量化参数来改变图像的编码质量，从而改变图像的码率，以适应网络传输带宽的变化，从而使得本发明方法的网络适应性良好	专利权维持
浙江大学	CN201010262078	一种多视点视频编码快速运动估计方法	利用搜索中心与参考运动矢量的偏离程度，选取运动估计的搜索范围；在搜索范围内进行最终的运动搜索，选取当前块的最终运动矢量	专利权维持
浙江大学	CN201110006090	三维视频编解码方法及装置	将各个视点的深度像素图映射到主视点上，重建为背景及前景图层图像，并对背景图层图像进行时域累积操作，将图像分别进行编码	专利权维持
清华大学	CN201210232212	深度图编码方法及装置	以帧内编码模式对深度宏块进行编码得到第一率失真代价值；判断是否以帧间编码模式对深度宏块进行编码	专利权维持
华为技术有限公司	CN201210379767	候选矢量列表构建的方法及装置	获取视间运动矢量预测值 IVMVP 及运动矢量预测值 MVP，对 IVMVP、所述 TMVP 以及所述 SMVP 进行排序，构建候选矢量列表 CVL	专利权维持

由表 3 - 3 可以看出，国内重点专利申请人包括中国科学院、浙江大学、宁波大学、浙江大学、清华大学及华为技术有限公司。中国的科研院所在多视点图像和立体视频编码技术方面专利申请态势活跃，其原因在于 2005 年 ITU - T 开展了 MVC 技术的提案征集工作，这些院校具有长期涉足该领域的科研团队，并且得到了多项科研基金的支持，其申请的多项专利在一定程度上反映了其课题成果及研发实力。

　　宁波大学以蒋刚毅和郁梅为学术带头人，在 3D 编码领域的申请始于 2005 年，其主要涉及多视点编码，其专利申请涉及多个研究方向，包括利用视点间相关性进行编码、补偿视点间的差异、去除立体视频的视觉冗余及码率控制等，立体视频的视觉冗余及码率控制是宁波大学独特的研究方向。另外，在深度数据的处理方面，宁波大学也申请了较多专利。

　　清华大学作为国内多视点图像和立体视频编码技术领域的重要申请人之一，其研究方向包括预测结构的改进、利用视点间的相关性进行编码、多视点视频网络传输等，多视点视频网络传输是其独特的研究方向，同样，清华大学的专利申请也涉及深度数据的处理。

　　华为在多视点图像和立体视频编码技术领域的专利申请大多涉及多视点编码技术，具体地，其改进点包括利用视点间的相关性进行预测视差和运动矢量的估计、增强层的编码优化及高层语法层面。另外，华为也有部分专利涉及传输应用。

　　通过对上述重要专利及国内重要申请人的分析可知，各高校及公司都有其自身独特的研究长项及短板，如立体视频的视觉冗余及码率控制是宁波大学独特的研究方向，清华大学多涉及多视点视频网络传输，但宁波大学及清华大学都没有涉及高层语法技术方面的专利申请，而且已授权的重点专利权利要求技术特征多、保护范围小，且技术覆盖面不够广，全面布局的意识有待加强。而华为在该领域的重点专利涉及的改进点包括利用视点间的相关性进行预测视差和运动矢量的估计、增强层的编码优化及高层语法层面，但较少涉及预测结构的改进。另外，在立体编码领域华为有一半左右的申请同时进行了 PCT 申请。由此可知，在预测结构的改进方面，华为面临较大的技术风险。此外，国内公司申请中，除华为外，其他公司的重点专利较少。以上现象都将使我国在多视点图像和立体视频编码技术的发展面临着非常大的阻碍和风险。

3.4.3　双重（多重）图形光刻技术分支专利技术及风险分析

3.4.3.1　全球产业技术发展路线

　　如图 3-28 所示，近年来，随着尺寸的不断减小，目前主流产品已经达到了 14/16nm，但单次曝光无法制造 32nm 以下的产品，因此，随着器件尺寸进入 32nm 或以下，双重（多重）图形光刻技术成为主流的光刻工艺。

3.4.3.2　全球专利技术发展路线

　　目前主流的缩小图形光刻的特征尺寸的方法主要为双重或多重图形光刻技术，自对准双重图形光刻技术（以下简称"SADP"），仅使用单次光刻就能很好地形成精细图案，对准精度要求相对于两次光刻的双重图形光刻技术大大降低，且形成的线宽更加均匀；光刻－刻蚀－光刻－刻蚀技术（以下简称"LELE"）由于其在对光刻胶进行图案化后进一步将该图案向硬掩膜层转移，对光刻胶的稳定性要求大大降低，也是业内较受欢迎的双重图形光刻技术。

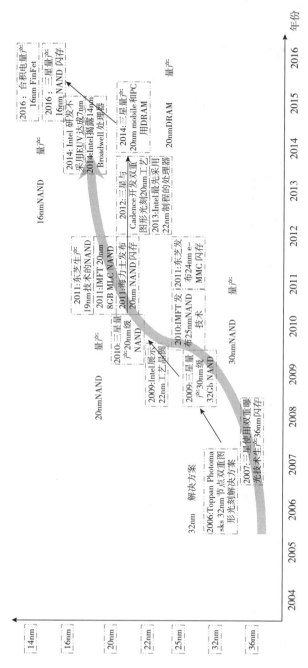

图 3－28　全球图形光刻产业技术发展路线

通过对涉及 SADP 和 LELE 的专利进行分析，可以得出图 3 - 29 双重（多重）图形光刻全球专利技术发展路线图。1990 年美国的美光科技公司首次系统地提出了 SADP 工艺，其能够获得半节距的图形，并可通过重复 SADP 来形成 1/4 节距的图像，是 SADP 工艺的核心专利和基础专利。对 SADP 工艺的研究主要集中在以下两个方向：侧墙的形成方法，以及将 SADP 工艺运用于具体的器件制作。可以预期，未来对 SADP 的改进将不局限在减低尺寸上，会更多地与器件的具体制作过程相联系，包括形成具体的器件、扩大 SADP 工艺的运用范围和简化其工艺步骤。

1997 年美国的新墨西哥大学首次系统地提出了 LELE 工艺，采用了硬掩模作为图案转移层，通过 LELE 工艺可以形成线条和通孔，并且可以重复 LELE 工艺以形成多重图形，该专利是 LELE 工艺的核心专利和基础专利。对 LELE 工艺的改进主要有以下两个方面：第一，优化尺寸，如在每一层图案两侧形成侧墙，可以减少侧墙之间的距离，或者通过形成平坦层，可以获得更精确的图案；第二，简化工艺，将 LELE 简化为 LPLE，少了一道刻蚀的步骤。

3.4.3.3　专利技术与产业技术互动性分析

将产业技术路线与专利技术路线进行对比，可以分析产业与专利技术的关系，判断某一项技术是市场主导性还是专利主导性，分析专利技术对产业的影响，能够对行业的发展部署提供一定的参考依据。

如图 3 - 30 所示，图中上方是产业上的重要事件，例如新产品的发布、新工艺的运用等，图中下方是相对应的专利技术的专利申请时间，两个时间轴之间的虚线将同一公司的专利技术与相关的产品的进行对应。从图中可以非常清楚直观地看出，专利技术的出现总是早于该技术在产业界的使用。由于双重（多重）图形光刻技术的发展周期不长，并且其容易具体运用到产业，可方便地与现成的制造工艺结合，因此从专利申请转化到产业生产的时间并不漫长。由此可见，从全球范围来看，双重（多重）图形光刻技术市场上是专利主导的，并且从专利技术转化为产业的时间比较短，大约 3 到 5 年。

在中国的产业和专利技术关系方面，由于中国的半导体产业发展起步较晚，1990 ~ 2000 年，主要采用"中国提供厂房，外国提供技术"的发展方式，许多基础专利在中国并没有申请，因此并没有体现出专利主导的作用。到了近几年，中国的半导体厂商例如中芯国际开始与国外企业进行联合开发，但中芯国际关于双重（多重）图形光刻的专利申请从 2010 年才开始批量申请，起步时间较晚，产业上相应的产品并不多，因此也没有明显的专利主导趋势。

3.4.3.4　双重（多重）图形光刻技术发展趋势预测

如图 3 - 31、图 3 - 32 所示，通过对双重（多重）图像光刻技术的专利分析，发现 SADP 一直以来都是双重（多重）图形光刻技术中的热点和重点技术之一；LELE 虽然还是热点和重点技术之一，但业内对其的专注度已经有所下降。

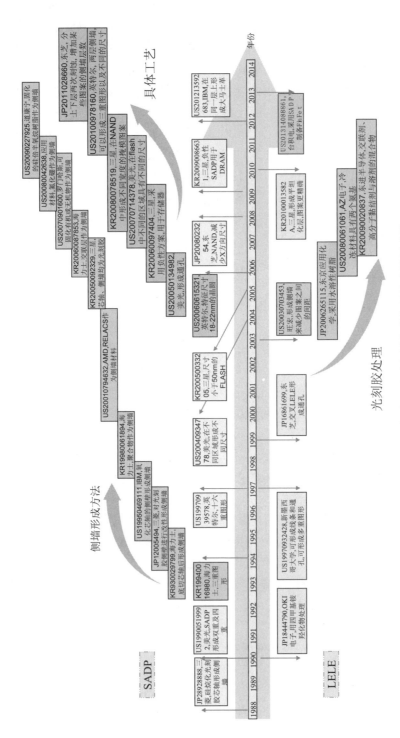

图 3-29 双重（多重）图形光刻全球专利技术发展路线

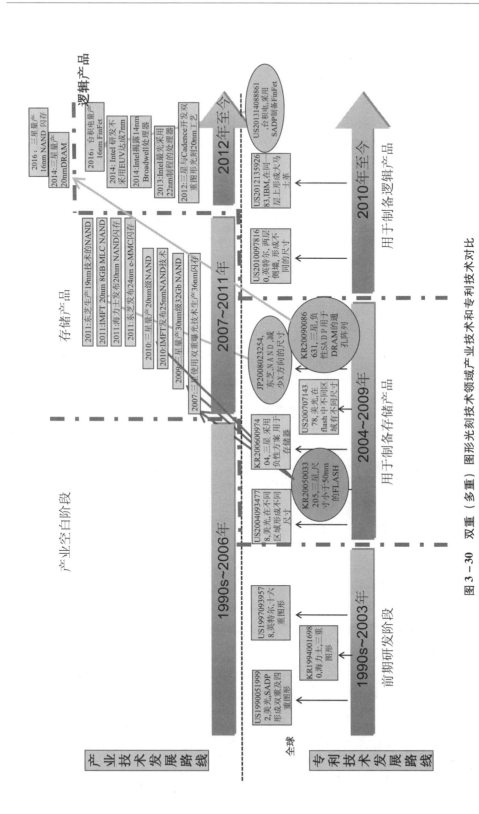

图 3 - 30　双重（多重）图形光刻技术领域产业技术和专利技术对比

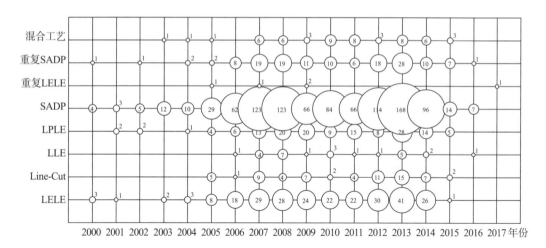

图 3 - 31 双重（多重）图形光刻技术技术分支申请量随年度变化气泡图

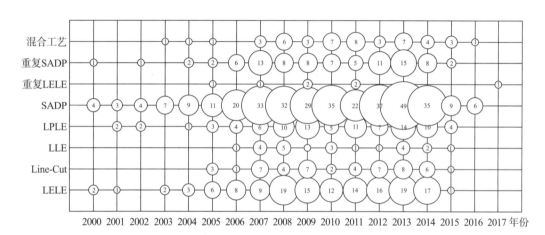

图 3 - 32 双重（多重）图形光刻技术技术分支申请人数量随年度变化气泡图

　　根据上述分析，结合双重图像光刻技术的技术发展路线，如图 3 - 33 所示，对全球双重（多重）图形光刻技术未来技术发展方向作出如下预测：SADP 的关注重点将会是新型的侧墙形成技术以及 SADP 在具体器件形成工艺中的实际应用，同时，随着集成电路器件的尺寸越来越小，重复 SADP 也将成为具有潜力的光刻技术之一。

3.4.3.5 专利风险分析

　　如表 3 - 4 所示，对于 SADP 的风险来说，由于产业需求旺盛，并且目前没有合适的替代方案，而核心专利和基础专利都掌握在国外申请人手中，因此，整体上存在重大风险。

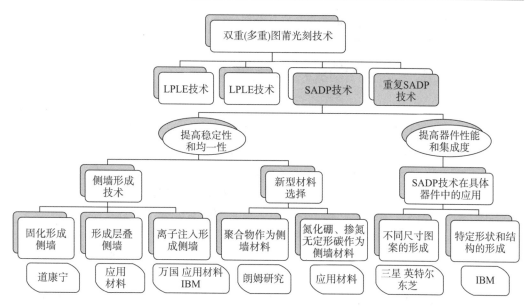

图 3 – 33　双重（多重）图形光刻技术未来发展方向预测

表 3 – 4　SADP 技术风险分析表

SADP 技术		
授权发明	有效（94 件）	韩国来华（24 件，25.5%）
		美国来华（26 件，27.7%）
		国内申请（35 件，37.2%）
未授权发明	在审（119 件）	国外来华（25 件，21.0%）
		国内申请（94 件，79.0%）
产业需求	小尺寸存储器产品特别是 NAND 闪存器件制造工艺中的主流光刻技术；目前也逐渐被用于结构化先进的逻辑产品	
是否存在可替代方案	可替代光刻技术： LELE：工艺成本高，CD 均一性和对准精度要求高 LPLE：对特殊光刻胶材料要求很高，存在很大专利壁垒 EUV：技术未取得突破性进展，未能量产	
核心专利布局	国外申请人在芯轴、侧墙的材料选择，形成以及处理工艺方面，具体器件应用方面均存在较多核心专利	
重要专利的重要程度	国外申请人具有较多基础性专利，重要程度高	
整体风险	国外来华申请在 SADP 技术领域的优势明显，尤其是韩国和美国来华申请，而近年国内申请人对该技术关注度增加，但存在重大风险	

综合考虑未来的技术发展方向，及其相应的专利风险，我们给出了对应的产业发展建议。例如，对于存在重大风险的侧墙形成技术，我们可以通过技术合作/转让等获得专利权；对于国外布局尚不完整的新型材料方面，可以尽快加强外围布局，同时重

视例如自组装新型侧墙材料的研发，等等。此外，当 EUV 未来几年还无法量产时，重复 SADP 将会是非常有潜力的技术，因此，也需要提早和重视对其的专利布局和研发。

3.4.4　BGA 板载技术分支专利技术及风险分析

BGA 载板技术相对成熟，对广东省来说技术升级难度较小，专利风险较低；因此，本小节选择 BGA 载板技术作为集成电路封装领域的重点技术分支进行分析。

BGA 技术的研究始于 20 世纪 60 年代，最早被美国 IBM 公司采用，但一直到 20 世纪 90 年代初，BGA 才真正进入实用化的阶段。BGA 是集成电路采用有机载板的一种封装方法，其特点如下：①封装面积减小；②功能加大，引脚数目增多；③PCB 板熔焊时能自动居中，易于上锡；④可靠性高；⑤电性能好，整体成本低等特点。

单芯片封装 BGA 技术可分为 PBGA（塑封 BGA）、CBGA（陶瓷 BGA）、CCBGA（陶瓷焊柱阵列）、TBGA（载带 BGA）、MBGA（金属 BGA）、FCBGA（倒装芯片 BGA）、EBGA（带散热器 BGA）、焊球、载板、互连、内部芯片结构、密封等分支。目前关于单芯片封装 BGA 技术的全球专利申请共 4247 项，其中涉及载板技术的相关专利申请共有 1406 项，占据总量的 33%。单芯片封装 BGA 技术的中国申请量为 731 件，其中涉及载板技术的相关专利申请共有 282 件，占总量的 38%。可见，单芯片封装 BGA 技术中占比最大的是 BGA 载板技术。因此，BGA 载板技术是目前专利申请量最多的单芯片封装 BGA 技术，故选取 BGA 载板技术进行技术和风险的分析。

对 BGA 载板技术的一级分支"基板技术"进行进一步细分，其二级分支可分为：凹槽式、窗口式、布线/端子、集成其他部件、柔性和其他，其中申请量排名前三的是：布线/端子技术、窗口式技术和凹槽式技术，在 BGA 基板技术的全球申请总量 1025 件中占比分别为 46.05%、24.10% 和 18.83%。显然，通常会选择占比第一的布线/端子技术作为重点技术分支进行重点研究和分析，然而其涵盖了基板表面及内部的各种布线、通孔、焊垫、端子、凸块以及伪垫，覆盖面较大，但涉及的改进点却比较零散，且往往是针对一个微小的地方进行改进，即需要进一步细分成数量较多的、零散的下一级分支来进行具体分析，这种细分将导致分摊到各细分支的申请量明显较少。而占比排名第二和第三的窗口式技术和凹槽式技术因其结构独特鲜明，不需要进一步细分，因而相对而言有必要将这两者作为重点技术分支进行重点研究和分析。

3.4.4.1　技术发展路线分析

窗口式 BGA 基板主要就是基板上开窗口以提供打线穿过基板键合至基板底部电路的路径，其主要是打线键合互连领域的产物，存在进一步微型化的障碍，但是对于当前的封装领域，其并不是可以抛弃的技术，因为并不是所有的芯片封装都要求达到超细节距的微型化，而越微型化成本越高，而采用打线互连可以以相对低的成本获得所需的封装尺寸，且工艺简单。参考其全球专利技术路线图 3-34，窗口式 BGA 基板技术主要结构基本相同，也就是说最基础的结构已经在 1994～1995 年定型，随后的改进仅仅是某个细节（结构或方法）上的局部改变，但是仍旧未脱离其窗口式结构原型。简言之，技术发展上窗口式 BGA 基板技术已没有大的改变，因而技术相对成熟。

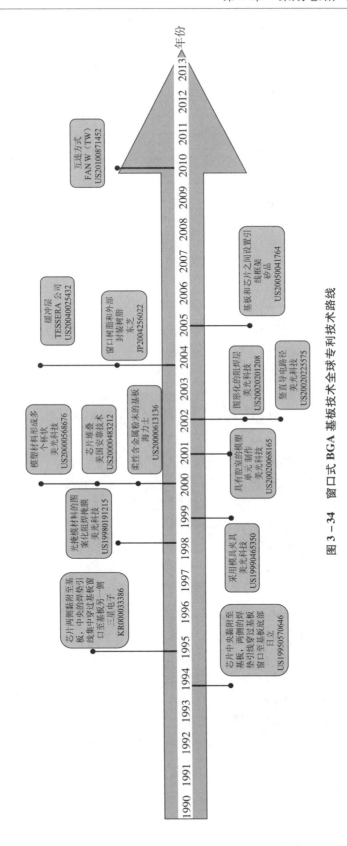

图 3 - 34　窗口式 BGA 基板技术全球专利技术路线

凹槽式 BGA 基板技术全球专利技术路线发展如图 3 - 35 所示。凹槽式 BGA 基板是①简单的单槽向多阶梯槽发展以在厚度方向上形成多层布线连接而提高键合密度；②基板内设置非贯通的盲槽以容纳芯片（要求基板的厚度必然要大于芯片的厚度）向基板上利用绝缘层制作围坝以容纳芯片，或基板内设置贯通槽结合底部支撑层、甚至是临时支撑层（此时基板厚度可以等于芯片厚度）发展，从而进一步薄形化；③从置于凹槽内的芯片先打线键合然后塑封埋置的先布线技术，向置于凹槽内的芯片先绝缘层覆盖埋置后图形化进行布线的后布线技术发展，其中先布线技术通常采用引线键合，而后布线技术通常基于光刻技术，因而后布线技术更适合器件微型化、高密度化，且电学可靠性更高；④材料上，从传统的刚性基板向柔性基板发展，从而可以吸收应力，降低对后续安装基板平整度的要求；⑤散热处理上，从传统的芯片直接贴装散热片向经散热通孔导热至外部散热片散热，以适应多层布线的微型化结构。

3.4.4.2 专利风险分析

（1）窗口式 BGA 基板技术

从技术角度上看，窗口式 BGA 基板技术主要就是基板上开窗口以提供打线穿过基板键合至基板底部电路的路径，然而这种基于打线键合互连的方式在制作超细节距的微型 BGA 时可靠性是不能保证的，特别是在后续塑封工序中容易导致微小间距的相邻打线之间短路。为了进一步微型化封装，通常会采用印刷布线技术来替代打线键合互连技术，因而窗口式 BGA 基板技术中窗口内的打线所形成的竖直导电路径在采用印刷布线技术时一个简单的导电通孔即可完成。也就是说，窗口式 BGA 基板技术主要是打线键合互连领域的产物，存在进一步微型化的障碍，但是对于当前的封装领域其并不是可以抛弃的技术，因为并不是所有的芯片封装都要求超细节距的微型化，越微型化成本越高，而采用打线互连可以以相对低的成本获得所需的封装尺寸，且工艺简单。因而在 BGA 封装甚至是芯片封装领域仍是不可或缺的技术。

从专利风险角度来看，窗口式 BGA 基板技术主要结构基本相同，参考图 3 - 34 窗口式 BGA 基板全球专利技术发展路线，也就是说最基础的结构已经在 1994～1995 年定型，随后的改进仅仅是某个细节（结构或方法）上的局部改变，但是仍旧未脱离其窗口式结构原型。

从专利风险角度来看，国外公司大型集成电路公司在窗口式 BGA 基板技术领域都有专利申请，但每个公司基于技术优势、经营策略和在华的商业经营情况，对自己的在华专利布局不尽相同，因此并不是所有的重点公司都来华申请了该技术领域的专利。虽然中国企业专利布局处于劣势，但是正是由于窗口式 BGA 基板技术已经相对成熟，中国企业在生产环节基本上不需要担心专利侵权问题，因为首先国外来华专利少，国内申请也不多，仍处于专利权维持状态的更少；其次是国外来华和国内专利涉及的是细节、局部改进，可以在生产时进行针对性规避；最后是总体上窗口式 BGA 基板技术早已定型，如若遇上专利侵权诉讼，被告方可以利用前述所列的早期专利、公布后视为撤回的专利对涉案专利提出相关无效请求。

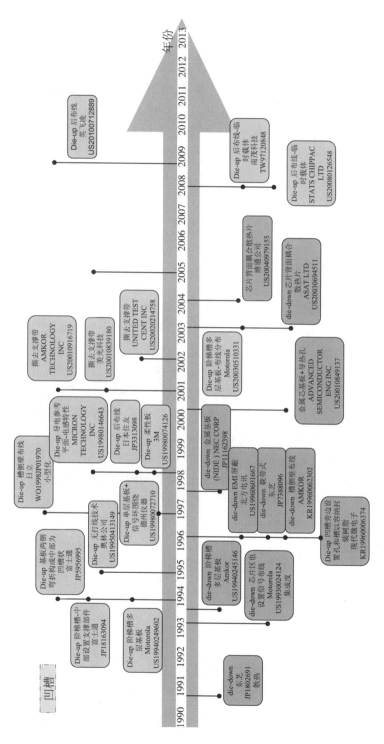

图 3-35　凹槽式 BGA 基板技术全球专利技术路线

（2）凹槽式 BGA 基板技术

在凹槽式 BGA 基板技术领域中，国内企业的专利授权量与申请量均低于国外来华企业，因此相比于国外来华企业，国内企业或科研院校在凹槽式 BGA 基板技术领域的专利布局环境处于劣势。特别是中国申请人很少，检索中发现仅 2015 年同一个人以个人申请方式申请了三个涉及后布线技术的实用新型专利。也就是说，当前中国企业在专利布局上对凹槽式 BGA 基板技术领域已无法获得基础性优势。但是正是由于凹槽式 BGA 基板技术已经相对成熟，中国企业在生产环节基本上不需要担心专利侵权问题，因为首先国外来华专利少，国内申请也不多，仍处于专利权维持状态的更少；其次是国外来华和国内专利涉及的多是细节、局部或方法上的改进，可以在生产时进行针对性规避；最后是总体上凹槽式 BGA 基板技术的路线早已定型，如若遇上专利侵权诉讼，被告方可以利用前述所列的早期专利、公布后视为撤回的专利对涉案专利提出相关无效请求。

3.5 集成电路领域诉讼情况分析

近年来，我国集成电路产业的一批本土企业迅速成长，已经具备了一定竞争力，对国外同行的市场占有格局形成了威胁。国外企业已经开始动用各种知识产权手段对我国集成电路企业展开竞争。由于我国集成电路产业正处于发展中的重要阶段，因此，如何面对专利侵权诉讼就显得尤为重要。随着集成电路产业的快速发展，出现了专利争议增多、侵权诉讼增多的现象，其专利诉讼高发区在欧美等发达国家。

美国一直是集成电路行业的领先者，且产品多数是技术含量高、利润大的高端差异化产品。与之相对应的，美国集成电路企业的知识产权策略和管理能力非常强，主要表现在企业的知识产权制度比较完善、产品的知识产权保护策略非常周密完整，可以利用知识产权进行攻防抢占市场，一部分企业已经发展到以知识产权授权作为企业的主要营收方式。当前我国集成电路产业的发展还处在成长阶段，因而统计和分析美国集成电路领域诉讼专利具有极强的现实意义。

本节将通过集成电路领域美国诉讼专利的专利权人、技术领域以及专利核心性进行分析研究，期望对国内集成电路产业的发展起到参考借鉴作用。

3.5.1 集成电路设计领域涉诉专利分析

3.5.1.1 涉诉专利专利权人分析

表 3-5 反映了集成电路设计领域诉讼专利的专利权人排名。以亚德诺半导体股份有限公司（Analog Devices）为首的美国本土企业占据排名的大多数。而在非美国专利权人中，韩国的三星（Samsung）公司占据第八位（三星参与诉讼的专利几乎全集中在存储器领域）。表明韩国集成电路设计领域企业也是美国集成电路设计领域专利诉讼的主体，表现出韩国企业积极参与技术全球化竞争的态势。由于韩国本身市场容量有限，韩国企业需要不断地开阔海外市场以满足企业不断扩张发展的需求。美国作为世界第

一大电子消费市场，韩国企业十分重视对美国市场的开发，必然会与美国本土企业直接展开竞争。为了确保在美国市场的地位，韩国企业通过自主研发、购买等方式在美国进行专利布局，积极实施专利诉讼战略，在维护了自身利益的同时，削弱了竞争对手的实力。迫使竞争对手支付高额赔偿金和许可费用或者以较低的代价同欧美集成电路设计领域企业进行交叉授权，而达到巩固和壮大自身实力的目的。从专利权人类型来看，国际知名企业、国际性的跨国公司占绝大多数，并且在集成电路设计领域处于领导地位。

表 3－5　集成电路产业制造领域诉讼专利权人排名分布

专利权人	涉诉专利数量/件
Analog Devices	16
Micron Technologies	12
Silicon Laboratories	10
Intel Corporation	8
Intellectual Ventures	8
Monterey Research	8
Integrated Device Technology	7
Samsung Electronics Co., Ltd.	6
Sandisk	5
Freescale Semiconductor	5
Cypress Semiconductor Corporation	5
Conversant Intellectual Property Management Inc.	5
Avago Technologies General IP (Singapore) Pte. Ltd.	5

3.5.1.2　涉诉专利技术领域分析

图 3－36 反映了集成电路设计领域诉讼中的技术领域分布情况，主要集中在存储器，相应的诉讼专利数量为 138 件、占整个诉讼的比例为 43.10%。涉及非易失性存储器、动态随机存储器、可编程存储器等，从存储器的读写、功耗、结构等方面对存储器进行改进。RF、多媒体占比也相对较多，因此对 RF、多媒体的改进的方面也相对比较多。AD/DA、放大器、锁相环等占比都相差不大，其中 AD/DA 的专利诉讼亚德诺半导体股份有限公司的占比就超过 52.4%，说明 AD/DA 方面重要的专利几乎集中在该

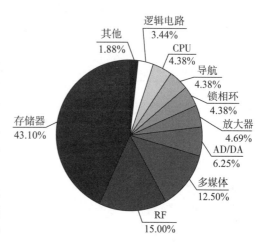

图 3－36　集成电路设计领域涉诉
专利技术领域分布图

公司手中。

从图 3-36 可知存储器占据了集成电路设计中大部分，而存储器大致可分为易失性存储器例如动态随机存储器 DRAM 等和非易失性存储器例如 FLASH 等。通过进一步分析发现，涉及存储器的专利诉讼，主要发生在易失性存储器和非易失性存储器，二者分别占比 42% 和 40%，可见该技术分支是本领域诉讼高发区。

3.5.1.3 涉诉专利核心性分析

核心专利是指制造某个技术领域的某种产品必须使用的技术，而无法通过一些规避设计绕开的专利。但是在实践中大多数学者还是把核心专利等同于领先性强、质量性和价值性较高的一类专利。利用专利被引频次、同族专利数量和专利权要求数量来分析专利的核心性，在学术和实践上得到了广泛的支持和认可。在效力上，专利被引频次 > 同族专利数量 > 专利权要求数量。本小节通过将 innography 平台中检索出的相关涉诉专利导入 patentics 平台中，并以 patentics 导出的专利被引用频次作为评判指标。通过统计可知，集成电路设计相关的专利平均被引用次数为 58，而超出平均值的专利数为 100 件，所涉及的技术领域主要集中在存储器、多媒体、RF、通用处理器，如表 3-6 所示。

表 3-6 部分高引用次数涉诉专利及相关技术领域分布

公开号	标题	技术领域
US4302775	一种利用速率缓冲器反馈的自适应场景数字视频压缩系统和方法	多媒体
US5737035	一种单微电路的高集成度的电视调谐电路	RF
US4899342	一种操作多单元阵列存储器的方法和设备	存储器
US6148354	一种基于 PC 闪存盘的通用串行总线的结构	存储器
US5042011	一种具有定制的边缘输入的读出放大器的下拉器件	存储器
US5991202	一种减少 nand 闪存在自增强期间程序干扰的方法	存储器
US5126808	一种具有分页擦除架构的闪存 EEPROM 阵列	存储器
US5574927	一种配置用于仿真目标计算机指令集的 RISC 架构计算机	通用处理器
US5283646	一种量化器控制方法和设备	多媒体
US5523760	一种超宽带接收机	RF

3.5.2 集成电路制造领域涉诉专利分析

3.5.2.1 涉诉专利专利权人分析

通过统计发现，集成电路产业制造领域涉及专利诉讼的专利数量有 194 件，分别归属于 104 个不同的专利权人。表 3-7 给出了集成电路产业制造领域诉讼专利权人排名靠前的企业列表，可以看出集成电路产业制造领域诉讼专利权人以美国本土企业占大多数，也有不少非美国专利权人，如知名跨国公司日本的株式会社半导体能源研究所（Semiconductor Energy Laboratory）、韩国三星（Samsung）、现代电子（Hyundai）。这是由于日韩国内本身市场容量有限，日韩企业需要不断地开阔海外市场以满足企业不断扩张发展的需求。美国作为世界第一大电子消费市场，日韩企业十分重视对美国市场的开发，必然会与美国本土企业直接展开竞争。值得注意的是在非美国专利权人中，中国台湾企业占据三席，分别是台积电（Taiwan Semiconductor Manufacturing Company）、联华电子（United Microelectronics Corporation）、旺宏电子（Macronix International Co.），其中台积电诉讼专利权数量位居榜首，有 25 件、联华电子、旺宏电子分别有 3 件、2 件。涉诉专利权人除了半导体制造企业之外，还有高校和知识产权管理公司。

表 3 - 7　集成电路产业制造领域诉讼专利权人排名分布

专利权人	涉诉专利数量/件
Taiwan Semiconductor Manufacturing Company	25
Monterey Research，Llc	11
Round Rock Research，Llc	10
Lone Star Silicon Innovations，Llc	8
Globalfoundries Inc.	5
Micron Technology，Inc.	5
Texas Instruments Incorporated	5
Samsung Electronics Co.，Ltd.	5
Applied Materials，Inc.	4
Semiconductor Energy Laboratory Co.，Ltd.	4
United Microelectronics Corporation	4
Agere Systems Inc.	3
Conversant Intellectual Property Management Inc.	3
North Star Innovations Inc.	3

3.5.2.2　涉诉专利技术领域分析

半导体制造主要分为减薄、互连、氧化、薄膜制备、掺杂、光刻、刻蚀几个分支。从图 3 - 37 可以看出半导体制造领域 7 个分支均有涉诉专利。总体来说，刻蚀、掺杂、薄膜制备这三个分支涉诉专利较多，分别占据 27%、22%、21%，三个分支百分比高达 70%。可见，涉诉专利多发生在上述三个技术分支，而减薄、互连技术分支则较少发生专利诉讼。进一步对刻蚀、掺杂、薄膜分支涉诉专利进行分析发现，对于刻蚀技术，早期涉诉专利多发生在对半导体层湿法刻蚀相关技术方面，后期则多发

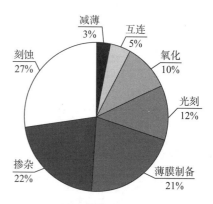

图 3 - 37　集成电路制造领域
诉讼专利技术分布

生在干法刻蚀，尤其涉及等离子体刻蚀技术；对于掺杂技术，涉诉专利主要集中在 MOS 器件沟道掺杂相关技术上；对于薄膜制备技术，涉诉专利涉及器件面较为广泛，但主要都是涉及化学气相沉积相关方面技术。

3.5.2.3 涉诉专利核心性分析

表 3 − 8 给出了半导体制造领域涉诉核心专利及被引用频次列表，引用本文专利数一定程度上反映了相关企业半导体制造领域中的地位。其中引用本文专利数最多的是由 Siliconix（硅尼克斯，现已被威世收购）于 1995 年申请的专利 US5072266，被引用次数 611 次。硅尼克斯（Siliconix）创建于 1962 年，威世（Vishay）于 1998 年收购了占其 80.4% 股份的 TEMIC（东芝三菱电机工业系统有限公司）半导体商业部，2005 年，威世又收购了硅尼克斯余下的 19.6% 的股份。硅尼克斯生产了第一个小外形功率 MOSFET（LITTLE FOOT©）、采用 Trench 技术（TrenchFET©）的第一个功率 MOSFET、第一个模拟开关和第一个模拟多路复用器。硅尼克斯在半导体制造领域掌握有核心专利，整体技术实力雄厚。涉诉专利 US5072266 涉及的是 Trench DMOS 功率晶体管，其改进主要是在基体设置深沟槽避免沟道被高压击穿，但目前该专利已处于无效状态。被引用频次排名第二的是小松应用材料科技股份有限公司于 1996 年申请的专利 US5788778，该专利涉及一种利用高远能端激发源之沉积腔清洁技术。

表 3 − 8　半导体制造领域涉诉核心专利及被引频次

公开号	标题	引用本文专利数
US5072266	Trench DMOS power transistor with field − shaping body profile and three − dimensional geometry	611
US5788778	Deposition chamber cleaning technique using a high power remote excitation source	397
US5354490	Slurries for chemical mechanically polishing copper containing metal layers	352
US6042998	Method and apparatus for extending spatial frequencies in photolithography images	321
US6717358	Cascaded organic electroluminescent devices with improved voltage stability	317
US5220804	High heat flux evaporative spray cooling	310
US4954142	Method of chemical − mechanical polishing an electronic component substrate and polishing slurry therefor	296
US5926690	Run − to − run control process for controlling critical dimensions	284
US6321791	Multi − layer microfluidic devices	272
US5972192	Pulse electroplating copper or copper alloys	272

3.5.3 集成电路封装领域涉诉专利分析

3.5.3.1 涉诉专利专利权人分析

通过统计发现，集成电路封装领域涉及专利诉讼的专利数量为 109 件，分别归属于 79 个不同的专利权人，专利权分布比较分散，这是由于集成电路封装领域相对于集成电路设计与集成电路制造来说，技术难度相对较低，所需生产研发成本相对较低，门槛较低，因而集成电路封装市场并未被大型企业所垄断。表 3 - 9 给出了集成电路封装领域诉讼专利权人排名靠前的企业列表，可见该领域诉讼专利权人中美国本土企业占大多数，包括 Tessera 等专注于集成电路封装技术研发的企业，也包括 Round Rock Research 等专门致力于高新技术投资与专利运营许可的企业。通过表 3 - 9 可以看出，像 Texas Instruments Incorporated、International Business Machines Corporation 等集成电路领域大型跨国公司在集成电路封装领域存在涉诉专利。

表 3 - 9 集成电路封装领域诉讼专利权人排名分布

专利权人	涉诉专利数量/件
Round Rock Research，Llc	5
Tessera，Inc.	5
Xilinx，Inc.	5
Invensas Corporation	4
Entorian Gp Llc	3
Rudolph Technologies，Inc.	3
Micron Technology，Inc.	3
Avago Technologies General Ip（singapore）Pte. Ltd.	2
Intergraph Hardware Technologies Company	2
Amkor Technology，Inc.	2
Chip Packaging Solutions，Llc	2
Stratedge Corporation	2
Freescale Semiconductor，Inc.	2
Texas Instruments Incorporated	2
North Star Innovations Inc.	2
International Business Machines Corporation（IBM）	2
Acer Inc.	2

3.5.3.2 涉诉专利技术领域分析

图 3 - 38 给出了半导体封装领域诉讼专利技术分布。从图 3 - 38 可以看出，集成电路封装领域涉诉专利在该领域五个一级技术分支中都有涉及，其中，单芯片封装占比

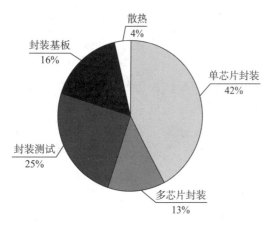

图 3 - 38　集成电路封装领域诉讼专利技术分布

42%，封装测试占比 25%，封装基板占比 16%，多芯片封装占比 13%，而散热仅占比 4%。单芯片封装占比虽然比较高，但主要涉及芯片键合、引脚互连、封装形式、封装结构、电磁屏蔽等多个二级技术分支，具体涉及的技术分支比较分散，而值得注意的是在封装测试部分的涉诉专利，该部分涉诉专利全部是测试设备与相关方法有关的专利，技术分布相当集中，可见封装设备相关的专利是专利诉讼的高发区。封装基板部分所涉及的专利分布在基板材料、基板结构、引线框架等多个技术分支。

3.5.3.3　涉诉专利核心性分析

通过统计发现，集成电路封装领域的涉诉专利被引用频次较高，其中被引用次数超过 20 次的专利占比 66%。表 3 - 10 给出了引用频次较高的专利，其主要分布在封测设备、多芯片叠层封装、引脚互连、球栅阵列、引线框架等多个技术分支。

其中，被引用次数最高的专利为飞思卡尔半导体公司申请的专利 US5216278，其涉及封装体的焊盘阵列，引用次数高达 725 次，从侧面反映出了该公司在集成电路封装领域的领先地位。专利 US5739585 涉及球栅阵列芯片的封装，被引用次数达到了 490 次；专利 US6013948 涉及叠层型多芯片封装，引用次数为 409 次；上述两篇专利都为从事高新技术投资与专利运营许可的 Round Rock Research 所拥有，该公司所涉及的技术领域涵盖了半导体制造、封装以及系统设计等领域，致力于美国、欧洲、亚洲等多个国家和地区的专利申请与专利运营。EPIC Technologies 是美国本土的集成电路封装企业，其所申请的专利 US5841193 引用次数达到了 470 次，涉及叠层型多芯片封装，可见其在先进半导体封装领域具有一定的竞争力。

表 3 - 10　集成电路封装领域的涉诉核心专利及被引频次

公开号	标题	引用本文专利数/件
US5216278	Semiconductor device having a pad array carrier package	725
US5739585	Single piece package for semiconductor die	490
US5841193	Single chip modules, repairable multichip modules, and methods of fabrication thereof	470
US6013948	Stackable chip scale semiconductor package with mating contacts on opposed surfaces	409
US5677566	Semiconductor chip package	386
US5172214	Leadless semiconductor device and method for making the same	355

公开号	标题	引用本文专利数/件
US5581498	Stack of IC chips in lieu of single IC chip	339
US5977626	Thermally and electrically enhanced PBGA package	338
US5926690	Run – to – run control process for controlling critical dimensions	285
US5045921	Pad array carrier IC device using flexible tape	246

3.6　主要结论及措施建议

3.6.1　集成电路专利态势主要结论

以下通过专利整体态势、申请趋势、主要国家/地区分布、主要申请人、技术主题分析等几个方面阐述集成电路设计、制造和封装领域的专利分析主要结论。

3.6.1.1　集成电路设计领域专利态势

本小节主要通过对全球与中国以及国内与国外来华在专利申请趋势、国家区域分布、主要申请人以及技术主题等角度进行对比分析，得出结论如下。

如表 3 – 11 所示，截至 2017 年 11 月，检索到世界范围内涉及集成电路设计技术的专利申请共 306322 项，中国专利申请 99562 件。全球专利申请的主要申请区域为美国、日本、中国和韩国，主要申请人为松下、三星、东芝、NEC、索尼等。在中国专利申请中，国外来华专利申请占比较大，主要申请人为三星、松下、索尼、高通、英特尔以及国内申请人华为、中国科学院等。全球和中国专利申请在技术分布上的主要关注点大体一致，但也有细微差别，在核心元器件的设计，比如存储器领域，中国的专利数量较少，而在上层应用中，比如多媒体芯片技术，中国的关注度则比全球的关注度高。

表 3 – 11　集成电路设计领域专利态势基本状况

集成电路设计			
申请量	全球/项		306322
	中国/件		99562
主要申请区域	全球/项		美国（166226） 日本（114174） 中国（40542） 韩国（32343）
	中国/件	国内	55309
		国外来华	美国（15838） 日本（11810） 韩国（6034）

续表

集成电路设计		
主要申请人	全球/项	松下（13825） 三星（12214） NEC（11693） 东芝（9496） 海力士（8639）
	中国/件	三星（3335） 高通（2380） 松下（2269） 英特尔（2146） 索尼（1737）
技术分布	全球/项	存储器（26741） 多媒体芯片（47058） 射频技术（45500） 放大器（42856）
	中国/件	多媒体芯片（15117） 射频技术（13057） 放大器（9578） 通用处理器（8992）

3.6.1.2 集成电路制造领域专利态势

本小节主要通过对全球与中国以及国内与国外来华在专利申请趋势、国家区域分布、主要申请人以及技术主题等角度进行对比分析，得出结论如下。如表3-12所示。

表3-12 集成电路制造领域专利态势基本状况

集成电路制造			
申请量	全球/项		536047
	中国/件		125725
主要申请区域	全球/项		日本（229715） 美国（136639） 中国（101715） 韩国（72725）
	中国/件	国内	68279
		国外来华	日本（28467） 美国（17299） 韩国（9572）

集成电路制造		
主要申请人	全球/项	海力士（24813） 三星（20052） 东芝（16317） 瑞萨（15875） 精工爱普生（15734） 富士通（13287） IBM（12222）
	中国/件	中芯国际（6863） 中科院（4231） 上海华虹（3335） 台积电（3333） 三星（3114）
技术分布	全球/项	图形转移（248683） 掺杂（92329） 薄膜制备（83948） 氧化（68387） 减薄（50192） 互连（26173）
	中国/件	氧化（14377） 图形转移（60544） 互连（14119） 薄膜制备（14161） 减薄（10584） 掺杂（20777）

截至 2017 年 10 月，检索到世界范围内涉及集成电路制造技术的专利申请共536047项，中国专利申请125725 件。全球专利申请的主要申请区域为日本、美国、中国和韩国，主要申请人为海力士、三星、东芝、瑞萨、精工爱普生、富士通、IBM 等。在中国专利申请中，国内专利申请占比较大，主要申请人为中芯国际、中科院、上海华虹以及台积电等。在技术分布上，全球和中国专利申请的主要关注点均集中在图形转移上。

3.6.1.3　集成电路封装领域专利态势

本小节主要通过对全球与中国以及国内与国外来华在专利申请趋势、国家区域分布、主要申请人以及技术主题等角度进行对比分析，得出结论如下。如表 3 – 13 所示。

表 3 - 13　集成电路封装领域专利态势基本状况

集成电路封装			
申请量	全球/项		179183
	中国/件		37669
主要技术区域	全球/项		日本（78839） 美国（39952） 中国（25768） 韩国（16593）
	中国/件	国内	22558
		广东省	2556
		国外来华	日本（6250） 美国（3556） 韩国（1803） 德国（1245）
主要申请人	全球/项		三星（6934） NEC（6329） 东芝（4843） 日立（4399） 松下（4136） 三菱（3899） 富士通（3459） IBM（3076） 日月光（2990）
主要申请人	中国/件		日月光（1393） 长电科技（1368） 三星（749） 松下（696） 台积电（684） 富士通（581） 中芯国际（499）
	广东省/件		富士康（146） 杰群电子（81） 华为（80） 气派科技（62）

集成电路封装		
技术分布	全球/项	单芯片封装（66663） 封装测试（52988） 多芯片封装（22221） 封装基板（20511） 散热（8546）
	中国/件	单芯片封装（14920） 封装测试（7932） 多芯片封装（4956） 封装基板（3445） 散热（1356）

截止到 2017 年 10 月，检索到世界范围涉及集成电路封装技术的专利申请共179183 项，中国专利申请 37669 件。全球专利的主要申请区域为日本、美国、中国和韩国，主要申请人为三星、NEC、东芝、日立、松下、三菱、富士通、IBM、日月光等。在中国的专利申请中，中国大陆专利申请占比较大为 43%，其次是日本和中国台湾，占比分别为 18% 和 15%，主要申请人为日月光、长电科技、三星、松下、台积电、富士通、中芯国际等。而广东省涉及集成电路封装领域的专利申请量为 2045 件，主要申请人为富士康、杰群电子、华为、气派科技等。全球和中国专利申请在技术主题分布上的占比较为一致。

3.6.2 重点申请人分析主要结论

以下从重点申请人（华为、中兴）的角度给出对集成电路设计技术领域的专利分析主要结论。

表 3 – 14 集成电路设计技术领域重点申请人（华为、中兴）专利申请及动向分析表

技术领域	重点申请人	申请量（占比）	技术分布
集成电路设计	华为	3292 件（5.1%）	存储器（1073 件） 多媒体（587 件） 处理器（622 件） RF（375 件）
	中兴	1491 件（3%）	存储器（308 件） RF（262 件） 处理器（241 件） 多媒体（189 件）

在申请趋势方面，中兴、华为在集成电路设计领域起步差不多，均于20世纪90年代就开始进行专利申请，随着移动通信技术以及移动终端的发展，华为与中兴在移动通信方面的专利申请处于上升期。

在布局策略方面，华为、中兴专利申请均主要以中国为主，并选取其主要的国外市场（美国、日本、欧洲）进行了有针对性的持续布局。

在技术分布方面，中兴、华为均集中在存储器、多媒体、处理器、射频模块（RF）上；中兴、华为均是以通信设备作为自己的主营业务，因此其在射频、通用处理器、存储器以及多媒体相关的技术分支布局的专利较多，通信设备一方面需要对多媒体等数据进行压缩、编码等，另一方面需要使用通信系统完成数据的传输，而无线传输系统中传输信号时需要使用射频收发机，而射频收发机中需要放大器、通用处理单元、存储器等相关部件的配合才能完成相应的数据传输工作。此外，中兴与华为近年来加强了其关于云计算、大数据、IT等新兴业务的运营，为了满足云计算、大数据、IT中客户自动化、需要按需供给的数据服务，华为与中兴均加强了在存储器产品方面的研发并布局了一定的专利。

目前国内企业与国外企业在集成电路设计领域还存在一定差距，尤其涉及核心技术领域比如处理器、芯片指令集等差距更加明显，这促使国内企业加重对核心技术的研发力度。从华为与赛门铁克合作成立合资公司，开发存储和安全产品与解决方案，到最后华为收购该合资公司的过程中，我们可以得到启示，广东省内企业在发展的过程中，可寻求"强强联合"互利共赢的发展道路。

3.6.3 集成电路领域重点专利技术及风险分析主要结论

3.6.3.1 集成电路设计领域重点专利技术及风险分析结论

（1）非隔离型电感式DC–DC转换技术

如表3–15所示，非隔离型电感式DC–DC转换技术领域中提高效率的技术手段有很多，其中有些技术手段，例如在控制PWM模式与PFM模式之间的切换、降低检测输出电感电流的损耗、降低反向恢复损耗等技术，国外来华专利中有较多重要或者基础性的有效发明专利，在短期内难以获得较大的技术突破的情况下，广东省集成电路产业界的主要企事业单位需要在权衡后选择自主研发进行外围布局以突破国外技术垄断或引进国外技术和设备。另有些技术手段，例如根据负载情况选择线性电源和开关电源中效率较高的一个的技术，国外来华专利中重要或者基础性的有效发明专利较少，而国内高校研究较多，广东省集成电路产业界的主要企事业单位可以选择与国内高校合作，继续进行适当的专利布局。还有一些技术手段，例如利用开关元件的特性降低损耗、循环利用能量以降低损耗等技术，国外来华专利中重要或者基础性的有效发明专利基本没有，专利风险较小，广东省集成电路产业界的主要企事业单位可以考虑在该方向上加强研发形成规模效应，以提高突破专利壁垒的可能性。

表 3 – 15　非隔离型电感式 DC – DC 转换技术主要技术领域

主要技术领域	全球		中国			
			国内申请		国外来华	
	申请量/项	占比/%	申请量/项	占比/%	申请量/项	占比/%
提高效率	2053	33.5%	391	29.1%	177	32.4%
加快响应	1031	16.8%	280	20.8%	143	26.2%
控制纹波	932	15.2%	195	14.5%	84	15.4%
减小尺寸	811	13.2%	223	16.6%	57	10.4%
保护	729	11.9%	123	9.1%	57	10.4%
拓宽输入输出	573	9.3%	133	9.9%	28	5.1%

（2）视频编解码芯片运动估计与补偿技术

如表 3 – 16 所示，在多视点图像和立体视频编码技术领域，中国专利申请的主体是公司和科研院所，而我国的科研在该领域的专利数量比重较大，可以反映出国内科研对多视点图像和立体视频编码技术投入了大量的研究精力，但国内在对该领域的专利保护，则较为具体且分散，没有形成对某种类型或者技术分支的全面保护。而且权利要求技术特征多，保护范围较小。国内企业中，华为和中兴公司已加大研发力度、努力取得技术革新，且专利申请量逐渐增加，多边布局的意识也逐步加强，但相对国外的三星、汤姆森等公司巨头而言，仍然存在较高的技术壁垒。

国外公司比较注重权利要求的范围、优先权的使用及海外市场的多边布局，而国内公司和高校缺乏这方面的意识，其请求保护的方案在技术上更注重于编码的细节，技术特征较为细化及分散，权利要求的保护范围小，没有形成对某个技术分支的全面布局。如今国内已存在高校与公司的合作申请模式，如浙江大学与中兴、清华大学与华为均已合作申请多项专利，此模式值得效仿和学习。

表 3 – 16　视频编解码芯片运动估计与补偿主要技术领域

主要技术领域	全球		中国	
	申请量/项	占比/%	申请量/项	占比/%
可变块尺寸	1977	16.4%	816	12.9%
运动矢量处理	1555	12.9%	965	15.2%
模式选择	1589	13.1%	978	15.4%
多视点图像和立体视频	3772	31.2%	2264	35.8%
亚像素插值	821	6.7%	274	4.3%
多参考帧	928	7.6%	212	3.3%

3.6.3.2　集成电路制造领域重点专利技术及风险分析结论

通过对集成电路制造领域双重（多重）图形光刻技术的技术市场的专利主导性进行较为详尽的分析，得出了如下结论：从全球范围来看，双重（多重）图形光刻技术市场上是专利主导的，并且从专利技术出现至产品量产的时间比较短，3～5年。在中国的产业和专利技术关系方面，由于中国的半导体产业发展起步较晚，产业上相应的产品并不多，因此并没有明显的专利主导趋势。

根据上述的专利主导性的分析，课题组对近几年的全球双重（多重）图形光刻技术的重点专利技术和热点技术的专利申请进行了分析，并得出了如下结论：未来几年，SADP、LELE以及LPLE仍然为双重（多重）图形光刻技术中的主流技术，且业内的研究重点将主要集中于SADP上；SADP的关注重点将会是新型的侧墙形成技术以及SADP在具体器件形成工艺中的实际应用，同时，随着集成电路器件的尺寸越来越小，重复SADP也将成为具有潜力的光刻技术之一。

课题组还对中国近几年的双重（多重）图形光刻技术的重点专利技术和热点技术的专利申请进行了研究，分析近年来中外双重（多重）图形光刻技术的热点技术的区别和差距，并在此基础上对关于双重（多重）图形光刻技术提出了一些粗浅的发展措施和建议，以期对国家政策的制定，国内集成电路制造企业发展方向的选择具有一定的参考价值。

1）加强对重点技术的基础研究，如，在双重（多重）图形光刻技术领域，国内大型企业应加强对SADP在具体器件和结构中的应用的研究，并将LELE、line - cut中的一些技术手段作为辅助手段应用于SADP中以促进SADP在国内的发展。

2）把握机遇，重点发展具有发展潜力的光刻技术。如，国内企业和研究机构应抓住全球对重复SADP的相关专利申请较少且具有应用前景的特点，战略性地加强对重复SADP的专利布局，以争取未来在双重（多重）图形光刻技术领域占据一席之地。

3.6.3.3　集成电路封装领域重点专利技术及风险分析结论

通过对单芯片封装BGA的技术分支分布确定了以BGA载板技术作为研究对象，得出了如下结论：

1）单芯片封装BGA的技术分支中占比最大的BGA载板技术，在中国大陆申请中，江苏省占比较高，主要是江苏长电科技排名全球第二。广东省如果要发展该方向以提高全球市场占有率，相关企业可以通过持续跟踪上述申请人的该方向的申请获得他们的研发方向，从而密切关注产业发展动态，集中有限的人力、物力和资源对未来发展方向进行有重点地投入。另外，广东省有实力的大型封装企业，可考虑参考江苏长电科技的示例，通过购买、甚至收购其他公司以获得大量专利，提高专利占比、规避风险进而提高市场占有率。

2）广东省有很多封装厂，但是大量处于早期的插装式封装，封装密度小，集成度不高。在对广东省的封装产业升级，比如将封装集成度低、附加值低的插装式升级到封装密度高、可自动化安装到电路板/线路板上的BGA这种表面安装式时，由于窗口式BGA基板技术和凹槽式BGA基板技术这两个技术已经相对成熟，结构基本定型，技术升级难度不大，而国外专利布局较早，部分专利已经处于专利权失效状态，在全球封装行业向国内转移，市场规模较大的情况下，完全可以利用这些专利权失效的早期专利生产技术难度不大、专利侵权风险相对低的窗口式 BGA 和凹槽式 BGA 产品。关于专利侵权风险，对于国内已有的这两个技术的专利布局，首先国外来华专利少，国内申请也不多，且仍处于专利权维持状态的更少；其次是国外来华和国内专利涉及的是细节、局部改进，可以在生产时进行针对性规避；最后是总体上窗口式 BGA 基板技术和凹槽式 BGA 基板技术早已定型，如若遇上专利侵权诉讼，被告方可以利用前述所列的早期基础性/重要专利、公布后视为撤回的专利对涉案专利提出相关无效请求。

3.6.3.4　集成电路领域诉讼情况分析主要结论

通过对集成电路领域美国诉讼专利的专利权人、技术领域以及专利核心性进行分析研究，得出以下结论：

1）从诉讼专利的专利权人分布来看，集成电路设计领域涉诉专利权人较为集中，多为国际知名企业或者国际性的跨国公司，这主要是由于在集成电路设计领域，大型跨国公司更重视专利战略布局并且拥有更多的核心技术；而在我国，虽然华为等国内集成电路设计企业在美国也申请或收购了大量专利，在某些技术领域拥有一定数量的核心专利，但是从总体质量上仍和欧美、日韩同类企业有较大的差距。在集成电路制造领域，涉诉专利权人分布相对较为分散，但主要专利权人依然以大型跨国公司为主，集成电路制造领域涉诉专利数量相对于集成电路设计领域较少。在集成电路封装领域，涉诉专利权人分布相对更为分散，这是由于集成电路封装领域相对于集成电路设计与集成电路制造来说，技术难度相对较低，所需生产研发成本相对较低，门槛较低，市场并未被大型企业所垄断。

2）从诉讼专利技术分布来看，在集成电路设计领域，涉诉专利主要集中在存储器领域，在集成电路制造领域，涉诉专利分布较为分散，主要发生在刻蚀、掺杂、薄膜制备这三个分支，在集成电路封装领域，涉诉专利主要集中在封装测试等领域。值得注意的是，日韩企业在美涉诉专利具有一定的规模，说明在涉诉专利技术领域上其避免了与欧美企业的直接碰撞，转而在欧美企业相对忽视的外围相关的核心技术领域或交叉领域积极进行专利布局，在这些领域所涉及的专利数量上具有较强的优势。日韩企业通过专利诉讼，构建成套的专利包等主动的专利战略手段，可以迫使美本土企业进行合作，以相对较低的代价获得技术许可或交叉许可。而反观我国企业，虽然在美有一定数量的专利布局，但在专利战略方面相对保守，积累专利的作用只是用来被动防范他人专利诉讼。日韩企业实施积极进攻性专利战略的经验值得我国企业借鉴和学习。

3.6.4　措施与建议

3.6.4.1　产业方面

（1）政府层面积极推动集成电路制造和封装环节的发展，促进集成电路产业链各环节相互支撑、协调发展虽然广东省已初步形成了包括设计、制造、封装的集成电路产业链，但是各产业环节的发展程度不尽相同，广东省在集成电路的设计方面发展较有优势，涌现了如华为等一大批优秀企业；而在集成电路的制造和封装方面相对薄弱，产业还有待升级、更新。发展的不平衡不仅会造成竞争力的下降，而且也不利于产业的聚集、技术的更新换代和对领域人才的吸引力。

因此，在政府层面，需要政府来积极推动集成电路制造和封装环节的发展，促进集成电路产业链各环节相互支撑、协调发展，形成良性发展的集成电路产业链。政府层面上统一制定发展总方向，统一调配资源，促进产业中的各个相关方积极参与并相互协调，理清省内集成电路产业人才优势、基础优势和综合资源等优势。

（2）根据产业链设计、制造和封装三个环节不同的发展程度，指定相应的发展策略

由于广东省集成电路设计、制造、封装三个环节发展不均衡，因此，对于不同的环节也要有相应不同的发展侧率。

集成电路设计产业，属于国家"十二五"规划重点发展的战略性新兴产业。战略性新兴产业是以重大技术突破和重大发展需求为基础，对经济社会全局和长远发展具有重大引领带动作用，知识技术密集、物质资源消耗少、成长潜力大、综合效益好的产业。

（3）加强企业之间在知识产权管理方面的合作，建立知识产权共享平台

政府层面可以本课题研究数据为基础，建立集成电路产业专题专利数据库，为企业提供信息服务和保障，时时动态跟踪研究国外重点企业的专利信息。对于集成电路设计产业，广东省有一些知识产权储备处于国际先进水平的公司，比如中兴、华为，但也有一些在知识产权保护和专利管理能力上较为薄弱的中小企业。政府可以出台相应的政策，鼓励企业之间积极建立专利联盟，加强知识产权合作，共享专利技术信息，共同避免专利风险，同时在企业之间进行专利许可和技术转移，提高再生资源循环利用产业的知识产权运用和管理水平。

（4）引导企业通过产学研合作，加快提升技术水平

集成电路设计产业的发展，需要通过技术创新来推动，进行技术创新需要通过研发的投入。广东省政府应当围绕产业链部署创新链，围绕创新链配置资源链，加强关键核心技术攻关，加快科技成果产业化，提高关键环节和重点领域的创新能力。

目前省内许多先进的制造技术仅仅是停留在科研阶段，尚未形成产业化。高校和科研机构是重要的基础研发力量，企业如果仅靠自身发展，则难免有局限性，需要借助多方力量才能快速提高技术水平。省内有华南理工、中山大学、北京大学深圳研究院等多所高校和科研机构，政府、企业应注重产学研结合。一方面，政府层应加大引导资源配置和支持产学研结合的力度，以市场需求拉动研究院所的技术创新，使科研做到有的放矢，促进产业中面临的高难度技术的攻克；另一方面，企业应加强和科研院所进行有效结合的引导，使得科研院所的研究成果在产业中进行转化的途径更加畅通。

3.6.4.2　技术方面

（1）国内企业和科研院所可密切关注主流技术发展趋势，准确制定发展方向

虽然广东省集成电路领域的专利申请量增长迅速，但设计、制造、封装发展速度

不一致，省内的大多数企业和科研院所在研发能力和资金实力上都不能与外国大型老牌半导体企业、国内半导体龙头企业、科研院所相比，省内企业可以通过专利信息来密切关注产业发展动态，找准研发切入点，集中有限的人力、物力和财力资源有重点地进行投入。

（2）国内企业和科研院所可根据各技术方向的风险程度高低采取针对性的技术发展策略

对于国外来华专利中，有较多重要或者基础性的有效发明专利，而我国主要企事业单位专利申请空白或仅有少量外围有效发明专利的技术方向应认定为存在重大风险的方向。该方向一般短期内难以获得较大的技术突破。在此情况下，是继续引进技术和设备，还是进行自主研发进行外围布局以突破国外技术垄断，或者两条路并进，国内企业需权衡后进行选择。

对于国外来华专利中，有较少的重要或者基础性的有效发明专利，而我国主要企事业单位有少量外围有效发明专利但核心专利申请空白的技术方向应认定为存在较大风险的方向，可以考虑采用跟进研发和集中力量进行突破并进的策略，一方面重点围绕关键技术在其外围继续进行适当的专利布局，另一方面，集中研发力量针对其在华布局中的薄弱环节或空白点进行突破。

对于国外来华专利中，仅有个别重要有效发明专利，而我国集成电路制造工艺产业界的主要企事业单位拥有较多的重要有效发明专利或者少量核心专利的技术方向，则应认为存在较小风险的方向，可以考虑进一步加强研发投入以争取在这些方向上形成规模研究效应，以提高突破专利壁垒的可能性。

对于存在专利转让可能的技术，可通过技术转让或公司并购进行技术引进来突破国外专利壁垒。

（3）企业应当通过合作、并购，整合产业技术，以快速提高企业技术实力

在省内集成电路产业整体水平低于国外企业甚至国内其他省市的整体发展水平的情形下，省内企业可以通过合作和并购的方式整合产业技术，以快速提高省内企业技术实力，为赶超国内发达区域发展水平提供可能性。

（4）企业应当密切关注那些可能影响和制约国内企业发展的外国公司的在华专利，积极采取有效应对措施，将可能的知识产权风险降到最小

比如，针对尚未授权且可能构成风险的专利，企业应予以重点关注。同时，企业应当关注集成电路诉讼高发领域和主要诉讼专利权人，防范专利侵权风险。

第4章 风能产业专利分析及预警

4.1 产业发展

4.1.1 产业研究背景

　　风能（wind energy）是因空气流做功而提供给人类的一种可利用的能量，属于可再生能源（包括水能，生物能等）。空气流具有的动能称风能。空气流速越高，动能越大。人们可以用风车把风的动能转化为旋转的动作去推动发电机，以产生电力，方法是透过传动轴，将转子（由以空气动力推动的扇叶组成）的旋转动力传送至发电机。

　　据估计到达地球的太阳能中虽然只有大约 2% 转化为风能，但其总量仍是十分可观的。全球的风能约为 1300 亿 kW，比地球上可开发利用的水能总量还要大 10 倍。到 2008 年为止，全世界以风力产生的电力约有 $9.41 \times 10^7 \text{kW}$，供应的电力已超过全世界用量的 1%。风能虽然对大多数国家而言还不是主要的能源，但 1999～2005 年已经增长了四倍以上。

　　自 2005 年起，全球风电增长势头迅猛，2015 年新增装机容量已达到 63013MW，累计装机容量达到 432419MW，实现了 22% 的年增长率。

　　风力发电就是把风的动能（简称"风能"）转为电能，从而满足人们生产和生活对能源的需求。风能作为一种清洁的可再生能源，越来越受到世界各国的重视。风是没有公害的能源之一，而且它取之不尽，用之不竭。对于缺水、缺燃料和交通不便的沿海岛屿、草原牧区、山区和高原地带，因地制宜地利用风力发电，非常适合，大有可为。目前全世界每年燃烧煤所获得的能量，仅占风力在一年内所提供能量的1/3。因此，国内外都很重视利用风力来发电，开发新能源。

　　鉴于风力发电代表着风能技术领域的前沿和制高点，是世界上主要电力市场重点关注的发展方向，也是我国战略性新兴产业的重要内容。本报告旨在通过研究建立起完整的风能产业的知识产权预警机制；保障广东省风能产业安全；引领和支撑广东省企业的创新和产业化。

4.1.2 产业发展概况

4.1.2.1 全球产业现状

　　（1）中国新增风电装机容量约占全球的五成

　　2015 年是一个风电市场的大年，特别是对一些大型市场来说，如中国、美国、德国、巴西等，所有这些国家都实现了创纪录的新增装机容量。非洲、亚洲和拉丁美洲正在涌现出一批新兴市场。

2015 年全球风电累计装机容量超过 2000 万 kW 的国家共有 5 个，其中位列前三位的是中国、美国、德国，分别为 1.45 亿 kW、7447 万 kW 和 4495 万 kW。此外，中国、美国、德国分列新增装机容量排名前三，分别为 3050 万 kW、860 万 kW 和 601 万 kW。

（2）美国风电市场略有回暖但仍然乏力

2016 年 4 月 12 日美国风能协会（AWEA）发布的《美国风电行业年度市场报告》显示，2015 年美国风电投资为 147 亿美元，总共安装了 4304 个公用事业规模的风机。2015 年，风电新装机容量为 8598MW，相比 2014 年增幅为 77%。2015 年美国成为世界上最大的风电生产国，比中国、德国、西班牙和其他国家都有更多的风力发电。

（3）德国风电新增规模创近年来新高

2014 年，德国海上风电装机容量为 529MW。但是 2015 年，德国海上风电市场将实现飞跃发展，海上风电装机容量增长近 4 倍，新增容量达到 2071MW。

（4）欧盟新增风电装机超过燃煤和燃气新增之和

2014 年欧盟 28 个成员国新增风电装机容量达到 1179 万 kW（主要集中在德国和英国），而燃煤装机和燃气装机仅分别新增 331 万 kW、234 万 kW，而且燃煤和燃气机组退役容量远超过新增容量。截至 2014 年底，欧盟累计风电装机容量达到 1.29 亿 kW。2014 年欧盟可再生能源新增装机 2130 万 kW，占到新增总装机容量 2690 万 kW 的79.1%。欧盟风电发电量占总消费电量的比重已经从 2013 年的 8% 提高至 10%。

（5）英国、德国继续引领世界海上风电发展

英国继续在海上风电方面遥遥领先，全年新增海上风电装机 81 万 kW，占欧洲的54.8%，其次是德国 53 万 kW，占欧洲的 35.7%，再次是比利时 14 万 kW，占欧洲的 9.5%。

4.1.2.2 国内产业现状[①]

风电市场经过 2015 年大跨步式的发展，产能达到 3000 万 kW 以上，截至 2016 年，我国新设设备达到 1893 万 kW，占全世界总量的 49.5%。

2016 年全国（除台湾地区外）新增装机容量 2337 万 kW，同比降低了 24%，累计装机容量 16873 万 kW，同比增长 16%，相比 2015 年的新增风电装机容量 3075 万 kW，2016 年的这一数据同比减少，且相比 2015 年累计装机容量 26.8% 的涨幅，2016 年此项数据同比降低。

2016 年，与 2015 年相比，2016 年我国华北、华东及中南地区占比均出现了增长，其中华北地区占比由 20% 增长到了 24%，华东地区占比由 13% 增长到 20%，中南地区占比由 9% 增长到 13%，相反地，西北地区和东北地区均出现减少，其中西北地区占比由 38% 下降到 26%，而东北地区占比由 6% 下降到 3%，而西南地区占比维持不变。目

---

① 数据来源：中国可再生能源学会风能专业委员会. 中国风电装机容量统计 ［EB/OL］. http：//www.cwea.org.cn/industry_data.html

前来看，西北地区依旧是新增装机容量最多的地区，即西北地区仍旧是我国风电资源的重点开发地区。

2016 年，中国海上风电新增装机 154 台，新增装机容量达到 59 万 kW。截至 2016 年底，海上风电机组供应商共 10 家。2016 年的海上新增装机容量同比 2015 年的海上新增装机容量增加了 64%。

累计装机容量达到 15 万 kW 以上的机组制造商有上海电气、远景能源、华锐风电、金风科技，这 4 家企业海上风电机组装机量占全国海上风电装机总量的 90.1%，上海电气更是以 58.3% 的占比成为我国海上风电机组的首席制造商。

2016 年，中国风电有新增装机的整机制造商共 25 家，新增安装风电机组 16740 台，新增装机容量为 2337 万 kW，同比 2015 年的 3775 万 kW 的新增装机容量，下降了 38%。风电整机制造企业的市场份额有集中的趋势，具体表现在排名前五的风电机组制造企业市场份额由 2013 年的 54.1% 增加到 2016 年的 60.1%，排名前十的风电制造企业市场份额由 2013 年的 77.8% 增长到 2016 年的 84.2%。

4.1.2.3　广东产业现状

（1）广东省的风力资源背景和风电机组的建设成果

截至 2015 年，广东省风电产业累计建成陆上风电场 61 个，并网装机容量约 246 万 kW，装机容量 284 万 kW，在建项目 50 个，风电发电量 41 亿 kW·h。

根据广东发展改革委员会在 2016 年底发布的《广东省陆上风电发展规划（2016—2030 年）》，规划预计到 2020 年底，广东省建成陆上风电装机容量将达 600 万 kW，到 2030 年底建成陆上风电装机容量约 1000 万 kW。

（2）广东风电开发思路日渐明晰，海上风电正式拉开帷幕，陆上风电建设如火如荼

广东拥有全国最长海岸线，4300 多千米海岸线的近岸 10 千米区具备 4 亿 kW 的装机容量，占全国沿海地区风资源的 1/5。

另外，值得关注的是，广东省首个海上风电试点项目"珠海桂山海上风电场示范项目"获得广东发展改革委员会核准。该项目不仅是国家示范项目，而且还是国际首个海上风电与海岛新能源智能微电网应用研究整合项目。在业界专家看来，项目的核准不仅标志着广东省海上风电大幕的开启，而且为后续海上风电项目的建设提供了经验和示范。

具体到陆上风电来说，资料显示广东省风电技术可开发量约为 1400 万 kW，主要分布于沿海地区和粤北、粤西海拔较高山区。

（3）风电设备在广东省均有龙头企业或技术领先企业

中国明阳风电集团有限公司在国内排名第四位，全球排名第十位。明阳在中山、天津、吉林、内蒙古、江苏建立了五大产业基地，并设有欧洲丹麦风能研发中心、美国北美研发中心、博士后科研工作站、广东省风力发电装备制造研究院等代表行业领先水平的专业研发机构，先后承担了包括"863"计划在内的众多国家和广东省重大科技专项、火炬项目及科技攻关项目。

中广核风电有限公司是中国广核集团的全资子公司，专业从事风电项目的投资开

发、工程建设、生产运维。除平原风电项目外，同步开发投运山地及海上风电项目，并步入国际清洁能源市场，已在澳大利亚投资建成风电项目，并投入商运。

广州红鹰能源科技公司主要从事大型风电机场项目前期工作和高可靠性小型风力发电机的研制和生产。曾为香港中华电力公司完成风电场项目前期调研报告；广东阳江海陵岛风电场造址和测风工程项目；为国华电力公司完成广东珠海横琴岛风电项目造址、测风和项目建议书编制；为深圳能源股份有限公司完成风电场前期调研报告；为中国节能投资公司完成广东惠来特许权风电项目前期测风；为青海省太阳能所完成青海风电场选址及规划等工作。

中科恒源科技股份有限公司是专业从事清洁能源领域开发、生产与应用的高新技术企业，是风能与太阳能中小型综合应用系统整体解决方案提供商和核心零部件供应商，是大型地面光伏电站的运营商和总承包商。公司业务涉及离网供电系统、光伏EPC、通信基站 EMC、标准品四大模块，产品涵盖公共照明、离网供电、监控系统、屋顶光伏用户侧并网电站、大型地面光伏电站、智能家居、太阳能路灯标准品。

广东省风力发电有限公司是广东省粤电集团有限公司为推动风电等新能源业务快速发展而整合设立的新能源企业。公司主营业务包括风能、太阳能、生物质等新能源的设计、开发、投资、建设、运营管理；新能源技术的研发、应用与推广；新能源相关设备的检测与维修；与新能源相关的培训、咨询服务。

4.2 风能产业整体专利态势分析

4.2.1 风能产业全球专利分析

截至 2017 年 6 月 30 日（本报告的检索截止日均为 2017 年 6 月 30 日），全球范围内风能产业密切相关的专利申请共有 94085 项。

4.2.1.1 风能产业专利申请趋势及授权趋势

如图 4 - 1 所示，风能产业的全球申请量在 2012 年以前逐年稳步上涨，并在 2012 年达到最大值 7011 项，但在 2013 年开始出现下降，这主要与中国的弃风电现象、美国停止联邦税收抵免（PTC）政策和欧洲受欧债危机的影响撤销或减少对可再生能源的支持力度密切相关。

与申请趋势相对应地，风能产业专利授权趋势也出现了相对应的起伏，到 2012 年授权量达到峰值 4455 项，到 2014 年和 2015 年授权量仍维持在 3000 项以上，虽然有所下降，仍维持在高位水平，表明风能技术已经进入了成熟期。

4.2.1.2 主要申请人年度申请量及授权量

由表 4 - 1 可以看出，通用电气公司全球申请量居首位，达 4999 项，维斯塔斯、西门子公司紧随其后，上述三大企业的申请量均在 2500 项以上，排名第四的国家电网公司为 1827 项，排名第五及以后的申请人申请量均低于 1500 项。可见，排名前三的申请人以绝对的优势领先于其他申请人，占据风能领域的领先位置。

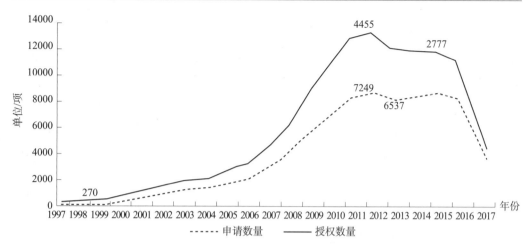

图 4-1　全球风能产业专利申请和授权发展趋势图

表 4-1　主要申请人年度申请量及授权量

排名	申请人	总申请量/项	近 5 年申请量占比	授权量/项	授权占比
1	通用电气公司	4999	24.08%	1517	30.35%
2	维斯塔斯	4108	22.96%	1065	25.93%
3	西门子公司	2960	29.40%	873	29.49%
4	国家电网公司	1827	87.50%	713	39.03%
5	三菱集团	1399	14.22%	318	22.73%
6	乌本产权有限公司	1362	61.01%	265	19.46%
7	艾劳埃斯·乌本	986	0.10%	304	30.83%
8	国电联合	520	37.88%	313	60.19%
9	金风	510	80.39%	273	53.53%
10	恩德公司	477	20.75%	155	32.49%
11	三星重工业株式会所	419	32.70%	217	51.79%
12	瑞能公司	415	0.96%	102	24.58%
13	歌美飒集团	380	26.32%	117	30.79%
14	艾尔姆风电有限公司	356	2.52%	93	26.12%
15	广东明阳风电	356	54.49%	209	58.71%

　　另外，前五位申请人的专利申请占到申请总量的16.25%，前十位申请人的专利申请共占申请总量的20.35%，表明风能产业专利授权的申请人来源相对分散，趋于多元化，之前的申请人团体掌握的绝对技术优势正在逐渐消失。在排名前十的申请人中，德国申请人所占比例最高，共有4个申请人，说明德国申请人在风能技术领域申请活跃，他们非常重视专利布局。在排名前十的申请人中，中国有3家企业，分别排名第四、第八和第九，而在排名前15的申请人中，中国有4家企业，所占比例最高，说明中国申请人也在风能技术领域申请活跃，但是与世界领先的企业相比，仍存在一定差距。

通用电气公司、维斯塔斯和西门子公司在 2013～2017 年的专利申请量都占其总申请量的 20% 以上，说明这些大公司近年来在风能技术专利方面的申请依然活跃。这也证明了这些公司目前仍然注重技术的研发并且具有较强的生命力；艾劳埃斯·乌本、瑞能公司和艾尔姆玻璃纤维制品有限公司在 2013～2017 年的专利申请量都不到其总申请量的 5%，可见这三位申请人在风能领域的研发力量逐渐减少；国家电网公司、乌本产权有限公司、金风科技、国电联合和广东明阳风电在 2013～2017 年的专利申请量都占其总申请量的 50% 以上，说明这些申请人都是风能领域的后起之秀，保持着良好的发展势头。

在授权占比方面，国电联合、广东明阳风电、金风科技和三星重工业株式会所是排名前四的企业，前述四者的发明或实用新型授权占比都达到 50% 以上，国电联合更是达到了 60% 以上，对上述 4 个企业的授权量的发明授权量对比，国电联合、广东明阳风电和金风科技的发明授权量分别占总申请量的 21.31%、12.37% 和 10.57%，说明中国申请人的专利申请中实用新型的授权占比重相当大，对比授权量同样占前列的三星重工业株式会所 50.83% 的发明授权占比，说明虽然中国目前在风能技术方面是发展势头良好，但仍然需要增加在风能技术方面的重大突破，从而追赶欧美日的技术，并且需要注重对高技术含量的专利的申请，注重其在多个国家和地区的同时保护。

从图 4－2 中可以看出，通用电气、维斯塔斯、三菱重工、歌美飒和西门子的专利技术主要集中在风力发电机的整机结构和叶轮两个技术分支中，国家电网的专利技术则主要集中在电力传输和并网技术两个技术分支中，艾劳埃斯·乌本、乌本产权、瑞能、恩德和 LM 风电的专利技术则主要集中在叶轮这一个技术分支中。

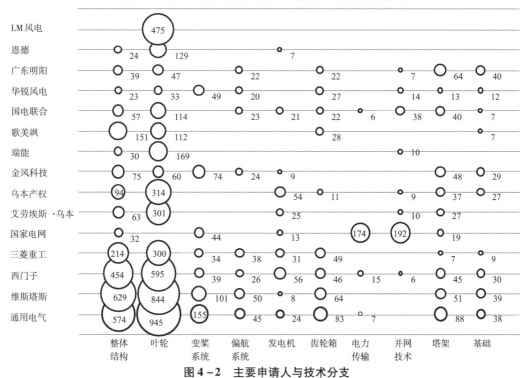

图 4－2　主要申请人与技术分支

注：图中数字表示申请量，单位为项。

4.2.1.3　国内外的风能产业专利申请量及授权量

从表4－2中可以看出，中国的专利申请量排名第一，为33440项，美国和德国分列第二位和第三位，分别为6824项和3286项。并且排名前三的国家的申请量之和占了申请总量的65.2%，说明全球的专利申请主要集中在这三个国家中。

德国和日本的风能技术起步较早，其专利技术从1997年到2004年都持续保持较大的领先优势；从2004年开始中国和美国的申请量开始快速增长，并超越德国和日本分列第一位和第二位。从表4－3中可以看出，中国在申请量上具有巨大的优势，并能保持持续的增长，而其他各国专利申请在2011年左右达到峰值，之后专利申请量基本处于一直下滑的趋势。

表4－2　国内外风能产业专利的申请量分布　　　　单位：项

排名	专利公开国别	专利数量
1	中国	33440
2	美国	6824
3	韩国	3286
4	日本	2719
5	德国	2600
6	印度	1757
7	加拿大	1321
8	英国	1183
9	澳大利亚	891
10	丹麦	640

表4－3　近10年国外在华风能产业专利申请量排名前十位国家申请趋势　　　　单位：项

年份	美国	德国	丹麦	日本	西班牙	韩国	英国	法国	荷兰	挪威
2008	71	39	57	46	17	6	5	2	3	2
2009	142	78	64	24	27	1	14	4	7	10
2010	150	93	76	72	13	15	13	1	5	9
2011	172	142	79	55	21	11	4	3	2	2
2012	139	123	90	42	23	9	17	4	3	2
2013	50	108	62	17	18	11	17	5	6	3
2014	42	100	59	20	11	14	3	6	7	－
2015	38	80	61	14	5	9	4	2	1	－
2016	39	39	20	6	7	10	5	3	1	－
2017	4	9	－	－	3	1	－	1	－	－

4.2.1.4 中国 PCT 申请

中国的风能产业 PCT 申请共 150 项，中国 PCT 申请的目标国主要是美国、加拿大、澳大利亚、韩国、印度、巴西和日本，其 PCT 申请量分别是 54 项、21 项、14 项、13 项、9 项、8 项和 7 项。由表 4-4 可以看出，华锐风电的 PCT 申请量最高，且在国外布局专利的积极性最高。而广东申请人中，PCT 申请量最高的是广东明阳，为 4 件，未能进入中国 PCT 申请人排名的前十名中，并且其专利技术都还未进入其他国家。

表 4-4　中国 PCT 申请人排名　　　　　　　　　　单位：项

序号	申请人	专利	目标国及数量
1	华锐风电	76	美国 12、加拿大 16、澳大利亚 14、印度 11
2	国家电网	45	美国 14、巴西 1、加拿大 1
3	金风科技	40	澳大利亚 8、韩国 6、美国 5、西班牙 2
4	鸿海科技	38	美国 38
5	严强	35	韩国 8、美国 8
6	鸿富锦工业	34	美国 34
7	银河风电	17	韩国 6、美国 3
8	国能风电	16	澳大利亚 4
9	苏州红枫	16	美国 6
10	远景能源	9	美国 3、加拿大 1

4.2.2　风能产业中国申请趋势分析

中国范围内风能产业密切相关的专利申请共有 40426 项。

4.2.2.1　概况统计

从图 4-3 可以看出，我国自 1999 年开始在风能领域的专利申请，自 1999 年至 2017 年 6 月，我国在风能领域专利申请发展整体呈上升的趋势。具体来说，中国风力发电始于 20 世纪 80 年代，发展相对滞后，但起点较高，主要经历了 3 个重要的发展阶段：第一阶段：1985～1995 年试验阶段，此阶段主要是利用丹麦、德国、西班牙政府贷款，进行一些小项目的示范，同时欧洲风电大国利用本国贷款和赠款的条件，将它们的风机在中国市场进行试验运行，积累了大量的经验；第二阶段：1995～2003 年在第 1 阶段取得的成果基础上，中国各级政府相继出台了各种优惠的鼓励政策，科技部通过科技攻关和国家"863"高科技项目促进了风电技术的发展，原经贸委、计委分别通过双加工程、国债项目、乘风计划等项目促进风电的持续发展，表现在专利申请方面，1997～2003 年虽然一直都有增长，但是增长速度缓慢，整体专利申请量偏少，在此阶段中国的国家风电规划中设立的国产风机攻关项目取得了初步成果；第三阶段：2003 年至今中国国家发展和改革委员会通过风电特许权经营，下放 50MW 以下风电项目审批权，要求国内风电项目、风电机组设备国产化比例不小于70%等政策，扶持和鼓励国内风电制造业的发展，使国内风电市场的发展进入一个高速发展的阶段，表现在专利申请方面，2004~2012年，呈现出较之前更高的速度增长，2012年之后大致保持在每年4500项左右的申请量，并于2015年达到了4933项的峰值。

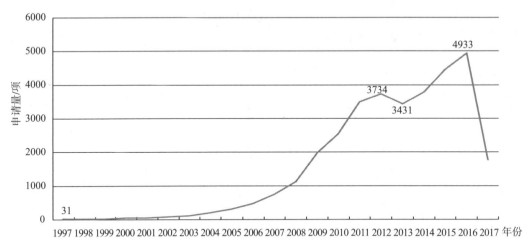

图4-3 风能产业中国专利申请发展趋势图

4.2.2.2 国外在华的风能产业专利申请

从表4-5可以看出，在风能产业领域，美国、德国、丹麦、日本、西班牙依次是国外来华专利申请量排名前五的国家，申请总量分别为：969项、906项、675项、347项、177项。

表4-5 国外在华风能产业专利申请量排名前十位国家分布情况　　　　　　单位：项

排名	申请人国别	申请量
1	美国	969
2	德国	906
3	丹麦	675
4	日本	347
5	西班牙	177
6	韩国	108
7	英国	91
8	法国	42
9	荷兰	41
10	瑞士	32

4.2.2.3 中国主要专利技术聚集区

如表4-6所示，在风能领域，与国外来华的公司相比，国内授权仍以实用新型居多，发明授权率较低。其中，北京的发明授权率为 44.39%，江苏的发明授权率为 31.24%，广东的发明授权率为 35.96%，上海的发明授权率为 31.56%，浙江的发明授权率为 38.83%。

表 4-6　国内主要地区申请量和授权量排名　　　　　　　　　　单位：项

申请人省市	总量	发明申请	发明授权	实用新型
北京	4897	2771	1230	2126
江苏	4586	2276	711	2310
广东	2402	1093	393	1309
上海	2029	1147	362	882
浙江	1958	819	318	1139
山东	1757	714	259	1043
辽宁	1318	616	230	702
天津	1071	507	147	564
湖南	991	485	169	506
四川	846	438	127	408

表 4-7 列出了我国申请量排名靠前的相关省市申请人名单，包括北京、江苏、广东、上海、浙江、山东、辽宁和天津八个省市，表中仅列出各省市专利申请量超过 40 项的申请人。

表 4-7　中国部分地区主要申请人名单　　　　　　　　　　　单位：项

省市	申请人类型	主要申请人名单
北京	企业（14） 大学（1） 科研院所（2）	国家电网公司（884） 金风科技（438） 国电联合动力技术有限公司（404） 中国电力科学研究院（312） 华锐风电（251） 三一重型能源装备有限公司（145） 清华大学（145） 三一电气有限责任公司（102） 中国科学院工程热物理研究所（101） 北京天诚同创电气有限公司（96） 华北电力科学研究院有限责任公司（83） 中能电力科技开发有限公司（81） 北京天源科创风电技术有限责任公司（74） 中电普瑞张北风电研究检测有限公司（69） 北京普华亿能风电技术有限公司（47） 许继集团有限公司（41）

续表

省市	申请人类型	主要申请人名单
江苏	企业（8） 大学（3）	苏州能健电气有限公司（173） 国电联合动力技术（连云港）有限公司（115） 河海大学（112） 南京高速齿轮制造有限公司（110） 南京航空航天大学（71） 江苏金风科技有限公司（68） 连云港中复连众复合材料集团有限公司（55） 江苏新誉重工科技有限公司（54） 南京风电科技有限公司（50） 南通大学（46） 远景能源（江苏）有限公司（43）
广东	企业（2） 大学（1） 个人（1）	广东明阳风电产业集团有限公司（316） 华南理工大学（105） 南方电网科学研究院有限责任公司（52） 邓允河（49）
上海	企业（2） 大学（5）	上海电机学院（135） 上海交通大学（122） 上海电气风电设备有限公司（87） 上海理工大学（56） 上海大学（51） 同济大学（51） 上海万德风力发电股份有限公司（41）
浙江	企业（1） 大学（1）	浙江大学（137） 浙江运达风电股份有限公司（80）
山东	企业（2） 大学（1）	山东大学（77） 北车风电有限公司（52） 济南轨道交通装备有限责任公司（51）
辽宁	企业（5） 大学（1）	沈阳华创风能有限公司（98） 沈阳工业大学（74） 青岛华创风能有限公司（68） 通辽华创风能有限公司（67） 沈阳瑞祥风能设备有限公司（54） 东北大学（48） 辽宁大金重工股份有限公司（43）

续表

省市	申请人类型	主要申请人名单
天津	企业（3） 大学（2）	天津大学（135） 天津瑞能电气有限公司（85） 优利康达（天津）科技有限公司（50） 天津市新源电气科技有限公司（48） 河北工业大学（41）

如表 4-7 所示，北京专利申请总量位居全国之首，专利申请超过 40 项的申请人有 17 位，包括 14 家企业、1 所大学和 2 个研究所。北京不但在专利申请总量上全国领先，而且具有多家大规模的企业和研究所，形成了有较强行业竞争力的产业集群。

江苏的情况与北京相类似，其专利申请总量位居全国第二，专利申请超过 40 项的申请人有 11 位，包括 8 家企业和 3 所大学，苏州能健电气有限公司、国电联合动力技术（连云港）有限公司、河海大学和南京高速齿轮制造有限公司的申请量超过 100 项，反映出江苏省在产业研发配置上较为均衡，但企业在风能领域的发展还不够突出，行业的产业集群竞争力不强，还可以挖掘出更大的产业集群的潜力。

广东省专利申请总量位居全国第三，但从表 4-7 明显看出专利申请超过 40 项的申请人只有 4 位，其中包括 2 家企业、1 所大学和 1 个个人，这与广东省作为全国风能发展强省身份不符，侧面反映出广东省在风能产业的发展不够活跃。仅有广东明阳风电产业集团有限公司是广东省较为代表性的风能企业，申请量 316 项，其他的申请人的申请量都低于 100 项，这一数据反映出广东省有规模的企业少，专利集中在广东明阳风电产业集团有限公司上，并未形成有行业竞争力的产业集群。

上海的创新主体则主要是大学院校，企业的创新并不突出。数据显示，专利申请超过 40 项的申请人中大学院校有 5 所，企业只有 2 家，企业的两位申请人的申请量都低于 100 项，由此可见上海在风能产业的发展不平衡，专利申请主要集中在大学院校说明上海地区的研发成果还停留在实验室阶段，没能够与上海地区的企业有机合作推动企业的研发创新，行业的产业集群竞争力不强。

4.2.2.4　申请人统计

从表 4-8 可以看出，企业类型申请人在中国风能产业专利申请量中占据主体地位，其专利申请量占中国风能产业专利申请总量的 63.94%；个人类型申请人位居第二名，占 17.41%；大专院校类型申请人位居第三名，占 14.63%。科研单位位居第四名，占 3.57%。可见，风能产业的专利申请量主要集中在企业，企业在风能产业的发展中发挥了不可替代的作用，但企业与科研单位合作比例较低，而国内大学是一股不可忽视的研发力量，企业应当注重与国内大学开展合作，或者将国内大学较为领先的专利技术通过购买或转让的方式进行产业化。国内申请中个人申请比重大，反映该领域存在大量个体经营或小作坊式企业，技术门槛不高，相应的产业化程度也不高。

表4-8 风能产业不同申请人类型的申请比重

申请人类型	专利数量/项	占比
企业	22325	63.94%
个人	6080	17.41%
大专院校	5108	14.63%
科研单位	1246	3.57%
其他	158	0.45%

中国申请人排名如表4-9所示，根据中国的专利申请量统计了排名前20位的申请人。排名前十的申请人中，国外来华公司有三家，分别是排名第二的通用电气公司、排名第三的西门子公司和排名第六的维斯塔斯公司，并且这些国外来华公司主要以发明专利为主，其申请的发明专利已经有相当一部分获得授权，这表明国外企业对中国市场的高度重视以及在技术上的领先优势。

表4-9 风能领域中国申请人排名表 　　　　　　　单位：项

序号	申请人	国别	发明申请	实用新型	专利数量
1	国家电网公司	中国	1044	233	1277
2	通用电气公司	美国	698	29	727
3	西门子公司	德国	459	26	485
4	金风科技	中国	335	263	598
5	国电联合动力	中国	292	227	519
6	维斯塔斯	丹麦	454	10	464
7	中国电力研究院	中国	336	31	367
8	华北电力大学	中国	287	71	358
9	广东明阳风电	中国	147	169	316
10	华锐风电	中国	153	98	251
11	苏州能健	中国	91	82	173
12	清华大学	中国	157	5	162
13	三菱重工	日本	160	0	160
14	南车株电	中国	84	73	157
15	天津大学	中国	126	22	148
16	浙江大学	中国	128	20	148
17	三一重工	中国	59	86	145
18	上海交通大学	中国	133	6	139
19	上海电机学院	中国	119	16	135
20	许继集团	中国	93	35	128

国家电网、金风科技、国电联合动力、中国中车和广东明阳风电在国内企业中申请量较为靠前，其中，排名第一的国家电网公司发明申请比例较高，其多数的专利是通过与中国电力科学研究院和许继集团有限公司等公司合作，共同研发完成的。排名第四的金风科技、第五的国电联合动力、第七的中国电力研究院和第九的广东明阳风电，其中除中国电力研究院以外的几位申请人总的专利申请数量中实用新型专利占比 50% 左右，这表明这几家公司技术创新优势还不够突出。

前 20 位申请人中，只有广东明阳风电是属于广东省的企业，广东省对风能产业有所重视，但不够活跃，无论是申请量还是授权量相对于前五位大公司都相去甚远。前 20 名中的国内申请人相比较，国内有有华北电大、清华大学、天津大学、浙江大学、上海交通大学和上海电机学院六所高校以及中国电力科学研究院一所科研单位，在前 20 的名单中没有发现广东省的高校和科研机构的身影，众所周知，产业的发展离不开科研单位的研究支撑，在风能领域广东省企业本身优势不明显的情况下，缺乏科研机构的技术支撑更使得广东省在风能产业的发展后劲不足。

4.2.3　风能产业广东专利分析

广东范围内风能产业密切相关的专利申请共有 2392 项。

4.2.3.1　概况统计

从图 4 - 4 可以看出，广东省在风能技术领域的申请量从整体上处于逐年稳步上涨的趋势。2013 年相对于 2012 年而言，申请量有所下降，但是之后在 2014 年和 2015 年又出现了较快的上涨。

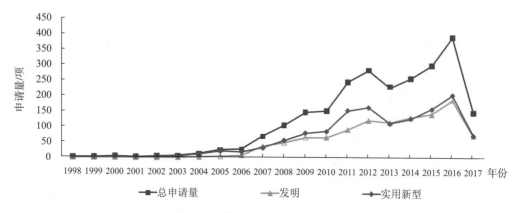

图 4 - 4　广东省专利申请发展趋势

就专利类型来看，除了 2007 年和 2013 年，广东省的实用新型专利申请量一直高于发明专利的申请量，实用新型的申请趋势与总申请量的申请趋势基本一致，发明专利的申请趋势与总申请量的申请趋势的差别在于，发明专利的申请量在 2006 年到 2014 年间一直处于稳步上涨的趋势，2015 年相对于 2014 年而言，申请量略有下降。

4.2.3.2　广东省主要地区专利申请发展趋势

广州、深圳、中山、佛山和东莞是在广东省申请总量排名前五的地区，从表 4 - 10

可以看出，广州和深圳从 2005～2009 年增长速度明显，二者申请量相当；中山的申请量在 2009～2012 年一直保持快速，特别是在 2012 年，相对于之前出现了井喷式增长。对于佛山和东莞而言，虽然这两个地区的申请量排名在第四和第五位，然而它们的申请量与排名前三的城市的申请量相距甚远。

表 4 - 10 广东省主要地区专利年申请量 单位：项

年份	广州	深圳	中山	佛山	东莞	珠海	惠州	湛江	江门	韶关
1998	0	0	0	0	0	1	0	0	0	0
1999	0	0	0	1	0	0	0	0	0	0
2000	2	0	0	0	0	1	0	0	0	0
2001	0	0	0	0	0	2	0	0	0	0
2002	0	4	0	0	0	0	0	0	0	0
2003	0	0	1	1	0	2	0	0	1	0
2004	5	0	1	1	0	0	0	2	2	1
2005	4	9	0	4	0	4	0	0	1	2
2006	11	10	0	1	1	2	0	0	1	0
2007	25	20	5	1	10	6	0	1	0	0
2008	30	32	16	12	3	1	0	1	6	0
2009	57	46	11	3	12	4	1	2	1	0
2010	18	54	37	13	14	4	1	4	0	5
2011	52	88	38	24	16	7	5	1	2	1
2012	76	33	108	13	13	11	18	1	2	1
2013	72	29	64	17	7	6	6	3	1	9
2014	76	66	40	24	9	13	8	3	3	1
2015	109	69	61	12	16	12	3	3	1	1
2016	133	101	73	21	25	15	9	5	1	1
2017	44	38	17	19	17	8	1	1	0	0

4.2.3.3 申请人统计

从表 4 - 11 可以看出，就风能产业而言，目前仍然是企业的申请量最多，占总量的比例为 67%。作为传统研发主体和技术来源的高校和研究所机构，其申请量分别占到 8% 和 2%，说明广东省的技术主要研发机构在风能领域方面的投入不多，没有形成产学研相结合的优势。个人申请所占比重占到 23%，远远超过了高校和研究所机构所占比例之和，说明这一领域存在研发起点较低的技术。

表 4-11　广东省风能产业专利申请人类型

申请人类型	专利数量/项	占比
企业	1164	67%
个人	401	23%
大专院校	139	8%
科研单位	42	2%

如表 4-12 所示，在总申请量排名前十位的申请人中，企业占多数。另外 4 位申请人分别为高校、科研院所和个人。

表 4-12　广东省风能产业主要申请人申请情况数据表　　　　单位：项

申请总量排名	数量	近 5 年申请量排名	数量	发明申请量排名	数量	发明授权量排名	数量
广东明阳风电	316	广东明阳风电	170	广东明阳风电	147	广东明阳风电	40
华南理工大学	105	华南理工大学	87	华南理工大学	69	华南理工大学	25
南方电网科学研究院	52	南方电网科学研究院	45	南方电网科学研究院	39	邓允河	17
邓允河	49	广东电网电力科学研究院	27	邓允河	25	中国能源建设电力设计研究院	16
明阳龙源电力电子	32	中能源建设广东电力公司	26	广东工业大学	20	南方电网科学研究院	16
广东电网电力科学研究院	32	深圳市长昊机电	26	明阳龙源电力电子	19	广东电网电力科学研究院	13
广东工业大学	27	中能源建设广东电力研究院	20	深圳市风发科技	18	深圳市风发科技	12
中能源建设广东电力公司	26	明阳龙源电力电子	19	广东电网电力科学研究院	17	广州雅图风电设备	10
深圳市长昊机电	26	广东工业大学	18	中能源建设广东电力公司	16	明阳智慧能源	9
中能源建设广东电力研究院	25	中国南方电网技术研究中心	16	深圳市长昊机电	14	艾默生网络能源	7

广东明阳风电的申请总量是 316 项，在广东省申请人中排名第一位，不仅如此，其近 5 年的申请量、发明的申请量、发明的授权量分别是 170 项、147 项和 40 项，也都位于广东省申请人中的第一位，这反映出了广东明阳风电处于广东省风能产业的排

头兵，较为重视专利的保护力度和保护强度，说明广东明阳风电是一个非常重视技术发展和知识产权维护的企业。

华南理工大学的申请总量是 105 项，在广东省申请人中排名第二位，与排名第一的广东明阳风电存在较大的差距；近 5 年的申请量是 87 项，也是排名第二，说明华南理工大学是近 5 年来才开始重视风能技术的研发；在其 105 项总申请中，发明专利的申请量是 69 项，也是排名第二，说明华南理工大学是以发明专利的申请为主；在 69 项发明申请中，有 25 项获得授权，排名第二。

总申请量排名第三的南方电网科学研究院有限责任公司的申请总量是 52 项，其近 5 年的申请量是 45 项，排名第三，说明该研究院是近 5 年来才开始重视风能技术的研发；在其 52 项总申请中，其中发明的申请量是 39 项，排名第三，说明该研究院以发明专利的申请为主；在 39 项发明申请中，有 16 项获得授权，排名第五，总的来说，该研究院是近 5 年来广东省内较为活跃的申请人，虽然起步晚，但由于其在电力技术领域的技术基础扎实，发明申请的授权率有 41% 之多，是申请总量排名前三的申请人中发明授权率最高的申请人。

4.3 重要技术分支分析

4.3.1 风力发电机的整机结构

4.3.1.1 全球专利分析

全球范围内所有风力发电机的整机结构密切相关的专利申请共计 14016 项。

（1）全球专利技术发展趋势

由图 4 - 5 可以看出，风力发电机的整机结构的专利申请量在 2011 年以前整体呈上升趋势，并在 2011 年达到申请最大量 1562 项，2012 ~ 2016 年的申请趋势呈下降趋势，这说明该产业缺少足够的技术突破或者政策刺激，也与部分专利申请未公开有关。

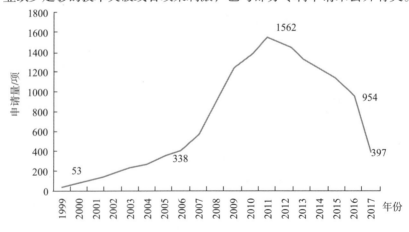

图 4 - 5　风力发电机的整机结构全球申请趋势图

（2）专利来源国分布

由表 4 - 13 可以看出，丹麦以 256 项专利申请总量位居第一，美国、德国、西班牙和中国分别以 236 项、180 项、100 项和 87 项分别位列第二到第五位。值得注意的是，我国风电整机制造同国外先进技术水平存在很大差距。目前我国国内风电整机制造主要通过许可证生产、联合开发、合资生产等方式获得生产技术，绝大多数企业还不具备独立开发设计风电整机的能力。例如，华锐电气在引进德国弗兰德公司风电技术的基础上，进行了国产化工作，并针对中国的气候环境特点，研发出适应常温和较高、低温度环境的 1.5MW 变速恒频风力发电机组，目前已实现批量化生产投运。

表 4 - 13　风力发电机的整机结构 PCT 专利申请国排名　　　　单位：项

排名	申请国	申请量
1	丹麦	256
2	美国	236
3	德国	180
4	西班牙	100
5	中国	87
6	法国	68
7	韩国	62
8	日本	58
9	英国	53
10	荷兰	42
11	加拿大	42

（3）专利目标市场分布

由表 4 - 14 可以看出，美国、中国、加拿大、德国和澳大利亚是申请人最为重视的市场，并且大部分的专利申请集中在上述国家和地区，专利申请量依次是 119 项、88 项、36 项、33 项和 30 项。

表 4 - 14　风力发电机的整机结构 PCT 专利目标市场分布　　　　单位：项

排名	国家	申请量
1	美国	119
2	中国	88
3	加拿大	36
4	德国	33
5	澳大利亚	30

续表

排名	国家	申请量
6	西班牙	29
7	英国	28
8	韩国	27
9	印度	26
10	日本	24

（4）主要申请人分布

由表4－15可以看出，维斯塔斯以756项申请量排名第一，然后是通用电气的608项申请，排名第三至五位的则分别是西门子、三菱公司和乌本产权，申请量也都在120项以上。排名前十名中，美国、日本和德国申请人有2位，中国、丹麦、法国和西班牙各有1位。中国的申请人排名靠后，而且发明申请量占比也不高。这主要是由于中国风机企业自身研发能力的进步不够，如金风科技的直驱技术来自德国的Vensys公司。

表4－15　风力发电机的整机结构全球主要申请人申请量分布　　　单位：项

排名	申请人	专利数量
1	维斯塔斯	756
2	通用电气	608
3	西门子	500
4	三菱公司	188
5	乌本产权	129
6	日立公司	123
7	金风科技	106
8	歌美飒	92
9	阿尔斯通	68
10	弗洛设计	57

随着经济一体化的进程，申请人对于在世界各个重点市场维护自己专利权益的意识逐渐加强。但是，向多个国家或政府间的专利机构提出专利申请以获得专利权的保护，会随之付出更多的费用。因此，申请人往往会选择较为重要的专利在全球多个国家和地区进行专利申请，即一个申请人的多边申请量往往能代表其技术实力。而同族专利的申请总量反映了其对相关技术的关注度及研发实力。从表4－16可以看出，同族专利申请量排名前五的分别是美国的通用电气公司、丹麦的维斯塔斯、德国的西门子、日本的三菱重工业和德国的乌本产权，并且前三名申请人的同族专利数量明显多于其他申请人，它们不仅申请量领先，在世界范围进行的专利布局也开展得很好，形

成超强的专利保护实力。排名前十的申请人中有金风科技和国电联合是中国申请人，一方面表明他们在该领域的研发水平较高，另一方面也反映出它们具有较强的全球专利布局意识。

表 4 - 16　风力发电机全球主要申请人同族专利申请量分布　　　　单位：项

排名	申请人	同族专利数量
1	通用电气	504
2	维斯塔斯	399
3	西门子	379
4	三菱重工	102
5	乌本产权	64
6	金风科技	63
7	国电联合	54
8	歌美飒	87
9	艾劳埃斯·乌本	53
10	阿尔斯通	39

4.3.1.2　中国专利分析

中国范围内所有风力发电机的整机结构密切相关的专利申请共计 5836 项。

（1）中国专利技术发展趋势

由图 4 - 6 可以看出，中国专利申请量整体呈上升趋势，与全球的趋势基本一致，并在 2011 年达到申请最大量 686 项，虽然 2011 年以后的申请有小幅度下降，但其申请量整体应当仍然处于较高水平。另一方面，从专利类型分布来看，发明与实用新型均为 2918 项，保持持平。

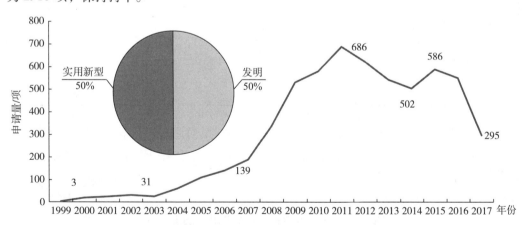

图 4 - 6　风力发电机的整机结构中国申请趋势图

（2）中国专利区域分布

由表4-17可以看出，风力发电机的整机结构领域的专利申请主要集中在江苏、北京、广东和山东地区。排名前十省市的申请量总计3486件，占据了国内申请总量的59.7%，由此可见，风力发电机的整机结构专利申请仍主要集中在发达省份。

表4-17　国内主要地区专利申请分布及专利类型　　　　　　　　单位：项

	江苏	北京	广东	山东	浙江	上海	辽宁	河北	天津	黑龙江
发明	355	262	202	124	122	153	84	67	63	65
实用新型	351	324	287	238	230	157	137	103	87	75

另外，广东省以489项专利位居第三，一方面说明广东省在风力发电机的整机结构领域占据一定的优势，但相比江苏和北京等地区有一定的差距。

（3）国内主要申请人分布

由表4-18可以看出，排名前十的申请人中，国外来华的申请人有5位，分别是通用电气、西门子、三菱重工、维斯塔斯和歌美飒，并且前三名都是国外来华的申请人，说明对于中国专利申请，国外来华的申请人积极性非常高，表明了对中国市场的高度重视以及在技术上的领先优势。

表4-18　国内主要申请人排名　　　　　　　　单位：项

排名	申请人	专利数量
1	通用电气	137
2	西门子	135
3	金风科技	98
4	三菱重工	64
5	维斯塔斯	63
6	国电联合动力	57
7	国家电网	40
8	广东明阳风电	39
9	邓允河	31
10	歌美飒	25

此外，广东申请人在前十位中有排名第八的广东明阳风电和排名第九的邓允河，表明广东省对该领域的产业有所重视，但不够活跃，无论是申请量还是授权量相对排名前三位的大公司都相去甚远。

4.3.1.3　广东专利分析

广东省范围内所有风力发电机的整机结构密切相关的专利申请共计489项。

（1）广东省内专利申请趋势

由图4-7可以看出，2002~2006年专利申请量增长明显，2006~2011年的专利申请量出现了爆发式的增长，申请量从 2006 年的 12 项增长至 2011 年的 66 项，说明行业中有新的研究力量或研究热点促使专利申请量的快速增长，并且行业对该领域的发展前景保持乐观；2011 年以后的申请有较大幅度下降，2015 年申请量又明显提升。

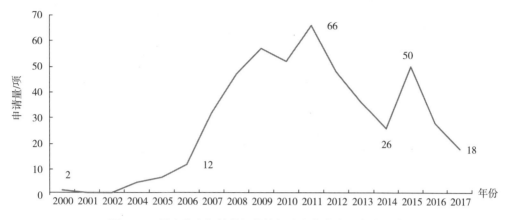

图 4 - 7　风力发电机的整机结构领域广东省专利申请趋势

（2）近 10 年广东省各城市专利申请量及授权量

由表 4 - 19 可以看出，广东省风力发电机的整机结构领域的专利申请主要集中在广州、深圳、中山和东莞四个城市。广州市有邓允河、广州红鹰能源科技有限公司、中国能源建设集团广东省电力设计研究院有限公司和华南理工大学等申请人在风力发电机的整机结构领域的研究比较活跃，申请量占全省前列。深圳市有风发科技发展有限公司、连志敏、段小平和泰玛风光能源科技有限公司等申请人在风力发电机的整机结构领域的研究比较活跃，但每个申请人的申请量都不高。中山市只有广东明阳风电产业集团有限公司的研究比较活跃，但其申请量位于全省第一。东莞市也只有广东奥其斯科技有限公司在风力发电机的整机结构领域的研究比较活跃，但申请量也不高。广州市总的申请量排名第一，并且个人、科研单位、企业和大专院校也都有申请人的申请量位于全省前列，形成了一个比较有竞争力的产业集群，而其他城市的风力发电机的整机结构技术则相对零散，没有形成一定规模。

表 4 - 19　风力发电机的整机结构领域近 10 年广东省各城市专利申请量　　单位：项

城市	2009 年	2010 年	2011 年	2012 年	2013 年	2014 年	2015 年	2016 年	2017 年
广州	29	5	17	12	9	4	19	10	0
深圳	14	20	29	5	9	4	14	8	13
中山	2	13	8	11	7	4	5	4	4
东莞	4	7	3	6	2	0	4	1	0
佛山	2	4	2	1	1	1	2	3	1
珠海	2	0	0	3	0	1	0	0	0

续表

地区	2009 年	2010 年	2011 年	2012 年	2013 年	2014 年	2015 年	2016 年	2017 年
惠州	0	0	2	6	0	1	0	2	0
韶关	0	2	1	0	3	1	1	0	0
梅州	0	0	0	0	0	3	4	0	0
汕头	0	1	0	2	1	2	0	0	0

（3）广东省主要申请人分布分析

由表 4-20 可以看出，只有排名第一的广东明阳风电和排名第二的邓允河申请量达到了 30 项以上。在前十的申请人中，企业类型的申请人有 5 家，并且都排名前列，个人类型的申请人有 5 家，没有大专院校类型和科研单位类型的申请人。

表 4-20 广东省主要申请人排名
单位：项

排名	申请人	专利数量
1	广东明阳风电	39
2	邓允河	31
3	广州红鹰能源科技有限公司	15
4	中国能源建设集团广东省电力设计研究院有限公司	8
5	广东奥其斯科技有限公司	8
6	深圳市风发科技发展有限公司	8
7	连志敏	8
8	林其访	7
9	段小平	7
10	刘威廉	6

由表 4-21 可以看出，个人类型的申请人的申请量占据位于首位，占总申请量的 47.79%，其次为企业占 46.39%，大专院校为 4.22%，科研单位为 1.61%。参与风力发电机的整机结构研发的个人非常活跃，大专院校和科研院所为广东省的风力发电机的整机结构技术市场扩展提供技术支持不多。

表 4-21 广东省申请人类型构成

申请人类型	专利数量/项	占比
个人	238	47.79%
企业	231	46.39%
大专院校	21	4.22%
科研单位	8	1.61%

4.3.2　风能获取系统

4.3.2.1　总体专利态势

全球范围内所有风能获取系统密切相关的专利申请共计 20809 项。

（1）全球专利技术发展趋势

由图 4 - 8 可以看出，风能获取系统的专利申请量整体呈上升趋势，并在 2011 年达到申请最大量 2350 项，虽然 2012 ~ 2016 年的申请趋势呈下降趋势，但这与部分专利申请未公开有关，申请量整体应当仍然处于较高水平。

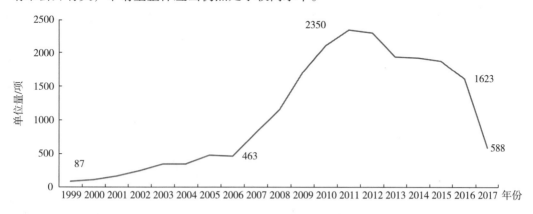

图 4 - 8　风能获取系统全球专利申请趋势图

（2）专利来源国分布

由表 4 - 22 可以看出，丹麦以 457 项专利申请总量位居第一，德国、美国、中国和日本分别以 336 项、185 项、147 项和 132 项分别位列第二到第五位。

表 4 - 22　专利申请人国籍分布　　　　　　　　　单位：项

排名	申请国	申请量
1	丹麦	457
2	德国	336
3	美国	185
4	中国	147
5	日本	132
6	英国	109
7	西班牙	70
8	法国	61
9	韩国	61
10	意大利	34

（3）专利目标市场分布

由表4-23可以看出，中国、美国、德国、英国和印度是专利公开最多的国家，并且大部分的专利申请集中在上述国家。

表4-23 专利公开国分布
单位：项

排名	专利公开国	专利数量
1	中国	149
2	美国	136
3	德国	65
4	英国	55
5	印度	49
6	日本	46
7	澳大利亚	41
8	韩国	40
9	加拿大	37
10	西班牙	32

（4）技术功效分布

通过技术功效矩阵可以发现一些技术空白点或者技术薄弱点，只有其中的一部分具有技术开发或者进行技术突破的价值。由图4-9可以看出，叶轮在各种技术功效中都是专利申请数量最多的，反映出该技术发展比较成熟，受关注程度最大。偏航系统

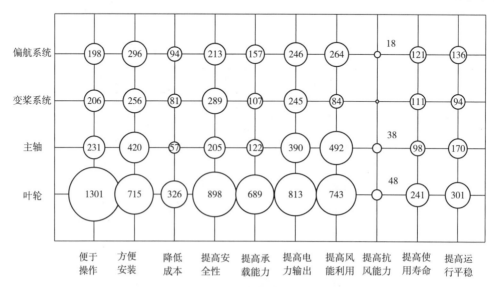

图4-9 技术功效图

注：图中数字表示申请量，单位为项。

中可以有提升空间的是降低成本和提高使用寿命，变桨系统中可以有提升空间的是降低成本和提高风能利用率，主轴中可以有提升空间的是降低成本和提高使用寿命，叶轮中可以有提升空间的是降低成本和提高使用寿命。

4.3.2.2　叶轮

（1）全球专利分析

全球范围内所有风电叶轮密切相关的专利申请共计 15366 项。

1）全球专利技术发展趋势。由图 4-10 可以看出，叶轮的专利申请量整体呈上升趋势，并在 2011 年达到申请最大量 1607 项，虽然从 2013 年至 2017 年的申请趋势呈下降趋势，但其主要原因是由于部分专利申请未公开，申请量整体应当仍然处于较高水平。

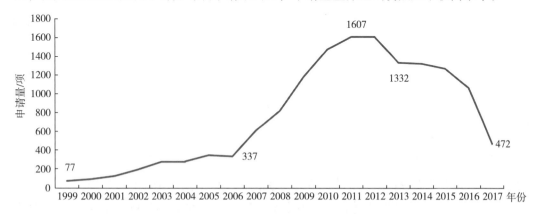

图 4-10　叶轮领域全球专利申请趋势图

2）专利来源国分布。由表 4-24 可以看出，丹麦以 464 项 PCT 专利申请总量位居第一，德国、美国、日本和中国分别以 337 项、179 项、111 项和 99 项分别位列第二到第五位。

表 4-24　叶轮领域 PCT 专利申请国排名　　　　　　　　　　单位：项

排名	申请人国别	专利数量
1	丹麦	464
2	德国	337
3	美国	179
4	日本	111
5	中国	99
6	英国	91
7	西班牙	60
8	韩国	58
9	法国	43
10	荷兰	34
11	加拿大	31

3）专利目标市场分布。由表 4 - 25 可以看出，欧洲、美国、中国、德国、印度和加拿大是申请人最为重视的市场，并且大部分的专利申请集中在上述国家和地区。

表 4 - 25　叶轮领域 PCT 专利目标市场分布　　　　　　单位：项

排名	申请人国别	专利数量
1	欧洲专利局	606
2	美国	510
3	中国	470
4	德国	240
5	印度	237
6	加拿大	236
7	日本	207
8	澳大利亚	192
9	西班牙	166
10	韩国	165

4）主要申请人分布。由表 4 - 26 可以看出，美国的通用电气以 953 项申请量排名第一，然后是丹麦的维斯塔斯的 939 项申请，排名第三至五位的则分别是德国的西门子、日本的三菱和德国的恩德能源，申请量也都在 140 项以上。中国的申请人少，排名靠后，而且发明申请量占比也不高，说明中国在该领域的研发水平还有待提高。

表 4 - 26　叶轮领域全球主要申请人申请量分布　　　　　　单位：项

排名	申请人	专利数量
1	通用电气	953
2	维斯塔斯	939
3	西门子	669
4	三菱	371
5	恩德能源	140
6	瑞能系统	125
7	金风科技	123
8	中国科学院	74
9	中国中车	68
10	歌美飒	67

表 4 – 27　叶轮领域全球主要申请人同族专利申请量分布　　　　单位：项

序号	申请人	同族专利数量
1	通用电气	918
2	维斯塔斯	587
3	西门子	507
4	LM 风电集团	301
5	三菱集团	272
6	艾劳埃斯乌本	250
7	乌本产权	247
8	恩德公司	113
9	瑞能公司	93
10	国电联合动力技术	73

　　同族专利申请量排名前五的分别是美国的通用电气公司、丹麦的维斯塔斯、德国的西门子和丹麦的 LM 风电集团，并且前五名申请人的同族专利数量明显多于其他申请人，他们不仅申请量领先，在世界范围进行的专利布局也开展得很好，形成超强的专利保护实力。排名前十的申请人中只有一家中国申请人，一方面可能是中国在该领域的研发水平还远远不够，另一方面也反映出中国在全球专利布局的意识不强。

　　5）技术功效分布。由图 4 – 11 可以看出，降低成本、提高安全性和提高风能利用的需求是最大的。叶片在各种技术功效中都是专利申请数量最多的，反映出该技术发展比较成熟，受关注程度最大。叶轮的整体结构中可以有提升空间的是承载性能和操作性，轮毂中可以有提升空间的是使用寿命和平稳性。

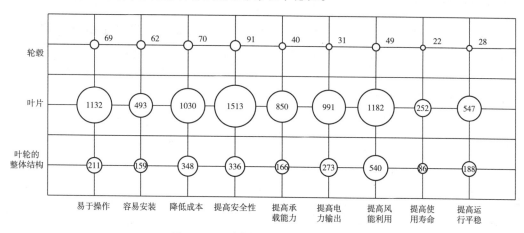

图 4 – 11　叶轮领域全球技术功效图

注：图中数字表示申请量，单位为项。

（2）中国专利分析

中国范围内所有风电叶轮密切相关的专利申请共计 5770 项。

1）中国专利技术发展趋势。由图 4 – 12 可以看出，中国专利申请量整体呈上升趋势，与全球的趋势基本一致，并在 2012 年达到申请最大量 680 项，虽然 2014 年的申请有小幅度下降，但其申请量整体仍然处于较高水平。另外，从专利类型分布来看，发明专利达到 3258 项，而实用新型 2512 项，发明占比相对较高。

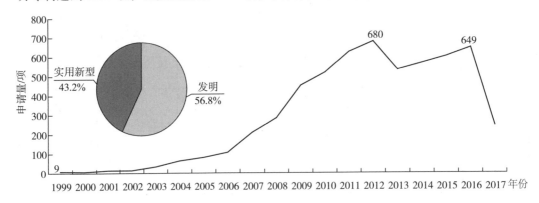

图 4 – 12　风电叶轮领域中国专利申请趋势图

2）中国专利区域分布。由表 4 – 28 可以看出，风电叶轮领域的专利申请主要集中在江苏、北京、广东和上海地区。这些省份的叶轮专利基本是以实用新型为主，只有排名第四的上海发明申请的占比超过 50%。

表 4 – 28　风电叶轮领域国内主要地区专利申请分布及专利类型　　　单位：项

	江苏	北京	广东	上海	浙江	山东	辽宁	河北	湖南	天津
发明	370	337	135	185	126	90	63	75	66	55
实用新型	390	353	214	158	171	160	117	98	75	74

3）国内主要申请人分布。由表 4 – 29 可以看出，排名前三位的通用电气、维斯塔斯和西门子，全部为外国申请人。此外，广东申请人在前十位中只有排名第七的广东明阳风电，并且其申请量与排名第一的通用电气专利申请量差距较大，因此，广东省应该更加重视技术的研发，走创新带动发展的新型道路。

表 4 – 29　国内风电叶轮领域主要申请人排名　　　单位：项

排名	申请人	专利数量
1	通用电气	269
2	维斯塔斯	196
3	西门子	146
4	金风科技	94
5	国电联合动力	81
6	中国科学院工程热物理研究所	70
7	LM WP 专利控股有限公司	53

排名	申请人	专利数量
8	广东明阳风电	50
9	歌美飒	46
10	连云港中复连众复合材料集团有限公司	41

4）技术功效分布。由图 4 - 13 可以看出，在中国，降低成本和提高风能利用需求是最大的，相比于全球来说，在承载能力和电力输出方面的申请比例较低。叶片在各种技术功效中都是专利申请数量最多的，这个与全球技术功效图一致。叶轮的整体结构和轮毂中可以有提升空间的都是方便安装、安全性能和运行平稳性。

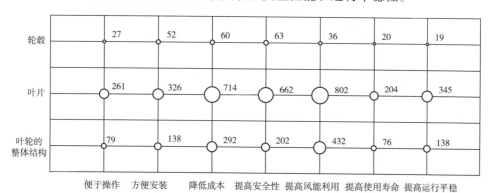

图 4 - 13　叶轮领域中国技术功效图

注：图中数字表示申请量，单位为项。

（3）广东专利分析

广东省范围内所有风电叶轮密切相关的专利申请共计 350 项。

1）叶轮领域广东省内专利申请趋势。由图 4 - 14 可以看出，广东省从 2002 年才开始风电叶轮领域的专利布局，每年申请量虽然起伏不定，但总体上呈上升趋势。

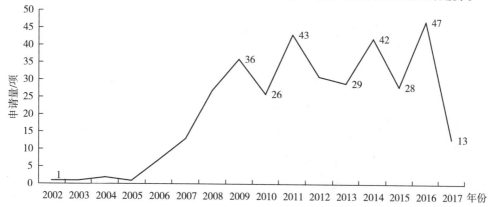

图 4 - 14　叶轮领域广东省专利申请趋势

2）叶轮领域近10年广东省各地级市专利申请量及授权量。由表4-30可以看出，广东省叶轮领域的专利申请主要集中在深圳、中山、广州和佛山四个地级市。而其他地级市的叶轮技术则相对零散，没有形成一定规模。

表4-30 叶轮领域近10年广东省各地级市专利申请量 单位：项

地级市	2009年	2010年	2011年	2012年	2013年	2014年	2015年	2016年	2017年	总计
深圳	19	3	13	6	7	15	4	8	3	78
中山	2	8	7	4	12	7	10	18	5	73
广州	5	4	9	12	4	6	12	14	2	68
佛山	0	4	5	5	2	9	1	3	1	30
东莞	4	2	5	1	0	0	0	0	2	14
珠海	0	3	2	1	1	1	0	0	0	8
湛江	2	2	1	0	0	1	0	0	0	6
肇庆	0	0	1	0	2	0	0	3	0	6
江门	0	0	0	1	1	1	0	0	0	3
阳江	3	0	0	0	0	0	0	0	0	3

3）叶轮领域广东省主要申请人分布分析。由表4-31可以看出，只有排名第一的广东明阳风电申请量达到了40项以上，其他申请人的申请量都少于10项。

表4-31 叶轮领域广东省申请人排名 单位：项

排名	申请人	专利数量
1	广东明阳风电	50
2	毛永波	11
3	王誉燕	9
4	邓允河	9
5	刘少忠	8
6	深圳市宝联风光热能源科技有限公司	8
7	华南理工大学	6
8	广东奥其斯科技有限公司	5
9	广州特种承压设备检测研究院	5
10	张向增	5
11	丁健威	4

4）叶轮领域技术功效分布。由图 4 - 15 可以看出，在广东省，降低成本和提高风能利用的需求是最大的。叶片中可以有提升空间的是便于操作和提高使用寿命，叶轮的整体结构中可以有提升空间的是降低成本和提高运行平稳。

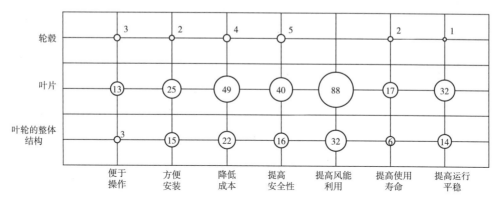

图 4 - 15 叶轮领域广东省技术功效图

注：图中数字表示申请量，单位为项。

4.3.2.3 变桨系统

（1）全球专利分析

全球范围内所有风电变桨系统密切相关的专利申请共计 3474 项。

1）全球专利技术发展趋势。由图 4 - 16 可以看出，变桨系统的专利申请量整体呈上升趋势，并在 2011 年达到申请最大量 463 项，虽然从 2014 年至 2016 年的申请趋势呈下降趋势，但其主要原因是由于部分专利申请未公开，申请量整体应当仍然处于较高水平。

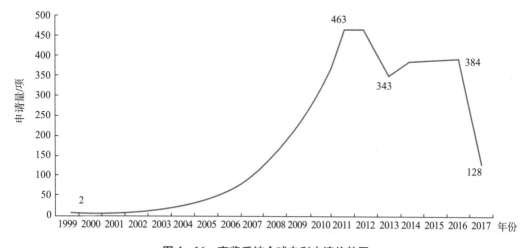

图 4 - 16 变桨系统全球专利申请趋势图

2）专利来源国分布。由表 4 - 32 可以看出，中国以 29 项专利申请总量位居第一，丹麦、德国、法国、美国分别以 21 项、4 项、3 项和 2 项分别位列第二到第五位。

表 4 – 32 变桨系统专利申请人国籍分布   单位：项

序号	申请人国籍	申请量
1	中国	29
2	丹麦	21
3	德国	4
4	法国	3
5	美国	2
6	日本	2
7	荷兰	1
8	瑞典	1
9	西班牙	1
10	英国	1

3）专利目标市场分布。如表 4 – 33 所示，中国、美国、欧洲、澳大利亚是专利公开最多的国家或地区，并且大部分的专利申请集中在上述国家或地区。

表 4 – 33 变桨系统专利公开国分布   单位：项

序号	专利公开国	专利数量
1	中国	17
2	美国	5
3	欧洲专利局	4
4	澳大利亚	2
5	加拿大	1
6	德国	1
7	印度	1
8	日本	1

4）主要申请人分布。由表 4 – 34 可以看出，美国的通用电气以 182 项申请量排名第一，然后是丹麦的维斯塔斯 143 项申请，排名第三至五位的则分别是中国的苏州能健电气、中国的金风科技、中国的国电联合，申请量也都在 70 项以上。排名前十名中，中国申请人有 6 位，丹麦、美国、德国和日本各有 1 位。

表 4 - 34　变桨系统领域全球主要专利申请人申请量分布　　　　单位：项

排名	申请人	专利数量
1	通用电气	182
2	维斯塔斯	143
3	苏州能健电气	118
4	金风科技	105
5	国电联合	71
6	国家电网	67
7	西门子	56
8	三菱公司	54
9	华锐风电	49
10	华创风能	41

　　由表 4 - 35 可知，同族专利申请量排名前五的分别是美国的通用电气、丹麦的维斯塔斯、中国的能健电气、中国的金风科技、中国的国电联合，并且前五名申请人的同族专利数量明显多于其他申请人，它们不仅申请量领先，在世界范围进行的专利布局也开展得很好，形成超强的专利保护实力。

表 4 - 35　变桨系统领域全球主要专利申请人同族专利申请量分布　　　　单位：项

排名	申请人	专利数量
1	通用电气	179
2	维斯塔斯	139
3	能健电气	118
4	金风科技	100
5	国电联合	71
6	华锐风电	43
7	西门子	34
8	新源电气	33
9	三星重工	31
10	天诚同创	30

　　5）技术功效分布。由图 4 - 17 可以看出，提高安全性和提高运行平稳的需求是最大的。机械结构在各种技术功效中都是专利申请数量最多的。控制系统与方法中可以有提升空间的是运行平稳和承载能力，转子/轮毂中可以有提升空间的是方便安装和运行平稳。

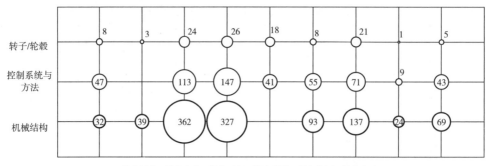

图4-17　变浆系统全球技术功效图

注：图中数字表示申请量，单位为项。

（2）中国专利分析

中国范围内所有风电变浆系统密切相关的专利申请共计2370项。

1）中国专利技术发展趋势。由图4-18可以看出，中国专利申请量整体呈上升趋势，与全球的趋势基本一致，并在2011年达到申请最大量334项，虽然2012年的申请有小幅度下降，但其申请量整体应当仍然处于较高水平。

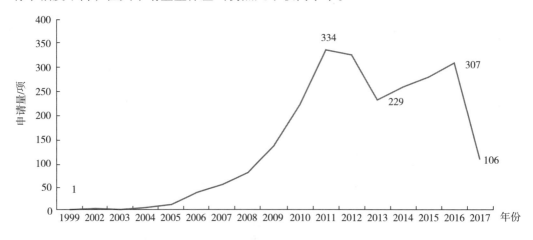

图4-18　变浆系统中国专利申请趋势图

2）中国专利区域分布。由表4-36可以看出，变浆系统领域的专利申请主要集中在北京、江苏、辽宁、上海和浙江。广东以86项专利位居第八，相比江苏和北京等有一定的差距。

表4-36　国内主要地区专利申请分布及专利类型　　　　　　　　单位：项

	北京	江苏	辽宁	上海	浙江	山东	湖南	广东	天津	四川
发明	283	189	86	87	82	46	64	42	43	47
实用新型	222	173	71	66	57	70	41	44	39	33

3）国内主要申请人分布。由表 4 - 37 可以看出，排名前十的除了维斯塔斯和通用电气以外，这两家公司依次排名第五、第六，其他全部为中国申请人。此外，广东申请人没有出现在前十位中。

表 4 - 37　国内变桨系统主要专利申请人排名　　　　　　单位：项

排名	申请人	专利数量
1	能健电气	118
2	金风科技	103
3	国电联合	71
4	国家电网	66
5	维斯塔斯	59
6	通用电气	54
7	华锐风电	49
8	华创风能	41
9	三一重工	38
10	中国中车	38

4）技术功效分布。由图 4 - 19 可以看出，在中国，提高安全性和提高运行平稳的需求是最大的，中国的专利的技术功效与全球的相接近。机械结构在各种技术功效中都是专利申请数量最多的，这个与全球技术功效图一致，可以有提升空间的都是方便安装、提高功率输出和提高运行平稳。

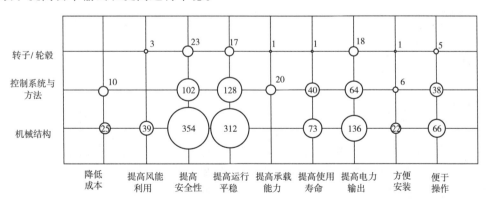

图 4 - 19　变桨系统中国技术功效图

注：图中数字表示申请量，单位为项。

（3）广东专利分析

中国范围内所有风电变桨系统密切相关的专利申请共计 86 项。

1）广东省内专利申请趋势。由图 4-20 可以看出，广东省从 2004 年才开始风电变桨系统领域的专利布局，到 2011 年之前，申请量呈上升趋势。2013 年有所回落，2015 年又大幅上升。

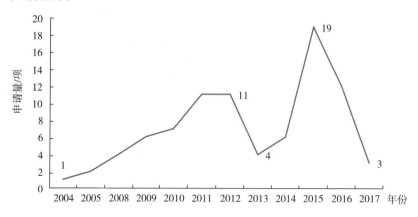

图 4-20　变桨系统领域广东省专利申请趋势

2）近 10 年广东省各地级市专利申请量及授权量。由表 4-38 可以看出，广东省变桨系统领域的专利申请主要集中在中山、深圳和广州三个地级市。而其他地级市的变桨系统技术则相对零散，没有形成一定规模。

表 4-38　变桨系统领域近 10 年广东省各地级市专利申请量　　　单位：项

城市	2009 年	2010 年	2011 年	2012 年	2013 年	2014 年	2015 年	2016 年	2017 年
中山	1	2	5	9	0	1	11	3	2
深圳	1	3	0	0	0	4	6	3	0
广州	2	0	2	2	4	1	2	4	0
佛山	0	2	3	0	0	0	0	1	0
东莞	2	0	0	0	0	0	0	0	1
汕头	0	0	0	0	0	0	0	1	0
湛江	0	0	0	0	0	0	0	0	0
珠海	0	0	1	0	0	0	0	0	0

3）广东省主要专利申请人分布分析。由表 4-39 可以看出，只有排名第一的广东明阳风电申请量达到了 29 项以上，其他申请人的申请量都少于 10 项。在前十位的申请人中，企业类型的申请人有 8 家，大专院校类型的申请人有 1 家，个人类型申请人是 2 家。

表 4 – 39 变桨系统领域广东省主要专利申请人排名 单位：项

排名	申请人	专利数量
1	广东明阳风电	29
2	长昊机电	6
3	东兴风盈	4
4	明阳龙源	3
5	红鹰能源	3
6	中强实业	2
7	能源建设集团	2
8	刘录英	2
9	刘湘威	2
10	广东技术师范学院	2

4）技术功效分布。由图 4 – 21 可以看出，在广东省，提高安全性和提高运行平稳的需求是最大的。与全球技术功效图相同的是广东省的机械结构在各种技术功效中都是专利申请数量最多的，但在仅集中于节约资源、提高安全性和提高运行平稳。转子/轮毂中可以有提升空间的是节约资源、提高安全性，控制系统及方法中可以有提升空间的是节约资源。

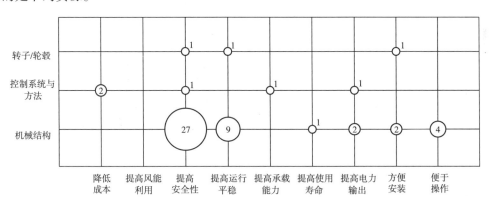

图 4 – 21 变桨系统领域广东省技术功效图

注：图中数字表示申请量，单位为项。

4.3.3 风电转换系统

4.3.3.1 总体专利态势

全球范围内所有风电转换系统密切相关的专利申请共计 4586 项。

（1）全球专利技术发展趋势

由图 4 – 22 可以看出，风电转换系统的专利申请量整体呈上升趋势，并在 2011 年达到申请最大量 505 项，虽然从 2013 年至 2016 年的申请趋势呈下降趋势，但其主要原因是由于部分专利申请未公开，申请量整体应当仍然处于较高水平。

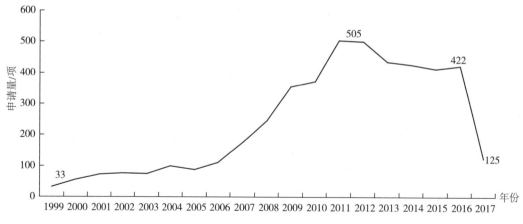

图 4－22　风电转换系统全球专利申请趋势图

（2）专利来源国分布

由表 4－40 可以看出，中国以 2032 项专利申请总量位居第一，德国、日本、美国和英国分别以 816 项、457 项、426 项和 205 项分别位列第二到第五位。

表 4－40　风电转换系统专利申请人国籍分布　　　单位：项

排名	申请人国别	专利数量
1	中国	2032
2	德国	816
3	日本	457
4	美国	426
5	英国	205
6	奥地利	183
7	比利时	166
8	韩国	154
9	丹麦	149
10	西班牙	117
11	法国	93

（3）专利目标市场分布

由表 4－41 可以看出，中国、日本、美国和德国是专利公开最多的国家，并且大部分的专利申请集中在上述国家。

表 4 - 41　风电转换系统专利公开国分布　　　　　　单位：项

排名	专利公开国别	专利数量
1	中国	2213
2	日本	423
3	美国	385
4	德国	373
5	欧洲专利局	353
6	世界知识产权组织	283
7	韩国	224
8	英国	215
9	印度	141
10	加拿大	102
11	澳大利亚	92

（4）技术功效分布

由图 4 - 23 可以看出，便于操控、降低成本和电力输出量大需求是最大的。齿轮箱在各种技术功效中都是专利申请数量较多的，反映出该技术发展比较成熟，受关注程度最大。齿轮箱中可以有提升空间的是方便安装，发电机中可以有提升空间的是使用寿命。

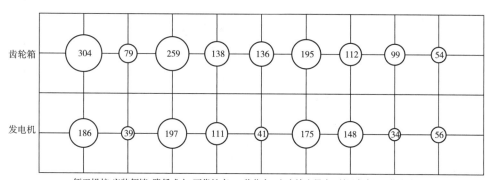

图 4 - 23　风电转换系统效果技术功效图

注：图中数字表示申请量，单位为项。

4.3.3.2　风力发电机

（1）全球专利分析

全球范围内所有风力发电机密切相关的专利申请共计 2233 项。

1）全球专利技术发展趋势。由图 4 - 24 可以看出，风力发电机的专利申请量整体呈上升趋势，并在 2011 年达到申请最大量 209 项，虽然从 2013 年至 2017 年的申请趋势呈下降趋势，但其主要原因是由于部分专利申请未公开，申请量整体应当仍然处于较高水平。

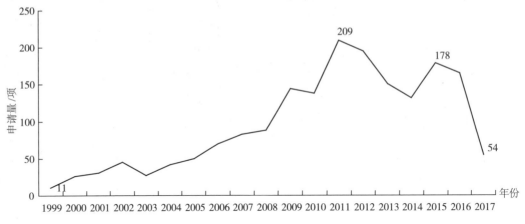

图 4-24　风力发电机领域全球专利申请趋势图

2）专利来源国分布。由表 4-42 可以看出，中国以 908 项专利申请总量位居第一，德国、日本、美国和英国分别以 306 项、198 项、144 项和 95 项分别位列第二到第五位。

表 4-42　风力发电机领域专利申请人国籍分布　　　　单位：项

排名	申请人国别	专利数量
1	中国	908
2	德国	306
3	日本	198
4	美国	144
5	英国	95
6	奥地利	77
7	法国	70
8	韩国	67
9	西班牙	53
10	丹麦	31
11	意大利	31

3）专利目标市场分布。由表 4-43 可以看出，中国、日本、德国和英国是专利公开最多的国家，并且大部分的专利申请集中在上述国家。

表 4 - 43　风力发电机领域专利公开国分布　　　　单位：项

排名	专利公开国	专利数量
1	中国	916
2	日本	222
3	德国	143
4	英国	130
5	欧洲专利局	117
6	世界知识产权组织	94
7	韩国	79
8	美国	75
9	苏联	66
10	印度	62
11	俄罗斯	47

　　4）专利主要申请人分布。由表 4 - 44 可以看出，排名前四的依次是西门子、三菱、通用电气和中国中车。排名前十名中，中国申请人有 5 位，日本申请人有 3 位，美国和德国各有 1 位。中国的申请人虽然多，但是发明申请量占比不高。

表 4 - 44　风力发电机领域全球专利主要申请人申请量分布　　　单位：项

排名	申请人	专利数量
1	西门子	63
2	三菱	48
3	通用电气	46
4	中国中车	42
5	日立	36
6	东芝	23
7	赛峰集团	17
8	金风科技	17
9	国家电网	16
10	南航大学	15

　　从表 4 - 45 可以看出，同族专利申请量排名前四的分别是德国的西门子、乌本产权有限公司、美国的通用电气和日本的日立，并且前四名申请人的同族专利数量明显多于其他申请人，排名前十的申请人中只有 3 家中国申请人，且排名靠后。

表4-45　风力发电机领域全球专利主要申请人同族专利申请量分布　　　单位：项

序号	申请人	同族专利数量
1	西门子	39
2	乌本产权有限公司	37
3	通用电气	29
4	日立	25
5	江苏安捷机电技术有限公司	19
6	艾劳埃斯·乌本	19
7	江苏南车机电有限公司	19
8	斯奈克玛	19
9	国电联合动力技术有限公司	16
10	三菱机电	16

　　5）技术功效分布。由图4-25可以看出，容易控制、费用低廉、输出功率大和风能转化率高的需求是最大的。异步型发电机中可以有提升空间的是容易控制和降低成本，同步型发电机中可以有提升空间的是使用寿命和平稳性。

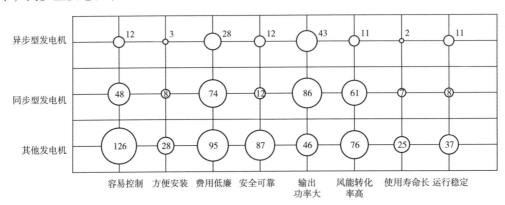

图4-25　风力发电机领域效果技术功效图

　　注：图中数字表示申请量，单位为项。

（2）中国专利分析

中国范围内所有风力发电机密切相关的专利申请共计916项。

　　1）中国专利技术发展趋势。由图4-26可以看出，一方面中国专利申请量整体呈上升趋势，与全球的趋势基本一致，并在2016年达到申请最大量135项，虽然2013年的申请有一定幅度下降。另一方面，从专利类型分布来看，发明专利达到425项，而实用新型491项，实用新型占比相对较高。

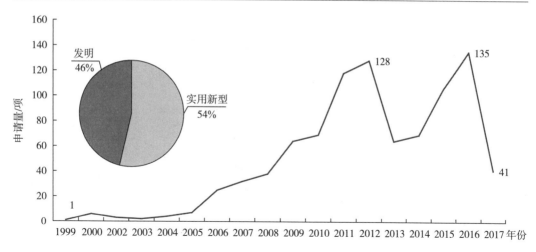

图 4 - 26　风力发电机领域中国专利申请趋势图

2）中国专利区域分布。由表 4 - 46 可以看出，发电机领域的专利申请主要集中在江苏、浙江、北京、上海和广东。广东省以 47 项专利位居第五，相比江苏和浙江等有一定的差距。

表 4 - 46　国内主要地区专利申请分布及专利类型　　　　单位：项

	江苏	浙江	北京	上海	广东	山东	辽宁	湖南	山西	黑龙江
实用新型	117	68	40	23	28	30	18	19	13	16
发明	112	17	35	24	19	14	13	12	13	10

3）国内主要申请人分布。由表 4 - 47 可以看出，排名前十的除了排名第七德国的西门子以外，其他全部为中国申请人，可能是国外申请人较为注重专利申请质量而不是数量，或者对于某些技术没有在中国采取专利布局策略。

表 4 - 47　国内风力发电机专利主要申请人排名　　　　单位：项

排名	申请人	专利数量
1	中国中车	42
2	国家电网	16
3	南航大学	15
4	金风科技	13
5	湘电公司	12
6	浙江大学	8
7	西门子	7
8	清华大学	6
9	盾安集团	5
10	通用电气	5

4）技术功效分布。由图4-27可以看出，在中国，费用低廉和使用寿命长的需求是最大的。其他发电机在各种技术功效中都是专利申请数量最多的，这个与全球技术功效图一致。同步型发电机和异步型发电机中可以有提升空间的都是方便安装和提高安全性。

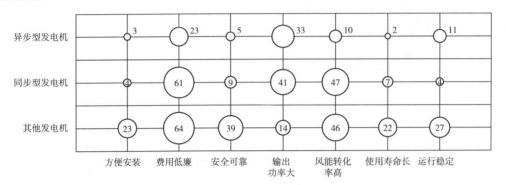

图4-27　风力发电机中国技术功效图

注：图中数字表示申请量，单位为项。

（3）广东专利分析

广东省范围内所有风力发电机密切相关的专利申请共计47项。

1）广东省内专利申请趋势。由图4-28可以看出，广东省从2003年才开始风力发电机领域的专利布局，每年申请量虽然起伏不定，但总体上呈上升趋势。总体来看，风力发电机领域受到了广东省一定的关注。

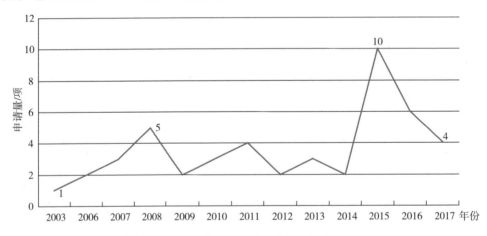

图4-28　风力发电机领域广东省专利申请趋势

2）近10年广东省各地级市专利申请量及授权量。由表4-48可以看出，广东省风力发电机领域的专利申请主要集中在广州、中山、江门、深圳和珠海五个地级市。

3）广东省主要申请人分布分析。由表4-49可以看出，只有排名第一的广东明阳风电产业集团有限公司申请量达到了9项，其他申请人的申请量都少于8项。

表 4 – 48　近 10 年风力发电机领域广东省各地级市专利申请量　　　单位：项

城市	2008 年	2009 年	2010 年	2011 年	2012 年	2013 年	2014 年	2015 年	2016 年	2017 年
广州	1	0	2	2	0	1	0	5	0	0
中山	0	0	0	2	0	0	2	2	4	1
江门	4	0	0	0	0	0	0	0	0	0
深圳	0	1	1	0	0	1	0	0	0	1
珠海	0	0	0	0	1	0	0	1	2	0
佛山	0	1	0	0	1	1	0	0	0	0
东莞	0	0	0	0	0	0	0	0	0	0
清远	0	0	0	0	0	0	0	2	0	0
湛江	0	0	0	0	0	0	0	0	0	1

表 4 – 49　广东省申请人排名　　　单位：项

排名	申请人	专利数量
1	广东明阳风电产业集团有限公司	9
2	华南理工大学	7
3	珠海格力电器股份有限公司	4
4	冯可健	2
5	广东雷子克热电工程技术有限公司	2
6	广州市设计院	2
7	广州雅图风电设备制造有限公司	2
8	鹤山市鹤龙机电有限公司	2
9	中国能源建设集团广东省电力设计研究院	1

4）技术功效分布。由图 4 – 29 可以看出，在广东省，费用低廉和风能转化率高的需求是最大的，相比于全球来说，广东省缺乏在便于操作、提高承载能力和提高抗风能力方面的专利申请。异步型发电机中可以有提升空间的是提高电力输出，其他发电机中可以有提升空间的是方便安装和提高使用寿命。

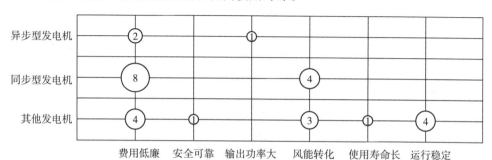

图 4 – 29　风力发电机广东省技术功效图

注：图中数字表示申请量，单位为项。

4.3.3.3 齿轮箱

（1）全球专利分析

全球范围内所有风电齿轮箱密切相关的专利申请共计 2802 项。

1）全球专利技术发展趋势。由图 4-30 可以看出，齿轮箱的专利申请量整体呈上升趋势，并在 2012 年达到申请最大量 305 项，虽然从 2013 年至 2016 年的申请趋势呈下降趋势，但申请量整体仍然处于较高水平。

图 4-30 齿轮箱全球专利申请趋势图

2）专利来源国分布。由表 4-50 可以看出，德国以 67 项专利申请总量位居第一，丹麦、美国、西班牙和奥地利分别以 22 项、22 项、12 项和 10 项分别位列第二到第五位。

表 4-50 齿轮箱专利申请人国籍分布　　　　　　　　　　单位：项

排名	国别	申请量
1	德国	67
2	丹麦	22
3	美国	22
4	西班牙	12
5	奥地利	10
6	比利时	10
7	日本	9
8	英国	7
9	中国	5
10	芬兰	4
11	瑞典	4

3）专利目标市场分布。由表 4-51 可以看出，中国、德国、美国、西班牙和日本是专利公开最多的国家，并且大部分的专利申请集中在上述国家。

表 4-51　齿轮箱专利公开国分布　　　　　单位：项

排名	公开国	专利数量
1	中国	18
2	德国	18
3	美国	18
4	西班牙	9
5	日本	7
6	英国	6
7	印度	6
8	加拿大	5
9	澳大利亚	5
10	韩国	2

4）主要申请人分布。由表 4-52 可以看出，弗里德里以 160 项申请量排名第一，然后是通用电气的 90 项申请，排名第三至五位的则分别是维斯塔斯、南京高速齿轮和博世公司，申请量也都在 60 项以上。

表 4-52　齿轮箱全球主要申请人申请量分布　　　　　单位：项

排名	申请人	专利数量
1	弗里德里	160
2	通用电气	90
3	维斯塔斯	87
4	南京高速齿轮	84
5	博世公司	68
6	西门子	58
7	三菱公司	57
8	中国中车	50
9	现代公司	34
10	歌美飒	30

5）技术功效分布。由图4-31以看出，便于操作、降低成本和提高输出性能的需求是最大的。行星齿轮增速箱在各种技术功效中都是专利申请数量最多的，反映出该技术发展比较成熟，受关注程度最大。圆柱齿轮增速箱中可以有提升空间的是承载性能和使用寿命，行星齿轮增速箱中可以有提升空间的是使用寿命和平稳性。

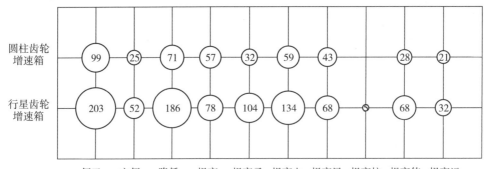

图4-31 齿轮箱全球技术功效图

注：图中数字表示申请量，单位为项。

（2）中国专利分析

中国范围内所有风电齿轮箱密切相关的专利申请共计1297项。

1）中国专利技术发展趋势。由图4-32可以看出，中国专利申请量整体呈上升趋势，与全球的趋势基本一致，并在2016年达到申请最大量211项，虽然2017年的申请有下降，但其主要原因是由于部分专利申请未公开，申请量整体应当仍然处于较高水平。

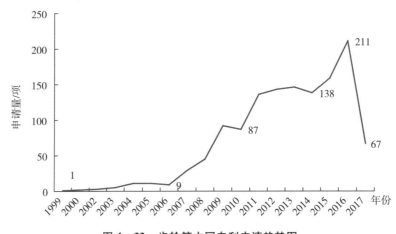

图4-32 齿轮箱中国专利申请趋势图

2）中国专利区域分布。由表4-53可以看出，齿轮箱领域的专利申请主要集中在江苏、北京、重庆和浙江。广东省以44项专利位居第七，相比江苏和北京等有一定的差距。

表 4-53　国内主要地区专利申请分布及专利类型　　　单位：项

	江苏	北京	重庆	浙江	辽宁	上海	广东	山东	天津	湖南
实用新型	207	112	60	42	48	23	23	27	26	16
发明	84	41	40	41	28	36	21	16	9	19

3）国内主要申请人分布。由表 4-54 可以看出，排名前十的除了通用电气公司和安维士传动以外，这三家公司依次排名第六和第七，其他全部为中国申请人，广东申请人在前十位中只有排名第九的广东明阳风电，并且其申请量与排名第一的南京高速齿轮制造有限公司专利申请量差距较大，因此，广东省应该更加重视技术的研发，走创新带动发展的新型道路。

表 4-54　国内齿轮箱主要申请人排名　　　单位：项

排名	申请人	专利数量
1	南京高速齿轮	84
2	中国中车	50
3	三一重工	32
4	重庆望江工业	29
5	华锐风电	27
6	通用电气	26
7	安维士传动	25
8	重庆齿轮箱	25
9	广东明阳风电	22
10	吴小杰	20

4）技术功效分布。由图 4-33 可以看出，在中国，降低成本和提高使用寿命的需求是最大的，相比于全球来说，在便于操作和方便安装方面的申请比例较低。行星齿轮增速箱在各种技术功效中都是专利申请数量最多的，这个与全球技术功效图一致。圆柱齿轮增速箱和行星齿轮增速箱中可以有提升空间的都是方便安装、承载性能和运行平稳性。

（3）广东专利分析

广东省范围内所有风电齿轮箱密切相关的专利申请共计 44 项。

1）广东省内专利申请趋势。由图 4-34 可以看出，广东省从 2007 年才开始风电齿轮箱领域的专利布局，每年申请量虽然起伏不定，但总体上呈上升趋势。

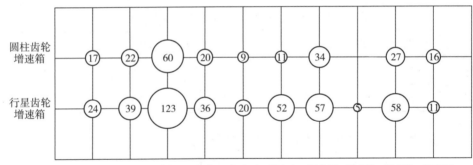

图 4 – 33　齿轮箱中国技术功效图

注：图中数字表示申请量，单位为项。

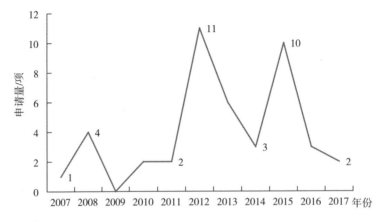

图 4 – 34　风电齿轮箱领域广东省专利申请趋势

2）近 10 年广东省各城市专利申请量及授权量。由表 4 – 55 可以看出，广东省齿轮箱领域的专利申请主要集中在中山，而其他城市的齿轮箱技术则相对零散，没有形成一定规模。

表 4 – 55　近 10 年风电齿轮箱领域广东省各城市专利申请量　　　　单位：项

城市	2010 年	2011 年	2012 年	2013 年	2014 年	2015 年	2016 年	2017 年
中山	1	2	11	2	1	7	0	1
广州	0	0	0	3	1	2	0	0
佛山	0	0	0	0	0	0	0	0
东莞	0	0	0	0	0	0	2	1
汕头	0	0	0	1	0	1	0	0
惠州	0	0	0	0	1	0	0	0
深圳	1	0	0	0	0	0	0	0
湛江	0	0	0	0	0	0	1	0

3）广东省主要申请人分布分析。由表 4 - 56 可以看出，只有排名第一的广东明阳风电申请量达到了 20 项以上，其他申请人的申请量都少于 5 项。

表 4 - 56　风电齿轮箱领域广东省专利申请人排名　　　　单位：项

排名	申请人	专利数量
1	广东明阳风电	22
2	华南理工大学	4
3	东兴风盈	4
4	中山火炬职业技术学院	2
5	郭克亚	2
6	福临机械	1
7	中国水利电力物资华南公司	1
8	中国科学院深圳先进技术研究院	1
9	广东工业大学	1
10	张嘉强	1

4）技术功效分布。由图 4 - 35 可以看出，在广东省，降低成本和方便安装的需求是最大的，相比于全球来说，广东省缺乏在提高承载能力方面的专利申请。与全球技术功效图不同的是广东省的圆柱齿轮增速箱在各种技术功效中都是专利申请数量最多的，但在提高使用寿命和提高运行平稳方面缺少专利申请。圆柱齿轮增速箱中可以有提升空间的是提高承载能力、提高使用寿命和提高运行平稳，行星齿轮增速箱中可以有提升空间的是提高承载能力、降低成本和提高运行平稳。

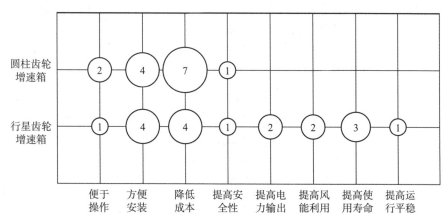

图 4 - 35　风电齿轮箱领域广东省技术功效图

注：图中数字表示申请量，单位为项。

4.4 主要结论和措施建议

4.4.1 主要结论

（1）总体情况

风能产业正处于高速发展期，各国研发热情高涨，日本、美国、中国、德国是世界四大风能专利申请国，其中以中国的风能专利申请增长量最大；广东省在中国省市申请量排名中排名第三，而广东省的风能产业专利申请主要集中在广州、深圳和中山这三个地区。

从图4-1所示的申请趋势可以看出，风能产业的全球申请量在逐年稳步上涨，但在2013年开始逐步下降。虽然有所下降，仍维持在高位水平，表明风能技术已经进入了成熟期。

从表4-3所示的年申请量可以看出，德国和日本的风能技术起步较早，其专利技术从1997年到2004年都持续保持较大的领先优势；从2004年开始中国和美国的申请量开始快速增长，并超越德国和日本分列第一和第二名。

从表4-6所示的国内主要地区申请量和授权量排名可以看出，广东省风能产业专利申请总量位居全国第三，但从表4-7所示的中国部分地区主要申请人名单可以看出，广东省专利申请超过40项的申请人只有4位，其中包括2家企业、1所大学和1个个人。仅有广东明阳风电产业集团有限公司是广东省较为代表性的风能企业，申请量316项，其他申请人的申请量都低于110项。

从图4-4所示的申请趋势可以看出，广东省在风能技术领域的申请量从整体上处于逐年稳步上涨的趋势。

从表4-10所示的广东省主要地区专利年申请量可以看出，广州、深圳、中山、佛山和东莞是在广东省申请总量排名前五的五个地区，对于佛山和东莞而言，它们的申请量与排名前三的城市的申请量相距甚远。

（2）主要申请量分布情况

风能专利申请量最大的两个技术领域依次是叶轮和风力发电机的整机结构，叶轮和风力发电机的整机结构等关键零部件技术则主要掌握在国外申请人手中，广东在风力发电机的整机结构占据一定的优势，在发电机和风电控制系统处于明显劣势。

截至2017年6月30日全球范围内所有风电叶轮密切相关的专利申请共计15366项，全球范围内所有风力发电机的整机结构密切相关的专利申请共计14016项，全球范围内所有风电控制系统密切相关的专利申请共计8720项。

从表4-15所示的风力发电机的整体结构全球主要申请人申请量分布可以看出，在风力发电机的整机结构全球申请量排名中，维斯塔斯以756项申请量排名第一，通用电气以608项申请排名第二，排名第三至五位的分别是西门子、三菱公司和乌本产权，申请量也都在120项以上。排名前十名中，美国、日本和德国申请人有2位，中国、丹麦、法国和西班牙各有一位。从表 4 – 17 所示的国内主要地区专利申请分布及专利类型可以看出，广东省在国内地区专利申请排名中位居第三，从表 4 – 18 所示的国内主要申请人排名可以看出，广东申请人在前十位中有排名第八的广东明阳风电产业集团有限公司和排名第九的邓允河，说明广东省在风力发电机的整机结构领域的占据一定的优势，但相比江苏和北京还是有一定的差距。

从表 4 – 26 所示的叶轮全球主要申请人申请量分布可以看出，在叶轮全球专利申请量排名中，通用电气以 953 项申请量排名第一，维斯塔斯以 939 项申请排名第二，排名第三至五位的则分别是西门子、三菱和恩德能源，申请量也都在 140 项以上。从表 4 – 28 所示的国内主要地区专利申请分布及专利类型可以看出，江苏以 760 项申请位居首位，北京以 690 项专利位居第二，而广东省以 349 项专利位居第三。

从表 4 – 34 所示的变桨系统全球专利主要申请人申请量分布可以看出，在变桨系统全球申请量排名中，通用电气以 182 项申请量排名第一，然后是丹麦的维斯塔斯 143 项申请，排名第三至五位的则分别是中国的苏州能健电气、中国的金风科技、中国的国电联合，申请量也都在 70 项以上。排名前十名中，中国申请人有 6 位，丹麦、美国、德国和日本各有一位。中国的申请人虽然多，但是大部分排名都靠后，而且发明申请量占比也不高。从表 4 – 36 所示的国内主要地区专利申请分布及专利类型可以看出，北京以 505 项申请位居首位，广东省以 86 项专利位居第八。从表 4 – 37 所示的国内变桨系统专利主要申请人排名可以看出，广东申请人没有出现在前十位中。

从表 4 – 44 所示的发电机全球主要申请人申请量分布可以看出，在发电机全球申请量排名中，西门子以 63 项申请量排名第一，三菱以 48 项申请位居次席，排名第三和第四位分别是通用电气和中国中车，申请量也都在 40 项以上。排名前十名中，中国申请人有 5 位，日本申请人有 3 位，美国和德国各有 1 位。中国的申请人虽然多，但是发明申请量占比不高。从表 4 – 46 所示的国内主要地区专利申请分布及专利类型可以看出，江苏以 129 项申请位居首位，广东省以 47 项专利位居第五。从表 4 – 47 所示的国内发电机主要申请人排名可以看出，在申请量前十位没有广东申请人。

（3）主要申请人情况

在全球申请量排名中，排名前五的依次是通用电气、维斯塔斯、西门子、国家电网公司和三菱集团，国家电网公司、乌本产权有限公司、金风科技、国电联合动力技术有限公司和广东明阳风电是该领域的后起之秀；广东省申请专利中高校和研究所机构所占比例偏低。

从表 4 – 1 所示的主要申请人年度申请量及授权量可以看出，通用电气公司、维斯塔斯、西门子公司、中国国家电网公司和三菱集团的申请量优势明显，而国家电网公司、乌本产权有限公司、金风科技、国电联合动力技术有限公司和广东明阳风电近 5 年内申请量占总申请量的比重非常大，是风电领域的积极创新者。

从表 4 – 11 所示的广东省专利申请人类型可以看出，在广东省风能产业中，目前仍然是企业的申请量最多，但是其占总量的比例也只有 67%，企业作为市场的主体，是技术改进的主要力量，因此，目前广东省的企业在风能领域的研发投入有待进一步加强。作为传统研发主体和技术来源的高校和研究所机构，其申请量分别占到 8% 和 2%，说明广东省的技术主要研发机构在风能领域方面的投入不多，没有形成产学研相结合的优势。个人申请所占比重占到 23%，远远超过了高校和研究所机构所占比例之和，说明这一领域存在研发起点较低的技术。从表 4 - 12 所示的广东省主要申请人申请情况数据表可以看出，在广东省总申请量排名前十位的申请人中，企业有 6 家，包括广东明阳风电产业集团有限公司和南方电网科学研究院有限责任公司等。其余 4 位申请人分别为两所高校、科研院所和个人。

4.4.2　措施建议

4.4.2.1　企业方面

（1）避开技术热点，针对技术空白点进行重点突破

省内企业可以通过找到技术开发切入点与技术发展空白点，改进在先专利技术，积极开发不抵触外围技术，及时构建自己的专利保护网，捷足先登地抢占技术领域的制高点。

1）风力发电机的整机结构。虽然中国的申请总量约占全球申请总量的 32.9%，但我国发明占比较低，总体还处于跟踪和引进国外先进技术阶段。广东省的风电设备制造业还面临着很多问题，需要从以下方面进行努力。

① 我国风电设备整机制造业应该加快研发风电产业的共性和关键技术，并对其进行积极地推广和应用；加强对风电机组配套零部件可靠性的基础研究、基础方法的应用研究；对高效高精数字化的大型、重型专用加工设备的关键部件和技术等方面进行深入研究。针对研究成果进行有针对性的专利布局，抢占市场。

② 企业为了缩短产品开发周期，会采用技术引进的方式，通过联合开发、许可证生产、合资的方式生产兆瓦级风电机组。对此，国内的风电设备整机制造企业应该根据安装调试和试运过程中发现的问题，使用运行单位提出的要求，进行针对性的改造，这在某种意义上也是一种创新。另外，我国的风力资源与欧洲、北美的差别较大，北方冬季寒冷干燥温度低，还有沙尘问题困扰，南方夏季台风、腐蚀、雷电等问题突出，所以，从国外引进风电设备的时候，还应该结合我国风能资源的特点，在此基础上进行引进消化，通过引进技术再创新，研发新型的风电机组设备。然后，就此申请专利，如果获得批准，我们的专利权将对国外的专利构成制约，即形成交叉许可专利。

2）叶轮。从图 4 - 17 所示的叶轮全球技术功效图可以看出，叶片在各种技术功效中都是专利申请数量最多的，反映出该技术发展比较成熟，受关注程度最大。而叶轮的整体结构中承载性能和操作性方面的专利相对较少，具有提升空间；轮毂中使用寿命和平稳性的专利相对较少，具有提升空间。广东省可以通过上述几方面的研究，避开技术热点，争取跟上龙头企业的步伐，并逐步缩小与龙头企业之间的差距。同时，目前广东省在叶轮发展相对薄弱、面临众多挑战这一形势下，相关企业可以尝试从国外引进技术、可以充分利用该领域失效但仍有借鉴意义的专利技术等，在此基础上打开发展思路，推动技术的创新发展。

3）变桨系统。从图 4 - 23 所示的变桨系统全球技术功效图可以看出，在风电变桨系统领域，机械结构在各种技术功效中都是专利申请数量最多的，反映出该技术发展比较成熟，受关注程度最大。而控制系统与方法中运行平稳和承载能力的专利相对较少，具有提升空间；转子/轮毂中方便安装和运行平稳的专利相对较少，具有提升空间；变桨实验监测运行平稳和提高输出功率的专利相对较少，具有提升空间，广东省可以通过上述几方面的研究，避开技术热点，争取跟上龙头企业的步伐，并逐步缩小与龙头企业之间的差距。同时，中国的苏州能健电气有限公司和金风科技在全球申请量排名中位居前列，广东省企业可以考虑从上述两个公司引进技术或者进行合作开发。

4）发电机。中国的申请总量约占全球申请总量的 41.6%，全球主要申请人排名前十名中，中国和日本申请人各有 3 位，美国和德国各有一位。在国内发电机领域各省申请量排名中，江苏以 185 项申请位居首位，广东省以 35 项专利位居第六，在申请量前十位没有广东申请人；同时，广东省呈现出发展滞后、企业少、缺乏核心技术等劣势，从图 4 - 31 所示的发电机效果技术功效图可以看出，其机械结构发展相对成熟，广东省可以将发电机技术的研究方向主要转移到对于功率的控制上。

5）基础。中国的申请总量约占全球申请总量的 52.9%，远高于其他国家，全球主要申请人排名前十名中，中国申请人有 5 位，德国申请人有 2 位，美国、丹麦和日本各有一位。而广东申请人广东明阳风电产业集团有限公司排名第四，与排名前三的申请人申请量相差不大，说明其在该领域具备一定的优势，但是广东省其他申请人的申请量都少于 10 项，这也是广东企业的短板，应该加强对中小企业的扶持力度。陆上桩基础、陆上桁架式塔架基础、海上桩基础和海上浮动基础的研发热度最大。海上负压桶式基础、海上重力式基础和海上导管架基础的申请量都比较小，申请人可以尝试在这三种技术分支中找到突破点。

（2）跟踪重要申请人的专利申请动态

建立企业的专利预警机制，强化对知识产权的保护意识，建立科学高效的知识产权管理流程和体系，并将专利工作贯穿于企业发展全局之中。建立企业的专题数据库，重点跟踪关注重要竞争对手的专利申请及专利布局情况，避免专利侵权纠纷。研究竞争对手的主要技术发明人，挖掘人才，引进人才，相应引进技术，获得转让专利也是企业发展策略的有效手段之一。

美国通用电气公司在风力发电机的整机结构、叶轮、变桨系统、齿轮箱、塔架和基础等领域都处于世界领先地位，应重点关注其相关核心专利，例如，申请号为 US12570864 组装用于风力涡轮机的变桨组件的系统和方法、申请号为 US12199052 用于调整风力涡轮机偏航角的方法及设备和申请号为 US12355124 紧凑型齿轮传动系统；德国的西门子公司在发电机机组领域申请量位居首位；日本的三菱公司在偏航系统技术领先；机舱技术是丹麦的维斯塔斯公司的传统强项。这些公司一方面技术实力雄厚，另一方面相较于其他企业对全球市场更为重视并且积极部署专利壁垒以限制其他企业的发展，因此，广东省内企业应当高度关注这些企业的技术动向。

（3）规避竞争对手的专利保护范围

对于竞争对手的核心专利进行深度分析，研究其申请保护的国家和权利保护范围并进行规避。对于不能规避的基础专利，可以通过获得专利许可、专利转让等方式，减少研究和开发的投入，而且不会产生专利侵权纠纷。

对于一些保护范围较大的基础专利，可以在其保护范围中找到立足点（改进点），然后，就此申请专利，如果获得批准，我们的专利权将对国外的专利构成制约，即形成交叉许可专利。

（4）免费专利资源的利用

风能技术的相关发明专利约有 14695 件已经过期，成为免费的资源。专利过期不意味着技术过期或市场过期，企业研发机构可利用免费的过期专利资源，挖掘有价值信息，开发自己的产品，实现从"拿来"到"改良"，最后到"创新"的过程。

虽然中国的专利申请量多，但是处于世界领先地位的中国申请人很少，对于任何一项前瞻性的研究，都需要投入很大的人力物力，而且风险也大，国内企业难以独自担当，所以通过免费的专利来提升自身的水平对于中国申请人，特别是中小型企业来说，具有较大的现实意义。

（5）进一步提高风电机组设备制造研发能力

目前我国风电零部件制造业正处于受制于整机制造业发展模式，而自身质量问题突出以及关键零部件依赖进口的"困局"。一方面，国内风电整机和零部件制造企业要深度协作，尤其在开发新机型时，从风电机组设计阶段就要提出配套零部件的设计要求，并对零部件制造企业的新产品研发提供支持和帮助，使零部件企业少走弯路，尽快具备合格的配套能力。另一方面，风电零部件企业要通过质量认证手段，实施质量控制，为整机制造企业提供质量稳定的合格零部件产品，有效促进整机产品质量的提升。

对于关键零部件，在轴承、齿轮等大型铸锻件方面，重点研究国外关于冶金工艺、材料方面的基础专利，以及检测方法相关专利，设法提高锻铸件的强度、耐蚀性能；在控制等高端技术方面，应集中国内专家和部分比较成熟的设备厂家联合研发，吸收消化国际核心专利，尽快打破国际相关技术的垄断，努力打造风电设备制造高端产业基地。

4.4.2.2 政府方面

（1）依托本土优势，积极发展海上风电

近年来海上基础的专利申请量逐年增多，并且以应用在深海的海上浮动基础申请量居多，说明随着技术的发展、能源的需求，海上风力机的离岸距离将会越来越远，吃水深度将会越来越深。海上风电场的深海化之路必将势不可挡。但同时海上风电开发存在以下问题需要解决：①配套设施发展相对滞后；②海上风电场受台风威胁；③海上风电技术难度大。

针对以上情况，海上风电发展的对策建议如下：

1）政府加大财税、电价政策支持。政府相关部门应结合海上风电场示范项目建设，探索和总结不同区域的风能资源条件、风电场工程综合造价水平、海上风电场工程运行维护费用等，并结合政府有关财税政策，制定适合海上风电发展的电价政策，促进海上风电健康发展。

2）努力解决风电并网、消纳难题。第一，改善电网结构，扩大海上风电并网规模；第二，转变电网发展方式，建设智能电网，大比例提高电网吸纳风电的配比；第三，在全球专利申请量排名中，中国的国家电网公司申请量排名第一，然后是中国电力科学研究院排名第二，风电开发商也可与国家电网公司和中国电力科学研究院等国内优秀申请人合作，共同开发海上风电项目。

3）深化产业研究，完善产业链条。政府牵头成立海上风电研发机构，加强海上风机制造公共技术平台建设，建设用于新产品研发和试验的海上风电场。风电设备制造商以海上风电研发机构为依托，针对不同海域的风场，不同的机位选址采取差异化设计制造。通过资源整合，实力强的大型整机企业一边通过收购主要零部件企业实行自给自足，一边投入精力对变流器、轴承、电控系统等以往依赖进口的部件领域的研究，实现产业链条的完善，增强企业抵御上下游风险的能力。

（2）提升产业聚集，形成有行业竞争力的产业集群

由于广东省有规模的企业少，专利集中于广东明阳风电产业集团有限公司，并未形成有行业竞争力的产业集群。建议广东省可以通过收购、引进或与国内外优秀的企业合作等方式，实现向产业链的延伸，形成有行业竞争力的产业集群。特别是在风电变桨系统领域、偏航系统领域、发电机领域和齿轮箱领域中，广东省申请量偏低并且缺乏优势企业。

具体地，在风电变桨系统领域可以考虑与申请量排名靠前的通用电气、苏州能健电气有限公司、维斯塔斯、金风科技、国电联合动力技术有限公司、华北电力大学、沈阳工业大学、上海交通大学和中国电力科学研究院进行合作；在偏航系统领域可以考虑与申请量排名靠前的维斯塔斯、通用电气、三菱重工、西门子、金风科技和沈阳工业大学进行合作；在发电机领域可以考虑与申请量排名靠前的西门子、乌本产权有限公司、三菱重工、通用电气、南京航空航天大学、浙江大学、河南师范大学、天津理工大学和陕西科技大学进行合作；在齿轮箱领域可以考虑与申请量排名靠前的汉森传动公司、通用电气、南京高速齿轮制造有限公司、维斯塔斯和博世公司进行合作。

从表4-10所示的广东省主要地区专利年申请量可以看出，广东省风能产业领域的专利申请主要集中在广州、深圳和中山三个城市中，其中广州市有南方电网科学研究院有限责任公司、广东省电力设计研究院、邓允河、广州红鹰能源科技有限公司、中国能源建设集团广东省电力设计研究院有限公司和华南理工大学等申请人的研究比较活跃，深圳市有风发科技发展有限公司、连志敏、段小平和泰玛风光能源科技有限公司等申请人的研究比较活跃，中山市只有广东明阳风电产业集团有限公司的研究比较活跃，但其申请量位于全省第一。广东省可以通过建立风能产业园，将广州、深圳和中山三个城市的资源进行整合，积极促进产业集中化和规模化，为风能产业的发展打造更为坚实的基础。另外，也可以突出重点企业在产业聚集中的引领作用。通过整合后，在全省范围内遴选出风能产业的优势企业，在资金、技术、管理和研发等方面

给予大力扶持，争取在全省范围内培养出一批规模较大、技术水平较高、竞争力较强的风电企业，提升广东省产业集中度和市场竞争力。

（3）鼓励科研创新，提高发明占比

建议设立风能产业专项研究资金，对广东省内的风能产业的发明专利申请进行补贴，特别是在风力发电机的整机结构技术领域、叶轮技术领域、主轴领域和变桨系统领域，对授权后的发明专利进行重点奖励。

鼓励产学研相结合，邀请相关企业、大专院校和科研单位，如广东省内的广东明阳风电、广州红鹰能源科技有限公司、南方电网科学研究院有限责任公司、广东省电力设计研究院、中国能源建设集团广东省电力设计研究院有限公司和华南理工大学等，以及国内的华北电力大学、天津大学和中国电力科学研究院等，开展风能产业相关座谈交流会，并设立企业、大专院校和科研单位的信息交流平台，企业提出需求并给予资金资助，大专院校和科研单位提供相关技术支持，政府每年对研究成果进行评比，对优秀项目进行表彰和奖励，树立典范。

第 5 章 核电技术产业专利分析及预警

5.1 产业发展

5.1.1 产业研究背景

相较于化石能源和其他非化石能源，核电是一种清洁、高效、优质的现代能源，具有污染少、资源消耗少以及成本稳定等特点。发展核电对满足我国电力需求、优化我国能源结构、减少环境污染、促进经济能源可持续发展具有重要战略意义。

我国历来重视核电产业的发展，是目前世界上少数几个拥有完整核工业体系的国家之一。从 20 世纪 70 年代，国务院作出发展核电的决定后，经历几十年的发展，已从依赖国外设备、技术进口逐渐过渡到形成具有国际竞争优势的核电自主知识品牌"华龙一号"，参与国际竞争。核电设备国产化率已高达 85%。

为此，国家能源局印发的《能源技术创新"十三五"规划》重点力推核电发展。较《国家能源科技"十二五"规划》，核电是"十三五"期间五大任务中，唯一一项作为"十二五"期间完整子任务上升到主要任务之一的能源技术。

广东历来是发展核电的排头兵，是我国最早建设核电站的省份，亦是我国的核电大省，建好、在建及规划核电站总数量居于全国首位，是未来核电技术实施的重要场所。广东政府历来重视核电产业在广东的发展，据 2015 年广东省发展和改革委员会印发《关于加快推进我省清洁能源建设的实施方案》，2015 ~ 2017 年，广东拟对核电产业新增投资 560 亿元，产业规模约为每年 187 亿元。

目前，广东已具备发展核电的基础技术条件。广东龙头企业中国广核集团有限公司（以下简称"中广核"）具有较强的核电实力，其与中国核工业集团有限公司（以下简称"中核"）在我国 30 余年核电科研、设计、制造、建设和运行经验的基础上，根据福岛核事故经验反馈以及全球和我国的最新安全要求，成功研制并形成了具有自主知识产权品牌的先进压水堆——"华龙一号"。

但广东在发展核电产业仍然存在一些亟待解决的问题：如海外专利布局不足，配套核电站设备厂家较少，大多数研究者对核电产业技术的研究仍处于起步阶段，产业链整体竞争力和创新力不强。因此，拟通过专利分析及预警，明晰产业创新情况，尤其对广东省内创新现状加以详细的分析，包括专利技术的优劣势、面临的专利风险等，为广东省政府制定产业政策提供参考，为广东省的核电技术研究者提供方向及发展建议。

5.1.2 产业发展概况

全球 70 多个国家已经或正在计划发展核电，预计每年将新增产值约 1 万亿元。"一带一路"国家或周边国家将占到 80% 左右，约每年新增产值 8000 亿元，产业规模较为巨大。核电在一些国家已成为最重要的能源，占据较大比例的发电份额。如 2017 年，法国核电发电量占总电量的比例高达 75%。

我国核电产业规模巨大，"十三五"规划期间，我国每年在建机组招标预期为 8 ~ 10 台，总投资约为 1200 亿元，约为全球的 1/10。

我国核电产业按产业链，可分为上游的核燃料产业、中游的核电站设备及零部件制造产业以及下游的核电站运营产业，其总体构成如图 5 - 1 所示。由于上游的核燃料产业及下游的核电站运营产业均为寡头垄断经营，因此，其利润率相对来讲，较核电站设备及零部件制造相对较高。

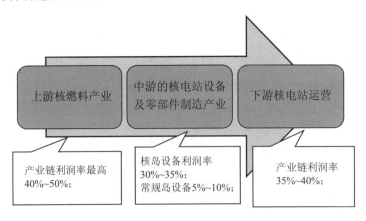

图 5 - 1　核电技术产业产业链构成图

在上游核燃料产业领域中，由于国家对战略性资源的管控，中核是目前国内唯一具有铀矿开采资质的企业，同时也是唯一的核燃料供应商。

在下游核电站运营企业，仅有中广核、中核和国家电力投资集团有限公司（以下简称"国电投"）三家。

此外，对于中游的核电站设备及零部件制造，我国不仅对核安全设备的设计和制造活动施行严格的许可管理制度，且对已获证企业在一定程度上进行政策扶持，提高了行业准入门槛，弱化了市场竞争，加之核电专用设备制造业处于装备制造行业的高端，显著提高了核电制造业的技术壁垒，新进入者很难在短期内突破技术壁垒，生产出合格的高质量产品。同时，建设专用厂房、购置和安装各种专用设备、研发核电产品所需技术需投入大量的资金，且核电设备产品合同金额大，生产工艺过程复杂，项目执行周期长，需占用大量的流动资金，需要大量对材料、工艺、检测等各方面专业知识有深刻理解和丰富实践的科研和管理人员以及对一线生产人员的要求亦比其他设备制造业高很多，从事包括无损检验、焊接等生产环节的一线操作人员须在国家核安全局认可的培训机构进行培训取证后，方可上岗等进一步加剧了市场的进入难度。据国家核安全局 2016 年的统计数据，国内关于民用核安全设备取证的机构一共有 132 家，其省份分布的情况如图 5 - 2 所示。

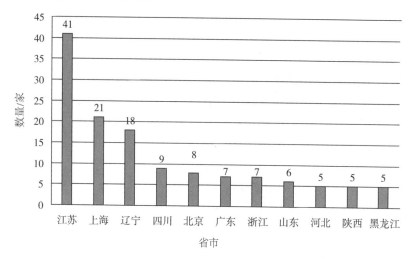

图 5 - 2　民用核安全设备取证机构分布

按中国核电行业参与者的具体活动及身份而言，可分为业主方、核电站设计方、施工建设方、运营管理方和设备供应方。

业主方，即控股核电站的运营商，目前我国允许控股核电站的运营商只有中广核、中核和中电投。业主所占核电站比例分别为 56%（中广核）、39%（中核）和 5%（中电投）。其中，中广核和中核占据了将近 95% 的比例，中电投所占比例非常少，但随着其与国家核电技术公司（以下简称"国核"）合并重组为国家电力投资集团公司（以下简称"国电投"），技术实力和资金实力得到进一步的加强，未来或可提高其所占份额。国核是西屋第三代核电技术 AP1000 的技术引进方和我国第三代核电技术 CAP1400 示范项目的运营商。

核电站设计方，即核电站设计的提供商，我国目前主要有中广核、中核和国电投旗下的子公司。

施工建设方主要对核电站进行施工建设，我国当前的主要建设方有隶属于中核的中国工业建设集团、隶属于国电投的国核工程有限公司和隶属于广东电网公司的广东火电工程总公司。

运营管理方主要是对核电站运营进行管理，包括核燃料、核乏料的处理等，我国目前核电站的运营管理方主要有中核、中广核旗下子公司。

设备供应方，即核电站设备的制造及提供方。核电站的设备可分为核岛设备、常规岛设备和其他辅助设备，其中核岛是核电站的最关键设备，核岛设备可分为核岛主设备和其他核岛设备，核岛主设备的供应方有沈阳鼓风机集团股份有限公司（主泵）、中国第一重型机械股份公司（压力容器）、上海电气集团股份有限公司（压力容器、蒸汽发生器、堆内构件、稳压器）、中国东方电气集团有限公司（蒸汽发生器和稳压器）、哈尔滨集团电气公司（蒸汽发生器、稳压器）和丹甫股份（主管道）等。

5.2 先进核电工程技术产业专利分析与预警

先进核电工程技术是相对于落后、业已淘汰、安全性和经济性没有保障的核电工程技术而言的。

核电技术的发展已历经四代。目前，在全球运行的核电站中，绝大部分仍采用的是二代和二代改进技术，比如日本福岛核电站等。较之二代及二代改进技术，三代或四代核电技术由于提高了安全性及可靠性，成为当前先进的核电工程技术，同时亦是目前及未来一段时间的发展主流。

本文将对三代、四代核电技术，包含先进压水堆核电机组技术、快中子堆核电机组技术、高温气冷堆核电机组技术和模块化小型核能装置技术开展专利分析与预警。

5.2.1 申请趋势分析

5.2.1.1 全球专利申请趋势分析

将全球先进核电工程技术 14691 项专利按申请年份统计，截取 1998～2017 年近 20 年的专利申请数据并统计分析，得到图 5-3，其中由于 2016 年和 2017 年的申请专利公开不充分，部分专利数据还未收录，因此暂不列入趋势分析的范畴，下文仿此分析。

由图 5-3 可知，近 20 年来，先进核电工程技术专利申请总体呈上升趋势，其中2010 年专利申请量有了突破性的增长，主要得益于 2009 年全球核电产业的复苏。

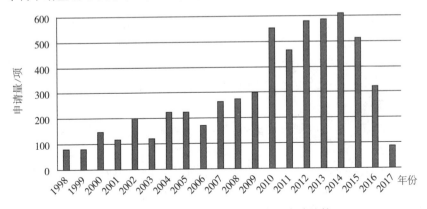

图 5-3 先进核电工程领域全球专利申请趋势

2009 年，美国在政策和财政方面对核电给予支持，并对部分新建核电站提供贷款担保；日本成立"国际核能合作委员会"，以帮助其他国家发展核电并促进其本体制造商扩大海外市场；意大利、瑞典等欧洲国家改变了淘汰核能的政策，准备重新开始发展核电；印度、俄罗斯等国提出了核电发展计划，其中印度希望建造全球最大的核电站，俄罗斯的首座浮动式核电站开工建设，同时欧洲多国重新启动核电计划。这些方面的举措及政策促进了核电产业的发展，从而使 2010 年专利申请量有了突破性的增长。

2010 年后，专利申请量继续维持高峰。尽管 2011 年日本福岛事件使其专利申请量有所下降外，但下降幅度不大，且 2012 年专利申请量攀升至近 20 年来的顶峰后，近期仍处于专利申请的高峰期。这充分地表明了先进核电工程技术仍持续受到相应研究者的关注，有较多的成果产出。

5.2.1.2　中国专利申请趋势分析

课题组将检索所得的全球申请专利，在技术应用国国别中选择中国，得到 1752 件中国专利申请，并将其按照专利申请年份进行统计，得到中国近 20 年先进核电工程技术领域相关专利的申请趋势，详见图 5 - 4。

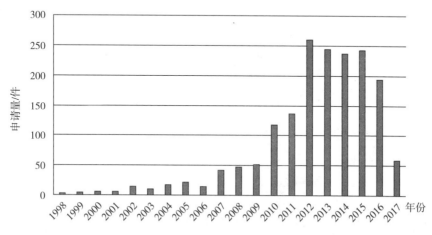

图 5 - 4　先进核电工程技术领域中国专利申请趋势

由图 5 - 4 可知，中国先进核电工程技术专利申请趋势基本与全球一致，从 2010 年后专利申请量有了突破性的增长后，2012 年再上一个台阶，近几年仍然处于申请量的高峰期。

5.2.1.3　广东专利申请趋势分析

对技术来源于中国的专利进行省市分析，可知广东在该技术领域申请了 136 件相关专利。按照申请年份进行统计得到图 5 - 5。由图可知，较中国而言，广东专利申请起步比较晚，2010 年才有相关专利申请，其中 2016 年的专利申请量远远高于其他年份。

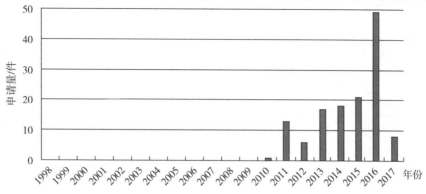

图 5 - 5　先进核电工程技术领域广东专利申请趋势

5.2.2　主要申请人分析

5.2.2.1　全球主要申请人分析

将 14691 项全球专利按照主要专利申请人统计，得到图 5-6 和表 5-1。从图 5-6、表 5-1 可看出，主要申请人中出现了许多国家设立的机构及军工机构，如法国原子能委员会、英国原子能管理局、美国原子能委员会和三菱重工等，这主要是由于核电技术作为一种国家安全战略性技术，其与国家的安全紧密相关。

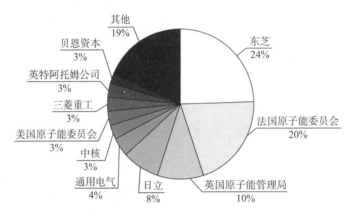

图 5-6　先进核电工程技术领域全球专利前十位申请人

表 5-1　先进核电工程技术领域全球专利前十位申请人

序号	申请人	专利数量/项	所属区域	机构属性
1	东芝	1772	日本	公司
2	法国原子能委员会	1540	法国	政府机构
3	英国原子能管理局	724	英国	政府机构
4	日立	570	日本	公司
5	通用电气	327	美国	公司
6	中核	308	中国	国企
7	美国原子能委员会	249	美国	政府机构
8	三菱重工	197	日本	军工企业
9	英特阿托姆公司	188	德国	公司
10	贝恩资本	182	美国	公司

与此同时，先进核电工程技术的专利申请呈集中趋势。前十位的专利申请人所申请的专利数量为 6057 项，占专利申请总量 14691 项的比例为 41.2%，超过四成。其中，仅前 5 位，占专利申请总量的比例就高达 33.6%。

专利申请量的前十位申请人，主要分布于日本（3 位）、美国（3 位）、德国（1

位）、法国（1 位）、英国（1 位）、中国（1 位）。可见，较具有实力的先进核电技术研究者仍主要集中于日、美、德、法等发达国家中。但中国亦有较强实力的核电企业参与到国际竞争中来，中核专利申请量位列全球前十位。而中广核和国电投未上榜的主要原因，是其产业链不健全，受国家战略性资源管控，国内核燃料产业仍由中核垄断，致使中广核、国电投在先进核电工程技术的部分核燃料技术方面专利储备有所不足，同时在创新热度最高的快中子堆核电机组技术领域创新有所不足。

从前十位申请人的核电技术并购及转移情况看，东芝收购了美国西屋电气、日立收购了英国核电公司、通用电气收购了法国阿尔斯通公司，大大增强了其在该领域的技术实力，美国贝恩资本控股法国法马通，使其先进核电工程技术专利申请量挤入全球前十名。

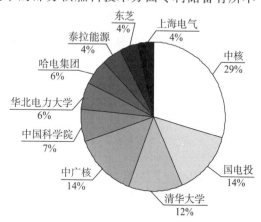

图 5-7　先进核电工程技术领域
中国专利前十位申请人分布

5.2.2.2　中国主要申请人分析

对中国专利申请量排名前十位的专利申请人（organization）进行统计分析，得到图 5-7 和表 5-2。

表 5-2　中国先进核电工程技术专利申请量前十位的专利申请人

序号	申请人	专利数量/件	机构所属省份	机构属性
1	中核	308	北京	国企
2	国电投	146	北京	国企
3	清华大学	128	北京	高校
4	中广核	148	广东	国企
5	中国科学院	73	北京	科研院所
6	华北电力大学	61	北京	高校
7	哈电集团	58	哈尔滨	国企
8	泰拉能源	46	美国	国外公司
9	东芝	43	日本	国外公司
10	上海电气	39	上海	国企

由图 5-7 和表 5-2 可知，在中国专利布局前十位中，有 2 家国外公司，8 家国内公司。2 家国外公司分别为东芝和泰拉能源。其中，东芝收购了美国西屋公司。西屋公司是先进压水堆核电机组技术 AP1000 技术提供方，AP1000 技术是中国引入的三代核电技术。泰拉能源是比尔·盖茨成立的一家核能公司，与中核等企业已经签署合作文件，因此也较为重视中国的专利布局。

中国本土研究者以大型国企、高校和科研院所为主，总部分布于北京、上海、哈尔滨和广东，主要集中于北京。

5.2.2.3　广东主要申请人分析

由于先进核电工程技术研究门槛较高，国内专利技术仍主要掌握在中核、中广核和国电投 3 家企业以及清华大学，其他企业仅是协同创新。目前，广东一共有 6 位研究者涉足该领域，其中，中广核的专利申请量远远超过其他研究者。南方增材主要围绕 3D 打印技术在先进核电工程技术的应用开展研究，东方重机是核电设备的主要提供方，中山大学和华南理工大学则主要围绕快中子堆核电机组开展研究。先进核电工程技术亦出现了个人研究者进行专利申请，查看李正蔚的地址，显示为广东火电工程有限公司，如表 5 - 3 所示。

表 5 - 3　先进核电工程技术领域广东专利主要申请人

序号	申请人	专利数量/件	机构所在地	机构属性
1	中广核	148	深圳	国企
2	南方增材	7	佛山	私企
3	东方重机	3	广州	私企
4	中山大学	2	广州	科研院所
5	华南理工大学	2	广州	科研院所
6	李正蔚	1	广州	个人

5.2.3　区域分布分析

5.2.3.1　全球专利技术应用国和技术来源国分析

专利技术应用国可以体现专利申请人在哪些国家或地区保护其专利发明。这一参数也反映了该发明未来可能实施的国家或地区。对全球先进核电工程技术专利按专利申请国家进行统计，统计情况如表 5 - 4 所示。

表 5 - 4　全球先进核电工程技术主要申请国家专利数量统计

国家	专利数量/件
日本	3355
美国	2001
中国	1752
英国	1317
法国	1270

国家	专利数量/件
德国	943
比利时	462
韩国	414
加拿大	326
荷兰	317

由表可知，全球专利技术的主要应用国为日本、美国、中国、英国和法国，其专利申请数量均超过 1000 件，亦是产品销售及技术实施的高风险区域。其中，中广核尤其需关注其技术未来实施的区域——英国的知识产权风险。

课题组将全球关于先进核电工程技术申请专利，按主要专利技术来源国进行统计分析，得到表 5-5。由表可知，专利技术来源国主要为美国、日本、法国、中国、英国和德国，其本土研究者专利申请量均超过 1000 件。

表 5-5 全球先进核电工程技术主要来源国家专利数量统计

国家	专利数量/件
美国	4021
日本	2657
法国	2354
中国	1492
英国	1389
德国	1278
韩国	275
俄罗斯	260
意大利	132
荷兰	108

5.2.3.2 中国专利主要省市分布分析

将中国本土研究者申请的先进核电工程技术专利按主要省市进行统计分析，可得表 5-6。可知，北京、上海、广东、四川、江苏是先进核电工程技术的主要申请省份，其中，北京专利申请量为 442 件，位居榜首。广东专利申请量为 136 件，排名第 3 位。

表5-6　先进核电工程技术领域中国专利主要省市分布统计

省市	专利数量/件
北京	442
上海	272
广东	136
四川	124
江苏	101
安徽	77
辽宁	52
河北	37
黑龙江	47
浙江	25

5.2.3.3　广东专利主要地市分布分析

对广东专利按地市申请进行统计，得到表5-7。广东的专利申请主要集中于深圳，其余地市的专利申请均未超过10件，这主要是由于先进核电工程技术的专利技术集中于深圳中广核。

表5-7　先进核电工程技术领域广东专利主要地市分布统计

城市	专利数量/件
深圳	120
广州	8
佛山	7
阳江	1

5.2.4　技术分布分析

5.2.4.1　全球专利技术分布分析

为了梳理近年来全球先进核电工程技术的研究热点，通过 innography 的文本聚类分析功能，对该领域全球近5年公开的专利进行分析。文本聚类功能是通过分析专利的标题、摘要和权利要求项的文字，提取出共性的关键词并将专利按照关键词分组，以帮助判断主要研究的技术点。

检索全球近5年专利并同族去重，一共得到1960件专利，通过文本聚类分析及统计，形成图5-8和表5-8。由图5-8、表5-8可知，按技术类型分，先进核电工程技术主要集中于结构及组成技术、系统技术以及堆型技术。其中，对于结构及组成技术，反应堆堆芯、冷却剂、换热器和压力容器是研究的热点，专利量占总专利数量比例均超过 15%。对于系统技术，非能动和自然循环是研究的热点，专利量占总专利数量比例均超过 10%。对于堆型技术，快中子堆核电机组和先进压水堆核电机组技术是研究的热点，专利量占总专利数量比例均超过 40%。

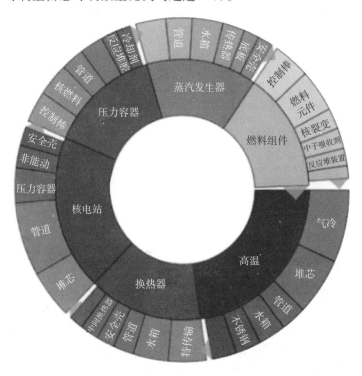

图 5 - 8　近年全球先进核电工程技术技术点聚类图

表 5 - 8　近 5 年先进核电工程技术主要研究技术领域摘录表①

技术分支	技术名称	专利数量/件	占专利总量比例
结构及组成技术	反应堆堆芯	674	34.4%
	冷却剂	445	22.7%
	换热器	365	18.6%
	压力容器	317	16.2%
	水箱	261	13.3%
	控制棒	248	12.7%
	支撑板	245	12.5%
	管道	239	12.2%
	燃料元件	199	10.2%

---

①　由于一件专利可属于多个技术分支，故数据是有重复的，因此总和为 71960。

技术分支	技术名称	专利数量/件	占专利总量比例
结构及组成技术	基板	170	8.7%
	安全壳	164	8.4%
	反应堆堆腔	138	7.0%
	中子吸收剂	121	6.2%
	隔离阀	113	5.8%
系统技术	非能动	227	13.9%
	自然循环	114	11.6%
	安全注入	110	5.8%
	热处理	137	5.6%
堆型技术	快中子堆核电机组	880	44.90%
	先进压水堆核电机组	811	41.38%
	高温气冷堆核电机组	210	10.71%
	模块化小型核能装置	127	6.48%

5.2.4.2　中国专利技术分布分析

检索中国近5年专利并同族去重，一共得到1095件专利，通过文本聚类分析及统计，形成图5-9和表5-9。由图5-9和表5-9可知，对于结构及组成技术，反应堆堆芯、支撑板、换热器、管道和水箱是研究的热点，专利量占总专利数量比例均超过14%。对于系统技术，非能动和自然循环是研究的热点，专利量占总专利数量比例超过10%。对于堆型技术，先进压水堆核电机组和快中子堆核电机组是研究的热点，专利量占总专利数量比例均超过20%，其中，先进压水堆核电机组的比例超过60%。

对比上节，以中国专利总量占全球专利总量的比例（55.9%）为平均比例，对细分技术点进行分析，中国细分技术点专利量占全球细分技术点专利量比例超过55.9%，这表示相对于全球中国更侧重于此块技术的研究，比例越高，代表更加侧重；反之亦然。下文近5年主要专利技术点分析均按此分析。

结合图5-8、图5-9及表5-8、表5-9可知，从结构及组成技术看，近5年来，中国技术点数占全球技术点数比例不足55.9%的技术点，由低到高排序为中子吸收剂（26.4%）、冷却剂（28.1%）、反应堆堆芯（41.7%）、燃料元件（45.7%）、换热器（49.3%）、控制棒（50.8%）、压力容器（51.1%）。相对于中国，近5年来，全球更侧重于上述技术点的研究，尤其是中子吸收剂、冷却剂、反应堆堆芯、燃料元件等方面。而近5年来，中国技术点数占全球技术点数比例超过55.9%的技术点，由高到低排序分别为安全壳（91.5%）、基板（83.5%）、支撑板（75.5%）、管道（74.9%）、水箱（67.4%）、反应堆堆腔（65.9%）、隔离阀（56.6%）。相对于全球，近5年来，中国更侧重于上述技术点的研究，尤其是安全壳、基板、支撑板、管道、水箱、反应堆堆腔等方面技术的研究。

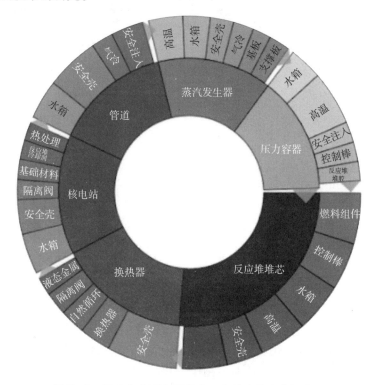

图5-9　近5年中国先进核电工程技术技术点聚类图

表5-9　近5年先进核电工程技术主要研究技术领域摘录表

技术领域	技术名称	专利数量/件	占专利总量的比例	中国占全球比例
结构及 组成技术	反应堆堆芯	281	23.0%	41.7%
	支撑板	185	15.1%	75.5%
	换热器	180	14.7%	49.3%
	管道	179	14.6%	74.9%
	水箱	176	14.4%	67.4%
	压力容器	162	13.3%	51.1%
	安全壳	150	12.3%	91.5%
	基板	142	11.6%	83.5%
	控制棒	126	10.3%	50.8%
	冷却剂	125	10.2%	28.1%
	燃料元件	91	7.4%	45.7%
	反应堆堆腔	91	7.4%	65.9%

续表

技术领域	技术名称	专利数量/件	占专利总量的比例	中国占全球比例
结构及组成技术	隔离阀	64	5.2%	56.6%
	中子吸收剂	32	2.6%	26.4%
系统技术	非能动	132	13.8%	54.4%
	自然循环	62	10.8%	58.2%
	热处理	86	5.2%	58.1%
	安全注入	64	5.1%	62.8%
堆型技术	先进压水堆核电机组	678	61.92%	83.6%
	快中子堆核电机组	248	22.65%	28.2%
	高温气冷堆核电机组	149	13.61%	71.0%
	模块化小型核能装置	48	4.38%	37.8%

从系统技术看，相对来说，全球更侧重于非能动技术（54.4%）的研究，而中国更侧重于安全注入技术（62.8%）、自然循环技术（58.2%）、热处理技术（58.1%）的研究，尤其是安全注入技术的研究。

从相应的堆型看，近5年来，全球侧重于快中子堆核电机组（28.2%）以及模块化小型核能装置（37.8%）的研究，而中国侧重于先进压水堆核电机组（83.6%）以及高温气冷堆核电机组（71.0%）的研究。

5.2.4.3 广东专利技术分布分析

检索广东近5年专利并同族去重，一共得到71件专利，通过文本聚类分析及统计，形成表5-10和图5-10。由表5-10和图5-10可知，广东先进核电工程技术近5年来主要集中于结构及组成技术的换热器、压力容器、管道以及系统技术的能量存储及水注入技术的研究。

表5-10 近5年广东先进核电工程技术主要研究技术领域摘录表

技术领域	技术名称	专利数量/件	占专利总量的比例
结构及组成技术	换热器	16	22.5%
	管道	16	22.5%
	压力容器	11	15.5%
	安全壳	6	8.5%
	堆芯	5	7.0%
	冷却剂	3	4.2%
系统技术	能量存储	14	19.7%
	水注入	10	14.1%

续表

技术领域	技术名称	专利数量/件	占专利总量的比例
系统技术	应急冷却	4	5.6%
	非能动安全	4	5.6%
	冷源	3	4.2%
	废热	2	2.8%
	主控室	2	2.8%

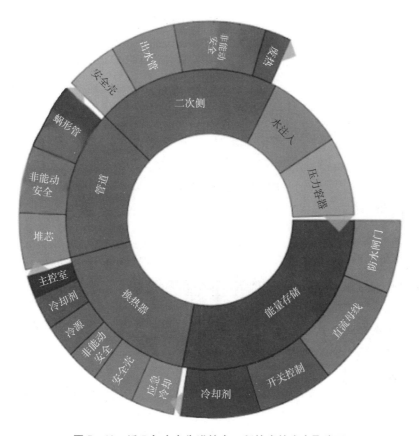

图 5-10 近5年广东先进核电工程技术技术点聚类图

5.2.5 技术功效分析

技术功效矩阵是微观分析中常用的分析方法,通过阅读专利,将相关专利归入技术和功能效果分类中,实现对专利的重新分类,并分析技术的研究热点及空白点。由于同族专利是基于扩大专利的保护范围需要,而针对某一特定技术点在不同的区域范围申请的一系列专利,其代表同一技术点,为了更准确地反映技术点的研究情况,因此对先进核电工程技术的专利进行同族去重后,制作技术功效图。

5.2.5.1　全球先进核电工程技术功效

由图5-11可知，总体而言，对于先进核电工程技术的研究，快中子堆核电机组技术的研究热度明显高于其他技术，其对应功效点的技术方案明显多于其他技术，主要是以下两个原因。

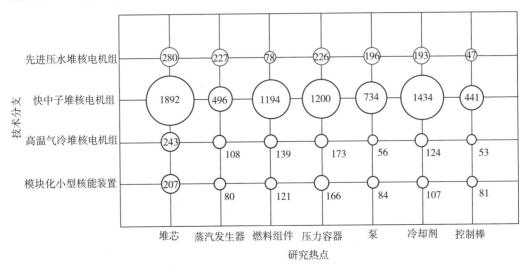

图5-11　全球先进核电工程技术功效图

注：图中数字表示申请量，单位为项。

1）研究起步早，发展较为顺利。世界上第一座实验性快中子反应堆——热功率25kW的克来门汀（Clementine）于1946年在美国建成。相对来说，直至2002年，相关方才刚提交先进压水堆核电技术的基础技术AP1000的最终设计批准以及标准设计认证的申请；高温气冷堆尽管开展研究较早，始于20世纪60年代，但受美国、德国两座示范电站关闭的影响，且由于高温气冷堆的退役难度更加大，因此其发展一直磕磕绊绊。而据相关报告，对于小型堆的研究，除中国、韩国处于研究阶段外，其余国家或地区均处于设计阶段。

2）研究关注度高，研究范围广。快中子堆的推广应用可使铀资源的利用率提高50～60倍，避免大量铀-238堆积浪费，使环境污染问题能获得解决，已成为各个国家研究的关注点。美国、法国、日本、德国和俄罗斯等国家积极开发研究快中子堆，我国与澳大利亚、挪威、西班牙、瑞典、瑞士、意大利等国家亦在积极开展相关研究工作。目前，世界上已经有多个国家掌握快中子堆技术，我国是世界上第八个拥有快中子堆技术的国家。而相对来说，先进压水堆和高温气冷堆研究范围较窄。先进压水堆技术主要由美国研究开发，中国实践应用，世界上首台AP1000核电机组将于中国运转。高温气冷堆尽管开始拥有一定量的研究国家，但后来发展并不顺利，部分国家退出研究或面临困境。高温气冷堆的主要研究国家有英国、美国、德国、中国和南非。其中德国于1988～1989年相继关闭两座球床高温气冷堆反应堆后，相关实验项目也已经停止，且目前并没有这方面的开发计划，同时南非的球床高温气冷堆的发展已经面临困境。

对具体技术而言，梳理相应的研究热点及专利布局点，具体情况如下：

1）先进压水堆核电机组的研究热点为堆芯、蒸汽发生器、压力容器、泵和冷却剂。相对而言，燃料组件和控制棒技术方案较少，可作为专利布局点参考。

2）快中子堆核电机组的研究热点为堆芯、燃料组件、压力容器和冷却剂。相对而言，蒸汽发生器、泵和控制棒的技术方案较少，可作为专利布局点参考。

3）高温气冷堆核电机组的研究热点为堆芯、蒸汽发生器、燃料组件、压力容器和冷却剂。相对而言，泵和控制棒的技术方案较少，可作为专利布局点参考。

4）模块化小型核能装置的研究热点为堆芯、燃料组件、压力容器和冷却剂。相对而言，蒸汽发生器、泵和控制棒的技术方案较少，可作为专利布局点参考。

5.2.5.2　中国先进核电工程技术功效

由图 5－12 可知，首先，中国的研究主要集中于先进压水堆核电机组技术和快中子堆核电机组技术，其对应功效点的技术方案明显多于其他技术。其次，高温气冷堆核电机组技术亦有一定的研究，相对而言，模块化小型核能装置技术研究相对较少。

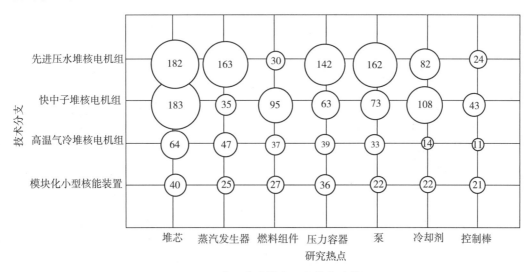

图 5－12　中国先进核电工程技术功效图

注：图中数字表示申请量，单位为项。

对具体技术而言，梳理相应的研究热点及研究薄弱点，具体情况如下：

1）先进压水堆核电机组的研究热点为堆芯、蒸汽发生器、压力容器、泵。相对而言，冷却剂、燃料组件和控制棒技术方案较少。

2）快中子堆核电机组的研究热点为堆芯、冷却剂和燃料组件。相对而言，蒸汽发生器、压力容器、泵和控制棒的技术方案较少。

3）高温气冷堆核电机组的研究热点为堆芯、蒸汽发生器、燃料组件、压力容器和泵。相对而言，冷却剂和控制棒的技术方案较少。

4）模块化小型核能装置的研究热点为堆芯、压力容器。相对而言，蒸汽发生器、燃料组件、泵、冷却剂和控制棒的技术方案较少。

5.2.5.3 广东先进核电工程技术功效

由图 5 – 13 可知，总体而言，广东主要集中于先进压水堆核电机组和模块化小型核能装置技术的研究，快中子堆核电机组技术研究相对较少，且尚未在高温气冷堆核电机组技术方面开展相应的研究。

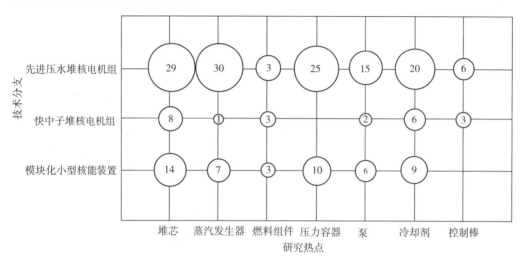

图 5 – 13　广东先进核电工程技术功效图

注：图中数字表示申请量，单位为项。

就具体的技术点而言，对于先进压水堆核电机组技术，广东燃料组件、泵和控制棒的专利技术方案较少，需加强在此方面的研究及专利布局；而对于模块化小型核能装置而言，广东在蒸汽发生器、燃料组件、泵和控制棒的技术方案较少，需加强此方面的研究及专利布局。

5.2.6 专利诉讼分析

先进核电工程技术比较先进。其中，快中子堆核电机组技术、高温气冷堆核电机组技术以及模块化小型核能装置技术尚未实现商业化。而先进压水堆核电机组技术于2017 年进入商业化，时间较短。因此，通过检索，尚未检索到先进核电工程技术相关诉讼。

5.2.7 广东申请人的国外专利布局分析

由表 5 – 11 可知，广东的先进核电工程技术领域专利布局仍仅局限于本土领域的专利布局，海外专利布局相对较少，其中 PCT 申请仅为 8 件，英国专利申请 2 件，其余国家或地区专利申请量均少于 2 件。

表 5 – 11　先进核电工程技术领域广东研究者专利布局分析

国别/区域	专利申请量/件
中国	136
WIPO	8
英国	2
EPO	1
韩国	1
日本	1
美国	1

5.3　核燃料加工设备制造技术产业专利分析及预警

5.3.1　申请趋势分析

5.3.1.1　全球专利申请趋势分析

由图 5 – 14 可知，近 20 年来，全球核燃料加工设备制造领域专利申请呈倒 V 形趋势，2000 年以来，专利申请量一路攀升，到 2012 年后专利申请量达到高峰期，之后专利申请量逐年下降。或由于 2011 年福岛事故的影响，很多国家宣布了弃核，导致核燃料加工设备制造技术的创新热度有所下降。

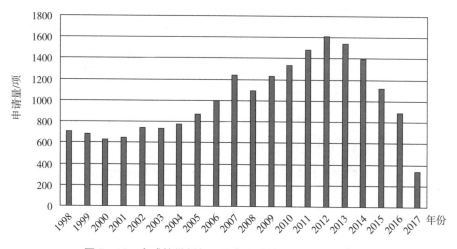

图 5 – 14　全球核燃料加工设备制造技术专利申请趋势图

5.3.1.2　中国专利申请趋势分析

由图 5 – 15 可知，中国核燃料加工设备制造技术的专利申请呈快速增长趋势，

2016 年达到专利申请量的高峰期。相对于全球，中国增长速率明显快于全球，且随着 2015 年中法合建核循环大厂项目合作协议的签订，未来专利申请量或仍处于高峰期。

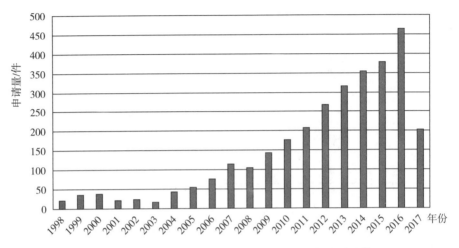

图 5 – 15　中国核燃料加工设备制造技术专利整体申请趋势图

5.3.1.3　广东专利申请趋势分析

　　广东专利申请起步比较晚，2008 年后才有一定量的专利申请，但增长较为迅速，且于 2014 年达到申请量的高峰。虽然 2015 年的专利申请量有所下降，但专利申请量也高于 40 件。

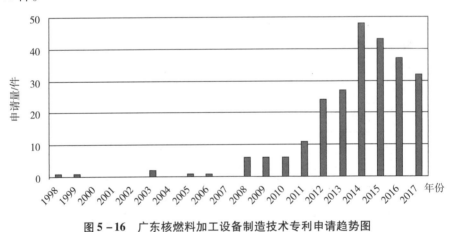

图 5 – 16　广东核燃料加工设备制造技术专利申请趋势图

5.3.2　申请人分析

5.3.2.1　全球主要申请人分析

　　对全球核燃料加工设备制造技术领域专利申请量排名在前十位的专利申请人进行统计分析，分别得到图 5 – 17、表 5 – 12。

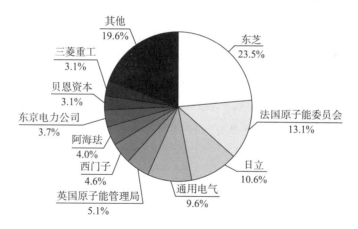

图 5 - 17　全球核燃料加工设备制造技术主要申请人

表 5 - 12　全球核燃料加工设备制造技术领域专利前十位申请人

序号	申请人	申请量/件
1	东芝	5998
2	法国原子能委员会	3349
3	日立	2684
4	通用电气	2427
5	英国原子能管理局	1272
6	西门子	1143
7	阿海珐	1038
8	东京电力公司	932
9	贝恩资本	772
10	三菱重工	788

　　从图 5 - 17、表 5 - 12 可看出，在全球关于核燃料加工设备制造技术方面研究并进行专利保护的主要申请人中出现了较多的国家设立机构，这主要是由于核电技术作为一种战略性技术，与国家的安全紧密相关。

　　由表 5 - 12 可知，专利申请量前十位的专利申请人分布于日本（4 位）、法国（2 位）、美国（2 位）、英国（1 位）、德国（1 位）。尽管分布国家拥有专利申请人数量有所变化，但与先进核电工程技术分布国家一致。

　　在专利申请量前十位的专利申请人中，除东京电力公司和阿海珐，其余专利申请人均进入先进核电工程技术前十位，可见专利主要申请人掌握了这两大领域的专利技术。

5.3.2.2 中国主要申请人分析

对中国核燃料加工设备制造技术领域专利申请量排名前十位的专利申请人进行统计分析，得到表5-13。

由表5-13可知，除国外申请人外，中国主要申请人以国企、高校和科研院所为主。专利申请量排名前十位的专利申请人，除东芝、阿海珐、法国原子能委员会、日立外，6位中国本土专利申请人主要分布的省份分别为北京（3位）、广东（1位）、四川（1位）和湖南（1位）。

表5-13 全球核燃料加工设备制造技术领域专利前十位申请人

序号	申请人	申请量/件
1	中核	561
2	中广核	213
3	东芝	133
4	清华大学	110
5	阿海珐	65
6	国电投	52
7	法国原子能委员会	35
8	南华大学	33
9	成都理工大学	33
10	日立	33

5.3.2.3 广东主要申请人分析

对广东核燃料加工设备制造技术领域专利申请量超过2件的专利申请人进行统计，得到表5-14。可知，专利申请量超过2件的一共有11个申请人。其中，专利主要集中于中广核，中广核的专利申请为184件，专利申请量远远领先于其他研究者。

表5-14 广东核燃料加工设备制造技术主要专利申请人列表

序号	申请人	申请量/件
1	中广核	184
2	广州杰赛科技股份有限公司	4
3	广州兰泰胜辐射防护科技有限公司	4
4	东莞市联洲知识产权运营管理有限公司	4
5	易特科集团	3
6	宇星科技发展（深圳）有限公司	3

序号	申请人	申请量/件
7	江门市腾飞科技有限公司	2
8	中国能源建设集团广东省电力设计研究院	2
9	李正蔚	2
10	核工业二九〇研究所	2
11	中山大学	2

5.3.3　区域分布分析

5.3.3.1　全球专利技术应用国和来源国分析

专利技术应用国可以体现专利申请人需要在哪些国家或地区保护该发明。这一参数也反映了该发明未来可能的实施国家或地区。将全球关于核燃料加工设备制造技术领域的申请专利按热点国家或地区进行统计分析，得到表 5 - 15。

表 5 - 15　核燃料加工设备制造技术专利技术前十位应用国分布表

国家	申请量/件
日本	13961
美国	8307
法国	3493
英国	3346
中国	3367
德国	2801
加拿大	1437
韩国	1360
比利时	1316
西班牙	985

可知，关于核燃料加工设备制造技术的全球主要专利技术应用国分别为日本、美国、法国、英国、中国、德国等，其专利申请量均超过 2500 件。相对于先进核电工程技术领域，中国排名有所下降，排名由第三名下降为第五名。

将核燃料加工设备制造技术的申请专利按专利权人的国籍进行统计，得到表 5 - 16。可知，专利技术仍主要掌握于美国、日本手中。来源自中国的专利申请仅为 2317 件，不到日本专利申请量的 20%。

表5-16 核燃料加工设备制造技术专利技术来源国分布表

国家	申请量/件
美国	14496
日本	12897
法国	6639
英国	3151
中国	2317
韩国	1153
瑞典	905
俄罗斯	792
加拿大	499
比利时	377

5.3.3.2 中国专利主要省市分布分析

中国研究者的专利布局仍仅局限于中国本土。海外、PCT以及欧洲专利局相关专利申请均未超过100件。其中PCT专利申请量仅约为本土专利申请量的2%。

将中国本土研究者申请的核燃料加工设备制造技术专利按主要省市进行统计分析，可得表5-17。可知，北京、四川、广东、上海、江苏是核燃料加工设备制造技术的主要申请省份。其中，北京专利申请量为590件，位居榜首。广东专利申请量为246件，排名第三位。

表5-17 中国核燃料加工设备制造技术专利主要省市分布统计

省市	申请量/件
北京	590
四川	294
广东	246
上海	155
江苏	143
陕西	77
湖南	74
湖北	64
山西	61
浙江	51

5.3.3.3　广东专利主要地市分布分析

对广东核燃料加工设备制造技术专利按地市申请进行统计，得到表 5 – 18。可知，广东的专利申请主要集中于深圳，其余地市的专利申请均未超过 30 件，这主要是由于核燃料加工设备制造技术的专利技术集中于深圳中广核。

表 5 – 18　广东核燃料加工设备制造技术专利主要省市分布统计

地市	申请量/件
深圳	197
广州	24
东莞	8
江门	2
仁化	1
阳江	1
韶关	1

5.3.4　技术分布分析

5.3.4.1　全球技术分布分析

检索全球核燃料加工设备制造技术近 5 年专利并同族去重，一共得到 5555 件专利，对具体的技术进行统计形成表 5 – 19。可知，核辐射安全与监测装置、核设施退役与放射性废物处理和处置装置、高性能燃料组件是专利技术的研究热点，其技术方案所占比例均超过 15%。

表 5 – 19　近 5 年核燃料加工设备制造技术主要研究技术领域摘录表①

序号	技术名称	专利数量/件	占专利总量比例
1	核辐射安全与监测装置	2470	44.5%
2	核设施退役与放射性废物处理和处置装置	2119	38.1%
3	高性能燃料组件	1098	19.8%
4	铀地质设备	198	3.6%
5	铀浓缩设备	150	2.7%
6	先进乏燃料后处理装置	124	2.2%
7	铀矿冶纯化转化设备	59	1.1%
8	铀钚混合氧化物燃料制备装置	56	1.0%

---

①　由于 1 件专利可属于多个技术分支，故数据是存在重复的，因此各技术分支专利数量之和大于全球总数。

5.3.4.2 中国技术分布分析

检索中国核燃料加工设备制造技术近5年申请专利并同族去重，一共得到1604件专利，对具体的技术进行统计形成表5-20。可知，与全球一致，核辐射安全与监测装置、核设施退役与放射性废物处理和处置装置、高性能燃料组件是中国专利技术的研究热点，其技术方案所占比例均超过15%。

表5-20 近5年核燃料加工设备制造技术主要研究技术领域摘录表

序号	技术名称	专利数量/件	占专利总量的比例	占全球的比例
1	核辐射安全与监测装置	647	40.3%	26.2%
2	核设施退役与放射性废物处理和处置装置	458	28.6%	21.6%
3	高性能燃料组件	283	17.6%	25.8%
4	铀地质设备	140	8.7%	70.7%
5	铀浓缩设备	53	3.3%	35.3%
6	先进乏燃料后处理装置	42	2.6%	33.9%
7	铀矿冶纯化转化设备	16	1.0%	27.1%
8	铀钚混合氧化物燃料制备装置	9	0.6%	16.1%

对比上节，以中国总体专利数量占全球比例（28.9%）为平均比例，对细分技术点进行分析。中国细分技术点专利量占全球细分技术点专利量比例超过28.9%，代表相对于全球，中国更侧重于此块技术的研究，比例越高，代表更加侧重；反之亦然。

对于中国占全球比例超过28.9%的细分技术，由高到低进行排序，分别为铀地质设备（70.7%）、铀浓缩设备（35.3%）、先进乏燃料后处理装置（33.9%）。

中国占全球比例低于28.9%的细分技术由低往高进行排序，分别为铀钚混合氧化物燃料制备装置（16.1%）、核设施退役与放射性废物处理和处置装置（21.6%）、高性能燃料组件（25.8%）、核辐射安全与监测装置（26.2%）、铀矿冶纯化转化设备（27.1%）。

由此可见，相对于全球，近5年来中国主要侧重于铀地质设备、铀浓缩设备、先进乏燃料后处理装置的研究，尤其是铀地质设备，其对应技术方案数占全球技术方案数的比例高达70.7%。

而全球则更侧重于用于快中子堆的铀钚混合氧化物燃料制备装置技术及核设施退役与放射性废物处理和处置装置的研究。

5.3.4.3 广东技术分布分析

将广东近5年核燃料加工设备制造技术的专利进行同族去重，得到165件专利。经过人工筛选并进行细分技术标引，共有162件为目标专利，细分技术情况如图5-18所示。

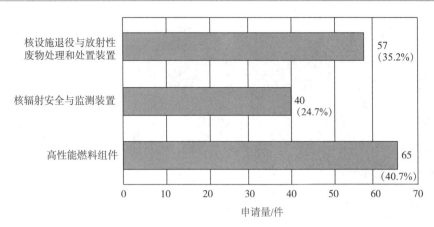

图 5 – 18　广东省近 5 年核燃料加工设备制造技术领域研究细分技术点统计①

由图 5 – 18 可知，广东近 5 年来主要集中于高性能燃料组件、核辐射安全与监测装置、核设施退役与放射性废物处理和处置装置技术的研究，对核燃料加工设备制造技术其余 5 项技术，均未涉及。

5.3.5　专利技术功效分析

专利技术功效分析主要通过技术点与对应的功效点挖掘相应的研究热点以及技术空白点。由于核燃料加工设备制造技术的细分技术的功效差异性较大，因此本节主要采取专利图景的方法，逐一针对各细分技术进行分析，从而挖掘相应的研究热点及技术空白点。

专利图景分析，即利用 Innography 独特的算法，选取专利的关键词进行聚类，并进行统计分析，形成相应的分析图。通过专利图景分析，可把握相应技术研究的细致情况，同时亦可设置显示中国研究者所研究技术点分布情况，从而达到掌握技术研究的热点、专利布局点及中国研究者的技术研究情况。

由前文的分析可知，核燃料加工设备制造技术可细分为铀地质设备等八大技术，且由于同一族专利表示同一技术点，因此选取同族去重后的专利集进行分析，下文将依次对相应的细分技术进行专利图景分析。

（1）铀地质设备

对铀地质设备进行专利图景分析，形成图 5 – 19 的专利图景分析图。图中，块状的大小代表所涉及的专利技术点的多少，深色部分代表中国研究者所研究技术点的分布情况，分布的点越多，代表中国研究者于该技术点研究越密集，下文其他专利图景图亦按此分析。

通过将相关关键词与对应技术进行关联，对图 5 – 19 进行分析可知，铀地质设备的铀矿浸取技术（关键词：水溶液、水溶液 pH、氧化还原电位、附加剂）是当前研究的热门技术。其中水溶液、水溶液 pH 是全球的研究热点，氧化还原电位的控制（关键

---

① 由于核燃料加工设备制造技术领域各研究细分技术点间存在交叉，故图中百分数之和大于 100%。

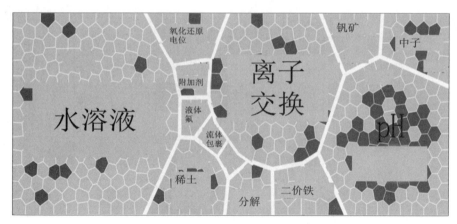

图 5-19　铀地质技术专利图景分析图

词：氧化还原电位）、附加剂的添加（关键词：附加剂）研究相对较少；而中国研究者主要集中于水溶液 pH 的研究，后续可在铀矿浸取技术的氧化还原电位、附加剂的添加展开相应的研究。

就铀地质设备的应用范围（关键词：稀土、钒矿、液体氟、流体包裹）而言，整体研究较少。相对而言，稀土铀矿（关键词：稀土）、铀钒矿（关键词：钒矿）研究较多，而含氟铀矿（关键词：液体氟）、铀矿床的流体包裹体（关键词：流体包裹）的研究较少，未来或可在含氟铀矿、铀矿床的流体包裹体展开相应的专利布局，而中国研究者主要集中于稀土矿的研究。

在其他技术中，离子交换工艺（关键词：离子交换）、中子测井技术（关键词：中子）是研究的热点，而铀矿的分解（关键词：分解）以及铀矿二价铁的提取（关键词：二价铁）的研究相对较少，或可展开相应的研究。

（2）铀矿冶纯化转化设备

图 5-20 是铀矿冶纯化转化技术的专利图景分析图。可知，铀矿冶纯化转化技术主要集中于铀矿冶纯化转化前铀的富集程度（关键词：富集程度）、矿冶纯化转化过程中的熔盐电解技术（关键词：熔盐）、萃取技术（关键词：有机相）、温度控制（关键

图 5-20　铀矿冶纯化转化技术专利图景分析图

词：摄氏度）、三碳酸铀酰胺（AUC）工艺（关键词：大表面积）、离子交换法（关键词：离子交换）以及铀矿冶纯化转化后的产品的电极法测定（电极法）。其中，相对而言，温度控制、离子交换法、萃取技术和熔盐电解技术研究较为热门，而 AUC 工艺、电极法测定、铀的富集程度相对研究较少，或可在此方面展开研究。

中国研究者主要集中于温度控制、离子交换法、萃取技术方面的研究，技术点研究较少。

（3）铀浓缩设备

图 5-21 是铀浓缩设备技术的专利图景图分析图。可知，就浓缩技术而言，化学分离法（关键词：水溶液、pH、离子交换、有机相）、气体法（关键词：六氟化铀、喷嘴）、同位素电磁分离法（关键词：磁场）是当前的研究热点技术。而激光浓缩法（关键词：激发原子）的技术点研究相对较少，或可在此技术点上布局相关专利。

图 5-21　铀浓缩设备技术专利图景分析图

在其他技术中，对海水铀的浓缩（关键词：海水铀）以及铅离子选择电极测定出口铀浓缩物中硫酸根（关键词：回收电极）相对研究较少，或可在此方面开展研究。

就中国研究者而言，主要集中于化学分离法的研究，对气体法、同位素电磁分离法、激光浓缩法的技术点研究较少。

在其他技术中，海水铀浓缩的研究较少而铅离子选择电极测定出口铀浓缩物中的硫酸根技术均未涉及。

（4）高性能燃料组件

图 5-22 是高性能燃料组件技术的专利图景分析图。可知，高性能燃料组件的结构及相关配件，控制棒、截面、定位格架、支撑格架、燃料包壳、下垫板以及燃料芯块是研究的热点，相对而言，截面和下垫板研究较少。

在其他技术中，于沸水堆应用的燃料组件技术，亦有可观的研究。而燃料组件的激光切割（关键词：激光束）以及碳化硅材料于核燃料的应用（关键词：碳化硅）相对研究较少，或可在此方面展开专利布局。

相对全球来讲，中国研究者研究较为全面，上述技术点均有所涉及，但研究较少。

（5）铀钚混合氧化物燃料制备装置

图 5-23 是铀钚混合氧化物燃料制备装置技术的专利图景分析图。可知，铀钚混

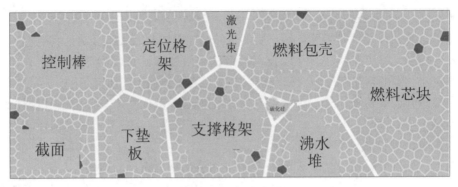

图 5 – 22　高性能燃料组件专利图景分析图

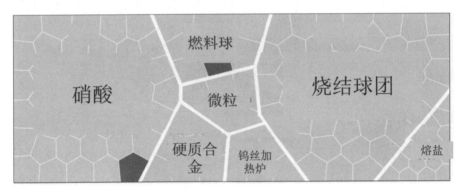

图 5 – 23　铀钚混合氧化物燃料制备装置技术专利图景分析图

合氧化物的制备过程中可以分为干法和湿法两种。按关键词与这两种技术的关联度可知，湿法（关键词：硝酸、微粒、钨丝加热炉、烧结球团）技术点的研究热门程度远超过干法技术（关键词：燃料球）。

在其他技术中，针对具体的熔盐堆的铀钚混合氧化物燃料（关键词：熔盐）和铀钚混合氧化物芯块（关键词：硬质合金）方面亦有不少的技术点研究。

中国研究者对铀钚混合氧化物的制备过程干法、湿法均有所研究，但研究较少。

（6）先进乏燃料后处理装置

先进乏燃料后处理技术可分为水法和干法两种。由图 5 – 24 可知，水法（关键词：

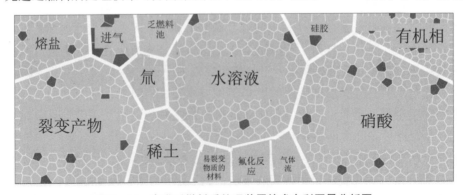

图 5 – 24　先进乏燃料后处理装置技术专利图景分析图

硝酸、水溶液、进气、气体流、氙、有机相、硅胶、稀土）的研究热门程度要高于干法（关键词：熔盐、氟化反应）。

在其他技术中，针对裂变及易裂变的乏燃料（关键词：裂变产物、易裂变物质的材料）亦有较多的研究，但乏燃料的存储（关键词：乏燃料池）相对研究较少。

（7）核辐射安全与监测装置

图 5-25 是核辐射安全与监测装置技术的专利图景分析图。可知，核辐射安全与监测装置技术的研究，主要集中于辐射源（关键词：辐射源、核反应堆、放射性废物、光缆、燃料组件、γ 射线）、监测装置（关键词：光电探测器、电极、探测头、光电倍增管、探测模块）、辐射程度（关键词：辐射剂量、计数率）的研究。

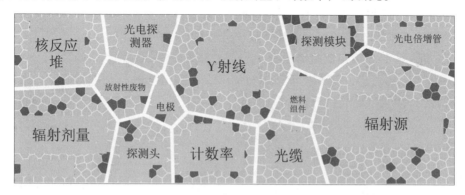

图 5-25　核辐射安全与监测装置技术专利图景分析图

就辐射源而言，燃料组件（关键词：燃料组件）和光缆（关键词：光缆）研究相对较少；就监测装置而言，电极辐射探测器（关键词：电极）相对研究较少。

在上述技术点中，中国研究者均有所涉及，尤其对监测装置的探测模块，具有相对较多的技术点研究。

（8）核设施退役及放射性废物处理和处置装置

图 5-26 是核设施退役及放射性废物处理和处置装置技术的专利图景分析图。可知，按处理处置的对象不同，废液的处理（关键词：废液、水溶液、离子交换）和固体废物的处理（关键词：压力容器、核反应堆、管道、原材料、固体废物、核

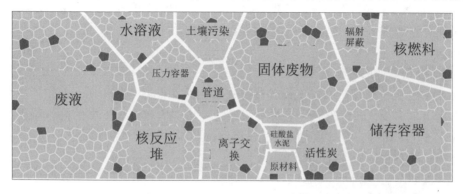

图 5-26　核设施退役及放射性废物处理和处置装置技术专利图景分析图

燃料）的研究相对较为热门，废气的处理（关键词：活性炭）、核设施退役的土壤污染（关键词：土壤污染）以及硅酸盐水泥（关键词：硅酸盐水泥）的研究相对较少。

在其他技术中，放射性性废物的储存容器（关键词：储存容器）研究较为热门，而对放射性废物的辐射屏蔽（关键词：辐射屏蔽）研究较少。

中国研究者对以上技术点均有相应的研究，主要集中在废液处理和固体废物的处理的研究。

5.3.6　专利诉讼分析

经检索，全球关于核燃料加工设备制造技术专利涉及诉讼的案件共 9 起。现将案件发生年份、原告和被告等情况作以下具体分析。

5.3.6.1　诉讼案件年度申请趋势分析

从图 5 – 27 可看出，全球关于核燃料加工设备制造技术涉及诉讼的专利案件发生年份分别是 1989 年（1 起）、1997 年（1 起）、2004 年（4 起）、2006 年（1 起）、2009 年（1 起）、2013 年（1 起）。

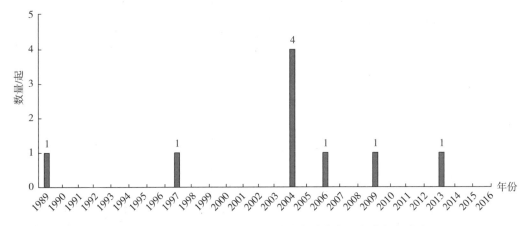

图 5 – 27　全球核燃料加工设备制造技术涉案专利申请年度统计

2004 年前，案件发生率普遍较低，仅 1989 年和 1997 年有 1 起案件；2004 年涉及诉讼的案件量最多，为 4 起；之后，案件发生时间间隔较为密集，每隔 2 ~ 4 年，则发生 1 起案件。

5.3.6.2　诉讼案件原告和被告分析

图 5 – 28 为全球核燃料加工设备制造技术相关案件原告热力图。图中，块状的大小代表案件的多少，颜色越深代表对应原告的经济实力较强。下文的被告热力图也仿此。由图 5 – 28 可知，全球核燃料加工设备制造技术涉讼案件一共有 10 位原告，均涉及 1 件案件，分布较为分散。

图 5 - 28　全球核燃料加工设备制造技术相关案件原告热力图

从图 5 - 29 可看出，全球核燃料加工设备制造技术的涉讼案件一共有 14 位被告，均涉及 1 件案件，未出现集中被诉现象。

图 5 - 29　全球核燃料加工设备制造技术相关案件被告热力图

5.3.7　广东申请人的国外专利布局分析

由表 5 - 21 可知，广东核燃料加工设备制造技术领域的专利布局仍仅局限于中国本土领域的专利布局，海外专利布局相对较少，其中 PCT 申请仅为 10 件，美国专利申请 7 件，欧洲专利局专利申请 5 件，其余国家或地区专利申请量均少于 5 件。

表 5 - 21　广东研究者核燃料加工设备制造技术领域专利布局

专利布局国家/区域	申请量/件
中国	246
WIPO	10
美国	7
EPO	5

专利布局国家/区域	申请量/件
法国	2
韩国	2
日本	2
澳大利亚	1
加拿大	1
英国	1
印度	1
俄罗斯	1

5.4 核电站设备及零部件制造技术产业专利分析与预警

5.4.1 专利申请趋势分析

5.4.1.1 全球专利申请趋势分析

由图 5 - 30 可知，近 20 年来，核电站设备及零部件制造技术专利申请总体呈上升趋势，2012 年达到申请量的高峰期。尽管 2012 年后，专利申请量有所回落，但每年专利申请量仍然较为可观，可见，近几年仍然是核电站设备及零部件制造技术专利申请的高峰期。

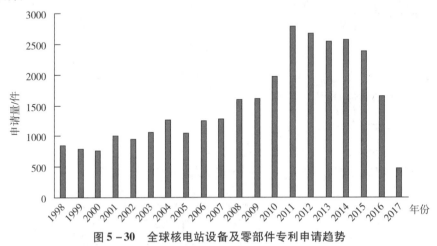

图 5 - 30　全球核电站设备及零部件专利申请趋势

5.4.1.2 中国专利申请趋势分析

相对全球核电站设备及零部件技术专利申请趋势，中国核电站设备及零部件技术专利申请呈快速增长趋势，且 2013 年后，专利量仍呈持续上涨趋势，并于 2016 年达到申请量的高峰期，未见回落现象，如图 5 - 31 所示。

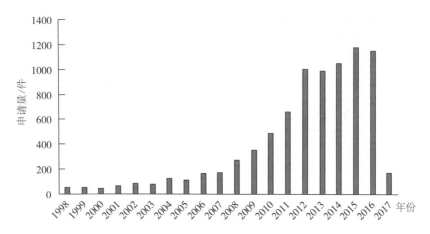

图 5 – 31　中国核电站设备及零部件制造技术专利申请趋势

5.4.1.3　广东专利申请趋势分析

从申请趋势总体而言，广东核电站设备及零部件专利申请与前两个技术基本一致，相对于中国起步较晚，但从增长幅度看，呈更快幅度增长趋势。广东于 2004 年开始才有少量专利申请，直至 2009 年专利有了突破性的增长后，专利才开始井喷式的增长，增长幅度非常大，如图 5 – 32 所示。

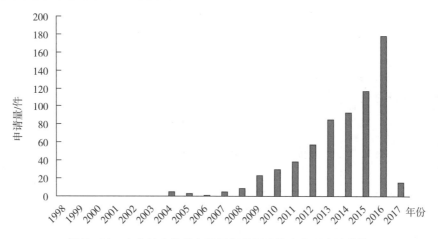

图 5 – 32　广东核电站设备及零部件制造技术专利申请趋势

5.4.2　申请人分析

5.4.2.1　全球主要专利申请人分析

从全球主要专利申请人来看，主要专利申请人仍分布于日本、法国、美国、英国和德国等发达国家。其中，日本、法国和美国的主要专利申请人较多，超过 2 位，而英国和德国的主要专利申请人仅 1 位，如表 5 – 22 所示。

在前十位申请人中，除巴布科克·威尔科克斯外，其他与核燃料加工设备及零部件制造技术的主要申请人一致。巴布科克·威尔科克斯总部位于美国俄亥俄州，是世界上第一台蒸汽发电锅炉的发明者，目前世界上约半数的大型电站锅炉采用巴布科克·威尔科克斯技术。

可见，与前两种技术一致，核电站设备及零部件制造技术大部分专利技术仍掌握于发达国家手中。

表5－22　全球核电站设备及零部件制造技术主要专利申请人列表

排名	申请人	专利数量/件
1	东芝	8657
2	日立	3565
3	法国原子能委员会	3486
4	通用电气	3050
5	英国原子能管理局	1742
6	贝恩资本	1609
7	西门子	1405
8	三菱重工	1206
9	阿海珐	1112
10	巴布科克·威尔科克斯	1012

5.4.2.2　中国主要专利申请人分析

中国主要专利申请人有9位本土研究者和1位国外研究者。中国本土研究者以大型国企、高校和科研院所为主，其主要分别分布于北京（4位）、广东（1位）、上海（1位）、江苏（1位）、黑龙江（1位）和河北（1位），如表5－23所示。

表5－23　中国核电站设备及零部件制造技术主要专利申请人列表

排名	申请人	专利数量/件
1	中核	1012
2	中广核	594
3	国电投	298
4	东芝	245
5	阿波罗机械	161
6	中国科学院	177
7	清华大学	141
8	哈电集团	100
9	江苏大学	88
10	华北电力大学	61

5.4.2.3　广东主要专利申请人分析

课题组对广东专利申请量超过 2 件的专利申请人进行统计,其中,专利申请量超过 2 件的一共有 21 位。其中,中广核的专利申请量远远高于其他研究者。华南理工大学和中山大学的专利申请起步较晚,专利公开时间均为 2016 年 8 月之后,如表 5 - 24 所示。

表 5 - 24　中国核电站设备及零部件制造技术主要专利申请人列表

序号	申请人	申请量/件
1	中广核	537
2	东莞市民兴电缆有限公司	21
3	南方风机股份有限公司	12
4	广东省电力设计研究院	9
5	申菱集团	5
6	华南理工大学	4
7	中国科学院深圳先进技术研究院	3
8	广东中德电缆有限公司	3
9	东方重机	3
10	邝嘉豪	3
11	中山大学	2
12	广东粤电大埔发电有限公司	2
13	深圳深缆科技有限公司	2
14	深圳市大为集团有限公司	2
15	深圳市沃尔核材股份有限公司	2
16	龙川秀康威达新型材料有限公司	2
17	中山大学	2
18	李明斌	2
19	梁锋	2
20	林德宽、许连升、宋建中	2
21	戴亮祥	2

5.4.3　区域分布分析

5.4.3.1　全球专利技术应用国和来源国分析

专利技术应用国可以体现专利申请人需要在哪些国家或地区保护该专利,这一参数也反映了该专利未来可能实施的国家或地区。对核电站设备及零部件制造技术专利技术应用国进行统计得表 5 - 25。可知,日本、美国、中国、英国、法国和德国是主要的技术应用国。其中，日本申请的专利件数最多，专利量为14880件，其次是美国和中国，专利量分别为9790件和8699件。

表5-25　核电站设备及零部件制造技术专利技术的应用国别分布表

国家	专利数量/件
日本	14880
美国	9790
中国	8699
英国	4843
法国	4027
德国	3674
比利时	1721
韩国	1673
加拿大	1558
西班牙	1149

专利技术来源国分析可以体现专利技术的来源区域，如表5-26所示。与专利技术应用国分析一致，专利技术来源主要国家亦为美国、日本、法国、中国、德国和英国。其中来源自美国和日本的专利量最多，专利量均超过13000件，而排名第三位、第四位的法国和中国，其专利量不到8000件。

表5-26　核电站设备及零部件制造技术专利技术来源国别分布表

国家	专利数量/件
美国	17910
日本	13295
法国	7713
中国	7287
德国	6330
英国	4456
韩国	1274
瑞典	1122
俄罗斯	718
瑞士	635

5.4.3.2　中国专利申请省份分析

表5-27对核电站设备及零部件制造技术领域中国各省份的专利申请量进行统计。

可知，在全国各省份关于核电站设备及零部件制造技术的专利申请量中，江苏以 1233 件专利申请量占据全国榜首，其次是上海和北京，专利申请量分别为 941 件和 949 件，广东专利申请量为 713 件，排名第四位。总体来看，核电站设备及零部件制造技术主要集中于江浙一带（江苏、上海和浙江），其专利量总共为 2604 件，远超其他区域。

表 5 - 27　核电站设备及零部件制造技术领域中国各主要省份专利申请量统计

省份	申请量/件
江苏	1233
上海	941
北京	949
广东	713
四川	679
浙江	430
安徽	374
辽宁	334
黑龙江	182
湖北	181

5.4.3.3　广东专利申请地市分析

课题组对广东各主要地市申请的专利进行统计，统计情况如表 5 - 28 所示。可知，广东的专利申请主要集中于珠三角地区，包括深圳、东莞、佛山、广州。其中，深圳的专利申请量远远高于其他地市，是第二名东莞专利申请数量的 15 倍以上。

表 5 - 28　核电站设备及零部件制造技术领域广东各主要地市专利申请量统计

地市	申请量/件
深圳	556
东莞	32
佛山	22
广州	25
惠州	4
揭阳	2
茂名	2
梅州	2
中山	2
河源	2

地市	申请量/件
阳江	2
汕头	1
韶关	1
东莞	1

5.4.4 技术分布分析

5.4.4.1 全球技术分布分析

检索核电站设备及零部件制造技术领域全球近 5 年专利并同族去重，一共得到 8784 件专利，对具体的技术进行统计形成表 5 - 29。可知，反应堆堆芯及配套系统，核级泵、阀、电缆，核安全技术保障平台，核应急装置是全球的研究热点，专利申请所占比例均高于 10%。

表 5 - 29 近 5 年核电站设备及零部件制造技术主要研究技术领域摘录表

序号	技术名称	专利数量/件	占专利总量比例
1	反应堆堆芯及配套系统	3060	34.8%
2	核级泵、阀、电缆	2966	33.8%
3	核安全技术保障平台	1780	20.3%
4	核应急装置	983	11.2%
5	不锈钢管道配件	412	4.7%
6	核电用防辐射铅材料	304	3.5%
7	核动力蒸汽发生器传热管用辅助设备	302	3.4%
8	核电用钛合金管道配件	109	1.2%
9	核电用锆合金包壳管	79	0.9%
10	核级不锈钢无缝管	74	0.8%
11	核级海绵锆	57	0.6%

5.4.4.2 中国技术分布分析

检索核电站设备及零部件制造技术领域中国近 5 年申请专利并同族去重，一共得到 5154 件专利，对具体的技术进行统计形成表 5 - 30。可知，核级泵、阀、电缆，反应堆堆芯及配套系统，核安全技术保障平台是研究的热点，专利量占总体专利比例均超过 20%。

表 5-30　近 5 年中国核电站设备及零部件制造技术主要研究技术领域摘录表

序号	技术名称	专利数量/件	占专利总量的比例	占全球的比例
1	核级泵、阀、电缆	2349	45.6%	79.2%
2	反应堆堆芯及配套系统	1270	24.6%	41.5%
3	核安全技术保障平台	1248	24.2%	70.1%
4	核应急装置	393	7.6%	40.0%
5	不锈钢管道配件	301	5.8%	73.1%
6	核动力蒸汽发生器传热管用辅助设备	174	3.4%	57.6%
7	核电用防辐射铅材料	176	3.4%	57.9%
8	核电用钛合金管道配件	81	1.6%	74.3%
9	核级不锈钢无缝管	59	1.1%	79.7%
10	核级海绵锆	31	0.6%	54.4%
11	核电用锆合金包壳管	18	0.3%	22.8%

对比上节，以中国总体专利数量占全球比例（58.7%）为平均比例，对细分技术点进行分析。中国细分技术点专利量占全球细分技术点专利量比例超过 58.7%，代表相对于全球，中国更侧重于此块技术的研究，比例越高，代表更加侧重；反之亦然。

对于中国占全球比例超过 58.7% 的细分技术由高到低进行排序，分别为核级不锈钢无缝管（79.7%）、核级泵、阀、电缆（79.2%）、核电用钛合金管道配件（74.3%）、核安全技术保障平台（70.1%）。

对于中国占全球比例低于 58.7% 的细分技术由低往高进行排序，分别为核电用锆合金包壳管（22.8%）、核应急装置（40.0%）、反应堆堆芯及配套系统（41.5%）、核级海绵锆（54.4%）、核动力蒸汽发生器传热管用辅助设备（57.6%）、核电用防辐射铅材料（57.9%）。

由此可见，相对全球，近 5 年来中国主要侧重于核级不锈钢无缝管，核级泵、阀、电缆，核电用钛合金管道配件和核安全技术保障平台的研究，而全球更侧重于核电用锆合金包壳管、核应急装置、反应堆堆芯及配套系统、核级海绵锆、核动力蒸汽发生器传热管用辅助设备、核电用防辐射铅材料的研究，尤其是核电用锆合金包壳管、核应急装置、反应堆堆芯及配套系统的研究。

5.4.4.3　广东技术分布分析

将广东近 5 年核电站设备及零部件制造技术的专利进行同族去重，得到 419 件专利。经过人工筛选并进行细分技术标引，其细分技术情况如图 5-33 所示。

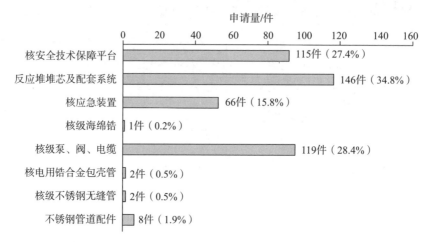

图 5 – 33　核电站设备及零部件制造技术领域广东研究细分技术点统计① （近 5 年）

可知，近 5 年来，广东核电站设备及零部件制造技术的专利申请集中于核安全技术保障平台，反应堆堆芯及配套系统，核应急装置，核级泵、阀、电缆方面的研究；核电用锆合金包壳管、核级不锈钢无缝管、不锈钢管道配件的研究较少。而对于核动力蒸汽发生器传热管用辅助设备，广东近 5 年来均未开展相关研究。

5.4.5　专利技术功效分析

专利技术功效分析主要通过技术点与对应的功效点挖掘相应的研究热点以及技术空白点。由于核电站设备及零部件制造技术的细分技术的功效差异性较大，因此本节主要采取专利图景的方法，逐一针对各细分技术进行分析，从而挖掘相应的研究热点及技术空白点。

专利图景分析，即利用 Innography 独特的算法，选取专利的关键词进行聚类，并进行统计分析，形成相应的分析图。通过专利图景分析，可把握相应技术研究的细致情况，同时亦可设置显示中国研究者所研究技术点分布情况，从而达到掌握技术研究的热点、专利布局点及中国研究者的技术研究情况。

由前文的分析可知，核电站设备及零部件制造技术可分为核安全技术保障平台等11 项技术，并选取同族去重后的专利集进行分析，下文将依次对相应的细分技术进行专利图景分析。

（1）核安全技术保障平台

对核安全技术保障平台进行专利图景分析，形成图 5 – 34。图中，块状的大小代表所涉及的专利技术点的多少，深色部分代表中国研究者所研究技术点的分布情况，分布的点越多，代表中国研究者于该技术点研究越密集。下文其他专利图景分析图亦按此分析。

---

① 由于核电站设备及零部件制造技术领域各研究细分技术点间存在交叉，故图中百分数之和大于 100%。

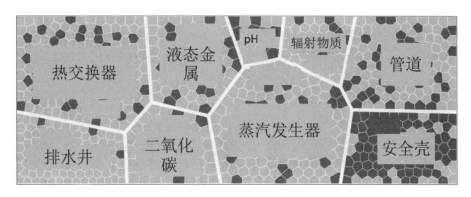

图 5 - 34　核安全技术保障平台技术专利图景分析图

由前文的分析可知，核安全技术保障平台技术可分为安全注射系统、安全壳、安全壳喷淋系统、安全壳通风系统、安全壳隔离系统、空气净化、消氢系统、蒸汽发生器辅助给水等系统。

结合图 5 - 34，按聚类技术点与相关技术的关联度进行分析可知，对于全球核安全技术保障平台技术的研究，蒸汽发生器辅助给水系统（关键词：蒸汽发生器、热交换器、排水井）、安全注射系统（关键词：液态金属、管道）、安全壳（关键词：安全壳）以及安全壳通风系统（关键词：二氧化碳）的研究相对较为热门，而安全壳喷淋系统（关键词：pH）、安全壳隔离系统（关键词：辐射物质）、空气净化、消氢系统等相对研究较少，或可考虑在此方面进行专利布局。

相对于全球，中国研究者而言较多地集中于安全壳方面。

（2）反应堆堆芯及配套系统

图 5 - 35 是反应堆堆芯及配套系统的专利图景分析图。可知，反应堆堆芯及配套系统主要集中于堆芯系统的核燃料（关键词：燃料单元、燃料组件、颗粒包裹）、压力容器（关键词：压力容器）、控制棒（关键词：控制棒）方面的研究。相对来说，紧急炉心冷却系统（关键词：应急冷却）、堆芯喷淋系统（关键词：堆芯喷淋、换热器）、中子通量测量系统（关键词：中子通量）、核燃料的装卸料机（关键词：齿轮副）、堆芯中子注量率测量系统（关键词：信号光缆）以及针对快中子增值堆（关键

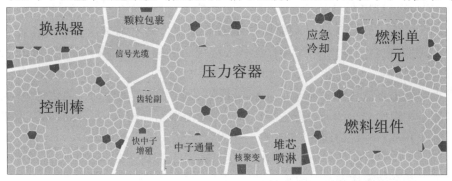

图 5 - 35　反应堆堆芯及配套系统技术专利图景分析图

词：快中子增殖）和核聚变堆（关键词：核聚变）的反应堆堆芯及配套系统技术研究相对较少，或可在此方面展开相应的研究。

中国研究者对反应堆堆芯及配套系统的研究较为全面，细分技术点基本上均有所涉及。

（3）核应急装置

由图5-36可知，从核应急装置所针对的对象，在压力容器事故（关键词：压力容器）、控制棒事故（关键词：控制棒）、管道事故（关键词：管道）、燃料元件事故（关键词：换热器）和换热器事故（关键词：换热器）方面研究较多，相对来说，对放射性废物事故（关键词：放射性废物）以及仅针对压水堆事故（关键词：压水堆）的研究相对较少。

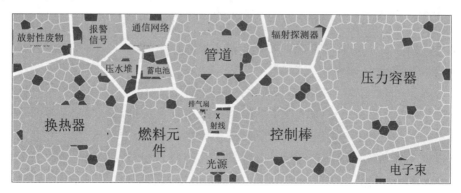

图5-36　核应急装置技术专利图景分析图

从防护及处置对象的角度而言，对电子束的防护（关键词：电子束）研究相对较为热门，而对X射线（关键词：X射线）的研究相对较少。

从所采取的措施角度而言，应急电源（关键词：蓄电池、光源）、辐射的探测报警（关键词：辐射探测器、报警信号）相对研究较多，而通信网络（关键词：通信网络）及危险气体排出（关键词：排气扇）相对研究较少。

中国研究者主要集中于管道事故、换热器事故、压水堆事故及应急电源方面的研究，其他研究相对较少。

（4）核级海绵锆

由图5-37可知，在核级海绵锆技术的研究中，采用金属镁还原制备四氯化锆（关键词：四氯化锆、氯化镁）、熔盐法（关键词：熔盐、碱金属）是研究的热点，而采用离子交换法（交换树脂）研究相对较少。

此外，采用含锆材料（关键词：含锆材料）、碘化物（关键词：碘化物）、锆晶棒为原料制备海绵锆（关键词：锆晶棒）以及制备海绵锆的过程中，提取稀土元素（关键词：稀土）亦有一定的研究。

中国本土研究者除从碘化物中提取海绵锆以及采用离子交换法制备海绵锆技术尚未研究外，其余技术均有少量的研究。

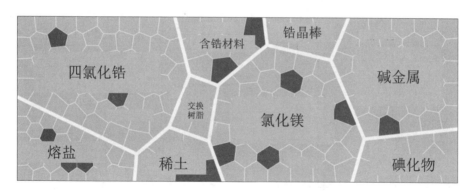

图 5 - 37　核海绵锆技术专利图景分析图

（5）核级泵、阀、电缆

由图 5 - 38 可知，泵轴（关键词：泵轴）、阀体（关键词：阀体）、泵盖（关键词：泵盖）以及电缆的绝缘层（关键词：绝缘层）是核级泵、阀、电缆技术的研究热点。

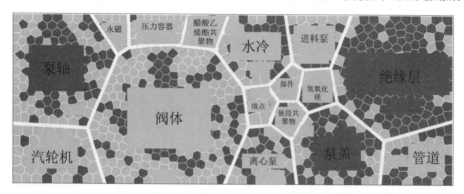

图 5 - 38　核级泵、阀、电缆技术专利图景分析图

泵、阀、电缆在汽轮机（关键词：汽轮机）、压力容器（关键词：压力容器）、管道的应用（关键词：管道）以及离心泵（关键词：离心泵）、水冷泵、阀（关键词：水冷）、进料泵（关键词：进料泵）亦有较为可观的研究。

而相对来说，永磁泵、阀（关键词：永磁），泵、阀的部件（部件），醋酸乙烯酯共聚物（关键词：醋酸乙烯酯共聚物）和嵌段共聚物（关键词：嵌段共聚物）作为电缆的材料，氢氧化镁作为泵、阀、电缆的材料（关键词：氢氧化镁）以及电缆的熔点（关键词：熔点）研究相对较少。

中国本土研究者在核级泵、阀、电缆等技术点方面均开展了较多的研究，尤其是对电缆绝缘层的研究。

（6）核电用锆合金包壳管

由图 5 - 39 可知，按核电用锆合金包壳管的应用范围，应用于燃料芯块（关键词：燃料芯块）以及燃料组件（关键词：燃料组件）的研究较多，相对来说，管道（关键词：管道）以及快堆（关键词：快堆）的应用研究较少。

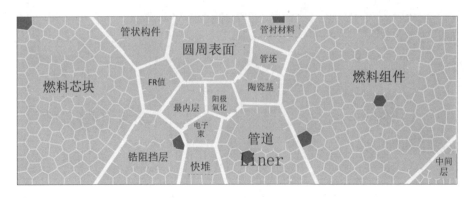

图 5 – 39　核电用锆合金包壳管技术专利图景分析图

关于其结构及材料的研究，对管状构件（关键词：管状构件）、锆阻挡层（关键词：锆阻挡层）、圆周表面（关键词：圆周表面）、管衬材料（关键词：管衬材料）的研究较多，而对于最内层（关键词：最内层）、陶瓷基包壳管（关键词：陶瓷基）、管坯（关键词：管坯）和中间层（关键词：中间层）的研究相对较少。

在其他技术的研究中，抗弯负荷（关键词：FR 值）、焊接（关键词：电子束）、阳极氧化技术（关键词：阳极氧化）仅有少量的研究。

中国本土研究者对核电用锆合金包壳管研究相对较少，对相应技术点的研究较为零散或尚未开展相关研究。

（7）核级不锈钢无缝管

由图 5 – 40 可知，对核级不锈钢无缝管的研究，相对来说，不锈钢无缝管的热处理、热传输性能（关键词：热处理、热传输）、高压无缝管（关键词：高压）、无缝管制造工艺的钢水（关键词：钢水）、无缝管的绝缘层（关键词：绝缘层）、管道配件（关键词：管道配件）相对研究较为热门；而无缝管的制造设备周期式轧管机（关键词：周期式轧管机）、制造炉（关键词：炉加热丝）、无缝管的抗蠕变性能（关键词：抗蠕变强度）、包壳管（关键词：包壳管）、穿电管（关键词：穿电管）、无缝锥形管（关键词：无缝锥形管）、滑动块（关键词：滑动块）、颗粒无缝管的尺寸（关键词：颗粒尺寸）、燃料存储（关键词：燃料存储）的研究相对较少。

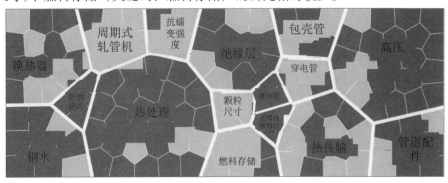

图 5 – 40　核级不锈钢无缝管技术专利图景分析图

就中国本土研究者而言，对核级不锈钢无缝管各个技术点均有较多的研究。

（8）不锈钢管道配件

由图 5 - 41 可知，不锈钢管道配件的研究主要集中于不锈钢管道配件的材料及制作工艺，包含奥氏体不锈钢（关键词：奥氏体不锈钢）、异金属的添加（关键词：异金属）、摩擦焊接（关键词：摩擦焊接）、表面硬化处理（关键词：表面硬化处理）、化学气相沉积（关键词：化学气相沉积）、半制品的加工（关键词：半制品）、中间层的制作（关键词：中间层）、绝缘模块的制作（关键词：绝缘模块）、铁和不可避免的杂质的去除（关键词：铁和不可避免的杂质）以及玻璃纤维添加（关键词：玻璃纤维）的相关技术点的研究。

图 5 - 41 不锈钢管道配件技术专利图景分析图

相对来说，不锈钢管道配件的应用研究亦较为可观，包含应用于换热器（关键词：换热器）、无缝钢管（关键词：无缝钢管）以及核燃料（关键词：核燃料）的研究。

不锈钢管道配件的性能方面研究相对较少，包含不锈钢管道配件的抗张强度（关键词：抗张强度）和金属反射性能（关键词：金属反射性能）的研究。

总体而言，中国研究者主要集中于无缝钢管、半制品、绝缘模块方面的研究。

（9）核电用钛合金管道配件

由图 5 - 42 可知，核电用钛合金管道配件的研究，按应用范围来讲，主要集中于传热器（关键词：传热器），而燃料包壳管（关键词：燃料包壳管）的研究相对较少。

图 5 - 42 核电用钛合金管道配件技术专利图景分析图

按制作及工艺角度而言，管坯（关键词：管坯）、摩擦焊接（关键词：摩擦焊接）、惰性气体的应用（关键词：惰性气体）、电弧焊接（关键词：电弧焊接）的研究较为热门，而管状体（关键词：管状体）、激光束应用（关键词：激光束）的研究较为冷门。

按性能角度而言，耐腐蚀性（关键词：耐腐蚀性）、形状记忆（关键词：形状记忆合金）、膨胀性能（关键词：膨胀系数）的研究较为热门；相对来说，柔性变形（关键词：柔性变形）研究较为冷门。

中国研究者主要集中于管坯、摩擦焊接、惰性气体、电弧焊接的研究。

（10）核动力蒸汽发生器传热管用辅助设备

由图5-43可知，关于核动力蒸汽发生器传热管用辅助设备的研究，管束（关键词：管束）、管座板（关键词：管座板）以及管板（关键词：管板）的研究相对较为热门。

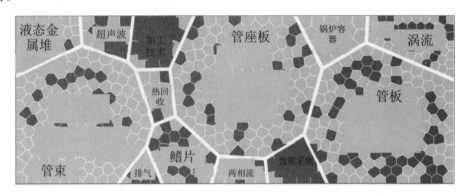

图5-43　核动力蒸汽发生器传热管用辅助设备技术专利图景分析图

而鳍片（关键词：鳍片）、锅炉容器（关键词：锅炉容器）、涡流监测模块（关键词：涡流）、超声波监测（关键词：超声波）、加工技术（关键词：加工技术）和数据采集模块（关键词：数据采集）亦有较为可观的研究。

热回收模块（关键词：热回收）、排气模块（关键词：排气）和两相流检测模块（关键词：两相流）的研究较为冷门。

中国研究者主要集中于数据采集模块以及加工技术的研究。

（11）核电用防辐射铅材料

由图5-44可知，对核电用防辐射铅材料应用于存储容器（关键词：存储容器）、中子吸收性能（关键词：中子吸收）、X射线的防护（关键词：X射线）、电子束的防护（关键词：电子束）、材料的无损检测、结构分析等（关键词：X射线管）、材料的熔点（关键词：熔点）以及铅材料与热塑树脂的结合（关键词：热塑树脂）的研究较为可观，而相对来说，铅材料与陶瓷体的结合（关键词：陶瓷体）、铅材料应用于筒体（关键词：筒体）的研究较为冷门。

中国研究者主要集中于铅材料对于X射线防护的研究。

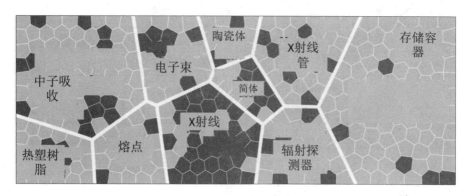

图 5-44　核电用防辐射铅材料技术专利图景分析图

5.4.6　专利诉讼分析

5.4.6.1　核电站设备及零部件制造技术专利诉讼案件宏观分析

经检索，关于核电站设备及零部件制造技术专利诉讼案件共 5 起，详细情况如表 5-31 所示。从表 5-31 可以看出，全球核电站设备及零部件制造技术的 5 起诉讼案件分别发生在 1989 年、2004 年、2008 年和 2010 年。其中，2010 年发生 2 起案件后，近 5 年来未发生相关案件。可见，核电站设备及零部件制造技术发生诉讼概率相对较低。

表 5-31　核电站设备及零部件制造技术专利涉及诉讼的主要相关案件

诉讼案件 1					
诉讼 ID：	2：1989cv00938	诉讼日期	1989/06/22	结案日期	1990/03/23
原告	Advanced Nuclear Fuels Corp.		被告	General Electric	
涉案专利	专利号	标题			
	US4200492	Nuclear fuel element			
诉讼案件 2					
诉讼 ID：	2：2004cv00890	诉讼日期	2004/09/21	结案日期	2006/11/07
原告	Victor Jay Liechty, II | Grim Reaper Broadheads		被告	Eastman Outfitters | New Archery Products | Inventive Tech. | RocketAerohead | Barrie Archery	
涉案专利	专利号	标题			
	US6358000	Method of repairing a reactor coolant pump shaft and a reactor coolant pump repaired by such method			
	US6258000	Penetration enhancing aerodynamically favorable arrowhead			

诉讼案件 3					
诉讼 ID：	3：2008cv01194	诉讼日期	2008/08/06	结案日期	2009/06/04
原告	KX Tech LLC		被告		Irl Sanders
涉案专利	专利号	标题			
	US7287650	Structures that inhibit microbial growth			
	US7276166	Fiber – fiber composites			
	US7276098	Tangential in – line air filter			
	US7296691	Carbon or activated carbonnanofibers			
	US6835311	Microporous filter media, filtration systems containing same, and methods of making and using			
	US7241388	Means to miniaturize diffusion filters for particulate removal			
	US6953604、US6959820、US7008537、US6998058、US6630016、US6913154、US7144533、US7011753	Microporous filter media, filteration systems containing same, and methods of making and using			
	US6872311	Nanofiber filter media			
	US6866704	Microporous filter media with intrinsic safety feature			
	US6660172	Precoat filtration media and methods of making and using			

诉讼案件 4					
诉讼 ID：	4：2010cv00260	诉讼日期	2010/01/27	结案日期	2010/05/07
原告	Mogas Industries, Inc.		被告		Velan Inc.
涉案专利	专利号	标题			
	US7249751、US7093819	Ball valve with shear bushing and integral bracket for stem blowout protection			
	US4356832	High pressurebonnetless valve			
	US4475712	Fluid valve and method of making same			
	US6095493	High pressure valve			

续表

诉讼案件 5					
诉讼 ID：	5：2010cv00197	诉讼日期	2010/11/24	结案日期	2011/03/30
原告	Tex Pat，LLC		被告	Flowserve Corporation | Flowserve US Inc. | Flowserve Management Company	
涉案专利	专利号	标题			
	US4560173	Mechanical seal assembly with coolant circulation structure			
	US4738713	Method for induction melting reactive metals and alloys			
	US4836561	Wavy – tilt – dam seal ring			
	US4887395	Wavy – tilt – dam seal ring and apparatus for shaping seal rings			
	US4511151	One – piece mounting ring for seal insert			
	US4500173	Electroluminescent lamp for liquid crystal display			
	US3306155	Braided packing material			
	US4046164	Lift check valve with dashpot			
	US4161278	Thermally – controlled valve for a steam trap			
	US4356964	Thermic control element			
	US4949936	Actuator for actuating valves			
	US5105651	Method of and apparatus for analyzing exhaust gases of motor vehicles			
	US5556111	Face seal with angled grooves and shallow annular groove			
	US5719559	System and method for the verification of a digital control system			
	US5807086	Seal chamber splash guard			
	US6296254	Mechanical seal assembly with improved fluid circulation			
	US5345856	Valve positioner having adjustable gain			
	US5290047	Bearing protection device			
	US5116018、US5236172	Lockout modules			
	US5165651	Machine foundation and method for preparing or repairing a machine foundation			
	US6644567	Remotely operated cutting mode shifting apparatus for a combination fluid jet decoking tool			

5.4.6.2 核电站设备及零部件制造技术典型诉讼案例分析

为掌握近期发生诉讼案例特点，选择申请时间最晚的案例 5（诉讼 ID：5：2010cv00197）进行详细阐述。

这起案例的原告为 Tex Pat, LLC 公司，被告为 Flowserve 公司。Tex Pat, LLC 于 2010 年 11 月 24 日提起诉讼，控诉 Flowserve 公司使用其专利号对其产品进行宣传。该案件最终的审判结果为双方达成谅解，Tex Pat, LLC 进行撤诉。

该案件涉及核电站设备及零部件制造技术专利的专利公开号为 US4046164，专利主要描述一种升降式的止回阀，这种止回阀可应用于核动力系统给水泵上。这件专利申请于 1975 年。距 Tex Pat, LLC 公司提起诉讼时，该专利已经失效，但仍被 Tex Pat, LLC 公司作为有效的法律手段去谋求其合理化的经济收益，主要依据以下两个方面的考虑：

1）Flowserve 利用该专利号对其产品进行宣传。

2）尽管专利已失效，专利技术成为公开的技术，可以进行利用，但专利归属权仍为专利申请人。

由此案件可看出，尽管失效的专利本身已不存在价值，但专利技术或仍有一定的商业价值，可以进行相应的利用及借鉴。此案中，Flowserve 公司利用失效的专利进行产品生产，但同时失效的权利的归属权仍较为明确，利用其专利相关信息进行产品宣传时，仍易引起纠纷。

5.4.7 广东申请人的国外专利布局分析

由表 5-32 可知，核电站设备及零部件制造技术领域广东的专利布局仍仅局限于本土领域的专利布局，海外专利布局相对较少，其中，仅 PCT、英国、美国和欧洲专利局的专利申请数量超过 5 件。

表 5-32 核电站设备及零部件制造技术领域广东研究者专利布局分析

专利布局国别/区域	申请量/件
中国	502
WIPO	23
英国	7
美国	6
EPO	5
韩国	1
日本	1
法国	1

5.5　结论建议

结合相关的专利数据及产业现状，对广东核电产业的发展提出以下建议。

（1）以三代核电技术先进压水堆核电机组技术以及模块化小型核能装置技术为当前重点研究及发展方向，围绕先进压水堆核电机组技术及模块化小型核能装置技术开展核燃料加工设备制造技术、核电站设备及零部件加工制造技术的研究

创新现状：由先进核电工程技术的技术功效分析中可知，广东主要集中于先进压水堆核电机组技术和模块化小型核能装置技术的研究。在这两个技术的相关功效点具有较为系统的专利布局，而相对来说，对于快中子堆核电机组技术、高温气冷堆核电机组技术，专利布局较少，研究基础较为薄弱。

产业基础：广东目前在先进压水堆核电机组技术和模块化小型核能装置技术方面已取得一系列可喜的成果，具有产业化、商业化的基础。自中广核 2011 年与国家核电签署首批 AP1000 先进压水堆核电技术分许可协议后，借鉴 AP1000 的先进设计理念，已形成自主三代核电品牌 ACRP1000 ＋，并以此为基础，与中核联合开发了"华龙一号"，已于海外开始建设。同时，中广核自主研发的小型堆 ACPR50S 项目已被国家发展和改革委员会纳入《能源科技创新"十三五"规划》，即将开建。

发展建议：从加强现有研究基础及产业发展基础的角度出发，围绕先进压水堆核电机组技术及模块化小型核能装置技术开展相关技术研究，已成为当前广东发展核电技术产业的较优选择。

（2）加强铀资源的开发及储备，推动广东核燃料循环产业园项目的重启及建设工作，奠定广东核燃料加工设备制造技术发展的产业基础

创新现状：通过对核燃料的技术分布进行分析，广东主要集中于高性能燃料组件、核辐射安全与监测装置、核设施退役与放射性废物处理和处置装置技术等后端技术的研究，暂无系统地对核燃料前端技术开展研究。

产业基础：广东铀资矿储备丰富，在全国排名第三位，同时临近省份江西、湖南铀矿资源均进入全国排名第一位、第二位，具有发展核燃料前端技术的原材料支撑。

发展建议：联合江西、湖南，通过对铀矿资源的勘测、开发，储备相应的铀资源，有利于为广东核燃料加工设备制造技术产业的发展提供良好的基础，可推动广东核燃料循环产业园项目的重启及建设工作，为广东核燃料加工设备制造技术的技术创新奠定相应的产业基础，从而推动核燃料加工设备制造技术总体创新水平的提升。

（3）积极支持和促进中广核获得国内铀矿开采及核燃料经营资质，增强广东核燃料加工设备制造技术产业的产业实力

创新现状：由前面的分析可知，广东的专利技术主要集中于中广核，且在核燃料组件技术领域方面已布局了一系列专利，具有较强的创新能力。

产业基础：广东龙头企业中广核，尽管在核燃料加工设备制造技术前端有所欠缺，但已通过多种方式弥补其技术实力的不足。中广核通过海外贸易和投资获得了相当数

量的铀资源保障。在燃料生产环节，中广核试图通过与天然铀大国哈萨克斯坦合作建设组件厂，实现海外投资，同时也始终谋求广东地区核燃料产业园项目的推进。同时，中广核加紧对自主燃料技术开展研究，所研制的 STEP-12 核燃料组件已入堆，核燃料自主研发已进入商业化应用之前的最后试验阶段，借此亦可进一步增强中广核在核燃料加工设备制造技术的实力。

发展建议：结合中广核已具备核燃料的制造技术，且其在核燃料已布局了相应的一系列专利，建议积极支持和促进中广核获得国内铀矿开采及核燃料经营资质，增强广东核燃料加工设备制造技术产业的产业实力。

（4）围绕东方重机，形成一定的"吃配"体系，逐步引入其他企业

创新现状：通过专利分析可知，南沙核电装备产业基地的东方重机在三大领域技术的专利申请量均为个位数，创新能力偏弱。

产业基础：南沙核电装备产业基地已初步成型，但仍仅限于重型装备的总装。零部件主要依托省外企业加工生产，尚未形成核电设备成套供应能力。

发展建议：可围绕东方重机，推动"吃配"体系的形成，构建零部件到总装完善的创新产业链，从而推动核电站设备及零部件制造技术创新。同时，采用"吃配"体系，逐渐引入其他企业。

（5）加强中广核及相关合作单位的引入，推进深圳新能源（核电）产业基地的建设，形成实力较强的核电设计及研究基地

创新现状：中广核在三大技术领域的专利申请量均进入中国前十位，具有较强的创新实力。

产业基础：目前 8 家中广核集团所属企业已明确入驻到深圳新能源（核电）产业基地，中广核工程大厦已经开建。

发展建议：由于中广核在核电站设备零部件制造技术方面具有较强的技术创新实力，在全国设立、控股及合作的多家公司，包括中广核高新核材、宝银特种钢管有限公司在内的多家合资及控股公司，建议可尝试引入这些机构的研发部门及机构，形成实力较强的核电设计及研究基地。

（6）发挥龙头企业的主导作用，加强核安全设备资质企业相关合作，尝试带动专利优势企业取得核安全设备资质

创新现状：除中广核外，广东核电站设备及零部件相关厂家创新能力偏弱。通过对广东专利进行统计分析，广东专利申请量超过 5 件的申请人仅为 5 位，分别是中广核（537 件）、东莞民兴电缆（21 件）、南方风机（11 件）、广东省电力设计研究院（9 件）和申菱集团（5 件）。在广东 7 家具有核安全设备资质企业中，较为核心的 2 家核电站设备制造厂家的专利申请量较少，在核电站设备及零部件制造技术所申请的专利量不足 5 件。

产业基础：核电产业领域较为特殊，相关产品设备的研制成型需贯穿于设计、制造、测试、应用等各个环节，需各个环节的企业、机构共同协作完成，研究设计单位、制造单位与应用单位相互之间结合较为紧密。

发展建议：推动相关具有核安全设备资质企业合作，加强技术创新，可通过中广核进行引导，培育及尝试带动相关具有省内专利优势的企业，如东莞民兴电缆，取得相关资质。同时亦可围绕省外具有专利优势相关企业，推动其入驻广东，并培育其获得相关资质。

（7）推动中广核与省内高校合作，加强核电产业技术的研究，加强省内知识产权专利保护

创新现状：省内高校的创新水平普遍不高，中山大学和华南理工大学的专利申请量仅为个位数。

产业基础：中山大学已成立中山大学中法核工程与技术学院。中山大学中法核工程与技术学院是在中法双方政府的直接推动下，由中山大学与法国以格勒诺布尔国立综合理工学院为首的 5 所法国工程师学校合作组建，学科主要设置为核工程及核电站运营、核材料与燃料循环方向。

发展建议：推动中广核与省内高校开展合作，加强专利技术创新的研究，可围绕核燃料循环方向，以联合人才培养、项目合作的方式开展合作，增强彼此技术创新力。

（8）推动"智能制造"应用于核电站设备及零部件制造技术产业，淡化原材料及劳动力成本劣势，吸引核电站设备及零部件制造技术产业的省外厂商入驻

创新现状：广东目前已掌握了较多的核电站设备及零部件制造技术。广东龙头企业中广核的专利申请量为 594 件，专利申请量仅次于中核（1012 件），在国内具有较强的知识产权话语权。

产业基础：广东引入企业面临着几大问题：第一，核电站设备所用材料，获取并不具有地理优势，如钢的材料生铁，东北铁矿量比较大，华东地区铁矿品质较高，而中南地区（包括广东海南岛）铁矿品质相对较低；第二，劳动力成本相对较高，2017 年最低工资标准仅次于上海；第三，部分重点企业在当地已经形成一定的规模及"吃配"体系；第四，核安全设备重新取证问题，需对厂房和装备、技术再次确认，如东方电气子公司——东方重机，在广东设立相应的厂房后，需再次取得核安全设备制造许可证。

发展建议：相对于东北、上海和四川老牌的核电装备基地，广东核电站设备及零部件技术产业起步晚，尚未形成规模效应，但可塑性较大。同时，广东具有较强的专利技术创新能力。借助国家推动《中国制造 2025》的契机，可尝试推动"智能制造"在核电站设备及零部件生产制造的应用，吸引核电站设备及零部件制造技术产业的省外厂商入驻。

（9）建立企业与知识产权服务机构的合作机制，推动广东核电企业技术创新及知识产权保护

创新现状：对核电技术产业三大技术领域专利进行分析可知，广东研究者的海外布局意识较弱，在具体国家的专利布局量均未超过 10 件。

产业基础：目前"华为一号"已在英国落地，随着技术出口日益推进，海外知识产权显得尤为必要。

发展建议：推动知识产权服务机构在核电企业中技术创新和专利布局方面发挥作用，促进广东核电企业海外专利布局。知识产权服务机构可参与在核电企业技术研发的各个过程中去，为核电技术的研发前、研发中、研发后各个阶段进行技术调研、技术借鉴分析、专利布局及成果转化等多方面保驾护航。

（10）加强在三大领域技术研究较少的技术点开展研究，完善广东核电技术专利布局

创新现状：前文通过分析和梳理，关于先进核电工程技术、核燃料加工及设备制造技术和核电站设备及零部件制造技术等各个细分技术已梳理出相应的可布局点。

发展建议：可重点可关注三大领域技术目前专利布局较少的技术点，如对先进压水堆核电机组技术的燃料组件、控制棒等，模块化小型核能装置技术的蒸汽发生器、泵和控制棒等方面内容，进行相应的评估，并加强此方面的布局。

第6章 高端新型电子信息材料产业专利分析及预警

6.1 高性能膜材料

6.1.1 产业发展

6.1.1.1 产业研究背景

高性能膜在电子信息行业的应用以透明导电薄膜为主。透明导电薄膜材料以其接近金属的导电率、可见光范围内的高透射比、红外高反射比以及其半导体特性，是新一代光电器件的基础性功能材料，约占功能膜的 50% 以上，广泛地应用于太阳能电池、显示器、气敏元件、抗静电涂层以及半导体/绝缘体/半导体（SIS）异质结等特性。近年来得以迅速发展，特别是在薄膜晶体管（TFT）制造、平板液晶显示（LCD）、发光二极管（LED）及太阳能电池透明电极以及红外辐射反射镜涂层、火车飞机用玻璃除霜、建筑物幕墙玻璃、巡航导弹的窗口、日盲紫外探测、高能射线物理诊断与分析等方面获得广泛应用，被誉为第二半导体工业。

本节根据专业信息和应用领域将电子材料领域的高性能膜材料分为四类：金属膜或金属复合膜、氧化物膜、高分子膜和石墨烯膜。

（1）金属膜或金属复合膜

当厚度在 20nm 以下时金属膜对光的反射和吸收都较小。由于金属薄膜中存在自由电子，因此在膜很薄时也具有很好的导电性，且在基片温度较低时就可制备出低电阻膜。常见的金属透明导电膜有金、银、铜、铝、铬等。为了制备平滑连续的膜，需要先镀一层氧化物作衬底，再镀金属膜。金属膜的强度较低，其上面常要再镀一层保护层如二氧化硅（SiO_2）或三氧化二铝（Al_2O_3）等。

（2）氧化物膜

氧化物膜是指铟（In）、锡（Sn）、锌（Zn）和镉（Cd）的氧化物及其复合多元氧化物薄膜材料，包括二氧化锡（SnO_2）、三氧化二铟（In_2O_3）和氧化锌（ZnO），SnO_2：F（FTO）掺氟氧化锡、SnO_2：Sb（ATO）掺锑氧化锡、In_2O_3：Sn（ITO）氧化铟锡、ZnO：Al（AZO）掺铝氧化锌、Cd_2SnO_4（CTO）锡酸镉、In_2O_3：M（IMO）掺钼氧化铟等。这类导电膜主要有 SnO_2、In_2O_3、ZnO、CdO、Cd_2SnO_4 等，它们都是 n 型半导体。氧化物薄膜有四大成熟体系：①SnO_2、SnO_2：F（FTO）氟掺杂氧化锡；②In_2O_3、In_2O_3：Sn（ITO）；③ZnO、ZnO：Al（AZO）；④Cd_2SnO_4（CTO）。

（3）高分子膜

网络状透明导电薄膜研究实现突破。在产学研三方结合的背景下，我国多所大学在新材料领域的研发中起到了极其重要的作用。近年来，在市场需求的强力驱动下，迫切需要开发一种基于透明导电膜的便携气体传感器件，研究者们用行动积极响应。2014年10月，北京化工大学科研团队开发了一种利用银纳米线的化学不稳定性而获得的比表面积较大的网络状透明导电薄膜，这是基于聚苯胺多级纳米结构的一种材料。

（4）石墨烯膜

石墨烯是一种二维晶体，由碳原子按照六边形进行排布，相互连接，形成一个碳分子，其结构非常稳定。随着所连接的碳原子数量不断增多，这个二维的碳分子平面不断扩大，分子也不断变大。单层石墨烯只有一个碳原子的厚度，即0.335nm，相当于一根头发的二十万分之一的厚度，1mm厚的石墨中将近有300万层的石墨烯。石墨烯是已知最薄的一种材料，并且具有极高的比表面积、超强的导电性和强度等优点。上述优点使其拥有良好的市场前景。

6.1.1.2 产业发展概况

（1）全球发展概况

透明导电膜的发展大致经历了这样的历程：1907年最早使用CdO材料为透明导电膜，应用在光电池领域。20世纪40年代，以喷雾热解及化学气相沉积（CVD）方式沉积SnO_x于玻璃基板上。20世纪70年代，以蒸发及喷溅方式沉积InO_x及ITO。20世纪80年代，磁控溅镀（magnetron sputtering）开发，将低温沉积膜制成不论在玻璃及塑胶基板均能达到低面阻值、高透性ITO薄膜。20世纪90年代，具有导电性之透明导电氧化物（TCO）陶瓷靶材开发，使用直流（DC）磁控溅镀ITO，使沉积制程之控制更加容易，各式TCO材料开始广泛被应用。2000年，主要的透明导电性应用以ITO材料为主，磁控溅镀ITO成为市场上制程的主流。

（2）国内发展概况

1）产量高、品质低、产品利润低。我国是ITO导电玻璃的最大生产国和出口国。产量占全球总产量的50%以上，但是产品以中、低品质的TN、STN、TP型ITO玻璃为主，占全球TN、STN型ITO玻璃总产量的90%以上。这种材料用于高档液晶电视的超薄、高透、低阻、大面积（$1m^2$以上）高端TFT-ITO产品，以及用于触摸屏的柔性ITO导电膜，产品利润高，但技术难度大，制备工艺复杂，需持续研发，市场基本被日韩公司垄断。

2）工业化生产设备及高质量靶材被国外厂家垄断。尽管中国是全世界最大的铟出口国，但是由于我国自产的ITO靶材达不到高品质、大面积ITO导电玻璃生产的要求，因而目前国内用于平面显示器件的ITO薄膜所采用的ITO靶材98%以上依赖进口。高质量的ITO靶材生产技术主要掌握在日本、韩国的生产厂家手中，例如，日本的新日矿与三井化学生产的ITO靶材在全球所占的份额高达70%。由于靶材供应受制于国外进口，因而我国生产的ITO产品主要应用于中小尺寸市场。

（3）广东发展概况

广东 2015 年电子元件制造业全年实现增加值 1199 亿元，同比增长 4.8%；电子器件制造业实现增加值 983 亿元，同比增长 9.2%。光电子器件领域依然保持高增长，是拉动元器件产业发展的主要力量，全年实现光电子器件 3374.43 亿只，增长 40.3%，增幅比上年同期提高 8.2 个百分点。其中，LED 产量 2739 亿只，同比增长 43.3%，液晶显示屏产量 10.9 亿片，同比下降 37.3%。受经济增速放缓和产业转型升级的影响，积极适应市场变化、加大研发投入主动开发高端新型元器件的优质企业开始崭露头角，在市场上占据更大的话语权。中山大洋电机股份有限公司以 35 亿元的高价收购上海电驱动股份有限公司，创下了内地电子元件生产企业间并购的交易金额记录。广东风华高新科技股份有限公司收购奈电软性科技电子（珠海）有限公司，并且收购了台湾光颉科技股份有限公司 35% ~40% 股权并实现控股，成为大陆企业公开要约收购台企第一案。在骨干企业方面，虽然受产品市场的影响，2015 年液晶显示屏产量出现了较大下滑，但在高端、新型产品的支撑下，企业依然取得了不俗的增长成绩。深圳市华星光电 8.5 代液晶面板生产线 T2 项目提前量产，全年液晶玻璃基板累计投产片量为 192.1 万片，同比增长 19.7%，其 55 寸面板市场占有率跃居全球第三。LG 显示第 8.5 代液晶面板一期项目投产后运行良好，全年实现营业收入 32.9 亿元，二期土建已封顶，正在进行内外装修，已在 2017 年 6 月试生产。

6.1.2　全球专利状况分析

6.1.2.1　金属膜或金属复合膜全球专利状况分析

（1）全球专利申请发展趋势分析

由图 6 -1 可知，金属膜或金属复合膜的发展大致可以分为三个阶段。第一是 1963 年之前的萌芽阶段，第二是 1964 ~2000 年的平稳增长期，第三是 2001 ~2015 年的快速增长期。

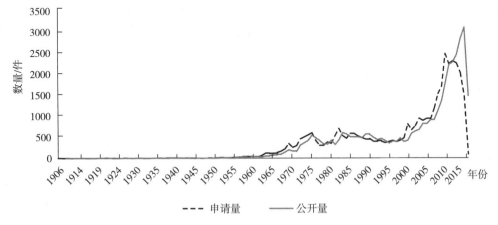

图 6 -1　金属膜或金属复合膜全球申请及公开趋势①

---

　① 趋势图重点显示出现数据变化的阶段。当横坐标过长，在缩放过程中会自动调整平直曲线部分，造成间隔年数不等，以下不再赘述。

（2）目标国家/地区分析

表6-1是金属膜或金属复合膜专利技术输出国家/地区与输入国家/地区交叉分析，用以说明金属膜或金属复合膜专利技术全球产生地和目标市场。金属膜或金属复合膜的专利技术输出全球排名进入前十位的国家/地区有：中国、美国、日本、韩国、法国、英国、中国台湾和德国。

表6-1 金属膜或金属复合膜专利技术输出国家/地区与输入国家/地区交叉分析 单位：件

目标国家/地区分析		技术输出国家/地区									
		中国	德国	欧洲	法国	英国	日本	韩国	中国台湾	美国	WO
技术输入国家/地区	澳大利亚	0	25	6	33	27	115	0	0	369	
	中国	7698	84	51	30	10	1048	251	45	426	5
	德国	0	624	11	80	73	335	16	4	449	50
	欧洲	5	168	77	71	32	806	91	7	592	126
	英国	0	74	0	258	50	36	0	0	213	0
	日本	26	176	42	74	69	9182	175	27	690	20
	韩国	8	18	24	7	11	647	829	3	211	3
	中国台湾	44	34	16	6	3	808	101	530	214	23
	美国	102	186	66	69	93	1433	357	57	2334	148
	WO	50	54	36	24	12	493	92	0	400	25

金属膜或金属复合膜的专利技术输入全球排名进入前十位的国家/地区有：中国、美国、日本、韩国、英国、澳大利亚、中国台湾地区和德国，其中前三名分别是日本、中国和美国。从申请的流向看，现在主要的技术输出国家/地区无论本土申请和全球申请都同等重视。

（3）全球申请人分析

表6-2显示出金属膜或金属复合膜领域主要专利申请人——专利申请量排名前十位的申请人。

表6-2 高性能膜材料金属膜或金属复合膜专利申请量前十位申请人

申请人	申请量/件
住友	1131
三菱	1096
日立	967
古河电工	836

续表

申请人	申请量/件
JX 日矿日石金属株式会社	705
田中贵金属工业株式会社	655
神户制钢所	609
三星	513
杜邦	459
松下	411

可以看出，这 10 位申请人中 8 位来自日本，1 位来自美国，1 位来自韩国。这说明日本、美国和韩国企业所掌握的金属膜或金属复合膜专利技术处于领先的地位。

表 6-3 说明该领域全球专利申请量排名前十位的申请人在近 21 年（1996～2016年）的专利申请趋势。

表 6-3　金属膜或金属复合膜主要申请人近 21 年专利申请趋势　　　　单位：件

申请年份	JX 日矿日石金属株式会社	杜邦	古河电工	日立	三菱	三星	神户制钢所	松下	田中贵金属工业株式会社	住友
1996	0	4	4	23	20	1	4	4	0	13
1997	0	2	10	18	12	4	0	5	2	40
1998	0	0	9	24	5	4	13	10	0	14
1999	0	0	10	22	10	3	9	5	0	9
2000	0	0	3	25	11	4	8	5	4	22
2001	0	0	8	28	13	15	8	11	10	36
2002	0	2	7	17	1	26	12	10	2	10
2003	1	5	4	20	8	12	16	8	10	38
2004	0	16	10	38	18	35	30	2	6	41
2005	4	4	10	33	8	35	31	6	0	13
2006	12	33	20	25	28	34	31	1	4	27
2007	8	4	16	20	24	27	53	16	0	33
2008	25	11	20	37	24	22	40	3	0	25
2009	33	19	85	57	85	14	19	4	0	39

续表

申请年份	JX日矿日石金属株式会社	杜邦	古河电工	日立	三菱	三星	神户制钢所	松下	田中贵金属工业株式会社	住友
2010	84	30	55	66	54	43	41	3	0	41
2011	136	39	66	56	89	52	47	6	2	44
2012	85	44	38	48	110	71	59	3	6	56
2013	184	14	68	26	150	33	39	3	14	43
2014	75	11	35	34	119	34	26	3	11	35
2015	24	10	31	27	53	26	20	2	5	54
2016	29	1	22	16	29	13	13	1	3	25

表6-4说明金属膜或金属复合膜领域主要申请人在全球范围内主要国家/地区的专利地域布局。由表6-4可知，金属膜或金属复合膜专利保护最火热的市场是日本和美国，其次是韩国、中国和中国台湾地区。

表6-4　金属膜或金属复合膜领域主要申请人与主要公开国家/地区交错分析　单位：件

主要申请人	加拿大	中国	德国	欧洲	法国	日本	韩国	中国台湾	美国	WO
JX日矿日石金属株式会社	1	0	1	73	0	263	93	134	67	57
杜邦	21	31	23	57	8	33	24	22	178	25
古河电工	2	80	9	100	1	482	47	12	37	58
日立	5	119	16	24	0	576	49	40	115	6
三菱	5	86	19	87	0	532	67	97	106	61
三星	0	84	2	25	0	71	122	31	176	1
神户制钢所	0	76	8	35	1	320	35	44	56	26
松下	1	16	7	13	2	305	8	4	41	5
田中贵金属工业株式会社	0	9	0	15	0	595	1	16	10	8
住友	22	75	32	62	5	648	46	40	133	34

表6-5说明金属膜或金属复合膜领域全球申请人在近21年内以5年为时间阶段的专利申请量和排名情况。

表 6 - 5　金属膜或金属复合膜领域五年一周期专利排名表　　　　单位：件

主要申请人	1996 ~ 2000 年申请量	主要申请人	2001 ~ 2005 年申请量	主要申请人	2006 ~ 2010 年申请量	主要申请人	2011 ~ 2015 年申请量
日立	112	住友	138	三菱	215	三菱	521
住友	98	日立	136	日立	205	JX 日矿日石金属株式会社	504
东芝	81	三星	123	古河电工	196	古河电工	238
三菱	58	神户制钢所	97	神户制钢所	184	住友	232
应用材料	51	3M 创新	78	住友	165	三星	216
村田制作所	44	三井	66	JX 日矿日石金属株式会社	162	日立	191
夏普	38	霍尼韦尔	62	三星	140	神户制钢所	191
古河电工	36	IBM	58	LG	99	LG	162
神户制钢所	34	JX 日矿日石金属株式会社	50	杜邦	97	安徽欣意电缆有限公司	147
三井	29	村田制作所	48	JX 日矿日石金属株式会社	81	杜邦	118

6. 1. 2. 2　氧化物膜全球专利状况分析

（1）全球专利申请发展趋势分析

图 6 - 2 给出了氧化物膜的全球专利申请及公开的发展趋势。

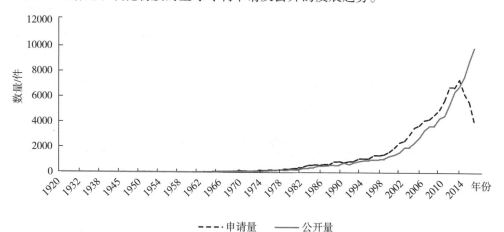

图 6 - 2　氧化物膜全球申请及公开趋势

由图 6 - 2 可知，氧化物膜的发展到目前为止大致可以分为四个阶段。第一个时期是 1968 年之前的萌芽阶段，第二个时期是 1969～1992 年的平稳增长期，第三个时期是 1993～2013 年的快速增长期，第四个时期是 2014 年至今的技术成熟期。

（2）目标国家/地区分析

表 6-6 是氧化物膜专利技术输出国家/地区与输入国家/地区交叉分析，说明了氧化物膜专利技术全球产生地和目标市场。氧化物膜的专利技术输出全球排名进入前十位的国家/地区有：日本、美国、中国、韩国、法国、英国、中国台湾和德国，其中前三名分别是日本、中国和美国。氧化膜的专利技术输入全球排名进入前十位的国家/地区有：中国、美国、日本、韩国、德国、中国台湾、英国和澳大利亚。

表 6-6　氧化物膜专利技术输出国家/地区与输入国家/地区交叉分析　　　单位：件

目标国家/地区分析		技术输出国家/地区									
		中国	德国	欧洲	法国	英国	日本	韩国	中国台湾	美国	WO
技术输入国家/地区	澳大利亚	2	52	25	25	47	181	6	3	564	51
	中国	14013	157	132	91	44	2583	1345	225	1057	93
	德国	16	713	15	22	35	366	83	36	267	90
	欧洲	130	295	283	167	77	1629	519	45	903	232
	英国	7	74	1	31	340	169	61	9	384	31
	日本	75	252	105	133	75	16746	1067	169	820	187
	韩国	114	133	110	82	35	2604	7805	100	746	55
	中国台湾	187	120	69	14	14	2289	582	2698	785	66
	美国	996	467	239	312	170	6308	3562	1292	8872	538
	WO	619	273	202	125	140	1699	341	4	2238	123

（3）全球申请人分析

表 6-7 显示出氧化物膜领域主要专利申请人——专利申请量排名前十位的申请人。这 10 位申请人中 7 位来自日本，2 位来自韩国，1 位来自中国。

表 6-7　氧化物膜专利申请量前十位申请人

申请人	申请量/件
三星	5295
半导体能源研究所	4696
LG	4454
日立	1898

申请人	申请量/件
住友	1745
三菱	1677
夏普	1600
京东方	1519
东芝	1476
松下	1417

表 6 - 8 说明该领域全球专利申请量排名前十位的申请人在近 21 年（1996 ~ 2016 年）专利申请趋势。由表 6 - 8 可知，近 21 年来，各主要申请人基本上在 2000 年之后的申请量增长较为显著。

表 6 - 8　氧化物膜领域主要申请人近 21 年专利申请趋势　　单位：件

申请年份	半导体能源研究所	东芝	京东方	LG	日立	三菱	三星	松下	夏普	住友
1996	45	61	0	48	46	44	84	64	34	32
1997	41	55	0	72	44	54	35	31	55	50
1998	29	44	4	61	41	80	64	41	70	23
1999	49	54	0	73	60	33	62	56	29	24
2000	105	60	1	100	66	72	73	61	56	63
2001	72	63	4	139	88	63	80	47	58	45
2002	73	33	1	146	44	23	134	30	79	55
2003	110	36	1	249	40	30	167	40	96	72
2004	147	29	8	290	49	48	362	41	44	50
2005	139	35	1	272	50	58	420	37	65	72
2006	173	18	19	293	52	61	480	30	39	88
2007	107	23	26	215	63	142	311	33	39	71
2008	66	25	18	196	52	107	311	26	46	79
2009	285	40	20	312	60	56	268	31	23	76
2010	444	17	17	349	59	56	371	27	70	96

申请年份	半导体能源研究所	东芝	京东方	LG	日立	三菱	三星	松下	夏普	住友
2011	338	34	73	448	111	73	396	42	88	101
2012	394	32	220	356	71	82	345	25	105	78
2013	425	36	273	259	53	72	387	22	149	84
2014	500	44	286	281	60	58	372	6	56	53
2015	412	26	283	161	59	34	282	6	52	137
2016	431	17	225	65	27	24	136	5	11	32

表 6-9 说明氧化物膜领域主要申请人在全球范围内主要国家/地区的专利地域布局。由表可知，就氧化物膜专利技术保护而言，最受主要申请人青睐的市场是日本、美国、韩国、中国和中国台湾。

表 6-9　氧化物膜领域主要申请人与主要公开国家/地区交错分析　　　单位：件

主要申请人	澳大利亚	中国	德国	欧洲	英国	日本	韩国	中国台湾	美国	WO
半导体能源研究所	7	384	20	76	7	786	696	281	2137	293
东芝	1	47	10	87	8	804	75	47	373	13
京东方	0	820	3	51	0	22	33	4	339	247
LG	2	497	46	227	50	226	1948	153	1188	88
日立	5	139	12	68	16	1121	73	129	287	36
三菱	7	134	42	72	5	827	116	115	274	53
三星	6	576	29	208	10	562	1910	253	1691	40
松下	4	66	32	85	38	825	37	23	232	38
夏普	4	176	10	79	12	592	117	109	428	60
住友	8	147	27	93	14	848	133	136	212	99

表 6-10 说明氧化物膜领域全球申请人在近 21 年内以 5 年为时间阶段的专利申请量和排名情况。

表6-10　氧化物膜领域五年一周期专利排名表　　　单位：件

主要申请人	1996～2000年申请量	主要申请人	2001～2005年申请量	主要申请人	2006～2010年申请量	主要申请人	2011～2015年申请量
LG	354	三星	1163	三星	1741	半导体能源研究所	2069
三星	318	LG	1096	LG	1365	三星	1782
三菱	283	半导体能源研究所	541	半导体能源研究所	1075	LG	1505
东芝	274	夏普	342	三菱	422	京东方	1135
半导体能源研究所	269	住友	294	住友	410	海洋王照明科技股份有限公司	467
日立	257	日立	271	出光兴产	399	住友	453
松下	253	三菱	222	日立	286	夏普	450
夏普	244	精工爱普生有限公司	206	佳能	276	华星光电	355
佳能	209	东芝	196	友达光电股份有限公司	225	日立	354
住友	192	松下	195	富士胶片	224	日东电工	324

6.1.2.3　石墨烯膜全球专利状况分析

（1）全球专利申请发展趋势分析

图6-3给出了石墨烯膜的全球专利申请及公开的发展趋势。

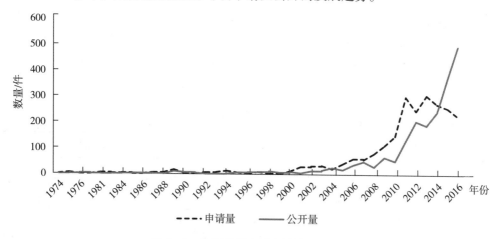

图6-3　石墨烯膜全球申请及公开趋势

由图 6-3 可知，石墨烯膜的发展到目前为止大致可以分为四个阶段。第一个时期是 1974~2001 年的萌芽阶段，第二个时期是 2002~2008 年的平稳增长期，第三个时期是 2009 至今的快速增长期。

（2）目标国家/地区分析

表 6-11 是石墨烯膜专利技术输出国家/地区与输入国家/地区交叉分析，说明高分子膜专利技术全球产生地和目标市场。石墨烯膜的专利技术输出全球排名进入前十位的国家/地区有：中国、日本、美国、韩国、德国、法国、英国和中国台湾。石墨烯膜的专利技术输入全球排名进入前十位的国家/地区有：中国、美国、日本、韩国、德国、加拿大、中国台湾和法国。

表 6-11　石墨烯膜专利技术输出国家/地区与输入国家/地区交叉分析　　单位：件

目标国家/地区分析		技术输出国家/地区									
		中国	德国	欧洲	法国	英国	日本	韩国	中国台湾	美国	WO
技术输入国家/地区	加拿大	0	1	0	0	1	4	0	0	5	1
	中国	542	0	2	5	0	40	13	1	24	4
	德国	0	6	1	0	1	12	1	0	2	3
	欧洲	1	2	4	8	2	27	9	0	21	51
	法国	0	1	0	9	0	0	0	0	0	0
	日本	3	7	5	9	3	289	26	0	63	11
	韩国	0	3	3	1	2	32	181	0	47	4
	中国台湾	12	1	3	2	0	20	12	27	25	3
	美国	36	9	8	6	2	87	82	15	297	32
	WO	4	3	2	9	3	51	7	0	32	5

（3）全球申请人分析

表 6-12 显示出石墨烯膜领域主要专利申请人——专利申请量排名前十位的申请人。可以看出，这 10 位申请人中 5 位来自日本，1 位来自韩国，2 位来自美国，还有 2 位来自中国。

表 6-12　石墨烯膜专利申请量前十位申请人

申请人	申请量/件
三星（韩国）	106
中国科学院（中国）	78
IBM（美国）	45

申请人	申请量/件
美国原子能委员会（美国）	41
住友（日本）	36
清华大学（中国）	29
索尼（日本）	26
日本电气（日本）	24
同和电子（日本）	24
富士通（日本）	22

　　表 6 - 13 说明该领域全球专利申请量排名前十位的申请人在近 21 年（1996～2016年）的专利申请趋势。由表 6 - 13 可知，全球主要专利申请人的年专利申请量都比较低，这可能是因为石墨烯膜技术的技术构成要素比较少，技术突破相对较难。而且，石墨烯膜技术的研究时间是四种膜里面最短的，目前还在如火如荼地进行。以住友、IBM 为代表的部分企业技术进步的速度更快，但是大部分企业都处于技术瓶颈期。

表 6 - 13　石墨烯膜领域主要申请人近 21 年专利申请趋势　　单位：件

申请年份	IBM	富士通	中国科学院	清华大学	日本电气	三星	索尼	同和电子有限公司	美国原子能委员会	住友
1996	0	1	0	0	0	0	0	0	0	1
1997	0	0	0	0	2	0	0	0	0	0
1998	0	1	0	0	2	0	0	0	0	0
1999	0	0	0	0	0	0	0	0	0	0
2000	0	1	1	0	0	1	0	0	0	0
2001	1	1	0	0	2	1	3	0	0	1
2002	0	2	0	0	3	1	1	0	0	0
2003	1	0	1	0	0	8	2	0	0	1
2004	0	1	0	0	1	4	0	0	0	0
2005	0	0	0	1	1	8	0	0	0	0
2006	1	1	1	1	0	12	4	0	0	0
2007	1	0	0	0	0	11	1	1	0	0
2008	1	1	1	0	1	9	2	7	0	5

申请年份	IBM	富士通	中国科学院	清华大学	日本电气	三星	索尼	同和电子有限公司	美国原子能委员会	住友
2009	1	0	1	0	3	2	1	7	2	16
2010	2	2	1	0	2	13	0	2	0	2
2011	12	10	3	13	2	7	3	1	3	1
2012	9	6	2	3	0	10	2	0	5	1
2013	10	9	0	3	0	3	3	2	25	3
2014	2	13	2	3	0	4	1	1	2	2
2015	4	11	1	3	0	10	0	3	3	1
2016	0	0	11	1	0	1	0	0	1	0

表6-14说明石墨烯膜领域主要申请人在全球范围内主要国家/地区的专利地域布局。由表6-14可知，就石墨烯膜专利技术保护而言，受主要申请人青睐的市场是日本、美国和韩国。大部分企业专利布局区域范围相对较小，它们仅选择了一两个主要保护的市场进行了一定数量的专利申请。

表6-14　石墨烯膜领域主要申请人与主要公开国家/地区交错分析　　单位：件

主要申请人	中国	德国	欧盟	法国	英国	日本	韩国	中国台湾	美国	WO
IBM	0	2	3	0	3	3	4	0	30	
富士通	1	0	0	0	0	15	0	0	5	1
清华大学	8	0	0	0	0	0	0	4	17	
日本电气	2	2	2	0	0	8	1	0	6	3
三菱	2	1	1	0	0	21	4	2	5	
三星	6	1	4	0	0	11	45	0	38	1
同和电子	4	0	3	0	0	8	2	2	4	1
原子能委员会	1	0	14	6	0	2	1	1	7	9
中国科学院	77	0	0	0	0	0	0	0	0	1
住友	4	1	4	0	0	14	2	2	5	2

表6-15说明高性能膜材料石墨烯膜领域全球申请人在近21年内以5年为时间阶段的专利申请量和排名情况。

表 6 – 15 石墨烯膜领域五年一周期专利排名表 单位：件

主要申请人	1996～2000 年申请量	主要申请人	2001～2005 年申请量	主要申请人	2006～2010 年申请量	主要申请人	2011～2015 年申请量
佳能	4	三星	22	三星	47	中国科学院	59
日本电气	4	三菱	12	住友	23	原子能委员会	38
三菱	4	日本电气	7	同和电子	17	IBM	37
富士通	3	松下	6	加尔汀工业公司	11	三星	34
韩国电子通信研究院	1	索尼	6	三菱	11	清华大学；鸿海精密工业股份有限公司	15
韩国科学技术研究院	1	富士通	4	索尼	8	英特尔公司	13
三星	1	佳能	3	IBM	6	京东方	11
住友	1	IBM	2	韩国科学技术研究院	6	南洋理工大学	11
		韩国电子通信研究院	2	加利福尼亚大学董事会	6	清华大学	10
		加利福尼亚大学董事会	2	日本电气	6	富士通	9

6.1.2.4 全球专利运营分析

表 6 – 16 显示涉及高性能膜材料领域的全球专利转让情况。高性能膜材料领域全球专利转让件数总计为 9304 件，专利权转让量排名前十位的公司是：三星、三菱、日立、JX 日矿日石、LG、松下、日本电气、京东方、东芝。三星的专利转让量为 1738 件位列第一名并且显著超过其他公司。

表 6 – 16 全球高性能膜材料领域的专利转让量前十位申请人

转让人	转让量/件
三星	1738
三菱	358
日立	304

续表

转让人	转让量/件
JX 日矿日石金属株式会社	232
LG	231
松下	190
日本电气	155
日矿金属	138
京东方	137
东芝	129

6.1.3　中国专利状况分析

6.1.3.1　金属膜或金属复合膜中国专利状况分析

（1）中国专利申请发展趋势分析

图 6-4 给出了金属膜或金属复合膜技术的中国专利申请及公开的发展趋势。

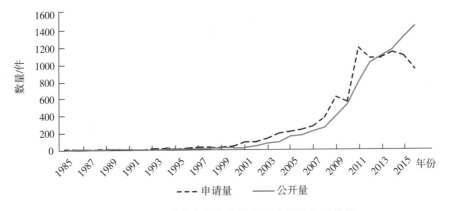

图 6-4　金属膜或金属复合膜中国申请及公开趋势

根据图 6-4 中公开的申请及公开趋势，可将中国金属膜或金属复合膜技术的专利发展历程分为大致 3 个阶段：第一是 1985～1999 年的萌芽阶段；第二是 2000～2009 年快速发展阶段；第三是 2010 年至今的成熟阶段。在 2010 年之后，该领域中国专利年申请量在短暂时间内突飞猛进地达到 1199 件（2011 年），之后逐渐下降。

（2）专利申请的地域分析

图 6-5 说明金属膜或金属复合膜技术领域来华申请主要国家/地区分布情况。

金属膜或金属复合膜技术中国专利申请总计 9644 件。由图 6-5 可知，其中 7454 件由中国申请人申请，占比 77%，其余 23% 的中国专利申请均由其他国家/地区申请人。

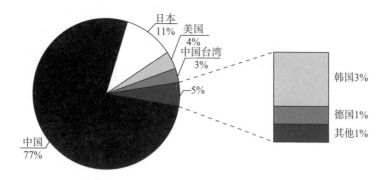

图 6 - 5　金属膜或金属复合膜技术领域来华申请主要国家/地区分布

（3）主要申请人和主要发明人分析

表 6 - 17 说明在金属膜或金属复合膜领域在中国提交专利申请的主要申请人及申请量。

表 6 - 17　金属膜或金属复合膜领域中国专利申请量前十位的申请人

申请人	申请量/件
安徽欣意电缆有限公司	156
日立	119
江阴市电工合金有限公司	87
鸿富锦精密工业有限公司	87
三菱	86
三星	84
古河电工	80
JX 日矿日石金属株式会社	77
神户制钢所	76
住友	75

表 6 - 18 说明该领域全球专利申请量排名前十位的申请人在近 21 年（1996～2016年）的专利申请趋势。

表 6 - 18　金属膜或金属复合膜领域主要申请人近 21 年中国专利申请趋势　　单位：件

申请年份	安徽欣意电缆有限公司	古河电工	鸿富锦精密工业有限公司	江阴市电工合金有限公司	JX 日矿日石金属株式会社	日立	三菱	三星	神户制钢所	住友
1996	0	0	0	0	0	0	0	0	0	6
1997	0	2	0	0	0	0	1	0	0	6

申请年份	安徽欣意电缆有限公司	古河电工	鸿富锦精密工业有限公司	江阴市电工合金有限公司	JX日矿日石金属株式会社	日立	三菱	三星	神户制钢所	住友
1998	0	0	0	0	0	2	0	0	0	0
1999	0	0	0	0	0	0	0	0	0	0
2000	0	0	0	0	0	0	0	0	0	2
2001	0	0	0	0	0	2	2	0	0	6
2002	0	1	0	2	0	0	0	7	0	0
2003	0	0	1	0	0	2	2	6	2	7
2004	0	0	3	0	0	6	0	12	6	8
2005	0	0	3	2	0	10	0	12	4	0
2006	0	7	1	0	0	6	5	12	8	3
2007	0	1	2	0	0	6	0	6	11	5
2008	0	4	2	0	0	6	0	2	6	0
2009	0	16	7	2	1	13	12	2	0	13
2010	11	11	32	26	0	10	7	5	7	4
2011	8	16	36	28	0	17	14	2	11	4
2012	85	6	0	16	0	16	12	10	8	5
2013	38	5	0	5	0	10	14	4	6	3
2014	14	6	0	6	0	7	10	1	2	2
2015	0	4	0	0	0	3	6	1	3	6
2016	0	0	0	0	0	1	1	2	0	0

由表 6-18 可知，在近 21 年期间，中国专利主要申请人的申请趋势单一，诸如安徽欣意电缆有限公司、鸿富锦精密工业有限公司和江阴市电工合金有限公司之类的申请人开始专利申请的日期比较晚，申请量在 2010 年前后显著增加，申请量在短时间内爆发式增长后快速下降。

由图 6-19 可知，中国专利申请量排名第一位的发明人是林泽民，隶属于安徽欣意电缆有限公司，申请量为 132 件，远超过排名第二位的申请人；而排名继后的发明人申请量为 50～100 件。

表 6 − 19　金属膜或金属复合膜技术领域中国专利申请量前十位的发明人

发明人	申请量/件
林泽民	132
冯岳军	84
陈希康	84
张忠良	83
张静	56
刘焱鑫	54
束维武	54
张华仓	51
谢华	51
谢罡	50

6.1.3.2　氧化物膜中国专利状况分析

（1）中国专利申请发展趋势分析

图 6 − 6 给出了氧化物膜技术的中国专利申请及公开的发展趋势。

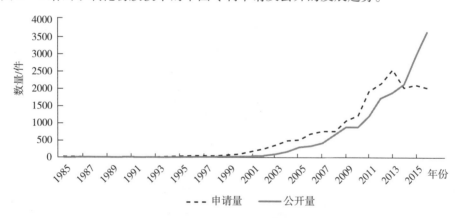

图 6 − 6　氧化物膜中国申请及公开趋势

根据图 6 − 6 中公开的申请及公开趋势可将中国氧化物膜技术的专利发展历程分为大致三个阶段：第一是 1985 ~ 1999 年的技术萌芽阶段；第二是 2000 ~ 2008 年快速发展阶段；第三是 2009 年至今的成熟阶段。

（2）专利申请的地域分析

图 6 − 7 说明氧化物膜技术领域来华申请主要国家/地区分布情况。

氧化物膜技术中国专利申请总计 19463 件。由图 6 − 7 可知，其中 13088 件由中国申请人申请，占比 67%，其余 33% 的中国专利申请均由其他国家/地区申请人提交即为来华申请。

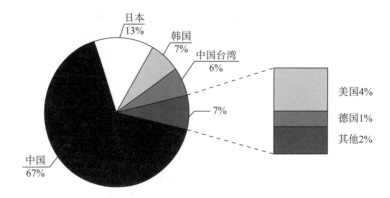

图 6 - 7　氧化物膜技术领域来华申请主要国家/地区分布

（3）主要申请人和主要发明人分析

表 6 - 20 说明在氧化物膜领域在中国提交专利申请的主要申请人及申请量。

表 6 - 20　氧化物膜领域中国专利申请量前十位的申请人

申请人	申请量/件
京东方	820
三星	576
LG	497
海洋王照明科技股份有限公司	483
半导体能源研究所	384
华星光电	339
浙江大学	207
友达光电股份有限公司	197
夏普	176
住友	147

表 6 - 21 说明该领域全球专利申请量排名前十位的申请人在近 21 年（1996 ~ 2016 年）的专利申请趋势。

表 6 - 21　氧化物膜领域主要申请人近 21 年专利申请趋势　　　　单位：件

申请年份	半导体能源研究所	海洋王照明科技股份有限公司	华星光电	京东方	LG	三星	夏普	友达光电股份有限公司	浙江大学	住友
1996	0	0	0	0	0	0	0	0	0	0
1997	41	0	0	0	72	35	55	0	2	50

续表

申请年份	半导体能源研究所	海洋王照明科技股份有限公司	华星光电	京东方	LG	三星	夏普	友达光电股份有限公司	浙江大学	住友
1998	29	0	0	4	61	64	70	0	0	23
1999	49	0	0	0	73	62	29	2	0	24
2000	105	0	0	1	100	73	56	8	0	63
2001	72	0	0	4	139	80	58	11	0	45
2002	73	0	0	1	146	134	79	24	7	55
2003	110	0	0	1	249	167	96	72	8	72
2004	147	0	0	8	290	362	44	49	5	50
2005	139	0	0	1	272	420	65	39	6	72
2006	173	0	0	19	293	480	39	40	13	88
2007	107	0	0	26	215	311	39	71	6	71
2008	66	0	0	18	196	311	46	44	11	79
2009	285	1	0	20	312	268	23	26	18	76
2010	444	35	0	17	349	371	70	44	13	96
2011	338	66	9	73	448	396	88	49	25	101
2012	394	108	35	220	356	345	105	33	12	78
2013	425	281	51	273	259	387	149	23	17	84
2014	500	12	74	286	281	372	56	25	27	53
2015	412	0	186	283	161	282	52	27	15	137
2016	431	0	133	225	65	136	11	13	24	32

由表 6 - 21 可知，在近 21 年期间，中国专利主要申请人的申请量呈现先增长后下降的趋势。诸如半导体能源研究所、LG 和三星之类的申请人年专利申请量比较大，从 2000 年之后增加显著，在 2013 年前后年申请量达到顶峰之后呈下降趋势；海洋王照明科技股份有限公司和华星光电开始专利申请的日期比较晚，年申请量在短时间内爆发式增长后快速下降。

由表 6 - 22 可知，中国专利申请量排名第一和第二的发明人是周明杰和王平，均隶属于海洋王照明科技股份有限公司，申请量分别为 485 件和 461 件，远超出其他申请人，而排名继后发明人的申请量在 100～240 件。

表 6 – 22　氧化物膜技术领域中国专利申请量前十位的发明人

发明人	申请量/件
周明杰	485
王平	461
黄辉	235
山崎舜平	205
陈吉星	205
张振华	158
钟铁涛	129
唐根初	116
冯小明	108
刘伟	107

6.1.3.3　石墨烯膜中国专利状况分析

（1）中国专利申请发展趋势分析

图 6 – 8 给出了石墨烯膜技术的中国专利申请及公开的发展趋势。

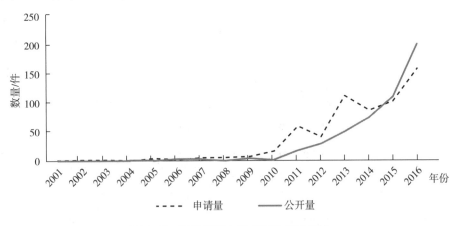

图 6 – 8　石墨烯膜中国申请及公开趋势

根据图 6 – 8 中公开的申请及公开趋势，可将中国石墨烯膜技术的专利发展历程目前大致分为两个阶段：第一是 2001 ~ 2009 年的萌芽阶段；第二是 2010 年至今快速发展阶段。

（2）专利申请的地域分析

图 6 – 9 说明石墨烯膜技术领域来华申请主要国家/地区分布情况。

石墨烯膜技术中国专利申请总计 607 件。由图 6 – 9 可知，其中 540 件由中国申请人申请，占比 89%，其余 11% 的中国专利申请均由其他国家/地区申请人提交。

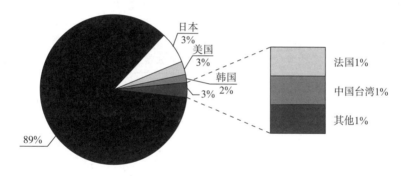

图 6 – 9　石墨烯膜技术领域来华申请主要国家/地区分布

（3）主要申请人和主要发明人分析

表 6 – 23 说明在石墨烯膜领域在中国提交专利申请的主要申请人及申请量。

表 6 – 23　石墨烯膜领域中国专利申请量前十位的申请人

排名	申请人	申请量/件
1	中国科学院	77
2	浙江大学	10
3	北京大学	8
4	东南大学	8
5	清华大学	8
6	上海交通大学	8
7	复旦大学	7
8	华中科技大学	7
9	江苏大学	7
10	天津大学	7

表 6 – 24 说明该领域全球专利申请量排名前十位的申请人在近 22 年（1996～2017 年）的专利申请趋势。

表 6 – 24　石墨烯膜领域主要申请人近 22 年专利申请趋势①　　　　　单位：件

申请年份	北京大学	东南大学	复旦大学	华中科技大学	江苏大学	清华大学	上海交通大学	天津大学	浙江大学	中国科学院
2005	0	0	0	0	0	1	0	0	0	0
2009	0	0	0	0	0	0	0	0	0	1

---

①　因 1996～2004 年与 2006～2008 年无申请，故表中未显示。

续表

申请年份	北京大学	东南大学	复旦大学	华中科技大学	江苏大学	清华大学	上海交通大学	天津大学	浙江大学	中国科学院
2010	3	0	0	0	1	0	0	0	0	2
2011	0	1	1	2	0	1	0	1	1	10
2012	0	3	0	0	0	1	1	1	0	6
2013	1	0	0	1	0	1	1	4	1	19
2014	2	0	0	0	2	0	2	0	1	13
2015	1	0	3	1	2	2	0	0	2	11
2016	1	3	3	2	2	1	4	1	5	14
2017	0	1	0	1	0	1	0	0	0	1

由表 6-25 可知，在石墨烯膜技术领域，申请量前十位的发明人申请量也比较低，都是个位数。这说明石墨烯膜技术领域目前发展的潜力和空间很大。

表 6-25　石墨烯膜技术领域中国专利申请量前十位的发明人

发明人	申请量/件
孟国文	8
朱储红	6
毕少强	5
王军喜	5
黄竹林	5
何丹农	4
冈本和树	4
史浩飞	4
吴卫华	4
唐海宾	4

6.1.3.4　中国专利运营分析

（1）专利转让

表 6-26 显示涉及高性能膜材料领域的中国专利转让情况。高性能膜材料领域中国专利转让件数总计为 2212 件。三星和京东方的专利转让特征如全球专利运营章节所述。

表6-26 高性能膜材料领域的中国专利转让前十位排行

排名	转让人	转让量/件
1	三星	289
2	京东方	108
3	比亚迪	27
4	深圳市亿思达显示科技有限公司	21
5	索尼	21
6	昭和电工株式会社	19
7	璨圆光电股份有限公司	18
8	南昌欧菲光显示技术有限公司	16
9	安徽欣意电缆有限公司	14
10	思阳公司	13

（2）专利许可

表6-27显示涉及高性能膜材料领域的中国专利许可情况。高性能膜材料领域中国专利许可件数总计为397件。

表6-27 高性能膜材料中国专利权前十位许可人

排名	专利许可人	许可件数
1	IBM	17
2	株式会社日立制作所	16
3	李毅	14
4	璨圆光电股份有限公司	12
5	东陶机器株式会社	11
6	株式会社日立显示器	10
7	南京邮电大学	7
8	松下电器产业株式会社	7
9	苏伟	7
10	同方光电科技有限公司	7

6.1.4 广东专利状况分析

6.1.4.1 省内专利申请发展趋势分析

图6-10说明广东高性能膜材料领域专利申请、公开发展趋势和专利类型。

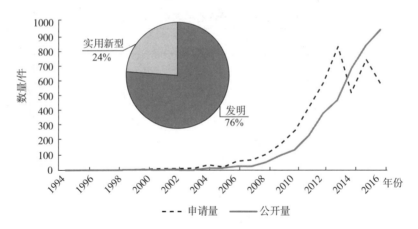

图 6-10　广东专利申请、公开发展趋势及专利类型

图 6-10 中趋势线图显示广东内近 20 年高性能膜材料的专利申请和公开趋势，饼图显示专利类型。广东高性能膜材料专利发展趋势可以分为三个阶段：第一是 2002 年之前的萌发期，第二是 2002～2008 年为发展期，第三是 2008 年以后为快速增长期。

在专利类型上，该领域的专利申请分为发明和实用新型专利申请两类，没有外观设计专利申请。其中发明占总数的 76%，实用新型占总数的 24%。

6.1.4.2　省内专利分布区域分析

表 6-28 说明广东各主要城市的高性能膜材料领域专利申请概况。

表 6-28　广东高性能膜材料专利申请的主要城市分布

地址	申请量/件
深圳	2884
广州	514
东莞	384
惠州	162
佛山	135
汕尾	102
中山	58
江门	42
珠海	42
汕头	39

由表 6-28 可知，在广东各城市中，深圳是广东省内高性能膜材料领域专利申请量最高的城市，其专利申请量 2884 件，不仅申请量位列排行榜第一，而且远远超出位列第二的广州（514 件）。

6.1.4.3 省内主要申请人和发明人分析

表 6-29 显示广东高性能膜材料领域专利申请量排名前十位申请人及其申请量。申请量排名前十位的申请人由 2 所高校和 8 家企业组成。

表 6-29 广东省高性能膜材料专利申请人排名

申请人	申请量/件
海洋王照明科技股份有限公司	550
华星光电	433
比亚迪股份有限公司	205
华南理工大学	119
中山大学	91
鸿海精密工业股份有限公司	86
深圳欧菲光科技股份有限公司	86
鸿富锦精密工业有限公司	76
信利半导体	60
TCL	55

表 6-30 说明广东高性能膜材料领域专利申请的主要发明人及其申请量。

表 6-30 广东高性能膜材料专利发明人申请量排名

发明人	申请量/件
周明杰	546
王平	393
黄辉	153
陈吉星	142
钟铁涛	111
张振华	90
冯小明	80
陈文荣	74
张新倍	71
蒋焕梧	70

6.1.4.4 广东主要地市技术分支专利布局对比

表 6-31 说明广东及主要地市高性能膜材料领域专利在各技术分支的布局情况。

表6-31　广东主要地市高性能膜材料专利各技术分支情况对比

技术 分支 地域	金属膜或金属复合膜		氧化物膜		高分子膜		石墨烯膜	
	申请量/件	占比	申请量/件	占比	申请量/件	占比	申请量/件	占比
全球	38664	25.8%	98580	65.8%	10266	6.8%	2376	1.6%
中国	9685	30.8%	19814	63.2%	1263	4.0%	634	2.0%
广东	883	19.0%	3584	76.9%	139	3.0%	52	1.1%
深圳	471	15.6%	2458	81.2%	69	2.3%	28	0.9%
广州	139	25.6%	359	66.0%	27	5.0%	19	3.5%
东莞	99	25.1%	275	69.8%	18	4.6%	2	0.5%
惠州	30	18.1%	132	79.5%	3	1.8%	1	0.6%
佛山	38	28.1%	92	68.6%	4	3.0%	0	0

表6-31显示了全球、中国、广东在高性能膜材料领域四个技术分支的专利申请量及其占比和广东省内申请量排名前五的5个城市：深圳、广州、东莞、佛山和惠州在该四个技术分支的专利申请量和占比。无论是全球、中国还是广东及各主要地市，氧化物膜技术分支的专利申请量和申请量占比都是四个技术分支中最高，而且申请量占比在63.2%~81.2%的范围，这说明氧化物膜技术属于高性能膜领域目前研究的重点和热点技术。其中广东氧化物膜申请量占比为76.9%，高于该技术分支的全球占比和中国占比；在广东的5个主要地市中，深圳和惠州的氧化物膜技术分支专利申请量占比相对更高，达到80%左右，说明深圳和惠州的申请人在该技术领域投入了最主要的研发力量。与氧化物膜技术分支相反的是，目前石墨烯膜技术在全球、中国和广东都属于相对空白领域，该技术的研究发展专利布局有很大的潜力。值得注意的是，广州市已经投入相对其他地市较高比例的研发力量并取得初步成果。

6.1.4.5　广东专利申请流向分析

表6-32说明广东及主要地市高性能膜材料领域专利在各技术分支的地域布局情况。

表6-32　广东高性能膜材料专利申请流向　　　　　　　　单位：件

公开国家/地区	高分子膜	金属膜或金属复合膜	石墨烯膜	氧化物膜	总计
中国	122	832	48	3005	4007
美国	6	42	2	341	391
WO	11	5	0	218	234
日本	0	4	2	5	11
韩国	0	0	0	10	10

续表

公开国家/地区	高分子膜	金属膜或金属复合膜	石墨烯膜	氧化物膜	总计
欧洲	0	0	0	3	3
澳大利亚	0	0	0	1	1
英国	0	0	0	1	1
总计	139	883	52	3584	4658

表 6-32 显示了广东高性能膜材料专利的专利申请人所申请专利的全球分布情况。在广东专利申请人提交的 4658 件专利申请中 86% 的是在中国提交申请，8% 在美国提交申请，5% 提交了国际申请，其余 1% 在日本、韩国、欧洲、澳大利亚和英国提交申请。广东申请人的氧化物膜技术分支专利申请的地域范围最广，包括中国、美国、国际申请、日本、韩国、欧洲、澳大利亚和英国；石墨烯膜技术分支的申请地域主要是中国、美国和日本；金属膜和金属复合膜技术分支的申请地域主要是中国、美国、国际申请和日本；高分子膜技术分支的申请地域主要是中国、美国和国际申请。

6.1.5　主要结论与建议

6.1.5.1　主要结论

（1）全球专利状况主要结论

从全球来看，高性能膜材料全球专利申请量整体呈现增长态势。氧化物膜材料的全球专利申请总量超过金属膜或金属复合膜、高分子膜和石墨烯膜三者之和，说明申请人对氧化物膜比较重视，研究比较深入。另外，石墨烯膜属于新兴的技术分支，目前正在快速发展中，申请量将会迎来爆发式增长。

从全球申请的国家/地区分布来看，申请人重点关注的国家或地区依次是日本、美国、中国、韩国和中国台湾。这些国家或地区是高性能膜材料的主要消费市场，也是竞争最为激烈的区域。全球申请主要来自日本、美国、韩国等国家，这些国家的相关企业掌握着高性能膜材料先进的技术，在高性能膜材料领域的发展中起着主导作用。

高性能膜材料全球专利申请中的主要申请人是日本的三菱、住友和韩国的三星。这三家公司有高性能膜材料最先进的技术，同时还占据着全球高性能膜材料的绝大部分市场份额，这给其他国家或地区的本地企业带来巨大的竞争压力和专利壁垒。

（2）中国专利状况主要结论

在中国国内，高性能膜材料专利申请明显要晚于全球专利申请。这一方面是由于中国的专利制度实行较晚，另一方面是由于中国在膜材料领域的技术发展严重落后。在最近 10 年内，中国的高性能膜材料专利申请出现了较快的增长。这说明随着国家政策的扶持和技术的积累，中国企业加快了高性能膜材料的研发。

在高性能膜材料中国专利申请中，有 66% 左右来自中国申请人，其他申请主要来自日本、美国、韩国和中国台湾，并且来自这些国家或地区的专利申请相对于本地申请有明显的技术优势。在中国专利申请中，日本的三菱和韩国的三星是最主要的申请人，并且它们在中国开始专利布局的时间明显早于主要的国内申请人。主要的国内申请人是海洋王照明科技有限公司、华星光电、京东方和比亚迪，这些申请人近年加快了高性能膜材料的研发，申请量呈明显增长的趋势。

在高性能膜材料中国专利申请中，参与专利运营的专利件数较少，其中参与专利转让的专利件数为 2212 件（占比 7%），参与专利许可件数 397 件（占比 1%）。参与专利运营的权利人主要有三星和京东方，其专利转让的方式主要是集团公司内部转让或转让至其他控股公司。这说明中国高新能膜材料领域尚需挖掘高价值专利并加以运营手段发挥其价值。

综上所述，国内企业对高性能膜材料的研究起步较晚，加上国外厂商专利的制约，高性能膜材料国产化在整个薄膜晶体管液晶显示（TFT－LCD）产业链中的比重仍然较低。一方面，高性能膜材料厂商要生产出稳定、性能优良的高性能膜产品难度比较大，存在较高的技术壁垒，企业技术水平相对落后；另一方面，三菱、住友、三星等企业已经建立了相当牢固的专利阵营，中国企业在专利方面受制于人。另外，外资企业纷纷落地中国，在某种程度上对国内企业的发展构成了严重的挑战。

（3）广东专利状况主要结论

广东涉及高性能膜材料的专利申请总计 4658 件，广东专利申请总量的 60% 来自深圳，其他申请量比较高的城市是广州和东莞。广东省内主要申请人海洋王照明科技股份有限公司、华星光电、比亚迪等公司以及华南理工大学和中山大学。

就高性能膜的技术分支而言，广东氧化物膜申请量占比为 76.9%，高于该技术分支的全球占比和中国占比；而且深圳和惠州的氧化物膜技术分支专利申请量占比相对达到 80% 左右，深圳和惠州申请人在该技术领域投入了最主要的研发力量。另外，广州经在石墨烯膜技术分支投入相对较高比例的研发力量并取得初步成果。

就专利申请地域流向而言，广东专利申请人 86% 的专利是在中国提交申请，8% 在美国提交申请，5% 提交了国际申请，其余 1% 在日本、韩国、欧洲、澳大利亚和英国提交申请。广东申请人的氧化物膜技术分支专利申请的地域范围最广，包括中国、美国、国际申请、日本、韩国、欧洲、澳大利亚和英国；石墨烯膜技术分支的申请地域主要是中国、美国和日本；金属膜和复合金属膜技术分支的申请地域主要是中国、美国、国际申请和日本；高分子膜技术分支的申请地域主要是中国、美国和国际申请。

6.1.5.2 广东高性能膜材料产业发展建议

（1）政府层面

国家在政策面要对国产化提供有力的资金支持，创造策略合作联盟。2014 年国家发展改革委员会办公厅、工业和信息化部办公厅联合发布了《关于组织实施新型平板显示和宽带网络设备研发及产业化专项有关事项的通知》。专项强调的重点之一就是支持高世代（6 代及以上）薄膜晶体管膜显示（TFT－LCD）用高性能混合液晶材料研发和产业化。广东省政府应积极推进专项的实施，并根据本地企业的实际情况，制定相应的政策，对企业的国产化项目进行资金奖励。

对于高性能膜材料的发展，广东省政府层面上可以从以下几个方面对社会、产业和企业进行引导。

1）出台专项政策。电子材料是电子工业发展的关键核心环节。为确保自主可控发展，摆脱受制于人的局面，需要行业管理部门研究产业发展的关键和薄弱环节，制定产业链发展路线图，出台专项政策措施，为电子材料产业发展创造良好的外部环境。

2）扶持龙头企业。通过强强联合、兼并重组，加快培育一批具有一定规模、比较优势突出、掌握核心技术的高性能膜材料企业，发挥龙头企业的支撑和引领作用。鼓励建立以电子产品生产为主体、上下游紧密结合的产业链战略联盟，发挥产业链协同发展机制，提高省内电子材料企业和电子产品生产大企业、大项目的配套能力。

3）国际化发展。支持省内高性能膜材料企业参加国际技术联盟，申请国外专利，开拓国际市场，并购境外新材料企业和技术研发机构，加快国际化发展。鼓励电子材料企业充分利用国际智力资源，开展人才交流与国际培训，引进境外人才队伍、先进技术和管理经验，参与国际分工合作。

4）加强人才培养。加大专业技术人才、经营管理人才和技能人才的培养力度，完善从研发、设计、转化、生产到管理的人才培养体系。鼓励企业与学校合作，培养急需的科研人员、技术技能人才与经营人才，完善高性能膜材料产业人才库，构建人才水平评价和信息发布制度。加强与国际领先电子材料研究机构交流，加大合作力度，引进领军人才和紧缺人才。

5）拓宽融资渠道。建设"政产学研金"支撑推动体系，制定和完善有利于高性能膜材料产业的风险投资扶持政策，鼓励和支持民间资本投资高性能膜材料领域，设立高性能膜材料产业基金，支持创新型和成长型电子材料企业；鼓励金融机构创新符合产业发展特点的信贷产品和服务，加大信贷支持力度；鼓励具备条件的电子材料企业上市融资、发行债券。

（2）企业层面

高性能膜材料企业应该加快技术研发，提高技术含量、品质和性价比，逐步发展更多的市场。重点解决劣势问题，在最短的时间内弥补与国外企业的差距。

1）积极与高校和科研院所合作，提高企业的技术实力。在透明导电膜领域，省内多家高校和科研院所对材料的基础性研究介入较早，研究历史较长，具备比较强的科研实力。在金属膜和高分子膜领域，国外知名企业的技术实力突出，省内企业和高校在技术上处于劣势。但是在氧化物膜领域，省内部分企业如深圳市华星光电、海洋王照明科技股份有限公司等已经具备较强的技术实力。而在石墨烯膜这种更为新兴的领域，实力比较突出的申请人均为国内的高校和科研机构如华南理工大学、中山大学等。为了充分利用科研资源谋求创新，企业可以根据自身的技术优劣势和市场定位、发展目标，针对性地寻求与科研院所的合作，创造有利条件实现强强联合，加速企业技术实力的提升。

2）积极推进企业知识产权建设，及时监控在华外企发展动向，击破其专利壁垒。目前，在透明导电膜的几个分支领域中，国外企业都已经在华进行了大量的专利布局，而省内企业在这几个分支领域中较多处于劣势。国外申请人中，以日本、美国和韩国对华专利布局最为严密，其中又以日本为甚。日本的住友、三菱等，韩国的三星在华对金属膜领域、氧化物膜领域、高分子膜领域都进行了广泛的专利布局。因此中国专利申请量较高的主要申请人均为外国来华企业。为了应对跨国企业的专利壁垒，省内企业一方面需要加大研发投入，尽快突破新技术提高技术实力；另一方面应同时加大知识产权建设，做好专利布局，最大限度地保护技术成果并通过专利运营手段利用技术成果。省内企业需要积极及时地监控在华跨国企业的发展动向，避免知识产权纠纷，并设法突破跨国企业在华设下的专利壁垒。

3）企业之间加强合作，共同推进产业发展。由于外资企业在技术上有显著的优势，省内企业可以加强与外资企业的技术合作，可以通过技术合作来学习外资企业的技术研发和生产管理经验。例如华星光电正在逐步加深与默克公司（MERCK）的合作，在产量提高的同时，默克公司也为华星光电在各项技术突破提供了定制化解决方案。另外，同行企业之间要建立互信关系，加强合作，共同推进产业发展。由于膜材料稍有问题就会影响整个面板的性能参数和生产良率，膜面板企业一方面顾虑膜材料的产品性能和各批次品质的一致性，另一方面还会担心知识产权保护的问题。由于采用国产膜材料，广东多家面板企业都曾受到默克公司的警告。在广东膜材料产业处于弱势的情况下，处于产业链上中下游的企业可以通力合作，积极建立行业标准，解决行业发展中遇到的普遍性问题，为技术成果的快速转化与应用创造条件，改善优化创新发展环境。

（3）产业层面

广东在高性能膜材料方面的专利较多，申请量集中在深圳、广州和东莞等城市，主要申请人海洋王照明科技股份有限公司、华星光电、比亚迪等公司以及华南理工大学和中山大学，而富士康在广州增城投资 610 亿建立 10.5 代显示器全生态产业园区。就氧化物膜的技术分支而言，广东申请量占比为 76.9%，高于该技术分支的全球占比和中国占比；而且深圳和惠州的氧化物膜技术分支专利申请量占比相对达到 80% 左右，两地申请人在该技术领域投入了最主要的研发力量。另外，广州已经在石墨烯膜技术分支投入相对较高比例的研发力量并取得初步成果。石墨烯是当前的科学研究热点，由于石墨烯材料优异的性质，该材料在显示、照明、化学、电池等多方面有重要应用，因此涉及石墨烯的专利近几年蓬勃涌现，大部分专利集中在石墨烯材料的制备方法、装置及工艺，应用等方面。建议产业层面，尤其要关注石墨烯相关应用，支持和培育新兴的石墨烯应用领域，比如透明导电薄膜、柔性显示、新兴散热、储能电池等领域。

6.2　第三代半导体

6.2.1　产业发展

6.2.1.1　产业研究背景

第三代半导体材料主要以碳化硅（SiC）、氮化镓（GaN）、氧化锌（ZnO）、金刚石、氮化铝（AlN）为代表的宽禁带（$E_g > 2.3$ eV）半导体材料。以碳化硅等为代表的第三代半导体材料，将被广泛应用于光电子器件、电力电子器件等领域，以其优异的半导体性能在各个现代工业领域发挥重要革新作用，应用前景和市场潜力巨大。随着生产成本的降低，碳化硅半导体正在凭借其优良的性能逐步取代 Si 半导体，打破 Si 半导体由于材料本身性能所遇到的瓶颈。无疑，它将引发一场类似于蒸汽机一样的产业革命。

第三代半导体材料的分类非常明确，根据材料本身可以分为五大类：碳化硅、氮化镓、氧化锌、金刚石、氮化铝。目前碳化硅和氮化镓材料是第三代半导体材料领域关注的焦点和热点，金刚石、氮化铝本次将不作细节分析。

6.2.1.2　产业发展概况

（1）全球发展概况

2014 年初，时任美国总统奥巴马宣布成立"下一代功率电子技术国家制造业创新中心"，期望通过加强第三代半导体技术的研发和产业化，使美国占领下一代功率电子产业这个正崛起的规模最大、发展最快的新兴市场，并为美国创造出一大批高收入就业岗位。

日本也建立了"下一代功率半导体封装技术开发联盟"，由大阪大学牵头，协同罗姆（ROHM）、三菱电机、松下电器等 18 家从事碳化硅和氮化镓材料、器件以及应用技术开发及产业化的知名企业、大学和研究中心，共同开发适应碳化硅和氮化镓等下一代功率半导体特点的先进封装技术。

欧洲则启动了产学研项目"LASTPOWER"，由意法半导体公司（ST）牵头，协同来自意大利、德国等 6 个欧洲国家的私营企业、大学和公共研究中心，联合攻关碳化硅和氮化镓的关键技术。该项目通过研发高性价比且高可靠性的碳化硅和氮化镓功率电子技术，使欧洲跻身于世界高能效功率芯片研究与商用的最前沿。

未来，由半导体碳化硅材料制作成的功率器件将支撑起当今节能技术的发展趋向，成为节能设备最核心的部件，因此半导体碳化硅功率器件也被业界誉为功率变流装置的"CPU"、绿色经济的"核芯"。

（2）中国发展概况

我国政府高度重视第三代半导体材料的研究与开发，从 2004 年开始对第三代半导体领域的研究进行了部署，启动了一系列重大研究项目。2013 年科学技术部在《国家高技术研究发展计划（863 计划）新材料技术领域 2014 年度备选项目征集指南》中明确将第三代半导体材料及应用列为重要内容。

业界普遍看好碳化硅的市场发展前景，根据预测，至2022年市场规模将达到40亿美元，年平均复合增长率可达到45%，届时将催生巨大的市场应用空间。

虽然前景看好，但我国在该领域发展的最大瓶颈就是原材料。我国碳化硅原材料的质量、制备问题亟待破解。目前我国碳化硅原材料的制备尚为空缺，大多数设备靠国外进口。国内开展碳化硅、氮化镓材料和器件方面的研究工作比较晚，与国外相比水平较低，并且阻碍国内第三代半导体研究进展的还有原始创新问题。国内新材料领域的科研院所和相关生产企业大都急功近利，难以容忍长期"只投入，不产出"的现状，因此，以第三代半导体材料为代表的新材料原始创新举步维艰。

随着国家战略层面支持力度的加大，特别是我国在节能减排和信息技术快速发展方面具备比较好的产业基础，且具有迫切的市场需求，因此我国将有望集中优势力量一举实现"弯道超车，占位领跑"。

（3）广东发展概况

2010年3月，广东政府将半导体照明产业列为广东重点发展三大战略性新兴产业之一。4年来，按照核心技术攻关和示范推广应用"两端突破"工作思路，广东科技部门大力实施创新驱动战略，狠抓产业自主创新，通过系列"组合拳"政策推动LED产业实现快速发展，成为广东经济持续平稳增长新亮点，为全省战略性新兴产业发展提供了新思路和新经验。自2010年起，广东LED产业产值连续4年保持高速增长，2013年达2810亿元，较2009年的390亿元增长了6倍，在全省八大战略性新兴产业中增速排名第一。目前，广东共有LED企业4000余家，带动相关就业近300万人，已构筑起以深圳为龙头，中山、惠州、佛山、江门和东莞为珠三角产业带的LED产业集聚区，形成了从衬底材料、外延片、芯片、封装到应用的全产业链。其中，LED上市公司25家，占全国LED上市公司总数的60%，总市值近1000亿元。截至2013年底，广东LED产业相关领域专利申请共近5万项，约占全国LED专利申请量的30%。近年来，一批拥有自主知识产权的核心技术取得重大成果。如广东中科宏微半导体设备有限公司和广东昭信集团股份有限公司相继研制出国产金属有机化学气相沉积（MOCVD）样机、基于氧化锌外延透明电极结构的新型高效大功率LED芯片、氮化镓同质外延技术等填补了产业空白。

6.2.2 全球专利状况分析

6.2.2.1 碳化硅全球专利分析

（1）全球专利申请发展趋势分析

图6-11给出了第三代半导体材料碳化硅的全球专利申请及公开的发展趋势。

由图6-11可知，第三代半导体材料碳化硅的发展大致可以分为四个阶段：第一个时期是1958年之前的萌芽阶段，第二个时期是1958~1980年的平稳增长期，第三个时期是1981~2000年的快速增长期，第四个时期就是2000年至今的技术成熟期。

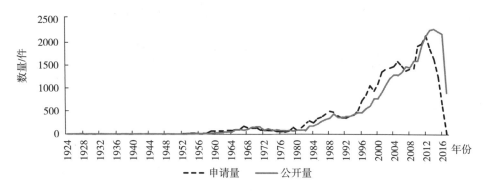

图 6–11　第三代半导体材料碳化硅全球申请及公开趋势

（2）目标国家/地区分析

表 6–33 是第三代半导体材料碳化硅专利技术输出国家/地区与输入国家/地区交叉图，说明第三代半导体材料碳化硅专利技术全球产生地和目标市场。第三代半导体材料碳化硅技术输出国家/地区前三名分别是日本、美国和中国。

表 6–33　第三代半导体材料碳化硅专利技术输出国家/
地区与输入国家/地区交叉分析　　　　　单位：件

目标国家/ 地区分析		技术输出国家/地区									
		日本	美国	中国	德国	韩国	法国	瑞典	英国	欧洲	中国 台湾
技术输入 国家/地区	日本	11909	939	4	144	37	59	73	18	41	8
	美国	2869	3157	29	198	161	64	64	38	47	42
	中国	1017	494	1893	52	40	13	16	14	20	2
	欧洲	1187	756	9	229	19	93	77	14	106	1
	韩国	841	522	2	23	1097	18	9	3	19	2
	WO	922	745	13	99	44	40	69	19	26	0
	德国	670	367	0	600	17	44	43	21	22	2
	中国台湾	480	383	6	24	13	5	3	3	11	152
	法国	35	107	0	56	1	174	1	11	0	0
	英国	94	269	0	98	0	10	5	172	2	2

现在主要的技术输出国家/地区无论对于本土申请和全球申请都同等重视，如日本、美国、德国和中国等都在本土市场和海外市场进行了积极且广泛的申请和布局。

（3）全球主要申请人分析

表 6–34 显示出第三代半导体材料碳化硅领域专利申请量排名前十位的申请人。

可以看出，这 10 位申请人中 8 位来自日本，1 位来自美国，1 位来自德国。

表 6 - 34　第三代半导体材料碳化硅专利申请量排名前十位申请人

申请人	申请量/件
住友	2929
克里科技公司	1796
东芝	1396
三菱	1345
日立	1133
松下	951
富士电机	806
富士通	667
西门子	615
日本电装公司（DENSO）	542

表 6 - 35 说明该领域全球专利申请量排名前十位的申请人在近 21 年（1996～2016 年）的专利申请趋势。

表 6 - 35　第三代半导体材料碳化硅主要申请人近 21 年专利申请趋势　　单位：件

年份	日本电装公司	东芝	富士电机	富士通	克里科技公司	日立	三菱	松下	西门子	住友
1996	18	61	11	1	27	11	10	19	14	19
1997	34	35	22	6	68	23	15	22	33	22
1998	37	45	34	9	96	29	9	41	42	28
1999	27	19	33	9	102	20	6	18	27	34
2000	21	36	9	2	51	32	34	44	23	37
2001	74	30	6	7	100	18	29	53	23	30
2002	27	28	9	37	164	16	33	68	8	25
2003	29	33	11	28	124	31	22	57	2	51
2004	18	30	5	20	131	16	20	83	8	49
2005	13	30	24	26	170	28	39	32	18	30
2006	21	16	32	18	174	19	71	15	7	55
2007	51	21	51	15	83	15	57	22	6	93

续表

年份	日本电装公司	东芝	富士电机	富士通	克里科技公司	日立	三菱	松下	西门子	住友
2008	41	23	33	36	47	24	75	42	2	94
2009	30	26	25	7	54	29	68	20	0	131
2010	15	32	7	18	46	43	134	47	0	390
2011	15	39	25	10	44	53	137	34	2	469
2012	19	56	65	22	67	101	120	34	1	362
2013	13	57	94	16	41	52	115	29	0	317
2014	4	83	76	5	33	32	116	15	0	248
2015	2	68	77	1	4	22	50	11	0	168
2016	0	39	36	2	7	2	9	8	0	56

表 6-36 说明第三代半导体材料碳化硅领域主要申请人在全球范围内主要国家/地区专利地域布局。

表 6-36　第三代半导体材料碳化硅主要申请人与主要公开国家/地区交错分析

主要申请人	日本	美国	中国	欧洲	韩国	WO	德国	中国台湾	法国	英国
日本电装公司	438	5	0	8	15	0	49	0	2	1
东芝	888	260	52	65	25	8	42	23	12	9
富士电机	473	155	45	15	5	68	45	0	0	0
富士通	422	122	13	41	35	9	15	10	0	0
克里科技公司	306	354	145	291	132	170	83	93	0	0
日立	787	109	24	55	25	66	40	2	4	9
三菱	768	180	100	29	79	69	107	4	1	1
松下	474	145	84	82	29	65	28	0	6	15
西门子	28	65	18	50	2	37	193	0	31	63
住友	981	539	291	327	157	319	81	123	2	3

表 6-37 说明第三代半导体材料碳化硅领域全球申请人在近 21 年内以 5 年为时间阶段的专利申请量和排名情况。

表 6-37   全球第三代半导体材料碳化硅领域五年一周期专利排名表   单位：件

主要申请人	1996~2000年申请量	主要申请人	2001~2005年申请量	主要申请人	2006~2010年申请量	主要申请人	2011~2015年申请量
克里科技公司	344	克里科技公司	689	住友	763	住友	1564
东芝	196	松下	293	三菱	405	三菱	538
ABB	187	住友	185	克里科技公司	404	富士电机	337
松下	144	日本电装公司	161	日本电装公司	158	东芝	303
住友	140	东芝	151	昭和电工	156	日立	260
西门子	139	三菱	143	富士电机	148	克里科技公司	189
日本电装公司	137	应用材料	134	松下	146	西安电子科技大学	185
日立	115	日本产业技术综合研究所	132	日立公司	130	罗姆	143
富士电机	109	兰姆研究	124	电装	129	通用电气	125
应用材料	102	富士通	118	丰田	128	松下	123

6.2.2.2   氮化镓全球专利分析

（1）全球专利申请发展趋势分析

图6-12给出了第三代半导体材料氮化镓的全球专利申请及公开的发展趋势。

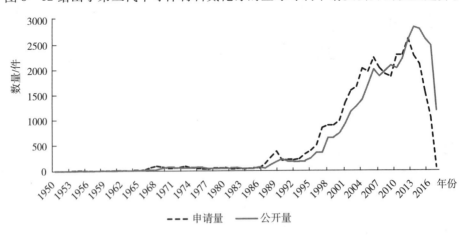

图6-12   第三代半导体材料氮化镓全球申请及公开趋势

由图6-12可知，第三代半导体材料氮化镓的发展大致可以分为四个阶段：第一个时期是1963年之前的萌芽阶段，第二个时期是1964~1986年的平稳增长期，第三个时期是1987~2000年的快速增长期，第四个时期就是2001年至今的技术成熟期。

（2）目标国家/地区分析

表6－38是第三代半导体材料氮化镓专利技术输出国家/地区与输入国家/地区交叉分析，说明第三代半导体材料氮化镓专利技术全球产生地和目标市场。第三代半导体材料氮化镓技术输出国家/地区前三名分别是日本、美国和中国，其中日本的技术输出量遥遥领先。从申请的流向看，现在主要的技术输出国家/地区本土申请和全球申请都同等重视，如日本、美国和韩国都在本土市场和海外市场进行了积极且广泛的申请和布局，其目的就是在该领域中不断占据自身的技术优势。

表6－38　第三代半导体材料氮化镓专利技术输出国家/
地区与输入国家/地区交叉分析　　　　单位：件

目标国家/地区分析		技术输出国家/地区									
		日本	美国	中国	韩国	德国	法国	英国	波兰	中国台湾	WO
技术输入国家/地区	日本	9537	800	17	299	85	64	29	23	38	39
	美国	2492	3890	121	582	89	76	62	30	166	205
	中国	1209	502	5357	198	48	35	14	16	22	3
	德国	243	211	3	20	218	31	9	1	6	40
	欧洲	1073	681	24	158	70	82	32	17	0	140
	法国	27	71	2	3	23	191	3	0	0	2
	英国	58	125	4	10	22	14	94	0	0	19
	韩国	748	394	15	2231	20	21	5	14	18	1
	中国台湾	781	505	38	55	27	8	10	7	605	22
	WO	666	859	80	153	60	32	28	18	2	65

（3）全球主要申请人分析

表6－39显示出第三代半导体材料氮化镓领域专利申请量排名前十位的申请人。

表6－39　第三代半导体材料氮化镓专利申请量排名前十位申请人

申请人	申请量/件
住友	2665
松下	1465
丰田	1125
LG	989
东芝	978
三星	954

续表

申请人	申请量/件
三菱	897
夏普	854
日亚化学	793
中国科学院	692

表 6 - 40 说明该领域全球专利申请量排名前十位的申请人在近 21 年（1996～2016 年）的专利申请趋势。

表 6 - 40　第三代半导体材料氮化镓主要申请人近 21 年专利申请趋势　　　单位：件

申请年	LG	东芝	丰田	日亚化学	三菱	三星	松下	夏普	中国科学院	住友
1996	6	44	48	34	18	3	29	15	0	27
1997	6	107	70	59	28	16	71	75	0	38
1998	14	71	39	32	41	16	67	48	0	39
1999	19	24	51	46	15	15	60	41	3	50
2000	12	26	39	36	13	18	53	57	3	40
2001	27	35	51	43	40	35	43	48	2	23
2002	69	10	52	71	37	7	79	53	15	105
2003	94	18	65	50	19	76	93	37	32	106
2004	72	26	83	35	27	115	120	31	67	127
2005	118	32	55	26	50	126	81	22	36	182
2006	50	24	42	26	59	191	79	21	46	178
2007	45	11	49	10	100	85	51	36	38	225
2008	22	17	54	18	68	45	39	44	25	242
2009	20	40	51	1	65	27	67	49	43	326
2010	63	45	23	22	32	26	97	31	64	305
2011	49	70	39	12	48	36	71	59	46	252
2012	146	94	43	1	55	59	78	79	72	99
2013	56	45	47	14	44	34	53	24	49	42
2014	68	79	27	8	36	13	18	21	81	32
2015	22	50	19	3	25	6	13	17	38	55
2016	7	15	5	3	11	1	3	2	30	16

表 6-41 说明第三代半导体材料氮化镓领域主要申请人在全球范围内主要国家/地区的专利地域布局。

表 6-41　第三代半导体材料氮化镓领域主要申请人与主要公开国家/地区交错分析

主要申请人	中国	美国	日本	韩国	德国	欧洲	法国	英国	中国台湾	WO
LG	78	149	32	547	7	97	0	3	16	42
东芝	65	222	525	64	2	41	0	9	41	8
丰田	88	215	652	27	19	72	0	0	36	15
日亚化学	48	87	503	35	7	53	0	0	23	7
三菱	85	114	487	40	13	48	0	2	67	35
三星	67	242	139	429	10	34	3	6	22	1
松下	122	264	797	27	16	93	3	12	24	91
夏普	59	140	521	15	5	24	4	19	23	42
中国科学院	670	8	3	1	0	1	0	0	1	8
住友	319	495	929	189	46	295	0	18	202	73

表 6-42 说明第三代半导体材料氮化镓领域全球申请人在近 20 年内以 5 年为时间阶段的专利申请量和排名情况。

表 6-42　全球第三代半导体材料氮化镓领域五年一周期专利排名表　单位：件

主要申请人	1996~2000 年申请量	主要申请人	2001~2005 年申请量	主要申请人	2006~2010 年申请量	主要申请人	2011~2015 年申请量
松下	280	住友	543	住友	1276	住友	480
东芝	272	松下	416	三星	374	LG	341
丰田	247	LG	380	松下	333	东芝	338
夏普	236	三星	359	三菱	324	中国科学院	286
日亚化学	207	丰田	306	昭和电工	290	松下	233
住友	194	索尼	278	罗姆	252	三菱	208
索尼	186	克里科技公司	244	丰田	219	夏普	200
三洋电机株式会社	147	昭和电工	241	中国科学院	216	富士通	188
日本电气	117	日亚化学	225	LG	200	丰田	175
三菱	115	夏普	191	夏普	181	西安电子科技大学	173

6.2.2.3 氧化锌全球专利分析

（1）全球专利申请发展趋势分析

图 6-13 给出了第三代半导体材料氧化锌的全球专利申请及公开的发展趋势。

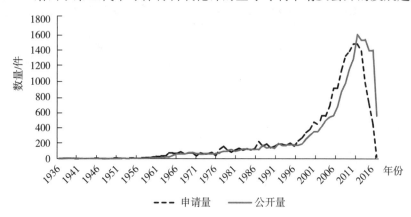

图 6-13 第三代半导体材料氧化锌全球申请及公开趋势

由图 6-13 可知，第三代半导体材料氧化锌的发展大致可以分为四个阶段：第一个时期是 1959 年之前的萌芽阶段，第二个时期是 1959~1977 年的平稳增长期，第三个时期是 1978~2007 年的快速增长期，第四个时期就是 2008 年至今的技术成熟期。

（2）目标国家/地区分析

表 6-43 是第三代半导体材料氧化锌专利技术输出国家/地区与输入国家/地区交叉分析，说明第三代半导体材料氧化锌专利技术全球产生地和目标市场。第三代半导体材料氧化锌技术输出国家/地区前三名分别是日本、中国和美国。从申请的流向看，现在日本和美国作为主要的技术输出国家/地区无论对于在本土申请和全球申请都同等重视，在本土市场和海外市场进行了积极且广泛的申请和布局，其目的就是在该领域中不断占据自身的技术优势。而中国虽然专利技术件数较多，但基本上都集中在本土市场。

表 6-43 第三代半导体材料氧化锌专利技术输出国家/地区与输入国家/地区交叉分析

单位：件

目标国家/地区分析		技术输出国家/地区									
		中国	德国	欧洲	法国	法国	日本	韩国	中国台湾	美国	WO
技术输入国家/地区	中国	3123	40	16	27	5	628	121	20	165	3
	德国	0	196	1	14	22	199	12	1	147	16
	欧洲	25	86	33	53	15	499	54	2	234	61
	法国	0	14	0	116	10	32	4	0	49	2
	英国	1	43	0	11	92	83	2	0	170	6
	日本	9	64	14	37	19	5229	109	17	269	13

续表

目标国家/地区分析		技术输出国家/地区									
		中国	德国	欧洲	法国	法国	日本	韩国	中国台湾	美国	WO
技术输入国家/地区	韩国	1	21	6	16	7	449	1283	1	102	3
	中国台湾	9	21	9	5	0	489	48	295	111	22
	美国	48	64	27	40	21	1032	341	69	1170	80
	WO	40	37	18	38	17	482	107	0	338	26

（3）全球主要申请人分析

表 6-44 显示出第三代半导体材料氧化锌领域专利申请量排名前十位的申请人。

表 6-44　第三代半导体材料氧化锌专利申请量排名前十位申请人

排名	申请人	申请量/件
1	日本电气	702
2	出光兴产株式会社	556
3	三菱	550
4	佳能	435
5	住友	420
6	中国科学院	366
7	村田制作所	363
8	三星	345
9	松下	344
10	半导体能源研究所	296

表 6-45 说明该领域全球专利申请量排名前十位的申请人在近 21 年（1996～2016年）的专利申请趋势。

表 6-45　第三代半导体材料氧化锌领域主要申请人近 21 年专利申请趋势　单位：件

申请年份	半导体能源研究所	出光兴产株式会社	村田制作所	佳能	日本电气	三菱	三星	松下	中国科学院	住友
1996	0	1	2	3	2	5	6	22	0	10
1997	0	0	4	36	1	5	4	14	0	4

申请年份	半导体能源研究所	出光兴产株式会社	村田制作所	佳能	日本电气	三菱	三星	松下	中国科学院	住友
1998	0	1	24	56	3	4	2	9	0	5
1999	0	10	34	38	6	0	3	6	4	2
2000	0	2	17	11	9	2	8	3	0	10
2001	2	0	28	18	12	8	8	1	0	3
2002	0	7	22	12	2	4	24	8	4	10
2003	0	24	12	19	0	4	18	1	18	2
2004	3	6	3	27	4	2	35	4	22	10
2005	0	31	9	1	2	9	22	3	27	17
2006	78	28	11	12	4	6	43	8	36	4
2007	1	25	6	10	2	29	71	4	23	16
2008	21	39	10	6	6	20	45	15	59	12
2009	127	36	10	15	19	28	22	28	23	22
2010	40	24	5	1	15	42	56	18	28	30
2011	51	13	11	0	21	24	44	58	42	33
2012	112	27	7	2	16	16	40	19	40	17
2013	68	51	12	1	17	10	38	36	30	35
2014	94	13	5	0	21	18	31	4	30	4
2015	42	4	0	0	15	12	10	2	14	52
2016	47	0	2	0	3	3	6	3	16	13

表6-46说明第三代半导体材料氧化锌领域主要申请人在全球范围内主要国家/地区的专利地域布局。

表6-46　第三代半导体材料氧化锌领域主要申请人与主要公开国家/地区交错分析

单位：件

主要申请人	中国	德国	欧洲	法国	英国	日本	韩国	中国台湾	美国	WO
半导体能源研究所	89	1	15	0	0	205	78	93	202	16
出光兴产株式会社	51	1	18	0	0	103	38	55	37	39
村田制作所	20	44	16	11	19	207	7	2	72	22

主要申请人	中国	德国	欧洲	法国	英国	日本	韩国	中国台湾	美国	WO
佳能	40	10	39	0	0	175	15	0	50	5
日本电气	20	7	5	0	3	210	4	13	17	17
三菱	35	2	17	2	3	201	20	17	22	21
三星	71	6	28	2	2	53	183	24	170	8
松下	29	30	30	8	26	301	8	5	64	35
中国科学院	416	0	0	0	0	0	0	0	0	4
住友	32	8	24	0	1	164	27	39	35	31

表 6-47 说明第三代半导体材料氧化锌领域全球申请人在近 20 年内以 5 年为时间阶段的专利申请量和排名情况。

表 6-47　全球第三代半导体材料氧化锌领域五年一周期专利排名表　单位：件

主要申请人	1996~2000 年申请量	主要申请人	2001~2005 年申请量	主要申请人	2006~2010 年申请量	主要申请人	2011~2015 年申请量
佳能	144	夏普	130	半导体能源研究所	267	半导体能源研究所	367
村田制作所	81	三星	107	三星	237	海洋王照明科技股份有限公司	170
京瓷株式会社	57	佳能	77	中国科学院	170	三星	163
松下	54	村田制作所	74	罗姆	166	中国科学院	156
TDK	37	中国科学院	71	斯坦雷电气株式会社	161	住友	141
住友	31	出光兴产株式会社	68	出光兴产株式会社	152	松下	119
三洋	27	京瓷株式会社	57	三菱	125	出光兴产株式会社	108
三星	23	肖特股份有限公司	56	旭硝子株式会社	96	日本电气	90
夏普	23	浙江大学	56	钟渊化学工业株式会社	88	三菱	80
肖特股份有限公司	23	信越化学工业株式会社	46	住友	84	旭硝子株式会社	77

6.2.2.4 全球专利运营分析

表6-48显示涉及第三代半导体材料领域的全球专利转让情况。第三代半导材料领域全球专利转让件数总计为4031件。

对科发伦材料株式会社的转让专利分析发现，其当前专利权人均为东芝株式会社，而科发伦材料株式会社正是东芝陶瓷株式会社的原名，因此这种专利转让实际上并未更换专利权人而是专利权人更换了名称造成。而对其他转让人的专利转让进行分析后发现，专利权人更名或者专利转让在集团公司内部各分公司之间流转是全球专利转让行为的主要原因。

表6-48 全球第三代半导材料领域的专利转让量前十位

专利权转让人	专利转让量/件
科发伦材料株式会社	140
独立行政法人产业技术综合研究所	111
三星	107
富士电机	91
日本电气	90
科学技术厅无机材质研究所长	83
松下	76
三洋	72
昭和电工	72
东芝	69

6.2.3 中国专利状况分析

6.2.3.1 碳化硅中国专利状况分析

（1）中国专利申请发展趋势分析

图6-14给出了第三代半导体材料碳化硅技术的中国专利申请及公开的发展趋势。

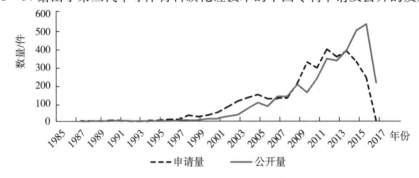

图6-14 第三代半导体材料碳化硅中国申请及公开趋势

　　根据图 6 – 14 中公开的申请及公开趋势可将中国第三代半导体材料碳化硅技术的专利发展历程分为大致三个阶段：第一是 1985～1997 年的萌芽阶段；第二是 1998～2009 年快速发展阶段；第三是 2010 年至今的成熟阶段。

　　（2）专利申请的地域分析

　　表 6 – 49 说明第三代半导体碳化硅技术领域中国专利申请中本土申请量及各国家/地区来华申请数量。

表 6 – 49　第三代半导体碳化硅技术中国专利前十位申请人所在国家/地区

所在国家/地区	在华申请量/件
中国	1893
日本	1017
美国	494
德国	52
韩国	40
WO	35
欧洲	20
瑞典	16
英国	14
法国	13

　　第三代半导体碳化硅技术中国专利申请总计 3608 件，由表 6 – 49 可知，其中 1893 件由中国申请人申请，占比 52%，其余 48% 的中国专利申请均由其他国家或地区申请人提交。

　　（3）主要申请人和发明人分析

　　表 6 – 50 说明在第三代半导体材料碳化硅领域提交中国专利申请的主要申请人及申请量。

表 6 – 50　第三代半导体材料碳化硅领域中国专利申请量前十位申请人

申请人	申请量/件
住友	291
西安电子科技大学	250
中国科学院	183
克里科技公司	145
三菱	100
中芯国际集成电路制造有限公司	98

申请人	申请量/件
中国电子科技集团公司	91
松下	84
上海华力微电子有限公司	60
东芝	52

表 6 - 51 说明该领域全球专利申请量排名前十位的申请人在近 21 年（1996～2016 年）的专利申请趋势。

表 6 - 51　第三代半导体材料碳化硅领域主要申请人近 21 年专利申请趋势

申请年份	东芝	克里科技公司	三菱	松下	西安电子科技大学	中国电子科技集团公司	中国科学院	住友	上海华力微电子有限公司	中芯国际集成电路制造有限公司
1996	6	0	0	0	0	0	0	0	0	0
1997	0	0	0	0	0	0	0	0	0	0
1998	0	10	0	5	0	0	0	0	0	0
1999	0	12	0	0	0	0	2	0	0	0
2000	0	2	0	4	0	0	2	5	0	0
2001	0	10	0	5	1	0	0	0	0	0
2002	0	22	0	7	0	0	4	0	0	0
2003	2	14	0	6	0	0	2	9	0	0
2004	1	17	0	10	0	0	15	4	0	4
2005	0	17	4	3	1	2	5	0	0	6
2006	1	12	6	0	5	4	12	5	0	0
2007	2	5	2	3	5	3	9	15	0	2
2008	2	0	6	13	7	9	6	6	0	4
2009	2	7	4	2	21	9	10	14	0	9
2010	0	5	17	13	12	6	17	44	0	11
2011	0	0	13	6	13	3	19	58	19	23
2012	3	0	16	4	38	18	20	54	18	23
2013	7	0	12	3	27	10	12	41	3	15
2014	13	0	16	0	67	9	23	20	18	1
2015	3	1	4	0	35	9	19	16	1	0
2016	10	0	0	0	18	9	6	0	1	0

由表6-52可知，中国专利申请量排名最高的发明人申请量为171件，远超出排名第二位的申请人，而排名继后的发明人申请量在50～100件。

表6-52　第三代半导体材料碳化硅技术领域中国专利申请量前十位的发明人

发明人	专利申请量/件
张玉明	171
增田健良	117
郭辉	94
和田圭司	82
原田真	78
宋庆文	72
日吉透	72
张艺蒙	63
郝跃	59
汤晓燕	58

6.2.3.2　氮化镓中国专利分析

（1）中国专利申请发展趋势分析

图6-15给出了第三代半导体材料氮化镓技术的中国专利申请及公开的发展趋势。

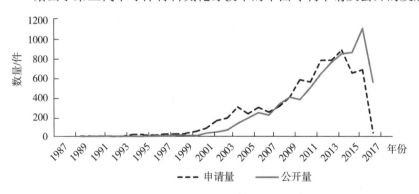

图6-15　第三代半导体材料氮化镓中国申请及公开趋势

根据图6-15中公开的申请及公开趋势，可将中国第三代半导体材料氮化镓技术的专利发展历程分为大致三个阶段：一是1987～2001年的技术萌芽期，二是2002～2009年的技术成果快速增长期，三是2010年至今的技术成熟期。

（2）专利申请的地域分析

表6-53说明第三代半导体氮化镓技术领域来华申请主要国家/地区分布情况。

表 6-53　第三代半导体氮化镓技术中国专利申请人所在国家/地区前十位

所在国家/地区	在华申请量/件
中国	5217
日本	1238
美国	341
中国台湾	258
韩国	204
德国	51
法国	48
波兰	17
荷兰	15
英国	13

　　第三代半导体氮化镓技术中国专利申请总计 7434 件，由表 6-53 可知，其中 5217 件由中国申请人申请，占比 70%，其余 30% 的中国专利申请均由其他国家/地区申请人提交。

　　（3）主要申请人和发明人分析

　　表 6-54 说明在第三代半导体材料氮化镓领域提交中国专利申请的主要申请人及申请量。

表 6-54　第三代半导体材料氮化镓领域中国专利申请量前十位的申请人

申请人	申请量/件
中国科学院	670
住友	319
西安电子科技大学	263
华灿光电	225
湘能华磊光电股份有限公司	216
中国电子科技集团公司	189
松下	122
南京大学	116
中山大学	103
华南理工大学	102

表 6-55 说明该领域全球专利申请量排名前十位的申请人在近 22 年（1995～2016年）的专利申请趋势。

表 6-55　第三代半导体材料氮化镓领域主要申请人 22 年专利申请趋势　　单位：件

申请年份	华灿光电	华南理工大学	南京大学	松下	西安电子科技大学	湘能华磊光电股份有限公司	中国电子科技集团公司	中国科学院	中山大学	住友
1995	0	0	0	0	0	0	0	0	0	1
1996	0	0	0	0	0	0	0	0	0	2
1997	0	0	0	0	0	0	0	0	0	4
1998	0	0	0	6	0	0	0	0	0	6
1999	0	0	0	4	0	0	0	3	0	4
2000	0	0	0	3	0	0	0	3	0	8
2001	0	0	2	0	0	0	0	2	0	2
2002	0	0	15	6	0	0	0	15	0	13
2003	0	0	4	12	0	0	0	32	0	14
2004	0	0	8	8	0	0	0	66	0	22
2005	0	0	10	5	3	0	1	34	4	27
2006	6	0	5	7	7	0	8	46	2	21
2007	0	0	7	3	5	0	6	33	2	31
2008	4	0	18	0	13	0	9	24	4	30
2009	7	0	4	9	17	0	4	43	12	51
2010	7	0	8	27	18	6	10	64	12	45
2011	12	0	2	11	7	10	14	44	17	24
2012	25	16	11	13	24	9	20	69	12	8
2013	33	12	9	3	19	51	37	48	7	1
2014	25	22	1	1	103	52	25	77	12	0
2015	31	15	4	0	20	37	30	36	8	5
2016	71	37	6	0	20	45	25	29	11	0

表 6-56 说明第三代半导体材料氮化镓技术领域主要发明人及其申请量。主要发明人为在该领域中国专利申请中出现次数最多的前十位发明人。

表6-56 第三代半导体材料氮化镓技术领域中国专利申请量前十位的发明人

发明人	申请量/件
郝跃	249
李晋闽	149
张国义	148
王军喜	129
王国宏	124
李国强	122
徐现刚	121
张荣	105
马晓华	98
郝茂盛	94

由表6-56可知，中国专利申请量排名最高的发明人申请量（249件）远超出排名第二位的申请人，而排名继后的发明人申请量在94~149件之间。

6.2.3.3 氧化锌中国专利分析

（1）中国专利申请发展趋势分析

图6-16给出了第三代半导体材料氧化锌技术的中国专利申请及公开的发展趋势。

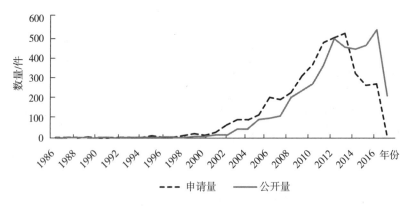

图6-16 第三代半导体材料氧化锌中国申请及公开趋势

根据图6-16中公开的申请及公开趋势，可将中国第三代半导体材料氧化锌技术的专利发展历程分为大致三个阶段：一是1986~2000年的技术萌芽期，二是2001~2010年的技术成果快速增长期，三是2010年至今的技术成熟期。

（2）专利申请的地域分析

图6-17说明第三代半导体氧化锌技术领域来华申请主要国家/地区分布情况。

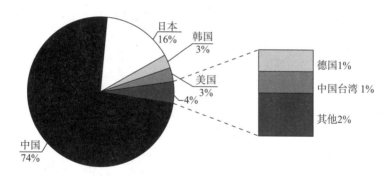

图 6 - 17　第三代半导体氧化锌技术领域来华申请主要国家/地区分布

第三代半导体氮化硅技术中国专利申请总计 4160 件，由图 6 - 17 可知，其中 3072 件由中国申请人申请，占比 74%，其余 26% 的中国专利申请均由其他国家或地区申请人提交。

（3）主要申请人和发明人分析

表 6 - 57 说明在第三代半导体材料氧化锌领域提交中国专利申请的主要申请人及申请量。

表 6 - 57　第三代半导体材料氧化锌领域中国专利申请量前十位的申请人

申请人	申请量/件
中国科学院	416
浙江大学	191
海洋王照明科技有限公司	162
半导体能源研究所	89
三星	71
上海大学	70
南开大学	67
清华大学	63
出光兴产株式会社	51
佳能	40

表 6 - 58 说明该领域全球专利申请量排名前十位的申请人在近 21 年（1996 ~ 2016 年）的专利申请趋势。

表 6 - 58　第三代半导体材料氧化锌领域主要申请人近 21 年专利申请趋势　　单位：件

申请年份	半导体能源研究所	出光兴产株式会社	海洋王照明科技有限公司	佳能	南开大学	清华大学	三星	上海大学	浙江大学	中国科学院
1996	0	0	0	0	0	0	0	0	0	0
1997	0	0	0	2	0	0	0	0	0	0
1998	0	0	0	6	0	0	0	0	0	0
1999	0	2	0	8	0	0	0	0	0	4
2000	0	0	0	2	0	0	0	0	0	0
2001	0	0	0	2	0	0	0	0	0	0
2002	0	0	0	0	0	2	7	2	14	4
2003	0	7	0	3	0	0	2	0	20	18
2004	0	0	0	6	0	3	7	4	5	22
2005	0	6	0	0	2	3	0	0	17	27
2006	48	7	0	3	4	1	9	0	15	36
2007	0	6	0	2	1	11	6	0	13	23
2008	0	3	0	0	1	0	6	8	12	59
2009	20	7	0	4	8	6	0	8	15	23
2010	4	5	17	0	5	4	8	15	4	28
2011	4	0	19	0	21	5	9	11	17	42
2012	7	4	37	0	7	8	6	6	17	39
2013	3	4	89	0	10	2	6	4	15	29
2014	1	0	0	0	5	5	4	6	12	29
2015	0	0	0	0	1	6	0	2	9	14
2016	0	0	0	0	2	3	1	4	6	16

　　表 6 - 59 说明第三代半导体材料氧化锌技术领域主要发明人及其申请量。主要发明人为在该领域中国专利申请中出现次数最多的前十位发明人。由表 6 - 59 可知，中国专利申请量排名最高的发明人申请量为 162 件，而排名第十位的发明人申请量为 42 件。

表 6-59　第三代半导体材料氧化锌技术领域中国专利申请量前十位的发明人

发明人	申请量/件
杜国同	162
张晓丹	161
赵颖	127
黄靖云	110
秋元健吾	88
陈吉星	62
黄辉	57
叶志镇	56
王平	49
周明杰	42

6.2.3.4　中国专利运营分析

（1）专利转让

表 6-60 显示涉及第三代半导材料领域的中国专利转让情况。第三代半导材料领域中国专利转让件数总计为 919 件。排行榜上所有公司的转让量均在 14～30 件。

表 6-60　第三代半导体材料领域中国专利转让量前十位

专利权转让人	专利转让量/件
丰田合成株式会社	30
云南凝慧电子科技有限公司	24
山东浪潮华光光电子股份有限公司	22
晶元光电股份有限公司	20
松下知识产权经营株式会社	18
华灿光电（浙江）有限公司	16
三星电子株式会社	15
住友化学株式会社	15
PI 公司	14
三星显示有限公司	14

（2）专利许可

表 6-61 显示涉及第三代半导材料领域的中国专利许可情况。第三代半导材料领域中国专利许可件数总计为 175 件。同方光电科技有限公司的许可量是 11 件，其他专利权人的许可量在 3～8 件。

表 6-61　第三代半导材料中国专利权许可人前十位

许可人	许可数量/件
同方光电科技有限公司	11
璨圆光电股份有限公司	8
日本碍子株式会社	7
酒井士郎	6
松下电器产业株式会社	6
西安电子科技大学	6
清华大学	6
南京大学	4
中国电子科技集团公司第三十八研究所	4
华中科技大学	3

6.2.3.5　中国专利合作申请分析

表 6-62 显示了中国和部分主要省市在第三代半导体领域各技术分支下的专利合作申请量。

表 6-62　第三代半导体领域各技术分支下中国专利合作排名前 15 位申请量　单位：件

申请（专利权）人省份	氮化镓	氮化铝	金刚石	碳化硅	氧化锌	总计
国外来华专利	116	43	21	95	65	340
本土专利	289	136	35	128	267	855
广东	60	41	3	15	167	286
北京	106	37	11	64	28	246
上海	44	17	5	13	12	91
江苏	30	24	2	4	14	74
浙江	16	6	3	13	10	48
安徽	0	0	1	0	13	14
江西	9	2	0	1	0	12
福建	1	1	0	7	2	11
辽宁	2	0	4	1	3	10
山东	3	0	2	1	3	9
四川	2	2	0	1	4	9
天津	4	2	0	0	1	7
湖北	3	0	1	2	0	6
山西	5	1	0	0	0	6
陕西	0	1	1	2	2	6

中国第三代半导体专利申请中有 1195 件属于合作申请，其中 340 件是国外来华专利申请，855 件是本土专利申请。在本土专利合作申请中，广东合作申请数量最高达 286 件，其次是北京（246 件），其他省市的合作申请量远低于广东和北京，均在百件以内。广东申请人在氧化锌技术分支下的合作申请量最高（167 件），占其全部合作申请的 58%；而北京申请人氮化镓技术分支下的合作申请量在五个技术分支中最高，达 106 件，占其全部合作申请的 43%。这说明广东申请人和北京申请人在技术开发中合作意识较强，并且已经在某些技术分支找到优势互补的合作对象共同克服技术难题，取得成果。另外，在全国省市中，除了广东、北京、上海、江苏和浙江有一定量的合作专利申请之外，其他大部分省市申请人基本上没有出现合作申请行为。

6.2.4　广东专利分析

6.2.4.1　省内专利申请发展趋势分析

图 6－18 说明广东第三代半导体材料领域专利申请、公开发展趋势和专利类型。

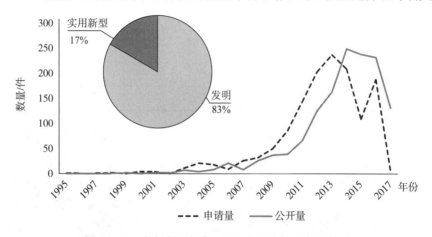

图 6－18　广东专利申请、公开发展趋势及专利类型

图 6－18 中趋势线图显示广东内近 23 年第三代半导体材料的专利申请和公开趋势，饼图显示专利类型。广东第三代半导体材料专利发展趋势可以分为三个阶段：一是 2002 年之前的萌发期，这一阶段开始有高校、科研院所和企业开展了该领域的研究，并进行了专利申请，但年申请量仅几件；二是 2003～2008 年为发展期，这一阶段专利申请及公开有所增长，但增长速度较低，发展较为缓慢，第三代半导体材料的研发得到加强，但仍以追赶国外技术为主；三是 2009 年以后为快速增长期，这一阶段专利申请及公开量迅速增加，高校、企业、科研院所针对不同类型的第三代半导体材料进行了全面、系统的研发，知识产权保护意识逐渐加强。同时，中国作为全球第三代半导体材料的应用市场之一，受到的关注度也在增加。这还说明 2000 年之后尤其是 2009 年之后广东提高了对第三代半导体材料领域重视程度。

在专利类型上，该领域的专利申请分为发明和实用新型两类，没有外观设计专利申请。这说明专利申请的技术含量比较高。其中发明为 1130 件，占总数的 83%，实用新型为 230 件，占总数的 17%。广东第三代半导体材料领域的专利申请以发明为主、实用新型为辅，在 2009 年之后申请量增长迅速，说明技术实力逐渐增强。

6.2.4.2　省内专利地域分析

表 6 - 63 说明广东各主要城市的第三代半导体材料领域专利申请概况。

表 6 - 63　广东第三代半导体材料专利申请的主要城市分布　　　单位：件

城市	发明	实用新型
深圳	451	53
广州	389	82
东莞	126	36
佛山	71	18
江门	26	16
中山	17	7
惠州	11	7
河源	12	4
珠海	9	2
肇庆	7	2

由表 6 - 63 可知，深圳（504 件）和广州（471 件）是广东内第三代半导体材料领域专利申请量最高的城市。这两个城市的申请量相近而且远远高于位列第三名的东莞（162 件）。申请量排名第四的城市是佛山（89 件），其他城市的申请量均低于 50 件。由此可知，在广东省内第三代半导体材料的研发和专利申请主要集中在深圳、广州、东莞和佛山四地。这四地的企业、高校和科研机构对广东该领域的技术突破作出了最多的贡献，还拥有相对最完善的专利保护。

6.2.4.3　广东省主要申请人和发明人

表 6 - 64 显示广东第三代半导体材料领域主要的专利申请人及其申请量。

表 6 - 64　广东第三代半导体材料专利申请人排名

排名	申请人	申请量/件
1	海洋王照明科技股份有限公司	526
2	华南理工大学	144
3	中山大学	143
4	东莞市中镓半导体科技有限公司	68
5	广州市众拓光电科技有限公司	64
6	华南师范大学	57

排名	申请人	申请量/件
7	展晶科技（深圳）有限公司	46
8	荣创能源科技股份有限公司	46
9	比亚迪股份有限公司	43
10	鸿富锦精密工业（深圳）有限公司	28

表 6-64 显示广东第三代半导体材料领域专利申请量排名前十的申请人及其申请量。申请量排名前十位的申请人由 3 所高校和 7 家企业组成。由表 6-64 可知，海洋王照明科技股份有限公司的专利申请量高达 526 件，居首位，远远超过其他申请人的申请量。排在第二位和第三位的是两所高校——华南理工大学和中山大学，申请量分别是 144 件和 143 件。其他申请人的申请量均低于 100 件。

表 6-65 说明广东第三代半导体材料领域专利申请的主要发明人及其申请量。

表 6-65　广东第三代半导体材料专利发明人申请量排名

排名	发明人	申请量/件
1	周明杰	197
2	王平	195
3	李国强	151
4	黄辉	111
5	陈吉星	107
6	钟铁涛	74
7	张国义	64
8	刘扬	49
9	冯小明	43
10	王文樑	41

由表 6-65 可知，排在申请量首位的发明人是周明杰，其次是王平，他们的申请量分别是 197 件和 195 件。周杰明和王平都是海洋王照明科技股份有限公司的研究人员，他们参与研究了该公司在第三代半导体材料技术领域的多项研究课题，并取得了多项技术成果。排在第三位的李国强发明量是 151 件，其为华南理工大学材料学院教授、博士生导师，研究方向为光电半导体材料与器件，首次实现低缺陷密度非极性氮化物单晶薄膜在 LGO 衬底上的成长及相关器件的研制。该研究结果被国际著名期刊《化学通讯》（Chemical Communications）作为封面报道进行发表，李国强首次实现了高质量氮化物薄膜在尖晶石和金属钨衬底上的室温生长及相关器件的研制。

6.2.5 主要结论与建议

6.2.5.1 主要结论

（1）全球专利状况主要结论

从全球来看，第三代半导体材料全球专利申请量整体呈平稳增长态势。从第三代半导体材料五个分支的专利申请总量来看，目前申请人在碳化硅和氮化镓分支方面的研究比较重视和深入，对于金刚石材料的研究仍有待提高和加强。

从全球申请的国家/地区分布来看，申请人重点关注的国家/地区依次是日本、美国、中国和韩国。这些国家是第三代半导体材料的主要消费市场，还是竞争最为激烈的区域。全球申请主要来自日本、美国、韩国、中国和欧盟等国家/地区，这些地区的相关企业掌握着第三代半导体材料先进的技术，在第三代半导体材料领域的发展中起着主导作用。

第三代半导体材料全球专利申请中的主要申请人是日本的住友、松下和美国的克里科技公司，而且来自日本的申请人占据绝大多数。日本公司有第三代半导体材料最先进的技术，同时也占据着全球第三代半导体材料的大部分市场份额。这给其他国家和地区的本地企业带来巨大的竞争压力和专利壁垒。

（2）中国专利状况主要结论

第三代半导体材料中国专利申请明显要晚于全球专利申请20多年。这一方面是由于中国的专利制度实行较晚，另一方面是由于中国在第三代半导体材料领域的技术发展比较落后。在中国国内，开展碳化硅、氮化镓材料和器件方面的研究工作比较晚，与国外相比水平较低，阻碍国内第三代半导体研究进展的还有原始创新问题。国内新材料领域的科研院所和相关生产企业大都急功近利，难以容忍长期"只投入，不产出"的现状，因此，以第三代半导体材料为代表的新材料原始创新举步维艰。产业链下游的产出要以上游材料为基础，而事实上我国对基础材料问题的关注度不够，投入与支持的力度不够，相关人才便很难被吸引，人才队伍建设的问题还将逐渐成为发展瓶颈。但是在最近10年内，中国的第三代半导体材料专利申请出现了较快的增长。这说明随着国家政策的扶持和技术的积累，中国企业加快了第三代半导体材料的研发。

在第三代半导体材料中国专利申请中，有60%以上申请人来自中国，其余申请主要来自日本、美国、韩国或中国台湾，并且来自这些国家/地区的专利申请相对于中国申请有明显的技术优势。在中国专利申请中，日本的住友是最主要的申请人，而且其他申请人例如松下以及夏普等，在中国开始专利布局的时间也都明显早于主要的国内申请人。主要的国内申请人有中国科学院、西安电子科技大学和中国电子科技集团公司，这些申请人近年加快了第三代半导体材料的研发，申请量呈明显增长的趋势。

中国第三代半导体专利中有1195件专利属于合作申请，其中340件是国外来华专利申请，855件是本土专利申请。在本土专利合作申请中，广东合作申请数量最高，其次是北京，其他省市的合作申请量远低于广东和北京。广东申请人在氧化锌技术分支下的合作申请量占其全部合作申请的58%；而北京申请人在氮化镓技术分支下的合作申请量在五个技术分支中最高，占其全部合作申请的 43%。这说明广东申请人和北京申请人在技术开发中合作意识较强，并且已经在某些技术分支找到优势互补的合作对象共同克服技术难题，取得成果。另外，在中国省市中，除了广东、北京、上海、江苏和浙江有一定量的合作专利申请之外，其他大部分省市申请人基本上没有出现合作申请行为。

（3）广东专利状况主要结论

广东第三代半导体材料在 2000 年之后开始发展，尤其是 2009 年之后进入快速增长期，广东对第三代半导体材料领域的重视程度在近 20 年之内逐渐提高。专利申请中发明占总数的 83%，实用新型占总数的 17%，专利技术含量较高。

广东省内第三代半导体材料的研发和专利申请主要集中在深圳、广州、东莞和佛山四地。这四地的企业、高校和科研机构对广东该领域的技术突破作出了最多的贡献，还拥有相对最完善的专利保护。

广东第三代半导体材料的主要专利申请人有海洋王照明科技股份有限公司、华南理工大学、中山大学等。其中海洋王照明科技股份有限公司占了申请总量的近 40%，该公司虽然成立时间及专利布局时间较晚，但自 2005 年开始布局第三代半导体材料领域的专利，且专利申请力度大，在短短几年内相关领域的申请量迅速增加。广东主要发明人包括海洋王照明科技股份有限公司的周明杰和王平，华南理工大学的李国强。

综上所述，国内企业对第三代半导体材料的研究起步较晚，加上国外厂商专利的制约，国产化第三代半导体材料在整个产业链中的比重仍然较低。一方面，相关厂商要生产出稳定、性能优良的功能产品难度比较大，存在较高的技术壁垒，我国企业技术水平相对落后；另一方面，住友、松下、克里科技公司以及夏普等公司已经建立了相当牢固的专利阵营，中国企业在专利方面受制于人。另外，外资企业纷纷落地中国，在某种程度上对国内企业的发展构成了严重的挑战。

6.2.5.2　广东省第三代半导体产业发展建议

（1）政府层面

国家在政策层面对第三代半导体材料的发展提出了明确的规划和目标。2016 年 7 月国务院在《"十三五"国家科技创新规划》中提出发展新一代信息技术，发展微电子和光电子技术，重点加强极低功耗芯片、新型传感器、第三代半导体芯片和硅基光电子、混合光电子、微波光电子等技术与器件的研发。2016 年 9 月科学技术部、国家发展改革委员会、外交部、商务部发布《推进"一带一路"建设科技创新合作专项规划》，在共同开展高品质特殊钢等重点基础材料产业化关键技术中提到第三代半导体制造技术合作研发。2016 年 11 月国务院在《"十三五"国家战略性新兴产业发展规划》中提出做强信息技术核心产业，推动智能传感器、电力电子、印刷电子、半导体照明、惯性导航等领域关键技术研发和产业化，提升新型片式元件、光通信器件、专用电子材料供给保障能力，将大功率半导体照明芯片与器件纳入节能技术装备发展工程。2016 年 12 月国务院成立国家新材料产业发展领导小组，做好顶层设计和政策引导，抓好重点工作落实，加快推动新材料产业快速健康发展，国家重大项目"重点新材料研发及应用"有望在 2018 年启动。

在这些宏观政策方针的指引下，我国第三代半导体材料产业的发展将会出现明朗的局面。但是目前全球一些主要国家（如美国、日本和韩国）的跨国企业对第三代半导体材料的产业上游核心技术的研发由来已久，技术成果显著，在一些技术分支呈现技术垄断的状况；目前我国企业对于第三代半导体材料基础性研究时间和投入都比较有限，短时间内也难以获得技术突破，而第三代半导体材料产业属于技术密集、创新驱动型产业，产业发展与基础技术的突破之间有紧密的联系。因此，省政府层面应当重点鼓励和支持对核心技术尤其是对基础性材料的研究开发。目前，对第三代半导体材料投入基础性研究的主体主要是部分高等院校如中山大学、华南理工大学以及部分大型企业如海洋王照明科技股份有限公司等。省政府层面除了要宣扬、协助创新主体自主的研究开发行为，还应当引导促进各创新主体进行相互合作，引导、促进本地区大型企业或科研机构与外省市有优势的创新主体之间的合作，并提供便利条件。另外，一些有实力的企业如果为了奠定在行业中的优势地位，则可以选择并购或重组在行业内具备一定科研实力或者一定技术实力的企业。为了鼓励创新，可以出台政策有针对性地吸引该技术领域的优秀人才关注、留驻和贡献力量。另外，省政府可以优化第三代半导体材料发展的经济环境、市场环境，使得科研成果能够顺利有效地转化到产品和应用上。这一方面促进和巩固研究成果，另一方面以科技进步引导产业蓬勃发展。

在发展第三代半导体层面，广东的高校在第三代半导体领域积累了不少原创成果。比如在第三代氧化锌半导体材料上，比较突出的成果有：2016 年，中山大学汤子康教授研究团队在氧化锌 p 型掺杂和紫外 LED（UVLED）领域取得重要进展，他们制备的基于 Be－N 掺杂制备的 p 型氧化锌样品和 LED 器件在 6 个月后仍能够稳定保持并获得出色的紫外电注入发光。该研究工作是近 5 年来氧化锌 p 型掺杂和光电器件研究领域最重要的进展之一，并为氧化锌光电器件的实用化开辟了一条全新途径。2017 年，中山大学王钢教授团队发明了采用 MOCVD 制备 LED 结构中氧化铟锡膜（ITO）的工艺，这种方法可以有效地增强 UV LED 的透明导电特性。同时，王钢教授团队基于氧化锌技术发明了适用于 LED 工业界的氧化锌基透明导电层（TCL）MOCVD 制备技术，并成功应用在 UVLED、红光 LED 等器件应用上，相关成果发表在（《IEEE 电子器件快报》（IEEE Electron Device Letters）、《IEEE 电子设备交易》（IEEE Transactions on Electron Devices）等期刊，代表氧化锌基透明导电材料在红蓝 LED 器件应用上的国际最高器件水平；基于氧化锌技术发明了氧化铟基透明导电材料 MOCVD 制备技术，并成功应用在 UVLED、高速 TFT 电子等器件上，相关成果发表在《应用物理学快报》（Applied Physics Letters）、《IEEE 电子器件快报》等期刊，其中氧化铟基紫外透明导电薄膜技术被 Semiconductor Today 等多个科技网站和期刊进行了报道和转载；基于氧化锌技术成功开发了国内首台专用于大规模高质量氧化锌半导体薄膜材料生长的量产型 MOCVD 设备，并取得氧化物半导体器件从原材料、器件、工艺、装备等成套核心专利技术。该成果荣获 2014 年中国产学研合作创新成果奖，并被 IEEE SPECTRUM 专题报道。比如在第三代氮化镓半导体材料上面，2016 年，中山大学刘扬教授开发的氮化镓基电力电子技术在江苏落地，联合北京大学、中国电子信息产业集团等投资十几亿元在苏州成立江苏华功半导体有限公司，目标是在未来的3~5年内打造中国氮化镓功率电子器件的产业化基地，并成为全球领先的氮化镓功率电子器件及应用解决方案提供商。目前，中山大学的大尺寸Si衬底高电导、高耐压、高稳定性的氮化镓外延技术也在华成功转化。可见，广东在第三代半导体材料方面具有深厚技术实力，还需要制定较长期、更耐心的政策支持，避免优势技术和人才外流。基础材料研究开发的突破需要投入时间和资金，一旦取得突破，带动的应用领域将非常巨大。

（2）企业层面

第三代半导体材料在我国已列入2030年国家新材料重大项目七大方向之一。根据规划，到2025年我国将力争实现第三代半导体技术在全球居于领先地位，产业规模将达到全球第一；到2030年全产业链达到国际先进水平，核心器件国产化率超过70%。

目前第三代半导体材料正处于研发及产业化发展的关键期。我国在第三代半导体材料产业面临着这样的竞争格局：

1）碳化硅：基本形成了美国、欧洲、日本三足鼎立的局面，可实现碳化硅单晶抛光片的公司主要为美国的Cree、Bandgap、DowDcorning、II–VI、Instrinsic，日本的Nippon、Sixon，芬兰的Okmetic，德国的SiCrystal。Cree与SiCrystal公司占据超过85%的市场份额。美国Cree被认为是此领域的老大，其碳化硅单晶材料的技术水平代表着国际先进水平，在未来的几年里Cree还将在碳化硅衬底市场上独占鳌头。

2）氮化镓：国外在氮化镓体单晶材料研究方面起步较早，美国、日本和欧洲在氮化镓体单晶材料研究方面都取得了一定的成果。部分公司已经实现了氮化镓体单晶衬底的商品化，技术趋于成熟，下一步的发展方向是大尺寸、高完整性、低缺陷密度、自支撑衬底材料。美国一直处于领先地位，先后有TDI、Kyma、ATMI、Cree、CPI等公司成功生产出氮化镓单晶衬底，但均对中国有贸易限制。日本住友电工（SEI）和日立电线（Hitachi Cable）已经开始批量生产氮化镓衬底，日亚（Nichia）、松下、索尼、东芝等正开展了相关研究，但工艺均不对外。欧洲氮化镓体单晶的研究主要有法国的OMMIC、波兰的Top–GaN与德国AIF。法国OMMIC在2017年实现6寸氮化镓的量产，且工艺对中国开放，是国内用户的首选。

3）氧化锌：在氧化锌材料上日本、美国、韩国等发达国家已投入巨资进行研发，日本已生长出直径达2英寸的高质量氧化锌单晶。我国在此方面也有所建树，采用化学气相传输（CVT）法已生长出了直径32mm和直径45mm、4mm厚的氧化锌单晶。

总体来说，相对于第一二代半导体材料，第三代半导体材料全球发展仍处于起步阶段，国际第三代半导体产业和装备巨头还没有形成专利、标准和规模的垄断。对于中国企业，这是一次"弯道超车"的机会。

我国企业对第三代半导体材料的研究起步比较晚，且相对国外的技术水平较低；但是我国精密加工技术和配套能力进步迅速，已经具备开发并且逐步主导第三代半导体装备的能力。各地出于产业转型升级的需要，发展热情很高。尤其是近年来，我国LED领域的飞速发展为第三代半导体打下了很好的基础。全球半导体照明产业处于多重动力共同发展的关键时期，产业格局不断调整，充满着变化、机遇与挑战。我国第三代半导体材料应用领域有基础，有优势，有巨大的市场需求，而且第三代半导体材料创新发展时机已经成熟，有望实现全产业链进入世界先进行列。

然而，第三代半导体材料的技术研发门槛相对较高，对资本投入的需求比较大，从国内人才储备看，熟悉批量化、规模化生产制造的人才比较急缺。这些都是国内企业必须努力克服的共性问题。省内企业可以从以下几个方面尝试突破。

1）集中研发方向，加大研发投入，对于技术难点和技术空白点进行稳定持续的有效攻关。对于第三代半导体材料领域，广东企业总体研发投入力度不够，研发方向不集中。企业作为创新主体，原始创新能力不足，在产品研发方面缺乏主动研发的积极性，投入参与创新研发少，生产跟踪仿制多，一贯试图依靠低价销售与低层次竞争手段寻找出路。建议已经开展第三代半导体材料的研究工作或者具备一定经济实力或研究实力的企业可以重点寻找技术空白领域或当前技术应用难点问题，集中力量有针对性地攻关，以利于获得突破取得研究成果，赶超目前占据技术优势的外国企业。

2）促进公共研发和服务平台的建立。第三代半导体材料涉及多学科跨领域的技术和应用，需要联合领域优势资源，开展多学科、跨领域的集成创新，但研发和产业化需要昂贵的生长和工艺设备、高等级的洁净环境和先进的测试分析平台。目前省内从事第三代半导体材料研发的研究机构、企业单体规模小，资金投入有限，研发创新速度慢，工程化技术是短板，成果转化难。因此，企业可以联合省市政府部门、科研机构的力量成立联盟或协会或其他形式的组织，开创具有研究开发和信息化服务等职能的公用平台，谋取共同发展。

3）打通创新链。第三代半导体材料及应用技术涉及材料、能源、交通、信息、装备和自动化等多个领域，多学科交叉、融合的特点明显，从基础研发到工程化应用的创新链也很长。企业作为创新主体，在投入研发的同时，应当对全产业链以及产业链上关键环节进行宏观把控，以利于将技术研究成果充分应用于产业转化成产业力量，以利于整体实施，使得产业链上中下游各端研发和生产形成利益共同体。

4）促进产业体系建立，改善整体创新环境。在第三代半导体材料产业具有爆发性增长潜力的应用领域，例如5G移动通信、电动汽车等，与国外相关产业和市场的差距还比较明显，落后程度甚于技术层面的落后程度。在标准、检测、认证等方面的行业规则、办事程序和现有体制等与新材料产业的发展规律和特点不相匹配，尚未解决材料"能用-可用-好用"发展过程中的问题和障碍。该领域内的一些龙头企业应当联合各方力量，积极建立标准规范程序，解决行业发展中遇到的普遍性问题，改善优化创新发展环境。

总之，在第三代半导体产业发展中，应发挥区域优势，差异化布局，全链条设计，一体化实施，避免重复投入和恶性竞争。依托联盟构建利益共同体和研发产业资本协同创新的发展模式，注重开展国际合作，全面深度地整合国际资源。

第7章 高性能油墨产业专利分析及预警

7.1 概 述

7.1.1 产业研究背景以及研究目的

在传统印刷过程中，印版上的图文信息是不变的，所以可以用于大规模生产和大众市场。但是在印刷领域中，人们对印刷品的需求日益出现小批量、多品种、高质量和短周期的情况，导致传统印刷难以满足人们的需求。随着喷墨印刷的诞生及发展，它更适用于个性化的按需市场，人们可以按照自己的需求，在任何地点、任何时间得到印刷品。喷墨印刷是一种非接触式印刷方式，其具有成本低、可靠性高、印刷速度快、方便等优点。喷墨金属技术逐渐成为数字印刷主流技术之一，其应用领域日益广泛，包括桌面照片打印机、数字打样系统、数字印刷机等，并在每个领域都呈现出增长的势头：在小幅面打印领域，喷墨打印机逐步成为家用、办公用和商用的通用产品，国内市场销售量为数百万台；在中、宽幅面打印领域，喷墨系统将成为数字打样和数字印刷的主流产品。喷墨印刷正在向着几乎所有的印刷领域进军，随着新型耗材的研发以及技术的改进，其印刷质量也越来越好。

自20世纪70年代以来，全球有几十家著名的公司在该技术领域里投入很大的力量。其中，日本自1980年起每年有近千篇喷墨印刷的专利公开。近年来，日本美国和欧洲各国都生产出多喷头、高分辨率的彩色喷墨印刷机。在我国，1983年上海仪表研究所与联邦德国的DIYMPIA公司联合开发了喷墨中文打印机，可打印22×22点阵；1984年中国科学院计算所与哈尔滨龙江仪表厂合作研制了彩色绘图机，有三个喷头。由此可见，虽然我国晚于世界喷墨技术先进国家开展喷墨技术的研究，但是迄今为止，我国已经具备一定喷墨印刷的技术基础，并有将相关技术投入到实际生产应用中的经验。

墨水是喷墨印刷系统的主要耗材。墨水的类型决定了一个喷墨印刷系统所能使用的承印材料、印刷适性以及印刷速度。喷墨印刷用油墨应具有以下性能：

1）无毒、不堵塞喷嘴、喷射性良好、对喷头的金属构件不腐蚀等；

2）对于热气泡式喷墨系统，要求热稳定性良好，因为工作温度达到300～400℃，如果墨水不耐高温就会分解或变色；

3）必须有足够的表面张力，以防止喷出时墨水溅射出去；

4）具备快干性，以防止墨水在承印物上扩散。

近年来，随着我国经济体制的不断完善，科学技术的不断进步，我国在喷墨油墨领域的研究也逐渐取得了一定的效果，国内油墨生产企业的数量和产量日益增加，质量稳定性也在稳步提升。但是，国内企业生产的喷墨油墨与国外高端产品在质量和性能上还存在不小差距，尤其在高性能喷墨油墨的方向上，落后于日欧美等国家或地区。譬如，在欧洲、美洲、日本等主要地区或国家喷墨油墨的研究及生产逐渐走向普及，但在国内研究与生产此类产品的企业还较少。与此同时，一些国外领先企业，如精工爱普生、富士胶片、惠普及佳能等公司已经快速进入中国市场，抢占中国喷墨油墨市场，给中国的油墨制造企业带来了一定的威胁。从国内喷墨油墨行业发展的地域上看，中国喷墨油墨工业根据经济带主要布局在以广东为中心的珠三角地区、京津冀为主的环渤海湾地区及长三角地区。广东作为中国经济发展的前沿地带，喷墨油墨市场需求量逐渐增大，对高性能喷墨油墨的研究企业也逐渐增多，代表未来发展方向的喷墨油墨及喷墨相关的耗材技术，也是广东省政府重点关注研究的项目。有效利用专利技术信息对喷墨油墨技术的发展进行系统的研究、对油墨行业升级所必需的技术进行全面探索，能为我国喷墨油墨企业在未来的竞争中占据有利位置提供重要的指导意义，也对广东的经济发展具有重要的指导意义。

7.1.2　产业发展状况

7.1.2.1　喷墨产业发展状况

喷墨油墨发展的时间非常短暂，且喷墨印刷的印刷方式对于油墨又有很多的限制。油墨性能上的局限性在很大程度上限制了喷墨印刷的普及与进一步发展。在喷墨用油墨的研发过程中理论分析显得尤为重要。在实际生产过程中油墨配方中一些看似无关紧要的改变，导致了喷嘴的严重堵塞。对于油墨的理论研究起步较晚，给油墨的开发带来难度。没有合适理论作基础的油墨开发，无疑带有一定的盲目性。我国至今无法开发合适的墨水，与理论研究的滞后有重要的关系。

当前可用于喷墨印刷的油墨主要有两种，一种定义为非全固含量油墨，另一种叫全固含量油墨。

在非全固含量油墨当中，又分为水性油墨和溶剂型油墨。其中水性油墨被普遍应用到台式打印机中，优点在于其价格相对较低和环境友好。水性油墨应用倾向于黏附在多孔、特殊处理过的或者甚至需要通过层压增加耐用性的基底上，并且这种油墨不易黏附在无孔基底上。水性油墨的干燥速度比较缓慢。相对于水性油墨来说，溶剂型油墨干燥速度快，其印品相对来说光泽度还可以，油墨干燥后对承印物的附着度高，一般对环境的温、湿度不敏感。但是溶剂型油墨中的有机溶剂会对环境造成污染。用无毒无污染的溶剂来代替普通溶剂的环保溶剂型油墨应运而生。

全固含量油墨主要有两种：相变化油墨和 UV 紫外固化油墨。相变油墨的优点在于没有需要挥发和渗透的组分，干燥速度非常快，环保并且具有良好的打印不透明度，打印质量也较容易控制。其缺点在于耐用性和耐磨性较差。

UV 紫外固化油墨，是 21 世纪初刚刚发展起来的。其印刷适性强，能够满足于多种承印物的需要，其印刷出来的图像具有更强的持久性和不褪色的特点，且打印头的可靠性和稳定性也得到了前所未有的提高。UV 固化油墨的干燥性能优良，具有良好的环保性能。UV 固化油墨成为未来喷墨印刷油墨发展的方向。

根据呈色剂的不同，喷墨印刷油墨可分为染料型油墨和颜料型油墨。染料型油墨色彩鲜艳，层次分明，价格较颜料型油墨低，但是防水性能较差，不耐摩擦，光密度低，化学稳定性相对较差，耐光性也较差，并且容易洇染。颜料型油墨解决了染料型油墨的缺点，具有耐水、耐光、不褪色、干燥快等优点。从印品质量和成色效果来考虑，颜料型喷墨油墨的发展是必然趋势。

根据油墨的上述研究现状，结合目前油墨市场的整体状况可知，目前为止，喷墨油墨中溶剂型油墨的销售占主导地位，但 UV 固化喷墨油墨的市场份额也在逐年增加，并且呈上升趋势。从环保的角度来看，UV 喷墨油墨的快速发展是一种必然的趋势。随着喷墨印刷的发展，不断改进的印刷设备使得喷墨印刷油墨的市场也在快速改变。油墨制造商和科研单位正在更加努力致力于不断改进产品品质，提高油墨性能以满足人们的各种需求。

7.1.2.2　墨盒产业发展状况

墨盒作为打印耗材的一种，在喷墨设备中作为用于储墨、导墨等的功能性部件。墨盒按结构一般可分为一体式墨盒、分体式墨盒和连供墨盒；按生产厂商，可分为原装墨盒、通用（兼容）墨盒和假冒墨盒；而按产品环保性，还可分为可再生墨盒、普通墨盒。

随着经济的发展、科技的进步、喷墨打印设备应用领域的不断拓宽，喷墨打印设备市场需求持续快速增长。打印设备行业属于典型的"剃须刀 + 刀片"模式，从目前打印耗材市场来看，墨盒产业链中的"下游"产业（如喷墨打印机、多功能一体机等）对墨盒行业的发展起到了较大的制约作用。然而目前喷墨打印机的核心部件——喷头技术被国际大公司所垄断，国内尚不具备自主生产喷墨打印机的能力，日本和美国等国的几大跨国公司将高技术含量、高制造难度的打印机低价出售，再通过后续的高价打印耗材销售牟利。同时，又通过申请十几万项打印机及耗材的技术专利，形成庞大的专利壁垒，使打印机和耗材行业成为一个高技术、高风险、高投资、高专利保护的行业。因此墨盒产业的发展关系到打印耗材市场的景气度以及下游市场的需求和消费量，市场地位比较重要。

从 20 世纪 90 年代起，中国打印耗材产业经历了从无到有、从弱到强的发展过程。目前，中国已发展成为全球最大的通用耗材生产基地，据统计，全球 70% ~ 80% 的兼容墨盒在中国制造。中国拥有上千家耗材厂商，例如珠海纳思达电子科技有限公司（以下简称"纳思达"）、珠海赛纳科技有限公司、珠海天威飞马打印耗材有限公司（以下简称"天威"）等，且中国耗材产品质量和兼容性得到了众多国际性的经销商和用户的认可，珠海已发展为全球打印耗材产业规模最大、产业链最全、技术水平最高的区域之一，其供应了全球 60% 的兼容墨盒；珠海市香洲区目前也已形成了以办公设备行业的佳能、松下等，耗材产业的天威、纳思达等为龙头企业，以多家零部件、材料及油墨等中下游企业为骨干企业的产业集群。作为珠海所有产业中唯——个产业链配套完整、上下游产业较为齐全，并在全球占据领导地位的打印耗材产业，一直以来珠海市政府以及相关区政府都大力支持珠海耗材产业的发展，如 2009 年珠海市建立了世界第一个打印耗材专利数据库，有效地支持了行业知识产权的发展；2013 年，《珠海市"三高一特"现代产业体系规划》又将"高端打印设备及环保型耗材"产业列为重点支持和大力发展的高端制造业之一。然而随着国内耗材产业的蓬勃发展，在国际市场的竞争力越来越大，墨盒行业越来越多的美国"337 调查"案件涉及中国的墨盒公司。目前，珠海市打印设备及耗材产业领域内的企业多数为中小型企业，多数没有足够的经济实力开展研发创新，没有自己的专利和品牌，走"模仿跟随"路线的企业居多，并且由于没有统一的行业标准，通用墨盒的质量良莠不齐，而且存在假冒现象，很容易受到国际打印机厂商的专利诉讼，给行业带来了较大技术发展制约和专利侵权风险。

因此本报告通过全面分析墨盒领域专利的现状、墨盒领域"337"诉讼案件专利技术、主要国外申请人与广东省在墨盒领域的重点专利布局方向等，明确广东省内企业在墨盒领域的技术优势及面临的专利侵权风险，为政府制定产业政策提供参考，为企业技术研发提供预警导航和发展建议。

7.2　喷墨油墨专利分析

本章的专利数据来源于 CNABS 和 DWPI 检索系统。截至 2017 年 11 月 20 日，喷墨油墨全球专利申请量为 27341 项。

7.2.1　全球专利态势

7.2.1.1　全球专利申请量趋势分析

对喷墨油墨全球专利申请量进行分析，从图 7 - 1 可以看出，喷墨油墨的发展历程大致经历了以下阶段：

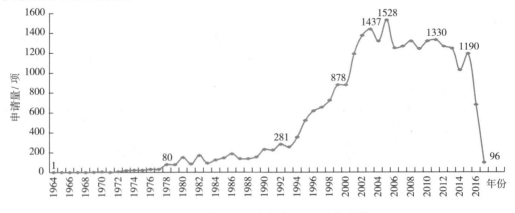

图 7 - 1　喷墨油墨全球申请随年度变化趋势

（1）萌芽期（1964 ~ 1977 年）

从 1964 年开始出现关于喷墨油墨专利申请，至 1977 年，申请量整体随年份有所增长，但每年申请量均在 30 项以下，相关技术并未充分发展。

（2）平稳增长期（1978～1993 年）

1978 年喷墨油墨申请量为 80 项，相比于前一年的 30 项增幅超过 100%。随后的 15 年间，每年的申请量保持了比较稳定的增长。

（3）快速增长期（1994～2005 年）

1994 年以来，喷墨油墨全球专利申请量进入快速增长阶段，在增长率得到保持的同时，绝对申请量上反映了这一阶段相关技术的快速发展。2001 年，喷墨油墨全球年申请量首次突破了 1000 项，2005 年达到了历史最高的 1528 项。

（4）技术成熟期（2006 年至今）

2005 年之后，喷墨油墨的全球专利申请量处于平稳保持状态。这一时期关键技术发展成熟，新技术发展相对比较缓慢，每年申请量保持在 1200～1400 项。2014 年及之后申请量有较大幅度下降，可能的原因包括该数据基于最早优先权日进行统计，部分专利申请在检索截止日时尚未进行首次公开。

7.2.1.2　专利申请来源国/地区分析

申请来源国/地区分布一定程度上体现了该领域的技术实力分布。以一项专利的最早优先权提出国/地区作为该专利的申请来源国/地区，对喷墨油墨全球申请量进行统计，如图 7-2 所示。

由图 7-2 可以看出，在喷墨油墨领域，来自日本的申请占据了全球 65%的申请量，体现了其在该领域内的绝对优势地位。来自美国的申请量占比也达到了 16%，超出了剩余其他国家和地区的总量。来自中国的总申

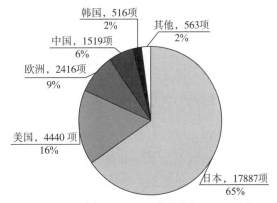

图 7-2　喷墨油墨全球申请来源国/地区分布

请量为 1519 项，占据全球申请量的 6% 左右。来自日本、美国、欧洲、中国、韩国这五个国家和地区的申请量占全球总量的 98%，一方面体现了日本、美国等国在技术方面的领先，另一方面，这五个国家与全球五大知识产权局的国家和地区分布相重合，体现了这些国家和地区对知识产权保护的重视程度。

对上述五个主要申请来源国和地区近 20 年的申请量随年度变化情况进行统计，由图 7-3 可以看出，近 20 年间，每年的申请量分布也基本与总申请量的分布保持一致。来自日本的申请占据了每年申请量的半数以上，美国次之。从申请量随年度变化的趋势来看，日本的变化趋势与全球总的变化趋势基本一致；从另一个角度看，由于来自日本的申请量的绝对优势，其变化趋势也在很大程度上决定着全球申请量的变化趋势。值得一提的是，来自中国的申请量近年来增长势头良好，自 2011 年起，来自中国的申请量首次超过了欧洲，紧随日本和美国之后位居全球申请量第三位，并在近年来得以保持。需要注意的是，图中所反映的 2017 年来自中国的申请量超出其他国家和地区，这主要是由于其他国家和地区的申请在检索截止日尚未公开，而中国申请由于较少要

求优先权、申请提前公开、审查程序节约等因素，在检索截止日已有较多申请被公开。

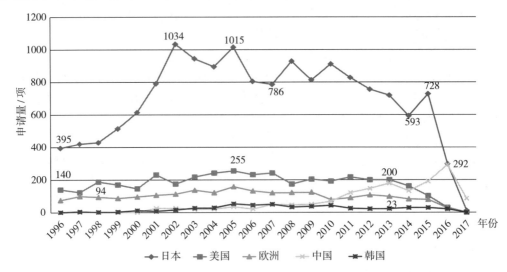

图 7-3　喷墨油墨领域各主要来源国/地区申请量随年度变化趋势

7.2.1.3　专利申请目标国/地区分布

以某一个国家或地区作为目标国的专利申请量可以反映该国家或地区在全球市场中的地位。若一项专利申请中有在某一国家或地区公开的同族，则认为该项专利申请以该国家或地区为目标国，一项专利申请可以有在多个国家或地区公开的同族，因此可以有多个目标国。

对喷墨油墨全球专利申请的目标国或地区进行统计分析，日本、美国、欧洲、中国和韩国是喷墨油墨的主要目标国或地区，与该领域的申请来源国或地区分布一致。

从图 7-4 可以看出，来自日本的申请，不仅在向本国的申请中占据了绝对的数量，在向其他四国或地区的申请中，也均占据了最高的比例，这与来自日本的申请量占据绝对优势的态势相一致，体现了日本在该领域的领先地位。这也充分体现了来自

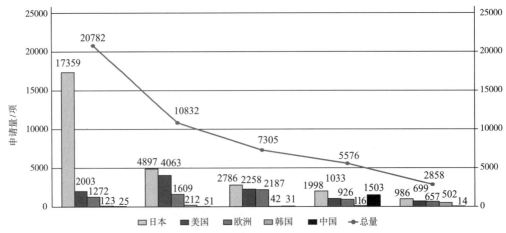

图 7-4　各主要目标国/地区申请的来源国分布

日本的申请人对国外市场的重视程度和专利布局。美国、欧洲申请人在本国或地区的申请与对外的布局相对平衡；而韩国和中国申请人对外布局明显比较薄弱。特别是中国，近年来随着国家政策的鼓励，越来越多申请人开始申请专利，但其中相当一部分水平较低，并且缺乏对外进行专利布局的意识，造成了国内申请量显著增加，但向其他国家的申请仍处于较低水平。

7.2.2　中国专利态势

7.2.2.1　申请量趋势分析

如图 7 - 5 所示，中国关于喷墨油墨申请量的发展主要分为四个阶段。第一阶段 （1988 ~ 1996 年） 为技术萌芽期。这一阶段国内喷墨油墨技术处于基础发展阶段。第二阶段 （1997 ~ 2005 年） 为快速增长期，此阶段专利申请量呈现快速增长的势头，申请人的比例情况呈现外重内轻的局面，国外申请人在中国的大范围布局，也给中国的喷墨技术研究带来了一定的局限性。另外，在该阶段我国国内申请人已经开始在喷墨油墨领域进行了一些初步探索的研究，足以说明我国国内申请人在外来技术的基础上已经开始逐渐重视喷墨油墨在油墨市场的重要地位，并着手开始该方面的研究工作，且初见成效。第三阶段 （2006 ~ 2010 年） 为平稳发展期，在该阶段虽然总体申请量较多，且申请量波动较小，但国内申请人的比重相当低，每年申请最高不超过 70 件；第四阶段 （2011 年至今） 为国内崛起期，在该阶段，国外申请人的专利申请量呈现平稳发展的状态，而国内申请人关于喷墨油墨领域的研究呈现快速发展的势头。由此可知，我国国内申请人在外来喷墨油墨的技术威胁下开始重视喷墨油墨技术的研发，并且形成了一定的规模，为我国自主研发更多的喷墨油墨技术奠定了坚实的基础。但是，从国内申请人专利申请的质量来看，与欧洲等地区的跨国公司存在一定的差距，仍然有较大的进步和追赶空间。

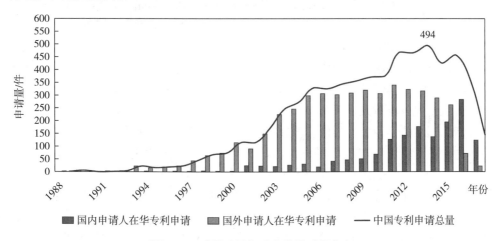

图 7 - 5　喷墨油墨领域申请量时间分布

7.2.2.2　地域分布

图 7 - 6 为中国专利申请国内地域分布图，其主要体现了国内申请在本土专利申请

中的地域分布情况，第二绘图区中出现的"其他"包括海南、江西、黑龙江、贵州、陕西、香港、吉林、云南、内蒙古、新疆和青海。由图可知，喷墨油墨技术的研究覆盖了全国大部分地区。从图中可知，广东、北京、江苏和上海等地为我国喷墨油墨技术研究较为广泛的地区，占全国申请量的比重均超过10%，其中以广东尤为突出，申请量约为全国总量的1/4。对于广东地区，其为我国喷墨技术申请量最多的地区，涉及主要申请人有珠海保税区天然宝洁数码科技有限公司、比亚迪股份有限公司、深圳市墨库图文技术有限公司。此外广东还存在很多研究机构作为技术支持，如华南理工大学、中山大学等理工研究院等。同时也存在一些产学研合作的申请，在理论研究的指导性、进一步优化整体产业结构方面，为全国喷墨油墨事业的发展起到了一定的带头作用。

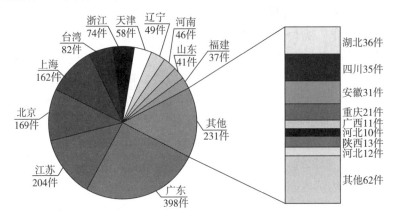

图7-6 喷墨油墨领域国内申请人地域分布

7.2.2.3 法律状态分析

由图7-7可知，国内喷墨油墨领域的授权率（有效＋无效）为49%，与油墨领域整体的平均授权率60%相差较多。这说明我国喷墨油墨领域的专利申请在创造性的贡献上还不够，需要进一步加强。进一步由图可知，国外申请人的授权率为55%，国内申请人的授权率为40%，远低于国外申请人在华申请的授权率。根据对授权专利的保护年限进行分析，了解到国内申请人授权专利的平均维持年限在5～6年，远低于国外申请人的8～9年的平均水平，进一步表明我国国内申请人在喷墨油墨领域的专利申请质量上落后于国外申请人，国外申请人在喷墨油墨方面的原创性（创新性）明显高于国内申请人，在喷墨油墨方面的研发实力和研发技术上占有很大的优势。虽然国外申请人在中国针对喷墨油墨进行了大范围的专利布局，在技术上也领先于国内申请人，但是如此态势同样给国内申请人带来了无限机遇与挑战。一方面，在我国的喷墨行业，国外申请人为该领域的领头羊，掌握了绝大多数的核心技术，容易使国内申请人陷入国外申请人技术垄断的被动局面。因此，这不仅需要国内申请人集中力量投入喷墨油墨技术的研发，缩短与国外的差距，还需要国内申请人在加强与国外申请人合作的同时，提高专利保护和专利布局的意识。另一方面，正因为存在差距，才有进步空间，并且国内申请人可以在国外申请现有的技术基础上，进一步拓宽自己对于喷墨技术的探索，以最快的速度赶超国外申请人。

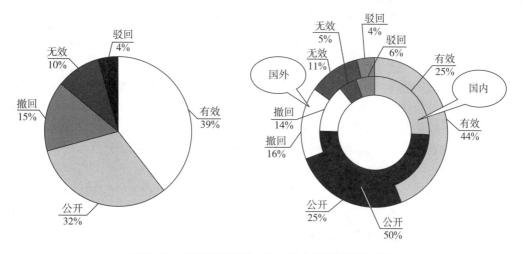

图 7 - 7　喷墨油墨领域中国专利申请法律状态分布

7.2.3　广东专利态势

由图 7 - 8 可以看出广东喷墨领域专利申请量的变化大致经历了以下两个主要发展阶段。

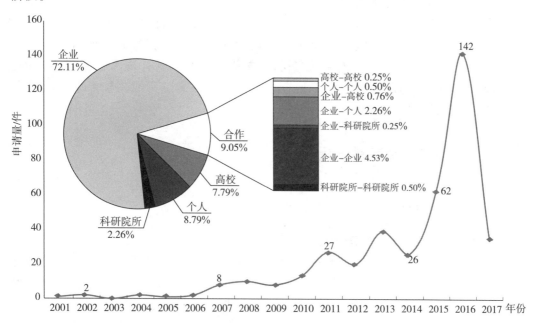

图 7 - 8　广东喷墨油墨领域的申请人类型分布及专利态势

（1）第一阶段（2001～2009 年）

广东关于喷墨的首件专利申请出现在 2001 年，是华南理工大学申请的申请号为 CN01107567 的专利。其涉及一种字迹不溶于水、耐光照的喷墨打印机用黑墨水及其制备方法，该黑墨水固化成膜迅速、字迹不被水溶解，耐光照，耐热等，符合喷墨打印机的各项参数要求。直到 2009 年，广东喷墨领域的专利申请量增长缓慢，年申请量均为 10 件以下，表明广东申请人对喷墨技术领域的研究尚处于探索阶段，技术活跃度并不高。

（2）第二阶段（2010 年至今）

这一阶段为调整发展期。2010 年以后，由于喷墨打印技术的快速发展，广东申请人对喷墨的研发热度逐渐升高，与喷墨有关的专利申请出现波动增长，说明各个申请人已开始重视喷墨油墨的研发。虽然还未突破国外传统强势企业形成的技术壁垒以及对中国企业的技术封锁，但是广东各企业也已开展了喷墨油墨的专利技术研发，为了防止国外申请人大范围在中国进行专利布局，广东申请人仍然需要加大力度在该方面进行研究，并申请专利，对自己的研究成果进行及时保护，从而有效保护自己的利益。

喷墨领域的广东专利申请中，企业是专利申请的主体，比重高达 72.11%。这主要是在喷墨领域，企业作为市场的主体，是技术改进的主要力量，企业作为市场竞争的主体，积极通过专利布局的方式抢占市场份额。

合作申请的比重位居第二，占比达 9.05%，其中，企业－企业之间的合作占 4.52%，这说明广东地区的专利申请主体更加注重独立申请形式，且以企业研发为主。

从图 7 - 8 中还可以看出，广东的专利申请人类型中，个人申请占比 8.79%，这说明喷墨领域存在研究起点较低的技术切入点，此外，广东喷墨领域的专利申请主体涉及高校和科研院所的比例均较低，分别为 7.79% 和 2.26%，这主要与高校和科研院所选择的研发技术成果的保护形式有关，高校和科研院所更加侧重基础理论和前沿技术的研究，且研究的成果也多采用论文的形式进行发表，采用专利权进行保护的意识相对较低；喷墨领域各分支技术偏向于对现有技术各应用的改进，与高校或科研院所的研究关注点不重合也可能导致科研院所或高校并未投入较多的研发力量到该领域。

7.3　织物喷墨油墨专利分析

7.3.1　全球专利态势

7.3.1.1　全球专利申请量趋势分析

从图 7 - 9 中可知，1998 ~ 2003 年期间为快速发展期，在此阶段专利申请量迅速增长。其中除日本、美国和欧洲地区以外，中国和韩国分别在 2002 年和 2000 年开始了相关专利的申请。在 2004 年以后，为技术波段发展期。在此前技术发展不稳定。申请量在 2004 年较 2003 年有小幅度下降，在 2005 年骤升，随后在 2006 ~ 2014 年期间内均出现不同程度的波动情况。其间在 2008 年以后直至 2011 年申请量有明显下降。这主要是受 2008 年全球金融危机的影响，全球各主要经济体一直没有走出全球金融危机的阴影，大部分欧洲国家自全球金融危机后进入了经济衰退时期，经济环境因素也严重影响到织物喷墨技术领域，尤其是欧美市场；同时，原材料市场价格走高，也压缩了喷墨油墨的利润，限制了对相关喷墨技术研究的投入。与此相反，中国专利申请申请量在这一阶段不减反增，作为全球织物喷墨技术的主要申请地区之一，中国在该领域的重要地位也逐渐凸显出来。与中国相似，韩国在该领域同样起步较晚，但是早于中国，可在后续发展过程中已经被中国强劲的势头所赶超，如在 2008 年以后，韩国总申请量仅为 20 件，而中国则为 207 件。由此可见，中国起步虽晚，但是其良好的发展态势已经在全球范围内有所凸显。在未来发展道路上，中国凭借自己已有的技术，充分发挥创造力，在织物喷墨技术领域的全球范围内将占据举足轻重的地位。

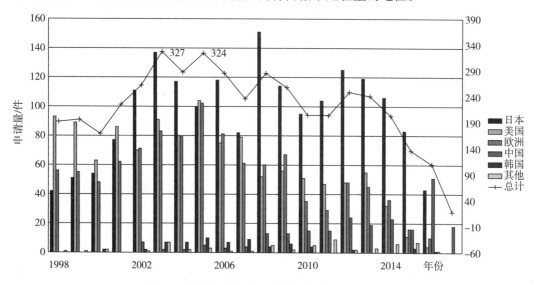

图 7 - 9　织物喷墨油墨全球申请随年度变化趋势

7.3.1.2　申请人分布

由图 7 - 10 可知，其中排名前十位的申请人中有 5 个为日本公司（富士胶片、精工爱普生、佳能、日本化药和柯尼卡），3 个美国公司（施乐、杜邦和惠普），瑞士和比利时各 1 个，均为欧洲地区的公司。上述数据分析结果，进一步验证了日本、美国

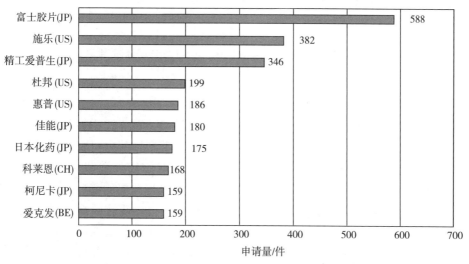

图 7 - 10　织物喷墨油墨领域全球排名前十的申请人

和欧洲为全球织物喷墨油墨的主要技术研发地区，其中全球排名前十位的申请人均在上述国家和地区内，足以体现了日本、美国和欧洲在该领域的绝对优势和主导地位。此外，上述前十名的申请人的总申请量占总量的48.4%，接近半数，可见上述申请人为本领域全球范围内的重点申请人，掌握着本领域的关键技术。在以后的技术发展过程中，我国在织物喷墨领域有所突破，上述申请人也将成为我国未来技术的主要竞争对手。

7.3.1.3 专利流向分析

由图7-11可知，日本作为全球织物喷墨油墨技术申请量最多的国家，其不仅在本国进行大范围专利布局，在其他地区，如美国、欧洲、中国和韩国均进行了大范围的专利布局，且其覆盖面较为广泛。这足以体现日本不仅重视本国市场，对于国外市场也具有足够的重视度，并将自己的专利布局延伸到全球的各大主要地区和国家，大肆抢占国外市场。其次，美国和欧洲在除本国或本地区以外的其他国家或地区也进行了大范围的专利布局。相比日本、美国和欧洲，中国和韩国对外布局的情况明显比较薄弱。特别是中国，近年来随着国家政策的鼓励，越来越多申请人开始申请专利，但其中相当一部分水平较低，并且缺乏对外进行专利布局的意识，造成了国内申请量显著增加，但向其他国家的申请仍处于较低水平。另外，日本、美国和欧洲向中国进行了较大量的专利输出，进一步体现了全球专利技术强国对中国市场的重视程度。

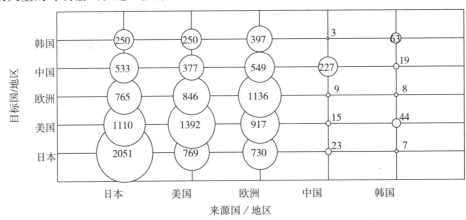

图7-11 织物喷墨油墨各主要目标国/地区申请的来源国/地区分布

注：图中数字表示申请量，单位为件。

7.3.1.4 专利技术分析

图7-12为技术分支与技术功效分布图。由图可知，对于织物喷墨油墨领域，无论申请人着重解决的技术问题，以及预期功效为何种类型，其中研究最多的始终为以着色剂为重点研究对象的织物喷墨油墨。同时，无论对于何种类型的织物喷墨油墨，研究目标和期望功效最多的则均是油墨的色牢度，其次是油墨的稳定性。其中，样本织物喷墨油墨中，涉及以着色剂材料为重点研究对象制备的织物喷墨油墨且技术效果重在色牢度方面的专利申请量共193项，涉及以着色剂材料为重点研究对象制备的织物喷墨油墨且技术效果重在色牢度方面的专利申请量共103项，并且上述部分专利申请也是国内外研究的重点；如富士胶片于2000年1月11日申请的申请号为

JP2000594865T、发明名称为"一种新型偶氮化合物及其盐、其用于喷墨印刷的喷墨油墨"的发明专利申请，其主要涉及的是一种新型偶氮染料化合物，以及将其用于喷墨印刷的喷墨油墨，其发明重点在于偶氮染料，含有该染料的喷墨油墨采用喷墨印刷技术印刷在织物上，从而提高织物墨层的色牢度。此外，研究偶氮类或其他染料结构这类型的专利在织物喷墨油墨领域很多，可见，该类型的专利研究在喷墨领域具有重要地位，目前还是全球研究热点。

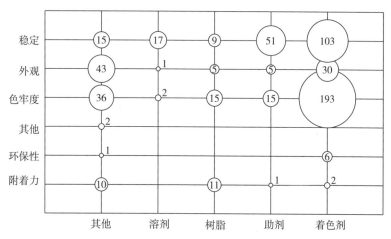

图 7 - 12　织物喷墨油墨领域全球专利技术分支 - 功效分布图

注：图中数字表示申请量，单位为项。

7.3.2　中国专利态势

7.3.2.1　中国专利申请量趋势分析

由图 7 - 13 可知，自 20 世纪 80 年已经出现了在织物上进行喷墨印刷的技术，但是在 20 世纪 90 年代我国才正式进入研究以织物为印刷基材的喷墨油墨技术的正式轨道。在技术萌芽初期（1998 ~ 2002 年）虽然存在一定的波动，但整体申请量呈现上升的趋势。在 2002 年以后，以织物为印刷基材的喷墨油墨技术作为喷墨油墨的一个主要技术分支，其申请量出现了急剧增长的态势。在 2003 ~ 2014 年期间年申请量均超过 100 件，占喷墨油墨总申请量的 29.34% ~ 51.28%。其中 2004 年喷墨油墨国内总申请量为 273件，其中该技术分支的喷墨技术则为 140 件，即超过了全年申请量的 50%。由此可见，在 2002 年以后以织物为印刷基材的喷墨油墨技术作为喷墨技术的一个重要技术分支，在整个喷墨市场上已经占据了重要地位，各大申请人（包括企业、高校、个人等）已经投入了不同程度的关注度和精力在该技术领域上，并取得了初步的研究成果。织物喷墨技术作为传统喷墨印刷技术的一个重要分支，近几年申请量每年持续在 100 件以上，在一定程度上反映出了该类型技术分支在市场上的重要地位。另外，由图 7 - 13进一步可知，在中国的整体专利申请情况中，国外申请人的在华申请仍然占据着主要地位。国内申请人在 2002 年方开始进入织物喷墨技术的研究，但申请量占总申请量的比重由 8.75% 上升为 84.62%。由此可知，我国国内申请人在外来织物喷印技术的技术压力下逐步开始重视该技术在我国的重要地位，并且研究初具一定的规模。为我国生产更多自主研发的产品奠定了一定的基础。

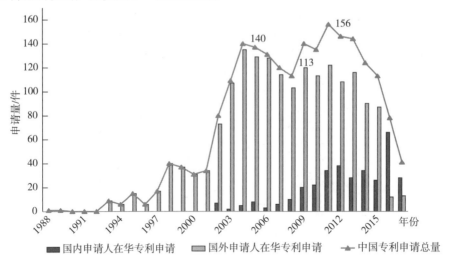

图7-13　织物喷墨油墨领域中国申请量时间分布

7.3.2.2　法律状态分析

由图7-14可知，国内喷墨油墨领域的授权率［有效（43%）＋无效（11%）］为54%，与油墨领域整体的平均授权率60%相差不多，且与喷墨技术的总体水平相比（46%）授权率有所偏高。说明我国喷墨油墨领域的专利申请符合平均水平的要求。由该图进一步可知，国外申请人的授权率［有效（46%）＋无效（12%）］为58%，显著高于国内申请人的授权率36%［有效（31%）＋无效（5%）］，进一步表明我国国内申请人在喷墨油墨的专利申请质量上落后于国外申请人，国外申请人在以织物为印刷基材的喷墨油墨技术方面的原创性（新创新）明显高于国内申请人，在织物喷墨油墨的研发实力和研发技术上占有很大的优势。

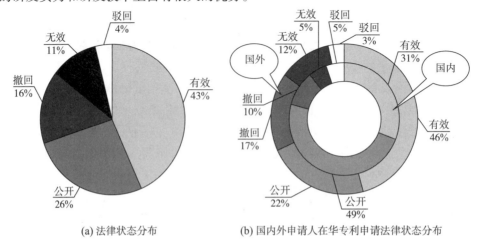

(a) 法律状态分布　　　　　　　(b) 国内外申请人在华专利申请法律状态分布

图7-14　织物喷墨油墨领域中国专利申请法律状态分布

经分析可知，出现上述情况的主要原因是我国织物喷墨油墨起步较晚，如我国最早出现织物喷墨专利技术是在 2002 年，而国外申请人的在华专利申请中，在 1988 年就存在织物喷墨技术的专利申请，即较国内申请人早了 14 年。当我国本土申请人着手研究该领域相关技术时，国外申请人已经在中国进行了大范围的专利布局，牵制国内申请人的申请。并且在此阶段国外申请人在织物喷墨技术领域的研究也达到了一定的成熟度。在如此严峻的形势下，国内申请人受到技术和专利的双重限制，多重因素制约着国内织物喷墨技术的发展，导致我国本土申请人在现有的局势下面临着巨大的挑战。为了与国外申请人相抗衡，防止国外申请人大肆抢占中国市场，需要国内申请人集中力量投入喷墨油墨相关技术的研发。我国本土申请人可以通过与国外申请人合作的方式提高自己的技术水平，同时提高专利保护和专利布局的意识。

7.3.2.3　专利技术分析

图 7 - 15 为技术分支与技术功效分布图。其中包括改善色牢度、稳定性、外观和附着力等方面的技术效果，研究最为集中的则是所选用的着色剂类型。对于改善环保和手感等方面性能着重体现在对于溶剂和助剂等方面的研究。同时，无论研究重点在于油墨的何种组分，研究目标和期望功效最多的均是色牢度。由图可知，对于织物印染领域，通过调整所用着色剂类型以达到改善油墨色牢度的技术效果是本领域的研究重点。并且该部分专利申请也是国内外研究的重点。如大连理工大学于 2005 年申请的申请号为 CN200510136809、名称为"防游移的喷墨染料及其墨水"的发明专利申请，其主要涉及的是一类新型的用于计算机喷墨打印、彩色喷绘和纺织物数码喷墨印花的喷墨染料，由该染料和低沸点醇、保湿剂和高沸点有机溶剂及水组成的喷墨墨水，由于喷墨染料的特殊结构，使得所形成的文字和图像在我国南方等地的湿热气候下具有抗游移特点，保持清晰度。此外，该项专利于 2009 年授权，目前仍然处于授权有效状态，保护年限目前已达到 10 年之久。可见该类型专利在织物喷墨油墨领域的重要地位是不容小觑的，同时也进一步证明了利用所用着色剂类型改善产品色牢度也是本领域的研究重要方向之一，对后续申请人的进一步研究具有重要的借鉴作用。

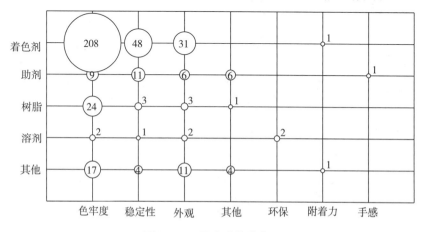

图 7 - 15　技术功效分布图

注：图中数字表示申请量，单位为件。

7.3.3 广东专利态势

由图 7-16 可知，广东作为全国研究织物喷墨技术的最为广泛的地区，申请量达到 77 件。其主要申请人包括珠海保税区天然宝杰数码科技材料有限公司和深圳市墨库图文技术有限公司，以及一些高校和个人申请人。由此可见广东作为全国织物喷墨技术的领军地区，申请人类型较为广泛，也为技术资源的多元性提供了技术保障，也为织物喷墨技术的多元化、立体发展奠定了一定的基础，为全国喷墨油墨事业的发展起到了一定的带头作用。此外，广东作为织物喷墨本土申请中占比最多的申请地区，其在该领域的起步较晚，国内在该技术分支的研究始于 2002 年，而广东始于 2008 年。虽然其起步较晚，但是发展迅速，尤其是 2015 年以后，呈现爆发式增长，表明广东开始逐渐重视在该领域的喷墨油墨的技术研究，并有成为国内在该领域领头羊的势头。图中在 2017 年出现申请量急剧下降的情况，主要是由于部分专利申请尚处于未公开状态而无法统计到导致的。

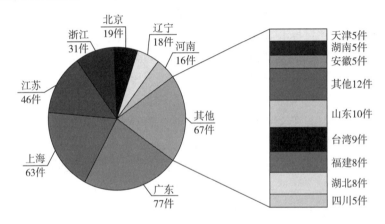

(a) 国内申请人专利申请地域分布

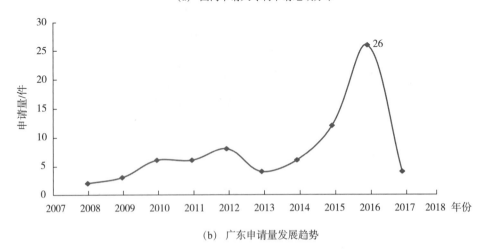

(b) 广东申请量发展趋势

图 7-16 国内申请人专利申请地域分布及广东织物喷墨领域的专利申请量发展趋势

7.4 陶瓷喷墨油墨专利分析

7.4.1 全球专利态势

7.4.1.1 全球专利申请量趋势分析

由图 7-17 可知，我国在陶瓷喷墨油墨技术方面落后美国和日本有 2 年之久。日本从 1998 年之后申请量处于激增状态，其申请量一直领先于其他四个国家，其变化趋势也在很大程度上决定了全球申请量的变化趋势。可见，日本在陶瓷喷墨油墨技术处于绝对领先地位，其技术已达到成熟。我国应该结合自身陶瓷技术的优势，向日本陶瓷喷墨油墨技术进行学习。而值得一提的是，来自中国的申请量近年来增长势头良好，2011 年起，来自中国的申请量首次超过了欧洲，紧随日本和美国之后位居全球申请量第三位，并在近年来得以保持。由此可见，中国起步虽晚，但是其良好的发展态势已经在世界范围内有所凸显。在未来发展道路上，中国凭借自己已有的技术，充分发挥创造力，在陶瓷喷墨油墨技术领域的全球范围内将占据举足轻重的地位。

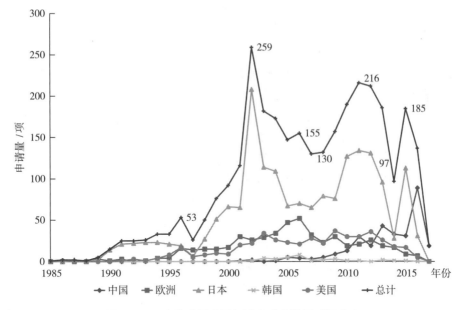

图 7-17 陶瓷喷墨油墨领域全球申请量时间分布

7.4.1.2 专利技术路线分析

由图 7-17 可知，日本、美国和欧洲在陶瓷喷墨油墨领域的技术处于绝对领先的地位。中国是陶瓷发明国之一，虽然在陶瓷生产技术方面处于领先位置，但是在陶瓷的外观方面的技术较日本等强国还处于落后地位，尤其是陶瓷喷墨油墨这个比较创新的技术领域在专利申请方面较日本相差甚远。日本、美国、欧洲、中国和韩国与全球五大知识产权局的国家和地区分布相重合，体现了这些国家和地区对知识产权保护的重视程度。另外，以陶瓷为基材的喷墨油墨最早（1975 年）申请在美国，而日本出现申请是在 1980 年，欧洲是在 1989 年，韩国是在 2002 年。而中国是在 2001 年才开始研究陶瓷喷墨油墨，并从 2010 年申请量稳步增长。伴随着陶瓷喷墨油墨技术各个国家申请量的变化，其陶瓷喷墨油墨专利技术也在逐步变化。针对陶瓷喷墨油墨技术的发展情况，以专利申请文件为主要文献分析依托，着重从色料、载体、分散剂和整体配方的配合等几个技术方面为切入点，研究不同技术手段所着重解决的技术问题，即稳定性（包括喷出稳定性、储存稳定性和输送稳定性）、耐久性（耐磨、耐候、耐化学试剂等）、节能环保、外观（装饰效果、发色强度等）。主要针对不同时间出现的重点专利技术进行系统分析和研究，从多个层面展现该领域技术申请的整体发展态势。

如图 7-18 所示，在 1990 年以前，共出现 7 件相关专利，其中最早关于陶瓷喷墨油墨的专利是以 1975 年 4 月 24 日为最早优先权日、申请号为 US19750590802A 的专利申请，其主要是通过整体配方的配合，以改善油墨耐久性的技术效果。这 7 件专利的技术手段以整体配方为主，色料组分改进为辅，重点改进的技术效果以耐久性为主，以稳定性以及改善黏附性能等其他性能为辅。而在 1991~1995 年，主要以色料的研究作为主要的研究侧重点，如色料类型的选取以改善图像外观；此外，该阶段的研究还针对载体（如树脂组分）的选取进行了初步探索性研究，以改善涂层对基材的附着力。1996~2000 年同样主要以色料的研究作为主要的研究侧重点，如色料类型（金属醇盐、金属配合物的配合使用、金属皂等）的选取以改善图像外观和耐久性（如耐光性、耐热性），色料粒径和含量的控制以改善油墨的稳定性和黏度等方面的特性。2001~2005 年陶瓷喷墨油墨的研究重点仍然是色料组分，在该 5 年内共有超过 60% 的陶瓷油墨涉及的是色料方法的研究，其中包括 14 件重点研究色料组分的专利申请，主要通过选取特定类型的层状色料组分、限定色料组分的熔点以及加入功能化粒子以达到改善油墨发色效果、特殊装饰效果（如蚀刻样效果和功能图案）的目的；在 2006~2010 年，陶瓷喷墨油墨关于色料方面的专利申请共 10 件，涉及的专利文献主要通过选取不同金属氧化物配合作为色料组分、对色料组分进行表面改性等方面改善产品的外观效果，以提高装饰水平。

如图 7-19 所示，2011 年共有 10 件专利申请，这 10 件申请主要涉及对产品外观、稳定性、对基材附着性以及环保等方面的性能改进。对于外观主要通过选用特定方法制备得到的色料、选择可与釉料发生反应而着色的金属盐作为色料，以及通过整体配方中各组分的配合使用改善最终产品的发色情况。2012 年期间涉及改进色料的专利申请共 8 件，研究主要集中在与改善产品稳定性、外观和耐久性等方面。2013 年期间涉及改进色料的专利申请共 12 件，通过整体配方配合使用改善产品的稳定性、耐久性和外观效果等方面的性能的专利申请共 5 件，其研究重点仍然是产品的稳定性，主要通过在油墨中加入特定组成的釉料、选用特定的溶剂、选用特定的分散剂配合特定粒径分布的陶瓷色料，以及通过多组分配合可达到改善油墨分散稳定性的目的。2014 年涉及改进色料的专利申请共 8 件，其研究主要通过选择特定类型的色料、载体和分散剂以达到改善油墨喷出稳定性、分散稳定性和储存稳定性的目的。在 2015 年共有 15 件相

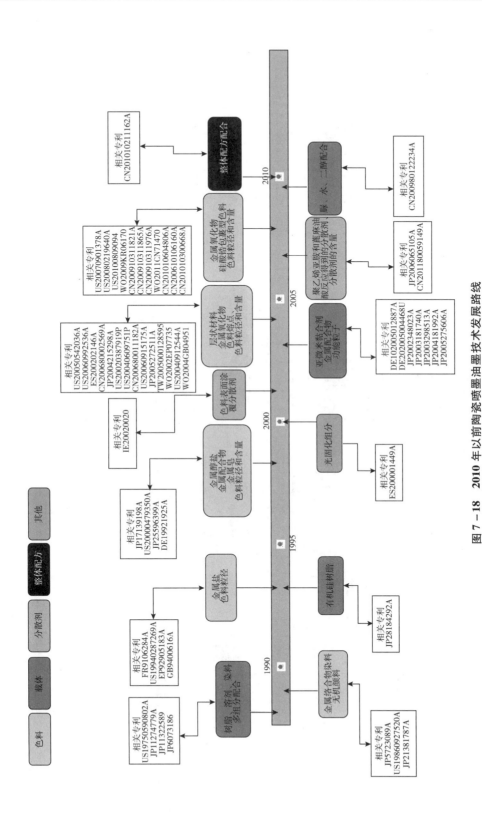

图 7 - 18　2010 年以前陶瓷喷墨油墨技术发展路线

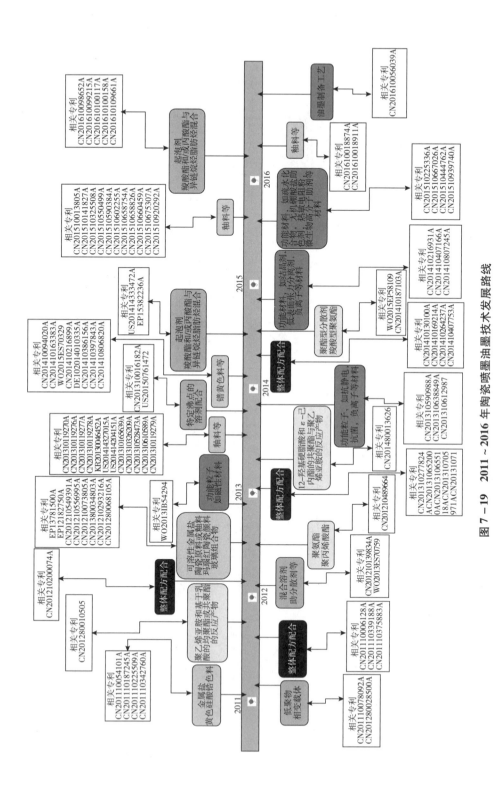

图7-19 2011~2016年陶瓷喷墨油墨技术发展路线

关度较高的涉及陶瓷喷墨油墨的专利申请公开，其中有 11 件涉及对色料组分进行研究，且大部分均是通过添加釉料改善产品的稳定性、外观装饰效果等方面的性能。2016 年申请的专利申请文件中针对陶瓷油墨主要解决的是稳定性和环保等方面的问题。

综上，自 20 世纪 70 年代陶瓷喷墨油墨诞生到现在发展成为具有一定规模的领域，且已经进入了工业化生产的成熟行业，其在不断探索过程中逐渐发展壮大。陶瓷喷墨油墨领域主要通过选取合适的色料组分为主要技术手段，达到改善发色情况、提高装饰效果的目的。其结合对载体和分散剂的选择进一步改善油墨的稳定性。在近几年的发展过程中，为了获得具有特殊功能效果的陶瓷喷墨油墨，开始逐渐出现在陶瓷油墨中添加功能材料的专利技术。在陶瓷未来的发展过程中，伴随着市场需求的不断增加，在已有技术的基础上，通过研究人员的不断探索和研究会逐渐诞生出更多适应各种需求的，且具有较高技术含量的陶瓷喷墨油墨技术，以顺应时代的发展。

7.4.2　中国专利态势

7.4.2.1　中国专利申请量趋势分析

图 7 - 20 示出了以陶瓷为喷印基材的喷墨油墨技术领域在中国的专利申请量随年份变化的趋势分布。1994 ~ 2001 年，中国的陶瓷喷墨油墨技术处于技术萌芽期，虽然存在一定的波动，但整体申请量呈现上升的趋势。2001 年以后，人们逐渐将喷墨油墨技术应用到陶瓷表面进行印制表面纹理，以陶瓷为喷印基材的喷墨油墨成为喷墨油墨技术研究的新趋势，因此，以陶瓷为喷印基材的喷墨油墨技术作为喷墨油墨的一个主要技术分支，其申请量出现了急剧增长的态势。2002 ~ 2014 年申请量总量为 1083 件，虽然仅仅占喷墨油墨总申请量的 4.2% 左右，但这是因为陶瓷在世界上的应用比较窄，其主要在作为陶瓷大国的中国应用。然而，这也掩盖不了以陶瓷为喷印基材的喷墨油墨技术是现在喷墨领域的新研究趋势，其在整个喷墨市场上已经占据了重要地位，各大申请人（包括企业、高校、个人等）已经投入了不同程度的关注度和精力在该技术

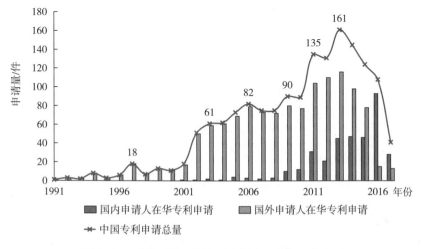

图 7 - 20　陶瓷喷墨油墨领域中国申请量时间分布图

领域中，并取得了初步的研究成果。陶瓷喷墨油墨技术作为传统喷墨印刷技术的一个重要分支，在近几年申请量每年持续在 100 件左右，在一定程度上反映出了该类型技术分支在市场上的重要地位。从图 7 – 20 可知，在中国的整体专利申请情况中，国外申请人的在华申请仍然占据着主要地位。国内申请人在 2001 年方开始进入陶瓷喷墨油墨技术的研究，但申请量占总申请量的比重已上升到 7.2%。由此可知，我国国内申请人在外来陶瓷喷印技术的技术压力下逐步开始重视该技术在我国的重要地位，并且研究初具一定的规模，为我国生产更多自主研发的产品奠定了一定的基础。此外，从国内申请人专利申请的质量来看，虽然与欧洲等地区的跨国公司存在一定的差距，但是中国是陶瓷的发明国之一，对陶瓷技术比欧洲等地区的跨国公司的了解更深入，因此，国内申请人专利申请的质量存在较大的进步和追赶空间，甚至有赶超的可能。

7.4.2.2 申请人分布分析

从图 7 – 21 中可以看出，在国内申请的总体排名中国外申请人占据着相当的优势。在排名前十位的申请人仅有 1 位中国申请人，其余 9 位均是境外申请人。主要涉及的是日本的富士胶片、精工爱普生、佳能、日本化学工业株式会社，美国的施乐和巴斯夫，比利时的爱克发等企业。由此看出，日本、美国和比利时等国的申请人还是占据着中国陶瓷喷墨技术的主要市场，在一定程度上制约着国内申请人的技术研发和产品生产。我国国内申请人只有在该方面加大发展力度，才能保证我国在该领域的自主能力，才能防止我国陶瓷喷墨油墨市场被国外各大跨国公司肆意瓜分，从而在一定程度上保障我国本土申请人的利益。

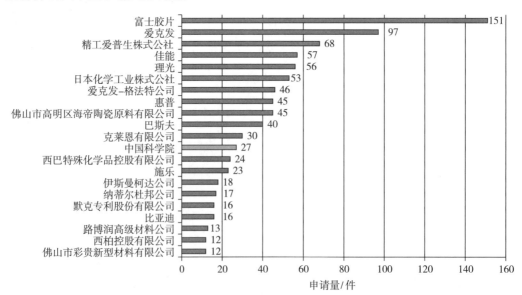

图 7 – 21　陶瓷喷墨油墨领域中国专利申请申请人分布

7.4.2.3 法律状态分析

由图 7 – 22 可知，国内陶瓷喷墨油墨领域的授权率［有效（39%）＋无效（6%）］为 45%，驳回率为 3%，撤回率为 11%，公开的案件为 41%。其中，其授权率与油墨领域整体的平均授权率 60% 相比，有所偏低。国外申请人的授权率［有效（51%）＋无效（10%）］为 61%，显著高于国内申请人的授权率［有效（25%）＋无效（3%）］28%，进一步表明我国国内申请人在喷墨油墨领域的专利申请质量上落后于国外申请人，国外申请人在以陶瓷为喷印基材的喷墨油墨技术方面的原创性（新创新）明显高于国内申请人，在陶瓷喷墨油墨的研发实力和研发技术上占有很大的优势。

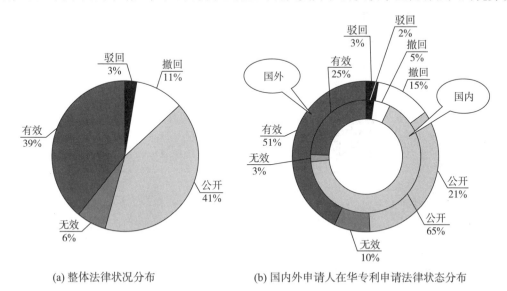

(a) 整体法律状况分布　　　(b) 国内外申请人在华专利申请法律状态分布

图 7−22　中国专利申请法律状态分布

经分析可知，出现上述情况的主要原因是我国陶瓷喷墨油墨起步较晚，如我国最早出现陶瓷喷墨油墨专利技术是在 2003 年，而国外申请人的在华专利申请中，在 1991 年就存在陶瓷喷墨油墨技术的专利申请，即比国内申请人早了 13 年。当我国本土申请人着手开始研究该领域相关技术时，国外申请人已经在中国进行了大范围的专利布局，牵制国内申请人的申请。并且在此阶段国外申请人在陶瓷喷墨油墨技术领域的研究也达到了一定的成熟度。在如此严峻的形势下，国内申请人受到技术和专利的双重限制，多重因素制约着国内陶瓷喷墨油墨技术的发展，导致我国本土申请人在现有的局势下面临着巨大的挑战。为了与国外申请人相抗衡，防止外来申请人大肆抢占中国市场，需要国内申请人集中力量投入到喷墨油墨相关技术的研发中。国内申请人可以通过与国外申请人合作的方式提高自己的技术水平，同时提高专利保护和专利布局的意识。

7.4.3　广东专利态势

图 7−23 为中国专利申请国内地域分布图，其主要体现了国内申请的地域分布情况。由图可知，广东作为全国研究陶瓷喷墨油墨技术最为广泛的地区，申请量达到 187件。其主要申请人包括佛山市道式科技有限公司、佛山市东鹏陶瓷有限公司，以及一些高校和个人申请人。由此可见广东作为全国陶瓷喷墨技术的领军地区，申请人类型较为广泛，为技术资源的多元性提供了技术保障，也为陶瓷喷墨油墨技术的多元化、

立体发展奠定了一定的基础，同时为全国喷墨油墨事业的发展起到了一定的带头作用。如图所示，广东作为陶瓷喷墨本土申请量中占比最多的申请地区，其在陶瓷应用方面喷墨技术领域的起步较晚，国内在该技术分支的研究始于 2001 年，而广东始于 2005 年。虽然其起步较晚，但是发展迅速，尤其是 2012 年以后，呈现爆发式增长，表明广东开始逐渐重视在陶瓷喷墨油墨领域的技术研究，并有成为国内在该领域领头羊的势头。图中在 2017 年出现申请量急剧下降的情况，主要是由于部分专利申请尚处于未公开状态而无法统计到导致的。

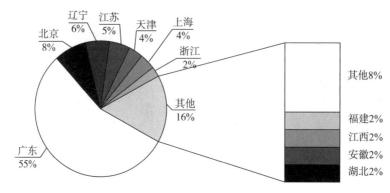

(a) 国内申请人专利申请区域分布

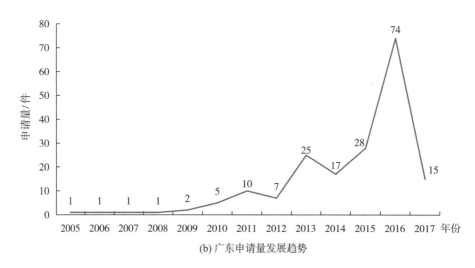

(b) 广东申请量发展趋势

图 7-23　国内申请人专利申请地域分布及广东陶瓷喷墨油墨领域专利申请量

7.5　墨　　盒

7.5.1　全球专利分析

全球喷墨打印机墨盒领域的专利申请总量为 18005 项。其中在未进行合并去重前，涉及墨盒重注的为 7429 项，涉及墨盒余量检测的为 4980 项，涉及墨盒压力平衡的为 5528 项，涉及墨盒机械结构的为 10250 项，以墨盒机械结构类改进的专利申请数量最多，技术准入门槛相对较低。

7.5.1.1　全球专利申请量趋势分析

图 7-24 显示了墨盒领域的全球专利申请总量随时间变化的趋势。墨盒领域的全球专利申请总量发展情况大致可以分为 3 个主要发展阶段，技术萌芽期（1972 ~ 1993 年）、快速发展期（1994 ~ 2004 年）以及技术成熟期（2005 年至今）。目前，墨盒各项技术整体年申请量仍然在波动增加，全球数据显示还处于较活跃的上升期，且以中国的表现最为突出。2005 年前后，国外申请人关于墨盒领域各项技术的申请量呈下降趋势；而中国申请量自 1996 年的 20 年来一直处于增长趋势，近年来在申请数量上逼近多年来一直领先的日本。墨盒领域在近几年的研发活跃度中，中国在该领域十分活跃，而其他发达国家基本上进入技术成熟期。总体上看，墨盒领域各项技术经过了长足发展，各传统企业的专利布局已初步完成，国外各企业除日本龙头企业仍在加强研发外，其他企业专利申请发展势头已开始放缓，而国内企业专利技术申请增长较快，企业间的竞争仍然较为激烈。

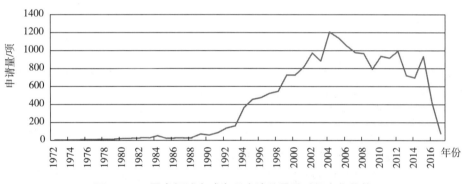

图 7-24　墨盒领域全球专利申请总量随时间变化趋势

7.5.1.2　全球专利申请人排名分析

表 7-1 示出了全球墨盒技术专利申请的活跃度与集中度。

表 7-1　全球墨盒技术专利申请的活跃度与集中度

项目	活跃度		集中度	
全球	2.13	↑↑↑		
主要国家/地区	日本	2.03	↑↑↑	62.54%	99.08%
	美国	1.19	↑	14.46%	
	中国	3.10	↑↑↑	14.68%	
	欧洲	2.14	↑↑↑	4.22%	
	韩国	0.83	↓	3.18%	

续表

项目	活跃度			集中度	
主要申请人	精工爱普生	2.40	↑↑↑	19.31%	61.48%
	佳能	0.72	↓	15.13%	
	兄弟	1.73	↑↑	7.90%	
	理光	3.96	↑↑↑	5.06%	
	惠普	0.79	↓	4.27%	
	西尔弗	0.29	↓↓	2.64%	
	天威	1.64	↑↑	2.32%	
	纳思达	5.31	↑↑↑↑	2.06%	
	三星	0.14	↓↓	1.42%	
	富士施乐	1.27	↑	1.40%	

注：研发活跃度与箭头表示的函数关系如下：

↓↓↓	↓↓	↓	—	↑	↑↑	↑↑↑	↑↑↑↑
0~0.1	0.1~0.5	0.5~0.9	0.9~1.1	1.1~1.5	1.5~2	2~5	5~∞

墨盒领域申请人中，日本申请人的申请量占申请总量的 62.54%，且日本自 20 世纪 90 年代以来，每年在墨盒领域的专利申请量均保持第一位，在该领域占据绝对的优势地位。其次为中国和美国，分别占申请总量的 14.68% 和 14.46%，与日本相比均存在很大的差距；欧洲占 4.22%，韩国占 3.18%。以上五个地区的申请量占据墨盒领域申请总量的 99.08%，墨盒领域技术的地域集中度非常高。

图 7-25 为墨盒领域全球专利申请量排名前十位的申请人分布图。其中全球专利

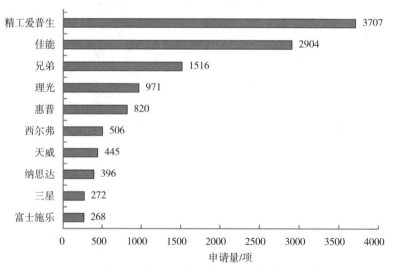

图 7-25 墨盒领域全球专利申请主要申请人分布

排名前三的企业均为日本企业，分别为精工爱普生、佳能和兄弟。日本的精工爱普生的专利集中度为 19.31%，为全球领军型企业；佳能虽然活跃度在下降，其集中度仍然为 15.13%，为墨盒领域的重要申请人。全球专利排名前十的企业中日本还有兄弟、理光和富士施乐。而中国企业也有天威和纳思达，分别位于第七和第八位，发展潜力较大。申请人排名前十的申请人的专利集中度指数为 61.48%，且以外国企业居多，外国企业申请人在申请数量上占据了绝对的优势，拥有雄厚的技术实力，技术垄断现象较为严重。中国企业起步较晚，但发展最为迅速，在年专利申请量上大有后来居上之势，在短时间内申请了大量专利，并有两家龙头企业跻身十强。

7.5.1.3　全球专利公开国/地区及原创国/地区

图 7-26 示出了墨盒领域各主要国家或地区公开专利数量与原创专利数量的比例，其中原创申请百分比计算方式为：国家或地区原创申请百分比 = 该国家或地区原创申请量 ÷ 该国家或地区公开专利量 × 100%。专利公开量的多少体现该国家或地区市场被重视的情况，而原创申请的多少体现该国家或地区本身的技术原创能力。

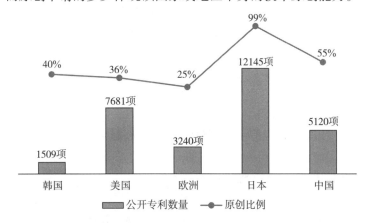

图 7-26　墨盒领域主要国家或地区公开专利数量与原创申请百分比

从图 7-26 中可以看出，日本依托其在打印行业中拥有的绝对技术优势，其在整个墨盒领域也保有绝对领先的技术原创度，该地区专利公开数量位居第一，且原创申请百分比高达 99%。这也从侧面说明了日本对技术投入的活跃度和重视程度。美国专利公开量位于第二，但是原创申请百分比为 36%，低于中国的 55%。中国的专利公开量虽然位于第三，但在原创能力上表现较好。这也说明中国虽然较晚进入打印行业，但通过近些年不断发展和追赶，在墨盒领域也已具备了较强的技术竞争力。

7.5.1.4　五局专利申请目的地分析

企业在某个国家的专利布局与企业对该国市场的重视程度密切相关。从图 7-27 中所示的墨盒领域五局技术流向图可以看出：

中国：申请量虽然很大，但是主要集中在国内；其他国家也较为注重在中国的专利布局。日本：在本国和海外的申请量均最大，且其他国家申请人对日本的输入比例较小。韩国：整体申请数量较少，且主要集中在国内。欧洲：整体申请量较少，主要分布在欧洲、美国和中国。美国：申请量较大，以国内申请为主，此外在欧洲和中国均有专利布局；各国均较为重视在美国的专利布局。

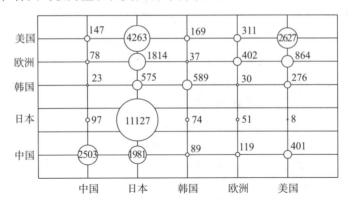

图 7 - 27　墨盒领域五局技术流向

注：图中数字表示申请量，单位为项。

可以看出，中国企业的专利布局意识已不断增强，但在日本、美国均已形成较为严密的专利布局，并且海外申请人也很注重在中国的专利布局的情况下，中国企业将会面临较大的竞争压力，需在技术上积极寻求突破，注重海外专利布局和专利侵权风险的防范。

7.5.2　中国专利分析

在墨盒领域的中国专利申请中，涉及墨盒重注的为 4340 件，涉及墨盒余量检测的为 2039 件，涉及墨盒压力平衡的为 4848 件，涉及墨盒机械结构的为 5545 件。

7.5.2.1　中国专利申请量趋势分析

墨盒领域中国专利申请量的变化大致经历了以下三个主要发展阶段：技术萌芽期（1985～1996 年）、技术发展期（1997～2006 年）、技术调整期（2007 年至今）。

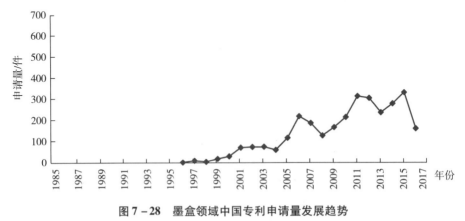

图 7 - 28　墨盒领域中国专利申请量发展趋势

中国国内申请人自 1996 年才提出第一件关于墨盒领域的专利申请，起步较晚，技术基础较为薄弱，但是发展迅速。直至目前，中国国内申请人国内专利申请总量已经与日本籍申请人在华专利申请总量持平，均占中国墨盒领域专利申请总量的 42%。美国及其他国家和地区也注重在中国进行专利布局，进而抢占市场。

7.5.2.2　中国专利申请人排名分析

图 7 - 29 为墨盒领域中国专利申请的申请量排名前十位的申请人分布图。其中 4 家为日本公司（精工爱普生、佳能、兄弟、理光）、2 家美国公司（惠普和施乐）。国外公司在申请数量上占据了主导地位。此外，中国地区的 2 家企业（天威和纳思达）在墨盒领域的专利申请量也跻身于前十位内。这也表明随着中国墨盒市场的不断扩大，耗材产品消费需求的不断提高，国内企业在墨盒领域的研究热度或技术创新活跃度更高；然而国内其他企业和研究机构在该领域的研发热度不高，市场竞争力不强，因此在自主创新能力和技术产出寻求专利保护的意识均有待提高。

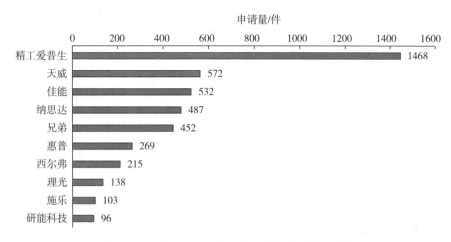

图 7 - 29　墨盒领域中国专利申请主要申请人分布

7.5.2.3　中国专利申请法律状态分析

图 7 - 30 为墨盒领域中国专利申请中主要申请国的专利申请类型。可以看出，在墨盒领域的中国专利申请中，发明申请所占比例为 67%，实用新型所占比例为 33%。日本在中国的发明专利申请占到中国专利申请总量的 37%；其次为中国的发明专利申请，占比为 15%；美国在中国的发明专利申请中占比为 8%。此外，中国申请在实用新型专利申请中占比最大，为 28%，而发明专利申请比例最大的日本，其申请的实用新型专利仅占 5%，也就是说绝大部分的实用新型专利均为中国申请人提出的。

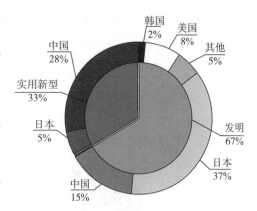

图 7 - 30　墨盒领域中国专利申请类型分布

由此可见，虽然中国专利申请数量增长迅猛，但是主要集中在创造性相对较低的实用新型专利申请上，技术创新度较高的发明专利申请仍不多。

表 7 - 2 对应墨盒领域中国专利申请中主要申请国的专利申请法律状态统计数据。

可以看出，日本有超过一半的发明专利申请以及实用新型专利申请维持专利权有效状态，分别为1422件、248件；还存在383件无效专利，以及576件公开待审专利申请，其中无效专利申请中部分是因为专利保护期限届满而失效；即便是申请数量较少的美国专利申请，其有效的发明专利也有296件，其专利权维持有效的发明专利申请比例较高。这说明日本和美国专利的专利稳定性较高；而中国的有效实用新型专利有1158件，有效发明专利有341件，但是该发明专利数量占中国专利申请总量的比例并不高，发明专利申请的有效率并未达到50%，即中国的专利申请中主要以实用新型专利为主。

表7-2　中国墨盒领域各区域专利法律状态分布　　　　　单位：件

申请类型	法律状态	国籍				
		中国	日本	韩国	美国	其他
发明	驳回	59	53	3	9	17
	撤回	231	222	48	72	44
	公开	327	57	63	121	40
	无效	114	383	27	62	280
	有效	341	1422	27	296	118
实用	无效	856	102	2	4	22
	有效	1158	248	1	7	11

　　分析其原因，主要是日本企业在进入中国市场之前，其技术实力已较强，对中国市场的关注度也较高，加之通常只有技术创新度或市场价值较高的技术才会考虑申请海外专利，因此其专利申请中，发明申请所占比例较高，且专利权维持有效比例也高。而中国企业技术起步较晚，早期的专利申请以实用新型为主，在获得一定的原始资本积累之后，才加大研发和知识产权保护力度，进而加大申请量，但在发明专利数量与质量上与日本等国外企业仍存在较大差距。

7.5.2.4　国内各省份专利申请区域分布

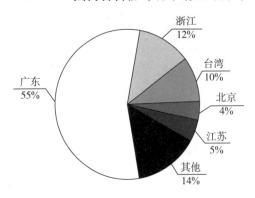

图7-31　墨盒领域国内申请人申请量区域分布

　　从图7-31示出的墨盒领域国内申请人申请量区域分布来看，墨盒领域的国内申请人主要集中在广东、浙江和台湾地区，这三个区域的专利申请量占墨盒领域国内专利申请总量的77%，其中尤以广东地区的专利申请量为最多，达到1706件，占比达55%，反映出广东地区企业对于墨盒的研发在国内处于领先地位。究其原因一方面主要与广东在打印耗材的起步较早，且经过长足发展，有了一定的技术积累有直接关系；另一方面，也与广东集聚了国内打印耗材产业规模最大且技术处于领先的多家企业有关。

7.5.3　广东专利分析

7.5.3.1　广东专利申请量趋势及区域分布分析

图 7 – 32 示出了墨盒领域广东专利申请量的发展趋势及区域分布。

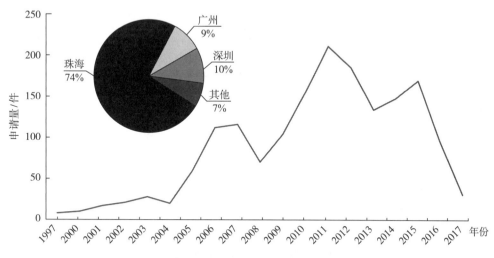

图 7 – 32　墨盒领域广东专利申请量发展趋势及区域分布

由图 7 – 32 可以看出墨盒领域广东专利申请量的变化大致经历了以下几个主要发展阶段：技术萌芽期（1997 ~ 2005 年）、技术发展期（2006 ~ 2011 年）、技术调整期（2012 年至今）。

从申请量来看，广东专利申请量逐年上升，申请人数量也维持增长状态，正处于活跃发展期。广东在墨盒技术领域最早由天威飞马打印耗材有限公司于 1997 年 1 月 3 日提出关于墨盒重注的专利申请；之后从 2006 年开始专利申请量开始快速增长，并于 2011 年达到峰值，为 209 件。近年来，广东专利申请量有所下降，这一方面可能是由于该领域的相关技术的开发已相对成熟，保持技术创新活动比较困难，导致近几年的专利年度申请量有所下降；另一方面可能是由于近年来关于墨盒的专利诉讼层出不穷，美国多次针对中国尤其是广东申请人进行"337"调查，很多广东企业深受影响。

广东地区的专利申请中，申请量最大的城市是珠海，其申请量占广东专利申请总量的 74%。而深圳和广州在墨盒领域的专利申请量分别占广东申请总量的 10% 和 9%，其他地区申请量只占 7%。这说明广东的墨盒领域各项技术主要集中在珠海。深圳和广州申请量略高于其他地区很可能是由于这两地经济发展快速，推动了企业的发展，部分企业或个人对墨盒的技术研究有所涉足，但并未形成规模效应。

7.5.3.2　广东专利申请人排名分析

从图 7 – 33 可以看出，墨盒领域广东专利申请量排名前十位的申请人中，天威和纳思达的申请量分列广东省申请人专利申请量的第一位和第二位，这两个申请人的申请量也位于全国所有申请人的申请量的第一和第二，集中度非常高。而其他企业在墨盒技术研发以及专利申请上投入不多。虽然广东省申请人数众多，但大多数并未形成技术规模。

广东地区排名前十位的申请人中，个人申请人相对较多，且部分个人申请人的申请量高于其他企业。这也说明，广东大部分耗材企业对墨盒领域的认识和关注度不足，技术创新高度不够，在知识产权保护方面的意识也相对不强。广东地区大部分从事该行业的企业还需依托其自身在技术和资源储备方面的优势，提高研发热度和创新高度，同时提高对创新成果申请专利权保护的意识。

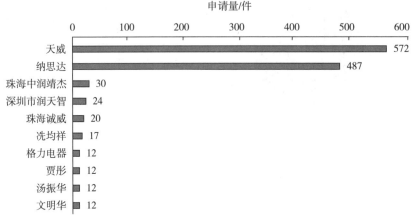

图7-33 墨盒领域广东专利申请人排名分析

7.5.3.3 广东专利法律状态分析

表7-3对广东各区域的专利申请法律状态进行了统计。

表7-3 广东墨盒领域各区域专利法律状态分布　　　　　　　　　　　　单位：件

申请类型	法律状态	区域			
		珠海	广州	深圳	其他
发明	驳回	35	0	4	1
	撤回	61	4	5	3
	公开	67	83	18	22
	无效	17	0	6	1
	有效	198	4	22	4
实用新型	无效	298	28	48	29
	有效	585	34	73	58

　　墨盒领域广东专利申请以实用新型为主。结合表7-3可知，珠海市有效发明专利为198件，有效实用新型专利为585件，均占据了广东区域发明和实用新型申请总量的一半以上，说明该地区专利申请质量相对较高，专利稳定性相对较好；此外，珠海市公开待审专利申请为67件，相对较高，表明该区域墨盒领域仍保持一定发展速度。深圳市有效发明专利为22件，占发明专利申请总量的40%，有效实用新型专利为73件，也超过了该地区实用新型专利申请总量的一半，但被驳回、撤回以及无效的专利申请

比例也相对较高。广州市的有效发明专利虽然才 4 件，但是有 83 件申请为公开待审状态，说明广州在墨盒领域起步较深圳和珠海更晚，但存在一定发展潜力，有小幅快速发展的趋势。

7.5.3.4　广东核心专利分布情况

按照专利同族数不等于 0，专利被引用次数不等于 0 的标准筛选，目前广东省内专利权维持有效的专利共有 125 件。专利的分布情况如图 7 – 34 和图 7 – 35 所示。

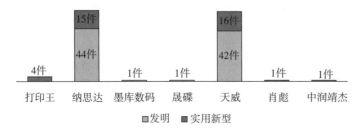

图 7 – 34　广东墨盒领域核心专利申请人分布

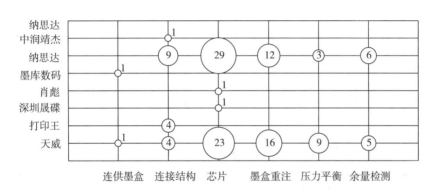

图 7 – 35　广东省墨盒领域核心专利技术分布

注：图中数字表示申请量，单位为项。

广东墨盒领域核心专利主要分布在天威和纳思达。69% 的核心专利为发明专利。且核心专利主要分布在墨盒芯片和墨盒重注领域。天威和纳思达两家公司在各个技术分支均有专利布局，且专利数量相当。但是，纳思达在墨盒连供技术分支上并没有核心专利，而连供技术是工业领域供墨的一种解决方案。纳思达在芯片与连接结构方面的核心专利数量较多，且这也是国际巨头专利的重点布局方向；而天威更加注重芯片、墨盒重注和压力平衡方面专利的布局。墨盒再生以及通过芯片控制是墨盒的发展方向。

7.6　预警分析

7.6.1　喷墨油墨预警分析

截至检索日期（2017 年 11 月 20 日），在中国专利库中检索的涉及喷墨油墨的国外来华专利申请共 4571 件，其中富士胶片、精工爱普生、佳能、惠普、施乐分别占据申请人的前五位，同时在产业上，这几家公司也是领域龙头企业。结合本课题组对国内喷墨企业进行调研可知，目前国内申请人较为关注的国际企业主要为精工爱普生和佳能，故在重点专利分析时确定上述两家企业进行重点专利研究。其次，惠普作为全球知名度较高的生产喷墨墨水的企业，同时在本领域创新度高，并且其也在中国进行了大量专利布局，并且在中国的专利布局情况仅次于上述富士胶片、精工爱普生、佳能这三家日本企业，故在重点专利分析时也对惠普的重点专利进行了深入研究。因此，对精工爱普生、佳能、惠普三家公司来华重点专利进行筛查，进行专利风险分析。重点专利详细情况如表7-4所示。

表7-4 精工爱普生、佳能、惠普三家公司来华重点专利分析

申请人	申请号	标题	技术要点
佳能	CN200580022311	喷墨用黑色墨水、成套墨水、喷墨记录方法、墨盒、记录单元以及喷墨记录装置	特定色料与特定保湿化合物配合改善保存稳定性
佳能	CN200580022315	喷墨用墨水、喷墨记录方法、墨盒、记录单元和喷墨记录装置	特定色料改善耐臭氧性、图像浓度、黏着恢复性，保存稳定性
佳能	CN200580022341	墨水、喷墨记录方法、记录单元、墨盒以及喷墨记录装置	选择特定色料和溶剂改善发色性、耐湿性、可靠性、喷出稳定性、图像浓度、色调等
佳能	CN200580022321	喷墨用墨水、成套墨水、喷墨记录方法、墨盒、记录单元以及喷墨记录装置	特定结构蒽吡啶酮类色料改善油墨的耐光性、喷出稳定性、保存稳定性、图像质量等
佳能	CN201280055306	具有双偶氮染料骨架的新型化合物、包含该化合物的颜料组合物、颜料分散体、墨和滤色器用抗蚀剂组合物	特定结构的偶氮颜料改善稳定性和颜色特性
佳能	CN200680002621	墨、成套墨、喷墨记录方法、墨盒和喷墨记录设备	使用特定结构的颜料与聚集抑制物质配合改善喷射口附近出现沉积物的情况，提高喷出稳定性、储存稳定性和色彩效果
佳能	CN201280013920	非水溶性着色化合物、墨、滤色器用抗蚀组合物和热转印记录片材	特定结构的非水溶性着色化合物，具有高的溶剂亲和性、高亮度和饱和度、宽色域的光谱反射特性和高耐光性

申请人	申请号	标题	技术要点
佳能	CN201380011537	颜料分散体以及包含该颜料分散体的滤色器用黄色抗蚀剂组合物和墨组合物	特殊颜料配合制备颜料分散体改善色调、光谱特性和显示对比度
佳能	CN201410562714	墨、墨盒和图像记录方法	利用树脂分散颜料配合选用特定的树脂和表面活性剂改善光学浓度
精工爱普生	CN200780023660	黄色墨液组合物、墨液组、墨盒、喷墨记录方法以及记录物	含有特定结构的两种着色剂结构来制备黄色油墨，可调节油墨的色相和提高油墨的耐光性、耐臭氧性
精工爱普生	CN200780011085	墨液组	油墨组，含有特定数值范围的色相角的黄色油墨、品红油墨和青色油墨，能够满足记录时的颗粒性抑制、虹光抑制、色再现性及光泽性
精工爱普生	CN01804197	用于喷墨记录的油墨组，喷墨记录方法，以及记录材料	油墨组中含有黑色油墨和彩色油墨，黑色油墨中不使用分散剂，使炭黑分散在水和含水介质中，而彩色油墨中含有水和以聚合物覆盖的彩色颜料的着色剂，能够获得高的图像耐候性、印刷浓度和宽彩色再现范围
精工爱普生	CN201410806145	喷墨记录用油墨组合物	油墨中含有三种以上特定结构的炔二醇和炔二醇的环氧乙烷加成物中的炔二醇系表面活性剂，提高油墨的画质和定影性
精工爱普生	CN200780010686	喷墨记录用墨液组合物、记录方法和记录物	着色剂、烷二醇和表面活性剂的墨液组合物，其中烷二醇含有水溶性的 $1,2$ – 烷二醇和在主链的两末端具有羟基的水溶性烷二醇，表面活性剂是聚有机硅氧烷。改善油墨的喷出稳定性和色彩再现性等

申请人	申请号	标题	技术要点
精工爱普生	CN200780017248	品红墨液组合物、组合墨液、墨盒、喷墨记录方法及记录物	品红墨液组合物中含有两种特定结构的含氮杂环着色剂，提高油墨的耐光性等
精工爱普生	CN200780017265	黑色墨液组合物、墨液组、墨盒、喷墨记录方法及记录物	含有特定结构的两种染料（偶氮类染料和含硫染料）制备黑色油墨组合物
精工爱普生	CN200610074601	微囊化金属粒子及制造方法、水性分散液及喷墨用油墨	喷墨油墨中含有具有金属粒子的聚合物，在该聚合物表面上设置离子性基的微囊化金属粒子，可抑制油墨中金属粒子的凝集，使油墨具有长期保存稳定性
精工爱普生	CN200880116290	墨液组合物	油墨组合物含有分散体和高分子微粒，分散体并没有使用分散剂而将炭黑分散在水中，并限定高分子微粒的结构和酸值，提高油墨的发色性等
惠普	CN01103208	在喷墨笔中防止结垢和延长电阻器寿命的喷墨油墨	油墨组合物含有至少一种着色剂和水性的载体，该载体含有至少一种耐火金属或贵金属反应成分。耐火金属或贵金属可降低结垢和延长喷墨笔寿命
惠普	CN200480008240	用于喷墨打印应用中的乳胶基外涂层	油墨组合物中含有乳胶颗粒，其中乳胶颗粒表面上吸附或共价结合有非反应性表面活性剂，可解决喷头堵塞问题
惠普	CN200580032589	印刷流体中的共溶剂	水性印刷流体含有特定结构的共溶剂，防止油墨印刷图像的卷曲
惠普	CN200580033203	在多孔印刷介质上提供改善的湿污性的喷墨墨水	油墨中含有特定组分的游离黏合剂和经聚合物改性的颜料，两者配合可降低墨水黏度，提高图像耐久性，干燥速度快以及光密度不下降

申请人	申请号	标题	技术要点
惠普	CN200580038007	喷墨组合物	喷墨组合物，其包括阴离子染料、阴离子颜料和含有特定组分的阳离子的酸性流体定影剂，上述组分配合使用，使油墨在印刷时的斑纹性能好
惠普	CN200780042840	速干水基喷墨油墨	水性油墨中含有水、二氧化硅颗粒、颜料颗粒和固体润湿剂，其中，二氧化硅颗粒、颜料颗粒和固体润湿剂的组合，可改善油墨的干燥速度
惠普	CN200880003189	适用于喷墨印刷的包含氟代二醇的聚氨酯	油墨中含有氟代二醇改性的聚氨酯，其可改善油墨的流动性和均化、除气、表面张力减少和改善油墨的抗刮擦性，环境友好

上述重点专利均处于有效状态，且均进入多国。从不同公司的专利布局来看，国外公司在喷墨领域多方面进行了布局，如佳能主要在不同助剂配合、色料配合、溶剂配合、色料与溶剂的配合、聚合物的配合使用等方面，来改善喷射性能、图像质量以及图像耐受性；精工爱普生侧重在多种油墨配合使用，形成油墨组，以及选择特定结构的助剂、色料等，提高油墨耐受性、定影性和保存稳定性等；惠普则侧重在利用不同溶剂、助剂等改善油墨光密度、印刷图像质量（减少泅色、斑纹等）、干燥性能等（保持良好的喷射性能）。上述专利均是国外重点申请人的重点专利，且大部分专利维护时间超过 10 年。同时，这三家公司专利布局已然涉及了喷墨领域各种技术改进的方式，国内申请人涉足喷墨油墨领域时，不论是从何种方式对喷墨油墨产品进行改进，均有可能会落入国外申请人的专利布局中，具有一定的风险，可重点关注。

7.6.2　墨盒专利预警分析

本小结以墨盒领域重点专利为切入点，对于广东墨盒专利进行预警分析。

由于发生过异议、无效及诉讼的专利再次发生诉讼的概率很高，因此上述专利将作为领域内重点分析专利。为了进一步确定墨盒领域高危侵权案例，课题组对历年来发生过"337"诉讼的墨盒及喷头案例进行了统计，通过对"337"侵权案例分析，目前针对国内企业的关于喷头及墨盒领域的"337"调查案例共有 8 件，2006 年 2 件，2009 年 1 件，2010 年 3 件，2012 年 1 件，2015 年 1 件，被诉企业都集中在广东省珠三角区域。调查结果中除了 1 件和解、1 件撤诉之外，其余的都判定侵权成立，并且侵权

成立的案例中大部分都颁布了普遍排除令。其中除去一组涉及激光打印机用墨粉盒的
"337"诉讼外，其余7件均与喷墨打印机墨盒相关，2件涉及喷墨打印机喷头。具体信
息如表7-5所示。

表7-5　我国喷头及墨盒领域涉及美国"337"调查的案例

涉案产品	涉案年份	涉案企业	裁决情况
墨盒 337 - TA - 581	2006	珠海纳思达数码科技有限公司	和解
墨盒 337 - TA - 565	2006	珠海纳思达数码科技有限公司；珠海格力磁电有限公司	终裁侵权成立
墨盒 337 - TA - 691	2009	珠海格力磁电有限公司、深圳普林美亚科技有限公司、珠海中润靖杰打印机耗材有限公司、珠海泰达电子科技有限公司	侵权成立，颁发普遍排除令
部分带有打印头的喷墨墨盒 337 - TA - 723	2010	中国麦普科技有限公司（广州）	侵权成立，颁发普遍排除令
打印机墨盒 337 - TA - 730	2010	深圳普林亚科技有限公司、珠海中润靖杰打印机耗材有限公司	侵权成立，颁发普遍排除令
部分带有打印头的喷墨墨盒 337 - TA - 711	2010	中国麦普科技有限公司（广州）	申请人撤诉，终止调查
激光打印机用墨盒及其组件 337 - TA - 829	2012	珠海富腾打印等公司	侵权成立，颁发普遍排除令
墨盒及其同类组件 337 - TA - 946	2015	珠海奥美亚打印耗材有限公司、东莞奥彩打印机耗材有限公司、珠海诚威电子有限公司	侵权成立，颁发普遍排除令

"337"侵权案件中，所涉及的专利申请大部分均仍然保持有效，极有可能造成再
次侵权，需要随时关注上述案件动态。侵权案件所涉及的技术分支主要有墨盒压力平
衡系统、墨盒结构等，其中墨盒结构包括供墨针、墨盒电机设置，以及墨盒安装连接
结构等对国内企业来说仍然具备较大的侵权风险，国内企业需针对上述技术分支制定
相应的技术研发策略，加强专利布局。

墨盒领域中国专利申请的申请量排名前四位的国外申请人分别为精工爱普生、佳能、
兄弟和惠普。上述企业在喷墨关键设备领域进行技术研发创新的时间较早，且在该领域
的技术创新高度较高，其技术发展水平在一定程度上对全球喷墨关键设备的发展起着主
导作用。其中在墨盒领域，又以精工爱普生近几年的研发活动最为活跃。因此在墨盒领
域，分别针对精工爱普生和广东省近年重点专利技术进行分析，以分别明确它们在墨盒

领域的专利布局方向，为国内申请能够实现专利技术规避和寻找技术突破点奠定基础。

7.6.2.1　精工爱普生于墨盒领域重点专利的专利布局

从图 7 – 36 可以看出，2012～2015 年精工爱普生在墨盒领域的重点专利主要布局在墨盒的机械结构技术领域，在墨盒余量检测技术、压力平衡技术、墨盒重注技术等方面的专利布局量相对较少。而在墨盒的机械结构技术方面又具体涉及了芯片端子间的稳定电连接结构、防止墨水泄漏、防止异物或尘埃侵入结构、墨水管的配置、墨盒内液体的有效填充、墨水的稳定供给、墨容器安装或拆卸、减少容器内残留液体结构、油墨脱气、抑制颜料沉降结构布置、防止墨盒墨注入口处塞部件的脱落、减小墨盒或打印机总尺寸等。

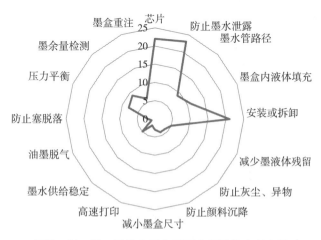

图 7 – 36　精工爱普生近年于墨盒领域的专利布局

注：图中数字表示申请量，单位为件。

7.6.2.2　广东于墨盒领域重点专利的专利布局

由图 7 – 37 可以看出，2012～2015 年（申请年）墨盒领域广东重点专利申请中，主要集中于墨盒机械结构技术的专利布局，其次为墨盒重注技术，而在墨盒余量检测和压力平衡技术分支的申请量相对较少。由图 7 – 38 可知机械结构技术分支的专利布局技术主要包括：墨盒安装位置/类型的检测、芯片触点电连接稳定性、防止芯片触点/端子短路或烧坏、提高芯片中振荡电路谐振频率/振荡频率精确性、提高芯片通信速度、墨盒安装或拆卸、存储器协作响应、成像盒芯片告警信息的准确提供和芯片的复位方法等。此外，对于墨盒重注技术的专利布局，主要从减少注墨过程中墨水泄漏、提高注墨效率、使墨盒尽可能容纳更多墨水、带喷头墨盒的修复方法等角度进行技术保护。

此外，从图 7 – 37 中广东重点专利中各申请人在墨盒领域的申请分布可以看出，珠海纳思达的申请量最多，其次为天威。其中珠海纳思达近年的重点专利中，更侧重于机械结构技术的专利申请，其次为墨盒重注技术，而在墨盒压力平衡、墨盒余量检测技术分支的申请量相对较少。而天威近年的重点专利中，也更为侧重于机械结构和墨盒重注技术，墨盒余量检测技术的专利申请仅为 1 件，且并未在墨盒压力平衡技术分支进行专利布局。

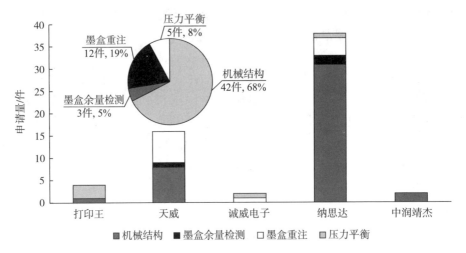

图7-37 广东申请人重点专利在墨盒各技术分支下的申请分布情况

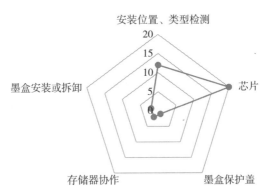

图7-38 广东重点专利中在墨盒机械结构分支的专利申请分布

注：图中数字表示申请量，单位为件。

　　通过上述分析可知，墨盒领域中国专利申请中，主要国外申请人的重点专利主要集中于墨盒的机械结构分支的专利技术申请，对于墨余量检测技术和墨盒重注技术，申请量相对较少。墨盒领域中国专利申请中主要国外申请人的这一专利布局方式，也在很大程度上制约着国内企业在兼容或通用墨盒领域的发展。广东作为国内龙头耗材企业的集聚地，广东申请人近年的重点专利申请也主要集中于机械结构方面的技术，其次为墨盒重注技术。广东申请人的这一专利技术布局特点与墨盒领域中国专利申请主要国外申请人的重点专利在墨盒领域布局重点一致；因此，国内申请人在进行与墨盒领域机械结构相关技术的研发创新活动时，应特别注意对国外申请人申请集中度高的机械结构技术进行规避。此外，全球兼容和再生墨盒的90%来自中国，其中70%～80%来自珠海，其中赛纳墨盒市场占据全球通用耗材的20%～25%，针对广东地区企业的通用耗材产品在国际市场上占据较大份额的现状，广东地区耗材企业出口到国外的产品尤其要注意在墨盒机械结构技术方面的专利技术规避，防止发生专利侵权诉讼。

　　此外，就机械结构技术而言，墨盒领域主要国外申请人的重点专利又侧重于墨盒与打印机接口处（包括通信接口和墨供应接口）的专利技术布局，且相关专利技术已相对成熟。由于墨盒与打印机间的通信接口和墨供应接口是实现墨盒与打印机间正常通信和墨水可靠供应的重要保证，因此墨盒与打印机间的通信接口和墨供应接口的相关技术必然成为墨盒技术不可忽视的一个重点，国内及广东地区申请人在注意规避与墨盒与打印机间的通信接口和墨供应接口相关的（例如涉及保证墨盒与打印机接触端子接触可靠技术、提高墨容器安装定位的准确性、稳定性和组装性技术及防止墨水泄漏等）技术外，还应结合企业自身产品的特点，从寻求能够解决相同技术问题的替代手段，或进行技术手段的组合，或寻求解决墨盒与打印机接口处产生的新的技术问题的技术手段，或针对通用或兼容墨盒与打印机接口处的技术研发等角度出发，进行核心技术创新活动及专利技术布局。

墨盒领域中国专利申请主要国外申请人近年就墨盒重注技术的布局较少，这与国内目前墨盒重注或再生行业的发展现状有关。国内从 2004 年开始从事墨盒再生，但为了解决国外废弃产品进入后，用完成为垃圾后出不去而将给国内环境造成较大负担的问题，2009 年商务部发布《禁止进口限制进口技术管理办法》，对包括品目 8469～8473 项下的废打印机、复印机、传真机、打字机、计算机器、计算机等废自动数据处理设备及其他办公室用电器电子产品禁止进口；此外，目前小企业做墨盒再生的渠道不规范，没有考虑环境问题，这些因素都对国内再生行业的发展产生影响。国内目前在墨盒重注领域的专利申请相对于机械结构技术的申请也相对较少。然而，基于环境和可持续发展的考虑，墨盒重注或墨盒再生技术必然会成为墨盒技术今后发展的热点。虽然国内在政策法规上对回收墨盒来源存在限制，但国内申请人也可针对墨盒重注或再生技术热点，从实现可靠的墨盒再填充技术（填充量的控制、墨填充的难易等）、墨盒材料的可回收性等角度开展技术创新活动，以开展防御性专利技术布局。

7.7　主要结论与建议

7.7.1　喷墨油墨分析结论

1）喷墨油墨领域最早的专利申请出现在 1964 年。1964～1977 年为萌芽期，年专利申请量均在 30 项以下；之后在 1978～1993 年，年申请量平稳增长，为平稳增长期；1994～2005 年为快速增长期，2005 年申请量达到峰值；2006 年之后保持了较为平稳的发展势头，可见该领域的技术发展已进入技术成熟期。

2）喷墨油墨领域来自日本的申请占据了绝对优势，占总申请量的 65%，其次为美国、欧洲，来自中国的申请量占 6%，位于第四位。相较于日本、美国和欧洲，中国在喷墨油墨领域的专利申请起步较晚，1996 年出现了第一件中国专利申请，而 1996 年日本、美国和欧洲的申请量依次为 395 项、140 项和 75 项。但从 2001 年起，来自中国的专利申请量持续增长，2011 年起，来自中国的申请量首次超过了欧洲，年申请量紧随日本和美国之后位居全球申请量第三位，并在近年来得以保持，可见中国在喷墨油墨领域的研发实力在不断增强，对专利保护的重视程度越来越高。

3）从对外布局角度，日本不仅申请数量占优，也非常重视向外布局，向美、欧、中、韩四国/地区的布局量占比最高，也均超越了上述各国/地区在本国/地区所布局的数量；美国和欧洲在本国/地区的申请和对外的布局相对平衡；中国对外的布局则明显比较薄弱，在日本的布局量仅占该地区专利申请总量的 0.12%，在美国的布局量仅占该国专利申请总量的 0.47%，在欧洲的布局量仅占该地区专利申请总量的 0.42%，在韩国的布局量仅占该国专利申请总量的 0.49%，在中国本土的布局也仅占在中国申请的专利总量的 26.95%。喷墨油墨领域的中国企业还需要进一步提高研发实力，进一步加强对外专利布局，从而能够在全球贸易活动中占据有利地位。

4）从喷墨油墨领域中国专利申请量变化情况（见图 7-5）可以看出，我国喷墨油墨的申请量目前呈现稳步增长的态势，表明我国在该领域正处于技术活跃期。但是外来技术比例较大，在一定程度上制约着本土技术的发展

5）根据对中国喷墨油墨领域的专利申请量的地区分布（见图 7-5）进行分析，可以看出我国目前在喷墨领域均涉及大量外来技术，可见外来技术已经在我国进行了大范围专利布局。

6）对于国内地区的分布，其中广东、北京、上海和江苏四个地区占国内总申请量的 50%，可见其为国内油墨领域专利技术的重点集中地区。

7）根据对喷墨领域的法律状态进行分析，发现国内申请在授权率、专利有效率和维持年限上均低于国外申请，这在一定程度上反映出我国目前专利技术质量上与发达国家还有一定的差距。

8）广东省自 2001 年开始有喷墨油墨领域的相关专利申请，与该领域中国专利申请的起步时间 1996 年接近，广东在 2009 年之前年申请量均在 10 件之下；2009 年之后研发和申请热度有明显提升，年申请量增长较快，可见广东在该领域的研发积极性较高。

9）申请人类型方面，企业申请人的申请量占据了 72.11%，体现了该领域中企业作为市场主体的特点；另外与国内总体情况类似，合作类型的申请占比为 9.05%，其中的 4.52% 为企业之间的合作申请，进一步体现了企业的主体地位，科研院所和高校的专利申请总占比 10.05%，而企业-高校的合作申请和企业-科研院所的合作申请仅占 1%，可见，广东的产学研合作较少，科研院所和高校的研发成果并没有实现有效的产业转化利用。

7.7.2 织物喷墨油墨分析结论

1）中国起步晚发展快，在全球范围内占据着举足轻重的地位，足以证明我国在该领域具备一定的研发实力，并且我国市场在该领域具有一定的需求。

2）日本、美国和欧洲为织物喷墨油墨领域重点发展的区域，其中全球排名前十位的申请人均位于上述地区，并且前十位申请人的申请占全球总量的近一半的比例，而上述地区在织物领域的专利申请量占全球总量的 90% 以上。可见在该领域的技术集中

度较高，并且上述地区的申请人将成为制约我国在该领域发展的主要竞争对手。

3）从织物喷墨油墨的全球专利布局情况可以看出，日本、美国和欧洲等地区对外进行了广泛的专利布局，而我国对外专利布局的积累还比较薄弱。另外，其他国家已经向我国进行了大范围专利布局，表明我国已经逐渐成为全球重要的喷墨油墨市场。

4）我国在织物喷墨油墨领域的起步较晚，但是发展较为迅速，但是目前仍然处于外强内弱的局面，即国外申请人在申请数量、质量和保护力度方面较国内申请人均占据着一定的优势。

5）无论国内外，通过调整所用着色剂类型、改善油墨的色牢度均是该技术领域的研究重点。

6）广东在织物喷墨油墨领域在全国处于领先位置，虽然起步较晚，但是发展较快。

7.7.3　陶瓷喷墨油墨分析结论

1）日本、美国和欧洲为陶瓷喷墨油墨领域重点发展的区域，我国在陶瓷喷墨技术落后日本和美国 2 年，但是我国起步晚发展快，在全球范围内占据着举足轻重的地位，足以证明我国在该领域具备一定的研发实力，并且我国市场在该领域具有一定的需求。

2）从陶瓷喷墨油墨技术发展路线可知，陶瓷喷墨油墨的专利技术重点在色料、载体和分散剂方面的研究，所要解决的主要技术问题在色料的分散性的问题，所涉及的重点专利大多数为国外申请人所申请的专利，国外申请人仍掌握着陶瓷喷墨油墨的重点技术。

3）我国在陶瓷喷墨油墨领域的起步较晚，但是发展较为迅速，但是目前仍然处于外强内弱的局面，国外申请人无论在申请量还是专利技术、专利质量方面均领先国内申请人。但是中国是陶瓷的发明国之一，对陶瓷技术比欧洲等地区的跨国公司的了解更深入，因此，国内申请人专利申请的质量存在较大的进步和追赶空间，甚至有赶超的可能。

4）广东在陶瓷喷墨油墨领域在全国处于绝对领先位置，虽然起步较晚，但是发展较快，尤其是在 2012 年以后呈现爆发式增长，因此，在陶瓷喷墨油墨领域，广东现处于国内领军地位。

7.7.4　墨盒总体专利态势分析结论

（1）全球发展趋势

1）全球喷墨打印机墨盒领域的专利申请总量为 18005 项。其中在未进行合并去重前，涉及墨盒重注的为 7429 项，涉及墨盒余量检测的为 4980 项，涉及墨盒压力平衡的为 5528 项，涉及墨盒机械结构的为 10250 项，以墨盒机械结构类改进的专利申请数量最多。

2）墨盒领域申请人中，日本申请人申请量第一，在该领域占据绝对的优势地位。其次为美国和中国，但与日本相比均存在很大的差距；欧洲和韩国占比更低，分别为

4%和3%。以上五个地区的申请量占据墨盒领域申请总量的98.92%，墨盒领域技术的地域集中度非常高。中国企业起步较晚，但发展最为迅速，在年专利申请量上大有后来居上之势，在短时间内申请了大量专利，已有2家龙头企业跻身十强。

3）日本在墨盒领域保有绝对领先的技术原创度，原创申请百分比高达99%。其他国家申请人对日本的专利输入比例较小。美国原创申请百分比为36%，美国申请人的专利申请以国内申请为主，且在欧洲和中国均有专利布局，各国均较为重视在美国的专利布局。中国原创申请百分比也达到了55%。虽然中国申请量快速增多，但是主要集中在国内，海外申请量相对偏少，其他国家也较为注重在中国的专利布局。韩国主要集中在国内，原创申请百分比为40%，技术原创能力较强，海外专利布局主要集中在美国和中国。欧洲技术原创申请百分比为75%，主要分布在欧洲、美国和中国，欧洲申请人专利申请总量不多，较为注重海外专利布局，其海外专利申请总量超过了本国专利申请总量。

（2）中国整体发展趋势

1）墨盒领域的中国专利申请共7215件。其中在未进行合并去重之前，涉及墨盒重注的为4340件，涉及墨盒余量检测的为2039件，涉及墨盒压力平衡的为4848件，涉及墨盒机械结构的为5545件。目前墨盒领域中国专利申请专利年申请量还在增长，专利申请人数量基本保持稳定。

2）中国国内申请人起步较晚，技术基础较为薄弱，但是发展迅速。直至目前，中国国内申请人在华专利申请量已经超过日本籍申请人在华专利申请量，两者均占中国墨盒领域专利申请总量的42%。美国及其他国家和地区也较注重在中国进行专利布局，跑马圈地意图不容忽视。

3）墨盒领域的所有中国专利申请中，日本发明专利申请占所有专利申请的37%，中国仅占15%；而中国实用新型专利申请量则占所有专利申请量的28%；且中国国内发明专利维持有效率尚未达到50%，远落后于日本甚至美国。由此可见，虽然中国专利申请数量增长迅速，但是主要集中在创造性相对较低的实用新型专利申请上，技术创新度较高的发明专利申请仍不多。

4）国内申请量区域分布中，广东为主要申请区域，其申请总量占据国内申请人申请总量的55%，其次为浙江和台湾。这表明国内墨盒领域的技术研究和创新活动主要集中在广东，广东显示了较好的研发实力。

（3）广东整体发展趋势

1）从申请量来看，广东专利申请量逐年上升，申请人数量也维持增长状态，正处于活跃发展期。从广东主要地区专利发展情况来看，广东的墨盒领域产业发展主要由珠海掌控。

2）广东墨盒领域申请人主要有天威和纳思达，其申请量不仅位于广东申请人专利申请量的第一和第二位，也位居全国申请总量的第一和第二位，专利申请集中度非常高。广东墨盒领域核心专利也主要分布在天威和纳思达。这也说明虽然广东申请人数众多，但大多数并未形成技术规模。

7.7.5　油墨总体发展建议

7.7.5.1　政府层面

（1）建立专业化的知识产权交易中心，提升知识产权的运用转化

喷墨油墨领域，中国总申请量为 6122 件，发生专利转让和许可的专利量为 401 件，占比为 6.5%。即专利交易活跃低，大量专利处于闲置状态。其次，根据数据分析，虽然企业目前是喷墨油墨领域主要申请人类型，但是各个分支领域，高校以及科研院所均具有一定的研发实力，在申请人类型分析中，有 8%～10% 申请为高校和科研院所，而根据报告统计，高校和科研院所一般不具备生产能力，且这部分专利大多也未进行交易，即这部分专利也处于未利用状态。因此广东省亟须建立高度专业化的知识产权交易中心，通过知识产权交易促进专利技术的运用转化，提高专利运营和管理的水平，发挥专利技术的实质作用。

基于目前企业存在技术运用程度高但技术研发能力弱，高校（包含科研院所）存在技术研发能力强但技术运用转化程度低的现实，广东省亟须建立高度专业化的知识产权交易中心，通过知识产权交易促进专利技术的运用转化，提高专利运营和管理的水平，发挥专利技术的实质作用。

（2）加大对中小企业扶持力度，依靠专利质押融资促进中小企业将专利技术产业化

广东省中小企业是该领域的主体，应当加大扶持力度，通过专利质押融资，促进专利技术产业化。地方知识产权管理部门、财政部门可以鼓励金融机构扩大专利质押贷款规模，推进知识产权证券化进程，支持中小企业进行融资，充分运用市场机制，鼓励社会资金投向专利创新创业活动，利用现有或新建的知识产权交易平台，为喷墨油墨领域的中小企业提供融资便利。

（3）加强加大对重点技术创新方向的支持力度，提高行业整体水平

油墨方面，佳能针对色料改进的重点和热点技术主要涉及的是特定结构色料的选取，以及选取不同色料的配合，色料与溶剂、树脂、分散组分和其他功能化合物的配合改善相应的技术效果。国内申请人在针对喷墨油墨的研究过程中如需解决油墨稳定性、图像浓度等方面的技术问题，可以适当关注佳能的相关技术，并对自己的技术进行相应调整，从而改善自己的产品性能。针对聚合物的重点和热点技术主要围绕的是通过选取具有特定官能团（如阴离子基团、疏水性基团、亲水性基团）、包覆结构、嵌段结构（具有聚硅氧烷结构的单元的接枝聚合物）、化学性质（酸值和氢键）的聚合物，以解决油墨的喷出稳定性、保存稳定性、发色性、耐久性、图像浓度等技术问题。围绕溶剂的重点和热点专利技术主要涉及的是特定类型溶剂或不同类型溶剂的配合使用，以达到解决油墨稳定性、图像浓度、色彩平衡性和耐久性等方面的技术问题。围绕助剂和其他组分的重点和热点技术主要涉及的是选取特定的分散剂、表面活性剂和保湿剂，以达到解决油墨稳定性、图像密度、渗色、耐久性和印制品卷曲等技术问题。国内申请人可以根据自主研发产品时出现的相关问题，对佳能的上述重点技术进行研

究和分析，解决技术难题。

精工爱普生针对色料改进的重点和热点技术主要涉及的是特定结构色料的选取，以及选取不同色料的配合，色料与溶剂、树脂、分散组分和其他功能化合物的配合改善相应的技术效果。国内申请人在针对喷墨油墨的研究过程中如需解决油墨稳定性、图像浓度等方面的技术问题，可以适当关注精工爱普生的相关技术，并对自己的技术进行相应调整，从而改善自己的产品性能。针对油墨组的重点和热点技术主要围绕的是通过特定数值范围的色相角的油墨的配合或在印刷图像过程中通过对油墨组的印刷方法进行改进或是对油墨组中油墨的颜料进行改进，从而改善印刷图像的发色性、耐久性、图像浓度等技术问题。围绕溶剂的重点和热点专利技术主要涉及的是特定类型溶剂或不同类型溶剂的配合使用，以达到解决油墨稳定性、图像浓度、色彩平衡性和耐久性等方面的技术问题。围绕助剂和其他组分的重点和热点技术主要涉及的是选取特定的分散剂、表面活性剂等，以达到解决油墨稳定性、图像密度、渗色、耐久性和印制品卷曲等技术问题。因此，广东省企业等申请人应充分学习该领域重点申请人的研究经验，密切跟踪其技术发展，应用该领域可用的重点专利技术，学习和借鉴重点申请人的研发和专利布局思路，并紧密联系我国国情，综合考虑技术、经济和环保等多种因素，开发符合国情及自身需求的产品。

（4）提高省内企业自身创新技术能力，促进产业转型升级

2012年，我国印刷油墨出口数量首次超越了进口数量，但是目前仍然处于贸易逆差的地位，即出口金额是小于进口金额的。2015年广东在油墨领域的产量位居全国第一，占总产量的34.1%。从专利申请上来看，广东在传统印版油墨、喷墨油墨、导电油墨等领域，均占据专利申请量头筹的地位，占比值分别是25%、20%、24%。从不同分支油墨占有率上来看，传统印版油墨国内申请人申请量占比相对较高，达到55%，而喷墨油墨国内申请人申请量占比低，仅占国内申请总量的21%。即不论是从产业数据以及专利数据上来看，目前全国、广东油墨均主要占领的是中低端市场。从产业以及专利情况来看，广东均具有相较其他省份更好的基础。在此基础上，促进广东省内企业油墨产品生产从中高低端市场向高端市场转型、升级具有重要的意义。

7.7.5.2 企业层面

（1）加强知识产权管理，有效规避专利风险

喷墨油墨领域，全球专利申请中，日本占据全球申请量65%；其次是美国、欧、中，分别占据16%、9%、6%。在华申请中，国外来华专利申请量占据中国专利申请总量的75%，国内申请人中，广东申请量最大，占据国内申请人申请量的26.20%，其次是江苏、北京、上海，分别占据国内申请人申请量的13%、11%、11%。

从上述数据可以看出，无论是在全球，还是在中国，国外申请人均进行了大量的专利布局。并且从全球技术来看，油墨领域总体技术高度集中，主要集中在日本、美国。国外公司经过多年的布防，已经形成严密的专利网，而国内公司对于知识产权关注度低，大型企业专利申请量少，中小型企业专利申请分散，并且没有核心技术专利，基于目前中国油墨领域情况，难以从中低端市场向高端市场转型，即便是借鉴国外高

端技术，向高端市场进发，也容易落入国外专利布防网，进而导致侵权。

　　建议广东省企业加强研发项目前期的专利分析和预警工作，提升专利撰写技巧以及专利布防技巧，在国外大型企业经验基础上，开创自我创新道路；积极与知识产权管理部门沟通，寻求知识产权援助。通过提高知识产权创造、管理、运营水平，实现广东省油墨产业的转型升级和跨越式发展。

　　（2）积极与高校和科研机构进行产学研合作，加快技术水平提升

　　对喷墨油墨中高校（含科研院所）申请专利进行分析，其中中国科学院化学研究所、北京印刷学院、中原工学院、江南大学、天津大学、复旦大学、海南亚元防伪技术研究所占据高校申请量前七位。由此可见，高校以及研究所在喷墨领域具有一定的技术储备。企业在发展时可以借用高校技术，同时可以与高校合作，促进自身发展。

　　（3）提高企业创新能力，积极开发专利技术空白点

　　对于有研发基础的企业，要充分发挥自身优势，积极开展专利布局，以专利保护促创新；对于技术不占优势的企业，应及时调整研发方向，集中力量寻求技术空白点的突破，追踪核心专利进行二次开发。图 7 - 12 已然披露了织物喷墨油墨技术功效矩阵图，图 7 - 18、图 7 - 19 披露了陶瓷油墨技术发展路线，企业可以从这些图谱中可以获得该领域专利技术空白，以此展开专利布局，加强自身知识产权防控，以加强与国外企业的抗衡能力。

7.7.6　墨盒总体发展建议

7.7.6.1　政府层面

　　（1）巩固出口拉动内需，积极培育市场

　　广东的墨盒产业在全国范围内属于优势产业，但大部分出口国外，为外贸出口依赖型较高的产业。我国墨盒企业在国外的专利布局数量较少，而国外墨盒领域的龙头企业已布局大量专利，近年来"337"调查在墨盒领域频发，企业面临严重的侵权风险。

　　政府应该出台相关的政策，加强国家之间的合作，为企业出口产品营造良好的市场、政策环境。另外，政府在办公打印耗材方面，要注重政策倾斜力度，依靠政策和行政手段推动国内企业、国产设备、国产墨盒占有市场。支持招标过程中选择国产设备，增大国产产品的中标率，从而进一步良性地推动国有企业的研发积极性。

　　（2）抓住机遇，推动产业生态共赢

　　国外墨盒领域主要申请人在我国就墨盒重注技术的布局较少，国内从 2004 年开始从事墨盒再生，但为了解决国外废弃产品进入后，用完成为垃圾后出不去而将给国内环境造成较大负担的问题，2009 年商务部发布《禁止进口限制进口技术管理办法》，对包括品目 8469 ~ 8473 项下的废打印机、复印机、传真机、打字机、计算机器、计算机等废自动数据处理设备及其他办公室用电器电子产品禁止进口。基于环境和可持续发展的考虑，墨盒重注或墨盒再生技术必然会成为墨盒技术今后发展的热点，企业应该加强再生墨盒的研发、专利布局，坚持走绿色发展之路；政府应出台相应的政策鼓

励再生耗材发展，建立墨盒回收机制，提高墨盒回收企业的准入门槛，加强行业环保监督管理，使产业和生态共同发展，走可持续发展之路。

（3）提高企业创新能力，摆脱模仿困局

在墨盒、喷头领域，日本、美国处于垄断地位，国内生产的兼容墨盒受打印机设备厂商的制约。为了提高企业研发、创新的能力，让企业走在行业的前面，实现提前进行专利布局，制约国外企业的垄断，政府应该出台相应的鼓励创新的政策、举办促进企业创新的活动，来增强企业研发的积极性，提高企业的创新能力和创新实力。

7.7.6.2 企业层面

（1）加大对重点技术创新方向的支持力度，提高行业整体水平

从技术申请集中度来看，2012～2015年，墨盒领域四个主要申请人的专利申请主要集中于墨盒的机械结构分支，其次为压力平衡技术。而对于墨余量检测技术和墨盒重注技术，申请量相对较少。这也与这两个技术分支目前已存在较成熟的检测装置和检测技术或是已存在可靠的墨重注技术，基于成本和效果的综合考虑，于该两个分支进行开创性研发难度较高有关。而基于国内目前在墨盒领域的专利申请分布现状来看，国内在墨盒领域的专利申请也主要集中于机械结构分支，其次为压力平衡分支技术，而墨余量检测分支和墨盒重注分支的专利申请相对较少。这一布局与国外申请人在墨盒领域布局重点一致。因此，国内申请人在进行与墨盒领域机械结构相关技术的研发创新活动时，应特别注意对国外申请集中度高的机械结构技术进行规避。

从重点专利技术布局来看，在机械结构技术方面，各主要申请人主要集中于墨盒与打印机接口处（包括通信接口和墨供应接口）的专利技术布局。

在压力平衡技术方面的专利技术布局，主要取决于容纳墨水的容纳体的形式（挠性袋、包括可挠性部分的墨盒腔室或墨盒腔室），进而针对不同的容纳墨水的容纳体的形式，采用从外部加压方式的控制或内部腔室内的流路、阀的位置和协同作用角度对盒内压力平衡的调节进行专利技术布局。

在墨余量检测方面的专利技术布局，其中墨余量检测结构采用的还是常规的浮子式、光学或直接目视结构。该领域专利布局着眼于抑制检测装置的检测精度的下降，如从防止检测部件被泄漏的液体污染产生误检测、降低气泡到达液体余量状态检测部件的可能性、防止印刷材料向检测区域的倒流引起余量的误检测、设计方便目视观察液体容纳部的液位的结构等技术角度。

在墨盒重注方面的专利技术布局，则主要着眼于提供可靠地进行墨的再填充的方法。

国内企业应当关注该领域重点专利布局方向，寻找技术突破点，并加大对重点技术创新方向的支持力度。

（2）加强知识产权管理，有效规避专利风险

国内企业在对墨盒进行研发时需重点关注各大墨盒巨头如精工爱普生、惠普、佳能的专利和动向。

针对"337"案例，已发生的侵权诉讼案例发生再次侵权的风险较高，其所涉及技

术分支主要有墨盒压力平衡系统、墨盒结构、墨盒的信息传递技术等。对国内企业来说，上述技术分支仍然具备较大的侵权风险，需针对上述技术分支制定相应的技术研发策略，加强专利布局。此外，早期"337"诉讼案例所涉及的专利中有部分已失效，但从技术角度来看，仍然为墨盒领域重点基础技术，我国从业者在上述墨盒结构以及压力平衡技术分支方向有技术需求的可以在此基础上实现专利技术的二次开发，衍生新的技术，但要注意规避上述专利权人围绕该专利技术所进行的进一步的专利布局。

国外核心专利申请通过小改进布局到大系统，通过有技巧的对表述方式进行改进获得了尽可能大的扩大保护范围，最大化地防止竞争对手的规避设计。国内企业应当积极学习借鉴国外企业在这方面的模式和经验，注重专利布局，对产品和技术实现立体、全方位的保护，形成自己的专利战略。在后续研究中，国内申请人可以有效规避国外申请的研究重点，从其外围或者技术空白点展开研究，尤其是墨盒机械结构类专利，可进行防御性专利申请。

第8章 新材料产业（铝合金材料方向）专利分析及预警

8.1 铝产业的发展情况

目前，铝是全球第二大常用金属，仅次于铁。铝的优势主要为质量轻、加工性能好、强度高以及易回收再利用。铝亦具有耐腐蚀性、密闭性及导电性的特点，可进一步加工成轧制材、挤压材、锻件等多种材料，广泛用于建筑及构筑物施工、轨道交通、航空航天制造、船舶制造、包装、电力、电子、机械制造、化学工程及其他行业。铝工业产业链参见图 8-1。

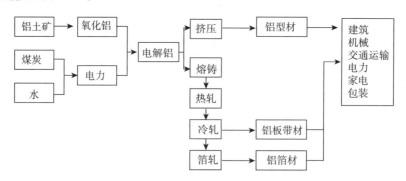

图 8-1 铝工业产业链示意图

铝加工业指将原铝加工为铝制品的过程。铝加工是指用塑性加工方法将铝坯锭加工成材，主要方法有轧制、挤压、拉伸和锻造等；加工产品是指通过塑性变形工艺生产的各种铝材，又称半成品，即板、带、箔、管、棒、型、线、锻件、粉及膏等，供用户制造铝产品。

8.1.1 铝产业的发展分析

铝行业作为我国的基础行业，近年来因为产能过剩问题发展比较缓慢；而铝行业要重新焕发生机，需要对铝行业产业结构进行革新。在近年来出口和投资大幅度降速的背景下，企业的创新能力显得尤其重要。针对广东而言，铝行业是重要的基础产业。铝行业的企业有 136 家，其中不乏广东凤铝铝业有限公司等知名企业。如何对铝行业的产业结构进行革新，需要分析现今经济发展对铝行业发展的利好条件，并针对铝行业的发展现状给出建议以及分析，促使铝行业向更好的方向发展。

8.1.2 全球铝产业的发展情况

当前的世界经济仍处于深度调整的阶段。以中国、印度、东盟为代表的亚洲新兴经济体日益成为推动世界经济发展、维护世界经济稳定的重要力量。亚洲经济崛起具有划时代的全球意义，将重构区域合作发展格局。在此大环境下，轻量化汽车材料、轨道交通车体材料、航空航天材料以及船舶材料等轻型新材料越来越成为制造业的主流，这对我国的传统铝行业形成了冲击。

交通运输业的范围很广，主要包括：飞机客、货运输；普通铁道运输以及高速铁道和双层客运、重载货运；地下铁道运输；汽车客、货运输；摩托车和自行车运输；船舶客、货运输；机场、码头、车站以及桥梁、道路栏杆、调班等基础设施和集装箱、冷装箱等包装搬运工具等。

高速、节能、安全、舒适、环保是交通运输业的重要目标，而轻量化是实现上述目标最有效的途径。轻量化除了在设计上对结构、发动机等采用新的技术以外，在材料上选用铝合金是主要对策。经过多年的对比研究发现，用铝材制作交通运输工具，特别是高速的现代化车辆和船舶，比木材、塑料、复合材料、耐火钢和不锈钢等更具有科学性、先进性和经济性。在工业发达国家，交通运输业用铝量占铝总消费量的30%以上，其中汽车用铝量约占16%。此外，集装箱和冷装箱的框架与面板、码头的跳板、道路围栏等也大多用铝材。目前，日本、德国、美国、法国等工业发达国家已研制出了全铝汽车、全铝摩托车、全铝自行车、全铝快艇和赛艇、全铝高速客车车厢和地铁车辆、全铝集装箱等，交通运输业已成为铝材最大的用户。再加上全球各国正在大力建设高铁、动车、地铁等基础设施，铝型材需求大量增加。除了动车组、高铁、轻轨地铁等车厢必须用铝材制造外，车站中部分安全门、电扶梯等附属设备中还需用一定量的铝材。

8.1.3 中国铝产业的发展情况

"一带一路"倡议的提出对于铝行业的发展同样具有深远的影响。2013 年以来，我国基础设施建设、房地产业处于下行状态，铝合金材料的需求走低，导致铝矿、氧化铝以及电解铝厂出现产能过剩的情况。虽然国家在不断推行节能减排政策，部分中小铝企业减产停产，但是铝行业的产能依然居高不下。2013 年起，中国原铝产量同比增速一直处于上升状态，而国外原铝产量呈负增长状态。2015 年，中国的铝产量第一次超过国外原铝产量的总和。"一带一路"倡议的提出能有效解决我国铝行业产能过剩的矛盾，有效转移铝市场中的过剩产能，并为我国铝行业的企业带来更大的商机和机遇。

在"一带一路"倡议的持续推进中，基础设施建设将相继开展。"一带一路"建设初期将主要以"道路联通"（基建、运输等项目）为主，因此设备及配套、交通运输等几类产业受益明显；而凭借铝加工型材在高铁、电力、工程机械等诸多领域的广泛应用，铝产业或将迎来下一个风口。

　　近年来，在轨道车辆领域尤其是高铁领域，铝合金车体应用广泛。铝合金的密度大约是钢材密度的 1/3，而添加一定元素形成的合金具有比钢合金更高的强度。因此，在强度、刚性满足高铁车厢安全要求的同时，铝合金可以大大减轻高铁列车车厢的自重。因此，目前国内高铁列车车厢已大量使用铝合金材料。业内专家指出，时速 300km/h 以上的高速列车必须使用铝合金材质，350km/h 以上的列车车厢除底盘外全部使用铝型材。目前中国铁路客运专线动车组采用的 CRH 1、CRH2、CRH3、CRH5 四种类型中，除 CRH 1 型车体采用的是不锈钢材外，其余三种动车组车体均为铝合金材质。"一带一路"倡议将给中国高铁走向世界创造巨大机会。这也意味着"一带一路"倡议中仅高铁一项，就对高端铝加工产品有巨大需求。

　　除铁路外，"一带一路"规划中的机场、船舶、港口、公路等其他交通设施方面，对高端铝型材的需求量同样很大。比如机场跑道、铝板幕墙、船用及车用集装箱等领域开始大量使用铝板及型材，其中大中断面铝型材占 45% 以上。

　　尽管"一带一路"倡议下高端铝加工产品市场会迎来很大的机遇，但这并不意味着任何铝加工企业都能抢食这块"蛋糕"。我国国内能生产高端铝挤压产品的制造商屈指可数。以高铁动车项目为例，目前能够研发高铁车体铝挤压产品的企业仍是少数，一些大截面的产品，如高铁车头部分的宽板，国内目前只有辽宁忠旺集团一家能够生产。而需要穿行在气温反差巨大的高寒地区的动车组，更是需要特殊的高寒高铁原材料生产工艺。通过这种工艺生产的铝型材可以经受 50℃ 以上"冰火两重天"的气候变换，而掌握这种生产工艺的高端铝挤压产品制造商除辽宁忠旺集团之外寥寥无几。我国的铝行业企业要牢牢把握住"一带一路"带来的机遇，大大提高创新能力。

8.1.4　广东铝产业的发展情况

　　2016 年，广东铝材产量约为 600 万吨，其中以建筑型材为主，约占 70%。铝板带箔和铝铸造在国内也处于重要的地位，整个广东铝产业综合产值超过 2000 亿元，已形成具有明显规模优势和品牌优势的产业。

　　广东铝加工行业的产业链比较完善，主要集中在广东佛山南海区及周边地区。南海区是中国民用铝型材发源地，是国内产业规模最大、产业链最完善的铝型材产销集散地。"南海大沥铝材"闻名海内外。南海区有"中国铝型材产业基地"之称，南海区的大沥镇有"中国铝材第一镇"之誉。据统计，南海区现有铝型材企业 140 多家，年挤压能力 300 多万吨。广东全省铝加工企业近千家，产量、出口量均居国内铝材基地的首位。

　　广东省内主要的铝加工企业有肇庆亚洲铝厂有限公司、广东伟业铝厂集团有限公司、广东凤铝铝业有限公司、广亚铝业有限公司、广东兴发铝业有限公司（以下简称"兴发铝业"）以及广东坚美铝型材厂有限公司等。

8.2　轨道交通领域

　　近年来，世界全面开展轨道交通的建设工程，如何提高运行速度、减少能耗为轨道交通领域主要的技术问题。相对于传统轨道交通使用较多的钢材料，铝合金材料能够有效降低车体重量，从而能够对提速和减少能耗产生积极的影响，因而，围绕轨道交通领域铝合金材料的相关技术逐渐成为领域内的热点，尤其在车体深加工工艺方面，如车体大型板材的挤压加工、大型板材的连接技术以及表面处理工艺等。本章将对全球、中国、广东在轨道交通铝合金相关技术方面的专利申请情况进行详细的分析。

8.2.1　全球专利态势分析

参见表 8−1，根据检索结果，全球范围内轨道交通领域的铝合金材料相关技术的专利共 2435 项，其中发明专利占 80.04%，实用新型专利占 16.18%，外观设计占 3.78%。

表 8−1　轨道交通领域全球铝合金材料专利类型及法律状态

分类	申请数量/项	比例[①]
总数	2435	100%
发明专利	1949	80.04%
实用新型专利	394	16.18%
外观设计专利	92	3.78%
有效	855	35.11%
失效	1220	50.10%
审中	360	14.78%

8.2.1.1　申请量趋势

参见图 8−2，从已有数据统计开始，轨道交通领域与铝合金材料相关的专利申请量在 1988 年前较少，处在该技术发展的萌芽期。一方面是由于此时全球范围内通过专利来对技术进行保护的意识并不强；另一方面，这个阶段大部分轨道交通中车体使用的材料还是不锈钢材，使用铝合金型材非常少。1988～2008 年处在一个缓慢增长的阶段。1989 年日本的大西洋新干线动车组投入运营，该车使用了铝合金车体，最高运行速度达到了 300km/h；1990 年，铝合金车体列车更是达到了 515km/h 的速度。这使得人们对于减轻车体重量以提高轨道交通速度的意识逐渐增强，因而对于开发铝合金车体的研发进入一个逐渐热烈的阶段，其中在 2000 年出现了一次小的突增。2008 年后，专利整体申请量达到一个高速增长的状态，一方面是由于各国使用专利进行技术保护的意识逐渐增强；另一方面，轨道交通在提速以及节能减排方面的需求日益增强，且对于铝合金材料的质量要求也在逐渐提高。此外，在这个阶段包括我国在内的世界多个国家都在大力增加轨道交通建设，使得整个产业对于技术的要求也越来越高，因而，能够看到数据的大幅增长。

---

① 本章专利类型比例之和及专利法律状态的比例之和会出现不等于 100% 的情况，这是中间数据四舍五入造成的，以下不再赘述。

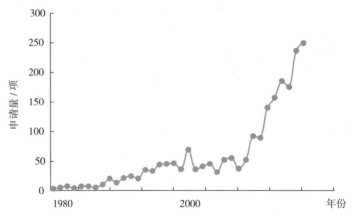

图 8 - 2　轨道交通领域全球年申请量趋势图

8.2.1.2　地域分布

表 8 - 2 示出了全球轨道交通领域与铝合金材料相关的专利申请量在不同国家或地区的分布情况。中国有 1351 件专利，高居榜首，日本以 625 件专利位居第二位，美国以 188 件专利位于第三位，欧洲以 94 件专利位于第四位，其他地区共 177 件。我国在该领域专利申请量较多，一方面与我国大力鼓励专利申请以促进创新进程的战略政策有关，另一方面与我国大力发展轨道交通产业有关。轨道交通为铝合金材料最大的应用需求领域，因而，在该领域的新兴企业相对较多，这更加促进了技术创新的发展。日本作为高速铁路最早发展的国家之一，其在铝合金材料技术方面的创新同时在进行；英国、法国、德国等作为最早发展高速铁路的国家也都在该领域有一定的技术创新，但在专利申请量方面做得不够，仅有英国有 44 件，排在前五。

表 8 - 2　轨道交通领域全球专利申请地域分布

区域	申请数量/件
中国	1351
日本	625
美国	188
欧洲专利局	94
其他	177

参见图 8 - 3，日本在轨道交通领域的铝合金材料专利申请量从 20 世纪 80 年代中期开始进入一个增长期，其对应于日本在 1983 ~ 1990 年的历史环境。当时，日本以开发沿线地区经济为目的，在人口较少的地区大力修建高速铁路，例如，在这个阶段开始了东北新干线和上越新干线等高铁线路的建设。在 1992 年、1998 年、2000 年、2003年、2005 年及 2013 年分别出现 6 次峰值。其间，日本在该领域的专利年申请量起伏波动，但整体较之前的申请量已经有了较大的提升；美国在该领域的专利申请量一直处

于较为平稳的状态；我国在该领域专利申请方面起步相对日本和美国较晚，开始于1987年，这与我国高铁建设发展相对较晚的情况一致，而在2006年后，我国在该领域的专利申请量更是超过了日本和美国，进入一个高速增长的阶段。一方面是由于我国全面建设轨道交通体系的国情国策，另一方面，我国专利制度日益完善，政府大力支持鼓励创新，使得全国人民的创新意识和专利保护意识逐渐增强，二者综合体现在上述专利大幅上升的趋势上。

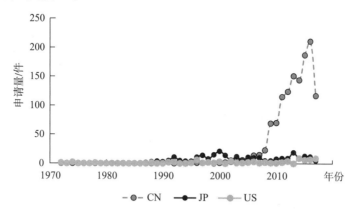

图8-3　轨道交通领域全球重要国家申请趋势图

8.2.1.3　申请人

表8-3为在轨道交通领域铝合金材料相关的专利申请量10件以上的申请人情况，其中，在申请量排名前十位的申请人中，5位为日本企业，4位为中国企业，还有1家中国企业。其中，排名首位的是日本神户制钢所，这说明在轨道交通领域铝合金材料相关的研发方面，日本、中国、美国都已经有企业投入较大的研发精力，并布局了相对大量的专利。

表8-3　轨道交通领域全球主要申请人

申请人	申请数量/件
日本神户制钢所	191
中车集团	158
株式会社日立制作所	121
丛林集团有限公司	98
美铝公司	78
住友集团	64
古河电器工业株式会社	62
江苏麟龙新材料股份有限公司	35
昭和电工株式会社	34
辽宁忠旺集团	33

8.2.1.4 重点专利

根据被引次数以及同组数量筛选出重点关注专利（见表8-4、表8-5），在给出的10件重点专利中，大多来自美国及日本的申请人；重点专利主要涉及的方向包括高强度铝合金加工工艺以及焊接设备等。

表8-4 轨道交通领域全球重点专利（被引用次数）

序号	申请号	标题	申请人	被引用次数
1	US07/471299	超高强度铝基合金	洛克希德·马丁公司	146
2	US06/462712	高强高韧性6系合金产品的稳定高温人工时效处理及加工工艺	美铝公司	134
3	US05/750102	碳化硅纤维增强轻的金属基复合材料	日本东北钢铁及其他金属研究所	79
4	US06/738613	轻量化装甲钢板及其加工方法	美铝公司	71
5	US08/809704	提高铝硅镁铜合金的抗晶间腐蚀性的加工工艺	法国肯联	58

表8-5 轨道交通领域全球重点专利（同族专利数量）

序号	申请号	标题	申请人	同族数量/件
1	US10/610625	摩擦焊接方法及其使用的框架结构及焊接产品	株式会社日立制作所	121
2	CN200880115352.4	用于机动车的前桥托架	KSM铸造有限公司	37
3	US07/716631	内部设有螺母凹槽的轨道车辆车体型材	瑞士铝业公司	27
4	US10/189252	可焊高强度铝镁硅合金产品	科勒斯钢铁公司	23
5	US09/785481	搅拌摩擦焊连接件	株式会社日立制作所	19

8.2.1.5 技术分布

参见表8-6，在该产业链上游技术的专利申请中，5系、6系、7系铝合金常用作轨道交通车体材料，主要成分为铝镁、铝硅合金以及铝锌合金。车体材料性能对整个车体性能影响较大，因而，对应的专利申请量相对较大；常用的锻件结构件通常会使用2系铝合金，对应成分为铝铜合金；而车体内部的装饰构件常使用3系铝合金，对应于铝锰合金。该领域专利申请中除了涉及铝镁合金相对多一些外，另外几类合金专利申请量相对均衡，说明对于轨道交通各个结构的研究还是相对全面和均衡的。

表8-6 轨道交通领域全球重点技术分布

产业链	涉及技术		申请数量/件
产业链上游	制备工艺		1060
	合金类型	铝镁	457
		铝硅	393
		铝铜	320
		铝锌	225
		铝锰	297
产业链中游	深加工工艺	铆接	9
		焊接	565
		表面处理	73
		挤压	96
		锻造	42
		轧制	39
产业链下游	涉及结构	底架	16
		转向架	16
		侧墙	24
		门窗	42
		梯	10
		座椅	4
		车体	236
		型材	335
	设备装置模具		223

在该领域产业链中游技术的专利申请中，由于轨道交通领域车体的焊接工艺一直是技术难点，因而，关于车体焊接工艺方面的研究比较多；与焊接技术紧密相关的表面处理工艺也是一项关键技术，比如焊接前对焊接表面的清理工作，以及焊接后对于焊缝的表面抛光等技术等，这些都直接影响车体连接处的抗疲劳强度或者耐蚀性能。在轨道交通铝合金材料深加工热处理中，最常使用的就是板材的挤压工艺。车体是由大型挤压板材制作而成，挤压板材的性能会对车体整体性能产生较大的影响，因而，在众多热处理工艺中，挤压工艺的专利申请量相对于锻造、轧制等技术相对较多。

而在产业链下游技术的专利申请中，由于轨道交通中铝合金用量最大的部分在于车体车身部分，对于这部分材料性能上的改进将会对整个车体的质量产生较大的影响，尤其在减轻自身重量方面，车体材料的性能更是起到了决定行的作用，因而，反映在专利申请量趋势上，车身及型材方面的专利申请较多。另外，底架、转向架、门窗等这些结构也是轨道交通的重要组成部分，目前在这些方面使用铝合金材料方面相关专利的数量并不多；而从型材种类的分布中可以知道，该领域涉及板材的专利申请量为318件，线缆材申请量为66件，管材65件，泡沫蜂窝铝53件，在带材和棒材方面也有少量的申请。这与前文中所述的车体主要由板材构成，板材的性能直接决定车体的质量，因而板材有关的专利申请数量也相对较高；轨道交通领域中还大量的需要电缆如牵引供电设备器材用电缆、通信设备用电缆等，而铝合金电缆因其具备良好的机械性能和电性能而被广泛应用，但其在性能上较铜电缆还存在一定的差距，尤其是在其连接器方面目前还存在较大的提高空间，因而在轨道交通电缆方面的专利数量仅排在板材之后；而对于泡沫铝蜂窝铝为常用于车体减震或者防噪音等特殊功能的用途，因而，其相关专利申请量紧随电缆之后。另外，关于带材、棒材也有少量的专利申请。

8.2.2　中国专利态势分析

参见表8-7，根据检索结果，中国范围内轨道交通领域的铝合金材料相关专利共1281件，其中授权专利有582件，发明专利有809件，占总量的63.15%，实用新型专利有380件，占总量的29.66%，外观设计专利有92件，占总量的7.18%。实用新型和外观设计主要是关于型材方面的研究。

表8-7　轨道交通领域中国专利类型及法律状态

分类	申请数量/件	比例
总数	1281	100%
发明专利	809	63.15%
实用新型	380	29.66%
外观设计	92	7.18%
有效	582	45.43%
失效	426	33.26%
审中	273	21.31%

8.2.2.1　申请量趋势

参见图8-4，中国在轨道交通领域的铝合金材料专利申请从1987年开始；1988～2000年处于萌芽期，申请量相对较少，这对应于我国20世纪90年代开始了高铁建设的历史情况；在2001～2007年，在该领域专利申请量上处于缓增的趋势，2003年，我国政府从落实科学发展观、实现国民经济又好又快发展的战略全局出发，作出了加快发展铁路的重要决策；2008～2016年，该领域专利申请量呈高速增长的爆发状态，2008年，我国政府根据综合交通体系建设的需要，确定到2020年全国铁路营业里程达到12万公里以上，建设高速铁路1.6万公里，2013年，国家发展和改革委员会发布《国家产业结构调整指导目录（2011年本）》对于铝行业的产业结构调整，鼓励交通运输等领域轻量化铝材料的生产以及应用。"十一五"期间，我国有20多个大城市兴建高铁、轻轨工程，高速铁路的发展过程离不开对提速的需求，而铝合金材料作为减轻车体重量的重要手段，对其技术研究的发展也是必然趋势。2008 年以来，我国为鼓励发明创造，大力提倡通过申请专利的方式来保护创新技术，同时还推出了较多鼓励专利申请的优惠政策，因此，我国在该领域的专利申请量呈现了剧增的趋势，并远远高于其他国家或地区。

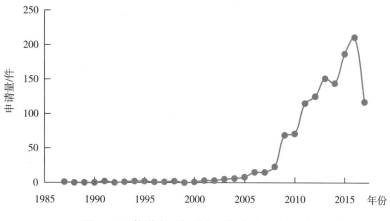

图 8 - 4　轨道交通领域中国年申请量趋势图

8.2.2.2　地域分布

参见表 8 - 8，轨道交通领域的铝合金材料中国专利申请覆盖了全国大部分地区，其中，江苏以 199 件高居榜首，山东、辽宁紧随其后，申请量分别为 186 件和 102 件，广东以 97 件位列第四名，北京以 89 件紧随其后。

表 8 - 8　轨道交通领域中国专利申请地域分布

省市	申请数量/件
江苏	199
山东	186
辽宁	102
广东	97
北京	89
吉林	70
安徽	66
湖南	63
浙江	51
四川	51

江苏在轨道交通领域的铝合金材料专利申请方面的申请人有 90 个，企业专利申请量为 161 件，占比 81%。江苏在该领域申请人个数远远领先于其他各省市，江苏麟龙

新材料股份有限公司在轨道交通用铝合金丝材料的加工制备方面作了较多的研究，该领域的专利申请量也达到了 35 件，占江苏总申请量的 18%；而中车集团中的南京南车浦镇城轨车辆有限责任公司、南京中车浦镇城轨车辆有限责任公司等在轨道交通铝合金材料深加工技术方面也贡献了 28 件专利，占江苏省总申请量的 14%。另外，江苏地区还有多所高校、研究院所积极参与该领域的科研工作，具体体现在专利申请量方面，高校申请量为 33 件，占江苏总申请量的 17%。

　　广东在轨道交通领域的铝合金材料专利申请方面的申请人个数仅次于江苏，有 53 个，企业申请有 73 件，占广东总体申请量的 75%。相对于申请量排名前三位的省份，广东并没有出现在该领域申请量较多的申请人。这体现出广东整体对于轨道交通铝合金材料方面没有比较突出的企业。不同于申请量前三名，中车集团在广东地区仅有广东南车轨道交通的 1 件专利申请。广东在该领域高校、研究机构申请的专利有 20 件，占广东总体申请量的 20%，高校的占比仅次于辽宁；与其他省份一样，广东存在高校、研究院所与企业的联合申请相对较少的情况，这从侧面反馈出该领域在校企联合以及研究院所与企业的联合方面做得还不够充分，有待于进一步加强合作，共同开发该领域的新技术。

　　参见图 8-5，对比发现，山东在轨道交通领域的铝合金材料专利申请大部分集中在 2009~2012 年，江苏年申请量较多的年份在 2012 年后，辽宁整体呈现稳步上升的趋势，而广东在 2011 年申请量达到一个小高峰，2015~2016 年申请量恢复增长趋势。

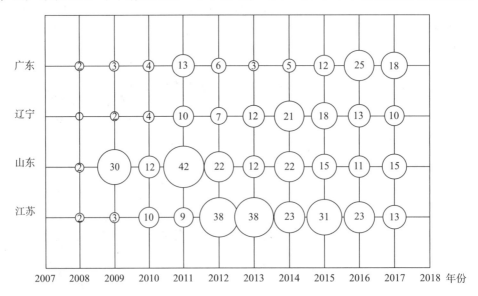

图 8-5　轨道交通领域不同省份年申请量趋势图

8.2.2.3　申请人

　　参见表 8-9，其中，申请量大于 10 件的申请人有 10 家企业或高校。值得一提的是，广东并没有申请量进入到前十名的申请人，这说明广东在该领域并没有大的研发团队。从产业分析中可知，广东在铝合金产业中的建筑型材领域较强；轨道交通领域铝合金材料大多涉及大型薄板的挤压以及焊接等工艺，而我国大型挤压机大部分集中在辽宁、吉林、山东、河北等北方省份。广东拥有大型挤压机的企业仅有广东坚美铝型材厂（集团）有限公司等少数企业，且多数企业主营业务还是在于门窗领域，这是导致广东没能出现较强的轨道交通方面的研发团队的主要原因之一。

表 8-9　轨道交通领域中国重要申请人

申请人	申请数量/件
中车集团	156
丛林集团有限公司	98
江苏麟龙新材料股份有限公司	35
辽宁忠旺集团	33
西南铝业（集团）有限责任公司	28
北京有色金属研究总院	16
东北轻合金有限责任公司	13
中南大学	13
江苏大学	12
吉林大学	11

8.2.2.4　重点专利

表 8-10 根据被引用次数示出了轨道交通领域中国重点专利。

表 8-10　轨道交通领域中国重点专利（被引用次数）

序号	申请号	标题	申请人	被引用次数
1	CN200910022261.2	一种铝合金热轧中厚板生产工艺	中国铝业	13
2	CN200910009209.3	铝及铝合金的锌系磷化液	中化化工科学技术研究总院	10
3	CN200820072277.5	铝合金车体	中车集团	10
4	CN200910154113.6	高速列车用铝合金焊丝及制作方法	浙江东轻高新焊丝有限公司	10
5	CN201420060140.3	一种厚壁铝合金中空型材搅拌摩擦焊接结构体	中车集团	8

8.2.2.5　技术分布

参见表 8-11，其中涉及工艺方法类专利为 636 件，占总专利的 50% 左右，设置模具类有 165 件，结构方面涉及车体的有 220 件，涉及型材的有 309 件，深加工工艺方面涉及焊接的有 173 件。可以知道，中国重点技术分布与世界的总体技术分布基本一致，还反映出，我国整体上在轨道交通铝合金材料相关技术的难点和热点与世界的情况基本一致，主要集中在铝合金深加工技术、车体型材、板材的焊接等技术上。

表 8 – 11　轨道交通领域中国重点技术分布

产业链	涉及技术		申请数量/件
产业链上游	制备工艺方法		636
	合金类型	铝镁	156
		铝硅	69
		铝铜	138
		铝锌	92
		铝锰	172
产业链中游	深加工	焊接	173
		表面处理	45
		挤压	45
		锻造	14
		轧制	17
产业链下游	涉及结构	底架	15
		转向架	15
		侧墙	24
		门窗	39
		梯	7
		座椅	0
		车体	220
		型材	309
	设备装置模具		165

8.2.3　广东专利态势分析

参见表 8 – 12，广东范围内的轨道交通领域铝合金相关技术专利共 96 件，其中发明专利有 64 件，占总量的 66.67%；实用新型专利有 32 件，占总量的 33.33%；处于实质审查状态的有 35 件，占总量的 36.46%；有效专利有 43 件，占总量的 44.79%；无效专利 18 件，占总量的 18.75%。

表 8 - 12　轨道交通领域广东专利类型及法律状态

分类	申请数量/件	比例
总数	96	100%
发明专利	64	66.67%
实用新型专利	32	33.33%
外观设计专利	0	0
有效	43	44.79%
失效	18	18.75%
审中	35	36.46%

8.2.3.1　申请量趋势

参见图 8 - 6，广东从 2006 年开始有轨道交通领域铝合金材料技术相关专利申请，起步较晚；2006～2010 年，专利申请处于一个缓慢增长的状态；在 2011 年达到一个小高峰，年申请量接近 2010 年的 3 倍。这主要是由于佛山市鸿金源铝业制品有限公司在这一年申请了 7 件相关专利。在这一年里，佛山市鸿金源铝业制品有限公司参与了顺德中小企业促进会举办的顺商万里行的活动，先后参观考察了国家级高新技术产业开发区之一的西安高新技术产业区、西安西电集团、西飞公司和西安世界园艺博览会，有效地激发了其自主创新意识，促进了其用专利保护技术的战略思路。2012～2013 年，该领域的专利申请量出现了小幅下滑趋势，2014 年开始又进入高速增长的状态，尤其在 2016 年，该领域专利申请量达到了 25 件，涉及 16 个企业。这表明，对该技术进行研究的广东申请人在逐渐增加，另外，对于铝合金材料在轨道交通领域方面的研究，广东研究团队也逐渐重视。

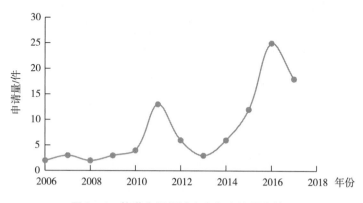

图 8 - 6　轨道交通领域广东年申请量趋势图

8.2.3.2　申请人

参见表 8 - 13，佛山市鸿金源铝业制品有限公司以 9 件位于首位，广东省材料与加工研究所以 7 件位于第二，比亚迪股份有限公司、兴发铝业、深圳市沃尔核材了股份有限公司均以 5 件位于第三，东莞市东兴铝材制造有限公司、佛山市三水凤铝铝业有限公司、华南理工大学、深圳华加日铝业有限公司均以 4 件位于第六位至第九位。

表 8 - 13　轨道交通领域广东省重要申请人

申请人	申请数量/件
佛山市鸿金源铝业制品有限公司	9
广东省材料与加工研究所	7
比亚迪股份有限公司	5
兴发铝业	5
深圳市沃尔核材股份有限公司	5
东莞市东兴铝材制造有限公司	4
佛山市三水凤铝铝业有限公司	4
华南理工大学	4
深圳华加日铝业有限公司	4
东莞佛亚铝业有限公司	3

8.2.3.3　技术分布

参见表 8 - 14，广东在轨道交通铝合金相关专利申请的技术分布方面与世界及全国的趋势有所不同。其在焊接领域上仅有 6 件申请，占广东总量的 1% 不到，占比都低于世界及中国地区的该技术占比；涉及型材加工方面的专利有 34 件，占比 35%，相对于世界和全国的情况，申请量较高。因此，广东在焊接领域的创新方面有待加强。

表 8 - 14　轨道交通领域广东重点技术分布

产业链	涉及技术		申请数量/件
产业链上游	制备工艺		57
	合金类型	铝镁	18
		铝硅	6
		铝铜	12
		铝锌	10
		铝锰	0
产业链中游	深加工	焊接	6
		表面处理	4
		挤压	8
		锻造	1
		轧制	0

续表

产业链	涉及技术		申请数量/件
产业链下游	涉及结构	底架	0
		转向架	0
		侧墙	0
		门窗	2
		梯	0
		座椅	0
		车体	34
		型材	34
	型材类别	泡沫蜂窝铝	3
		板材	4
		管材	4
		棒材	0
		线缆	5
		带材	0
	设备装置模具		15

8.3　汽车领域

随着汽车高科技的飞速发展，汽车制造企业在汽车的结构设计、制造技术、材料选用等方面进行了大量的研究，希望能够研发出安全可靠、节能环保的新型汽车。通常情况下，车身的自重大约会消耗 70% 的燃油，所以，降低汽车油耗的首要问题便是如何使汽车轻量化。汽车轻量化首先从材料轻量化入手，这样不但可以减轻车身自重，增加装备质量，降低发动机负载，同时还可以大幅度减小底盘部件所受的合力，使整车的操控性、经济型更加出色。而有"轻金属"之称的铝金属，由于其质量轻、耐磨、耐腐蚀、弹性好、刚度和比强度高、抗冲击性能优、加工成型好和再生性高等特点，成为使汽车轻量化的首选材料。铝合金车身汽车也因节能低耗、安全舒适及相对载重能力强等优点而备受青睐。

8.3.1　全球专利态势分析

参见表 8 - 15，针对汽车行业有关新型铝材料的专利在全球范围内进行检索，全球共约 23574 件专利，其中有效专利占比为 30% ，发明专利、实用新型专利和外观设计专利分别占比 78% 、21% 、1% 。

表 8 - 15　汽车领域全球专利类型及法律状态

分类	申请数量/件	比例
总数	23574	100%
发明专利	18349	78%
实用新型专利	5013	21%
外观设计专利	212	1%
有效	7030	30%
失效	13265	63%
审中	1712	7%

8.3.1.1　申请量趋势

铝金属在汽车上的使用经历了多个阶段，不同时期的申请量反映了当时的发展态势。

参见图 8 - 7，自 20 世纪末以后，随着全球变暖现象日益突出，各国政府与组织频频控制温室气体的排放。各国节能减排法规纷纷出台，全球汽车制造业为降低油耗纷纷将汽车轻量化作为首选，轻量化的重要途径是采用铝合金。自 1999 年以来，铝在汽车中的用量已成倍增长，制造赛车和轻型货车的用量增长了 3 倍多。1999 ~ 2002 年是汽车用铝发展初期，年申请量在 475 ~ 539 件波动。

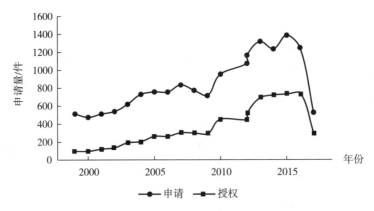

图 8 - 7　汽车领域全球年申请及授权量趋势

随着汽车用铝技术的日趋成熟，出现了越来越多铝制零部件，主要集中在车身、发动机、保险杠、空调器、轮毂、装饰件、车座等方面。由于亚洲汽车市场的全面扩容，加上中国汽车业的蓬勃兴起，亚洲正在成为与北美、欧洲鼎足而立的汽车市场。近 10 年，关于铝金属在汽车上使用的专利申请量整体上呈现递增的趋势。在 2003 ~ 2009 年，年申请量在 619 ~ 714 件波动。从 2010 年开始，专利年申请量呈现较快的增长趋势，2015 年的申请量较 2010 年增长了 1/3，达到 1385 件。铝合金型材、板带、铸件、锻件在汽车上的应用越来越广泛。

8.3.1.2　地域分布

参见图 8 - 8，在汽车领域铝合金材料相关专利的申请中，中国申请占比为 30%，日本申请占比为 17%，德国申请占比为 8%，欧洲申请占比为 7%，美国申请占比为 7%，其他国家申请占比为 31%。在全球范围内，汽车领域的发展起源于欧洲、美国、日本，因而，相关技术的研发都处于较为领先的地位。这反映在专利申请方面，以上几个国家或地区的专利申请量占比相对较高。

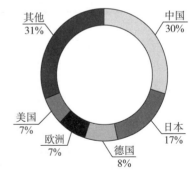

图 8 - 8　汽车领域各国
专利申请数量占比

2011 ~ 2015 年，中国汽车铝材料用量每年 10% ~ 12% 的速度增长。近几年国家不断出台鼓励铝合金汽车产业化发展，支持汽车轻量化。尤其是 2016 年 6 月，发布的《国务院办公厅关于营造良好市场环境促进有色金属工业调结构促转型增效益的指导意见》（国办发〔2016〕42 号）明确提出"着力发展乘用车铝合金板"，中国迎来了汽车领域铝材料的黄金时期。

在年申请量上，从 2007 年开始，中国在汽车用铝领域的专利申请开始呈现大幅增长，并赶超日本、美国等发达国家；2016 年的年申请量达到 1000 件以上，至此，中国成为汽车用铝技术领域拥有专利数量最多的国家，占全世界的 30%。

当然，这其中含有跨国车企在中国布局的专利。全球的专利持有者为了最大化自身的利益，积极在世界各国布局专利，其中，中国是最大的目标市场国。由于中国是全球人口数量最多的国家，并且已经成为全球第二大经济体并且增长速度稳健，全球各国主要申请人将中国作为目标国。

8.3.1.3　申请人

参见表 8 - 16，全球申请人在汽车用铝领域申请量最多的企业分别是株式会设神户制钢、本田、现代汽车公司、丰田、戴姆勒·克莱斯勒、尼桑、标致、阿尔科阿、福特、雅马哈、马自达。

表 8 - 16　汽车领域全球重要申请人

申请人	申请数量/件
株式会社神户制钢	637
本田	507
现代汽车公司	311
丰田	288
戴姆勒·克莱斯勒	251

申请人	申请数量/件
尼桑	194
标致	192
奥迪	182
阿尔科阿	172
福特	148
雅马哈	140
马自达	140

株式会社神户制钢即日本神户制钢所，是日本第三大钢铁联合企业，其铝制品大量用于汽车，产品供应至丰田汽车公司和三菱汽车公司等。该企业的专利申请量排名第一位，具体专利情况在后续将会详细介绍。

本田除日本之外，在全世界29个国家拥有120多个生产基地，产品涵盖摩托车、汽车和通用产品。本田在汽车用铝领域专利申请量排在第二位。

现代汽车公司是韩国最大的汽车企业，原属现代集团，世界20家最大汽车公司之一，成立于1967年。现代汽车公司年产量100万辆，主要产品有小马牌、超小马牌、斯拉塔牌小客车及载货车。目前现代汽车公司已发展成为现代集团，其经营范围由汽车扩展到建筑、造船和机械等领域。其在汽车用铝领域专利申请量排在第三位。

8.3.1.4　重点专利

根据被引次数以及同组专利数量筛选出重点关注专利（见表8-17、表8-18），给出的10件重点专利大多来自美国、日本及欧洲；重点专利主要涉及的方向包括铝合金车体结构件的制备以及特殊性能铝合金材料的制备工艺等。

表8-17　汽车领域全球重点专利（被引用次数）

序号	申请号	专利名称	专利权人	被引用次数
1	FR1996006714	加强结构元件及其制造方法	RENAULT	105
2	US08/150316	汽车保险杠梁	CHRYSLER CORPORATION	85
3	US05/711954	车辆用铝结构件	ALUMINUM COMPANY OF A MERICA	85
4	US09/120271	复合材料保险杠	ALCOAINC	81
5	US09/669631	汽车模块化子框架组件	DANA CORPORATION	81

表 8-18　汽车领域全球重点专利（同族专利数量）

序号	申请号	专利名称	专利权人	同族数量
1	PCT/JP2003/013588	具有优异的减震性能的铝合金制品	AISIN KEIKINZOKU CO., LTD.	336
2	AU2012261670	具有旋转轮的车辆	SMART TRIKE MNF PTE LTD.	83
3	AU1994075560	具有改善的低温断裂韧性的 Al－Cu－Li 合金	MARTIN MARIETTA CORPORATION	56
4	FR1984007260	汽车门	MESNEL ETS	56
5	EP1996120232	汽车车轮	DR. ING. H. C. F. PORSCHE AKTIENGESELLS CHAFT	54

8.3.1.5　技术分布

参见表 8-19，在该产业链上游技术的专利申请中，5 系、6 系、7 系铝合金常用作汽车领域车身和车架材料，其主要成分为铝镁、铝硅合金以及铝铜合金。车身及车架材料性能对整个车体性能影响较大，因而，对应的专利申请量相对也较大。除此之外，轮毂多为铝合金材料制备，其制备方法有三种：重力铸造、锻造、低压精密铸造。车轮或轮毂的专利申请量为 913 件。

表 8-19　汽车领域全球重点技术分布

产业链	涉及技术		申请数量/件
产业链上游	制备工艺		1912
	合金类型	铝镁	653
		铝硅	647
		铝铜	791
		铝锌	304
		铝锂	45
产业链中游	深加工	铸造	797
		浇铸	179
		挤压	545
		焊接	1099
		锻造	218
		轧制	156

产业链	涉及技术		申请数量/件
产业链下游	涉及结构	车轮或轮毂	913
		车架或车身	910
		发动机	790
		散热器	808
		横梁	460
		活塞	373
		变速器	68
		保险杠	150
	型材类别	泡沫蜂窝铝	9
		板材	411
		管材	69
		棒材	33
		线缆	9
		带材	12
	设备装置模具		741

在该领域产业链中游技术的专利申请中，关于车身焊接工艺方面的研究比较多。车身焊接从整个焊接工艺的种类来说，包括手工电弧焊、电渣焊、冲压焊、钎焊、摩擦焊、氩弧焊、二氧化碳气体保护焊、激光焊接等。汽车的发动机机体、气缸盖、离合器壳、驱动后桥等是铸造成型的，而轴、半轴、凸轮轴、连杆、气门顶杆等零部件采用锻造成型。

在产业链下游技术的专利申请中，汽车领域铝合金用量最大的部分在于车身及车架部分，因而，对于这部分材料，性能上的改进将会对整个车体的质量产生较大的影响。尤其在减轻自身重量方面，车身材料的性能更是起到了决定性的作用。这反映在专利申请量趋势上，则表现为车身及型材方面的专利申请较多。另外，车轮和轮毂也是汽车领域重要的组成部分。而从型材种类的分布中可以知道，该领域涉及板材的专利申请量为 411 件，线缆材申请量为 9 件，管材为 69 件，泡沫蜂窝铝为 9 件，带材为 12 件，棒材为 33 件。

8.3.2 中国专利态势分析

参见表 8-20，针对汽车行业有关新型铝材料的专利申请在中国范围内进行检索，共约 7039 件专利，其中有效专利占比为 48.87%，发明专利、实用新型专利和外观设计专利分别占比 42.45%、54.67%、2.88%。

表 8 - 20　汽车领域中国专利类型及法律状态

分类	申请数量/件	比例
总数	7039	100%
发明专利	2988	42.45%
实用新型专利	3848	54.67%
外观设计专利	203	2.88%
有效	340	48.87%
失效	2775	39.42%
审中	824	11.71%

8.3.2.1　申请量趋势

参见图 8 - 9，中国在车用铝领域的专利申请量逐年递增，呈现稳步增长的态势。2006～2016 年，申请量增加了 800 多件，专利年申请量在 10 年的时间里翻了近 10 倍。

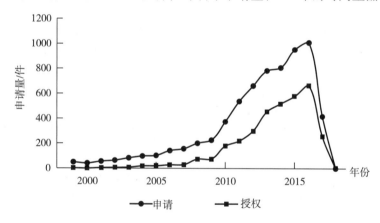

图 8 - 9　汽车领域中国年申请量趋势

工业和信息化部发布的《有色金属工业发展规划（2016—2020 年）》指出，内地"十三五"规划期间，有色金属发展的主线是结构性改革和扩大市场需求，包括在全社会积极推广轻量化交通运输工具，如铝合金运煤列车、铝合金油罐车、铝合金半挂车、铝合金货运集装箱、铝合金新能源汽车、铝合金乘用车等；到 2020 年，实现 30% 的油罐车、挂车、铁路货运列车采用铝合金车体。该政策将进一步促进车用铝领域的研发。随着技术和市场的不断成熟与扩张，专利申请量也将不断突破新高。

8.3.2.2　地域分布

参见表 8 - 21，江苏、浙江、安徽、山东、广东在车用铝领域的专利申请数量占据全国前五位。广东在该领域的专利申请数量在全国占比为 5.97%。

表 8－21　汽车领域中国专利申请地域分布

省市	申请数量/件
江苏	927
浙江	743
安徽	552
山东	498
广东	420
重庆	346
上海	319
辽宁	313
北京	280
湖北	270

8.3.2.3　申请人

　　参见表 8－22，汽车领域中国专利申请量排名前十位的申请人分别是奇瑞新能源技术有限公司、株式会社神户制钢所、东风汽车有限公司、安徽天祥空调科技有限公司、浙江吉利控股集团、西南铝业（集团）有限责任公司、重庆长安汽车股份有限公司、奇瑞汽车股份有限公司、浙江跃岭股份有限公司、丛林集团有限公司。其中奇瑞新能源技术有限公司以 76 件专利申请量遥遥领先。

表 8－22　汽车领域中国重要申请人

申请人	申请数量/件
奇瑞新能源技术有限公司	76
株式会社神户制钢所	52
东风汽车有限公司	45
安徽天祥空调科技有限公司	44
浙江吉利控股集团	36
西南铝业（集团）有限责任公司	35
重庆长安汽车股份有限公司	35
奇瑞汽车股份有限公司	33
浙江跃岭股份有限公司	30
丛林集团有限公司	29

8.3.2.4　重点专利

　　根据被引次数筛选出重点关注专利（见表 8－23），在 5 件重点专利中，有 3 件涉及汽车车身板材铝合金的制备方法。这是汽车轻量化的实现过程中重点关注的方向。

表 8 - 23　汽车领域中国重点专利（被引用次数）

序号	公开号	专利名称	专利权人	被引次数
1	CN101880801A	一种汽车车身用铝合金及其板材制造方法	东北大学	20
2	CN1176315A	用于制造内燃机活塞环的铸铁合金	AE 格策有限公司	16
3	CN103255324A	一种适合于汽车车身板制造的铝合金材料及制备方法	北京有色金属研究总院	15
4	CN101880805A	汽车车身板用 Al - Mg - Si 系铝合金及其制造方法	浙江巨科铝业有限公司	13
5	CN102330005A	散热器翅片的铝合金材料	苏州方暨圆节能科技有限公司	13

8.3.2.5　技术分布

参见表 8 - 24，涉及工艺方法类专利 859 件，占中国该领域相关专利的 12%，设备装置模具类专利有 301 件，结构方面涉及车轮或轮毂的专利有 270 件，涉及型材的专利有 256 件，深加工工艺方面涉及焊接的专利有 355 件。可以知道，中国重点技术分析与世界的总体技术分布基本一致，还反馈出，我国整体上在汽车领域铝合金材料相关技术的难点和热点的情况与世界的基本一致，主要集中在铝合金深加工技术上，尤其是车身型材、板材的焊接等技术上。

表 8 - 24　汽车领域中国重点技术分布

产业链	涉及技术		申请数量/件
产业链上游	制备工艺		859
	合金类型	铝镁	401
		铝硅	255
		铝铜	306
		铝锌	91
		铝锂	2
产业链中游	深加工	铸造	330
		浇铸	52
		挤压	220
		焊接	355
		锻造	64
		轧制	49

产业链	涉及技术		申请数量/件
产业链下游	涉及结构	车轮或轮毂	270
		车架或车身	225
		发动机	244
		散热器	249
		横梁	124
		活塞	88
		变速器	26
		保险杠	58
	型材类别	泡沫蜂窝铝	3
		板材	186
		管材	40
		棒材	19
		线缆	3
		带材	5
	设备装置模具		301

8.3.3　广东专利态势分析

参见表 8-25，针对汽车行业有关新型铝材料的专利申请在广东范围内进行检索，专利总数共约 440 件，其中有效专利占比为 52.27%，发明专利、实用新型专利和外观设计专利分别占比 30.91%、65.91%、3.18%。

表 8-25　汽车领域广东省专利类型及法律状态

分类	申请数量/件	比例
总数	440	100%
发明专利	136	30.91%
实用新型专利	290	65.91%
外观设计专利	14	3.18%
有效	230	52.27%
失效	168	38.18%
审中	42	9.55%

8.3.3.1 申请量趋势

广东在该领域的专利申请量为 440 件，在全国各省份中排名第五位。参见图 8 - 10，广东的专利申请量稳步增长的趋势，2016 年申请量达到 90 件。

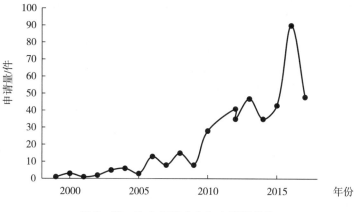

图 8 - 10 汽车领域广东年申请量趋势

8.3.3.2 申请人

参见表 8 - 26，广东企业申请量较为平均，前三名分别是：华南理工大学、洪伟添、深圳市沃特玛电池有限公司。其中，洪伟添曾任广东华钿勇士汽车用品有限公司、佛山市顺德区华钿越野汽车用品有限公司的法人代表。

表 8 - 26 汽车领域广东重点企业

申请人	申请数量/件
华南理工大学	14
洪伟添	10
深圳市沃特玛电池有限公司	10
广东东箭汽车用品制造有限公司	9
广东省材料与加工研究所	9
开平市中铝实业有限公司	9
比亚迪股份有限公司	9
台山市国际交通器材配件有限公司	6
广东华钿勇士汽车用品有限公司	6
台山市金桥铝型材厂有限公司	5

广东在汽车用铝技术领域的企业并不少，如广州汽车集团股份有限公司、东莞三新电动汽车技术有限公司、东莞市永强汽车制造有限公司、佛山市悍虎汽车科技有限

公司等，但大部分企业专利申请数量屈指可数，甚至为零申请。拥有的专利仅是将铝材应用在汽车领域，并未对铝材本身或生产技术等的技术创新或改进申请专利。

广东在汽车铝材料方面的发展还刚刚起步，该领域内研发水平较低，广东省内有众多汽车铝材料的小微企业，大部分都未申请专利，如广州伊藤忠商事有限公司、广东隆达铝业有限公司、佛山市鸿金源铝业制品有限公司、广州九品汽车用品有限公司等。广东省内该领域专利申请量最多的申请人为华南理工大学，申请 14 件专利，其中 7 件为发明。其中，华南理工大学申请的专利技术范围较广，针对挤压铸造铝硅铜合金材料、汽车制动盘材料、车架、铝合金的热处理工艺、门槛梁框架等进行了专利申请。

深圳市沃特玛电池有限公司申请量为 10 件，并列位于第二名，其中发明专利 4 件，实用新型 6 件。该公司就汽车连接套、车门、车底盘、车厢结构进行了专利布局。从该公司的专利文件中可以看出，其将铝材广泛应用于电动汽车上，以实现轻量化、耐腐蚀等技术效果。该公司没有针对车用铝材本身或其生产技术的技术创新或改进进行专利申请。

8.3.3.3 技术分布

参见表 8 – 27，其中涉及工艺方法类专利 53 件，设备装置模具类的专利有 18 件，结构方面涉及车轮或轮毂的有 52 件，涉及车架或车身的有 31 件，散热器有 35 件，发动机有 15 件。由此可见，广东在散热器的专利申请数量上有一定的优势，但涉及型材的专利申请数量较少，为 14 件；深加工工艺方面涉及铸造的有 21 件，涉及焊接和挤压板材的均为 18 件，与世界及中国的申请数量分布基本一致。

表 8 – 27　汽车领域广东重点技术分布

产业链	涉及技术		申请数量/件
产业链上游	制备工艺		53
	合金类型	铝镁	4
		铝硅	5
		铝铜	4
		铝锌	5
		铝锂	0
产业链中游	深加工	铸造	21
		浇铸	7
		挤压	18
		焊接	18
		锻造	3
		轧制	1

续表

产业链	涉及技术		申请数量/件
产业链下游	涉及结构	车轮或轮毂	52
		车架或车身	31
		发动机	15
		散热器	35
		横梁	0
		活塞	2
		变速器	1
		保险杠	3
	型材类别	泡沫蜂窝铝	0
		板材	7
		管材	5
		棒材	2
		线缆	0
		带材	0
	设备装置模具		18

8.4　航空航天领域

　　铝合金具有密度小、比强度高、耐蚀性和成型性好、成本低等一系列优点，在航空航天领域中有着广泛的应用。即使当前面临着树脂基复合材料的严峻挑战，在国际上近年来已投入运行、以空客 A380 和波音 777 等为代表的新一代大型商务飞机中，铝合金的用量仍占机体结构重量的 60% 以上；而在目前国际上正在开发、以波音 787 和空客 A350 为代表的最新型商务飞机中，虽然树脂基复合材料的用量大幅度上升，但高纯、高强、高韧的高性能铝合金用量却增加了，铝合金的使用量仍占机体结构重量的 20%~35%。在各种大型商务飞机和运输机中，铝合金主要用于机身蒙皮及壁板、机身承力框及长桁、翼身对接接头、机翼梁和肋、机翼蒙皮及壁板、座舱和货舱地板结构及支撑结构、舱门、座椅及导轨、储物柜支架及框架、小型钣金件、部分液压管路及紧固件等的制造。铝合金材料还是运载火箭、宇宙飞船、空间站、卫星等航天器的主体结构材料，主要应用于推进剂储箱、尾段、箱间段和级间段等部位。其中铝锂合金作为高比强、高比模的低密度铝合金，在航空航天工业中有特殊的作用，其研究和开发一直备受关注。本章节主要从多方面的专利检索结果分析广东相对于国内外技术的优势以及不足，得出广东航空航天铝合金领域的针对性建议。

8.4.1 全球专利态势分析

参见表 8 - 28，根据检索结果，全球范围内航空航天领域铝合金材料专利共 17620 项，其中发明专利占了 92%，实用新型专利占了 7%，外观设计专利占比为 1%，其中有效专利占 30%，失效专利占 54%，实质审查中的专利占 16%。

表 8 - 28　航空航天领域全球专利类型与法律状态

分类	申请数量/项	比例
总数	17620	100%
发明专利	16378	92%
实用新型专利	1237	7%
外观设计专利	5	1%
有效	5317	30%
失效	9432	54%
审中	2781	16%

8.4.1.1 申请量趋势

参见图 8 - 11，铝合金材料应用在航空航天领域的经历了多个阶段，不同时期的申请量反映了当时的发展态势。

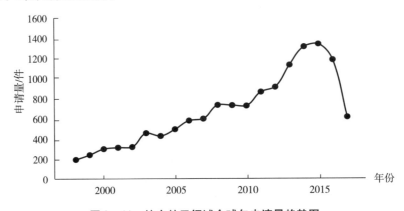

图 8 - 11　航空航天领域全球年申请量趋势图

从已有数据统计开始，航空航天领域关于铝合金的专利申请量和授权量从 1998 年开始每一年都有增长。1998 ~ 2002 年，全球的专利申请量处于 600 项以内，授权率处于较低的水平，属于航空航天铝合金材料的萌芽期。2003 ~ 2012 年，航空航天领域的发展对铝合金提出新的要求，更轻便、更高性能的新型铝合金材料开始出现，专利申请数量逐年持续上升，申请量在 600 ~ 1200 项，属于航空航天铝合金材料的稳步发展期。

从 2013 年起，全球的航空航天专利申请数量持续上升，并在 2014 年达到最大值

1747 项，授权量也达到 929 项，这个时期属于航空航天铝合金材料的成熟期。随着航空航天技术的发展，铝合金在该领域的应用越来越广泛。2015 年后，铝合金相关专利的申请量和授权率有了一定程度的下降，是由于公开延迟以及发明专利的长周期。随着航空航天领域的发展，新一代的高强度铝合金材料仍会继续出现，预计未来的航空航天铝合金新材料仍会继续发展，专利申请量呈现继续上升的趋势。

8.4.1.2 地域分布

2008 年前，全球范围内航空铝合金的专利申请量主要集中在美国、欧洲两个地区。参见表 8–29，美国拥有 4558 项专利，居于首位，中国总申请量达到 4086 项，位于第二，欧洲专利局以 2043 项位于第三。申请量前三名的国家或地区都保持上升或者相对稳定的趋势，说明目前在航空航天领域中，铝合金的应用与技术发展仍然处于快速发展的阶段。且美国、中国、欧洲这三个国家地区的专利申请量较其他地区处于领先地位，占有专利申请量上的绝对优势，还反映出了其对于这个领域的专利布局的重视程度。尤其是航空航天领域比较发达的欧洲和美国，占有申请量的绝对优势，而且掌握着领域内的大部分的核心技术。这说明国外航空航天领域的技术发展已相对成熟。

表 8–29 航空航天领域全球专利申请地域分布

区域	申请数量/项
美国	4558
中国	4086
欧洲专利局	2043
世界知识产权组织	1592
英国	1153
加拿大	975
德国	683
澳大利亚	567
法国	500
日本	465
其他	998

8.4.1.3 申请人

参见表 8–30，美国的波音公司和法国的空中客车位列第一梯队，其申请量明显多于其他申请人。美国波音公司以 1877 项专利申请的绝对优势占据榜首；排名第二位的法国空中客车以 1529 项专利申请位于第二位；美国联合技术公司以 240 项专利申请排在第三位；美国通用电气公司以 235 项专利申请位于第四位；日本三菱重工业集团以 226 项专利申请排在第五位；排在第六位至第十位的申请人分别为美国古德里奇公司

（222 项）、英国 BAE 公司（143 项）、中国航空工业集团公司（123 项）、美国雷神公司（122 项）、英国肖特兄弟公司（122 项）。航空航天领域内铝合金的全球专利量基本上以美国以及欧洲等国家为主，前十位申请人，美国占了 5 席，欧洲占了 3 席，日本占有 1 席，中国占有 1 席。

表 8 - 30   航空航天领域全球重要申请人

申请人	申请数量/项
美国波音公司	1877
法国空中客车	1529
美国联合技术公司	240
美国通用电气公司	235
日本三菱重工业集团	226
美国古德里奇公司	222
英国 BAE 公司	143
中国航空工业集团公司	123
美国雷神公司	122
英国肖特兄弟公司	122

从专利申请量来看，我国虽然在该领域中的专利数量占有率达到 23%，仅次于美国，但是关键的核心专利跟美国、欧洲以及日本仍然有较大的差距，专利申请在该技术领域相对起步较晚，大多数专利出现在 2009 年之后。我国申请量最多的申请人是中国航空工业集团公司，专利申请量为 123 项，数量和质量跟前面申请人仍然有一定的差距。

8.4.1.4   重点专利

根据被引次数以及同组专利数量筛选出重点关注专利（见表 8 - 31、表 8 - 32），给出的 10 件重点专利主要涉及飞机结构件方面的技术以及低温焊接技术等。

表 8 - 31   航空航天领域全球重点专利（被引用次数）

序号	专利公开（公告）号	专利名称	专利权人	被引用次数
1	US5242523	用于飞行器中心身的复合材料结构及其制造方法	BOEING COMPANY	369
2	US6249913	飞机数据管理系统	ASTRONICS ADVANCED ELECTRONICS SYST	308

序号	专利公开（公告）号	专利名称	专利权人	被引用次数
3	US6619030	Aircraft Engine With Iuter-Turbine Engine Frame Supported Counter Rotating Low Pressure Turbine Rotors	GENERAL ELECTRIC	278
4	US20060060705A1	接合复合材料飞机的机身和其他结构的连接	BOEING	232

表 8-32　航空航天领域全球重点专利（同族专利数量）

序号	专利公开（公告）号	专利名称	专利权人	同族数量/件
1	KR1020010014026A	超高强度低温焊接	EXXONMOBIL UPSTREAM RESEARCH	448
2	US7432448	低成本飞机结构和导电加载树脂基材料制成的航空电子设备	INTEGRAL TECH	323
3	EP0500651B1	金属涂层或活化处理	ALLOY SURFACES	177
4	US20170300051A1	具有 AI 数据处理装置的两栖垂直起降无人驾驶装置	ZHOU DYLAN T X	166
5	US9586699	用于监测和复合材料飞机固定孔的方法和装置	SMART DRILLING & COMPLETION	115

8.4.1.5　技术分布

参见表 8-33，根据统计结果，铝合金应用于飞机蒙皮上的专利申请有 7677 项。飞机蒙皮是指包围在飞机骨架结构外且用黏结剂或铆钉固定于骨架上，形成飞机气动力外形的维形构件。飞机蒙皮与骨架所构成的蒙皮结构具有较大承载力及刚度，且自重很轻，起到承受和传递气动载荷的作用。蒙皮承受空气动力作用后将作用力传递到相连的机身、机翼骨架上，受力复杂，加之蒙皮直接与外界接触，所以不仅要求蒙皮材料强度高、塑性好，还要求表面光滑，有较高的抗蚀能力。针对现今航空航天事业的发展对蒙皮材料的要求，新一代轻便的高强度铝合金材料不断被研发出来，相应专利申请量也占比较高。

表 8-33　航空航天领域全球专利申请重点技术分布

产业链	涉及技术		申请数量/项
产业链上游	制备工艺		1348
	合金类型	铝镁	457
		铝硅	679
		铝铜	646
		铝锌	278
		铝锂	247
产业链中游	深加工	铸造	473
		浇铸	171
		挤压	444
		焊接	599
		锻造	236
		轧制	197
产业链下游	涉及结构	飞机蒙皮	7677
		发动机	5112
		机翼	4597
		起落架	1906
		机舱	1772
		尾喷管	1272
	型材类别	泡沫蜂窝铝	4
		板材	390
		管材	67
		棒材	73
		线缆	71
		带材	19
	设备装置模具		2535

　　铝合金应用于飞机发动机上的专利申请有 5112 项。发动机是飞机的"心脏"，其性能的优劣制约着飞机的能力，而发动机性能的提高又与所使用的耐高温结构材料密切相关。随着飞机航程的加长和速度的提高，发动机推力、推重比（发动机推力与重量之比）越来越大，这就意味着发动机的压力比、进口温度、燃烧室温度以及转速都须极大地提高。根据美国先进战斗歼击机研究计划和综合高性能发动机技术研究计划，发动机推重比要达到 20，而其油耗比要比目前再降低 50%。高性能航空发动机对材料

的性能提出了更高要求，除高比强度、高比模量外，对耐高温性能需求更为突出。

铝合金应用于飞机机翼的专利申请有 4597 项。机翼是产生升力的主要部件，而且许多飞机的发动机还安装在机翼上或机翼下，因此所承受的载荷就更大，这就需要机翼有很好的结构强度以承受巨大的载荷。同时还要有很大的刚度保证机翼在巨大载荷的作用下不会过分变形。

铝合金应用于飞机起落架或起落装置的专利申请有 1906 项，应用于飞机机舱的专利申请有 1772 项，应用于飞机尾喷管的专利申请有 1272 项。

8.4.2　中国专利态势分析

参见表 8-34，根据检索结果，中国范围内的航空航天领域铝合金技术专利申请共 5069 项，其中授权专利有 2721 件，发明专利有 3970 件，占 78.32%，实用新型专利有 1094 件，占 21.58%，外观设计专利占 0.1%。

表 8-34　航空航天领域中国专利类型及法律状态

分类	申请数量/件	比例
总数	5069	100%
发明专利	3970	78.32%
实用新型	1094	21.58%
外观设计	5	0.10%
有效	2750	54.25%
失效	1490	29.39%
审中	829	16.35%

8.4.2.1　申请量趋势

参见图 8-12，1998~2007 年，中国航空航天领域铝合金专利申请量处于 200 件以下，属于萌芽期。这反映出我国航空领域的技术起步较晚，对于这方面新技术没有投入较大的研发力度。2008~2012 年，全球航空航天领域的发展对我国航空航天领域的发展提出了新的挑战，对铝合金提出了新的要求，我国的专利申请量开始增长，而且保持良好的增长速度，年申请量为 200~500 件，属于快速发展期。

2013~2016 年，在国家政策的扶持下，中国专利申请量达到最大值，年度申请量维持在 600 件以上，我国的航空技术开始迅速发展。2013 年 2 月，国家发展和改革委员会发布《国家产业结构调整指导目录（2011 年本）》修正版，对铝行业的产业结构提出调整，鼓励交通运输、高端制造以及其他领域的轻量化铝材料的生产以及应用。这是中国首次出台鼓励新型铝材料的政策。在此之后，国家亦不断有政策出台支持新型铝合金材料的发展。

2017 年由于公开延迟导致专利申请量呈现滑坡式的下降。随着我国保持着对航空

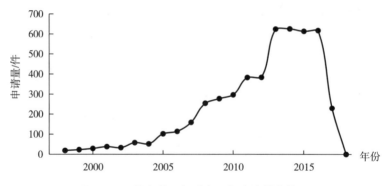

图 8 - 12　航空航天领域中国年申请量趋势图

航天铝合金领域的研发力度，专利申请量将保持继续上升的趋势。

8.4.2.2　地域分布

参见表 8 - 35，据统计，在航空航天铝合金领域中，主要省份的专利申请总量从 2008 年开始就处于迅速增长的趋势中。其中，北京拥有 838 件专利申请位居第一。北京作为我国的首都，拥有北京航空航天大学、中国航空工业集团公司、北京航空材料研究院、北京有色金属研究总院、北京卫星环境工程研究所、中国运载火箭技术研究院等领域内重要的申请人，因此拥有领域内最多的核心专利及技术。江苏拥有 422 件专利申请位居第二，上海以 337 件专利申请位居第三，陕西以 328 件专利申请位居第四，黑龙江以 258 件专利申请位居第五，广东以 239 件专利申请位居第六。从地域分布信息可以知道，航空航天铝合金材料领域内的专利申请主要集中在北京、上海、陕西、江苏等地，这些地区拥有着我国航空航天铝合金材料领域内的核心技术与专利，在国内是技术比较领先的地区，还是主要的技术输出地区。

表 8 - 35　航空航天领域中国专利申请地域分布

省市	申请数量/件
北京	631
江苏	321
上海	266
陕西	260
广东	211
黑龙江	186
辽宁	142
浙江	129
四川	120
湖南	110

8.4.2.3　申请人

参见表 8 - 36，申请总量前十位的申请人公司分别为德国空中巴士公司（164 件）、中国航空工业集团公司（123 件）、北京航空航天大学（119 件）、哈尔滨工业大学（92 件）、上海卫星工程研究所（88 件）、美国波音公司（85 件）、西北工业大学（82 件）、东北铝合金有限责任公司（54 件）、北京有色金属研究总院（51 件）以及哈尔滨飞机工业集团（49 件）。

表 8 - 36　航空航天领域中国重要申请人

申请（专利权）人	申请数量/件
德国空中巴士公司	164
中国航空工业集团公司	123
北京航空航天大学	119
哈尔滨工业大学	92
上海卫星工程研究所	88
美国波音公司	85
西北工业大学	82
东北铝合金有限责任公司	54
北京有色金属研究总院	51
哈尔滨飞机工业集团	49

8.4.2.4　重点专利

根据被引次数筛选出重点关注专利（见表 8 - 37），在给出的 5 件重点专利中，2 件来自北京工业大学，哈尔滨工业大学、中国航空工业集团公司北京航空材料研究院、北京航空航天大学分别有 1 件，主要方向包括铝锂合金、稀土铝合金等材料加工工艺，以及焊接等技术工艺。

表 8 - 37　航空航天领域中国重点专利（被引用次数）

序号	专利名称	专利公开（公告）号	专利权人	被引次数
1	一种可改变机翼后掠角的飞行器	CN101028866A	哈尔滨工业大学	25
2	一种耐损伤铝锂合金及其制备方法	CN101967588A	中国航空工业集团公司北京航空材料研究院	25
3	Al - Zn - Mg - Er 稀土铝合金	CN1436870A	北京工业大学	21
4	一种轻量型航空遥感三轴惯性稳定平台系统	CN102230801A	北京航空航天大学	19
5	中厚航天高强铝合金板的激光 - TIG 电弧复合焊接工艺	CN101670495A	北京工业大学	18

8.4.2.5 技术分布

参见表 8 - 38，在中国，铝合金在飞机各部位上的应用热度与全球的专利分布基本相符。在结构方面，应用在飞机蒙皮、发动机以及机翼这三个部位上的铝合金专利数量最多。虽然中国的航空航天铝合金材料发展较晚，但现今的技术分布情况也基本跟全球状况一致。

表 8 - 38 航空航天领域中国重要技术分布

产业链	涉及技术		申请数量/件
产业链上游	制备工艺		914
	合金类型	铝镁	93
		铝硅	64
		铝铜	41
		铝锌	23
		铝锂	59
产业链中游	深加工	铸造	51
		浇铸	29
		挤压	56
		焊接	77
		锻造	13
		轧制	9
产业链下游	涉及结构	飞机蒙皮	994
		发动机	775
		机翼	546
		起落架	287
		机舱	262
		尾喷管	11
	型材类别	泡沫蜂窝铝	2
		板材	38
		管材	6
		棒材	4
		线缆	11
		带材	3
	设备装置模具		578

但是铝合金材料应用于尾喷管的专利却只有 11 件，远少于全球专利分布的数量（1272 项）。这是因为，在全球航空航天铝合金的发展中，尾喷管开始是使用铝合金作为其主要材料使用，但是随着发动机涡轮进口温度的提高，铝合金不能承受这么高的温度，继而采用了钢、钛合金或者新型镍基和钴基合金作为尾喷管的主要材料。而针对起步较晚的国内市场，中国企业和科研院校在已有的国外的经验下发展，自然不会对铝合金作为尾喷管的制备材料进行研发，导致了应用于尾喷管的铝合金专利数量的骤降。

8.4.3　广东专利态势分析

参见表 8 - 39，根据检索结果，广东航空航天领域的铝合金技术专利共 225 件，其中授权专利有 133 件，发明专利有 129 件，占 57.33%，实用新型专利 94 件，占 41.78%。

表 8 - 39　航空航天领域广东省专利类型及法律状态

分类	申请数量/件	比例
总数	225	100%
发明专利	129	57.33%
实用新型专利	94	41.78%
外观设计专利	2	0.89%
有效	133	59.11%
失效	46	20.44%
审中	46	20.44%

8.4.3.1　申请量趋势

参见图 8 - 13，1998 ~ 2009 年，广东地处沿海地段的地势特点使其一直是进出口贸易海港，虽然铝合金行业发展迅速并占有较大市场份额，但广东省内的铝合金龙头行业主营加工等业务，并没有在该领域进行相关的专利布局。其间，广东航空航天铝合金专利申请量基本为零，属于空白期，这反映出广东省内的航空用铝合金的自主研

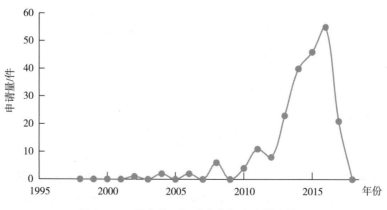

图 8 - 13　航空航天领域广东年申请量趋势图

发技术发展起步较晚。

2010～2013 年，广东航空航天领域内的铝合金相关专利申请量开始上升，年申请量为 10～30 件，相比国内的航空航天领域发展较晚（2008 年），属于发展期。从 2013 年起，在国家政策不断地刺激下，广东专利申请量开始持续上升，并在 2016 年到达最高值，为 55 件，授权专利 29 件，属于迅速发展期。

2017 年，由于公开延迟，广东专利申请量呈现滑坡式的下降。随着国内保持着对航空航天铝合金领域的研发力度，结合广东中小企业不断涌现的现状，广东的创新能力将持续增加，专利申请量将保持继续上升的趋势。

8.4.3.2 申请人

参见表 8－40，申请总量前十位的申请人分别为深圳大疆创新科技有限公司（21 件）、佛山市神风航空科技有限公司（16 件）、广州飞机维修工程有限公司（12 件）、深圳光启空间技术有限公司（12 件）、东莞前沿技术研究院（10 件）、冯建光（5 件）、华南理工大学（5 件）、中航通飞研究院（4 件）、广州极飞科技有限公司（4 件）、深圳光启高等理工研究院（4 件）。

表 8－40 航空航天领域广东重要申请人

申请（专利权）人	申请数量/件
深圳大疆创新科技有限公司	21
佛山市神风航空科技有限公司	16
广州飞机维修工程有限公司	12
深圳光启空间技术有限公司	12
东莞前沿技术研究院	10
冯建光	5
华南理工大学	5
中航通飞研究院	4
广州极飞科技有限公司	4
深圳光启高等理工研究院	4

其中，深圳大疆创新科技有限公司的发明专利申请有 10 件，占其所有专利申请的 47.62%；深圳光启空间技术有限公司的发明专利申请有 5 件，占所有专利申请的 33%；广州飞机维修工程有限公司的发明专利申请有 4 件，占其所有专利的 33.33%；东莞前沿技术研究院有 5 件发明专利申请，占所有专利的 50%；佛山市神风航空科技有限公司有发明专利申请 7 件，占所有专利的 43.75%；华南理工大学有发明专利申请 4 件，占所有专利申请的 80%；华南农业大学有发明专利申请 3 件，占所有专利的 60%；深圳光启高等理工研究院有发明专利申请 2 件，占所有发明专利申请的 50%；冯建光有发明专利申请 3 件，占其所有专利申请的 60%。以上数据可以看出，广东航

空航天铝材料的技术发展在国内还相对弱势。对于铝行业发展比较发达的广东来说，铝行业的发展偏重于家具建筑领域方面，而在航空航天领域没有技术性的重大突破。

虽然如此，广东航空航天的发展还有其特色。在广东，无人机的发展在全国甚至全球处于领先地位。中国三大无人机知名品牌——大疆、极飞、亿航均位于广东深圳，由于这三家企业的存在，广东的无人机发展十分迅速。2017 年上半年，深圳市无人机出口 46.9 亿元，比 2016 年同期增长 97.1%，其中 6 月出口 9.2 亿元，同比增长 1.1 倍。据统计，全球约有 94% 的消费级无人机产自中国，仅深圳大疆创新科技有限公司就占据了全球 70% 的市场份额。深圳大疆创新科技有限公司发布的领先全球的 Phantom 4 Advanced 无人机就采用了铝合金材质，使机身更轻盈并有更好的性能。

广东省无人机的发展还带动了很多新兴无人机企业，除了大疆、极飞、亿航三家无人机的知名品牌，还有深圳市吉田无人机航空科技有限公司、清远市飞凡创丰科技有限公司、广东容祺智能科技有限公司、广州星晖智能科技有限公司等超过 20 家企业有相关的无人机专利的产出。广东航空航天铝合金的发展跟国内还有一定差距，但是无人机领域的发展处于全国甚至全球领先地位。

8.4.3.3　技术分布

表 8-41 是广东航空航天铝合金专利技术分布的情况。广东的航空航天铝合金发展比国外要晚很多，2010 年才进入迅速发展期，只有 200 余件相关专利的产出。在铝合金应用的部位中，飞机蒙皮依然占第一位，其次是发动机。而应用于机翼部位的铝合金专利数相对较少。鉴于现在机翼需要承受巨大的载荷，铝合金是其主要组成材料，广东的企业和科研院校可以在新型高强度铝合金方面加大研发力度。

表 8-41　航空航天领域广东重点技术分布

产业链	涉及技术		申请数量/件
产业链上游	制备工艺		36
	合金类型	铝镁	5
		铝硅	4
		铝铜	3
		铝锌	2
		铝锂	0
产业链中游	深加工	铸造	13
		浇铸	4
		挤压	14
		焊接	29
		锻造	6
		轧制	5

续表

产业链	涉及技术		申请数量/件
产业链下游	涉及结构	飞机蒙皮	104
		发动机	40
		机翼	22
		起落架	28
		机舱	11
		尾喷管	2
	型材类别	泡沫蜂窝铝	0
		板材	6
		管材	1
		棒材	0
		线缆	2
		带材	0
	设备装置模具		35

8.5 船舶领域

随着国内外造船业的高速发展，船舶的轻量化正日益被重视。由于铝的密度低、强度高、耐腐蚀性强，十分适合海洋的恶劣使用环境。铝的加工成本较低，因而铝材制造船舶更具有经济性。从船舶设计者的角度来看，工业铝型材制造的船舶在同等动力条件下能有更快的速度，并且还具有更长的使用寿命，因而船舶用工业铝型材在近年来技术突飞猛进，并为大量铝材提供了广阔的市场。本节主要从多方面的专利检索结果分析广东相对于国内外技术的优势以及不足，得出有利于广东船舶铝合金领域的针对性建议。

8.5.1 全球专利态势分析

参见表8-42，根据检索结果，全球范围内船舶领域铝合金材料的专利共14748项，其中发明专利占90%，实用新型专利占9%。

表8-42 船舶领域全球专利类型及法律状态

分类	申请数量/项	比例
总数	14748	100%
发明专利	13340	90%

续表

分类	申请数量/项	比例
实用新型专利	1380	9%
外观设计专利	28	1%
有效	4117	28%
失效	9862	67%
审中	769	5%

8.5.1.1　专利申请量趋势

铝合金在船舶领域的发展较早。在船舶制造领域中，冶金工业是造船工业的先导与基础，随着冶金工业的发展，20 世纪 20 年代末期，铝产业为造船工业提供了抗蚀性相当高的铝镁系合金，因此铝合金在造船上的应用又重新发展起来。参见图 8 – 14，从专利申请量总体来看，1998 ~ 2002 年，船舶用铝合金的专利申请处于稳定增长的时期。

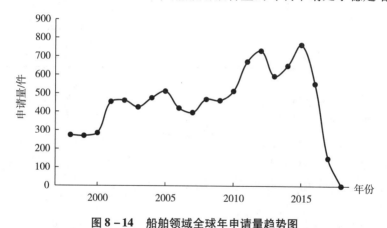

图 8 – 14　船舶领域全球年申请量趋势图

2003 年起，船舶领域关于铝合金的专利申请量和授权量开始快速增长，进入快速发展期，年专利申请量达到 600 项以上，并在 2012 年达到最大值。随着船舶领域技术的发展，铝合金在船舶领域的应用越来越广泛，可应用于船的船体、船底、龙骨、舷墙等部位。2013 ~ 2016 年的专利申请数量维持在较稳定的高位，趋向于稳定。

2017 年后，铝合金相关专利的申请量和授权量出现一定程度的下降。这是公开延迟以及发明专利的长周期所导致的。随着船舶领域的发展，新一代高强度铝合金材料仍会出现，预计未来的船用铝合金新材料仍会发展，专利申请量保持平稳。

8.5.1.2　地域分布

参见表 8 – 43，全球范围内，船舶领域铝合金专利申请主要集中在美国、欧洲和中国三个区域。

美国专利申请量达到 3214 项，占比 21%，居于全球首位。中国专利申请量达到 2876 项，占比 19%，位于第二。日本专利申请量达到 1424 项，占比 9%。

表 8-43　船舶领域全球专利申请地域分布

区域	申请数量/项
美国	3214
中国	2876
日本	1410
澳大利亚	1202
欧洲专利局	1093
世界知识产权组织	1087
英国	914
韩国	568
德国	544
加拿大	514
法国	316
其他	1010

中国在该领域起步较晚（2004 年前只有 78 项相关专利产出，占比只有 7.24%），但在国家政策的支持以及鼓励下，2009～2016 年的申请量增长显著。而且放在全球范围看，中国作为一个很大的目标市场，很受国外青睐。如日本本田、韩国三星重工业等专利申请人会在进入中国市场之前做好中国专利布局，避免产生侵权风险。从这两点看，中国的专利申请量还有很大的发展潜力。

8.5.1.3　申请人

表 8-44 是船舶领域全球铝合金专利申请量最多的十位申请人名单。这些申请人的专利申请量并没有形成明显的差距。本田技研工业株式会社以 204 项专利位于第一，雅马哈发动机株式会社以 163 项专利位于第二，神户制钢所株式会社以 112 项专利位于第三，三信工业株式会社以 94 项专利位于第四，三星重型工业公司以 91 项专利位于第五。位于第六位至第十位的分别是日本轻金属公司、现代重型工业有限公司、通用电气公司、三菱重工业株式会社以及布伦斯威克有限公司。根据重要申请人的申请量可以知道，大部分的申请人（6 位）集中在日本地区，韩国有 2 位申请人，美国有 2 位申请人。

表 8-44　船舶领域全球重要申请人

申请（专利权）人	申请数量/项
本田技研工业株式会社	204
雅马哈发动机株式会社	163

续表

申请（专利权）人	申请数量/项
神户制钢所株式会社	112
三信工业株式会社	94
三星重型工业公司	91
日本轻金属公司	85
现代重工业有限公司	56
通用电气公司	52
三菱重型工业株式会社	51
布伦斯威克有限公司	47

虽然美国在专利申请量上占优，但日本在重点申请人中占有较大比重。从二战后开始，日本就将发展造船业和航运业作为国家战略。从 1956 年起，日本造船量超过英国成为世界首位，并且保持这个地位达半个世纪。在以上的申请人中，本田技研工业株式会社、雅马哈发动机株式会社、神户制钢所株式会社、三菱重工业株式会社都是日本国内造船领域有很强实力的企业。鉴于日本在造船领域上的历史，可以知道其申请人拥有较多核心的专利和技术。

8.5.1.4　重点专利

根据被引次数以及同族专利数量筛选出重点关注专利（见表 8 - 45、表 8 - 46），在给出的 10 件重点专利中，大部分为美国专利，主要涉及含铝复合材料方面的改进。

表 8 - 45　船舶领域全球重点专利（被引用次数）

序号	专利公开（公告）号	专利名称	专利权人	被引用次数
1	US4219303	潜艇燃机电厂	MOUTON WILLIAM J JR	169
2	US5188872	具有高的抗弯强度复合结构	FIBERSPAR INC A MA	161
3	US6050208	复合结构层压板	FERN INVESTMENTS	138
4	US3843010	金属内衬压力容器	BRUNSWICK CORPORATION	118
5	US5427866	铂、铑或钯涂层在热障涂层系统	GENERAL ELECTRIC	116

表 8 - 46　船舶领域全球重点专利（同族专利数量）

序号	专利公开（公告）号	专利名称	当前申请人	同族数量/件
1	AU1997047204A1	复合钢结构塑料夹芯板系统	FERN INVESTMENTS	210
2	AU1992017717A1	一种用于将船舶可旋转地安装到装载浮筒的系统	STATOIL	172
3	US5342228	海洋驱动器	BRUNSWICK CORPORATION	152
4	KR1020140114358A	第一类压力容器与复合圆顶	BLUE WAVE	133
5	AU668713B	用于海上的单个容器中运输的方法和装置	LIGHT WAVE	115

8.5.1.5　技术分布

参见表 8 - 47，在船舶领域产业链中游技术的专利申请中，船体的制备主要以焊接为主，跟焊接相关的专利申请有 804 项，在所有的深加工工艺种类中最多。在船舶领域产业链下游技术中，铝合金材料主要应用在船体的结构最多，相关专利申请有 966 项；在发动机上的应用也不少，相关专利申请有 458 项。铝合金材料应用于船舱和船舷的专利分别为 238 项、118 项。

表 8 - 47　船舶领域全球重点技术分布

产业链	涉及技术		申请数量/项
产业链上游	制备工艺		1125
	合金类型	铝镁	360
		铝硅	507
		铝铜	521
		铝锌	353
		铝锂	118
产业链中游	深加工	铸造	360
		浇铸	111
		挤压	310
		焊接	804
		锻造	131
		轧制	104

产业链	涉及技术		申请数量/项
产业链下游	涉及结构	船体	966
		船舱	238
		发动机	458
		桅杆	27
		船舷	118
	型材类别	泡沫蜂窝铝	2
		板材	452
		管材	73
		棒材	24
		线缆	28
		带材	12
	设备装置模具		2567

8.5.2　中国专利态势分析

参见表 8 - 48，根据检索结果，中国范围内船舶领域铝合金技术专利共 2876 件，其中授权专利有 1533 件，发明专利有 1633 件，占 57.76%，实用新型专利有 1187 件，占 41.27%，外观设计专利占 0.97%。

表 8 - 48　船舶领域中国专利类型及法律状态

分类	申请数量/件	比例
总数	2876	100%
发明专利	1633	56.78%
实用新型专利	1187	41.27%
外观设计专利	28	0.97%
有效	1492	51.88%
失效	1031	35.85%
审中	325	11.30%

8.5.2.1　申请量趋势

参见图 8 - 15，1998 ~ 2008 年，船舶领域中国铝合金专利申请量处于 100 件以下，属于萌芽期。我国船舶领域铝合金专利申请量在 2008 年之前较少，相比全球来看，反映出我国船舶领域的技术起步较晚，对于新技术没有投入较大的研发力度。2007 年 5

月,国家发展和改革委员会发布《高技术产业发展"十一五"规划》,首次提到加强交通运输领域新型材料的研发。

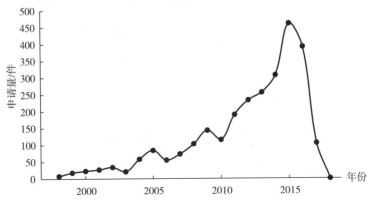

图 8-15 船舶领域中国年申请量趋势图

随着我国相关鼓励政策的不断出台,2009~2015年,我国的专利申请量开始增长,而且保持迅猛的增长速度,年申请量为100~500件,并于2015年达到最大年申请量(764件),授权量达到417件。这段时期属于快速发展期。

2016~2017年,由于公开延迟,专利申请量呈现滑坡式的下降。随着我国保持着对船用铝合金领域的研发力度,加上国内市场吸引外国专利申请人进行专利布局,专利申请量将保持继续上升的趋势。

8.5.2.2 地域分布

参见表8-49,可以看出,船舶用铝合金专利申请量的分布有其特色。申请量位于前五位的省份分别是江苏(475件)、浙江(266件)、广东(246件)、山东(185件)、上海(179件),均属于沿海分布的省份。沿海的特色使得这些地区的船舶用铝合金专利申请量要比其他内陆地区要高。这些地方拥有我国船用铝合金材料领域的核心技术与专利,是国内技术比较领先的地区,还是主要的技术输出地区。

表 8-49 船舶领域中国专利申请地域分布

省市	申请数量/件
江苏	475
浙江	266
广东	246
山东	185
上海	179
辽宁	161
北京	142

省份	申请数量/件
黑龙江	81
湖北	62
湖南	60

江苏位于中国大陆东部沿海中心、长江下游，东临黄海，东南与浙江和上海毗邻，地处长江三角洲，是国内造船业第一大省。由于得天独厚的地理优势以及国家政策的大力支持，江苏船用铝合金的发展也比其他地区发展要快。主要申请人有江苏科技大学、江苏麟龙新材料股份有限公司、无锡市海联舰船内装有限公司、苏州金业船用机械厂、江苏海事职业技术学院。

而地处珠三角的广东，省内有多个临海临江城市，如广州、珠海、深圳、江门、东莞、中山、佛山等。其船舶业的发展位于国内前三，是我国三大造船基地之一，在造船和相关配套制造业方面拥有不俗的实力。2015 年，全省船舶企业数量近 300 家，其中年造船完工量超过 100 万载重吨，销售收入超 1 亿元的修造船企业达 25 家。2018年，广东省政府印发了《广东省沿海经济带综合发展规划（2017—2030 年）》，提出加快海洋船舶产品结构优化升级，以散货船、油船、集装箱船三大主流船型为重点，提高船舶研发设计能力以及海洋工程装备总包、设计能力，推进广州龙穴、珠海高栏港、深圳蛇口海洋工程装备制造基地的建设。随着广东船舶业的发展，广东的船用铝合金专利申请量预计会呈现稳定增长的趋势。

广东船用铝合金专利主要申请人有广东江龙船舶制造有限公司、江门市海星游艇制造有限公司、华南理工大学、中船黄埔冲船舶有限公司、深圳市海洋王照明工程有限公司等。

8.5.2.3　申请人

表 8 - 50 是我国船舶领域铝合金专利申请量前十位申请人的统计情况。我国的重要申请人专利申请量普遍不高，为 15 ~ 40 件。排名第一位的是本田技研工业株式会社（41 件），排在第二位的是江苏科技大学（34 件），第三位的是广东江龙船舶制造有限公司。排在第四位至第十位的申请人分别是江苏麟龙新材料股份有限公司、哈尔滨工程大学、三星重型工业公司、北京科技大学、杭州宾士达游艇制造有限公司、哈尔滨工业大学以及太阳鸟游艇股份有限公司。

表 8 - 50　船舶领域中国重要申请人

申请（专利权）人	申请数量/件
本田技研工业株式会社	41
江苏科技大学	34
广东江龙船舶制造有限公司	26

申请（专利权）人	申请数量/件
江苏麟龙新材料股份有限公司	23
哈尔滨工程大学	22
三星重型工业公司	22
北京科技大学	18
杭州宾士达游艇制造有限公司	17
哈尔滨工业大学	16
太阳鸟游艇股份有限公司	15

从重点专利申请人的情况可知，日本企业和韩国企业对我国的市场还是相当重视的。日本本田和韩国三星在中国都有相关的专利布局，其中日本本田在中国的船用铝合金专利申请量比中国的企业都多，说明我国在这方面的专利申请稍显薄弱。

值得一提的是，广东的江龙船舶制造有限公司排在中国船用铝合金专利申请的前三甲。该公司是国家高新技术企业，主要生产大型玻璃钢游艇、铝合金游艇等，是国内船舶制造类的龙头企业。

8.5.2.4 重点专利

根据被引次数筛选出重点关注专利（见表8-51），5件重点专利主要涉及特殊功能性铝合金材料的制备方法等。

表8-51 船舶领域中国重点专利（被引用次数）

序号	专利公开（公告）号	专利名称	专利权人	被引用次数
1	CN1715458A	铝基吸波材料及制备方法	中南大学	13
2	CN1132710A	自治式潜水器下水回收系统	中国科学院沈阳自动化研究所	12
3	CN101475048A	一种新型海洋深水浮筒平台	中国海洋大学	10
4	CN101832512A	泛光灯反射器、泛光灯和机动船	海洋王照明科技股份有限公司	10
5	CN1980759A	镁合金材料的制造方法	住友电气工业株式会社	10

8.5.2.5 技术分布

参见表8-52，在中国船舶领域产业链中游的专利申请中，焊接是使用最多的深加工方式，相关专利有 559 件。在产业链下游的专利申请中，船体和发动机是铝合金应用较多的部位，分别是 448 件和 146 件。铝合金的深加工以及应用部位大致与全球的铝合金发展趋势相同。在型材类别中，铝合金板材是使用最多的型材，相关专利有 104 件。

表 8 - 52　船舶领域中国重点技术分布

产业链	涉及技术		申请数量/件
产业链上游	制备工艺		513
	合金类型	铝镁	82
		铝硅	28
		铝铜	13
		铝锌	14
		铝锂	10
产业链中游	深加工	铸造	176
		浇铸	44
		挤压	135
		焊接	559
		锻造	37
		轧制	28
产业链下游	涉及结构	船体	448
		船舱	60
		发动机	146
		桅杆	5
		船舷	22
	型材类别	泡沫蜂窝铝	0
		板材	104
		管材	19
		棒材	4
		线缆	5
		带材	2
	设备装置模具		730

8.5.3　广东专利态势分析

参见表 8 - 53，根据检索结果，广东船舶领域的铝合金技术专利共 218 件，其中发明专利有 94 件，占 43.12%，实用新型专利 120 件，占 55.05%，外观设计专利占 1.83%。

表 8 - 53　船舶领域广东专利类型及法律状态

分类	申请数量/件	比例
总数	218	100%
发明专利	94	43.12%
实用新型	120	55.05%
外观设计	4	1.83%
有效	125	57.34%
失效	65	29.82%
审中	28	12.84%

8.5.3.1　申请量趋势

图 8 - 16 是广东船舶铝合金专利申请量的趋势图。1998 ~ 2009 年，广东年专利申请量都在 10 件以下。这段时期属于萌芽期，从专利申请来看，反映出广东船舶用铝合金的自有核心技术发展起步较晚。

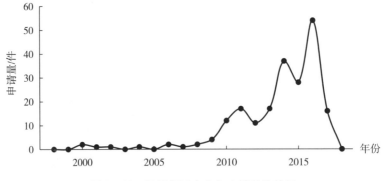

图 8 - 16　船舶领域广东年申请量趋势图

2010 ~ 2013 年，广东年专利申请量稍有起色，但是专利申请量跟全国的总申请量还有较大差距，年专利申请量在 10 ~ 20 件之内。这段时期属于萌芽期。广东的船舶制造企业开始关注自身的核心技术并对其进行专利布局。

2014 ~ 2016 年，广东年申请量迎来迅速增长，年专利申请量在 20 件以上。2017 年由于公开延迟，专利申请量呈现滑坡式的下降。随着广东对船舶铝合金领域的鼓励政策出台，结合广东中小企业的不断涌现的现状，广东的创新能力将持续增加。广东船舶领域铝合金专利申请量将保持上升的趋势。

8.5.3.2　申请人

表 8 - 54 是广东船舶铝合金材料领域内的前十位申请人统计情况。申请量第一位

的申请人为广东江龙船舶制造有限公司（26 件），遥遥领先于第二名的江门市海星游艇制造有限公司（11 件）。处于申请量第三至第十名的专利申请人分别为廖树汉（9件）、中船黄埔文冲船舶有限公司（8 件）、华南理工大学（7 件）、海洋王照明科技股份有限公司（7 件）、佛山市神风航空科技有限公司（6 件）、梁明森（6 件）、广州市番禺灵山造船厂（5 件）以及英辉南方造船厂（5 件）。其中梁明森是珠海市琛龙船厂有限公司、珠海横琴琛龙恒远船舶科技有限公司、珠海琛龙湾游艇俱乐部有限公司、珠海市南屏均昌船厂的法人代表。佛山市神风航空科技有限公司在船用铝合金领域也有 6 件相关专利产出，主要是提供一种旋转桨叶小船，其叶轮是由铝合金材料制备的。

表 8 - 54　船舶领域广东重要申请人

申请（专利权）人	申请数量/件
广东江龙船舶制造有限公司	26
江门市海星游艇制造有限公司	11
廖树汉	9
中船黄埔文冲船舶有限公司	8
华南理工大学	7
海洋王照明科技股份有限公司	7
佛山市神风航空科技有限公司	6
梁明森	6
广州市番禺灵山造船厂	5
英辉南方造船（广州番禺）	5

　　作为申请量最多的企业，广东江龙船舶制造有限公司的专利申请集中在 2011～2014 年，2014 年专利申请量为 10 件。2016 年，该公司和澳大利亚澳斯达船舶有限公司在珠海举行签约仪式，共同出资 1 亿美元成立合资公司——澳龙船艇科技有限公司，利用澳斯达船舶有限公司高端铝合金船艇设计建造技术，为国内市场需求提供一流的铝合金船艇产品。专家预计，中国客运交通、休闲旅游、公务执法对铝合金船艇的市场新增需求将超过 200 亿元，这对铝合金船艇制造商来说是个巨大的机会。

　　从重点申请人的名单看到，广东虽然在国内属于船舶制造业的大省，但是其企业在铝合金专利申请方面比较缺乏，大部分企业专利申请量在 10 件以下。这说明广东企业没有围绕这方面进行重点专利建设。

8.5.3.3　技术分布

　　参见表 8 - 55，在广东船舶领域产业链中游的专利申请中，焊接依然是使用最多的深加工方式，相关专利有 72 件。在产业链下游的专利申请中，船体和发动机是铝合金应用较多的部位，分别是 41 件和 28 件。铝合金的深加工以及应用部位大致与中国以及全球的铝合金发展趋势相同。在型材类别中，铝合金板材是使用最多的型材，相关专利申请有 21 件，其余的铝合金型材在该领域应用很少。

表 8 – 55　船舶领域广东重点技术分布

产业链	涉及技术		申请数量/件
产业链上游	制备工艺		66
	合金类型	铝镁	1
		铝硅	1
		铝铜	1
		铝锌	1
		铝锂	0
产业链中游	深加工	铸造	12
		浇铸	3
		挤压	10
		焊接	72
		锻造	1
		轧制	2
产业链下游	涉及结构	船体	41
		船舱	3
		发动机	28
		桅杆	0
		船舷	2
	型材类别	泡沫蜂窝铝	0
		板材	21
		管材	2
		棒材	0
		线缆	1
		带材	0
	设备装置模具		52

8.6　总结与建议

8.6.1　主要结论及建议

铝是全球第二大常用金属，主要分为工业用铝和日常用铝两大应用方向。本报告基于工业用铝中轨道交通、航空航天、汽车、船舶四个领域的专利情况分析总结，形成供广东省铝行业发展的建议。

8.6.1.1 轨道交通用铝专利状况主要结论

1）全球专利申请量近年增长迅速，中国专利申请起步晚，2009 年出现爆发式增长，已占据世界首位。2008 年后，轨道交通用铝专利申请量达到高速增长的状态，预计在未来的一个时期内，轨道交通领域的铝合金材料相关的专利申请量还会处于一个增长期。

美国、日本在 20 世纪 70 年代已经有轨道交通用铝专利申请，中国自 20 世纪 80 年代末才有第一件相关专利出现，但是依靠 2009 年的爆发式增长，中国轨道交通用铝专利数量已达全球的 55%，反超美国和日本。中国轨道交通用铝专利申请自 2009 年以来呈现稳定的快速增长。

2）美国、日本专利申请人较为集中，中国专利申请较分散。美国和日本申请人持有的轨道交通铝合金材料的专利申请数量较多。美国、日本轨道交通铝合金材料的大企业拥有较多的专利，且其余小企业较少进行相关研究；而中国除了较大规模的几家资深企业外，专利申请量落后于国外企业。

3）中国专利向国外申请的技术很少。从同族专利的情况来看，轨道交通铝合金材料同族数量多的主要还是国外申请人，中国申请人甚少有国外申请。

4）中国轨道交通用铝专利技术分布较窄，主要分布在工艺方法、设备装置模具、型材、车体及焊接工艺几个领域。

5）广东专利申请数量少，核心专利较少。轨道交通铝合金材料相关技术领域内的专利不多，只有 96 件申请，除了兴发铝业有 1 ~ 2 件比较重要的核心专利外，其余大企业核心专利较少。

8.6.1.2 汽车用铝专利状况主要结论

1）全球专利申请量平稳增长，已经进入瓶颈期。2013 ~ 2016 年，全球汽车用铝专利年申请数量维持在 1200 ~ 1400 项。

2）全球申请人主要是美日韩大型汽车制造公司。美国、日本、韩国的汽车制造业发达，并且较早开展汽车的轻量化的研究，在汽车用铝方面有较深的技术积累。在中国的汽车企业中，仅奇瑞和吉利就有 50 ~ 100 项的相关专利，并且主要是铝部件的结构专利。

3）中国专利中，发明专利占比较高。尽管中国在汽车用铝领域方面起步较晚，申请总量也仅占全球的 1/3，但是发明申请占比为 42.47%，反映中国在该领域的研发还是相对深入的。

4）广东专利申请数量少。广东不乏汽车制造企业，但是对于汽车用铝合金的研发力量明显不足，广东在该领域的申请量约占全国的 6%。

8.6.1.3 航空航天用铝专利状况主要结论

1）全球专利申请量增长放缓，中国专利申请起步晚，2009 年出现爆发式增长，年申请量已居世界首位。2012 ~ 2014 年，航空航天用铝专利申请量增长明显，但在 2014

年增长开始放缓，并在 2016 出现回落。

2）美、中、欧是三个主要的申请地区。航空航天技术分高空、低空领域，而美国和中国掌握了大量高空领域的航空航天技术，带动了航空航天用铝的发展。低空领域则是近年小型飞行器等出现及推广呈现明显的增长态势。日本在该领域不再占有如轨道交通、汽车等领域的优势。

3）前十申请人中，未见中国企业。从前十申请人来看，美国波音公司和法国空中客车的专利申请量远超其他申请人。中国的中国航空工业集团公司是唯一一家超过 100 件申请的中国申请人。

4）中国研发力量主要集中在东部和北部。北京、江苏、上海、黑龙江等占据较多申请。

5）广东发展特色领域。航空航天用铝过去一般使用在高空领域，广东并未有太扎实的重工业基础，因此过去在航空航天领域并未有太多申请。近年来随着大疆、亿航等低空领域的飞行器开拓了低空市场，广东在航空航天领域的申请数量显著提升，同时还带动了无人机配件领域的专利申请。

8.6.1.4 船舶用铝专利状况主要结论

1）全球专利申请量近年进入发展瓶颈期，中国专利申请起步晚，2009 年出现爆发式增长，已占据世界首位。全球船舶用铝合金材料的相关技术专利申请量进入瓶颈期。中国船舶用铝合金材料相关技术专利申请量从 2006 年开始进入高速增长状态，从 2009 年开始超越美国，并在 2012 年全面超越美国，占据首位，进入全面爆发阶段；而在 2016 年出现了回落的现象，预计未来的一段时间内，船舶领域用铝合金材料的专利申请量将会继续放缓。

2）重要专利申请人集中在日韩，中国专利较分散没有申请量超强的企业。全球船舶用铝合金材料相关技术专利申请量前十的申请人中，日本、韩国占据 8 席，美国占 2 席，中国没有企业入榜。中国总体申请量排名第 2 位却没有申请量较突出的企业，说明我国在该领域专利申请较为分散，还并没有形成较强的技术团队。

3）中国专利向国外申请的技术很少。从同族专利的情况来看，船舶铝合金材料同族数量多的主要还是国外申请人，中国申请人甚少有国外申请。

8.6.2 面向广东的专利预警

广东是我国铝加工产业和铝加工产品的消费大省，同时是国内铝型材生产较为集中的区域，年产量约为 400 万吨，以建筑型材为主，约占 70%。近年来，广东面临出口受阻、竞争白热化等问题，促使广东本土铝企业进行产业升级，同时迎来了供给侧改革机遇，需要继续加大对外合作，不断创新产、学、研、客户多方合作模式，为铝加工产业发展作出贡献。

事实上，广东早就意识到铝产业存在的风险，并在 2009 年由多家单位牵头，公布了《广东省铝工业技术路线图》。该路线图从广东铝工业发展的战略高度，凝练出广东未来十年铝工业发展的战略目标和在此目标指导下的产业目标和绩效目标，确定一批对行业发展影响重大的关键性技术项目。该路线图清晰的指出：通过 5～10 年的努力，建立广东铝工业可持续发展的技术创新体系，确立铝加工产业在国内的领先地位，使广东成为世界最重要的铝加工工业基地之一。

2010 年，佛山市对攻克"工业铝材产业共性技术"给予重点扶持，确定了"高性能、高精密、超细微结构铝合金材料研究与应用""铝挤压多孔模具设计技术开发及产业化应用""等温快速挤压技术与装备的开发、应用和推广""红外线加热设备的开发与应用"四大研发专题。

2016 年，广东省政府颁布了《广东省人民政府办公厅关于营造良好市场环境促进有色金属工业调结构促转型增效益的实施意见》，该意见中提到重要任务之一是大力发展新材料，特别提到的是"发展大型工业铝型材、轨道交通用高性能金属材料和铝复合材料、受力构架铝材、汽车轻量化高性能镁铝合金材料"，并提供用电、土地、财税、金融等多方面的保障措施。

而在全国范围内，广东在轨道交通、汽车、航空航天、船舶等领域的专利申请数量仅处于中游位置。虽然广东省政府重视对铝材行业的转型升级，但工作依然面临较大的困难，需要继续投入资源进行支持。另外，还有如下问题需要关注：

首先，专利技术比较分散。广东的专利申请量相对全国来说不算低，基本处于第三名至第七名的位置，但是从广东申请人的情况来看，单个申请人持有的专利申请数量不多。说明广东申请人的专利技术力量相对较薄弱，并且未见有国外申请。可以判断，广东申请人的核心专利技术数量还需要增强。

其次，高校和科研机构申请人比例低。广东拥有华南理工大学、中山大学、深圳大学、汕头大学等多家著名学府，以及众多如广东省材料与加工研究所、广东省有色金属研究院等科研机构。但是在铝行业中，除了华南理工大学、广东省材料与加工研究所有一定数量的申请外，其他机构专利申请甚少。另外，还甚少见到企业与高校或科研院所的联合申请。虽然铝材的开发研究所需要的设备在高校/科研院所不一定能配备，但企业通常都有相应的设施可以加以利用。因此，如果能够促使企业与高校、科研院所开展合作，不仅能培养更多行业人才，还能更好地促进产学研用协调发展，有望改善广东专利数量、质量以及转型升级的问题。另外，从全国来看，北京、江苏、贵州省市存在科研力量较强的科研机构，鼓励企业与省外的这些科研机构进行合作，吸收经验，能更快、更好地提升广东企业的技术水平。

最后，海外布局意识需要加强。广东有肇庆亚洲铝厂有限公司、广东伟业铝厂集团有限公司、广东凤铝铝业有限公司、广亚铝业有限公司、兴发铝业以及广东坚美铝型材厂有限公司等全国知名的铝加工公司和品牌。这些企业的产品遍布世界各地，但海外专利布局为零。经过近几年对知识产权重要性的宣传，企业的专利意识都有明显的提升，但是由于对外申请费用高，并且过往的做法并未出现纠纷等情况，企业对海外申请的意识还不够。海外申请需要加强引导，使已经走出去的产品能获得更坚实的保护，并且还能够提升企业在国际市场上的竞争力。

从整体上看，广东新型铝材产业处于发展阶段，传统技术仍占主导地位，新技术规模不大，企业核心竞争力不突出，海外布局空白，人才紧缺，制约着产业的发展。

广东在铝行业有扎实的基础，应该开阔视野，发挥自身优势。相较于轨道交通等需要大型设备配合的领域，近来一个新的思路是低空飞行器产业。而广东有大疆、亿航等世界级的低空飞行器企业牵头，已经形成了较大的低空飞行器产业，这些产业的国内外专利申请基本处于同一起跑线，甚至中国还占有一定的优势。而这个对铝部件都有新的要求，如果能够搭上"便车"，在制备高性能精密铝配件等领域上加大发展力度，有望构建完整的技术壁垒，占据市场先机。

8.6.3　建议

有关数据显示，铝加工业为广东重头行业，广东的铝加工产量突破 600 万吨/年，综合产值超过 2000 亿元。广东铝加工行业的产业链比较完善，主要集中在佛山南海及周边地区。佛山南海是中国民用铝型材发源地，是国内产业规模最大、产业链最完善的铝型材产销集散地。"南海大沥铝材"闻名海内外。佛山南海有"中国铝型材产业基地"之称，南海的大沥镇有"中国铝材第一镇"之誉。全国拥有中国名牌的铝加工企业共有 17 家，广东有 10 家，其中 9 家为铝型材厂，1 家为板带箔生产企业。广东的铝加工业具有明显的规模优势和品牌优势。广东铝材以建筑型材为主，约占 70%。铝板带箔和铝铸造在国内也处于重要的地位。由于广东铝矿比较稀缺，广东省内没有电解铝厂和氧化铝厂，所有铝材加工所需的原料——铝锭都需要外购。广东省内的建筑业以及轨道交通发展迅速，对铝型材有巨大的需求。而且随着国家推行发展西部战略，提出"一带一路"发展思路，越加广阔的铝型材市场特别是建筑用铝型材的市场从珠三角逐步向内地扩展。现今，广东铝行业的产业主要以产业链下游的加工产业为主，生产的铝型材主要用于建筑、轨道交通、工业制造、电子器件以及太阳能等领域。然而从 2008 年《广东省铝工业技术路线图》发布以来，已经出现了一些技术面貌的转变。在 2017 年（第三届）中国建筑铝型材二十强企业名单中，广东有 9 家企业榜上有名，居全国省市中首位。但从知识产权的数量及质量来看，这与广东企业的行业地位是严重不匹配的。例如，兴发铝业共有专利申请 297 件，但其中 233 件是型材的外观设计专利，发明专利 27 件，发明占比不到 10%；在发明专利中，与铝材配方相关的有 16 件，其余为设备、模具等领域，申请时间主要集中在 2014 年和 2017 年。型材外观设计专利对企业的保护作用有限，并且不涉及核心技术。兴发铝业作为一个市场国际化的企业，没有海外专利，在面对国外竞争时，将处于不利地位。

8.6.3.1　面向政府的建议

（1）发挥引导作用，淘汰落后产业，引进国内外先进技术

广东的铝行业仍有部分低端落后的产能，随着环保监督日益严格，这一部分污染大、竞争能力弱的产业要及早完成淘汰，促进产业转型升级。同时，为了给淘汰的产业新出路，充分发挥过往的行业经验，可以引进国内外先进技术成立合资企业。另外，还可以通过推行贯彻行业标准，提升行业竞争力，引导市场竞争。

（2）继续加大政策扶持力度，加强产学研合作

不少企业也认识到转型升级的必要性，但是一方面基于资金原因，另一方面自身实力限制未能短期内找到很好的发力点，且同行之间还容易形成同质化转型。因此，一方面可以通过优惠政策，从资源、资金补贴等方面扶持企业转型升级，另一方面可以组织省内、国内有经验的高校及科研院所与广东省内企业进行对接合作。

（3）加强人才培养，提升技术综合实力

人才是企业软实力的重要环节，核心技术的研发离不开人才，人才培养是广东提升综合实力、实现铝行业转型升级的关键因素。利用国家"千人计划"、广东的各种吸引人才的政策，积极引进高层次、核心技术的研发团队，能提升广东的技术力量。同时，通过各种人才培育和发展政策，留住人才，并且建立有效的激励机制和技术奖励机制，鼓励行业创新。

8.6.3.2　面向企业的建议

（1）提高知识产权意识，贯彻知识产权标准，制定知识产权战略

广东的企业已经有一定的知识产权意识，但仅仅局限于国内，并且对专利的认识更大程度在于量，而忽略了质。因此，为了更好地保护自身知识产权，提升企业的竞争力，首先应该提高企业的知识产权意识。国家知识产权标准——《企业知识产权管理规范》（GB/T29490 - 2013）已经推行多年，其核心主旨是提高企业知识产权管理能力，体现在指导企业建立科学、系统、规范的知识产权管理体系，帮助企业全面落实知识产权战略精神，积极应对知识产权竞争态势，有效提高知识产权对企业经营发展的贡献水平，有助于降低企业在发展过程中的知识产权风险。兴发铝业在这一方面值得广东的同行借鉴。兴发铝业重视知识产权，其在 2017 年还获得国家知识产权示范企业称号，这是佛山市禅城区首家获得该称号的企业。但即便如此，兴发铝业的发明专利申请占比低，国外申请空白。这些问题都需要调整知识产权战略，制定更完善合理的方向，提高企业的竞争力。

（2）对专利进行合理运用，为企业带来更多利益

在广东的专利申请人中，并未见有涉及许可、诉讼等专利，多是通过专利权人自身实施来实现转化。但在知识产权迅速发展、多形态发展的今天，这个做法明显不够。目前，国家大力倡导质押融资、转移转化等多种方式。知识产权作为企业的无形资产要有效发挥其资产的功能，必须要与金融相结合，否则就是一纸证书。铝材行业的经营发展需要大量的资金，专利权的质押融资是一种很好的融资方式。质押融资对专利的质量还是有一定的要求的，银行作为承担风险的单位需要进行评估，这也要求企业提升自身的专利含金量。

（3）完善专利布局，以诉讼的思维指导专利申请

从专利分析来看，专利申请人的技术，尤其是发明及实用新型，多是单一申请，申请策略过于简单，未体现专利布局的意识，甚至比较简单的分案申请策略也未见专利布局的运用。而对于外观设计专利，则可以看到有很多差异不大、相近似的申请，这种比例显得有点不合理。而相较于国外，例如神户制钢所的专利申请，会将相接近

的技术分别申请，由点到线到网，形成以核心专利为中心，外围专利为布局的专利网；还会根据实际需求，进行国际布局。另外，由于高端铝制品未来面临更激烈的全球竞争，而国际诉讼的费用高昂，并且不同国家法律法规、应诉策略差异较大，所谓未雨绸缪胜于急中生智，通过学习国外的诉讼案例，了解国外的法律知识，完善自身的专利布局，才能在国际竞争中掌握先机。

（4）了解自身优势和不足，寻找合理的转型方向

以兴发铝业为例，兴发铝业的营业额主要来自建筑铝材和工业铝材两部分。建筑铝材大都属于传统的技术含量较低的简单加工，而工业铝材则大部分属于新材料铝材领域。兴发铝业意识到传统铝材发展的限制，近年来每年都投入过亿的资金用于研发新产品。兴发铝业的付出也获得了相应的回报，近年来工业铝材的营业占比不断提升，并且总体的营业额绝对值不断增加。2016 年 6 月，兴发铝业的工业铝材与建筑铝材分别占营业额的 15% 与 84%；2017 年 6 月，工业铝材与建筑铝材分别占营业额的 23% 与75%，整体呈良性发展。每个企业都有自身的特性，在转型升级的过程中，只有寻找最适合自身的发展方向，才能实现快速提升。

（5）加强与高校、科研单位合作，注重人才培养和激励

过去建筑铝材行业并不需要太多高精尖的技术，而要发展工业铝材，一方面要面临外国技术的专利壁垒，另一方面还要发展新技术。对于企业的研发人员来说，这是一个不小的挑战。广东铝材企业多以民营企业起家，技术力量储备相对江苏、浙江、辽宁等地的国企技术较薄弱。广东有有色金属研究院、广东省材料与加工研究所、华南理工大学、广东工业大学等对应领域的高校及科研机构，但校企合作共同申请的专利较少，或者科研单位转让、许可给企业使用的技术较少。加强与高校、科研单位合作，可以为企业提供更多新技术。同时，人才是第一生产力，通过校企合作，可以将高层次专业人才引向企业，还能为企业员工深造提供机会，让企业人员得到提升，为企业的转型升级打下夯实的基础。

（6）加强行业交流，实现强强联合共谋发展

同行既是竞争对手，又是合作伙伴。铝材料行业技术复杂，并且大多是经验，并不见得有很多文献或其他形式报道；而通过行业交流，甚至是合作开发，可以减少企业的成本，有效利用企业的资源。国内的铝企业相对于国外企业来说，规模都比较小，抱团发展更容易在国际竞争中不落下风。只有行业团结，才能使整体市场做得更大，行业得到更好的发展。

第9章　绿色建筑材料产业专利分析及预警

9.1　产业发展概述

　　绿色建筑起源于20世纪70年代初能源危机背景下的节能建筑风潮，后结合生态建筑的设计理念，融合地球环保评估与生命周期评估成为新的科学体系。所谓的绿色建筑材料是指在全生命期内减少对自然资源消耗和生态环境影响，具有"节能、减排、安全、便利和可循环"特征的建材产品。

　　行业内将绿色建筑材料的范围作了明确的界定，即绿色建筑材料主要包括新型墙体材料、新型防水密封材料、新型保温隔热材料和装饰装修材料四大类。

　　其中，新型墙体材料是指不以消耗耕地、破坏生态和污染环境为代价，适应建筑用品工业化、施工机械化、减少施工现场湿作业、改善建筑功能等现代建筑业发展要求所生产的墙体材料。新型墙体材料是相对于传统的墙体材料（如黏土实心砖、钢筋混凝土）而提出的。新型墙体材料具有保温、隔热、轻质、高强、节能、利废等优点，所以新型墙体材料代替传统的实心黏土砖，既保护耕地，又节省能源、维护生态平衡。

　　新型墙体材料从用途上可分为砌块、砖和板材三大类。砖类主要有空心砖、煤矸石砖、页岩砖、粉煤灰砖、灰砂砖等；砌块类主要有普通混凝土砌块、轻质混凝土砌块、加气混凝土砌块、石膏砌块等；板类主要有GRC板、石膏板、各种纤维增强板和复合墙板等。新型墙材产品具有符合建筑功能要求的技术性能，如轻质、高强、保温、隔热等，具有较好的社会效益和经济效益，造价适中、节能节土、有利于保护环境等。

　　防水材料是建筑业及其他有关行业所需要的重要功能材料，是建筑材料工业的一个重要组成部分。新型防水密封材料是相对于传统石油沥青油毡及其辅助材料等传统建筑防水材料而言的。

　　新型防水密封材料的功能创新体现在防水性能优良、耐久，各种配套辅助材料齐全，适应不同工程需要及施工现代化等方面，主要包括防水卷材、防水涂料、刚性防水材料、密封材料。防水卷材主要包括沥青基防水卷材和高分子防水卷材。

　　保温隔热材料是一种对热对流起明显阻碍作用的材料。它通常分为保温和隔热两种形式。把控制室内热量外流的材料称为保温材料，把防止室外热量进入室内的材料称为隔热材料。保温隔热材料一方面满足了建筑空间或热工设备的热环境，另一方面也节约了能源。保温材料之所以具有保温的性能，主要是因为保温材料的内部拥有许多封闭的孔状结构，而这些孔里填充了许多空气，空气的导热系数非常低，使整个材料自身的导热系数较低，从而达到保温隔热的作用。

保温隔热材料按其成分主要分为无机保温隔热材料、有机保温隔热材料和复合保温隔热材料。按照材料形态可以分为纤维状、气泡状、微孔状、层体状等。

建筑装饰装修材料与人们生活水平的提高和居住条件的改善密切相关，是极具发展潜力的建筑材料之一。实际使用中通常按照建筑物的装饰部位对材料进行分类，主要包括地面装饰材料、吊顶装饰材料、内墙装饰材料、外墙装饰材料等。

我国建材工业资源能源消耗高、污染物排放总量大、产能严重过剩、经济效益下滑，绿色建材发展滞后、生产占比低、应用范围小。在德国，绿色建材的潜在市场容量就达4000亿欧元，而美国2016年绿色建材交易量达到710亿美元。经济的迅猛发展、城镇化的大力推进以及新一轮城市基础设施建设，为我国建筑建材行业的发展提供了良好机遇。因而，对于绿色建材的研究及了解绿色建材的发展现状是各相关节能服务企业争相关注的焦点。

随着人们对居住质量的要求日益提高，绿色建材受到了全社会的广泛重视。不管是建筑行业还是国家都提出了很多发展绿色建筑的措施和方法。根据国家"十二五"和"十三五"发展规划，对于建筑材料明确提出了很多节能减排的要求，倡导大力发展绿色建筑，使用绿色建材，不断促进人民生活水平的提高。绿色建材的研究更是国家发展战略中非常重要的内容。

2015年，工业和信息化部、住房和城乡建设部（以下简称"住建部"）制定了《促进绿色建材生产和应用行动方案》。该方案中指出促进绿色建材生产和应用是拉动绿色消费、引导绿色发展、促进结构优化、加快转型升级的必由之路，是绿色建材和绿色建筑产业融合发展的迫切需要，是改善人居环境、建设生态文明、全面建成小康社会的重要内容。因此，对国内外绿色建材产业领域的专利申请情况开展专利分析研究，以把握产业的最新技术动向，对提高我国在绿色建材领域的技术研发和产业利用水平、促进产业发展具有十分重要的意义。

随着城镇化的高速发展，我国的建筑能耗近年来大幅度上升。目前，建筑能耗在我国能源消费中所占比例达到32%，加上每年房屋建筑材料生产能耗为13%左右，建筑总能耗达到全国能源总消耗量的45%。庞大的建筑能耗已经成为国民经济的巨大负担，建筑节能势在必行。2014年8月，财政部和住建部联合发布了《关于加快推动我国绿色建筑发展的实施意见》，两部门确定2014年在建筑节能方面的投入将超过40亿元；政府投资的公益性建筑和直辖市、计划单列市及省会城市的保障性住房全面执行绿色建筑标准；到2015年，新增绿色建筑面积10亿平方米以上。据统计，2015年我国建筑节能市场规模达到4000亿元，节能服务企业将获得难得历史机遇。

具体到广东而言，2014年3月10日，广东省住房和城乡建设厅下发了《2014年广东省建筑节能与绿色建筑发展工作要点》（粤建科〔2014〕31号），明确提出把推动新建建筑绿色化发展作为工作重点。据此，各地新建建筑施工阶段执行建筑节能标准比例达99.5%以上；新建大型公共建筑和政府投资新建的国家机关、学校、医院、博物馆、科技馆、体育馆、其他公益性建筑以及广州、深圳新建保障性住房全面执行绿色建筑标准，其他地市新建保障性住房执行绿色建筑标准的比例不低于25%（新建保障性住房按照绿色建筑标准执行的建筑面积不得低于新建保障性住房总建筑面积的

25%）。新增 4 个以上绿色生态城（园）区，绿色建筑评价标识面积达 1500 万平方米以上（各地级以上城市完成的绿色建筑面积）。加大绿色建筑宣传培训力度，推进绿色建筑评价标识制度实施，完善全省绿色建筑发展政策、标准体系。

围绕绿色建材产业工作目标，以下是广东计划加大发展绿色建材力度的几个方面：一是推广绿色低碳技术产品，广东省住房和城乡建设厅将会同有关部门征集发布绿色低碳技术产品推广目录，做好绿色低碳技术产品的相关鉴定，鼓励科研单位和生产企业开展绿色建材的研究和生产，淘汰不符合节能标准的各类产品；二是各地要积极引导高性能混凝土、高强钢的发展利用，大力推广、加强推动标准抗压强度为 60MPa 以上混凝土及屈服强度为 400MPa 以上热轧带肋钢筋的应用；三是落实国家发展和改革委员会关于城市城区限制使用黏土制品，县城禁止使用实心黏土砖的工作要求，重点抓好列入"限黏"城市、"禁实"县城名单的地区做好相关工作；四是巩固"限黏禁实"成果，各地要加强对墙体材料生产企业的监管，遏制黏土制品生产企业的发展，联合相关部门加强对建材生产、流通和使用环节的质量监管和稽查，杜绝性能不达标的建材产品进入市场，打击以生产"环保砖"名义生产实心砖的违法行为，加大对建筑企业、施工单位的监督检查力度，等等。

9.2　新型墙体材料专利信息分析

9.2.1　全球专利状况分析

图 9-1 示出了新型墙体材料领域主要国家、地区专利占比及申请量趋势，其中来

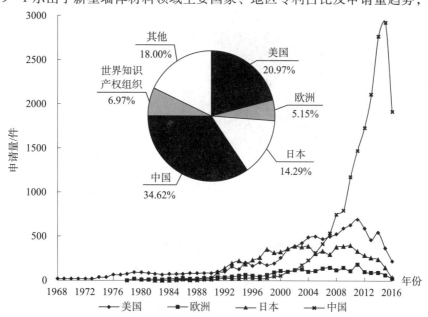

图 9-1　新型墙体材料领域主要国家/地区专利占比及申请量趋势

注：饼图中各部分百分比加和不等于 100% 系因舍入修约所致。

源于中、美、日、欧四大国家/地区及世界知识产权组织的专利申请量合计占总量的82.01%，为全球新型墙体材料专利聚集区。可以看出，美国新型墙体材料技术起步最早，从20世纪70年代初开始迅速积累，并持续保持较大的优势；日本从20世纪90年代初开始快速增长，而在近几年呈现下降的趋势。中国对于新型墙体材料的研发相对起步较晚，但在2005年后，中国的新型墙体材料专利申请量快速增加，表明中国的众多新型墙体材料相关企事业单位、科研机构的专利保护意识开始增强，并越来越需要有自主研发的新型墙体材料技术。2007年之后，中国研发的新型墙体材料申请量开始超过美国、日本，预示着中国已经掌握一部分新型墙体材料的相关技术，并可能在某些性能指标方面超过美国和日本，这说明中国是新型墙体材料技术大量改进的后期主要动力。

9.2.2 中国专利状况分析

中国新型墙体材料产业发展较为迅速，国内申请17904件。从图9-2可以看出，国内申请主要集中于华东地区的江苏、山东、浙江、上海，华南地区的广东以及华北地区的北京。西南、西北、华中地区申请量不突出。其中，江苏以申请量1918件、占总量12%的比例位于首位，北京以申请量1627件位列第二，山东以申请量1576件位列第三，广东以申请量1169件位列第四，浙江以申请量1115件位列第五，上海以申请量1077件位列第六，上述排名前六位的省份的申请量占整个国内申请量的50%以上，显示出这六个省份在新型墙体材料领域突出的技术实力。随着整个新型墙体材料领域技术的发展，上述几个地区从2005年开始，专利申请量逐步增高。

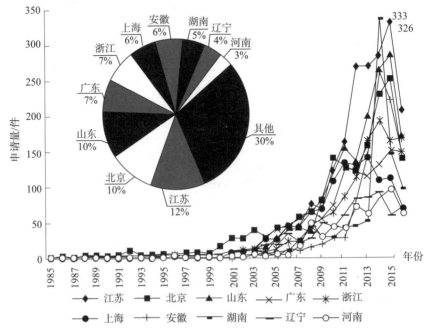

图9-2　新型墙体材料领域国内主要地区专利申请占比及申请量发展趋势

表 9 - 1 给出了前十位省份的申请情况排名。结合图 9 - 2 的数据显示，经济最为发达的北京和上海的申请量与发展趋势基本一致，聚集了大量新兴建材企业和高校研究院，创新能力强，其中北京的发明授权率最高。江苏申请量位居各省份榜首，虽然在 2010 年之前专利申请量较低，但是在 2010～2014 年间申请量突破性增加，这是江苏省政府加大知识产权战略实施力度的成效。江苏在 2011 年的申请量就超过了其他省份，跃居年申请量第一，并且江苏的发明申请量和授权量均排在前列，反映了江苏作为后起之秀在新型墙体材料领域的实力。广东是新型墙体材料很具实力的省份，相关专利申请量仅次于其他三个省份。整体上看来，广东新型墙体材料的技术创新在全国范围内处于较为领先的地位。

表 9 - 1　新型墙体材料领域国内主要地区申请量和授权量排名

地区	申请总量/件	发明申请量/件	发明申请量占比	发明授权量/件（有效/全部）	发明授权率	实用新型授权量/件	授权总量/件	2012～2016 年申请量/件	近 5 年占比
江苏	1918	1120	58.39%	284/340	30.36%	798	1138	1342	69.97%
北京	1627	855	52.55%	298/395	46.20%	772	1167	892	54.82%
山东	1576	812	51.52%	202/254	31.28%	764	1018	1038	65.86%
广东	1169	765	65.44%	211/232	30.33%	404	636	851	72.80%
浙江	1115	654	58.65%	204/243	37.16%	515	758	655	58.74%
上海	1077	636	59.05%	186/238	37.42%	441	679	548	50.88%
安徽	976	539	55.23%	172/204	37.85%	576	780	792	81.15%
湖南	876	492	56.16%	70/87	17.68%	384	471	671	76.60%
辽宁	710	442	62.25%	97/146	33.03%	268	414	385	54.23%
河南	573	338	58.99%	98129	38.17%	235	364	371	64.75%

9.2.3　广东专利状况分析

截至 2016 年 12 月 31 日（以下简称"截至检索日"），广东新型墙体材料相关的专利申请共 1169 件。本节将对广东新型墙体材料产业的专利竞争态势进行详细分析。

9.2.3.1　申请量趋势分析

从图 9 - 3 可以看出，广东在新型墙体材料技术领域的申请量从总体看来逐年稳步上涨。在 2000 年之前，广东在新型墙体材料领域的专利申请量一直都是屈指可数；2001～2003 年，每年的专利申请量都有所增加，但是增加速度非常缓慢；2004～2008 年专利的申请量稳步增加，并且增加速度相对于 2001～2003 年而言有明显的加快；2011 年相对于 2010 年之前出现了井喷式增长，年申请量达到 131 件；2012 年相对于 2011 年而言，申请量略有下降；2013 年相对于 2012 年而言，申请量也略有下降，但在

2014 年和 2015 年都出现了一定的增长；但 2014 年和 2015 年的增长相对 2010~2011 年的增长缓慢；至 2015 年广东在新型墙体材料技术领域的专利年申请量达到了一个新的顶峰（148 件）。

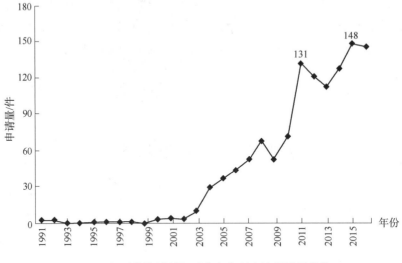

图 9-3　新型墙体材料领域广东专利申请量发展趋势

从图 9-4 可以看出，就专利类型来看，2001 年之前，广东的实用新型或是发明专利的申请量都很低；2001 年之后，广东的实用新型和发明专利申请量均开始增长，且发明专利的申请量走势高于实用新型。发明专利需要经过实质审查，广东发明创造的高度相较于实用新型而言较高，且发明专利的保护期限也长于实用新型的保护期限，上述申请的趋势反映了广东在新型墙体材料产业领域已经开始注重专利的质量和专利的保护程度。

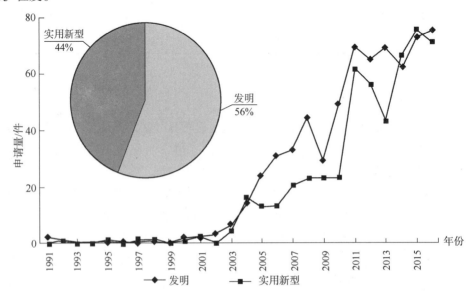

图 9-4　新型墙体材料领域广东专利申请类型占比及申请量发展趋势

9.2.3.2　广东主要地区专利申请态势

为了对新型墙体材料领域广东省的技术研发力量进行分析，下面对新型墙体材料领域的技术专利申请按市进行统计。

广东的新型墙体材料产业发展也相对较为迅速，申请量共 1169 件。从图 9 - 5 可以看出，广东申请主要集中于珠三角地区的深圳、广州、佛山、东莞、中山和珠海等地区。其中，深圳以申请量 395 件、占总量 34% 的比例位列第一，广州以申请量 348 件位列第二，佛山以申请量 135 件位列第三，东莞以申请量 79 件位列第四，中山以申请量 60 件位列第五。上述排名前五位的地区申请量占整个广东申请量的 88%，显示了这五个地区在新型墙体材料领域突出的技术实力。虽然东莞和中山的申请量排名第四和第五，但它们的申请量与深圳、广州和佛山的申请量相差较大，说明了广东的新型墙体材料产业仍然是掌握在最发达的深圳、广州及佛山三个地区。

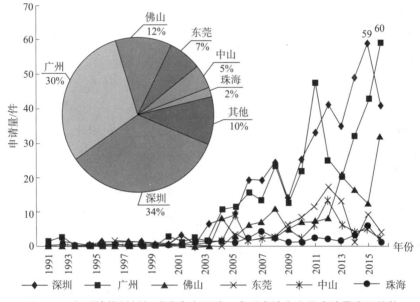

图 9 - 5　新型墙体材料领域广东主要地区专利申请占比及申请量发展趋势

图 9 - 5 进一步示出了上述在广东申请总量排名前六位的地区的申请量发展趋势。从图 9 - 5 中可以看出，随着整个新型墙体材料领域技术的发展，深圳和广州两个地区从 2000 年开始，专利申请量逐步增高；佛山、东莞、中山地区从 2004 年开始，专利申请量逐步增高；而珠海地区是从 2006 年开始，专利申请量逐步增高。其中，2004 ~ 2011 年，深圳和广州地区的专利申请量增高趋势基本一致。2011 年广州的专利申请量高于深圳的专利申请量，从 2012 年开始广州的专利申请量有所减少。2012 ~ 2015 年，深圳的年专利申请量高于广州的年专利申请量，但广州地区在 2016 年的专利申请量相较于之前出现了井喷式增长，而深圳地区在 2016 年的专利申请量略有下降，也可能是因为公开滞后的原因。佛山地区的专利申请量在 2004 ~ 2012 年基本保持稳步增加，2016 年的申请量出现了大幅增加，说明佛山地区也是新型墙体材料技术发展的主要力量。东莞、

中山和珠海地区，2012～2016年每年专利申请量略有下降。从整个申请趋势可以看出，广州、深圳和佛山地区是广东新型墙体材料发展的主要力量。

9.2.3.3 广东专利技术分布

为了研究新型墙体材料领域广东专利申请技术主题分布情况，对采集的广东专利数据按照各项技术主题占比、技术主题年代趋势进行了统计分析。

从图9-6可以看出，广东在新型墙体材料领域的各个技术主题与中国范围表现基本一致。就整个新型墙体材料而言，广东在板材方面的专利申请量占总的专利申请量的46%，占据首位；而砖方面占比也较高，达到38%。从图9-6中可以看出，板材、砖、砌块材料的申请趋势类似，在2012年之前保持稳步增加的趋势，在2013年和2014年申请量发生了降低，但在2015年申请量又出现了增长。

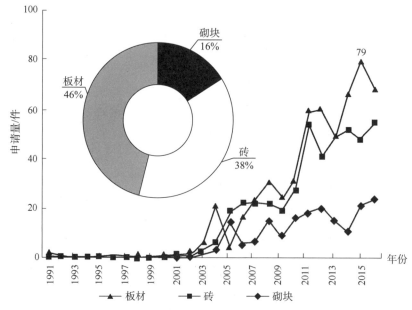

图9-6 新型墙体材料领域广东专利申请技术主题分布

9.2.3.4 广东专利申请人类型

从表9-2可以看出，就新型墙体材料而言，广东仍旧是企业申请量最多的省份，企业作为市场的主体，是技术改进的主要力量。作为传统研发主体和技术来源的高校和研究机构，其申请量占比为11.2%，说明广东主要的技术研发机构在新型墙体材料领域方面的投入还不足。个人申请所占比重达37.2%，远高于高校和研发机构所占的比例之和，也进一步说明了这一领域存在研发起点较低的技术。

表9-2 新型墙体材料领域广东申请人类型分布

申请人类型	占比
企业	48.5%
个人	37.2%

申请人类型		占比
高校及研究所		11.2%
合作	企业 + 企业	2.0%
	企业 + 高校	0.4%
	企业 + 研究所	0.4%
	学校 + 研究所	0.3%

9.2.3.5 广东专利申请人

从表 9-3 可以看出，总申量排名前 20 位的申请人中，广东的企业有 9 位，分别是深圳海龙建筑制品有限公司、广东建科节能环保科技有限公司、广东省建筑科学研究院集团股份有限公司、中建钢构有限公司、东莞市利鹏建材有限公司、中山市诚盛建材开发有限公司、中山建华墙体材料有限公司、佛山市耀达建材贸易有限公司、深圳广田装饰集团股份有限公司。但是结合每个申请人的申请量，广东省内龙头企业少，专利申请量分散程度较高。在广东省内没有申请量超过 20 件的企业，因此，目前广东企业在新型墙体材料领域的研发投入有待进一步加强。在总申请量排名前 20 位的申请人中，高校及研究所有 5 位，分别是华南理工大学、广东工业大学、暨南大学、哈尔滨工业大学深圳研究生院、广东省建筑设计研究院；其余 6 位申请人为个人，分别是杨东佐、付志洪、张永清、廖树汉、孙成建、廖振兴。

表 9-3 新型墙体材料领域广东主要申请人申请情况数据表 单位：件

排序	申请人	总量	发明	发明授权
1	华南理工大学	35	31	20
2	深圳海龙建筑制品有限公司	15	10	6
3	杨东佐	13	11	9
4	付志洪	12	5	0
5	广东工业大学	12	7	3
6	广东建科节能环保科技有限公司	12	8	0
7	广东省建筑科学研究院集团股份有限公司	12	8	1
8	中建钢构有限公司	11	5	0
9	张永清	11	9	0
10	廖树汉	10	10	0
11	孙成建	9	4	1
12	东莞市利鹏建材有限公司	8	4	1
13	中山市诚盛建材开发有限公司	8	4	1
14	中山建华墙体材料有限公司	8	7	3

续表

排序	申请人	总量	发明	发明授权
15	佛山市耀达建材贸易有限公司	8	2	2
16	哈尔滨工业大学深圳研究生院	8	4	0
17	广东省建筑设计研究院	8	4	1
18	廖振兴	8	8	0
19	暨南大学	8	8	3
20	深圳广田装饰集团股份有限公司	8	7	5

华南理工大学的申请总量是35件，在广东省申请人中排名第一位，其中发明申请的31件中有20件获得了授权，说明了华南理工大学较为重视专利的保护力度和保护强度。

下面通过技术主题分布对各主要申请人在新型墙体材料领域各技术主题的分布情况进行分析。从图9-7中可以看出，各主要申请人的技术主题分布存在明显的差异。申请量排名首位的申请人华南理工大学的分布较为均衡，在砌块、砖和板材均有专利申请，且专利申请量均位列前茅，可见其对新型墙体材料的重视程度非常高。深圳海龙建筑制品有限公司、广东建科节能环保科技有限公司、广东省建筑科学研究院集团股份有限公司、中建钢构有限公司四家企业的专利申请主要涉及砖和板材；杨东佐、付志洪、张永清、廖树汉四位申请人的专利申请也主要涉及砖和板材，在砌块领域的专利申请较少，广东工业大学在砌块、砖、板材领域的专利申请分布较均衡。

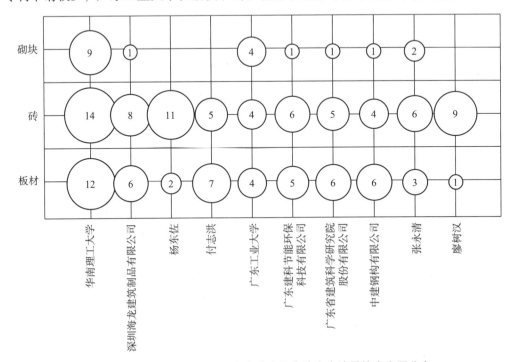

图9-7 新型墙体材料领域广东前十位申请人申请量技术主题分布

注：图中数字表示申请量，单位为件。

9.2.3.6 专利运用分析

广东在新型墙体材料领域涉及许可备案的为10件。表9-4为涉及权利转移和许可备案的专利信息，其中，涉及权利转移的主要是专利权在公司及其法定代表人之间的转移。

表9-4　广东新型墙体材料有效发明专利许可备案的信息列表

编号	申请号	许可人	被许可人	许可类型
1	CN201210017916.9	周国富	陆宇皇金建材（河源）有限公司	独占许可
2	CN201010253987.X	骆建雄	汕头市保源节能建材与装备制造科技有限公司	独占许可
3	CN200710031837.2	方德明	佛山市拉格格住宅科技有限公司	独占许可
4	CN200710003173.9	陈雄载	广东兴辉陶瓷集团有限公司	独占许可
5	CN201310088714.8	华南理工大学	广东松本绿色新材股份有限公司	独占许可
6	CN201010003029.7	张宇顺	东莞金字塔绿色科技有限公司	独占许可
7	CN201110194992.2	罗笛峰	广州市米伽建筑材料科技有限公司	独占许可
8	CN201110274950.X	米仁禧	广州市雅特霸力化工科技有限公司	独占许可
9	CN201110194995.6	罗笛峰	广州市米伽建筑材料科技有限公司	独占许可
10	CN03155812.7	李桓宇	广州绿由工业弃置废物回收处理有限公司	独占许可

根据前述的有效专利、涉及专利权转移及专利许可运用的专利申请对比分析，总结归纳出目前申请人为个人、高校及科研院所且并未涉及专利许可运用的有效专利，详见表9-5。

表9-5　广东新型墙体材料暂未实施的专利信息列表

编号	发明名称	申请号	申请日	申请人
1	一种聚苯乙烯砂浆干粉及其制品	CN201110422795.1	2011-12-16	何展辉
2	一种硫铁矿选矿尾砂蒸压灰砂砖及其生产工艺	CN201010100863.8	2010-01-22	广东省建筑材料研究院
3	一种新型砌块墙体的干法施工方法	CN200510034625.0	2005-05-18	何玉成
4	一种适用于新型墙体材料的干粉砂浆外加剂及其制备方法	CN200810029969.6	2008-08-04	华南理工大学

续表

编号	发明名称	申请号	申请日	申请人
5	一种双面复合保温节能墙板的制备方法	CN201210585831.0	2012 – 12 – 28	中国科学院广州能源研究所
6	一种复合装饰混凝土及其制造方法	CN201110238610.1	2011 – 08 – 09	饶淳
7	建筑隔墙用轻质墙板及其制备方法	CN200810142241.4	2008 – 08 – 05	吴秋森
8	一种质轻、高强度的防火环保墙板及其制作方法	CN201210173538.3	2012 – 05 – 28	吴世苏
9	一种植物纤维无机轻质填充集料	CN201310232268.3	2013 – 06 – 13	孙成建
10	高性能相变储能材料芯材及其制备而成的夹心建筑墙板	CN201110244285.X	2011 – 08 – 25	暨南大学
11	一种利用玄武岩纤维增强的海砂水泥基复合保温墙板	CN201410337036.9	2014 – 07 – 10	广东工业大学
12	一种组合式板墙	CN201110081223.1	2011 – 04 – 01	陈丽燕
13	一种采用抛光瓷渣为主料制成的发泡陶瓷材料及其制备方法	CN201110164668.6	2011 – 06 – 17	甘伟
14	节能环保型 EPS 轻骨料混凝土及其制备方法	CN200810029208.0	2008 – 07 – 03	华南理工大学
15	一种蒸压加气混凝土用复合稳泡剂及其制备方法	CN201510430881.5	2015 – 07 – 21	广东省建筑材料研究院
16	碱木质素改性氨基磺酸盐高效减水剂及其制备方法	CN200710030226.6	2007 – 09 – 13	华南理工大学
17	一种可承重轻质板材及其制作方法、组合墙板和房屋	CN201410789803.X	2014 – 12 – 17	黄军海
18	一种复合墙板及组合墙板	CN201210145153.6	2012 – 05 – 10	杨东佐
19	一种光伏相变墙体系统及其实现方法	CN201310719937.X	2013 – 12 – 24	深圳大学
20	免烧耐腐蚀面砖及其制备方法	CN200810028605.6	2008 – 06 – 06	华南理工大学 广州市建筑科学研究院

编号	发明名称	申请号	申请日	申请人
21	一种复合相变储能材料及其制备方法	CN201110244300.0	2011 – 08 – 25	暨南大学
22	一种利用工业废泥浆渗加制作环保节能建材的方法	CN201410024487.7	2014 – 01 – 20	吴世苏
23	一种硅酸钙板贴面轻质墙板的制备方法	CN201310509911.2	2013 – 10 – 25	黄海涛
24	一种大容积可更换的相变储能板体系统及相变储能墙体	CN201610047451.X	2016 – 01 – 25	深圳大学
25	一种木质素基泡沫混凝土发泡剂及其制备方法与应用	CN201310511515.3	2013 – 10 – 25	华南理工大学
26	一种稻壳灰和偏高岭土基地聚物复合防火涂料及其制备方法	CN201110143599.0	2011 – 05 – 31	华南理工大学
27	多功能聚合物水泥干粉砂浆添加剂及制备和应用	CN201310457765.3	2013 – 09 – 30	周昌盛
28	三聚氰胺改性木质素磺酸盐高效减水剂与制备方法及其应用	CN200810198271.7	2008 – 09 – 02	华南理工大学
29	一种仿天然洞石的瓷质砖及其制备方法	CN200710026323.8	2007 – 01 – 10	霍镰泉
30	一种相变储能板体、墙体及板体的制作方法	CN201610025962.1	2016 – 01 – 15	深圳大学
31	一种利用制碱白泥生产钾肥及建材产品的方法	CN201010191242.5	2010 – 05 – 28	华南理工大学
32	一种制作菱镁制品的方法	CN201310399624.0	2013 – 09 – 05	罗展华
33	一种仿天然洞石的装饰瓷质砖及其制造方法	CN200710026324.2	2007 – 01 – 10	霍镰泉
34	多孔远红外陶瓷材料和双层远红外陶瓷板的制备方法	CN201110028780.7	2011 – 01 – 20	张英华
35	定向纤维气凝胶隔热复合材料制备方法	CN201110357904.6	2011 – 11 – 11	广州大学
36	多功能环保砖及其制作方法	CN201410423662.X	2014 – 08 – 26	陈立贵

编号	发明名称	申请号	申请日	申请人
37	表面具有透明热反射涂层的陶瓷制品及其制备方法	CN200710033036. X	2007 - 12 - 29	中国科学院广州能源研究所
38	一种轻量化的薄型人造石材及其制备方法和用途	CN201110168111. X	2011 - 06 - 21	暨南大学
39	改性玻化微珠保温隔热砂浆及其制备方法	CN200710031860. 1	2007 - 11 - 30	华南理工大学

表 9 - 5 中，所列出的专利可能暂未实施，一方面可能是把专利技术转化成实用的物品投资太大，因而无法投入生产；另一方面也可能是因为找不到合适的转移对象而被闲置。造成以上状况的原因可能是：

1）对专利技术没有合理的估值。专利权到底值多少钱，目前在国内还没有一套能够令人信服的评估制度，所以专利价值成了专利技术转化最困难的阻碍。

2）没有广泛的宣传途径，没有大面积地推广专利技术。从理论上来说，专利推广是技术转化最关键的一步，要想转让或许可专利，就必须先让他人知道这一专利技术是什么，有什么好处，能够给企业或者社会带来什么帮助。

3）面对投资方，专利权人没有公正客观地介绍自己的技术成果，没有做到既要把技术的特点和优势介绍清楚，也要把技术的缺点和弊端展示出来，站在投资方的角度去思考、去交流，同样也要保证自己的合法权益不受伤害。因为没有能够达到这种要求，所以没能够达成合作共识。

9.3 防水密封材料专利信息分析

9.3.1 全球专利状况分析

图 9 - 8 示出了防水密封材料领域主要国家、地区专利占比及申请量趋势，其中来源于中、美、日、欧四大国家/地区的申请专利合计占总量的 90.80%，为全球防水密封材料专利聚集区。可以看出，美国防水密封材料技术起步最早，从 20 世纪 70 年代初开始迅速积累，并持续保持较大的优势；日本从 20 世纪 90 年代初开始快速增长，但在近几年呈现下降的趋势。我国对于防水密封材料的研发相对起步较晚，但在 2005 年后，中国的防水密封材料专利申请快速增加，表明中国的众多防水密封材料相关的企事业单位、科研机构的专利保护意识开始增强，并越来越需要有自主研发的防水密封材料技术。2007 年之后，中国研发的防水密封材料申请量开始超过美国、日本，预示着中国已经掌握一部分防水密封材料的相关技术，并可能在某些性能指标方面超过美国和日本，说明中国是防水密封材料技术大量改进的后期主要动力。

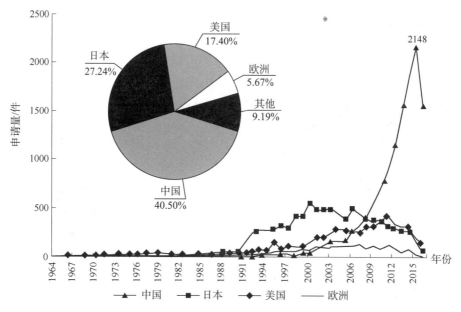

图 9 - 8 防水密封材料领域主要国家/地区专利占比及申请量趋势

9.3.2 中国专利状况分析

为了对防水密封材料领域国内的技术研发力量进行分析，对防水密封材料领域的技术专利申请按省份进行了统计。

中国防水密封材料产业发展较为迅速，国内申请量为 12090 件。从图 9 - 9 可以看出，国内申请主要集中于华东地区的江苏、山东、浙江、上海，华南地区的广东以及华北地区的北京。西南、西北、华中地区申请量不突出。其中，江苏以申请量 1725 件、占总量 16% 的比例位例第一，山东以申请量 1110 件位列第二，浙江以申请量 1073 件位列第三，广东以申请量 1035 件位列第四，安徽以申请量 914 件位列第五，北京以申请量 795 件位列第六。上述排名前六位的省份的申请量占整个国内申请量的 50% 以上，显示出这六个省份在防水密封材料领域突出的技术实力。随着整个防水密封材料领域技术的发展，上述几个地区约从 2007 年开始，专利申请量逐步增高。

表 9 - 6 给出了前十位省份的申请情况排名。结合图 9 - 9 的数据显示，湖北的发明授权率最高，其专利含金量最大。江苏申请量位居各省份榜首，虽然在 2008 年之前专利申请数量较低，但是在 2008 ~ 2014 年申请量突破性增加，这是江苏省政府加大知识产权战略实施力度的成效，其在 2014 年的申请量就超过了其他省份，跃居年申请量第一位，其发明授权量也较高。从综合来看，山东也是较有实力的省份，专利申请量和发明授权率均较高。广东防水密封材料的技术创新在全国范围内处于较为领先的地位。

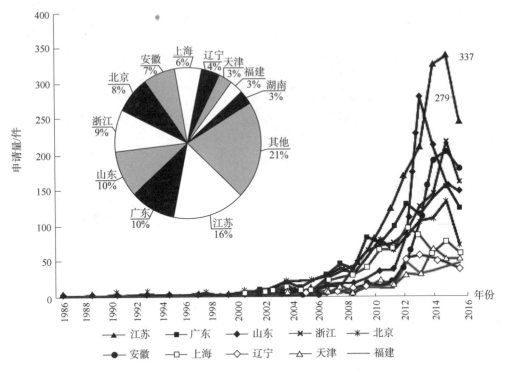

图9-9　防水密封材料领域国内主要地区专利申请占比及申请量发展趋势

表9-6　防水密封材料领域国内主要地区申请量和授权量排名

地区	申请总量/件	发明申请量/件	发明申请占比	发明授权量/件（有效/全部）	发明授权率	实用新型授权量/件	授权总量/件	2012～2016年申请量/件	近5年占比
江苏	1725	1227	71.13%	253/288	23.47%	498	786	1289	74.72%
山东	1110	760	68.47%	264/326	42.89%	350	676	661	59.55%
浙江	1073	761	70.92%	140/174	22.86%	312	486	879	81.92%
广东	1035	511	49.37%	137/163	31.90%	524	687	735	71.01%
安徽	914	569	62.25%	176/240	42.18%	345	585	503	55.03%
北京	795	704	88.55%	97/102	14.49%	91	193	725	91.19%
上海	681	430	63.14%	118/157	36.51%	251	408	379	55.65%
辽宁	386	259	67.10%	62/77	29.73%	127	204	231	59.84%
河南	347	199	57.35%	36/54	27.14%	148	202	232	66.86%
湖北	303	179	59.08%	63/79	44.13%	124	203	191	63.04%

9.3.3　广东专利状况分析

截至检索日，广东防水密封材料相关的专利申请共 1035 件。本节将对广东防水密封材料产业的专利竞争态势进行详细分析。

9.3.3.1　申请量趋势分析

从图 9-10 可以看出，广东在防水密封材料技术领域的申请量从总体看来逐年稳步上涨。在 2000 年之前，广东在防水密封材料领域的专利申请量一直都屈指可数，2001 年之后直到 2004 年，每年的专利申请量都有所增加，但是增加速度非常缓慢；2005～2007 年专利的申请量稳步增加，并且增加速度相对于 2001～2004 年而言有明显的加快；2011 年相对于 2010 年出现了井喷式增长，年申请量达到 96 件；2012 年相对于 2011 年而言，申请量继续增长；2013 年相对于 2012 年而言，申请量也略有下降，但是之后在 2014 年和 2015 年都出现了一定的增长；2015 年，广东在防水密封材料技术领域的专利年申请量达到了一个新的顶峰（156 件）。

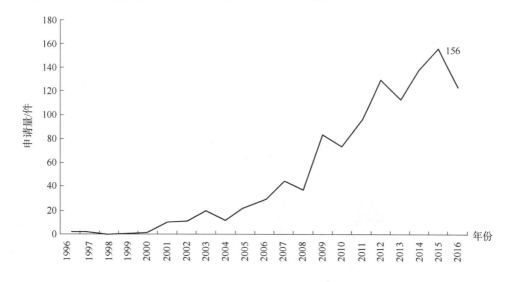

图 9-10　防水密封材料领域广东专利申请量发展趋势

从图 9-11 可以看出，就专利类型来看，2005 年之前，广东的实用新型或是发明专利申请量都很低；2005 年之后，广东的实用新型和发明专利申请量均开始增长，且发明专利的申请量走势高于实用新型。根据发明专利申请需要经过实质审查，其发明创造的高度相较于实用新型而言较高，且发明专利的保护期限也长于实用新型的保护期限，上述申请趋势反映了广东在防水密封材料产业领域已经开始注重专利的质量和专利的保护程度。

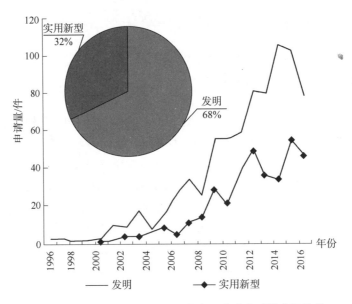

图 9 – 11　防水密封材料领域广东专利申请类型的发展趋势

9.3.3.2　广东主要地区专利申请态势

为了对广东防水密封材料领域的技术研发力量进行分析，课题组对防水密封材料领域的专利申请按市进行了统计（参见图 9 – 12）。

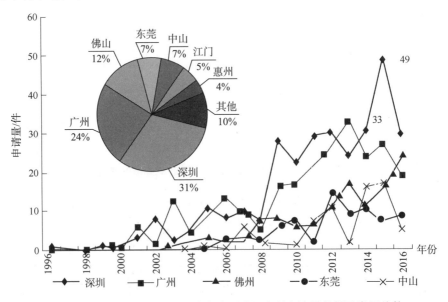

图 9 – 12　防水密封材料领域广东主要地区专利申请量份额及发展趋势

广东的防水密封材料产业发展也相对较为迅速，申请量共 1035 件。从图 9 – 12 可以看出，广东申请主要集中于珠三角地区的深圳、广州、佛山、东莞、中山和江门等地区。其中，深圳以申请量 305 件、占总量 31% 的比例位于首位，广州以申请量 236

件位列第二，佛山以申请量 117 件位列第三，东莞以申请量 73 件位列第四，中山以申请量 68 件位列第五。上述排名前五位的地区申请量占整个广东申请量的 81%，显示了这五个地区在防水密封材料领域突出的技术实力。虽然东莞和中山的申请量排名第四和第五，然而它们的申请量与深圳、广州和佛山的申请量相差较大，说明了广东的防水密封材料产业仍然是掌握在最发达的深圳、广州及佛山三个地区。

图 9 - 12 进一步显示上述在广东申请总量排名前五位的五个地区的申请量发展趋势。从图 9 - 12 中可以看出，随着整个防水密封材料领域技术的发展，深圳和广州两个地区从 2000 年开始，专利申请量逐步增高，佛山、东莞、中山地区从 2004 年左右开始，专利申请量逐步增高。其中，2004 ~ 2013 年，深圳和广州地区的专利申请量增高趋势基本一致；2013 年广州的专利申请量高于深圳的专利申请量；从 2014 年开始广州的专利申请量低于深圳；2014 ~ 2016 年，深圳的专利申请量高于广州的专利申请量。佛山地区的专利申请量在 2003 ~ 2016 年基本保持增加趋势；2015 ~ 2016 年的申请量出现了大幅增加，说明佛山地区也是防水密封材料技术发展的主要力量。东莞、中山地区每年专利申请量的波动较大。从整个申请趋势可以看出，广州、深圳地区是广东防水密封材料发展的主要力量。

9.3.3.3　广东专利技术分布

为了研究防水密封材料领域广东专利申请技术主题分布情况，对采集的广东专利数据按照各项技术主题占比、技术主题年代趋势进行了统计分析。

从图 9 - 13 可以看出，广东在防水密封材料领域的各个技术主题与中国范围表现基本一致。就整个防水密封材料而言，广东在防水材料方面的专利申请量占总的专利申请量的 85%，占据首位；剩下的是密封材料，占 15%。从图 9 - 13 可以看出，防水材料的申请趋势从 2000 年左右开始保持稳步增加的趋势，而密封材料从 2003 年左右开始缓慢增长。

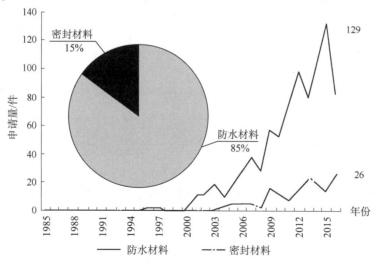

图 9 - 13　防水密封材料领域广东专利申请技术分布

8.3.3.4 广东专利申请人

从表9-7可以看出，在总申请量排名前15位的申请人中，企业有14位，分别是中科院广州化学有限公司、深圳市卓宝科技股份有限公司、深圳市海川实业股份有限公司、深圳市嘉达高科产业发展有限公司、广东科顺化工实业有限公司、中科院广州化学有限公司南雄材料生产基地、巴洛克木业（中山）有限公司、中华制漆（深圳）有限公司、中建钢构有限公司、合众（佛山）化工有限公司、广东盈然木业有限公司、深圳市广田方特幕墙科技有限公司、韶关市合众化工有限公司、东莞大宝化工制品有限公司；高校1所，是华南理工大学。

表9-7　防水密封材料领域广东主要申请人申请情况数据表　单位：件

排序	申请人	总量	发明	发明授权	实用新型
1	中科院广州化学有限公司	45	45	30	0
2	华南理工大学	36	34	20	2
3	深圳市卓宝科技股份有限公司	18	6	2	12
4	深圳市海川实业股份有限公司	17	17	8	0
5	深圳市嘉达高科产业发展有限公司	13	12	0	1
6	广东科顺化工实业有限公司	11	7	3	4
7	中科院广州化学有限公司南雄材料生产基地	9	9	2	0
8	巴洛克木业（中山）有限公司	8	3	1	5
9	中华制漆（深圳）有限公司	7	7	5	0
10	中建钢构有限公司	7	3	0	4
11	合众（佛山）化工有限公司	7	7	0	0
12	广东盈然木业有限公司	7	3	1	4
13	深圳市广田方特幕墙科技有限公司	7	3	1	4
14	韶关市合众化工有限公司	7	7	0	0
15	东莞大宝化工制品有限公司	6	6	3	0

中科院广州化学有限公司的申请总量是45件，在广东申请人中排名第一位，其中发明申请的45件中有30件获得了授权，说明中科院广州化学有限公司较为重视专利的保护力度和保护强度。

下面通过技术主题分布对各主要申请人在防水密封材料领域各技术主题的分布情况进行分析。从图9-14中可以看出，各主要申请人的技术主题分布存在明显的差异。

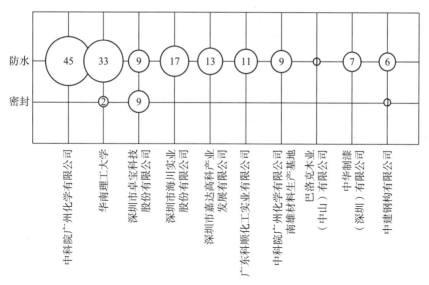

图9-14 防水密封材料领域广东前十位申请人申请量按技术主题分布

注：图中数字表示申请量，单位为件。

申请量排名首位和第二位的申请人——中科院广州化学有限公司、华南理工大学均以防水材料的申请为主。排名第三位的深圳市卓宝科技股份有限公司在防水材料和密封材料领域的专利申请分布较均衡。排名第四位以后的申请人均以防水材料为主。

9.3.3.5 专利运用分析

广东防水密封材料有效发明涉及许可备案的为10件。表9-8为涉及权利转移和许可备案的专利信息，其中，涉及权利转移的主要是专利权在公司及其法定代表人之间的转移。

表9-8 广东防水密封材料有效发明专利许可备案的信息列表

编号	申请号	许可人	被许可人	许可类型
1	CN201010186111.8	陈耀强	肇庆市金贝麟新型建材有限公司	独占许可
2	CN200610036625.9	华南理工大学	广东嘉宝莉化工集团有限公司	普通许可
3	CN200910105589.0	张波	深圳市讯普法纳科技发展有限公司	独占许可
4	CN201110194992.2	罗笛峰	广州市米伽建筑材料科技有限公司	独占许可
5	CN201010118868.3	华南理工大学	嘉宝莉化工集团股份有限公司	普通许可

续表

编号	申请号	许可人	被许可人	许可类型
6	CN200710027505.7	华南理工大学、广东高科力新材料有限公司	东莞大宝化工制品有限公司	独占许可
7	CN201210197411.5	广州市福田化学工业涂料有限公司	广州市福恒嘉邦建材有限公司	独占许可
8	CN200910193352.2	华南理工大学	嘉宝莉化工集团股份有限公司	独占许可
9	CN200410051266.5	深圳市海川实业股份有限公司	深圳海川工程科技有限公司	独占许可
10	CN03133266.8	深圳市海川实业股份有限公司	深圳海川工程科技有限公司	独占许可

根据前述的有效专利、涉及专利权转移及专利许可运用的专利申请对比分析，总结归纳出目前申请人为个人、高校及科研院所且并未涉及专利许可运用的有效专利，详见表9-9。

表9-9 广东防水密封材料暂未实施的专利信息列表

编号	发明名称	申请号	申请日	申请人
1	用于建筑外墙的保温材料及其施工方法	CN200610060483.X	2006-05-08	深圳市建筑科学研究院
2	一种用纳米二氧化硅聚醚（酯）多元醇分散体制备高固含水性聚氨酯的方法	CN201310588616.0	2013-11-21	五邑大学
3	一种净化甲醛的木器漆及其制备方法	CN201410081298.3	2014-03-06	华南理工大学
4	一种水性防水丙烯酸酯乳液及其制备方法	CN201410509042.8	2014-09-28	广州大学
5	一种超稳定高耐候水包水型仿花岗岩多彩涂料的制备方法	CN201410005877.X	2014-01-07	中山火炬职业技术学院
6	一种UV光固化涂料面漆及其制备方法	CN201310748180.7	2013-12-31	张锦碧

续表

编号	发明名称	申请号	申请日	申请人
7	一种双层复合木地板及其制备方法	CN201110185986.0	2011－07－05	何晓龙
8	一种复合装饰混凝土及其制造方法	CN201110238610.1	2011－08－09	饶淳
9	一种氟硅改性核壳丙烯酸酯无皂乳液及其制备方法	CN201310588597.1	2013－11－21	五邑大学
10	一种阳离子型有机硅－丙烯酸酯水分散体及其制备方法	CN201110251418.6	2011－08－29	华南理工大学
11	一种隔热防水防腐涂料	CN201010187322.3	2010－05－31	刘昆虎
12	高稳定性有机硅乳液及其制备方法和应用	CN201410449137.5	2014－09－04	广州中国科学院工业技术研究院
13	一种新型外墙保温发泡腻子	CN200810025785.2	2008－01－08	谭苏平
14	一种透明聚氨酯涂料及其制备方法	CN201210374773.7	2012－09－29	广州有色金属研究院
15	热固性树脂/废胶粉/废轮胎纤维复合材料的制备方法	CN201010019492.0	2010－01－19	华南理工大学
16	一种硅纤多功能柔性装饰材料及其制备方法	CN200910107814.4	2009－06－05	朱录勤
17	一种复合型水性建筑保温隔热涂料及其制备方法	CN201010593520.X	2010－12－17	佛山科学技术学院
18	一种纳米溶胶改性水性聚氨酯乳液的制备方法及应用	CN201210121480.8	2012－04－24	东莞上海大学纳米技术研究院上海大学
19	一种阳离子型水性环氧树脂灌浆材料及其制备方法	CN200810029398.6	2008－07－11	中科院广州化学研究所
20	一种同时具有防静电与阻燃两种功能的塑料发泡板材及其制作工艺	CN201210404096.9	2012－10－22	冼冰

续表

编号	发明名称	申请号	申请日	申请人
21	一种竹粉复合材料、制备方法及其应用	CN201010193260.7	2010 – 06 – 07	陈俊珂
22	一种水溶性树脂包膜材料的工业化制备方法及其应用	CN200910037546.3	2009 – 03 – 04	华南农业大学
23	一种反射型隔热防水涂料	CN201010187304.5	2010 – 05 – 31	刘昆虎
24	一种多效合一水性无机 – 有机杂化建筑涂料及其制备方法	CN201110225801.4	2011 – 08 – 08	华南理工大学
25	高固体含量潜固化聚氨酯丙烯酸杂合乳液	CN200910036941.X	2009 – 01 – 23	华南理工大学
26	一种光合剂混合材料、面砖表层材料、涂料及其应用	CN201010226689.1	2010 – 07 – 13	黄利辉
27	一种高硬度有机硅防护涂料及其制备方法和应用	CN200910038009.0	2009 – 03 – 18	中国科学院广州化学研究所

通过对上述所列出的可能暂未实施的专利进行解读分析，在了解到技术方案的可行性及可能产生的效益后，可以尝试与专利权人沟通，采用专利权转移或许可等方式将暂未实施的专利进行转化。

9.4 保温隔热材料专利信息分析

9.4.1 全球专利状况分析

图 9 – 15 示出了保温隔热材料领域主要国家/地区专利占比及申请量趋势，其中来源于中、美、日、欧四大国家/地区申请的专利合计约占总量的 92%，为全球保温隔热材料专利聚集区。可以看出，美国保温隔热材料技术起步最早，从 20 世纪 80 年代初开始迅速积累，并持续保持较大的优势；日本从 20 世纪 90 年代初开始快速增长，而在近几年呈现下降的趋势，技术趋于成熟。我国对于保温隔热材料的研发相对起步较晚，但在 2005 年后，中国的保温隔热材料专利申请快速增加，表明中国的众多保温隔热材料相关企事业单位、科研机构的专利保护意识开始增强，并越来越需要有自主研发的保温隔热材料技术。2006 年之后，中国研发的保温隔热材料申

请量开始超过美国、日本，预示着中国已经掌握一部分保温隔热材料的相关技术，并可能在某些性能指标方面超过美国和日本，说明中国是保温隔热材料技术大量改进的后期主要动力。

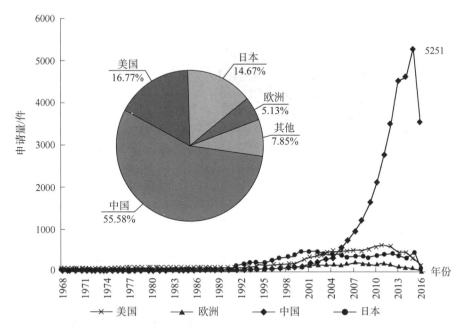

图 9 – 15　保温隔热材料领域主要国家/地区专利占比及申请量趋势

9.4.2　中国专利状况分析

为了对保温隔热材料领域国内的技术研发力量进行分析，课题组对保温隔热材料领域的技术专利申请按省份进行了统计。

中国保温隔热材料产业发展较为迅速，国内申请量共计 32724 件。从图 9 – 16 可以看出，国内申请主要集中于华东地区的江苏、山东、浙江、上海，华南地区的广东以及华北地区的北京。西南、西北、华中地区申请量不突出。其中，江苏以申请量 4654 件、占总量 16% 的比例位于首位，山东以申请量 2938 件位列第二，浙江以申请量 2437 件位列第三，广东以申请量 2358 件位列第四，安徽省以申请量 2280 件位列第五。上述排名前五位的省份的申请量占整个国内申请量的 50%，显示出这五个省份在保温隔热材料领域突出的技术实力。随着整个保温隔热材料领域技术的发展，上述几个地区从 2005 年开始，专利申请量逐步增高。

表 9 – 10 给出了前十位省份的申请情况排名。结合图 9 – 16 的数据显示，经济最为发达的北京和上海的申请量发展趋势基本一致，它们聚集了大量新兴建材企业、高校和研究院，创新能力强，其中北京的发明授权率最高。江苏申请量位居各省份榜首，虽然在 2009 年之前专利申请数量较低，但是在 2009 ~ 2013 年，申请量突破性增加，这是江苏省政府加大知识产权战略实施力度的成效，其在 2009 年的申请量就超过了其他

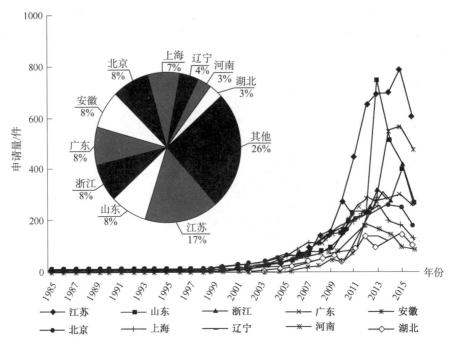

图 9 - 16   保温隔热材料领域国内主要地区专利申请份额及发展趋势

省份，跃居年申请量第一，并且江苏的发明申请量和授权量均排名第一，反映了江苏作为后起之秀在保温隔热材料领域的实力。浙江虽然排名第三位，但是实用新型占了较大的比重，说明了浙江的整体创新度不高。

表 9 - 10   保温隔热材料领域国内主要地区申请量和授权量排名

地区	申请总量/件	发明申请量/件	发明申请占比	发明授权量/件（有效/全部）	发明授权率	实用新型授权量/件	授权总量/件	2012～2016年申请量/件	近5年占比
江苏	4654	3203	68.82%	941/1074	33.53%	1451	2525	3421	73.51%
山东	2938	2131	72.53%	480/595	27.92%	807	1402	2148	73.11%
浙江	2437	1297	53.22%	386/512	39.48%	1140	1652	1505	61.76%
广东	2358	1483	62.89%	570/658	44.37%	875	1533	1409	59.75%
安徽	2280	1867	81.89%	382/422	22.60%	413	835	2045	89.69%
北京	2214	1423	64.27%	513/666	46.80%	1149	1815	1149	51.90%
上海	1980	1267	63.99%	385/487	38.44%	1006	1493	1006	50.81%
辽宁	1243	740	59.53%	209/299	40.41%	678	977	678	54.55%
河南	979	666	68.03%	215/290	43.54%	604	894	604	61.70%
湖北	964	728	75.52%	249/306	42.03%	617	923	617	64.00%

　　广东是保温隔热材料很具实力的省份，相关专利申请量仅次于江苏、山东和浙江三个省份；其发明授权率高达 44.37%，仅次于北京。整体上来看，广东在保温隔热材料方面的技术创新在全国范围内处于较为领先的地位。

9.4.3　广东专利状况分析

　　截至检索日，广东保温隔热材料相关的专利申请共 2321 件。本节将对广东保温隔热材料产业的专利竞争态势进行分析。

9.4.3.1　申请量趋势分析

　　从图 9 - 17 可以看出，从总体看来广东在保温隔热材料技术领域的申请量逐年稳步增加。在 2000 年之前，广东在保温隔热材料领域的专利申请量一直都屈指可数；2001 ~ 2004 年，每年的专利申请量都有所增加，但是增加速度非常缓慢；2005 ~ 2010 年，专利的申请量稳步增加，并且增加速度相对于 2001 ~ 2004 年而言有明显的加快；2011 年相对于 2010 年之前出现了井喷式增长，年申请量达到 252 件；2012 年相对于 2011 年而言，申请量增加幅度降低，但仍旧有增加；2013 年相对于 2012 年而言，申请量略有下降；之后在 2014 年和 2015 年都出现了一定的增长，但增长相对 2010 ~ 2011 年的增长缓慢；2015 年，广东在保温隔热材料技术领域的专利年申请量达到了一个新的顶峰（296 件）。

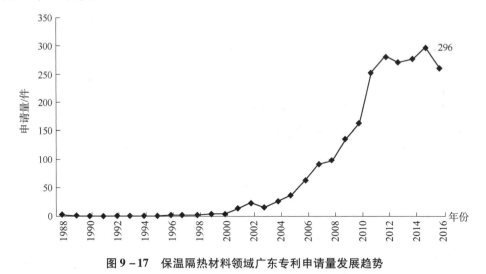

图 9 - 17　保温隔热材料领域广东专利申请量发展趋势

　　从图 9 - 18 可以看出，就专利类型来看，2001 年之前，广东的实用新型专利申请量一直高于发明专利申请量，但是在这一段期间内实用新型和发明专利请量都很低；2001 年之后则呈现相反的状态，发明专利的申请量走势开始高于实用新型，并且二者之间的差距整体而言呈现越来越大的状态，甚至出现了实用新型申请量下滑，而发明申请量持续走高的情况。根据发明专利需要经过实质审查，其发明创造的高度相较于实用新型而言较高，且发明专利的保护期限也长于实用新型专利的保护期限，上述申请的趋势反映了广东在保温隔热材料产业领域已经开始注重专利的质量和专利的保护程度。

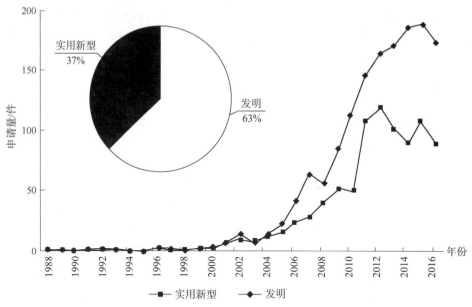

图 9 – 18　保温隔热材料领域广东专利申请类型的发展趋势

9.4.3.2　广东主要地区专利申请态势

为了对保温隔热材料领域广东的技术研发力量进行分析，课题组将保温隔热材料领域的技术专利申请按市进行了统计。

广东的保温隔热材料产业发展也相对较为迅速，申请量共 2321 件。从图 9 – 19 可以看出，广东的专利申请主要集中于珠三角地区的广州、深圳、佛山、东莞、中山和珠海等地区。其中，广州以申请量 617 件、占总量 27% 的比例位于首位，深圳以申请量 603 件位列第二，佛山以申请量 384 件位列第三，东莞以申请量 208 件位列第四，中山以申请量 96 件位列第五。上述排名前五位的地区申请量占整个广东申请量的 83%，显示了这五个地区在保温隔热材料领域突出的技术实力。虽然东莞和中山的申请量排名第三和第四，但是它们的申请量与广州、深圳和佛山的申请量相差较大，说明广东的保温隔热材料产业仍然是掌握在最发达的广州、深圳及佛山三个地区。

图 9 – 19 进一步显示了上述在广东申请总量排名前六位的地区的申请量发展趋势。从图 9 – 19 可以看出，随着整个保温隔热材料领域技术的发展，广州和深圳两个地区从 2000 年开始，专利申请量逐步增加，佛山、东莞、中山地区从 2004 年开始，专利申请量逐步增加，而珠海地区是从 2006 年开始，专利申请量逐步增加。其中，2004 ~ 2011 年，广州和深圳地区的专利申请量增高趋势基本一致；2012 ~ 2015 年，深圳的年专利申请量高于广州的年专利申请量；广州地区在 2016 年的专利申请量相较于之前出现了井喷式增长；深圳地区在 2016 年的专利申请量略有下降，也可能是因为公开滞后的原因。佛山地区的专利申请量在 2004 ~ 2012 年基本保持稳步增加，2012 ~ 2015 年每年的申请量基本不变，2016 年的申请量又出现了大幅增加，说明了佛山地区也是保温隔热材料技术发展的主要力量。东莞、中山和珠海地区在 2012 ~ 2016 年每年专利申请量略有下降。从整个申请趋势可以看出，广州、深圳和佛山地区是广东保温隔热材料

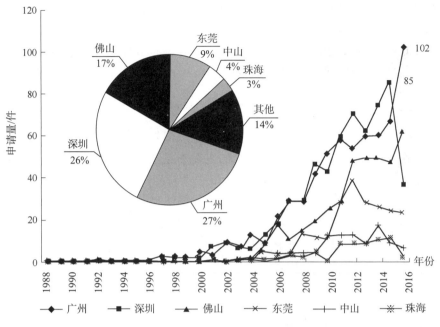

图9-19 保温隔热材料领域广东主要地区专利申请份额及发展趋势

发展的主要力量。

9.4.3.3 广东专利技术分布

为了研究保温隔热材料领域广东专利申请技术主题分布情况，课题组对采集的广东专利数据按照各项技术主题占比、技术主题申请量年份趋势进行了统计分析。

从图9-20可以看出，广东在保温隔热材料领域的各个技术主题与全国范围表现基本一致。就整个保温隔热材料而言，广东在无机保温隔热材料方面的专利申请量占

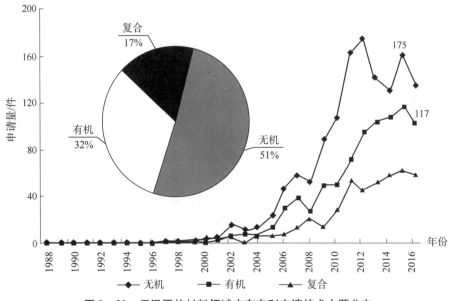

图9-20 保温隔热材料领域广东专利申请技术主题分布

总申请量的51%，占据首位；而有机保温隔热材料方面占比也较高，达到32%。从图9-20可以看出，无机保温隔热材料申请量在2012年之前保持稳步增加的趋势，而在2013年和2014年降低，但在2015年又出现了增长。有机保温隔热材料和复合保温隔热材料的申请量增加速度低于无机保温隔热材料在2012年之前的增加速度，但是一直保持稳步增长的趋势。

9.4.3.4 广东专利申请人类型

从表9-11可以看出，在广东省内，就保温隔热材料而言，仍旧是企业的申请量最多。企业作为市场的主体，是技术改进的主要力量。但是结合每个申请人的申请量可知，广东省内龙头企业少，专利申请量分散程度较高。在广东省内申请量超过20件的企业只有3家，因此，目前广东的企业在保温隔热材料领域的研发投入有待进一步加强。作为传统研发主题和技术来源的高校和研究机构，其申请量占比分别为8%和3%，说明广东的技术主要研发机构在保温隔热材料领域方面的投入还不足。个人申请所占比重达27%，远高于高校和研究机构所占的比例之和，也进一步说明这一领域存在研发起点较低的技术。

表9-11 保温隔热材料领域广东专利申请人类型分布

申请人类型	占比
企业	60%
个人	27%
大学	8%
研究所	3%
企业-科研机构	2%

9.4.3.5 广东专利申请人

从表9-12可以看出，在总申请量排名前20位的申请人中，企业有14位，分别是中国南玻集团股份有限公司、广东生益科技股份有限公司、深圳天派门窗科技有限公司、中科院广州化学有限公司、中物功能材料研究院有限公司、深圳华加日铝业有限公司、格兰特工程玻璃（中山）有限公司、深圳市卓宝科技股份有限公司、合众（佛山）化工有限公司、广亚铝业有限公司、韶关市合众化工有限公司、深圳市嘉达高科产业发展有限公司、肇庆亚洲铝厂有限公司、金发科技股份有限公司；其余6位申请人为科研院所、高校及个人，分别是中科院广州能源研究所、华南理工大学、广东工业大学、李毅、李兴和李桓宇。

表 9 - 12 保温隔热材料领域广东主要申请人申请情况 单位：件

排序	申请人	总量	发明	发明授权	实用新型
1	华南理工大学	133	122	71	11
2	中科院广州能源研究所	26	26	12	0
3	中国南玻集团股份有限公司	22	14	3	8
4	广东生益科技股份有限公司	22	22	12	0
5	广东工业大学	21	16	7	5
6	深圳天派门窗科技有限公司	20	2	1	18
7	中科院广州化学有限公司	17	17	11	0
8	中物功能材料研究院有限公司	14	14	0	0
9	深圳华加日铝业有限公司	14	1	0	13
10	格兰特工程玻璃（中山）有限公司	13	4	1	9
11	深圳市卓宝科技股份有限公司	13	5	1	8
12	合众（佛山）化工有限公司	12	12	1	0
13	广亚铝业有限公司	11	2	1	9
14	韶关市合众化工有限公司	11	11	0	0
15	李毅	10	3	3	7
16	深圳市嘉达高科产业发展有限公司	10	9	2	1
17	肇庆亚洲铝厂有限公司	10	0	0	10
18	金发科技股份有限公司	10	9	0	1
19	李兴	9	9	0	0
20	李桓宇	9	9	5	0

　　华南理工大学的申请总量是 133 件，在广东申请人中排名第一位，其中发明申请的 122 件中有 71 件获得了授权，说明华南理工大学较为重视专利的保护力度和保护强度。

　　下面通过技术主题分布对各主要申请人在保温隔热材料领域各技术主题的分布情况进行分析。从图 9 - 21 中可以看出，各主要申请人的技术主题分布存在明显的差异。

　　申请量排名首位的申请人——华南理工大学的分布较为均衡，除了在有机保温隔热材料和无机保温隔热材料重点部署之外，在复合保温隔热材料也进行了相关专利布局，且专利申请数量均名列前茅，可见其对国内市场的重视程度非常高。中国南玻集团股份有限公司、格兰特工程玻璃（中山）有限公司和深圳华加日铝业有限公司三家

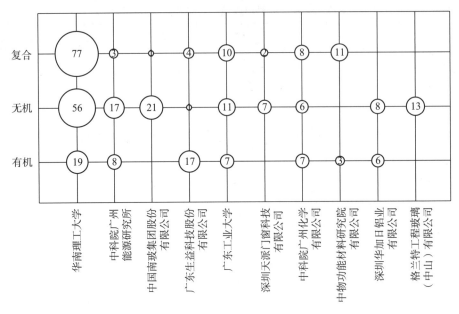

图 9 - 21　保温隔热材料领域广东前十位申请人申请量按技术主题分布情况

企业在国内的专利申请主要涉及无机保温隔热材料。而广东生益科技股份有限公司主要涉及复合保温隔热材料类的专利布局。中科院广州能源研究所和中科院广州化学有限公司在无机、有机和复合保温隔热材料领域的布局较为均衡。

9.4.3.6　专利运用分析

广东保温隔热材料有效发明涉及许可备案的为 20 件。表 9 - 13 为涉及许可备案的专利信息。

表 9 - 13　广东保温隔热材料有效发明专利许可备案的信息列表

编号	申请号	许可人	被许可人	许可类型
1	CN201110216947.2	陈柏军	深圳市立致环保科技有限公司	独占许可
2	CN03155812.7	李桓宇	广州绿由工业弃置废物回收处理有限公司	独占许可
3	CN200710003173.9	陈雄载	广东兴辉陶瓷集团有限公司	独占许可
4	CN200610111521.X	陈雄载	广东兴辉陶瓷集团有限公司	独占许可
5	CN201210017916.9	周国富	陆宇皇金建材（河源）有限公司	独占许可
6	CN201110274950.X	米仁禧	广州市雅特霸力化工科技有限公司	独占许可
7	CN02134274.1	甘伟 张传镁	广州市长华环保科技有限公司	普通许可

编号	申请号	许可人	被许可人	许可类型
8	CN201310088714.8	华南理工大学	广东松本绿色新材股份有限公司	独占许可
9	CN200910042185.1	华南理工大学	东莞市技塑塑胶科技有限公司	独占许可
10	CN200710031337.9	佛山欧神诺陶瓷股份有限公司	广东特地陶瓷有限公司	普通许可
11	CN201110323697.2	黄贺明	广东盖特奇新材料科技有限公司	独占许可
12	CN201010527218.4	华南理工大学	深圳市希顺有机硅科技有限公司	独占许可
13	CN201010181777.4	陈耀强	肇庆市金贝麟新型建材有限公司	独占许可
14	CN200810141725.7	李毅	深圳市创益科技发展有限公司	排他许可
15	CN200910105561.7	深圳大学	深圳市德厚科技有限公司	独占许可
16	CN200710027570.X	华南理工大学	惠州市华聚塑化科技有限公司	独占许可
17	CN201010224514.7	姚喜智	汕头市欣源低碳木业有限公司	独占许可
18	CN200710074258.6	李毅	深圳市创益科技发展有限公司	排他许可
19	CN201010256492.2	华南理工大学	广东华隆涂料实业有限公司	独占许可
20	CN201310470606.7	佛山市唯格瓷砖有限责任公司	淄博阿卡狄亚陶瓷有限公司	普通许可

课题组根据对有效专利、涉及专利权转移及专利许可运用的专利申请对比分析，总结归纳出目前申请人为个人、高校及科研院所且并未涉及专利许可运用的有效专利，详见表9-14。

表9-14 广东保温隔热材料暂未实施的专利信息列表

编号	发明名称	申请号	申请日	申请人
1	一种水性超薄型防火保温材料及其制备方法	CN201410675067.5	2014-11-24	赵丽芳
2	一种环保型石头复合板及其生产方法	CN201210247220.5	2012-07-17	夏丽蓉
3	太阳能环保智能屋	CN201310054914.1	2013-02-21	黄友兰
4	一种双层复合木地板及其制备方法	CN201110185986.0	2011-07-05	何晓龙
5	利用铝型材工业废渣制备的陶瓷墙面砖及其制备方法	CN201210510978.3	2012-11-30	华南理工大学
6	一种可室温交联固化的苯丙乳液及其制备方法	CN201310063662.9	2013-02-28	广东工业大学

编号	发明名称	申请号	申请日	申请人
7	硅质复合板材及其制备方法和应用	CN201210436030.8	2012－11－05	刘贡友
8	一种水性有机聚磷腈树脂的生产方法及热反射、耐高温和阻燃水性涂料	CN201410007691.8	2014－01－07	曾和平
9	一种热交联型纳米石蜡相变储能胶囊的制备方法	CN201510062562.3	2015－02－06	顺德职业技术学院
10	改性玻化微珠保温隔热砂浆及其制备方法	CN200710031860.1	2007－11－30	华南理工大学
11	新型复合板的生产方法	CN201410191036.2	2014－05－07	梁明森
12	一种透明 EVA 隔热材料及其制备方法	CN201010215617.7	2010－06－30	华南理工大学
13	节能环保型 EPS 轻骨料混凝土及其制备方法	CN200810029208.0	2008－07－03	华南理工大学
14	光谱局域修饰的热色玻璃及其制备方法	CN200710031808.6	2007－11－30	中科院广州能源研究所
15	混凝土闭式水热合成硬化工艺	CN201510247414.9	2015－05－14	甘昌成、甘霖、甘露
16	一种建材用复合材料及其制备方法	CN201310118921.3	2013－04－08	陈煦诺、袁泳沂、袁铸伟、袁炽峰
17	一种多效合一水性无机－有机杂化建筑涂料及其制备方法	CN201110225801.4	2011－08－08	华南理工大学
18	定向纤维气凝胶隔热复合材料制备方法	CN201110357904.6	2011－11－11	广州大学
19	城市建设垃圾以废治废生产钢化海棉砖	CN201410561147.8	2014－10－21	庄志汕、李霆、毛秀彩、周国明、张敏
20	一种高流平性玻璃隔热涂料	CN201010175650.1	2010－05－09	邹侯招
21	一种蒸养高性能泡沫混凝土砌块及其生产方法与应用	CN201210271260.3	2012－07－30	罗云峰、王劲松、肖涛
22	一种利用玄武岩纤维增强的海砂水泥基复合保温墙板	CN201410337036.9	2014－07－10	广东工业大学

续表

编号	发明名称	申请号	申请日	申请人
23	一种多孔陶瓷材料及其制备方法	CN200710032543.1	2007－12－14	华南理工大学
24	一种隔热瓦	CN201310370514.1	2013－08－23	陈明灿
25	一种中悬热辐射阻挡膜分割空气间层的建筑屋面	CN201010223319.2	2010－06－29	深圳大学
26	无光污染的二层膜结构镀膜玻璃	CN200610033493.4	2006－02－08	中科院广州能源研究所
27	一种全降解聚甲基乙撑碳酸酯发泡材料及其制备方法	CN201110204493.7	2011－07－21	中山大学
28	一种氯化聚乙烯改性丁腈橡胶发泡材料的制备方法	CN200710033038.9	2007－12－29	谭成章
29	纳米油性 ATO 隔热浆料与制备方法及其应用	CN200710031863.5	2007－11－30	华南理工大学
30	一种采用抛光瓷渣为主料制成的发泡陶瓷材料及其制备方法	CN201110164668.6	2011－06－17	甘伟
31	一种吸音防辐射涂料及其制造方法	CN201010173621.1	2010－05－13	谢绍何
32	一种适用于新型墙体材料的干粉砂浆外加剂及其制备方法	CN200810029969.6	2008－08－04	华南理工大学
33	一种聚苯乙烯砂浆干粉及其制品	CN201110422795.1	2011－12－16	何展辉
34	一种光交联型纳米石蜡相变储能胶囊的制备方法	CN201510062579.9	2015－02－06	顺德职业技术学院
35	可释放负离子的建筑玻璃隔热涂料及制备方法	CN200910109856.1	2009－11－25	深圳清华大学研究院
36	一种高固含量的两性水性聚氨酯鞋用胶黏剂及其制备方法	CN201410567024.5	2014－10－22	华南理工大学
37	仿古青砖及其制造方法	CN201410282876.X	2014－06－23	黎思俊
38	一种有机硅改性两性水性聚氨酯乳液及其制备方法	CN201410568769.3	2014－10－22	华南理工大学
39	新型复合板	CN201410191136.5	2014－05－07	梁明森
40	一种高固含鞋用水性聚氨酯胶黏剂及其制备方法	CN201410409223.3	2014－08－19	华南理工大学
41	一种硅酸钙板贴面轻质墙板的制备方法	CN201310509911.2	2013－10－25	黄海涛

续表

编号	发明名称	申请号	申请日	申请人
42	轻质绝热发泡水泥及其制备方法	CN201210275422.0	2012 – 08 – 03	中科院深圳先进技术研究院
43	无光污染的二层膜结构镀膜玻璃	CN200610033494.9	2006 – 02 – 08	中科院广州能源研究所
44	一种用于玻璃基材的透明隔热涂料体系	CN201210411426.7	2012 – 10 – 24	刘志钊
45	一种微晶泡沫陶瓷复合砖	CN201310104116.5	2013 – 03 – 28	刘德文
46	一种利用工业废泥浆渗加制作环保节能建材的方法	CN201410024487.7	2014 – 01 – 20	吴世苏
47	一种隔热砖及其制备方法	CN201210283196.0	2012 – 08 – 01	林卫超
48	一种组合建筑结构	CN201310041605.0	2013 – 01 – 31	杨东佐
49	一种国标中其他材质的防火门的制作方法	CN201410021950.2	2014 – 01 – 18	吴世苏
50	一种屋面保温隔热板及其生产方法与应用	CN201210271270.7	2012 – 07 – 30	罗云峰、王劲松、肖涛

企业通过对表9－14所列出的可能暂未实施的专利进行解读分析，在了解到技术方案的可行性及可能产生的效益后，可以尝试与专利权人沟通，采用专利权转移或许可等方式将暂未实施的专利进行转化。

9.5 装饰装修材料专利信息分析

9.5.1 全球专利状况分析

图9－22示出了装饰装修材料领域主要国家地区专利占比及申请量趋势，其中来源于中、美、日、欧四大国家/地区及PCT国际申请的专利申请量合计占总量的92%，为全球绿色建材专利聚集区。可以看出，日本装饰装修材料技术起步最早，在20世纪90年代初开始迅速积累，并持续保持较大的优势，但在近几年呈现下降的趋势，总体技术趋于成熟。我国对于装饰装修材料的研发相对起步较晚，但在2005年后，中国的装饰装修材料专利申请快速增加，表明中国众多的装饰装修材料的建筑企事业单位、科研机构的专利保护意识开始增强，并越来越需要有自主研发的装饰装修材料技术。2007年之后，中国研发的装饰装修材料申请量开始超过美国、日本，预示着中国已经掌握一部分装饰装修材料的相关技术，并可能在某些性能指标方面超过美国和日本，说明中国是装饰装修材料技术大量改进的后期主要动力。

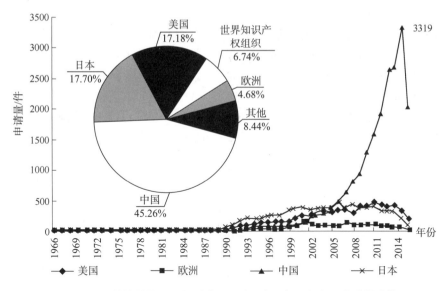

图 9 – 22　装饰装修材料领域主要国家/地区专利占比及申请量趋势

9.5.2　中国专利状况分析

中国装饰装修材料产业发展较为迅速。从图 9 – 23 可以看出，国内申请主要集中于华东地区的江苏、山东、浙江、上海，华南地区的广东以及华北地区的北京。西南、西北、华中地区申请量不突出。其中，江苏以申请量 2490 件、占总量 14% 的比例位于首位，广东以申请量 2095 件位列第二，浙江以申请量 1828 件位列第三，山东以申请量 1796 件位列第四，北京以申请量 1379 件位列第五。上述排名前五位的省份的申请量占整

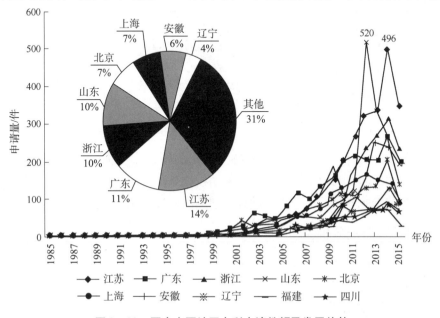

图 9 – 23　国内主要地区专利申请份额及发展趋势

个国内申请量的 52%，显示出这五个省份在装饰装修材料领域突出的技术实力。随着整个装饰装修材料领域技术的发展，上述几个地区从 2005 年开始，专利申请量逐步增高。

表 9-15 给出了前十位省份的申请量情况排名。结合图 9-23 的数据显示，北京和上海的申请量发展趋势基本一致，两市聚集了大量新兴建材企业和高校研究院，创新能力强，其中北京的发明授权率最高，达到 43.73%。江苏申请量位居各省份榜首，虽然在 2009 年之前专利申请量较低，但是在 2009~2015 年，申请量突破性增加，这是江苏省政府加大知识产权战略实施力度的成效。其在 2012 年的申请量超过了其他省份，跃居年申请量第一，反映了江苏是中国范围内的装饰装修材料领域技术改进的后期主要动力。浙江虽然排名第三位，但是实用新型占了较大的比重，说明浙江的整体创新度不高。对于申请量排名第四位的山东，其在 2012 年之前申请趋势比较平稳，而在 2013 年，山东有关装饰装修材料的申请量显著增加，年申请量达到 520 件，跃居全国第一，说明山东近几年对装饰装修材料的投入较多。

表 9-15　国内主要地区申请量和授权量排名

地区	申请总量/件	发明申请量/件	发明申请占比	发明授权量/件（有效/全部）	发明授权率	实用新型授权量/件	授权总量/件	2012~2016 年申请量/件	近 5 年占比
江苏	2490	1571	63.09%	305/356	22.66%	919	1275	1772	71.16%
广东	2095	1283	61.24%	382/467	36.40%	812	1279	1082	51.65%
浙江	1828	714	39.06%	184/234	32.77%	1114	1348	1226	67.07%
山东	1796	1231	68.54%	156/203	16.49%	565	768	1370	76.28%
北京	1379	750	54.39%	238/328	43.73%	629	957	670	48.59%
上海	1289	761	59.04%	200/267	35.09%	528	795	690	53.53%
安徽	1078	821	76.16%	130/139	16.93%	257	396	933	86.55%
辽宁	699	410	58.66%	75/114	27.80%	289	403	352	50.36%
福建	647	328	50.70%	100/115	35.06%	319	434	421	65.07%
四川	578	288	49.83%	68/96	33.33%	290	386	322	55.71%

广东是装饰装修材料很具实力的省份，相关专利申请量仅次于江苏，但对于装饰装修材料领域的发明专利申请量较高，且发明授权率高达 36.40%，仅次于北京。整体上看来，广东装饰装修材料的技术创新在全国范围内处于较为领先的地位。

9.5.3　广东专利状况分析

截至检索日，广东装饰装修材料相关的专利申请共 2095 件。本节将对广东装饰装修材料产业的专利竞争态势进行分析。

9.5.3.1　申请量趋势分析

从图 9-24 可以看出，广东在装饰装修材料技术领域的申请量从总体来看处于波动上涨的趋势。在 1999 年之前，广东在装饰装修材料领域的专利申请量一直都是屈指可数；2000 年之后到 2004 年，每年的专利申请量都有所增加，但是增加速度非常缓慢；2005~2015 年的专利申请量一直保持波动增加的趋势；至 2015 年，广东在装饰装修材料技术领域的专利年申请量达到了一个新的顶峰（267 件）。

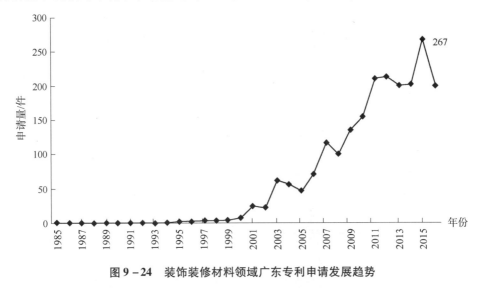

图 9 - 24　装饰装修材料领域广东专利申请发展趋势

从图 9 - 25 可以看出，就专利类型来看，2002 年之前，广东的实用新型和发明专利的申请量基本保持一致，但是在这一段时间内实用新型和发明专利申请量都很低；而在 2002 年之后，发明专利申请的增长趋势相对于实用新型的增长趋势更明显，因而，整体发明专利申请总量比实用新型专利的总量高，上述申请的趋势反映了广东在装饰装修材料产业领域已经开始注重专利的质量和专利的保护程度。

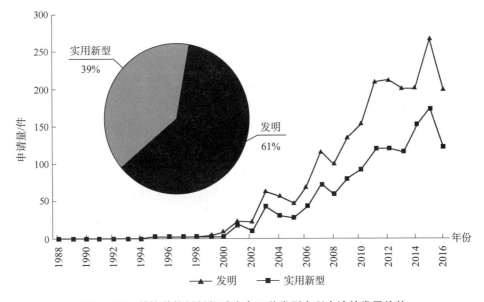

图 9 - 25　装饰装修材料领域广东两种类型专利申请的发展趋势

9.5.3.2　广东主要地区专利申请态势

为了广东对装饰装修材料领域的技术研发力量进行分析，课题组对装饰装修材料领域的技术专利申请按市进行了统计。

广东的装饰装修材料产业发展也相对较为迅速。从图9-26可以看出，广东的专利申请主要集中于珠三角地区的深圳、佛山、广州、中山、东莞和惠州等地区。其中，深圳以申请量564件、占总量27%的比例位于首位，佛山以申请量433件位列第二，广州以申请量407件位列第三，中山以申请量210件位列第四，东莞以申请量169件位列第五。上述排名前五位的地区申请量占整个广东申请量的86%，显示这五个地区在装饰装修材料领域突出的技术实力，也说明广东的装饰装修材料产业仍然是掌握在最发达的深圳、佛山及广州三个地区。

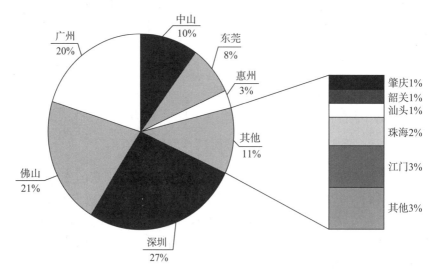

图9-26　装饰装修材料领域广东主要地区专利申请量份额

9.5.3.3　广东专利技术分布

为了研究广东装饰装修材料领域专利申请技术主题分布情况，课题组对采集的广东专利数据按照各项技术主题占比、技术主题年份趋势进行了统计分析。

从图9-27可以看出，广东在装饰装修材料领域的各个技术主题的申请量占比与全国范围表现略有区别。就整个装饰装修材料而言，广东在墙体装饰材料方面的专利申请量占总专利申请量的60%，占据首位；而有机地面材料方面申请量占比也较高，达到20%；对于门窗、顶部材料及装饰线板领域的申请量分别仅占13%、6%和1%。从图9-27可以看出，墙体装饰材料在2002年之前保持稳步增长趋势，但申请量一直较少，2002~2015年保持波动增长的趋势；其他几类材料的申请量在2002年之前与墙体装饰材料的申请量趋势基本一致；2002年后，这几类材料的增长趋势相较于墙体装饰材料缓慢。

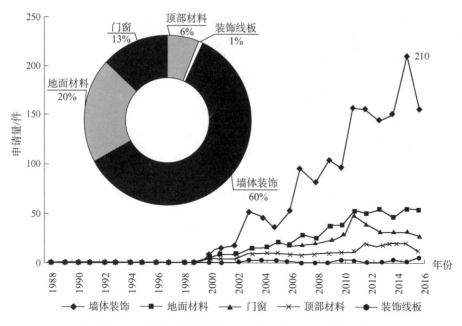

图 9 - 27　装饰装修材料领域广东省专利申请技术分布

9.5.3.4　广东专利申请人

从表 9 - 16 可以看出,在总申请量排名前 20 位的申请人中,企业有 15 位,分别是深圳市海川实业股份有限公司、中山艺展装饰工程有限公司、嘉宝莉化工集团股份有限公司、深圳广田装饰集团股份有限公司、东莞大宝化工制品有限公司、中华制漆(深圳)有限公司、广东东鹏陶瓷股份有限公司、深圳市爱思宝科技发展有限公司、广东三和化工科技有限公司、广东华兹卜化学工业有限公司、深圳海龙建筑制品有限公司、深圳市广田环保涂料有限公司、珠海东诚光固化材料有限公司、中建钢构有限公司和广州康普顿至高建材有限公司;其余 5 位申请人为高校及个人,分别是华南理工大学、广东工业大学、杨德宁、付志洪和廖振兴。

表 9 - 16　装饰装修材料领域广东主要申请人申请情况　　　　　　单位:件

排序	申请人	总量	发明	发明授权	实用新型
1	深圳市海川实业股份有限公司	38	38	7	0
2	华南理工大学	34	34	20	0
3	杨德宁	19	15	6	4
4	中山艺展装饰工程有限公司	17	17	3	0
5	嘉宝莉化工集团股份有限公司	15	15	7	0
6	深圳广田装饰集团股份有限公司	15	9	7	6
7	东莞大宝化工制品有限公司	14	14	5	0
8	中华制漆(深圳)有限公司	12	12	8	0
9	广东东鹏陶瓷股份有限公司	12	6	2	6

续表

排序	申请人	总量	发明	发明授权	实用新型
10	深圳市爱思宝科技发展有限公司	12	7	6	5
11	付志洪	11	4	0	7
12	广东三和化工科技有限公司	11	11	5	0
13	广东华兹卜化学工业有限公司	11	11	1	0
14	深圳海龙建筑制品有限公司	11	6	3	5
15	广东工业大学	10	9	2	1
16	深圳市广田环保涂料有限公司	10	10	8	0
17	珠海东诚光固化材料有限公司	10	4	3	6
18	中建钢构有限公司	9	4	0	5
19	广州康普顿至高建材有限公司	9	4	0	5
20	廖振兴	9	8	1	1

深圳市海川实业股份有限公司申请总量是 38 件，在广东申请人中排名第一位，且 38 件全部为发明申请，7 件获得了授权，说明深圳市海川实业股份有限公司较为重视专利的保护力度和保护强度。该公司是美国杜邦公司在新型工程材料方面的合作伙伴，并在涂料领域与香港科宁公司合作，是美国 Ameron 公司和英国 ICI 公司的合作伙伴。

下面通过技术主题分布对各主要申请人在装饰装修材料领域各技术主题的分布情况进行分析。从图 9 - 28 中可以看出，各主要申请人的技术主题分布存在明显的差异。

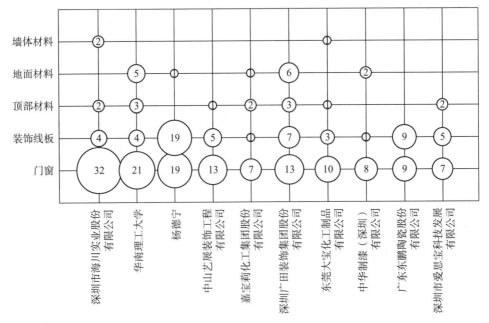

图 9 - 28　装饰装修材料领域广东前十位申请人申请量按技术主题分布情况

注：图中数字表示申请量，单位为件。

申请量排名首位的申请人——深圳市海川实业股份有限公司的分布较为均衡，除了在墙体装饰材料重点部署之外，在地面材料、顶部材料和门窗领域也进行了相关专利布局，但这三个领域的布局数量相对较少。其他几位申请人在装饰装修材料领域也是以墙体装饰材料为主要研发投入技术点，其次为地面材料，而对顶部材料、装饰线板和门窗领域的投入相对较少。

9.5.3.5 专利运用分析

广东装饰装修材料有效发明涉及许可备案的为16件。表9-17为涉及许可备案的专利信息。

表9-17 广东装饰装修材料有效发明专利许可备案的信息列表

编号	申请号	许可人	被许可人	许可类型
1	CN201110274950.X	米仁禧	广州市雅特霸力化工科技有限公司	独占许可
2	CN200710076728.2	深圳市广田环保涂料有限公司	深圳广田装饰集团股份有限公司	独占许可
3	CN200710003173.9	陈雄载	广东兴辉陶瓷集团有限公司	独占许可
4	CN200610111521.X	陈雄载	广东兴辉陶瓷集团有限公司	独占许可
5	CN201010186111.8	陈耀强	肇庆市金贝麟新型建材有限公司	独占许可
6	CN201110194992.2	罗笛峰	广州市米伽建筑材料科技有限公司	独占许可
7	CN201110194995.6	罗笛峰	广州市米伽建筑材料科技有限公司	独占许可
8	CN200610036625.9	华南理工大学	广东嘉宝莉化工集团有限公司	普通许可
9	CN201110216947.2	陈柏军	深圳市立致环保科技有限公司	独占许可
10	CN200710031337.9	佛山欧神诺陶瓷股份有限公司	广东特地陶瓷有限公司	普通许可
11	CN201010181777.4	陈耀强	肇庆市金贝麟新型建材有限公司	独占许可
12	CN03147365.2	深圳市海川实业股份有限公司	深圳海川色彩科技有限公司	独占许可
13	CN201010196704.2	广州亮豹涂料科技有限公司	惠州创优涂装有限公司	独占许可
14	CN200410027589.0	深圳清华大学研究院	湖南立发釉彩科技有限公司	独占许可

编号	申请号	许可人	被许可人	许可类型
15	CN200910193352.2	华南理工大学	嘉宝莉化工集团股份有限公司	独占许可
16	CN200710027505.7	华南理工大学、广东高科力新材料有限公司	东莞大宝化工制品有限公司	独占许可

表 9 - 18 是广东装饰装修材料领域暂未实施的专利信息。企业可通过对表 9 - 18 所列出的可能暂未实施的专利进行解读分析，在了解到技术方案的可行性及可能产生的效益后，尝试与专利权人沟通，采用专利权转移或许可等方式将暂未实施的专利进行转化。

表 9 - 18　广东装饰装修材料暂未实施的专利信息列表

编号	发明名称	申请号	申请日	申请人
1	潮气、紫外光双重固化的聚氨酯木器涂料及其制备方法	CN201210364464.1	2012 - 09 - 26	华南理工大学
2	脱硫石膏粉刷材料	CN200910214406.9	2009 - 12 - 30	广东省建筑材料研究院
3	一种具有吸音和植物栽培功能的陶瓷材料及其制备方法	CN201110370562.1	2011 - 11 - 18	华南理工大学
4	一种改性塑钢共聚物复合板材	CN201010108703.8	2010 - 02 - 03	何展辉
5	一种透明 EVA 隔热材料及其制备方法	CN201010215617.7	2010 - 06 - 30	华南理工大学
6	一种天纤维填充聚乙烯复合材料及制备方法	CN201110439428.2	2011 - 12 - 22	广东省石油化工研究院
7	仿古青砖及其制造方法	CN201410282876.X	2014 - 06 - 23	黎思俊
8	一种超稳定高耐候水包水型仿花岗岩多彩涂料的制备方法	CN201410005877.X	2014 - 01 - 07	中山火炬职业技术学院
9	用于污染地绿化的生态砖	CN201310315373.3	2013 - 07 - 24	张运泉
10	高性能相变储能材料芯材及其制备而成的夹心建筑墙板	CN201110244285.X	2011 - 08 - 25	暨南大学
11	一种超薄陶瓷砖的制造方法	CN201210134954.2	2012 - 05 - 03	佛山市中国科学院上海硅酸盐研究所陶瓷研发中心

续表

编号	发明名称	申请号	申请日	申请人
12	一种仿天然洞石的装饰瓷质砖及其制造方法	CN200710026324.2	2007－01－10	霍镰泉
13	锐钛型钛白浆及其制备方法	CN200810067620.1	2008－06－02	深圳职业技术学院
14	一种聚丙烯酸酯/硅溶胶复合材料的制备方法及其应用	CN201110079692.X	2011－03－31	广东工业大学
15	一种水性可 UV 固化氟醇改性环氧树脂涂料及其制备方法	CN201310281204.2	2013－07－05	广东工业大学
16	一种免漆实木复合地板及其制造方法	CN201010558581.2	2010－11－23	胡斌
17	一种多孔陶瓷复合砖的制备方法	CN201210413603.5	2012－10－25	佛山市中国科学院上海硅酸盐研究所陶瓷研发中心
18	一种水性金属涂料	CN201410155683.8	2014－04－17	任国华
19	一种纳米二氧化钛/纳米银涂料及其制备方法	CN200410027622.X	2004－06－15	深圳清华大学研究院
20	一种双组分环保型无机聚合物涂覆材料及其制备方法	CN201010299679.0	2010－09－30	华南理工大学
21	一种仿花岗岩涂料的制备方法及该仿花岗岩涂料	CN201210175002.5	2012－05－31	陈艳艳
22	硬表面处理组合物及其用途、处理后形成的覆层及带有该覆层的硬表面材料	CN200810027621.3	2008－04－19	黄定忠
23	一种双层复合木地板及其制备方法	CN201110185986.0	2011－07－05	何晓龙
24	一种高结构强度立体实木复合板及其成型方法	CN201510255575.2	2015－05－19	詹雄光
25	一种制作菱镁制品的方法	CN201310399624.0	2013－09－05	罗展华
26	密质混凝土板材及其制造方法	CN201410345579.5	2014－07－18	房晓磊
27	用于建筑外墙的保温材料及其施工方法	CN200610060483.X	2006－05－08	深圳市建筑科学研究院

续表

编号	发明名称	申请号	申请日	申请人
28	一种净化甲醛的木器漆及其制备方法	CN201410081298.3	2014－03－06	华南理工大学
29	一种吸音防辐射涂料及其制造方法	CN201010173621.1	2010－05－13	谢绍何
30	一种环保型水湿式免胶水地板	CN201210382089.3	2012－10－11	郑祯勋
31	一种负离子生态陶瓷砖及其制备方法	CN201310389173.2	2013－08－30	李惠成
32	一种合成树脂的制造方法和负离子复合地垫及其制造方法	CN201010272039.0	2010－09－03	周祖全、王军
33	一种装配铝塑门页装饰面板的导轨板	CN201310285096.6	2013－07－08	许姜德
34	一种净化甲醛醇酸树脂及其制备方法	CN201310365457.8	2013－08－20	华南理工大学
35	一种简易铺贴胶地板的方法	CN201510000202.0	2015－01－03	李浩
36	一种具有超高韧性的完全降解型竹塑复合材料及其制备方法	CN201210511722.4	2012－12－04	广东石油化工学院
37	一种防静电负离子生态陶瓷砖及其制备方法	CN201310390730.2	2013－08－30	李惠成
38	一种木材保护剂	CN201110207052.2	2011－07－23	李艳丽
39	一种紫外光固化树脂包覆软磁粉体及其制备方法和应用	CN201510256821.6	2015－05－18	朱春芳、张业
40	一种 SiO_2 冻干胶复合隔热外墙涂料及其制备方法	CN201210193393.3	2012－06－12	中科院广州能源研究所
41	一种环保型免漆多层实木复合板	CN201510255586.0	2015－05－19	詹雄光
42	一种复合型水性建筑保温隔热涂料及其制备方法	CN201010593520.X	2010－12－17	佛山科学技术学院
43	一种微晶泡沫陶瓷复合砖	CN201310104116.5	2013－03－28	刘德文
44	一种无机防火保温材料及其制品	CN201210017916.9	2012－01－19	周国富
45	一种环保型阻燃抑烟功能涂料及其制备方法	CN201110159044.5	2011－06－14	清华大学深圳研究生院

编号	发明名称	申请号	申请日	申请人
46	一种天然植物胶腻子	CN201310358531.3	2013 – 08 – 18	邹建波、邹侯招
47	一种可拼装的装修墙板	CN201510187248.8	2015 – 04 – 14	唐相平
48	一种具有吸波、阻燃功能的室内环保干粉涂料及其制备方法和施工方法	CN201310209139.2	2013 – 05 – 30	熊丙志
49	一种多效合一水性无机 – 有机杂化建筑涂料及其制备方法	CN201110225801.4	2011 – 08 – 08	华南理工大学
50	一种纳米透明隔热防晒建筑玻璃材料及其制作方法和应用	CN201110063428.7	2011 – 03 – 16	李海洋
51	一种预制轻质楼盖板及工业化建筑房屋楼层板结构	CN201410185369.4	2014 – 05 – 04	黄涛、黄振熙
52	彩釉平板玻璃、制备方法及其复合板	CN201310391466.4	2011 – 03 – 15	杨德宁
53	一种复合装饰混凝土及其制造方法	CN201110238610.1	2011 – 08 – 09	饶淳

9.6 结论及建议

9.6.1 结论

总体而言，从绿色建材整体专利申请态势分析来看，全球范围的绿色建材整体的专利申请量在逐年稳步上涨，中国近年来发展迅速。中、美、日、欧四大国家/地区的专利申请排名前列。中国范围内的申请主要还是以国内申请人为主。就广东而言，绿色建材领域整体的研发活跃度呈现出越来越高的状态。

下面就广东绿色建材领域的优势和劣势分别进行总结。

9.6.1.1 优势

（1）紧跟近年国内爆发增长趋势

依据图9 – 29，美国绿色建材技术起步最早，从20世纪70年代初开始迅速积累，并持续保持较大的优势；日本从20世纪90年代初开始快速增长，而在近几年呈现下降的趋势，总体技术趋于成熟。我国对于绿色建筑材料的研发相对起步较晚，但在2005年后，中国的绿色建材专利申请快速增加，2006年之后，中国研发的绿色建材申请量开始超过美国、日本。

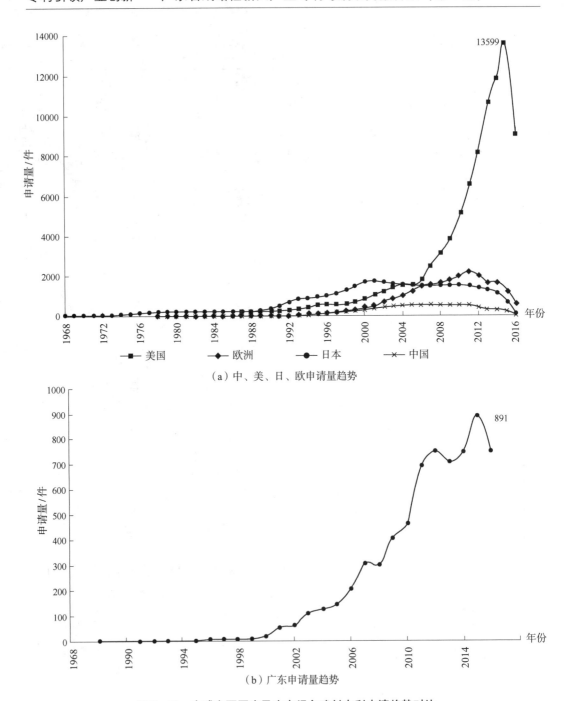

（a）中、美、日、欧申请量趋势

（b）广东申请量趋势

图 9－29　全球主要国家及广东绿色建材专利申请趋势对比

　　广东绿色建材产业近年从总体看亦处于逐年稳步上涨趋势，2004～2008 年的专利申请量稳步增加，并且增加速度相对于 2001～2003 年而言有明显的加快，2011 年相对于 2010 年之前出现了井喷式增长，并保持较高增速。由此可见，广东绿色建材产业紧跟近年国内爆发增长趋势，呈良好发展态势。

（2）高校、科研机构表现突出

根据表9-19，绿色建材领域国内申请人前十位中广东有华南理工大学，专利申请总量208件。而且华南理工大学相关发明专利申请占申请总量的多数，并且据前文统计，其中大部分的发明专利获得了授权，说明其在绿色建材技术领域具备较强的创新性。

表9-19　绿色建筑材料领域国内申请人前十位

排序	申请人	总量/件
1	戴长虹	534
2	绿建科技集团新型建材高技术有限公司	352
3	蒋文兰	268
4	文登蓝岛建筑工程有限公司	251
5	同济大学	210
6	华南理工大学	208
7	沈阳建筑大学	201
8	欧创塑料建材（浙江）有限公司	195
9	武汉理工大学	192
10	北京工业大学	177

根据表9-20，广东绿色建材领域专利申请排名前20位中，高校及科研机构有4位，分别是华南理工大学、广东工业大学、暨南大学、中科院广州能源研究所；申请量排名第二位的中科院广州化学有限公司，亦为科研机构附属的公司。由此可见，广东绿色建材领域高校、科研机构表现突出。

表9-20　广东绿色建材领域专利申请排名前20位的申请人及其申请量

排序	申请人	总量/件
1	华南理工大学	206
2	中科院广州化学有限公司	51
3	深圳市海川实业股份有限公司	47
4	深圳市卓宝科技股份有限公司	45
5	广东工业大学	44
6	深圳市嘉达高科产业发展有限公司	36
7	深圳海龙建筑制品有限公司	36
8	深圳广田装饰集团股份有限公司	36
9	中建钢构有限公司	34
10	付志洪	31

续表

排序	申请人	总量/件
11	中科院广州能源研究所	30
12	比亚迪股份有限公司	30
13	深圳市爱思宝科技发展有限公司	28
14	杨德宁	26
15	深圳天派门窗科技有限公司	24
16	中山市诚盛建材开发有限公司	23
17	张永清	23
18	暨南大学	22
19	中华制漆（深圳）有限公司	21
20	杨东佐	21

（3）产业齐备，保温隔热领域突出

根据图 9 - 30，广东在绿色建材领域的各个技术主题与全国及全球范围表现基本一致。就整个绿色建材而言，广东在保温隔热材料方面的专利申请量占总专利申请量的 34%，占据首位；而装饰装修材料方面占比也较高，达到 31%。从图 9 - 30 可以看出，四种材料的申请趋势类似，在 2012 年之前保持稳步增加的趋势，而在 2013 年和 2014 年申请量降低，2015 年申请量又出现了增长。

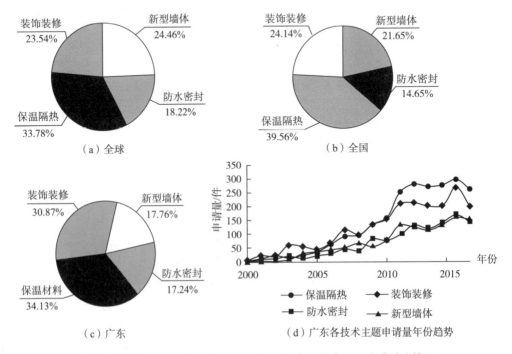

图 9 - 30　广东在绿色建材领域的各个技术主题与全国及全球对比情况

（4）发明专利占比大、专利质量较高

依据图 9 – 31，广东绿色建材的发明专利申请比例远高于广东整体的申请情况。2001 年之后，广东的实用新型和发明专利申请量均开始增长，且发明专利的申请量走势高于实用新型。根据发明专利需要经过实质审查，其发明创造的高度相较于实用新型而言较高，且发明专利的保护期限也长于实用新型的保护期限，上述申请的趋势反映了广东在绿色建材产业领域已经开始注重专利的质量和专利的保护程度。

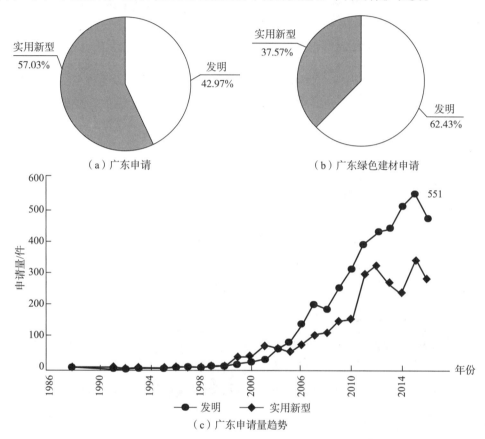

图 9 – 31 广东绿色建材两类专利申请量与全行业对比情况

如图 9 – 32 所示，广东绿色建材产业的专利申请整体以结构为主，占 67.31%，包括发明专利和实用新型专利；成分类型专利占整体的 32.69%，由于实用新型专利不能保护成分类型的创造，因此成分类型专利全部为发明专利。而在广东绿色建材产业发明专利中，成分类型专利的占比高于结构类型。这表明广东绿色建材产业同时具备成分层面的基础技术研究以及结构层面的应用技术研究，产业发展结构较为协调。

如图 9 – 33 所示，广东绿色建材领域结构及成分类型的专利申请整体上都呈稳定提升态势。其中，结构类型的专利起步相对较早；2001 ~ 2010 年，结构及成分类型的专利的增长趋势大致相当；2011 ~ 2013 年，结构类型的专利的年申请量有大幅度提升，表明这期间广东绿色建材产业在应用层面有快速的发展；2013 年至今，成分类型专利

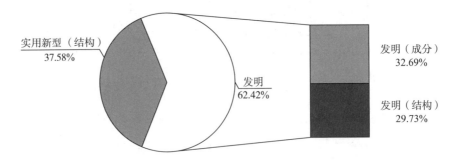

图9-32　广东绿色建材领域结构及成分类专利申请量占比

的年申请量也有较大的提升，结构及成分类型专利的年申请量差距有所减少，表明广东绿色建材产业近年对于成分层面的基础技术研究有所加深，产业整体的技术水平进一步提升。

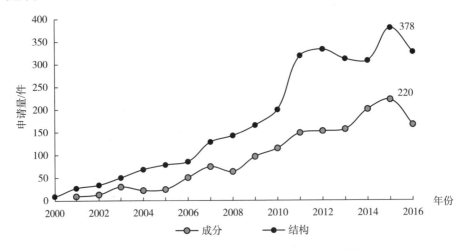

图9-33　广东绿色建材领域结构及成分类专利申请量发展态势

9.6.1.2　劣势与问题

（1）缺乏专利龙头企业

根据表9-21，绿色建材领域国内申请人中，广东只有华南理工大学的申请量进入了前30位，没有一所广东企业。产业的发展离不开企业对技术的转化和科研单位的研究支撑，缺乏企业对技术的转化使得广东在绿色建材领域的技术转化后劲不足。

表9-21　国内绿色建材领域前30位国内申请人及其申请量　　　单位：件

排序	申请人	总量	排序	申请人	总量
1	戴长虹	534	16	山东科技大学	129
2	绿建科技集团新型建材高技术有限公司	352	17	北新集团建材股份有限公司	127
3	蒋文兰	268	18	浙江大学	122

续表

排序	申请人	总量	排序	申请人	总量
4	文登蓝岛建筑工程有限公司	251	19	三棵树涂料股份有限公司	108
5	同济大学	210	20	陕西科技大学	102
6	华南理工大学	208	21	中国建筑材料科学研究总院	100
7	沈阳建筑大学	201	22	苏州市君悦新材料科技有限公司	99
8	欧创塑料建材（浙江）有限公司	195	23	烟台斯坦普精工建设有限公司	97
9	武汉理工大学	192	24	许庆华	96
10	北京工业大学	177	25	安徽同曦金鹏铝业有限公司	93
11	济南大学	174	26	武汉科技大学	92
12	卓达新材料科技集团有限公司	169	27	昆明理工大学	91
13	东南大学	165	28	天津大学	89
14	吴淑环	158	29	万华节能科技集团	88
15	青岛益群漆业集团有限公司	134	30	黑龙江华信家具有限公司	87

（2）专利集中度较低

从表 9 - 22 可以看出，在总申请量排名前 30 位的申请人中，企业有 12 位，分别是中科院广州化学有限公司、深圳市海川实业股份有限公司、深圳市卓宝科技股份有限公司、深圳市嘉达高科产业发展有限公司、深圳海龙建筑制品有限公司、深圳广田装饰集团股份有限公司、中建钢构有限公司、比亚迪股份有限公司、深圳市爱思宝科技发展有限公司、深圳天派门窗科技有限公司、中山市诚盛建材开发有限公司、中华制漆（深圳）有限公司；高校及研究所有 4 位，分别是华南理工大学、广东工业大学、暨南大学、中科院广州能源研究所；其余 4 位申请人为个人，分别是付志洪、杨德宁、张永清、杨东佐。前 30 名申请人的申请量占总量不足 25%。

表 9 - 22 　广东省绿色建筑材料领域前 30 位国内申请人及其申请量　　单位：件

排序	申请人	总量	排序	申请人	总量
1	华南理工大学	206	16	中山市诚盛建材开发有限公司	23
2	中科院广州化学有限公司	51	17	张永清	23
3	深圳市海川实业	47	18	暨南大学	22
4	深圳市卓宝科技股份有限公司	45	19	中华制漆（深圳）有限公司	21
5	广东工业大学	44	20	杨东佐	21
6	深圳市嘉达高科产业发展有限公司	36	21	深圳市摩天氟碳科技有限公司	21

续表

排序	申请人	总量	排序	申请人	总量
7	深圳海龙建筑制品有限公司	36	22	广东生益科技股份有限公司	21
8	深圳广田装饰集团股份有限公司	36	23	中国南玻集团股份有限公司	20
9	中建钢构有限公司	34	24	杨光伟	20
10	付志洪	31	25	合众（佛山）化工有限公司	20
11	中科院广州能源研究所	30	26	广东省建筑科学研究院集团股份有限公司	19
12	比亚迪股份有限公司	30	27	嘉宝莉化工集团股份有限公司	18
13	深圳市爱思宝科技发展有限公司	28	28	广州新绿环阻燃装饰材料有限公司	18
14	杨德宁	26	29	东莞市利鹏建材有限公司	18
15	深圳天派门窗科技有限公司	24	30	中山艺展装饰工程有限公司	17

广东绿色建材前40名申请人主要分布于珠三角地区，特别是深圳和广州，两地申请量分别达到14件和11件。其中，前40位申请人分布最多的区为深圳南山、广州天河、深圳坪山、广州番禺，申请人数分别为6位、4位、4位、3位，表明广东绿色建材产业的企业及专利聚集度不高，没有形成一定规模的产业聚集区。

广东绿色建材产业主要申请人在深圳主要分布在南山区和龙岗。其中，南山区的主要申请人为广东省建筑科学研究院集团、中国南玻集团股份有限公司、深圳大学、深圳华加日铝业有限公司、深圳市爱思宝科技发展有限公司、中华制漆（深圳）有限公司。可见，深圳的绿色建材产业主要申请人为大型企业，并集中在经济发达的南山区。

广东绿色建材产业主要申请人在广州主要分布在天河区和番禺区。其中，天河区的主要申请人为华南理工大学、中科院广州能源研究所、中科院广州化学有限公司、暨南大学。可见，广州地区绿色建材产业主要申请人为高校及科研机构，集中在高校科研机构密集的天河区。

（3）专利申请量缺乏优势

从图9-34可以看出，国内申请主要集中于华东地区的江苏、山东、浙江、上海，华南地区的广东以及华北地区的北京。西北、华中等地区申请量不突出。其中，江苏以申请量11085件、占总量13.9%的比例位于首位；山东以申请量7724件位列第二；广东以申请量7012件位列第三，占全国总量的8.79%，表现并不特别突出。

如表9-23所示，广东全行业的专利申请量占全国的12.15%，绿色建材行业的专利申请量占全国的5.15%，与全行业占全国的比例相比较少。而广东为绿色建材产业发展的前沿阵地，市场广阔。因此，广东绿色建材专利申请量的占比情况与广东绿色建材产业的规模不相符，表明广东绿色建材行业的相关单位对专利申请的意识不足。

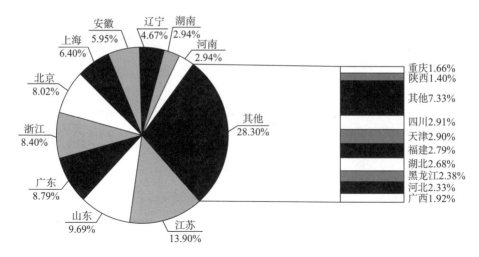

图 9 - 34 绿色建材领域国内主要地区专利申请占比

表 9 - 23 广东全行业与绿色建材行业全国专利申请量占比对比

区域	全行业	绿色建材行业
全国	87.85%	94.85%
广东	12.15%	5.15%

（4）缺乏海外专利布局

如表 9 - 24 所示，广东绿色建材领域专利申请中有海外专利布局的只有 105 项，占整体不足 3%。

表 9 - 24 广东绿色建材产业海外专利布局情况

布局情况	专利数量/项
有海外局部	105
仅国内布局	4494

如表 9 - 25 所示，广东绿色建材产业在海外专利布局时通过世界知识产权组织 PCT 申请的最多。其中，美国、欧洲、日本为主要流向地，表明广东绿色建材产业海外市场开拓主要在发达国家。

表 9 - 25 广东绿色建材产业海外专利布局流向地

海外布局流向地	专利数量/项
PCT 国际申请	70
美国	43
欧洲	18

续表

海外布局流向地	专利数量/项
日本	15
韩国	12
澳大利亚	8
印度	5
德国	4
英国	3
俄罗斯	2

如图 9 - 35 所示，广东绿色建材产业海外专利布局年申请量总体上呈波浪式上升趋势，2007 年、2011 年、2012 年及 2013 年有较突出的表现，但整体上并未达到一个稳定的质的提升，与产业发展进程不相符，表明广东绿色建材产业目前尚缺乏海外专利布局意识。

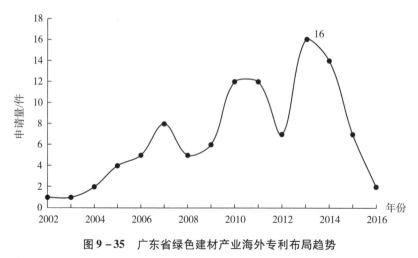

图 9 - 35 广东省绿色建材产业海外专利布局趋势

9.6.1.3 各技术分支

（1）新型墙体——布局均匀，需重视核心技术

依据 9.2 节的新型墙体材料专利分析可总结得出，在新型墙体材料领域中，全球专利申请人以日本企业为主，其次是中国和美国的申请人。中国在新型墙体材料领域中发展相对滞后，起步较晚，但近几年增长迅速，发展的热度较为高涨。广东在新型墙体材料领域的各个技术主题下均有专利申请，且相对国内其他区域对该领域的重视程度较高，创新水平相对较高。

在新型墙体材料领域中，国内对板材类墙体材料技术比较重视，围绕木质板材、混凝土板材、水泥板材等技术均有专利布局，但缺少核心技术，具有较大的风险，广东可重点关注北新集团建材股份有限公司，以避免技术上的重叠；在砖类墙体材料中，国内主要围绕混凝土砖、黏土砖、粉煤灰砖进行专利布局，广东企业可重点关注炉渣砖、煤矸石砖等相关技术领域；在砌块类墙体材料中，中国的布局相对较均衡，广东企业应当重点关注绿建科技集团新型建材高技术有限公司，在研发时避免技术重叠或侵权等。

（2）防水密封——本土竞争激烈，需提高专利集中度

依据 9.3 节的防水密封材料专利分析可总结得出，在防水密封材料领域中，中国、日本和美国全球申请量排名前三，中国在该领域发展迅速。近年来，中国企业开始注重防水密封材料领域的专利布局，而国外公司在中国的专利布局速度缓慢，国内申请人占据中国专利申请的主要地位，创新水平开始追超国际水平。广东在防水密封材料领域处于全国领先地位，拥有科研领跑者华南理工大学等科研院所，呈现出本土竞争激烈、产学研共同发展的状态，但企业对该领域的行业技术集中度相对较低。

在防水密封材料领域中，国内以防水材料为主，围绕防水涂料、金属防水卷材等进行了专利布局，广东的趋势与国内趋势基本一致，但广东的企业技术集中度较低，应该发挥高新技术集中优势，加进传统建材公司与新型建材等公司的积极合作。

（3）保温隔热——近年快速增长，需加强企业专利运用

依据 9.4 节的保温隔热材料专利分析可总结得出，在保温隔热材料领域中，中国和美国在全球范围内较为领先。中国专利申请发展呈现稳步上升的趋势。广东在该领域申请量的快速增长始于 2015 年，目前广东的有效发明专利数量位居全国第二位。各种数据表明，保温隔热材料技术受到了广东的较大关注，广东在该技术领域具有一定的优势。

在保温隔热材料领域中，国内以无机保温隔热材料为主，围绕金属类、玻璃类、胶凝材料类无机保温隔热材料进行了专利布局。广东在无机保温隔热材料领域居前位的申请人主要为高校、个人，但申请量少，专利集中度低，专利风险较大。广东在有机保温隔热材料领域主要围绕合成高分子类保温隔热材料相关的技术进行了专利布局，其中对于高效、节能、薄层、隔热、防水外护一体化的建筑材料，是未来保温隔热材料的一个发展方向。

（4）装饰装修——呈波浪式上升，需加强基础研究

依据 9.5 节的装饰装修材料专利分析可总结得出，在装饰装修材料领域中，全球申请量排名前三的地区依次为中国、日本和美国。中国专利申请发展呈现稳步上升的趋势，但中国范围内的各个地区的申请量相对其他几类材料的申请量略低。广东专利申请发展呈现波浪式上升的趋势，在近几年的增加速度相对缓慢，申请人分布相对分散。

装饰装修材料已经成为建筑材料中不可或缺的一部分。国内专利申请主要集中在墙体装饰材料和地面装饰材料相关技术领域。在国内，广东在该领域起步相对较早，排名靠前的申请人主要是企业，但是申请量都较低，专利集中度低，缺少一定的专利布局。

9.6.2 建议

基于上述专利分析结论有以下措施建议。

9.6.2.1 政府层面

总体而言，政府应进一步加大对自主创新技术的投入力度，为企业自主创新营造良好的支撑环境；提升产业集聚，加快产学研一体化。另外，对于本报告中指出的广东省范围内可能暂未实施的有效发明专利，政府可大力推进专利技术的许可或转让等，使专利技术进行有效转化，避免有价值的专利技术积压。

（1）借助行业标准构建专利池

依据9.2节至9.5节对申请人专利情况的分析，以及第9.6节表9-21对缺乏专利龙头企业总结的情况，广东绿色建材产业需要培育专利优势企业，以便在本领域的进一步发展中抢占技术高地，占据稳定的优势。结合目前全国正大力推动绿色建材行业标准的形势，建议政府牵头推动广东绿色建材企业借助行业标准构建专利池，从而高效培育出专利优势企业。

绿色建材产品标准接下来将迎来快速制定期，例如2017年12月28日，五部门联合发布《关于推动绿色建材产品标准、认证、标识工作的指导意见》，又如 GB/T 50908—2013《绿色办公建筑评价标准》、GB/T 51100—2015《绿色商店建筑评价标准》、GB/T 51148—2016《绿色博览建筑评价标准》、GB/T 51153—2015《绿色医院建筑评价标准》、GB/T 51165—2016《绿色饭店建筑评价标准》等行业标准陆续制定中。

标准与专利的结合，有助于掌握专利技术产品的企业掌握行业话语权，推广优质产品。借助全国绿色建材产品标准制定的春风，建议政府牵头推动广东绿色建材企业积极参与行业标准的制定，并在标准制定的过程中融入优质专利技术产品，形成标准必要专利池。

进一步地，随着国际企业逐渐入驻国内市场，由于行业标准在专利诉讼中占据重要作用，为防患于未然，广东绿色建材各企业都需积极参与并推动国内绿色建材行业的标准制定，掌握行业话语权，避免国外申请人对国内企业可能造成的知识产权纠纷；并借助广东绿色建材专利池的构建，创建专利成果在联盟成员之间的交换许可机制，提高企业专利运用水平。

（2）促进产学研一体化

依据前文的申请人情况分析以及专利运用分析，广东绿色建材技术领域的高校及科研机构活跃，专利申请量大，但专利转让、专利许可的数量少，反映出促进产学研一体化的必要性。因此，政府需完善以企业为主体、以市场为导向、产学研相结合的创新体系。

广东绿色建材产学研体系建立的必要性及迫切性具体体现在：一方面，企业利用自身的研发能力，进行技术创新，例如企业内部的研发中心，由企业研发人员进行研发，而目前广东绿色建材企业研发能力普遍较弱，仅仅依靠企业自身的研发能力难以驱动产业的整体技术进步；另一方面，广东绿色建材技术领域的高校及科研机构活跃，具有较强的科研能力，比如，华南理工大学、广东省建筑科学研究院集团股份有限公司，这些高校、科研机构进行了大量的相关科研项目，但往往停留在实验室的阶段，没有充分地将技术转化为产业生产力，没有有效实现科研成果的高效利用。

因此，企业和高校、科研机构之间在技术创新方面的相互合作和信息交流存在一定的脱节，广东可以在促进企业与高校、科研机构对接方面采取一些措施，如通过技术转让模式、项目委托模式、联合研发模式来进行产学研项目纽带合作，给予资金支持，使企业（积极参与绿色建材研发的企业如前文所述专利申请量前十名）、高校（华南理工大学、广东工业大学等）、科研院所（广东建筑科学研究院集团股份有限公司等）以具体项目为纽带，签订合作协议，建立合作关系。

另外，可建立绿色建材产学研专利信息平台，及时提供企业技术研发需求和高校科研机构信息，促进产业内企业与高校、科研机构的对接；推动绿色建材产业建设产学研平台合作模式，企业、高校、科研院所共同投入资源建立平台，以平台为主体进行科学研究，具体如共建科研基地和衍生企业；引导省内重点高校和科研机构进入产业聚集区，与产业聚集区共建工程研发中心、专业化实验室等，为产业聚集区提供技术支撑，整合产业聚集区研发资源；最后，可借助行业协会的帮助，组织华南理工大学、广东省建筑科学研究院集团股份有限公司等广东绿色建材重点研发单位面向企业进行专利拍卖，提高专利运用活跃度。

（3）提升产业集聚

依据 9.2 节至 9.5 节的申请人情况分析以及 9.6 节表 9 - 22 对专利聚集度低总结的情况，广东绿色建材产业目前缺乏龙头企业及具备相当影响力的产业群。而通过产业聚集，能够促进绿色建材产业在区域内的分工与合作，有助于上下游企业减少寻找原料的成本和交易费用，使产品生产成本降低。产业聚集形成企业集群，集群内企业为提高协作效率，对产业链进行细化分工，有助于推动企业群生产效率的整体提高。

对于具体提升产业集聚的产业园的建设，建议在前述产学研平台建设完备后，再进一步筹建以产学研一体、打通产业链条、进行科技创新研发、承揽国家课题为目标的绿色建材产业园。据经济研究，未来 10 年，中国在绿色建筑方面将引发 15 万亿元的投资，绿色建材行业无疑将面临巨额市场蛋糕。广东是中国改革发展的前沿阵地，绿色建材与工程建设必须走在全国的前列。而全国多地也已开始建设绿色建材产业园。

绿色建材产业园的建设应依托专利技术产学研平台，突出新型墙体材料、保温隔热材料板块。加快构建企业集聚区、展示中心、研发中心、商务中心等基地和平台。聚焦广东绿色建材行业具备创新能力的企业，进行招商引资。完善基础配套措施，保障土地、资金、人才等要素。选址方面需综合人才聚集、接近原材料产地、土地成本与主要市场（广州、深圳）的距离等因素，可以清远的佛山禅城（清新）产业转移园作为参考。

此外，相关成员应涉及高校、科研机构、企业和行业协会。其中，高校、科研机构包括专利申请量大的组织如华南理工大学、广东工业大学、广东省建筑材料研究院，企业包括中科院广州化学有限公司、深圳市海川实业股份有限公司、深圳市卓宝科技股份有限公司、深圳市嘉达高科产业发展有限公司、深圳海龙建筑制品有限公司、深圳广田装饰集团股份有限公司、中建钢构有限公司、深圳市爱思宝科技发展有限公司、深圳天派门窗科技有限公司等；行业协会包括广东省建筑材料标准化技术委员会、广东省建筑材料协会、广东省绿色建材与工程委员会、广东省建材绿色产业技术创新促进会、广东省墙体材料行业协会、广州市建材行业协会、深圳市建材行业协会等。

（4）推进绿色建材普及应用

依据 9.2 节至 9.5 节的专利申请态势分析以及 9.6.1.2 节对专利申请量缺乏优势的总结可知，广东绿色建材产业需要进行推进普及，促进专利布局，才能在绿色建材的进一步发展中取得主动。建议通过政府牵头整合业务，推广诸如绿色建筑示范城之类的模板从而普及绿色建材的应用。绿色建材可广泛应用于基础设施建设，而基础设施建设与政府密切相关。现阶段政府应借助基础设施建设的平台，加大政府采购，积极培育市场，通过强制政府采购和指定技术架构来推进绿色建材技术进步和产业落地发展。

首先，通过政府牵头在基础设施建设中使用绿色建材，营造绿色建材应用的社会环境，形成绿色建材产业发展的第一批动力。其中需要注意设置业务项目、合作方以及截止日期等，定期对执行情况进行评估。

其次，政府应及时宣传绿色建材引入后带来的效果，比如对采用绿色建材前后的各项建筑设施指标、开销成本等方面进行比较（可以考虑设置试点示范工程），实现对绿色建材产品应用的普及和推广。

再次，政府应完善专利质押融资制度，为绿色建材产业的大量中小企业提供更多有效融资途径，以投入更多资源用于研发。

最后，人才的引进和培育对于绿色建材产业的推广应用也起到重要的作用。运用广东各项吸引高层次人才的政策，结合产业发展需求积极引进高层次、创新型核心技术研发人才和研发团队，聚集高端绿色建材研究及应用人才。

（5）搭建专利信息平台

依据前文各章的专利申请量态势分析以及专利运用分析可知，目前广东绿色建材产业专利申请正稳步提升，但专利许可与转让等运用情况却并不活跃，这与目前绿色建材领域专利信息平台的缺乏有关。绿色建材产业的发展需要通过技术创新来推动，而企业研发需要大量的专利情报作为规避专利风险的重要信息来源。

广东省政府应当积极为省内相关企业搭建专利信息平台，提供公共服务。针对热点技术领域，政府应定期发布专利舆情通报、国外主要在华申请人的专利动态、全球最新的专利公开咨询等，以助相关企业正确判断企业所处竞争环境的现状和发展前景，并为其及时调整和制定对策提供信息来源；为广东企业制定专利地图，对竞争对手进行跟踪调研、监视分析，搜集有关对手的新策略、新举措、新工艺等信息，结合竞争对手的优势、机会、弱点进行竞争力分析评价和竞争态势分析等；研究出口贸易企业的出口产品专利风险，为广东绿色建材企业拓展国际市场提供信息及理论支持。

9.6.2.2 企业层面

总体而言，广东相关企业应当积极寻求高校及科研机构进行产学研合作，以求在技术方面作出更大的创新，提高广东企业在市场中的竞争能力；另外，对于研发投入成本较大、周期较长且自身尚未涉足的领域，可选择积极收购或寻找战略合作伙伴的方式等，借力发展。

（1）专利融入企业战略，积极进行知识产权贯标

依据9.2节至9.5节的专利申请态势分析以及9.6节对专利申请量缺乏优势的总结，目前广东绿色建材领域的专利申请未与其产业规模相匹，需进一步完善专利布局以应对行业高质量发展趋势。

对于绿色建材行业而言，专利是行业门槛之一，企业在发展道路上必须拥有足够专利布局，才能在实现一定程度的商业自由。目前广东绿色建材行业仍有不少具备一定技术水平及经营规模的企业尚未进行足够的专利布局及知识产权管理，亟待加强。

（2）把握技术脉络，拓展行业应用

依据9.2节至9.5节对绿色建材产业四个技术分支分别进行的分析，广东绿色建材企业应把握行业技术脉络，针对性地发展。

具体而言，在新型墙体材料领域中，国内对板材类墙体材料技术比较重视，广东企业可重点关注北新集团建材股份有限公司，以避免技术上的重叠；在砖类墙体材料中，可重点关注炉渣砖、煤矸石砖等相关技术领域；在砌块类墙体材料中，应当重点关注绿建科技集团新型建材高技术有限公司，在研发时避免技术重叠或侵权等。

在防水密封材料领域中，国内以防水材料为主，围绕防水涂料、金属防水卷材等进行了专利布局，广东的趋势与国内趋势基本一致，但广东企业的技术集中度较低，应该发挥高新技术集中优势，加进传统建材公司与新型建材等公司的积极合作。

在保温隔热材料领域中，广东在无机保温隔热材料领域居前位的申请人主要为高校、个人，且申请量少，专利集中度低，专利风险较大；另外，高效、节能、薄层、隔热、防水外护一体化的建筑材料，是未来保温隔热材料的一个发展方向。

在装饰装修材料领域中，广东在该领域起步相对较早，排名靠前的申请人主要是企业，但是申请量都较低，专利集中度低，应完善专利布局。

进一步地，绿色建材在大众消费领域的应用主要有家用装饰装修材料、保温隔热材料等，具有巨大的市场潜力，亦意味着市场需求的多样性。拓展市场需求对于技术的发展具有很大的推动作用，企业应当结合目前的技术和经济发展现状，积极开发大众消费市场，影响和培育大众生活习惯，利用市场的发展推进技术成熟、成本降低和产品标准化。

（3）积极参与产学研一体化、产业园及专利联盟

广东绿色建材技术领域的高校及科研机构活跃，专利申请量大，但专利转让、专利许可的数量少，因此企业应积极参与产学研一体化，提升技术水平，走高质量发展路线。另外，广东绿色建材产业目前缺乏龙头企业及具备相当影响力的产业群，而通过产业聚集，能够促进绿色建材产业在区域内的分工与合作，有助于推动企业群生产效率的整体提高。

而对于专利联盟，建议企业积极了解相关动态，做好准备，目前而言暂时没有大

规模建立的必要性。一方面，由于目前绿色建材领域一件产品的专利集合度并不高，"专利丛林"现象不明显；另一方面，目前绿色建材领域专利诉讼较少，"反公地悲剧"现象不明显，而且外国专利垄断联盟或龙头企业的威胁较少。但随着产业技术水平的提高、国际化的提升，专利联盟是一种有效提升效率的必然趋势，作为新兴产业的广东绿色建材的企业应保持了解相关动态。

（4）引进技术，进军绿色建材国际市场

依据9.6节对广东海外专利布局情况的总结，广东绿色建材产业目前海外布局相对欠缺。目前，中国占据的市场份额距离欧美日等发达国家存在较大的差距，欧、美、日等发达国家/地区的绿色建材早已有非常成熟的产品，对于从技术到生产力的转化还有待提高。广东作为改革开放的前沿阵地，在绿色建材海外布局方面有条件且理应走在前列。建议主动对接国际产业转移，引进国外知名绿色建材企业和相关科研机构，结合战略联盟、收购兼并、引入发明专利等多种形式与国外大企业和研发机构开展合作，加强对先进技术的自主创新和引进消化吸收再创新。

另外，从目标市场国来看，目前布局较多的是欧、美、日等发达国家/地区。建议多加关注"一带一路"沿线国家，这些国家虽现有专利布局较少，但经济发展迅速，基建项目多，需要大量建筑材料，市场广阔。

（5）中小企业积极利用专利质押融资

依据9.2节至9.5节对专利运用的分析，目前广东绿色建材企业对专利的运用情况不活跃，也没认识到专利运用对企业发展的益处。其中，专利质押融资是目前正在快速发展的一块业务。作为战略性新兴产业，绿色建材产业诞生大量专利，建议广东绿色建材企业，特别是中小企业积极借助专利质押融资，投入更多资源进入高质量产品的研发中，从而提升自身竞争优势，在行业往高质量产品的进一步发展中抢占技术高地。

第10章 海洋生物及微生物产业专利分析及预警

10.1 概 述

10.1.1 海洋生物及微生物产业

10.1.1.1 海洋生物资源的概念

海洋资源包括两大类，一类是生物资源，另一类是非生物资源。海洋生物是指海洋里有生命的物件，包括海洋动物、海洋植物和海洋微生物。

海洋约占地球表面积的71%，是一个开放、多变、复杂的生态系统。正是海洋特殊的物理、化学因素，造就了生命活动的复杂性，物种资源、基因功能和生态功能上的生物多样性。海洋中生物资源极为丰富，生物活性物质种类繁多，并且正在为人类提供着大量的食品、多种材料和原料，具有可再生的特点。海洋生物资源已引起世界各国的重视，其具有巨大开发潜力。

海洋科技工作者经过几十年的调查研究，已在我国管辖海域记录到了 20 278 种海洋生物。这些海洋生物隶属于 5 个生物界、44 个生物门。其中动物界的种类最多（12794 种），原核生物界最少（229 种）。我国的海洋生物种类约占全世界海洋生物总种数的10%，数量占50%。我国海域的海洋生物，按照分布情况大致可以分为水域海洋生物和滩涂海洋生物两大类。在水域海洋生物中，鱼类、头足类和虾、蟹类是最主要的海洋生物。其中以鱼类的品种最多，数量最大，构成了水域海洋生物的主体。水域海洋生物种数的分布趋势是南多北少，即南海的种类较多，而黄海、渤海的种类较少。

10.1.1.2 海洋微生物资源的概念

海洋微生物是海洋生物的一种，是指以海洋水体为正常栖居环境的一切微生物。海洋微生物来自（或分离自）海洋环境，其正常生长需要海水，并可在寡营养、低温条件（或高压、高温、高盐等极端环境）下长期存活并能持续繁殖子代的微生物均可称为海洋微生物。遗传多样性代表有机体种群之内和种群之间的遗传结构的变异。由于海洋微生物的生存环境与陆栖微生物迥异，它们处在高盐、低温和高压的环境下，生存竞争特别激烈，因此产生了一些不同于陆地微生物的变异。它们具有很强的防御能力和识别能力，在遗传性上表现出特异性。这些遗传差别使得某些微生物能在局部环境中的特定条件下更加成功地生存和繁殖。

海洋微生物产业作为海洋生物产业的其中一个重要的组成部分，对于整个海洋经济产业的发展起到了不可替代的作用，其重要性程度也在与日俱增。海洋微生物种类繁多，是海洋保健品、海洋食品、海洋药物等的巨大宝藏。因此开发利用海洋微生物对于当代的经济产业发展来说极具意义。

10.1.1.3 海洋生物与微生物产业的划分

由于海洋生物及微生物产业在整个世界范围内仍然属于较为新兴的产业，因此对于海洋生物及微生物产业的划分，目前学界的理论仍没有统一的定论。海洋生物及微生物的应用面相当广泛，涉及食品、药品、化妆品、农用制品、生物技术、传统加工、能源、环保等诸多行业。本项目以《广东省海洋经济发展"十二五"规划》的相关内容作为指导，并综合参考了汇智联恒 2016～2022 年中国海洋生物产业市场分析与投资预警报告、学科分类、国民经济分类及学术性的论文，并考虑和排除了一些与本项目同期立项的其他项目的范围交叠问题后，将重点分析领域锁定在以下几个方面。

（1）海洋生物医药和活性物质

海洋生物医药业是指以海洋生物为原料或提取有效成分，进行海洋生物化学药品、保健品和基因工程药物的生产活动。对海洋生物进行现代化的研究，提取其中的海洋生物活性物质，把海洋生物活性物质与人的健康需求相结合，研发和生产药物，维持人体的健康状态。

（2）海洋生物基因

海洋基因资源的研究和利用是海洋生物产业的重点。随着海洋环境不断恶化，海洋生物多样性遭到破坏，海洋生物基因资源的保护和利用显得更加紧迫。研究海洋生物基因组及功能基因，能深层次地探究海洋生命的奥秘；发掘海洋生物基因，有利于保护海洋生物资源；从海洋生物的功能基因入手，有助于培育出优质、高产、抗逆的养殖新品种，从根本上解决海水养殖生物"质""量""病"的问题，同时还有助于开发具有我国自主知识产权的海洋基因工程新药，部分解决海洋药源问题。

10.1.2 国外海洋生物及微生物产业发展分析

海洋生物技术依托生物技术的发展而不断取得突破。2015 年，全球生物技术行业总收入达到 1000 亿美元，行业年均增长率高达 15%，研发资金占总投入资金的比重达到 76%，整个行业投资年均增长 18%。世界生物技术行业主要集中在医药制造业，占全行业收入的 59%，其次是医疗诊断和农业领域，各占 12%；地区分布以美国和日本为主，分别占 46% 和 23%，占有绝对优势。目前，世界生物技术企业以中小企业为主，而且呈集中分布的特征，形成了数个有国际影响的生物技术产业基地。如美国的波士顿和旧金山地区，英国的剑桥地区，而围绕伍兹霍尔海洋研究所海洋生物实验室、巴尔迪摩海洋生物技术中心、佛罗里达哈勃海洋研究所海洋生物医学研究室和斯克瑞普司海洋研究所海洋生物技术与生物医药研究中心四大海洋生物技术研究中心，形成了以圣地亚哥、波士顿和迈阿密为中心的美国海洋生物技术研究集聚区，但海洋生物技术产业集聚区尚在发展中。海洋生物技术产业作为生物技术产业类群的一个分支，由于其丰富的海洋资源保障，越来越多地得到各国的重视和关注。

目前，世界生物技术企业以中小企业为主，而且呈集中分布的特征，形成了数个有国际影响的生物技术产业基地。

10.1.3　我国海洋生物及微生物产业发展分析

我国海洋生物资源高达 20278 种，其中鱼类 3032 种，螺贝类 1923 种，蟹类 734 种，虾类 546 种，藻类 790 种。其中，作为经济捕捞对象，在渔业统计和市场上列名的有 200 多种，这足以表明我国海洋水产生物和物种的丰富度很高。我国的海洋渔场是世界上重要的渔场之一，如果在保持生态平衡的条件下，年可捕鱼量可保持 500 万 t 以上，是发展浅海养殖业和海上牧场，形成具有战略意义食品供应基地的重要资源。另外，远洋渔业还有较大的发展潜力。

我国从海洋技术的研发到现在已经取得一定的成果，尤其是海水繁殖和养殖技术的应用。通过海洋生物技术使我国在海水养殖物种中培育出优良的育苗并更好地保存了育苗。我国科研人员对虾贝三倍体育种和组织培育细胞工程技术进行研究，对海水养殖动物雌核发育和性别控制进行研究等，成功获取了大型海藻良种克隆纯培养及保存技术、海藻生物反应器育苗技术以及对虾、牡蛎、扇贝和珠母贝等的多倍体诱导培育技术等。我国研究的内容大体有三个方面：一是开发、生产和改造海洋生物天然产物，以便用作药物、食品、新材料；二是定向改良海洋动物、植物遗传特性，为海水养殖业提供生长快、品质高和抗病害的优良品种；三是培养具有特殊用途的"超级细菌"，用来清除海洋环境的污染，或者生产具有特定生物治理作用的物质。[①]

从全国整个海洋经济情况来看，近年来我国海洋产业总体保持增长的态势，尤其是海洋生物食品和海洋生物医药领域，取得了长足的进步。2015 年，全国海洋生产总值 64669 亿元，其中海洋产业增加 38991 亿元，海洋相关产业增加 25678 亿元。海洋第一产业增加 3292 亿元，第二产业增加 27492 亿元，第三产业增加 33885 亿元，海洋第一、第二、第三产业增加值占海洋生产总值的比重分别为 5.1%、42.5% 和 52.4%。据测算，2015 年全国涉海就业人员 3589 万人。[②]

10.1.4　广东海洋生物及微生物产业发展分析

广东绝大部分区域位于亚热带，气候条件十分适合发展海洋生物产业。广东省的海洋生物总共有 406 种浮游植物、416 种浮游动物、828 种底栖生物、1297 种游泳生物。广东省拥有年产量约 400 万 t 的海洋水产品，其中雷州半岛养殖海水珍珠产量居全国首位，发展海洋生物产业的自然资源十分丰富。同时，广东具有漫长的海岸线，以及很好的生物产业基础，为发展海洋生物产业提高了良好的空间条件和经济条件。

例如在海洋生物医药方面，广东生物制药的发展水平与北京、上海、吉林等地同属国内先进行列。广东现从事生物药物研究、开发和生产的企业主要集中在经济发达

[①] 陈利国．海洋生物技术的应用及前景［J］．北京农业，2016（3）．

[②] 数据来源：国家海洋局。

的珠江三角主地区。另外，广东具有丰富的海洋资源优势，从中可以提取开发出抗病毒、抗癌、抗衰、抗心血管病等药物，为海洋生物药物的研究开发提供了契机和环境。海洋生物药物应该成为广东生物制药行业发展的主要方向之一，随着生物技术的不断发展，生物制药也将成为新的经济优势。[①]

又如在海洋生物加工方法及设备领域，广东在该领域的实力正在逐步明显提高。广东渔业资源加工依靠技术进步，逐步实现由初级加工向精、深、细加工转变，由传统冷冻加工向精深加工的转变，开发利用低值的鱼、贝、蟹、虾、藻精深加工的势头日益增加。企业通过技术创新、产业升级，提高产品质量及市场占有率。[②] 广东省内的水产加工企业通过改革落后的企业管理制度和运行模式，制定科学产品质量安全标准，规范加工程序，严格执行 GMP、SSOP、HAPP 等规程，[③] 加强对产品的卫生质量的监控，以产品的高质量立足于市场。

10.2　海洋生物及微生物医药

10.2.1　海洋生物活性物质总论

10.2.1.1　概述

（1）海洋生物活性物质的定义

海洋生物活性物质是指来自海洋生物体内的对生命现象具有影响的微量或少量物质。

（2）研究海洋生物活性物质的意义

海洋生物生活在一个具有一定水压、盐度较高、温差较小有限溶氧、有限光照的海水化学缓冲体系中。由于生活环境的特殊性，海洋生物在新陈代谢、生存繁殖方式、适应机制等方面具有显著特性，并集中体现在体内有许多特殊结构的生命活性物质和代谢产物；这些活性物质与陆地生物体内的活性物质差异性极大，因而是寻找新药的重要库源。

（3）海洋生物活性物质的一般特点

相比陆生动物的活性物质，海洋生物活性物质有显著的药理稳定性和强效型，毒理反应相对较小，对防治癌症、人类免疫缺陷病、心脑血管病、老年病等疑难病症具有独特效果。

10.2.1.2　全球专利分析

（1）申请趋势分析

海洋生物活性物质的专利申请量整体呈缓慢上升的趋势，2013 年、2014 年达到专

---

① 陈云. 广东省生物制药业发展现状与发展战略 ［EB/OL］. https://wenku.baidu.com/view/vca-ba92foo66f5335 a812716. html.

② 王茵，吴成业. 厦门市水产品加工业发展现状及建议 ［J］. 福建水产，2011，31 (3)：82 - 86.

③ 励建荣，马永钧. 中国水产加工的现状及发展 ［J］. 食品科技，2008 (1)：1 - 5.

利申请量的最大值。

（2）全球专利布局

图 10 - 1 显示出全球不同区域海洋生物活性物质领域的专利申请趋势。由图 10 - 1 可知，中国专利最多，其次是日本韩国和美国。日、美、韩三国专利数量加起来比中国略多。

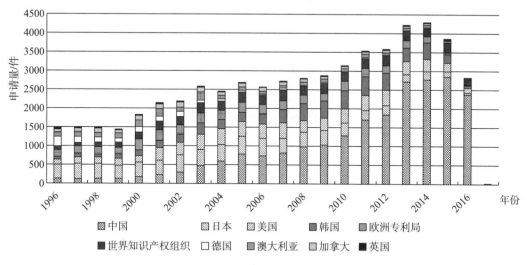

图 10 - 1　海洋生物活性物质领域全球不同区域的专利申请量趋势

2002 年之前，日本专利的数量最大。从 2002 年开始，中国申请专利的数量超越日本，并且稳步上升逐渐拉大与其他国家的差距。日本的专利数量一直很稳定，但最近几年数量有轻微下滑的趋势。美国则是从 2001 年以来，数量一直很稳定。韩国专利数量则是在稳步增加。

（3）全球主要申请人分析

申请量排名第一的中国海洋大学，是海洋和水产学科特色显著的综合性大学，其拥有科学院（以下简称"中科院"）院士和中国工程院院士各 5 名，尤其体现其科研实力的是拥有 3 艘科学考察船舶：3500t 级的"东方红 2 号"、300t 级的"天使 1 号"、2600t 级的"海大号"，另外有一艘在建的 5000t 级"东方红 3 号"；学术方面，被 SCI、EI、ISTP 等三大收录系统收录论文 13000 余篇，申请发明专利 1404 项，授权发明专利 736 项，其中国际发明专利 20 项。排名第二的是中国科学院海洋研究所，是从事海洋科学基础研究与应用基础研究、高新技术研发的综合性海洋科研机构，有在职职工 700 余人，其中专业技术人员近 500 人、中科院院士 3 人、中国工程院院士 1 人，博士生导师 101 人，硕士生导师 58 人，共发表论文 9400 余篇（其中 SCI/EI 收录论文 2600 余篇），出版专著 210 余部，共获国际发明专利授权 7 件，国家发明专利授权 270 余件，实用新型专利授权 140 余件，外观设计专利 50 余件。排名第三的中山大学，其海洋科学学院自成立以来，发表论文 400 多篇，其中 SCI 收录 230 多篇，ESI 高被引论文 10 多篇，获得或申请各类专利 60 多项，获得广东省科技奖一等奖 1 项，申请发明专利 80 多项（获授权 20 项），其中国际 PCT 专利 4 项；另外还建设国家海洋生物天然产物化合物库。排名第四的是日本林原株式会社的生物化学实验室。排名第五的是瑞士诺华集团——制药和保健品行业的跨国公司。排名第六的中科院南海海洋研究所，有"实验 1 号""实验 2 号"和"实验 3 号"三艘大型海洋科学考察船。南海海洋所共取得科研成果 780 余项，获国家、中科院、部委和省市级成果奖 258 项；申请专利近 700 项，获授权专利 400 余项；近年研究成果包括：从印度洋来源的真菌分离出的抗炎活性化合物、从西沙棕色扁海绵共生菌分离出的抗肿瘤活性化合物、从石斑鱼中克隆并表达出一种新的 G 型溶菌酶等。由图 10-1 中信息可见，对于海洋生物活性物质研究并申请专利的，在中国主要是大学或中科院的研究所；在韩国也是以大学为主导；在日本多是日用品企业的研究所；在欧美，则以制药企业集团为主。日本与欧美的研究模式，相比中国的研究模式，会更贴合企业本身的实际需求，也比较有利于企业独占/保守技术秘密。

（4）主要申请人在全球的专利布局

①中国申请人基本只在中国申请专利。②日本的林原株式会社在其他国家广泛申请专利，另外两家日用品企业则基本只在日本申请专利。③欧美的药企会在许多国家广泛申请专利。比较之下，大学和研究所类型的机构倾向于在本国申请专利，而企业尤其是跨国企业倾向于在多国进行专利布局。

（5）主要发明人分析

排名第一、第二、第三、第六、第七位的是日本；排名第四位的是俄罗斯人，俄罗斯人名下专利数量巨大，多涉及食品加工。王斌，浙江海洋学院食品与医药学院药学系副教授硕士生导师；王磊这个名字，推测是很多人的重名，因为发明人有王磊的专利申请人包括福建农林大学、上海海洋大学、广东省微生物研究所、中山大学、南开大学、国家海洋局第三海洋研究所、江南大学、陕西科技大学以及多家私营企业。

10.2.1.3 中国专利分析

（1）专利申请趋势

图 10-2 是中国在海洋生物活性物质方向专利申请量趋势图。从图 10-2 可以看出，中国的专利申请量整体呈上升的趋势，2010 年之前的专利申请量趋势比较缓慢，2011 年开始专利申请量的增长率较大，2015 年达到专利申请量的最大值。

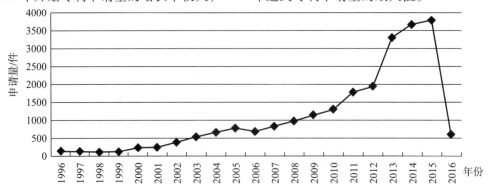

图 10-2　海洋生物活性物质领域中国专利申请量趋势

（2）各国申请人在中国的专利布局

日本申请人在中国的专利申请量最大，其次的美国、瑞士、韩国；值得注意的是，与专利总数对比，韩国专利总数与美国相近，但是在中国布局与美国相比却明显偏少。由此推断，相比美国和日本，韩国在医药和化妆品保健品市场上不那么重视中国市场。

（3）主要的国外申请人

排名第一的林原株式会社，也是总专利数排第二的申请人。林原株式会社是一家主要业务为食品医药用品和化妆品的日本公司，其在中国申请的专利主要为食品加工和护肤品，在海洋生物活性物质上大部分专利是关于酶，尤其是与海藻、海藻糖有关的酶，但是从时间上看，绝大多数专利的申请日为 1999 年及以前，只有 2 件专利是 2006 年申请的，再往后申请的专利就没了；而其他技术的专利则每年都有申请的记录，据此推断，林原株式会社的研发方向现在已不在海洋生物活性物质上面，其能成为第一名是靠以前的技术底子。

排名第二的是罗氏集团，罗氏集团是制药公司。罗氏始创于 1896 年 10 月，经过百年发展，业务已遍布世界 100 多个国家，共拥有近 66000 名员工。罗氏集团的业务范围主要涉及药品、医疗诊断、维生素和精细化工、香精香料等四个领域。罗氏集团还在一些重要的医学领域如神经系统、病毒学、传染病学、肿瘤学、心血管疾病、炎症免疫、皮肤病学、新陈代谢紊乱及骨科疾病等领域从事技术研发和产品销售。

排名第三的宝生物工程株式会社生产开发生物工程研究用试剂，有 DNA 限制酶、DNA 修饰酶、PCR 试剂盒等，还展开了 DNA 合成、DNA 测序、DNA 芯片制作等业务。排第四的玫琳凯公司，是总部位于美国的护肤品和彩妆企业。排第五的三得利公司，是日本的老牌啤酒软饮料企业。

味之素株式会社，世界上最大的氨基酸供应商之一，其在华业务涉及调味品、加工食品、医药/工业/饲料用氨基酸；生化学工业株式会社，1947 年创立，主要产品是多糖类的医药用品。

（4）主要国内申请人及区域分布

国内主要申请人均为科研院校，且主要集中在沿海省份尤其是山东、广东、浙江，可见地理位置对于研究倾向有比较大的影响。

（5）主要国内申请人申请趋势

在海洋生物活性物质方向，主要国内申请人随年份而改变，但中科院海洋研究所、中国海洋大学、中山大学和中科院南海研究所是每年相关专利申请的主力军。这四个申请人基本每年都有数量稳定的专利产出。

（6）不同地区法律状态分布

从表 10-1 可以看出，山东的申请量位居第一，申请量为 2252 件，但其中 623 件专利法律状态为失效，说明山东在海洋生物活性物质方向的专利申请质量较低，较少申请人愿意花钱维持专利有效性。

表 10 -1　海洋生物活性物质领域中国专利法律状态分布　　　　　单位：件

	山东	江苏	广东	浙江	上海	安徽	北京	辽宁	福建	湖北
有效	694	357	432	436	227	127	260	199	163	102
审中	935	457	217	235	84	413	72	114	98	62
失效	623	439	269	232	272	42	236	200	81	146
合计	2252	1253	918	903	583	582	568	513	342	310

10.2.1.4　广东专利分析

（1）专利申请趋势

广东从 1998 年开始提交该方向的专利申请，之后呈波浪式增长，并在 2015 年达到峰值，申请量达到 336 件，虽然之后一年申请量有所回落，但还是处于较高水平；2015 年的数量较低应该是因为 18 个月的专利公开期没到所致。

（2）主要申请人及其申请趋势

图 10 -3 展示的是广东抗肿瘤海洋生物活性物质相关专利主要申请人及其申请量。从该图可以看出，广东的主要申请人是中科院南海海洋研究所、中山大学和广东海洋大学，这三个申请人基本每年都有数量不少的专利申请，可见其对抗肿瘤海洋生物活性物质进行着持续且大投入的研究。

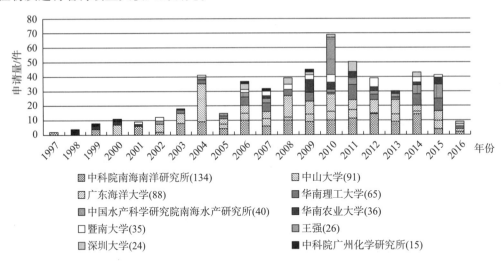

图 10 -3　海洋生物活性物质领域广东主要专利申请人申请量趋势

10.2.2　抗肿瘤海洋生物活性物质

10.2.2.1　概述

海洋抗肿瘤天然产物在海洋药物研究中一直占据主导地位，开展得最早，拥有最扎实的研究基础。海洋生物提取物中，10% 有细胞毒活性这一抗肿瘤的基本特质。海洋抗肿瘤活性物质可以应用在肿瘤的分子靶向治疗、化学介入治疗中。

目前抗肿瘤活性物质的主要来源为海绵、珊瑚、海兔、海鞘、鳖、海星、海葵、海胆、海藻等。化学种类上分为萜类、酰胺类、肽类、大环内酯类、聚醚类、核苷类等。

10.2.2.2　全球专利分析

（1）申请趋势分析

抗肿瘤海洋生物活性物质方向全球专利申请大体分两个阶段。1988～2000 年，在200 件以下缓慢增长，这段时间抗肿瘤海洋生物活性物质的发展日益得到人们的注重，但限于技术手段和经济情况发展缓慢；从 2001 年开始到现在，每年的申请量都在 300件左右，可见抗肿瘤海洋生物活性物质进入了技术的持续良好发展期。

（2）全球专利布局

在抗肿瘤海洋生物活性物质方向，专利申请主要区域是中国、美国、日本、韩国。其中中国相关专利申请量最大，申请量为 1834 项；美国、日本相关专利申请量紧追中国，分别为 865 项和 840 项；可见，中美日韩这四个国家相当重视抗肿瘤海洋生物活性物质，并且投入了大量的资源进行研究。

图 10-4 是全球主要国家或组织在抗肿瘤海洋生物活性物质方向的专利申请发展趋势。由图 10-4 可以看出，中国起步较晚（1993 年起步），经历缓慢的发展终于在2000 年追上美国和日本。之后发展加快，一步步甩离美国和日本，到如今占据每年申请量的一半以上；日本起步早，早期数量不仅多于中国，也多于美国，但是其申请量在 1995 年开始便停步不前，在 2007 年以后有逐年萎缩的趋势；美国起步于 1990 年，2000 年迎来大发展，之后每年申请量都在 50～100 项之间，直到 2012 年，其后申请量也有逐年萎缩的趋势。

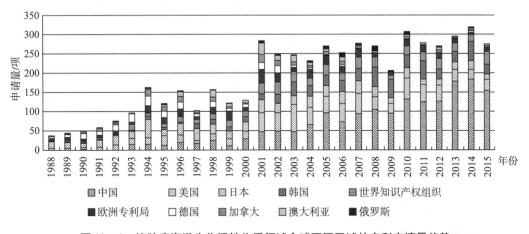

图 10-4　抗肿瘤海洋生物活性物质领域全球不同区域的专利申请量趋势

（3）全球主要申请人分析

在涉及抗肿瘤海洋生物活性物质方向，申请量最多的申请人是瑞士的罗氏集团，排名第 17 位的也是罗氏集团的子公司，另外排第 19 位的是瑞士的诺华集团。在排名前20 位的申请人中，有 8 位是中国申请人，皆为院校，而外国申请人都是企业，可见中国的科研体制与外国差别很大，外国是以企业利润为主导力量，中国则是以政府科研基金为主导力量。

（4）主要申请人在全球的专利布局

外国申请人都是企业，并且在多个国家/地区进行专利布局，且布局国家/地区基本是发达国家/地区，专利保护体系相对成熟。中国申请人基本只在中国申请专利，推测是因为中国申请人作为院校，没有指望专利技术产品盈利，因此只在中国申请专利而不去外国进行专利布局。

（5）主要发明人分析

在主要申请人前20名中有8位是中国申请人的情况下，前20名的发明人都是外国人，可能是因为外国申请人是企业，专利基本集中在少数几个人身上，而中国申请人作为院校，专利肯定是分布在几个甚至十几个研究团队上面，因此发明人不集中。

10.2.2.3 中国专利分析

（1）专利申请趋势

图10-5是中国在抗肿瘤海洋生物活性物质方向专利申请趋势图。从图10-5可以看出，我国专利申请总体上呈上升趋势，尤其是2013年和2014年申请量有大幅增长，显示国家对抗肿瘤海洋生物活性物质研究的看好和大量投入。

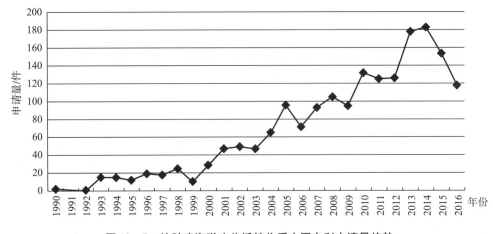

图10-5 抗肿瘤海洋生物活性物质中国专利申请量趋势

（2）各国申请人在中国的专利布局

在华提交涉及抗肿瘤海洋生物活性物质的专利申请人中，国内申请人占88%，国外申请人占12%，说明该方向中国专利主要以我国申请人为主，国外申请人在我国专利布局较少。国外申请人中，瑞士排名第二，可见瑞士的罗氏集团和诺华集团这两个制药大厂对中国市场的重视。

（3）主要的国外申请人

主要申请人排名第一位和第三位的都是罗氏集团申请人；排名第四位的诺瓦提斯公司，属于瑞士的诺华集团，在世界医药公司排名中位列第三，该公司曾诉重庆新原兴药业有限公司专利侵权。可见在华美国申请人数量较多，专利较分散，而罗氏和诺华，对中国的抗肿瘤药物市场很重视。

（4）主要的国外申请人的申请趋势

罗氏集团 2010 年在中国布局了 6 项专利，而 2006～2015 年，少有其他申请人在中国布局。联系之前发现美国强生使用在中国的子公司申请专利，推测会有更多的药企使用更隐蔽的方式在中国布局专利，以达到隐藏企业商业秘密的效果。

（5）主要国内申请人及区域分布

国内主要申请人均为科研院校，且主要集中在沿海省份尤其是山东、广东、浙江，可见地理位置对于研究倾向有比较大的影响。

（6）主要国内申请人申请趋势

在抗肿瘤海洋生物活性物质方向，国内主要申请人随年份而改变，但中科院南海海洋研究所、中国海洋大学、中国人民解放军第二军医大学（以下简称"第二军医大学"）是每年相关专利申请的主力军。第二军医大学的申请量能排进前三，标志着抗肿瘤海洋生物活性物质已经逐步开始进入药用临床研究阶段。

（7）不同地区专利申请法律状态分布

从表 10-2 可以看出，申请量山东位居第一，申请量为 254 件，但其中 106 件专利法律状态为失效，说明山东在抗肿瘤海洋生物活性物质方向的专利申请质量较低，较少申请人愿意花钱维持专利有效性。

表 10-2　抗肿瘤海洋生物活性物质领域中国主要省份专利法律状态分布　　单位：件

	山东	广东	浙江	上海	江苏	福建	辽宁	北京	海南	天津
失效	106	66	50	86	53	37	60	33	9	16
有效	70	113	79	67	28	40	20	31	22	10
审中	78	32	64	21	38	31	13	18	5	9
合计	254	211	193	174	119	108	93	82	36	35

（8）国内主要发明人

林厚文，上海仁济医院药主要从事学部主任。

张偲，中科院南海海洋研究所所长，中科院海洋微生物研究中心主任，主要研究方向为热带海洋微生物。

陈万生，第二军医大学第二附属医院药材科主任，第二军医大学临床药学教研室主任，博士生导师。

林永成，中山大学化学学院教授，主要研究方向为南海海洋微生物及其代谢产物。

10.2.2.4　广东专利分析

（1）专利申请趋势

广东在抗肿瘤海洋生物活性物质方向的专利申请趋势为：从 1998 年开始提交该方向的专利申请，之后呈波浪式增长，并在 2013 年达到峰值，申请量达 28 件。虽然之后一年的申请量有所回落，但还是处于较高水平，2015 年的数量较低应该是因为 18 个月的专利公开期没到所致。

（2）主要申请人及其申请趋势

图10-6展示的是广东抗肿瘤海洋生物活性物质相关专利主要申请人及其申请量。从该图中可以看出，广东的主要申请人是中科院南海海洋研究所和中山大学，这两个申请人基本每年都有数量不少的专利申请，可见其对抗肿瘤海洋生物活性物质进行着持续且大投入的研究。

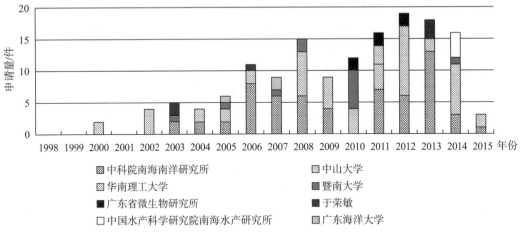

图10-6　抗肿瘤海洋生物活性物质领域广东主要专利申请人申请量趋势

（3）主要发明人

广东的发明人主要由中科院南海研究所和中山大学的相关学者组成。

10.2.3　神经系统海洋生物活性物质

10.2.3.1　概述

神经系统疾病，泛指因大脑以及中枢神经系统病变导致的各种疾病，包括癫痫、脑炎、脑膜炎、帕金森综合征、视神经萎缩等。其中有很多病症或因病理不明，或因目前的技术手段局限无法治疗，因此便有许多研究人员将希望的目光投向海洋生物活性物质蕴藏的可能性。

目前与神经系统有关的海洋生物活性物质多集中在对神经信号传递的影响上，多用于镇痛麻醉等用途。

10.2.3.2　全球专利分析

（1）申请趋势分析

神经系统海洋生物活性物质方向全球专利申请发展趋势从1987年开始以较大幅度振荡增长，反映了神经系统疾病的治疗需求大以及研究成果的不确定性。

（2）全球专利布局

在神经系统海洋生物活性物质方向，专利申请主要区域是中国、美国、日本、韩国。中、美、日、韩四国占了申请量的大半；可见，它们在神经系统领域的研究投入是相当大。

图 10 - 7 示出了全球主要国家或组织在神经系统海洋生物活性物质方向的专利申请发展趋势。由图 10 - 7 可以看出，从 2000 年开始，中国、美国、日本的专利申请开始占据总申请量一半以上，而且三个国家的申请量基本都是缓慢稳步增长。

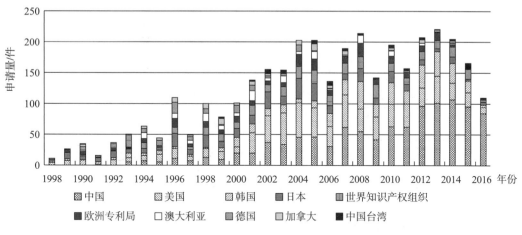

图 10 - 7 神经系统海洋生物活性物质领域全球不同区域的专利申请量趋势

（3）全球主要申请人分析

在涉及神经系统海洋生物活性物质方向，排第一位的是一家德国公司，其主营业务包括化工和药物，以人造血浆作为主打医药产品。排第三位的是法国的赛菲诺安万特集团；相对地，中国申请人全都是科研院校，显示出医药领域外国以企业主导，国内以院校主导的特点。

（4）主要申请人在全球的专利布局

外国申请人都是企业，并且在多个国家/地区进行专利布局，且布局国家/地区基本是发达国家/地区，专利保护体系相对成熟。中国申请人基本只在中国申请专利，推测是因为中国申请人作为院校，没有指望专利技术产品盈利，因此只在中国申请专利而不去外国进行专利布局。

（5）主要发明人分析

徐安龙，中山大学生命科学学院院长，博士生导师，主要从事免疫相关基因与低等海洋生物免疫起源的基础研究以及相关功能基因的应用研究。

任政华，中山大学生命科学学院副教授，主要从事生物技术及生化制药方面的研究。

王磊，中山大学生命科学学院博士，主要从事海洋生物药用功能基因方面的研究。

10.2.3.3 中国专利分析

（1）专利申请趋势

图 10 - 8 是中国在神经系统海洋生物活性物质方向专利申请趋势图。从图 10 - 8 可以看出，我国专利申请总体上呈缓慢增长趋势，是该领域稳步进展的体现。

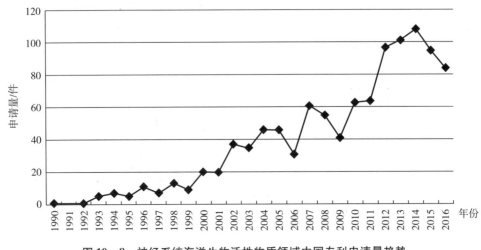

图 10-8　神经系统海洋生物活性物质领域中国专利申请量趋势

（2）各国申请人在中国的专利布局

在华提交涉及神经系统海洋生物活性物质的专利申请人中，国内申请人占 87%，国外申请人占 13%，且主要在华布局的是美国申请人，可见美国制药企业对于中国的神经药物市场相当感兴趣。

（3）主要的国外申请人

主要申请人的申请量都不大，可知外国申请人在华专利布局较少且比较零碎，不成规模。

（4）主要国外申请人的申请趋势

近 10 年内，外国申请人在华专利布局也相当少，推测原因是海洋神经药物并没有太大的利润，外国企业没有动力进行专利布局。

（5）主要国内申请人及区域分布

国内主要申请人均为科研院校，且中山大学的数量远超其他申请人。

（6）主要国内申请人申请趋势

在神经系统海洋生物活性物质方向，中山大学的申请量比较有持续性，中国海洋大学也是，而其他申请人则持续性差，推断中山大学和中国海洋大学对神经用途活性物质有持续且成体系的研究。

（7）不同地区专利申请法律状态分布

从表 10-3 可以看出，广东申请量位居第一，为 181 件；山东排第二位，为 110 件。山东和广东的审中专利申请数量相当，显示两省都在本领域投入了较多的研究资源。

表 10-3　神经系统海洋生物活性物质领域中国专利法律状态分布　　单位：件

	广东	山东	北京	上海	江苏	浙江	辽宁	安徽	海南	湖北
有效	77	38	38	37	21	22	8	6	16	2
失效	67	40	34	20	21	24	21	3	3	15

续表

	广东	山东	北京	上海	江苏	浙江	辽宁	安徽	海南	湖北
审中	37	32	16	15	22	15	7	15	4	5
合计	181	110	88	72	64	61	36	24	23	22

（8）国内发明人排名

徐安龙，中山大学生命科学学院院长，博士生导师。主要从事免疫相关基因与低等海洋生物免疫起源的基础研究以及相关功能基因的应用研究。

任政华，中山大学生命科学学院副教授，主要从事生物技术及生化制药方面的研究。

王磊，中山大学生命科学学院博士，主要从事海洋生物药用功能基因方面的研究。

10. 2. 3. 4　广东专利分析

（1）专利申请趋势

广东在神经系统海洋生物活性物质方向的专利申请趋势：从 1993 年开始提交该方向的专利申请，之后呈波动增长，体现了对该领域持续性的研究投入。

（2）主要申请人及其申请趋势

图 10 - 9 展示的是广东神经系统海洋生物活性物质相关专利主要申请人及其申请量，从图 10 - 9 可以看出，广东的主要申请人是中科院南海海洋研究所和中山大学，这两个申请人基本每年都有不少数量的专利申请，可见其对神经系统海洋生物活性物质进行着持续且大投入的研究。

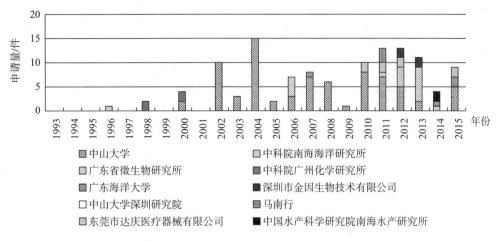

图 10 - 9　神经系统海洋生物活性物质领域广东主要专利申请人申请量趋势

10. 2. 4　抗菌抗病毒海洋生物活性物质

10. 2. 4. 1　概述

抗菌肽和抗生素是主要的抗菌、抗病毒活性物质。近年来随着陆生微生物资源的逐渐枯竭，新的抗生素发现速率明显减慢，另外，已发现的抗生素也面临耐药性的问题。

海洋环境的特殊条件使得海洋生物具有丰富的生物多样性，从而提供了丰富的抗菌、抗病毒活性物质。主要的活性物质种类有醚类大环、内酯类、萜类、生物碱类、肽类、苷类等。

10.2.4.2 专利分析

（1）申请趋势分析

抗菌、抗病毒海洋生物活性物质方向全球专利申请发展趋势：自1978年开始，相关专利的申请量基本是缓慢平稳增长，显示了相关技术在稳步发展。

（2）全球专利布局

在抗菌、抗病毒海洋生物活性物质方向，专利申请主要区域是中国，且中国专利数量远超其他国家/地区。可见海洋生物活性物质在抗菌、抗病毒方面有相当大的发挥余地，且相对其他领域门槛低。

图10－10是全球主要国家或组织在抗菌、抗病毒海洋生物活性物质方向的专利申请发展趋势。由图10－10可以看出，日本、韩国、美国的年申请量基本保持不变，而中国的专利申请量自从2002年以后一直在增长，以至于现在年申请量中绝大部分是中国申请。这应该也和抗菌性能广泛存在于海洋生物活性物质中有关。

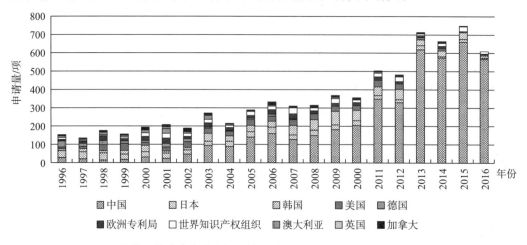

图 10－10 抗菌、抗病毒海洋生物活性物质领域全球不同区域的专利申请量趋势

（3）全球主要申请人分析

在涉及抗菌、抗病毒海洋生物活性物质方向申请量最多的20个申请人中，有11个是中国申请人，绝大多数为院校，而外国申请人都是企业，可见中国的科研体制与外国差别很大，外国是以企业利润为主导力量，中国则是以政府科研基金为主导力量。

（4）主要申请人在全球的专利布局

外国申请人都是企业，并且在多个国家/地区进行专利布局，且布局国家/地区基本是发达国家/地区，专利保护体系相对成熟。中国申请人基本只在中国申请专利，推测是因为中国申请人作为院校，没有指望专利技术产品盈利，因此只在中国申请专利而不去外国进行专利布局。

（5）主要发明人分析

张丽华、李艳妮、于丽霞都是中国企业专利的发明人，由于大多同一企业申请的所有专利都来自同一个发明人，因此企业的发明人在排名上有优势。相建海、王克坚、孙黎这几个发明人则是厦门大学和中科院南海海洋研究所的学者。

10.2.4.3　中国专利分析

（1）专利申请趋势

图 10-11 示出了中国在抗菌、抗病毒海洋生物活性物质方向的专利申请量趋势。从图 10-11 可以看出，我国专利申请量总体上呈上升趋势，尤其是 2013 年申请量有大幅增长，显示国家对抗菌、抗病毒海洋生物活性物质研究的看好和大量投入。

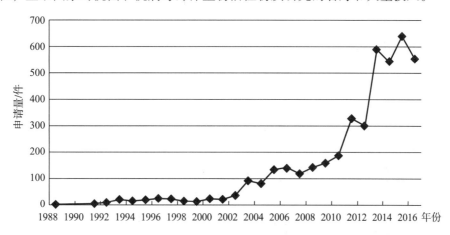

图 10-11　抗菌、抗病毒海洋生物活性物质领域中国专利申请量趋势

（2）各国申请人在中国的专利布局

在华提交涉及抗菌、抗病毒海洋生物活性物质专利申请的申请人中，国内申请人占 98%，国外申请人占 2%，说明该方向的中国专利主要以国内申请人为主，国外申请人在我国专利布局较少。

（3）主要的国外申请人

在近 10 年内，国外申请人在中国的专利申请数量不多，推测是因为抗菌、抗病毒已经有大量成熟的技术，替代性强，对于外国企业而言进行专利布局没有太大动力。

（4）主要国内申请人及区域分布

国内主要申请人均为科研院校，且主要集中在沿海省份尤其是山东、广东、浙江，可见地理位置对于研究倾向有比较大的影响。

（5）主要国内申请人申请趋势

在抗菌、抗病毒海洋生物活性物质方向，国内的企业申请人往往集中在某一年，基本是根据产品而进行专利布局。而国内科研院校则是长期稳定地产生专利，是持续性地推进技术发展。

（6）不同地区专利申请法律状态分布

从表 10-4 可以看出，申请量山东位居第一，申请量为 1148 件，但其中 397 件专利法律状态为失效，说明山东在抗菌、抗病毒海洋生物活性物质方向的专利申请质量较低，较少申请人愿意花钱维持专利有效性。

表 10 - 4　抗菌、抗病毒海洋生物活性物质领域中国专利法律状态分布　　　单位：件

	山东	广东	江苏	浙江	辽宁	上海	福建	广西	安徽	北京
审中	477	183	174	80	27	35	42	106	116	36
失效	397	132	99	74	92	51	51	23	11	48
有效	274	208	84	109	47	75	68	29	22	57
合计	1148	523	357	263	166	161	161	158	149	141

（7）国内发明人

张丽华、李艳妮、于丽霞都是中国企业专利的发明人，由于大多同一企业申请的所有专利都来自同一个发明人，因此企业的发明人在排名上有优势。相建海、王克坚、孙黎这几个发明人则是厦门大学和中科院海洋研究所的学者。

10.2.4.4　广东专利分析

（1）专利申请趋势

广东在抗菌、抗病毒海洋生物活性物质方向的专利申请趋势：从 1993 年开始提交该方向的专利申请，之后稳步增长，现在技术也在稳步发展。

（2）主要申请人及其申请趋势

图 10 - 12 展示的是广东抗菌、抗病毒海洋生物活性物质相关专利主要申请人及其申请量。从图 10 - 12 可以看出，广东的主要申请人是中科院南海海洋研究所和中山大学，这两个申请人基本每年都有数量不少的专利申请，可见其对抗菌、抗病毒海洋生物活性物质进行着持续且大投入的研究。

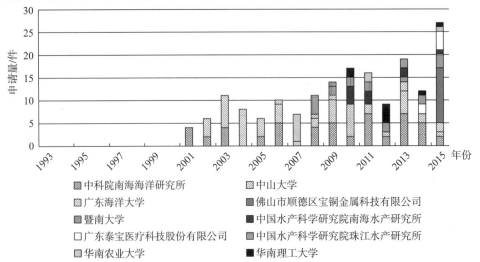

图 10 - 12　抗菌、抗病毒海洋生物活性物质领域广东主要专利申请人申请量趋势

（3）主要发明人及其申请趋势

张偲，中科院南海海洋研究所所长，中科院海洋微生物研究中心主任，主要研究方向为热带海洋微生物。

漆淑华，中科院南海海洋研究所海洋微生物中心副主任，博士生导师，主要研究海洋动植物和微生物中的活性先导化合物以及小分子化合物，已筛选到多个强抗菌、抗病毒药用活性先导化合物以及几十个强抗菌、抗海洋生物污损活性小分子化合物。

鞠建华，中科院热带海洋生物资源与生态重点实验室主任，广东省海洋药物重点实验室主任；主要从事海洋微生物活性次级代谢产物的发现、生物合成和抗感染抗菌抗病毒等创新药物的研发工作，其从海洋微生物中发现了具有抗感染、抗菌、抗病毒、免疫抑制等活性天然产物 500 余个。

10.2.5　心血管病海洋生物活性物质

10.2.5.1　概述

心血管病作为慢性病，需要长期预防性的治疗。

海藻中治疗心血管疾病的活性物质一直被人们所关注，其中主要是多糖类物质与不饱和脂肪酸。

海藻主要的药理特性是降血脂、溶解血栓、抑制凝血系统、降低血液黏稠度、软化血管等。

10.2.5.2　全球专利分析

（1）申请趋势分析

2001 年以前，心血管病海洋生物活性物质方向全球专利申请量基本处于波动增长状态，年申请量低于 150 项；2001 年申请量激增到 200 项以上，之后逐年波动降低至 150 项左右。推测是 2000 年突破了关键技术，之后在逐年发展中又遇到了瓶颈。

（2）全球专利布局

在心血管病海洋生物活性物质方向，专利申请的主要区域是中国、美国、日本、韩国。其中中国相关专利申请量最大，申请量为 953 项，美国、日本、韩国的申请量约为中国的一半；可见，中、美、日、韩这四个国家都对心血管病海洋生物活性物质投入了大量的资源进行研究。

图 10-13 是全球主要国家或组织在心血管病海洋生物活性物质方向的专利申请量发展趋势。由图 10-13 可以看出，中国起步较晚（1993 年起步），经历缓慢的发展后终于在 2001 年追上美国；之后每年以 50 项申请保持波动；日本起步早，申请量在 2010 年以前一直保持在 20 项左右，近几年申请量有萎缩的趋势；美国起步稍早于中国，年申请量在 2003 年达到 40 项，之后基本维持在年申请量 40 项左右。可见美国和中国都是比较稳定、缓慢地推进着心血管海洋生物活性物质的技术进步。

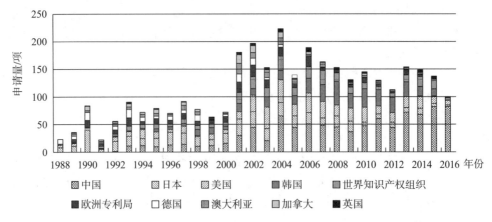

图 10 - 13　心血管病海洋生物活性物质领域全球不同区域的专利申请量趋势

（3）全球主要申请人分析

在涉及心血管病海洋生物活性物质方向，主要申请人为外国企业，仅有中山大学和中国海洋大学跻身前 20 名，可见中国对该领域技术的研究还比较分散，专利分散在很多申请人手中，专利利用效率还需要提高。其中排名第一的是罗氏集团，可见其在心血管药物领域的积累之深。

（4）主要申请人在全球的专利布局

外国申请人都是企业，并且在多个国家/地区进行专利布局，且布局国家/地区基本是发达国家/地区，专利保护体系相对成熟。中国申请人基本只在中国申请专利，推测是因为中国申请人作为院校，没有指望专利技术产品盈利，因此只在中国申请专利而不去外国进行专利布局。

（5）主要发明人分析

排名前 20 位的发明人都是外国人，中国申请人因为是科研院校，因此专利会分散在多个发明人名下，再一次体现了外国心血管病海洋生物活性物质的积累程度和集中程度。

10.2.5.3　中国专利分析

（1）专利申请趋势

图 10 - 14 示出了中国在心血管病海洋生物活性物质方向专利申请量趋势。从该图可以看出，我国专利申请起步晚（1989 年才开始），总体数量上基本是波动增长。

（2）各国申请人在中国的专利布局

在华提交涉及心血管病海洋生物活性物质的专利申请人中，国内申请人占 85%，国外申请人占 15%，说明国外申请人不太重视在我国进行专利布局。其中国外申请人中，以美国和日本申请人为主。

（3）主要的国外申请人

排名第一位的是罗氏集团，其申请量符合其对中国市场重视的表现。而绝大多数其他申请人申请量都在 5 件以下，可见外国申请人不太注重在中国进行专利布局。

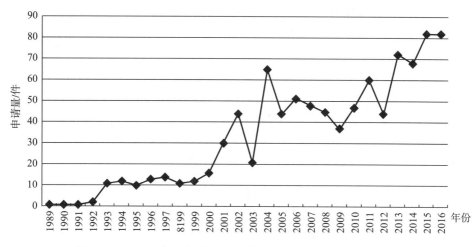

图 10 - 14　心血管病海洋生物活性物质领域中国专利申请量趋势

（4）主要的国外申请人的申请趋势

2006 ~ 2015 年，少有其他申请人在中国布局，联系之前发现美国强生使用在中国的子公司申请专利，推测会有更多的药企使用更隐蔽的方式在中国布局专利，以达到隐藏企业商业秘密的效果。

（5）主要国内申请人及区域分布

国内主要申请人多为科研院校，且相关申请较少，推测原因是心脑血管这类慢性病已经有比较成熟的化学药，导致研发动力不足。

（6）主要国内申请人申请趋势

在心血管病海洋生物活性物质方向，国内主要申请人每年申请数量并不稳定，可能是心血管病方面的研究缺乏动力，或者研究起来缺乏连续的研究体系。

（7）不同地区专利申请法律状态分布

从表 10 - 5 可以看出，在心血管病海洋生物活性物质领域中国专利申请中，山东和广东分别位居第一位和第二位。广东专利总数比山东少，但有效专利数却更高，从侧面反映出广东专利质量比山东高。

表 10 - 5　心血管病海洋生物活性物质领域中国专利法律状态分布　　　　单位：件

	山东	广东	北京	上海	江苏	浙江	辽宁	安徽	河南	海南
失效	61	36	31	20	31	24	26	3	13	5
有效	34	48	19	26	5	11	15	9	0	14
审中	60	19	6	7	14	15	5	22	13	5
合计	155	103	56	53	50	50	46	34	26	24

（8）国内发明人排名

徐安龙，中山大学生命科学学院院长，博士生导师，主要从事免疫相关基因与低等海洋生物免疫起源的基础研究以及相关功能基因的应用研究。

王磊，中山大学生命科学学院博士，主要从事海洋生物药用功能基因方面的研究。

10.2.5.4 广东专利分析

（1）专利申请趋势

广东在心血管病海洋生物活性物质方向的专利申请趋势：在2000年以前申请量极少，2002年开始，申请量开始振荡在10件以下，振荡幅度大，可见该领域技术研发并不稳定。

（2）主要申请人及其申请趋势

图10-15展示的是广东心血管病海洋生物活性物质相关专利主要申请人及其申请量，从图10-15可以看出，广东的主要申请人是中科院南海海洋研究所和中山大学，其中中山大学在2002年和2004年申请了大量专利，而中科院南海海洋研究所则相对稳定。

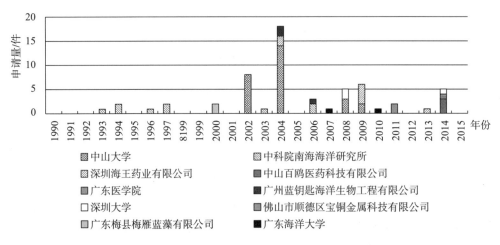

图10-15 心血管病海洋生物活性物质领域广东主要专利申请人申请量趋势

（3）主要发明人及其申请趋势

主要发明人集中在中山大学，其申请趋势与中山大学在2002~2004年的申请量重叠，推测是这些人在同样数量的申请上都署了发明人的名。

10.3 海洋生物及微生物基因

10.3.1 海洋生物基因

10.3.1.1 概述

海洋生物基因是指分布于海洋中的基因资源。与陆地生物基因资源相比，海洋生物基因资源除了具有复合性、不可再生性、不均衡性和价值潜在性外，还具有比陆地生物更高的多样性、海洋特有的环境所带来基因独特性和开发困难性。

为了研究海洋生物基因的发展趋势，课题组将海洋生物基因划分为海洋极端环境基因、海洋核心种质基因、海洋功能酶基因、海洋药物基因进行了专利态势分析。以下仅示例了总的海洋生物基因的专利态势分析和海洋核心种植基因的专利态势分析。

10.3.1.2　全球专利分析

（1）申请趋势分析

从图 10 – 16 可以看出，海洋生物基因的全球申请量从 1980 年开始呈稳步递增的趋势，到了 21 世纪初，增长放缓基本维持在年申请量 300 ~ 400 项。

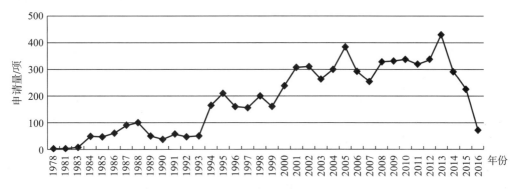

图 10 – 16　海洋生物基因领域全球专利申请量趋势

（2）全球专利布局

在各个国家/地区海洋生物基因申请量所占的比重中，其中，日本的申请量最大，达全球比重的 17.46%，接下来是中国、韩国和美国，申请量占全球比重分别达到了 16.62%、14.50%、13.67%。日本和韩国虽然国土面积小，人口少，陆地资源匮乏，但日本和韩国都是岛国，有着丰富的海洋资源，并且十分重视海洋资源的开发，因此申请量遥遥领先绝大部分的国家/地区。我国海洋生物基因的申请量排名世界第二，说明我国对海洋生物基因资源的重视。

申请量排名前四位的中、美、日、韩四国中，日本的申请量一直比较稳定，且从初期就开始保持较高的申请量，说明日本对海洋生物基因资源重视意识形成较早。美国的专利申请量在 21 世纪初期稳步增长，近 10 年申请量有所下降。中国的专利申请量则从 1998 年开始显示出逐步增长的趋势，尤其是近 5 年，申请量超过美国、日本和韩国。

（3）全球主要申请人分析

在全球的主要申请人中，中科院海洋研究所的申请量居首，达到 118 项。紧跟其后的是美国加州大学董事会和杜邦，以及英国的 Cognetix 公司。中科院海洋研究所是我国从事海洋科学基础研究与应用基础研究、高新技术研发的综合性海洋科研机构，是国际海洋科学领域具有重要影响的研究所。加州大学两面环海，紧邻太平洋，具有天然的地理优势，其海洋生物学专业是美国以及学校实力最强的专业之一，海洋生物基因的研究涉及各个方面。前十位的申请人中，有 6 位为中国申请人，且都为科研机构，表明我国对于海洋生物基因研究的重视，然而，其产业化程度较低。事实上，因为基因研发处于产业链的最上游，技术转化为产业要经过很多工序，且研发成本高，所以该领域的技术研究主要还是集中在科研机构。

（4）主要申请人在全球的专利布局

在主要国家和区域的专利布局排名前十位的申请人中，有6位为中国申请人，且均为科研单位，但6位中国的申请人清一色主要在国内进行布局，基本上很少去国外进行布局。虽然我国对于海洋生物基因研究较为活跃，但主要集中在科研单位，且产业化程度低，虽有技术研发，但无产业，因此也不会注意到在国外进行专利布局。同时也表明，我国海洋生物基因专利技术还未在全球形成有竞争性的企业。

10.3.1.3 中国专利分析

（1）专利申请趋势

我国于1985年才开始出现海洋生物基因相关的专利，起步较晚，但是从起步以来就保持持续的增长趋势，尤其在近10年增速较快。目前的申请量每年维持在100项以上。

（2）各国申请人在中国的专利布局

从申请量来看，在海洋生物基因领域，主要以国内申请人为主，比重达到了93.57%。这有可能是因为海洋生物基因产业化程度低，不同的基因资源存在的地域不同，导致国外来华所占比例较少，仅有6.43%。其中，国外来华的专利申请中，主要由日本和美国构成，占了国外来华的1/2以上。

（3）主要的国外申请人

国外来华的主要申请人为生化学工业株式会社、昆西生物科学有限公司、弗洛里达州大西洋大学、美国国家科研中心等，各个申请人的申请数量均较低，不超过5件，反映了在海洋生物领域全球暂无竞争性较强的企业。

（4）主要国内申请人区域分布

受海洋生物资源分布的地域性限制，国内海洋生物基因分布的地域主要在沿海地区。其中，山东排名第一，申请量达到362件；广东紧随其后。内陆地区也会有极少量的申请，主要涉及可人工培养的海洋生物的研究。海洋生物基因的专利区域分布，基本上跟我国海洋生物的经济产值区域分布保持一致，即山东和广东的产值也在各省份中名列前茅。主要是由于地理优势带动经济和科研的发展，使得较多的企业和关于海洋的科研单位均在这两个省分布。

（5）主要国内申请人申请趋势

国内申请量排名前四的申请人，中科院海洋研究所、中国海洋大学、中山大学、中科院南海研究所均为科研单位。在2001年以后，国内申请量才开始有所波动地增长，且每年的申请量均不超过14件。说明我国的海洋生物基因目前还未形成产业化以及竞争性企业。企业如果把握好时机，根据自身的研发实力，自主开发或者是跟科研单位合作，切入海洋生物基因市场，就有机会占领国内海洋生物基因市场的制高点。

（6）不同地区专利申请法律状态分布

由表 10－6 可知，在海洋生物基因领域山东的申请量远超过其他省份的申请量，广东的申请量排名第二，这两个省份均为我国的海洋强省；而海洋资源丰富的海南，未进前十，其在海洋生物资源领域的发展相对比较落后，没有很好地利用自身的地域、资源优势。排名前十的省份中，有 8 个省份的失效专利数量大于有效专利数量，表明我国专利水平质量有待提高。国内海洋生物基因的专利申请主要从 21 世纪以后才开始崛起，因此到期失效的专利实际上是很少的，大部分专利申请没有授权或者是权利人放弃专利权。北京的专利申请量排名稍微靠后一些，但是有效数量超过失效数量，表明该地区专利质量较高。

表 10－6　海洋生物基因领域中国专利法律状态分态　　　　　单位：件

	山东	广东	福建	浙江	上海	江苏	辽宁	北京	湖北	天津
失效	149	73	47	32	27	31	31	13	9	7
有效	100	70	20	27	16	12	10	20	10	2
审中	53	29	13	20	9	9	2	4	6	5

10.3.1.4　广东专利分析

（1）专利申请趋势

如图 10－17 所示，广东的海洋生物基因专利申请量从 2000 年以后才开始起步，呈波动性增长，年申请量不超过 30 件。虽然广东申请量排名第二，但是整体上该技术领域研发活跃度较低。海洋生物基因资源的开发难度远远高于陆地生物，主要在于难以全面获得海洋生物基因资源，以及海洋生物基因资源开发与利用技术平台限制。

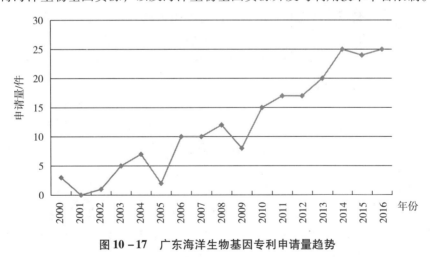

图 10－17　广东海洋生物基因专利申请量趋势

（2）主要专利申请人

广东排名前十位的专利申请人中，有 2 个为公司企业，1 个为个人，其余为科研院所。中山大学排名第一，主要研究领为海蛇毒素等药用基因，中科院南海海洋研究所和中国水产科学研究院南海水产研究所紧跟其后，排名第四～十位的申请人申请量相差不大，均低于10件。其中，珠海福德隆生物科技有限公司主要的研发领域为海洋水产动物等动物的病原菌基因诊断试剂盒，于荣敏的主要研发领域为从海洋生物蚶中的抗肿瘤多肽及其对应的基因。

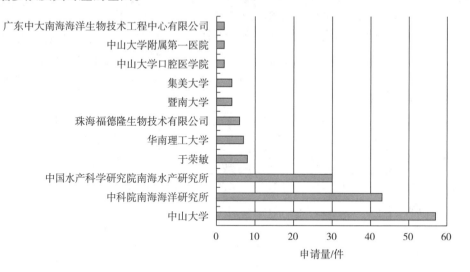

图 10-18　海洋生物基因领域广东主要专利申请人

10.3.2　海洋核心种质基因

10.3.2.1　概述

海洋生物种质资源是"蓝色农业"的基础，由于过度捕捞、海区污染、环境恶化等因素，我国海洋鱼类资源面临枯竭的危险。我国水产养殖业在国民经济中占有重要地位，2003年水产品出口收入占农产品出口净收入的50%。但经审定的水产良种只有46个，良种覆盖率仅为16.2%。海洋生物具有生物种类、生态习性和繁殖特点多样性，应加强海水养殖、生物繁育与主要经济性状基因表达调控的研究，克隆与生长、抗逆和品质质量性状相关基因；加强海水养殖生物的遗传改良与新品种培育研究，重视选择育种和标记辅助育种（MAS）的工作；把免疫与病害防治作为重点，特别要重视特异或非特异性免疫增强剂和基因工程疫苗的应用潜力。

10.3.2.2　全球专利分析

（1）申请趋势分析

图 10-19是海洋核心种质基因方向全球专利申请量发展趋势图。从该图中可以看出，海洋核心种质基因专利申请起步较晚（1984年才开始起步），刚起步时，全球申请量就达到60项，呈现出爆发式起步。之后该领域专利申请呈波浪式上升态势，2013年达到峰值，年申请量达140多项，说明这段时间海洋核心种质基因技术的发展日益得到人们的注重；但随后两年，基于"社会群体对海洋资源开发限制的呼吁"等原因，海洋核心种质基因申请量有所下降。

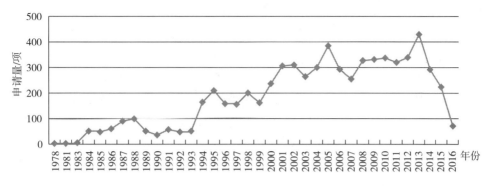

图 10-19　海洋核心种质基因领域全球专利申请量趋势

（2）全球专利布局

在海洋核心种质基因方向，专利申请的主要国家和组织是中国、日本、美国、世界知识产权组织、韩国、欧洲专利局。其中中国相关专利申请量最大，为 548 项；日本相关专利申请量紧追中国，为 469 项。中国和日本的海洋核心种质基因相关专利远高于其他国家，说明中国和日本对于海洋核心种质基因方向的技术研发都十分重视。

我国是世界养殖大国，水产养殖产量占全世界总量的 60% 以上，海洋生物养殖和市场前景广阔。此前，我国关于海水养殖一直把注意力集中到开发原种繁殖为核心的健康苗种繁殖研究上，而对优化和改良原种的研究较为滞后。目前，我国已经改变这种局面，对大量的海洋生物原种进行种质改良以及新品种培育，保种育种，筛选了一批具有生长、抗逆和品质质量性状相关基因，培育了多个海洋生物品种。目前，中国是世界最主要的海产品出口国。

除中国外，日本是海水养殖最发达的国家之一，也是整个亚洲区域的重点地区。日本主要的养殖对象为鳗、鲤、虹鳟、对虾、牡蛎、紫菜、珍珠、扇贝等海珍品。

挪威是世界上海产品出口排名前三的国家，其专利申请量领先于世界上的大部分国家，可见，产业的发展与技术的研发相辅相成。

（3）主要专利技术主题

如图 10-20 所示，海洋核心种质基因中，鱼类的申请量占比最高，达到 46%；其次为虾蟹类（21%）、贝类（18%）、藻类（9%）等相关的专利申请；其他主要为海参、海蜇、刺参、海马、海胆等海洋生物。其申请量的排名基本上与我国的海洋养殖业结构对应。

（4）全球主要申请人分析

在涉及海洋核心种质基因方向，中科院海洋研究所的专利申请量最多，为 91 项，且遥遥领先于其他申请人。中科院海洋研究所凭借其科技实力和重视度在海洋核心种质基因相关技术发展

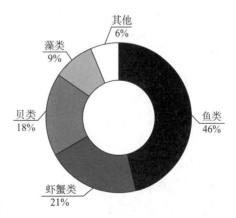

**图 10-20　海洋核心种质基因
专利申请技术主题分布**

方面有所贡献，在我国海洋科学技术各主要领域的研究与发展中，开展了许多开创性和奠基性的工作，取得了 80 多项科研成果，为我国国民经济建设、国家安全和海洋科学技术的发展作出了重大贡献。其次，全球申请量较大的申请人中前八位均是我国申请人，且申请量较大，说明我国十分重视海洋核心种质基因相关技术的发展。在全球主要申请人中，国外申请人以企业为主，而中国的主要申请人大部分为科研院所，说明中国海洋核心种质基因的探究大多处于科研阶段，科研产业化转换程度有待提高。

（5）主要申请人在全球的专利布局

在海洋核心种质基因方向，国外申请人倾向于在多个国家提交专利申请，注重申请覆盖多个区域，但在华专利申请极少甚至为零，说明在它们进行专利申请时，中国市场尚未引起国外申请人的注意。中国的申请人则主要在本国进行专利申请，甚至未提交国外专利申请，可能是由于专利保护意识淡薄、国外专利申请费用高或专利可产业化的前景低等原因。

10.3.2.3 中国专利分析

（1）专利申请趋势

中国在海洋核心种质基因方向专利申请量总体上呈上升趋势，2002 年前专利申请量较小，2002～2013 年展现出增长势头，并在 2013 年达到峰值，年申请量为 83 件，说明我国这段时间内较为注重海洋核心种质基因相关技术的发展。但在 2013 年后申请量稍稍有所回落。

（2）各国申请人在中国的专利布局

在华提交涉及海洋核心种质基因的专利申请人中，国内申请人占 97%，国外申请人仅占 3%，说明该方向中国专利主要以我国申请人为主，国外申请人在我国专利布局较少。其中国外申请人以美国申请人和我国台湾地区申请人为主，说明这些区域申请人比较注重在中国的专利布局。

（3）主要的国外申请人

在华提交专利申请的前四位申请人为 Hsc 研究发展合伙有限公司、先锋高级育种国际公司、台湾大学、尤尼利氟公司，分别来自加拿大、美国、中国台湾。前十位的申请人专利申请量不超过 5 项，说明在海洋核心种质领域，技术集中程度十分低。

（4）主要国内申请人区域分布

山东在海洋核心种质基因方向技术处于全国领先水平，申请量较多的区域还有广东、福建和浙江等。申请量排名靠前的省份均处于沿海地区，说明在海洋核心种质基因方向的技术研发中，地理位置的优势对相关专利申请起着至关重要的作用。

（5）主要国内申请人申请趋势

在海洋核心种质基因方向，主要国内申请人随年份而改变，但中科院海洋研究所、中国海洋大学、中国水产科学研究院黄海水产研究所是每年相关专利申请的主力军。我国的主要申请人多为研究所和高校，说明我国该方向的专利申请尚处于研发阶段，产学研的结合有利于研究成果的产业化。

（6）不同地区专利申请法律状态分布

从表 10-7 可以看出，海洋核心种质基因领域山东申请量位居第一，为 211 件，且远高于其他省市，但山东 50.71% 的专利法律状态为失效，说明山东在海洋核心种质基因方向的专利申请质量较低。总体来看，各省份处于审中状态的专利申请占比偏小甚至为零，表明海洋核心种质基因方向创新研发态势不佳。

表 10－7　海洋核心种质基因领域中国专利申请法律状态分布　　　　单位：件

	山东	广东	福建	浙江	江苏	湖北	上海	辽宁	重庆	河南
有效	78	43	19	20	10	12	4	9	6	4
失效	107	35	29	17	17	6	9	6	2	4
审中	26	19	2	9	4	2	3	0	1	0
合计	211	97	50	46	31	20	16	15	9	8

10.3.2.4　广东专利分析

（1）专利申请趋势

图 10－21 表示的是广东在海洋核心种质基因方向的专利申请量趋势。从该图可以看出，广东从 2003 年开始提交该方向的专利申请，之后呈波浪式增长，并在 2014 年达到峰值，表明海洋核心种质基因技术在广东得到越来越多的重视。

图 10－21　海洋核心种质基因领域广东专利申请量趋势

（2）主要专利申请人

图 10－22 展示了广东海洋核心种质基因相关专利主要申请人及其申请量。从图 10－22 可以看出，在海洋核心种质基因领域，广东主要申请人均为研究所和高校，说明广东该方向的专利申请尚处于研发阶段，产学研结合有利于研究成果的产业化。

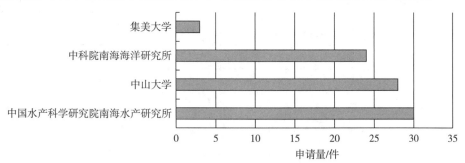

图 10－22　海洋核心种质基因领域广东主要专利申请人及申请量

10.3.2.5　海洋鱼类核心种质基因

（1）全球专利分析

图 10 - 23 是在海洋鱼类核心种质基因方向全球专利申请发展趋势图。从图 10 - 23 可以看出，该方向专利申请呈波浪式发展态势，1963 ~ 2004 年呈波动上升趋势，2004 年申请量最大，说明这段时间内海洋鱼类核心种质基因技术的研发受到重视。2005 年起申请量呈波动下降趋势。近年来，过度捕捞和海洋污染导致近海渔业资源萎缩明显，发展水产养殖业是缓解海洋渔业资源短缺问题的直接手段，因此海洋鱼类核心种质基因研究的发展迫在眉睫。

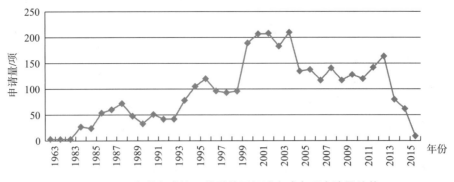

图 10 - 23　海洋鱼类核心种质基因领域全球专利申请量趋势

海洋鱼类核心种质基因方向的全球专利申请中，申请量最大的国家是日本，申请量为 291 项，遥遥领先于其他国家或组织，说明日本在该方向具有强大竞争力。其次是美国、世界知识产权组织、中国等国家或组织。

申请量位居首位的日本，在海洋鱼类种质基因方向的专利申请趋势与全球一致。中国和美国每年都保持一定申请量，是海洋鱼类核心种质基因专利申请的主力军，尤其是近几年，中国表现出厚积薄发的优势，年申请量遥遥领先于其他国家。

表 10 - 8 表示的是全球申请量较多的六个国家/组织的专利技术构成。从表 10 - 8 可以看出海洋鱼类核心种质基因方向上不同国家/组织有相似的技术构成，C12N 均占最大的比例，C07K 和 A61K 等随其后，这说明海洋鱼类核心种质基因专利技术大同小异。和全球专利区域分布相联系，技术构成要素的数量和专利申请量呈正相关，这说明掌握其中最核心的技术更能在海洋鱼类核心种质基因相关专利申请中脱颖而出。

表 10 - 8　海洋鱼类核心种质基因领域主要申请国/组织的技术构成表　　单位：项

	日本	美国	世界知识产权组织	中国	欧洲专利局	韩国
C12N	288	156	116	125	87	85
C07K	144	115	82	63	68	27
A61K	98	96	69	48	61	10
C12P	121	57	28	4	32	9

	日本	美国	世界知识产权组织	中国	欧洲专利局	韩国
C12Q	105	45	27	37	22	25
A61P	82	36	21	49	34	6
C12R	91	10	9	22	22	2
A01K	38	33	33	9	17	6
G01N	66	26	14	3	24	1
C07H	28	48	10	0	15	1

在涉及海洋鱼类核心种质基因方向，瑞士诺华（NOVARTIS AG）的专利申请量最多，为 36 项。诺华是全球制药和消费者保健行业居领先位置的跨国公司。诺华致力于研究、开发和推广创新产品，帮助人类治愈疾病、减轻病痛和提高生活质量，该公司关于海洋鱼类核心种质基因方向的申请主要集中在保健品和药品。国外申请人以企业为主，而中国的主要申请人大部分为科研院所，说明中国海洋鱼类核心种质基因的探究大多处于科研阶段，科研产业化转换程度有待提高。

在海洋鱼类核心种质基因方向，日本水产株式会社（Nippon Suisankaishaitd）、诺华和 Siler Khodr Theresa M 等国外申请人在多个国家提交专利申请，但在华专利申请极少，基本为零，说明在它们进行专利申请时，中国市场尚未引起国外申请人的注意。中国的申请人则主要在本国进行专利申请，较少提交国外专利申请，原因可能是专利保护意识淡薄，国外专利申请费用高或者专利质量低、产业化前景小等。

（2）国内专利分析

中国在海洋鱼类核心种质基因方向的专利申请量呈波动上升趋势，2009～2013 年展现出迅猛增长势头，并在 2013 年达到峰值，申请量为 26 件；2013 年后申请量稍微有所回落。说明我国科技创新意识觉醒，创新能力增强，同时技术保护意识也有所提高。自 20 世纪末以来，过度捕捞、海区污染、环境恶化等因素导致海洋鱼类资源面临枯竭的危险，我国各省市开始陆续出台政策鼓励水产养殖业，促进了我国海洋鱼类核心种质基因研究发展的进程。

在华提交涉及海洋鱼类核心种质基因的专利申请人大部分为中国申请人，其次为日本、韩国申请人，说明该方向中国专利主要以我国申请人为主，除日本和韩国外，国外申请人在我国专利布局较少，有可能是海洋生物资源的地域性问题。

在华提交专利申请的前四名申请人来自加拿大、荷兰、中国台湾，说明上述申请人注重知识产权的保护，但在华专利布局均较少；在海洋鱼类核心种质领域，技术集中度也较低，尚未形成垄断性局面，这对于我国企业来说，是有可能占领制高点的领域。

山东在海洋鱼类核心种质基因方向技术处于全国领先水平，申请量较多的区域还有广东、福建和浙江等。申请量排名靠前的省份均处于沿海地区，说明在海洋鱼类核心种质基因方向的技术研发中，地理位置的优势对相关专利申请起着至关重要的作用。

在海洋鱼类核心种质基因方向，主要国内申请人随年份而改变。2013年主要国内申请人最多，专利申请量最大。国内主要申请人仍以高校和研究所为主，表明我国还要加强产学研的结合，将研究成果转换到实际应用。

从表10-9可以看出，山东的申请量位居第一，申请量达53件，远高于其他省份，但山东37.74%的专利法律状态为失效，说明山东在海洋鱼类核心种质基因方向的专利申请质量不高。相对而言，重庆相关专利75%处于有效状态，但是因为专利数量较少，仅从专利数量上看可比性不高。总体来看，各省份处于审中状态的专利申请占比偏小甚至为零，表明海洋鱼类核心种质基因方向创新研发态势不佳。

表10-9　海洋核心鱼类种质基因领域中国专利法律状态分布　　　　单位：件

	山东	广东	福建	浙江	重庆	辽宁	江苏	黑龙江	北京	上海
有效	20	16	10	6	6	3	0	2	0	0
失效	27	11	3	1	1	3	3	1	0	1
审中	6	0	0	1	1	0	1	0	1	0
合计	53	27	13	10	8	6	4	3	1	1

（3）广东专利分析

图10-24表示的是广东在海洋鱼类核心种质基因方向的专利申请量趋势。从图10-24可以看出，广东从2004年开始提交该方向的专利申请，之后呈现出双峰态势，2006年和2010年的申请量为峰值。在政府的扶持下，广东成为该方向专利申请大省，虽在2012年之后申请量急剧下降甚至跌到零，但总体而言广东该方向的专利水平较高。

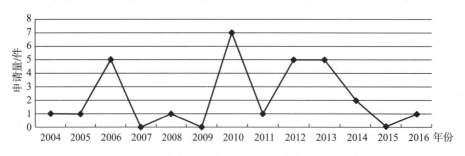

图10-24　海洋鱼类核心种质基因领域广东专利申请量趋势

在海洋鱼类核心种质基因方向，广东专利申请的主要申请人是中山大学，申请了27件专利。中山大学有着科学技术的支撑，在多个方面有专利申请，说明中山大学研究方向广，有较高的专利布局，并且在广东有着绝对竞争优势。

10.3.2.6　海洋虾蟹核心种质基因

（1）全球专利分析

图10-25是在海洋虾蟹核心种质基因方向全球专利申请量发展趋势图。从该图可

以看出，该方向专利申请呈波浪式发展态势，1983～2014 年呈波动上升态势，2013 年申请量最大，说明这段时间内海洋虾蟹核心种质基因技术的研发受到重视。但 2013 年起申请量呈波动下降趋势。近年来，过度捕捞和海洋污染导致近海渔业资源萎缩明显，发展水产养殖业是缓解海洋渔业资源短缺问题的直接手段，因此海洋虾蟹核心种质基因研究的发展迫在眉睫。

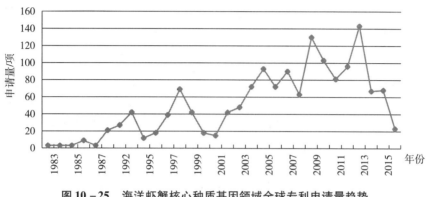

图 10-25   海洋虾蟹核心种质基因领域全球专利申请量趋势

在海洋虾蟹核心种质基因方向，专利申请主要区域是中国、美国、日本、世界知识产权组织、欧洲专利局、韩国等，其中中国相关专利申请量最大，申请量为 208 项，远高于其他国家/组织，说明中国对于海洋虾蟹核心种质基因方向的技术研发十分重视。

中国 1998～2015 年的专利申请量呈波浪式变化，2005 年的申请量超过全球年申请量的一半，其后几年以申请量迅猛增长的态势成为专利申请大国。这说明我国日益注重海洋虾蟹核心种质基因方向的技术的研发和发展。

表 10-10 表示的是全球申请量较多的六个国家/组织的专利技术构成。从表 10-10 可以看出，海洋虾蟹核心种质基因不同国家/组织有相似的技术构成，C12N 均占最大的比例，其次是 C07K 和 A61K，这说明海洋虾蟹核心种质基因专利技术大同小异。技术构成要素和专利申请量呈正相关，这说明掌握其中最核心的技术更能在海洋虾蟹核心种质基因相关专利申请中脱颖而出。

表 10-10   海洋虾蟹核心种质基因领域主要申请国/组织的技术构成表   单位：件

	中国	美国	日本	世界知识产权组织	欧洲专利局	韩国
C12N	191	71	48	41	35	26
C07K	93	53	32	25	20	7
A61K	76	40	24	14	12	13
A61P	73	23	24	5	3	2
C12Q	65	11	11	9	12	12
C12P	20	32	23	4	9	0

	中国	美国	日本	世界知识产权组织	欧洲专利局	韩国
G01N	8	14	14	10	17	1
A01K	12	21	13	8	8	1
C12R	41	3	7	2	5	0
C07H	5	24	4	1	2	1

在涉及海洋虾蟹核心种质基因方向，中科院海洋研究所专利申请量最多，申请了36项，遥遥领先于其他申请人。我国申请人是该方向专利申请的主力军，申请量排名靠前，申请量大，说明我国较为注重海洋虾蟹核心种质基因专利技术的发展。国外申请人以企业为主，而中国的主要申请人大部分为科研院所，说明中国海洋虾蟹核心种质基因的探究大多处于科研阶段，科研产业化转换程度有待提高。

在海洋虾蟹核心种质基因方向，生化学工业株式会社、英特瑞克斯顿股份有限公司（Intrexon Corporation）等国外申请人在多个国家提交专利申请，但在华专利申请极少甚至为零，说明在它们进行专利申请时，中国市场尚未引起国外申请人的注意。中国的申请人则主要在本国进行专利申请，均未提交国外专利申请，原因可能是专利保护意识淡薄以及国外专利申请费用高等。

（2）中国专利分析

在海洋虾蟹核心种质基因方向，中国专利申请量呈波动上升态势，2007～2013年展现出迅猛增长势头，2013年达到峰值，专利申请量为38件。这说明我国较为重视海洋虾蟹核心种质基因专利技术的发展。

在华提交涉及海洋虾蟹核心种质基因的专利申请人中，大部分为国内申请人，占比98%，其他区域申请人主要来自比利时和中国台湾，说明该方向中国专利主要以国内申请人为主，其他区域申请人在我国专利布局较少。

山东在海洋虾蟹核心种质基因方向技术处于全国领先水平，申请量较多的区域还有广东、福建、浙江和湖北等。申请量排名靠前的省份均处于沿海地区或沿江地区，说明在海洋虾蟹核心种质基因方向的技术研发中，地理位置的优势对相关专利申请起着至关重要的作用。

在海洋虾蟹核心种质基因方向，主要国内申请人随年份而改变。2010年，国内申请人最多，专利申请量最大。前十名主要申请人仍以高校和研究所为主，表明我国还要加强产学研的结合，将研究成果转换到实际应用。

从表10-11可以看出，山东申请量位居第一，远高于其他省份，但山东55.22%的专利法律状态为失效，处于审中状态的专利申请仅占4.48%，说明山东在海洋虾蟹核心种质基因方向的专利申请质量较低，且研究发展速度减慢。广东处于审中状态的专利申请相比于全国水平而言较高，占比36.84%，表明广东海洋虾蟹核心种质基因方向创新研发态势极佳。

表 10 – 11　海洋虾蟹核心种质基因领域中国专利法律状态分布　　　单位：件

	山东	广东	福建	江苏	湖北	浙江	广西	上海	天津	内蒙古
有效	27	8	6	6	12	7	6	0	0	0
失效	37	16	22	11	6	7	1	2	1	2
审中	3	14	1	1	0	1	0	2	1	0
合计	67	38	29	18	18	15	7	4	2	2

（3）广东专利分析

图 10 – 26 表示的是广东在海洋虾蟹核心种质基因方向的专利申请趋势。从图 10 – 26 可以看出，广东从 2005 年开始提交该方向的专利申请，之后呈现出波动上升态势，2015 年申请量达到最大值。在政府的扶持下，广东成为该方向专利申请大省。

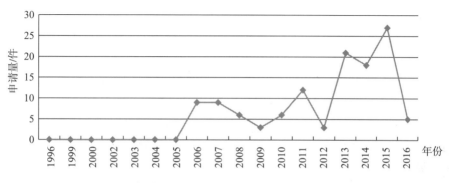

图 10 – 26　海洋虾蟹核心种质基因领域广东专利申请量趋势

图 10 – 27 展示的是广东海洋虾蟹核心种质基因相关专利主要申请人及其申请量。从该图可以看出，在海洋虾蟹核心种质基因领域，中国水产科学研究院南海水产研究所的专利申请量最多，共申请 24 件，遥遥领先于其他申请人。广东主要申请人均为研究所和高校，说明广东该方向的专利申请尚处于研发阶段，产学研结合有利于研究成果的产业化。

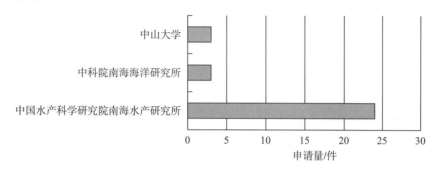

图 10 – 27　海洋虾蟹核心种质基因领域广东主要专利申请人及其申请量

10.3.2.7 海洋贝类核心种质基因

（1）全球专利分析

我国在海洋贝类核心种质基因方向的全球专利申请量呈现波浪式上升的双峰态势，1995 年和 2005 年达到峰值，申请量分别达 30 项和 37 项，随后几年申请量呈急速下降态势，说明海洋贝类核心种质基因专利技术得到人们的日益关注和重视，但在 2014 年起相关专利申请量有所回落。近年来，过度捕捞和海洋污染导致近海渔业资源萎缩明显，发展水产养殖业是缓解海洋渔业资源短缺问题的直接手段，因此海洋贝类核心种质基因研究的发展迫在眉睫。

在海洋贝类核心种质基因方向，专利申请的主要流向是中国、日本、韩国、美国、世界知识产权组织、欧洲专利局等，其中中国在该方向上专利申请量最大，达 131 项，比第二名的日本高出 35 项，说明中国对于海洋贝类核心种质基因方向的技术研发十分重视。

中国 1995 ~ 2015 年的专利申请量呈波浪式变化，2007 年申请量超过全球年申请量的一半，其后几年以申请量迅猛增长的态势成为专利申请大国。这说明我国日益注重海洋贝类核心种质基因方向的技术的研发和发展。

表 10 – 12 表示的是全球申请量较多的六个国家/组织的专利技术构成。从该表可以看出，海洋贝类核心种质基因领域不同国家/组织有相似的技术构成，C12N 均占最大的比例，C07K 和 A61K 也占据了较大的比例。这说明海洋贝类核心种质基因专利技术大同小异。技术构成要素和专利申请量呈正相关，这说明掌握其中最核心技术的申请人更能在海洋贝类核心种质基因相关专利申请中脱颖而出。

表 10 – 12　海洋虾蟹核心种质基因领域主要专利申请国/组织的技术构成　　单位：项

	中国	日本	韩国	美国	世界知识产权组织	欧洲专利局
C12N	107	92	63	36	26	21
C07K	51	44	18	27	15	13
A61K	50	20	9	17	7	5
C12Q	46	27	11	4	6	2
A61P	46	17	3	12	4	3
C12P	5	32	10	17	5	6
A01K	10	17	1	11	7	6
G01N	4	28	5	4	6	1
C07H	0	7	3	13	5	2
C12R	10	13	4	0	2	1

在涉及海洋贝类核心种质基因方向，中科院海洋研究所的专利申请量最多，申请了 37 项，遥遥领先于其他申请人，说明中科院海洋研究所十分注重海洋贝类核心种质

基因相关技术的发展及其专利布局；国外申请人以企业为主，而中国的主要申请人大部分为科研院所，说明中国海洋贝类核心种质基因的探究大多处于科研阶段，科研产业化转换程度有待提高。

在海洋贝类核心种质基因方向，学校法人浦项工业大学校（Postech Foundation），浦项制铁公司（Posco）等国外申请人在多个国家提交专利申请，但在华专利申请极少，甚至为零，说明在它们进行专利申请时，中国市场尚未引起国外申请人的注意。中国的申请人则主要在本国进行专利申请，均未提交国外专利申请，原因可能是专利保护意识淡薄以及国外专利申请费用高等。

（2）中国专利分析

在海洋贝类核心种质基因方向，我国专利申请量呈波动上升态势，2013～2014 年展现出迅猛增长势头，并在 2014 年达到峰值，专利申请量达 32 件；虽然在 2015 年申请量有所回落，但总体而言，在海洋贝类核心种质基因方向上，我国对其专利技术的发展日益重视。

在华提交涉及海洋贝类核心种质基因的专利申请人中，大部分为中国申请人，占比 98%，国外来华进行专利申请的申请人所在国家有美国、韩国，说明该方向中国专利主要以我国申请人为主，国外申请人在我国专利布局较少。

山东在海洋贝类核心种质基因方向技术处于全国领先水平，申请量较多的区域还有广东和浙江。申请量排名靠前的省份均处于沿海地区，说明在海洋贝类核心种质基因方向的技术研发中，地理位置的优势对相关专利申请起着至关重要的作用。

在海洋贝类核心种质基因领域，主要国内申请人随年份而改变，其中 2014 年主要国内申请人数目最多，专利申请量最大。排名前十位的主要申请人仍以高校和研究所为主，表明我国还要加强产学研的结合，将研究成果转换到实际应用。

从表 10 - 13 可以看出，山东的申请量位居第一，申请量远高于其他省份，但山东 45% 的专利法律状态为失效，说明山东在海洋贝类核心种质基因方向的专利申请质量不高。相对而言，广东 79.17% 的专利均处于有效状态，专利质量较高。总体来看，各省份处于审中状态的专利占比偏小甚至为零，表明海洋贝类核心种质基因方向创新研发态势不佳。

表 10 - 13　海洋贝类核心种质基因不同地区法律状态分布　　　单位：件

	山东	广东	浙江	江苏	河南	辽宁	安徽	山西	黑龙江	上海
有效	22	19	7	2	0	2	0	0	0	0
失效	27	0	6	2	4	1	0	0	0	1
审中	11	5	3	0	0	0	3	2	2	1
合计	60	24	16	4	4	3	3	2	2	2

（3）广东专利分析

图 10 - 28 表示的是广东在海洋贝类核心种质基因方向的专利申请趋势。从该图可

以看出，广东省从 2005 年开始提交该方向的专利申请，之后呈现出波动上升的双峰态势；2007 年和 2014 年达到峰值，申请量分别达 4 件和 11 件，2013～2014 年申请量急速上升，表明这段时间相关专利的发展得到重视；虽然该方向专利申请量在 2015 年有所回落，但总体而言，在海洋贝类核心种质基因方向上，广东专利申请水平较高。

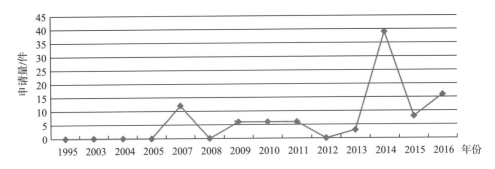

图 10-28　海洋贝类核心种质基因领域广东专利申请量趋势

图 10-29 展示的是广东海洋贝类核心种质基因相关专利主要申请人及其申请量。从该图可以看出，在海洋贝类核心种质基因领域，中科院南海海洋研究所的专利申请量最多，为 18 件，遥遥领先于其他申请人。广东的主要申请人均为研究所或高校，说明广东该方向的专利申请尚处于研发阶段，产学研结合有利于研究成果的产业化。

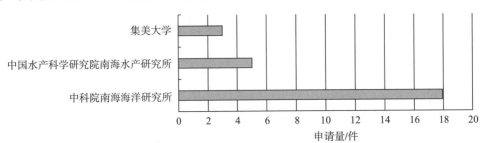

图 10-29　海洋贝类核心种质基因领域广东主要申请人及申请量

10.4　结论与建议

海洋生物及微生物经济产业是世界各国经济产业的重要支柱之一，是影响未来世界经济发展不竭的动力源泉。丰富的海洋资源不但能为人类提供众多需要的自然资源，还能为世界经济生态的可持续发展提供推动力。因此，准确把握海洋生物各个领域的技术发展方向，做好相关领域的专利布局、预警和分析。对构建和推进未来相关领域经济产业发展具有重要的基础性及前瞻性意义，有助于最终形成核心竞争力。广东作为我国传统的海洋生物大省，也是海洋生物的技术强省，具有较强的竞争力和潜力，大力发展海洋生物产业，是广东海洋生物企业做大、做强，进一步发展的难得契机。

10.4.1　广东海洋生物及微生物专利发展特点

广东在海洋生物及微生物领域的专利申请起步于 20 世纪末期，而在 21 世纪初开始得到了迅猛的发展，并且在 2010 年代初期达到了专利申请数量的峰值。可见，广东在海洋生物及微生物领域的技术方面得到了突破性的发展（特别是在最近几年）。在可以预见的未来，伴随着技术实力的增强，加上技术在经济产业中的应用，广东在海洋生物及微生物领域的产业经济发展会有良好的前景。但是，正如上文分析，广东海洋生物产业发展仍存在以下问题。

（1）海洋生物产业的布局和结构存在不合理之处

一般认为，海洋经济发展的战略定位、海洋生物资源禀赋、资源环境承载力、发展潜力等因素是科学确定海洋生物产业的布局和结构的主要依据。《广东省海洋经济发展"十二五"规划》中指出，着力构建"一核二极三带"的新格局。目前，广州、深圳等珠江三角洲地区，海洋生物产业布局的数量较多，如上文分析到的中山大学、中科院南海海洋研究所等。而粤东和粤西海洋经济区海洋生物产业布局的相对较少，对于海洋生物产业的布局结构来讲是无效的。粤东和粤西地区丰富的海洋生物资源得不到有效的开发，而且珠江三角洲地区与粤东和粤西地区无法形成联动和协同，不利于海洋生物产业的发展。目前，海洋生物产业中科技含量较低、所占的比例较大的是海洋渔业，而科技含量较高、所占的比例较小的是海洋生物医药业、海洋生物保健食品以及海洋生物质能产业等。广东的海洋生物产业的结构存在明显的不合理之处，要想解决这种现实的局面和问题，需要重新调整海洋生物产业的结构，在科技研发的基础上形成新的技术，推动形成合理的海洋生物产业结构。

（2）海洋生物产业技术不够成熟

海洋生物产业作为一种高新技术产业，需要强大的海洋科学技术支撑并促进其发展。广东海洋生物产业发展走在全国前列，但相对于海洋生物产业发达国家来说还存在明显的不足。海洋生物产业发达国家开展海洋生物产业时间早，资金雄厚，科研人才资源充足，技术的发展相对成熟，而我国的海洋生物产业开展时间较晚，存在技术瓶颈，科研资金和科研人才不足，海洋生物技术相对落后和不成熟。从上文分析可以知道，广东海洋科研机构的专利在逐步增加，这是可喜的变化。但是相对于山东等海洋大省来说，广东目前仍然存在专利数量少的情况，拥有的核心海洋生物技术少，而且有些核心技术无法掌握，技术的发展仍然不够成熟。

（3）海洋生物产业化发展缓慢

海洋生物产业的发展起步较晚，产业化发展缓慢。从上文可以看出，近几年海洋生物研究主要由科研机构完成，申请人主要为研究所和高校，未呈现企业研发、投入使用的发展态势。这说明广东海洋生物产业化发展还是较为缓慢，远未达到市场化、产业化阶段。只有真正实现市场化、产业化，广东才能由一个海洋大省变成海洋强省。

10.4.2　广东海洋生物及微生物经济专利发展建议

结合上述专利发展特点，在此提出以下几点建议。

10.4.2.1 调整产业结构，推进行业协作

高校、科研机构是海洋生物及微生物领域技术创新、专利申请的最主要来源。一方面，高校、科研机构具有相关领域理论技术研究最为前沿的人才；另一方面，从技术设备、研究资源上看也更为充足，并有多项目支撑，因此更能集中各领域的技术力量进行联合攻关。因此，在相当长的一段时间里，必须更大力度地支持高校、科研机构在相关领域开展技术攻关、技术创新活动。但是，海洋生物及微生物产业的发展不能单靠高校和科研机构的推动，特别是在市场化和产业化当中，高校和科研机构存在缺陷，更需要政府和相关企业从宏观层面上把握产业结构的调整和发展方向，并推动行业内的协作和交流。

（1）政府合理规划产业结构，促进产业经济良好发展

结合上文各领域国内专利申请人的构成来看，在全球专利申请中，虽然国外申请人所占的比例更大，但在中国专利申请比例中，国内申请人均占据了绝大多数的份额。从另一个角度上看，许多在国外进行专利申请布局的企业、科研机构并未在中国市场中进行相应的专利布局。一部分原因是相关国外申请人仅在自己所在的国家进行申请，还有一部分原因是尚在国际申请阶段，并未将相关专利进入中国国家申请阶段。由此可见，中国并不是海洋生物及微生物领域国外申请人比较重视的知识产权保护地区。

一般而言，当专利申请人想要进入或者争夺相关技术领域在目标国家/地区的产业时，才会更迫切地在相关国家/地区进行相关知识产权的布局。从一个侧面可以反映出，目前中国在海洋生物及微生物领域的产业发展尚不成熟，未能够充分吸引国外企业进入相关中国市场。

建议政府从以下几个方面进行政策推动。

第一个方面是企业营收宽松政策。为相关产业经济发展营造良好的政策环境。特别是有针对性地制定一些适当宽松的企业税收等方面的激励政策，盘活相关企业发展动力。

第二个方面是产业结构调整引导政策。将海洋生物及微生物相关产业进行重点扶持，从企业的相关扶持和鼓励，到相关领域政府项目的推动，均应该从优化相关产业结构、推动产业结构转型的角度上制定政策。这种结构的优化和转型，还应该包括鼓励相关产业结合的相互合作，共谋发展。海洋生物及微生物产业不是一个孤立的产业，而是一个与其他产业共生的特殊产业。海洋生物及微生物的研究需要应用在不同领域的具体实际当中，才能够将研究成果真正转化为对社会有用的经济价值。

第三个方面需要明确政府职责，加大政府投入。在发展海洋生物产业的过程中，借鉴海洋生物产业发达国家的成功经验，需要政府投入强大资金，为其发展提供重要的物质保障。因此，广东在发展海洋生物产业的过程中，政府应增加财政预算，提供经费，发挥政府在海洋生物发展过程中的作用，为海洋生物产业的健康、持续发展保驾护航。政府对于海洋生物产业的投资不是直接经营，而是集中在非营利性、战略性的关键技术的研发方面，在其过程中，居于基础地位，主要是起引导、监控和辅助的作用。为了发挥政府的职责，体现政府的基础性地位，广东省政府应注重在以下几个

方面投资，实现海洋生物产业的发展。其一，政府在财务预算中，用于研究与开发海洋生物产业的专项经费应逐年提高，政府每年都有稳定的资金投资于海洋生物产业，保证发展海洋生物产业的资金规模和来源。其二，设立政府基金，专门用于海洋生物产业的发展。对于资金的管理，利用多种方式，比如商业化的运作模式，实现基金的正常运转。其三，政府投资的资金在分配上要合理，突出重点，可集中分配在具有高收益和高回报水平的海洋生物重大专项，加速海洋生物产业的发展。

第四个方面是需要吸引外资，合理利用外资。海洋生物产业在发展过程中，利用国内资金的同时，也可以多渠道吸引外国资金加入发展海洋生物产业的进程，比如外商直接投资等方式。在使用时要合理利用外资，采取有效的措施控制外资的流入和构成，防止核心技术外流、侵害知识产权等事件发生。因此在吸引外资的同时，应合理利用外资，处理好合作方式、股权控制等问题，以此保护民族品牌、维护民族利益，最大限度地保证海洋生物产业的利益。

（2）企业应与其他关联产业进行充分交流，激活技术与产业源泉

从上文可知，海洋生物及微生物产业是战略性新兴产业，是未来发展的主要方向。但在技术创新研究和专利布局上，不应仅仅局限于该领域的技术，而应该鼓励将该技术与其他领域的技术进行交流、融合，从而产生新的专利点，为行业经济的应用发展注入新的活力。海洋生物及微生物领域的研究必须依托产业应用才能促进行业经济的长足、有效发展，孤立地进行研究，或者孤立地仅在海洋生物及微生物各个领域进行技术研究，是无法将研究成果转换成经济价值的。特别是海洋生物及微生物领域的应用涉及医药、食品等方面，更应该鼓励相关研究单位与这些关联企业进行技术和市场交流。

对于广东的海洋生物及微生物领域产业发展来说，尤其需要重视这一点。从上文的分析可知，在海洋生物及微生物各个领域的专利申请方面，广东的申请人基本为科研机构和高校。高校、科研机构与企业合作，甚至于企业单独申请的专利数量均非常少。一方面，企业应如上所述，需要进行自身建设，着力推动在海洋生物及微生物领域的研究创新。另一方面，企业也应主动开拓思路，寻求与相关应用类企业合作，谋求共同技术研究和市场拓展。尤其是在海洋生物及微生物医药、海洋生物及微生物制品领域，这两个领域的专利申请量相对较大，而且实用性较强，海洋生物及微生物企业更应该加强与其他关联企业之间的交流。借鉴和借助这些企业的科研经验和实力，为海洋生物及微生物领域的技术转化、推广等助力，加大广东海洋生物及微生物领域产业经济的发展，争取使广东成为国内海洋生物及微生物技术、市场领域的领头军。

10.4.2.2　鼓励企业发展，推动企业创新

结合海洋生物及微生物领域申请人的分布来看，国内在相关领域的申请人集中于高校和科研机构，也就是说，目前国内海洋生物及微生物的创新动力的中坚力量以高校、科研机构为主。具体到广东省内，海洋生物及微生物领域的主要申请人也集中于中科院南海海洋研究所、中山大学、华南理工大学、广东海洋大学等科研机构及高校。而国外海洋生物及微生物领域，无论是欧美国家，还是亚洲邻近的国家，如日本等，

在海洋生物及微生物领域的专利申请人主要集中在企业，即相关领域的研究发展中坚力量以企业为主。

企业在推动海洋生物及微生物经济发展中具有不可替代的作用。一方面，企业掌握将技术推进经济产业实现的触觉，能够精准把握行业发展的脉搏，在用户需求、市场信息以及研究目的性和持续等方面具有得天独厚的优势；另一方面，企业同样具有熟知相关行业技术最流行方向的研究人员。产业的推动不能将技术停留在纸面上，更加需要的是将技术转化成实实在在的产品，带动整个领域的经济发展。因此，产学研三方的协同作用是广东海洋生物及微生物领域经济发展的关键。

为充分发挥企业在海洋生物及微生物领域研究的优势，激发企业在相关领域发展研究的活力，必须从政府以及企业自身两个层面去推动。

（1）政府需提供有益政策，优化企业创新环境

笔者建议，政府需加快研究和出台相关政策，从宏观层面引导企业在海洋生物及微生物领域的创新。具体的政策可以包括：鼓励企业在相关领域的专利申请，对相关企业在该领域申请专利给予有效的激励政策，对企业在相关领域的专利申请给予一定的奖励；同时，将某些相关领域的政府研究项目委托给企业，引导企业在相关领域进行技术研究；另外，支持企业引入相关创新人才，并提供专项资金支持。政府从激励措施、政策引导和鼓励人才三大方面为企业在海洋生物及微生物领域的创新发展营造良好的环境。

目前，广东在利用海洋和发展海洋经济过程中颁布和制定了一系列海洋相关的政策。随着广东海洋生物产业的发展，与海洋生物产业相关的政策也需要不断地制定和完善。广东省颁布实施了《广东省海域使用管理条例》《广东省实施〈中华人民共和国海洋环境保护法〉办法》等地方性法规；2012年，广东省发展和改革委员会发布《关于组织实施海洋生物产业专项的预通知》。2012年底，国务院印发《生物产业发展规划》，其中将海洋生物产业列为重点发展领域，促进了海洋生物产业的发展。通过这些国家和地方性法规、文件等的发布，在海洋生物产业方面的政策得到了不断完善。但是，相对来说，法律法规还不健全、完善，需要进一步修改和制定新的法律法规，指导海洋生物产业等海洋经济的快速、健康发展。

（2）企业需进行自身建设，着力推动研究创新

企业自身需进行相关制度、人才以及模式的改革和完善。首先，建立起一套行之有效的企业创新推动体系是鼓励企业研究创新的基石。缺乏一套有效的研究管理制度，企业将难以有效地进行研究发展与创新。其次，这种企业的自身建设还应包括知识产权管理制度。一套行之有效的企业知识产权管理制度不但能有效促进企业研究创新的发展，还能有效将研究创新成果及时转化成知识产权，从法律层面上保护企业创新成果，从而增加企业在相关领域的核心竞争力。目前，我国海洋生物及微生物领域相关企业在专利数量、专利布局上和国外的相关企业仍有不小的差距。海洋生物及微生物产业作为未来世界经济产业的重要发展方向和支柱之一，中国企业必须努力加强自身建设，才能在该领域的全球竞争中有一席之地。

10.4.2.3　推进人才引进，增强创新动力

从上面的分析结果来看，目前在海洋生物及微生物各个领域中，国内（包括广东省内）的申请人绝大部分为高校和科研机构。可以得出的结论是，我国目前在海洋生物及微生物领域的研究模式主要以科研单位为主。

在人才层面，需要高校、科研机构继续推动人才战略的进行，采取更积极的措施吸引和留住人才。

海洋生物产业要想进一步发展，海洋科技人才是核心因素，尤其是高素质、复合型的海洋生物人才是海洋生物产业发展不可或缺的。引进和培养海洋生物产业方面的高新技术人才，建立和完善人才激励机制，是培养高素质海洋科技人才队伍的重要举措，可以为海洋生物产业的发展提供良好的智力支持和保障。

（1）政府需制定充分发挥人才向导作用的相关政策

广东省内海洋生物产业人才不足的问题，短期可以用国内选拔和国外引进两个途径解决。这样可以在短时间内建立一支结构合理、层次分明的海洋科技人才队伍，不仅解决海洋生物产业人才不足的问题，同时为海洋生物产业的发展注入新的科技血液。因此，在选拔人才时，应坚持客观性、多样性以及多层次性的原则，建立合理灵活的标准；在人才引进时，应建立和完善相应的机制，一方面，建立人才数据库，整合国内外海洋生物产业方面的人才专家，为人才的引进提供数据来源；另一方面，在广州、深圳、中山、湛江等市建立和壮大高层次人才创业园，通过高薪聘请、外引内联等方式，吸引大量的海洋生物科技人才，特别是领军人物和骨干人才，产生良好的人才集聚效应；加大人才选拔和引进的力度，建设完备的基础设施，为其创造最基本的生活条件和良好的工作环境。

在制定具体政策时，需注意从人才引进和人才培育两大方面进行。在人才引进方面，需要政府根据海洋生物及微生物技术研究与市场行业发展方向进行不断优化和调整。对于高端或优秀人才，特别是在相关领域中有突出研究能力和创新能力的人才，在收入、住房、子女入学等方面给予一定政策倾斜以及优惠、激励措施，进一步为广东吸纳海洋生物及微生物领域的人才。在人才培育方面，政府要继续积极推进高校、企业相关人才的培养和交流，不但在学术环境内灌输相关的专业知识，还应该在实践环境中充分了解行业市场的需求，反哺研究方向的不断调整和优化。政府也需要设立更为贴合市场发展需要的研究与开发项目，充分在正确发展道路上挖掘人才的创新潜能。

（2）企业应建立多轨道人才吸纳机制

在人才引进方面，企业需要建立多轨道人才吸纳机制。例如从高校、科研机构以及社会企业中获取优质人才。企业可以从高校、科研机构中吸纳人才，无论是将相关人才吸纳至企业当中成为企业研发人员，还是与高校、科研机构的专家进行合作，均可以达到引进的目的。无论是中山大学、华南理工大学、中国海洋大学等省内外高校，还是中科院南海海洋研究所等科研机构，均可以为企业的人才引进提供充分选择。但是需要注意当中存在的知识产权成果的权利分配问题，应通过具体的协议予以约定。企业也可以从社会上招聘人才，吸纳相关领域中有实践经验的人才。只有这样，才能

打破如前文分析的海洋生物人才过分集中在高校、科研机构，研究成果集中产生于高校、科研机构，而企业缺乏面向产业、面向市场的研究性人才的问题，正常从人才方面推动海洋生物产业化发展。

10.4.2.4 营造保护环境，促进专利运营

正如上文分析所述，很多外国申请人并不在中国进行专利布局，也有一部分原因是国内知识产权的保护水平尚无法跟发达国家相比。为此，营造良好的知识产权环境，是推动广东省海洋生物产业发展的重要保障。

（1）政府需继续完善法律法规，营造良好的知识产权环境

为营造良好的知识产权环境，政府必须重视知识产权保护和运营环境的政策及制度建设。

在知识产权保护方面，制定相关的知识产权保护法规，提高执法水平和执法效率。相关部门应有力打击假冒知识产权的行为，保护企业的合法权益，为企业在创新以及市场运营方面提高良好的知识产权保护环境，从而促进相关产业健康发展。

在知识产权运营方面，政府要从宏观上进行把控，为知识产权运营，特别是专利运营营造良好的环境，激励相关企业开展许可、转让、质押融资等方面的活动。目前，广东的知识产权质押融资环境正在形成，越来越多的企业、金融机构、知识产权服务机构在政府牵头下开展了专利质押融资，促进了技术的交易。但在海洋生物及微生物领域的专利质押融资等运营仍处于较为初级的阶段。因此政府需要继续在宏观层面上对相关领域的专利开展运营的促进以及政策的制定工作。进一步地，政府也可以引导企业根据自身的实际情况开展专利运营项目，例如制定符合企业自身发展方向的专利运营目标、策略、规划以及实施方案等。

（2）企业需将知识产权保护作为企业战略之一，并做好知识产权运营

企业要重视知识产权保护。在形成良好的研究氛围和市场推广的情况下，更应注重知识产权的保护。一方面，企业需要加强专利分析和预警工作，实时关注国内外海洋生物及微生物领域专利技术的发展，了解市场技术，巩固自身优势。企业只有争取创新，并将相关内容及时进行专利部署，才能够抢占市场先机，奠定市场优势地位。另一方面，企业应及时形成专利申请，同时加强知识产权法律保护。在专利布局清晰后，需要及时对相关技术进行专利申请，另外还要及时对国内外是否存在专利侵权情况进行有效、及时的分析，不但防范侵害竞争对手专利情况的发生，还需要注意保护自身的知识产权不受他人侵犯。

企业要重视知识产权运营。从前文分析可知，目前国内的专利布局中，企业均只占很小的一部分比例，因此在开展相应的专利应用中会存在一定的障碍。为解决这个问题，相关企业可以采取专利许可或者转让等形式引进专利，这样可以在一个较短的时间内提高企业的技术竞争能力，增强企业的技术储备。另外，企业可以从相关高校、科研机构引进或与之进行合作，盘活相关专利，实现相关专利的经济价值。例如，相关企业可在海洋生物及微生物专利许可、转让方面与中科院、中山大学、华南理工大学等在该领域专利实力较强的高校及科研机构进行合作，将专利真正进行有效运用。

第 11 章　海洋渔业产业专利分析及预警

11.1　研究背景

11.1.1　技术发展概况①

随着世界经济发展、人口的增加和各国国民生活水平的普遍提高，世界各国对水产品消费需求日益增长。在过去 50 年中，世界水产品供应量的增速已超过人口增速，如今水产品已经成为全球众多人口摄取营养和动物性蛋白的一个重要来源。海水养殖业对全球粮食安全和经济繁荣发展作出了至关重要的贡献。在海洋资源日益衰退、资源保护力度不断加大的国际趋势下，主要渔业国家对海水养殖业发展的关心和扶持力度明显增强，各国在继续依赖海洋捕捞业的同时，大力发展海水养殖业，以弥补消费市场的供给不足。

海水养殖业规模扩张较慢，但是凭借强大的技术创新能力和充足的资金，运用工业的发展理念和模式改造传统海水养殖业，使之向现代海水养殖业发展，在发达国家和地区先进管理经验和技术的引领下，世界海水养殖业技术朝着集约化和产业组织化方向发展。未来，海水养殖业将在发达国家和地区的带动下向高科技方向发展，海水养殖的生产力将更加依靠科技进步。

11.1.2　市场发展概况

（1）海水养殖

中国现在是世界上海水养殖最发达的国家，无论是养殖面积（2015 年为 2317.76千公顷），还是总产量均居世界首位。世界粮农组织（FAO）的统计资料显示，1955 年我国海水养殖业总产量仅 10 万吨，此后逐步提高。60 余年里得到了快速发展，1990年超过 300 万吨，2008 年上升到 1340 万吨，占国内海洋水产品产量的 51.6%，约占世界海水养殖总产量的 2/3，2015 年高达 1875.63 万吨。

我国海水养殖业的大发展主要得益于浅海贝类和藻类养殖的兴起，如在 2015 年的海水养殖产量中贝类产量（1358.38 万吨）约占总产量的 72.4%，藻类（208.92 万吨）约占 11.1%，二者相加占我国海水养殖产量的 83.5%，而鱼类（130.76 万吨）和甲壳类（143.49 万吨）则分别占总产量的 6.97% 和 7.65%。可见，我国海水养殖业还

---

① 孙瑞杰，李双建. 世界海洋渔业发展趋势研究及对我国的启示［J］. 海洋开发与管理，2014（5）：85 - 87.

是一个以贝藻养殖为主的行业，在品种上还有很大的发展余地。

（2）海洋捕捞

中国海洋捕捞业非常发达，近年来每年的捕捞量在1500万吨左右，其产值占中国海洋经济总产值的54%。据估算，我国四大海域渔业资源总量约为1600万吨，可捕量约800万~900万吨，但近年来海洋捕捞量都在1200万吨以上，2015年甚至达到了1310万吨。（原）农业部印发《全国渔业发展第十三个五年规划》，提出到2020年全国水产品总产量6600万吨，国内海洋捕捞产量控制在1000万吨以内。

根据联合国粮农组织的报告，中国早已是世界第一捕鱼大国，拥有世界上1/4的渔船，而捕捞量则超出全球总产量的1/3。2000~2011年，中国渔船在全世界90多个国家的领海内都有捕捞作业，其中产量最大的来自非洲，每年约有310万吨水产品来自西非沿海，但其中有多达250万吨产量隐瞒未报，这对于保护当地渔业生态来说相当不利，而联合国粮农组织的数据显示，西非沿海渔业资源在2007年前就已锐减70%。

近年来，中国水产品加工行业销售收入不断上升，2014年已达到6981.7亿元。从水产品加工企业来看，由于近年来国际水产品消费市场的需求强劲，中国水产品加工出口快速增长，水产品加工企业数量有所增加。从加工品种的结构来看，目前中国水产品呈现多样化，品种繁多且不断增加。

11.1.3　行业需求

当前世界耕地资源日益紧缺，粮食安全面临严重威胁，大力开发海洋生物资源，提供更多更好的海洋水产品，有利于改善食品结构，保证国家食品安全。水产品在居民膳食结构中的比重也显著增加。随着社会经济的发展，陆地资源趋于枯竭，陆地空间趋于饱和，人类社会要实现可持续发展就必须探寻和开发新的资源和发展空间。

全球海洋面积3.6亿平方公里，占地球表面积的71%。中国拥有约3.2万公里海岸线和300万平方公里的辽阔海域，海洋渔业资源十分丰富。海洋资源的开发利用已经上升为国家战略，国家"十二五"规划要求推进海洋渔业的发展。中国海水养殖业作为传统优势产业，在满足居民日益增长的水产品需求和稳固中国水产品国际贸易首要地位方面必将发挥战略性作用。

11.2　海水养殖专利技术分析

11.2.1　申请态势分析

从图11-1所示全球申请趋势来看，海水养殖于1998年兴起，并于2015年达到峰值。随着海水养殖技术的发展，世界海水养殖业产量持续增加，为人类提供了丰富的优质水产品。由于海洋捕捞的产量逐年下降，海水养殖业已成为弥补海产品供求缺口的主导力量；海洋动物养殖领域下各分支技术的专利申请趋势基本保持一致，整体上均呈现阶段性增长趋势，尤其在 2004 年之后增长较为明显，并且 2000 年之后中国在全球的占比越来越大，近年来专利增长率有所下降，说明海洋动物养殖技术已发展到成熟阶段；海洋藻类养殖技术领域的专利申请从 21 世纪开始整体上呈迅速增长态势，期间由于地域限制和技术发展有所波动，专利申请量于 2014 年达到峰值；1996～2004年，海洋牧场领域全球专利申请量呈阶段性增长状态。2005～2008 年，受到全球经济环境的影响，海洋牧场发展减缓，专利申请量有所下降。近年来，专利申请量呈稳步增长态势。

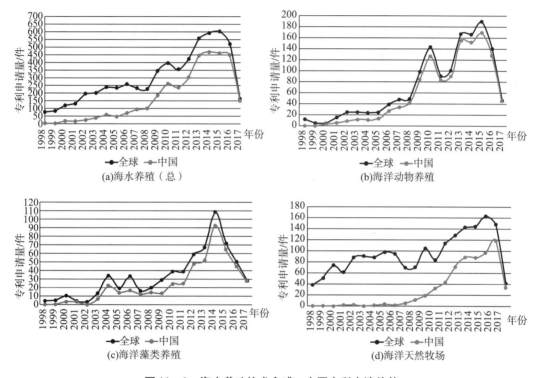

图 11 - 1　海水养殖技术全球、中国专利申请趋势

　　由海水养殖领域的专利申请量（参见图 11 - 2）可以看出，广东省从 2000 年开始进行该领域的专利申请，研发起步较晚，2006 年之前专利申请量稳定在 3 件左右，之后专利申请量迅速增长，广东的水产养殖近几年发展缓慢，随后申请量有所下降，专利申请量在 40 件左右波动；海洋动物养殖领域 2015 年达到峰值，申请量为 180 余件，近年来申请量有所回升，呈增长态势；在海洋藻类养殖领域，广东省从 2003 年开始进行海洋藻类养殖技术专利的申请，整体上呈波动式增长趋势，各企业的技术研发投入不断增加，海洋藻类养殖技术的应用涉及的领域也越来越多，并于 2012～2015 年达到峰值，申请量约为 10 件；海洋牧场领域的专利申请量较少，2005 年之后开始申请，并于 2011 年达到峰值，申请量为 10 件，受全球经济环境的影响，随后专利申请量有所下降。

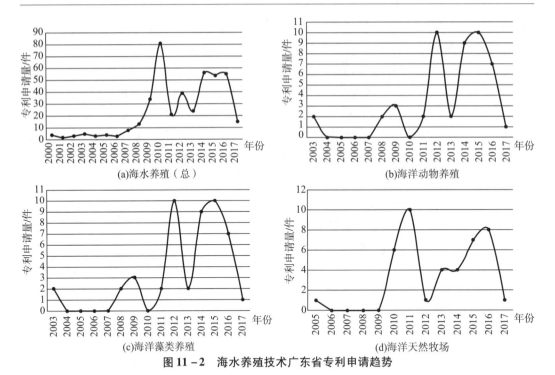

图 11 - 2　海水养殖技术广东省专利申请趋势

11.2.2　地域分布分析

如图 11 - 3 所示，广州和湛江在海水养殖技术领域具有持续的布局，且广州最早在 2000 年开始进行专利申请，主要以广东海洋大学为代表，湛江其次，在 2001 年，湛江是广东省最早进行规模化海水养殖的城市。在海洋动物领域，广州和湛江在海洋动物养殖方面具有持续的布局，且广州最早起步于 2005 年，湛江其次在 2006 年起步，说明这两个地区的海洋动物养殖发展势头良好，而惠州、深圳、珠海、茂名、汕头、潮州和佛山的专利申请量小；在海洋藻类养殖领域，广州和湛江具有持续的布局，且申请量均呈波动性增长态势。而佛山、汕头、深圳的专利申请量小；在海洋牧场领域，广州具有持续的布局，且在 2010 年起步后，呈波动式增长的态势，而惠州、茂名、深圳、湛江和珠海的专利申请量小，且不连贯，显示出这些地区在海洋牧场技术上的薄弱。

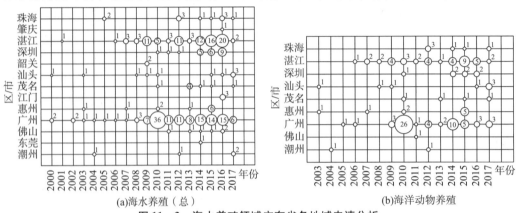

图 11 - 3　海水养殖领域广东省各地域申请分析

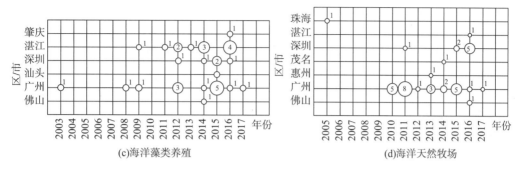

图 11 – 3　海水养殖领域广东省各地域申请分析（续）

注：图中数字表示申请量，单位为件。

11.2.3　技术分布分析

海水养殖技术按照养殖对象分为海洋动物养殖、海洋藻类养殖和海洋牧场。如图 11 – 4 所示，从海水养殖技术的全球专利分布来看，研究主要分布在海洋牧场，专利申请量占比 57%，其次为海洋动物养殖，占比 29%，最后为海洋藻类养殖，占比 14%。

从中国技术分布来看，研究主要分布在海洋动物养殖，专利申请量占比 49%，其次为海洋牧场，占比 31%，最后为海洋藻类养殖，占比 20%。中国海水养殖技术的分布与全球分布有所区别，可以看出，中国主要集中在海洋动物养殖，在海洋牧场方面研究较少；而全球的专利申请主要集中在海洋牧场领域，说明在海洋牧场领域，中国的研究较为滞后。

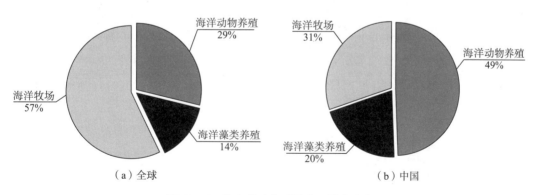

图 11 – 4　海水养殖全球及中国技术分布

11.2.4　专利权人分析

全球海水养殖技术排名前十的专利权人如图 11 – 5 所示。从该图可以看出浙江海洋学院的专利申请量为 208 件，排名第一；中国水产科学院研究院黄海水产研究所的专利申请量为 145 件，排名第二，研究所的主要研究领域为海洋生物资源可持续开发与利用，其研究的海带自然光育苗法，解决了海带苗种的来源，促进了海带养殖生产的发展，海带施肥养殖、海带南移、海带新品种的培育等项成果为海带养殖生产的发展提供了新的技术；中国海洋大学的专利申请量为117件，排名第三。

全球海洋动物养殖领域专利权人排名可以看出，前十位专利权人均为中国高校和科研院所，说明中国在海洋动物养殖领域也占绝对优势。从全球海洋藻类养殖领域专利权人排名可以看出，前十位专利权人中仅有一家日本公司，其余均为中国高校、科研院所和企业，说明中国在海洋藻类养殖领域也占绝对优势。从全球海洋牧场领域专利权人排名可以看出，前十位专利权人中有两家韩国和日本企业，其余均为中国高校、科研院所和个人，说明在海洋牧场领域日本、韩国和中国为技术领先国。

广东省海水养殖技术排名前十的专利权人如图11-5所示。从海水养殖的专利申请人排名可以看出，排名前十位中有4所高校、5所研究所和1家企业。说明海水养殖技术的产业化程度不高，或者大多数海水养殖企业的知识产权意识不够。海洋动物养殖技术领域排名前五位均为高校和科研院所，企业的专利申请量排名靠后，且在数量上远远少于高校和科研院所，说明广东省海洋动物养殖技术的产业化程度不高，或者企业在传统的养殖领域知识产权意识较弱。在海洋牧场方面；中国水产科学院南海水产研究所的专利申请量遥遥领先，为21件，排名榜首；广东工业大学和深圳市绿志新型建材研究院有限公司的专利申请量均为3件，排名第二；中国科学院南海海洋研究所、深圳职业技术学院、深圳市惠尔凯博海洋工程有限公司和广东石油化工学院的专利申请量均为2件，排名第三。

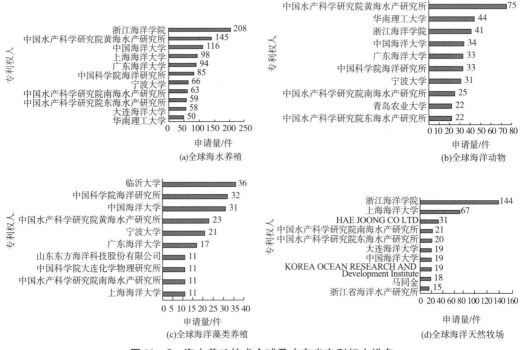

图11-5 海水养殖技术全球及广东省专利权人排名

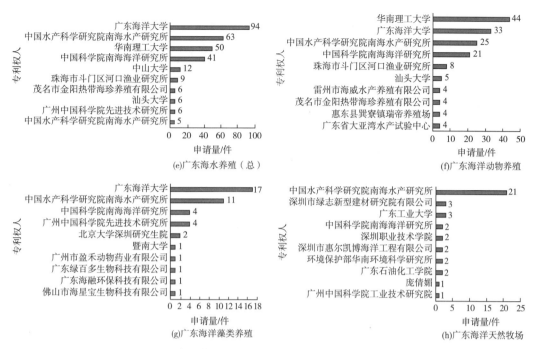

图 11-5　海水养殖技术全球及广东省专利权人排名（续）

11.2.5　技术生命周期分析

由图 11-6 可以看出技术有了较大的突破，该阶段专利申请量和专利权人数量呈稳步上升态势，并均于 2015 年达到峰值。随着海水养殖技术的发展，世界海水养殖业产量的持续增加，海水养殖业已成为弥补海产品供求缺口的主导力量。

海水养殖技术发展较为缓慢，该阶段专利申请量和专利权人数量增加缓慢。近年来，各国及时转变渔业生产理念，转变资源利用方式，对渔业进行了重大政策调整，海水养殖规模继续呈现不断扩大的趋势，专利申请量和专利申请人数量呈稳定增长态势。

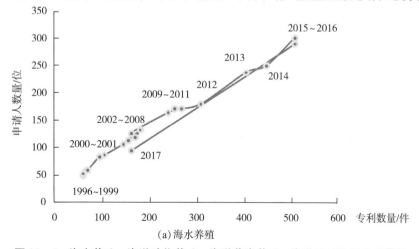

图 11-6　海水养殖、海洋动物养殖、海洋藻类养殖、海洋天然牧场技术周期

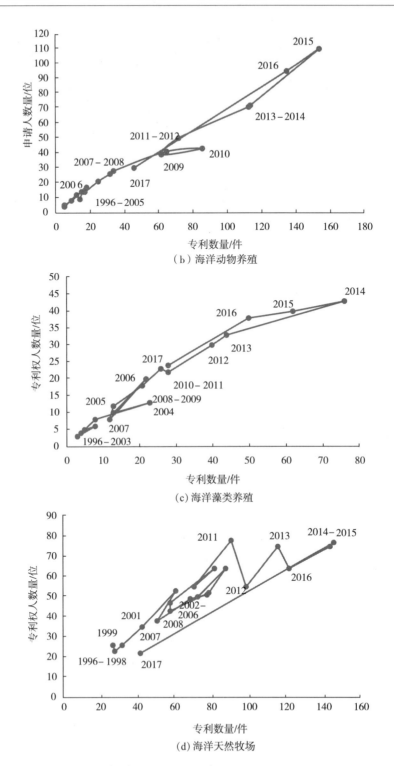

（b）海洋动物养殖

（c）海洋藻类养殖

（d）海洋天然牧场

图 11-6 海水养殖、海洋动物养殖、海洋藻类养殖、海洋天然牧场技术周期（续）

1996~2004 年，海洋藻类养殖技术专利数量和专利申请人数量稳定增长；2005~

2007 年，受到整体经济形势影响及土地资源的限制，海洋藻类养殖发展缓慢，专利申请量和专利申请人数量波动较大；2008 年之后，各国及时转变渔业生产理念，转变资源利用方式，专利申请量和专利申请人数量呈稳定增长态势。

1996 ~ 2007 年，海洋牧场领域的技术在曲折中前进，专利申请量和专利权人数量呈波动式增长；2008 年至今，随着渔业现代化的发展，海洋牧场技术日渐成熟，专利申请量和专利申请人数量呈稳定增长态势。

11.2.6　技术发展路径分析

海水养殖领域中藻类养殖发展较早，20 世纪 50 年代，以紫菜养殖为代表的藻类养殖进入全人工化生产时期，产量得到大幅度提高。

进入 21 世纪，在世界海洋捕捞产量不断萎缩的情况下，各国及时转变渔业生产理念，转变资源利用方式，对渔业进行了重大政策调整，向"以养为主"发展，海水养殖规模继续呈现不断扩大的趋势。以海参、鲍鱼养殖为代表的海珍品养殖兴起，深水网箱、工厂化养殖等集约化养殖方式开始发展。2010 年养殖产量达到 1830 万吨，其中海洋软体动物 1390 万吨，占 75.5%；海洋鱼类 340 万吨，占 18.7%；海水甲壳类和海参、海胆等水生动物分别占 3.8% 和 2.1%。然而，近岸海域尤其是密集养殖水域污染严重，鱼病、赤潮、浒苔等病灾发生频率不断升高。在陆地资源有限和开发空间受到制约的情况下，国际社会日益重视开发海洋资源，发展海水养殖业。充分开发海水养殖资源，将为人类提供更加丰富营养的海产品，并产生巨大经济价值。

11.2.7　小结

随着海水养殖技术的发展，世界海水养殖业产量持续增加，海水养殖业已成为弥补海产品供求缺口的主动力量。海洋动物养殖技术已发展到成熟阶段，海洋藻类养殖技术整体呈现持续发展态势，海洋牧场技术近年来呈现稳步发展态势。广东省在海水养殖领域研发起步较晚，水产养殖近几年发展缓慢，海洋动物养殖技术近年来呈持续发展态势，海洋藻类养殖领域整体上呈波动式发展趋势，海洋牧场受全球经济环境影响，专利申请有所下降。

海水养殖技术全球研究主要分布在海洋牧场，中国主要分布在海洋动物养殖，在海洋牧场方面研究较少。在广东的湛江市和广州市，海洋动物养殖方面发展势头良好，海洋藻类养殖领域呈波动式增长发展，广州在海洋牧场领域呈波动式增长，其他地区则较薄弱。广东省的海水养殖、海洋动物养殖技术以高校和研究机构为主，说明产业化程度不高，或企业知识产权意识不够。

11.3　海洋捕捞设备专利全景分析

浩瀚的海洋是一个庞大的生命王国，仅海洋生物就有 325 亿种，是陆地动物种类的 3.3 倍，它们含有丰富的动物蛋白和多种人体必需的微量元素，是人类大脑发育、智力开发以及提高人体免疫机能不可缺乏的营养源。因此，无论是过去，还是将来，海洋动物都是人类重要食物来源之一，海洋捕捞业也是人类一项重要的生产活动。

海洋捕捞是指在海洋中从事具有经济价值的水生动物、植物捕捞活动（包括各种鱼、虾、蟹、贝、珍珠、藻类等），从事海洋捕捞活动所需工具主要包括捕鱼船、捕捞渔具、捕捞装备和鱼群探测等助渔设备。海洋捕捞是海洋水产业的重要组成部分，按捕捞海域距陆地远近，分为沿岸、近海、外海和远洋等捕捞业。

11.3.1 申请态势分析

如图 11 - 7 所示，从全球申请趋势来看，共检索到 6080 件海洋捕捞设备的专利。其中 1996 ~ 2011 年，全球捕捞设备专利总量由年申请不到 50 件增加到年申请近 100 件，而各分支技术专利到 2011 年也不足 200 件，该阶段处于技术成长期。2013 年专利年申请量突破 200 件，并在 2016 年达到高峰，专利年申请量近 600 件；捕鱼船和捕捞装备专利年申请量则突破 200 件，因专利申请公开延迟，从 2016 年捕捞设备专利申请量开始降低。

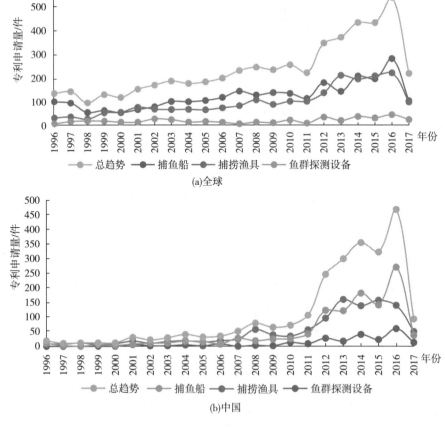

图 11 - 7　海洋捕捞设备全球、中国、广东省申请趋势

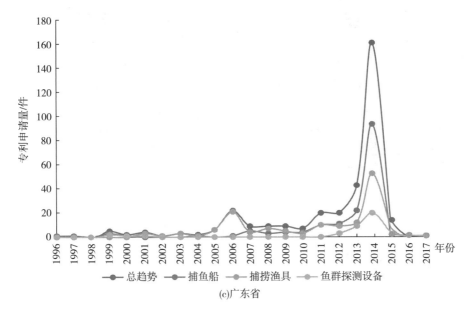

(c)广东省

图 11-7　海洋捕捞设备全球、中国、广东省申请趋势（续）

从中国申请趋势来看，共检索到国内海洋捕捞设备领域专利 2319 件。1996～2000年，中国海洋捕捞设备专利申请总和各分支技术专利年申请量虽然有所增加，但年申请量均少于 10 件，海洋捕捞设备处于萌芽期。在 2016 年达到高峰，专利年申请量超过 450 件，捕鱼船和捕捞装备专利增长态势与之相一致，同样是在 2016 年达到申请高峰。

从广东省申请趋势来看，共检索到广东省在海洋捕捞设备领域的专利 341 件。在 2005 年以前，广东省海洋捕捞设备专利年申请总量均少于 5 件，多数年份专利申请量仅为 1 件，以捕鱼船和捕捞渔具领域专利为主，鱼群探测设备仅在 2001 年、2002 年和 2004 年分别有 2 件、1 件和 1 件专利申请，并直到 2014 年该技术重新有专利申请。在 2014 年，广东省海洋捕捞设备领域专利申请总量呈现爆发式增长，各分支技术专利申请量均明显增加，因专利申请公开延迟，故 2017 年专利数量降低。

11.3.2　地域分布分析

图 11-8 为海洋捕捞设备各主要国家/地区专利申请趋势，从图中气泡的大小可以明显看出专利的增长趋势以及专利量的布局情况。整体上，中国在近 20 年海洋捕捞设备领域专利申请呈现快速增长趋势，尤其在近 5 年，专利申请量呈爆发式增长，专利申请总量明显超过其他国家。而日本在海洋捕捞设备领域的专利申请量一直较为稳定，但近 5 年在海洋捕捞设备领域的关注度逐渐降低。中国台湾在海洋捕捞设备领域实力较强，其专利申请波动相对明显。

从海洋捕捞设备中国省市专利申请分布来看，排名靠前的省市大部分均沿海，均拥有较强的海洋渔业企业和海洋院校、科研院所等机构。浙江省在海洋捕捞设备领域专利量排名第一，共416件，占全国专利总量的22%，明显领先于其他省份/直辖市。广东省海洋面积广、渔业资源丰富，是中国的海洋渔业大省，但在海洋捕捞设备领域拥有专利量并不占优，以330件排在全国第二的位置，占全国专利总量的17%。江苏省在海洋捕捞设备领域拥有专利70件，排在第三位，占全国专利总量的14%。

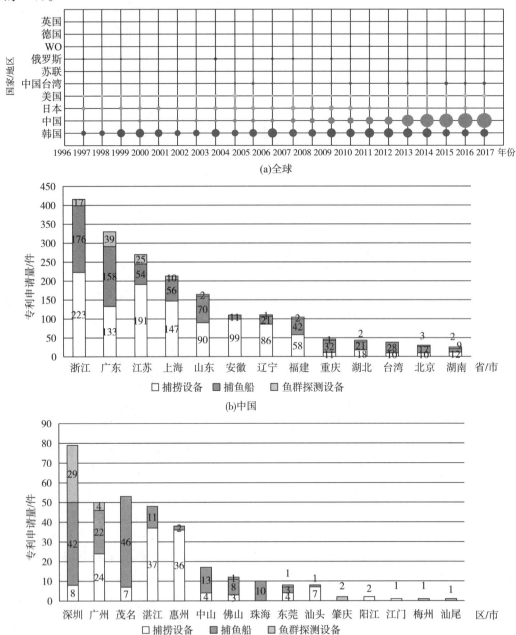

图 11-8 海洋捕捞设备各主要国家/地区、中国、广东省专利申请地域分布

从广东省各市海洋捕捞设备分布情况来看，广东省海洋捕捞设备领域研发地相对集中，主要集中深圳、广州和茂名三市，三者分别拥有专利 37 件、36 件和 24 件，其专利之和占广东省专利总量的 73%。其中，深圳市排名第一，拥有专利 37 件，占广东省专利总量的 28%。广州市排在第二位，仅次于深圳，拥有专利 36 件，占广东省专利总量的 27%。茂名市排名第三，拥有专利 24 件，占广东省专利总量的 18%。上述各市在海洋捕捞设备领域研发方向主要包括集鱼灯、捕捞渔具、鱼群探测设备、制冰机、捕捞装备等技术领域。

11.3.3 技术分布分析

从全球海洋捕捞设备分布情况（参见图 11 – 9）来看，捕鱼船、捕捞装备技术领域

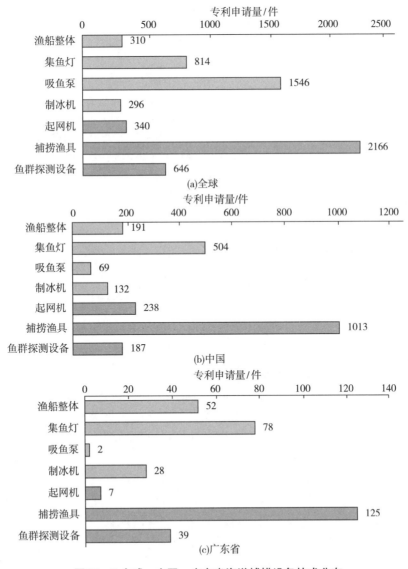

图 11 – 9 全球、中国、广东省海洋捕捞设备技术分布

的专利申请量差距并不十分明显，捕鱼船技术领域专利量最多，有 2966 件，占全球捕捞设备领域专利总量的 48%，其中，在捕捞渔具技术领域布局的专利最多，达 2166件。其次为捕捞设备技术领域，该领域专利量为 2506 件，占全球捕捞设备专利总量的41%。其中，渔船整体专利量有 310 件，与之配套使用的集鱼灯、吸鱼泵和制冰机专利数量占捕鱼船技术领域相当大比重，占比最多的集鱼灯专利量达 814 件，占捕鱼船技术专利总量的 30% 以上。由此可以看出，捕捞装备以及集鱼灯为海洋捕捞研究热点技术，而渔船整体、吸鱼泵和制冰机并非研究热点，因此国内企业可以考虑在上述非热点领域加大研发投入，为企业寻求突破并有效避开技术雷区提供指导方向。

中国在海洋捕捞设备领域的专利主要集中在捕鱼船和捕捞装备，二者专利合计占中国捕捞设备专利总量的 93%，尤其集中在捕捞渔具和集鱼灯技术领域。以捕捞渔具技术领域专利最多，达 1013 件；其次为集鱼灯领域，专利量为 504 件，占中国捕捞设备专利总量的 36%，其中，渔船整体专利量有 191 件，与之配套使用的集鱼灯、制冰机和吸鱼泵专利数量在捕鱼船技术领域占相当大比重，占比最多的集鱼灯专利量达 504件，占捕鱼船技术专利总量的 30% 以上；中国在鱼群探测设备技术领域专利量较少，仅有 187 件，仅占全国捕捞设备专利总量的 8%。

广东省在海洋捕捞设备的专利主要集中在捕鱼船和捕捞装备领域，二者专利量非常接近，分别占广东省捕捞设备专利总量的 48% 和 40%，尤其集中在捕捞渔具和集鱼灯技术领域。其中，捕鱼船技术领域专利量为 160 件，主要集中在集鱼灯和渔船整体；捕捞装备技术领域专利共有 132 件，以捕捞渔具技术领域专利最多，达 125 件；广东省在鱼群探测设备技术领域也有一定的专利申请，有 39 件，占广东省捕捞设备专利总量的 12%。

11.3.4 专利权人分析

从全球海洋捕捞设备领域专利权人排名情况（参见图 11 - 10）来看，前十名专利权人全部出自中国和韩国，其中中国占 6 位，韩国占 4 位。排名第一的为韩国 HYUNDAI MOTOR COMPANY（以下简称 HYUNDAI）。排名第二的为国内的徐州统一渔具有限公司，另外四位中国专利权人为中国水产科学研究院东海水产研究所、浙江海洋学院、宁波捷胜海洋开发有限公司和上海海洋大学。

国内海洋捕捞设备领域专利主要申请人排名第一的徐州统一渔具有限公司专业从事海洋装备系列产品的研发、生产、销售和服务，产业涉及渔业捕捞装备是海洋装备领域的高新技术企业。徐州统一渔具在海洋捕捞设备领域拥有专利 109 件，主要涉及捕捞装备等技术领域。

从广东省海洋捕捞设备领域专利主要申请人排名图中可以看出，广东省各专利权人研究领域较窄，每个专利权人侧重某一技术的研发。如湛江胜浪海洋捕捞研究所技术主要集中在捕鱼船整体结构、捕捞装备领域中的捕捞渔具、起网机领域，在集鱼灯和钓捕机领域也有 1～2 件专利申请，但在鱼群探测设备、吸鱼泵、制冰机、渔船用起重机、围网网板等领域技术没有涉及。

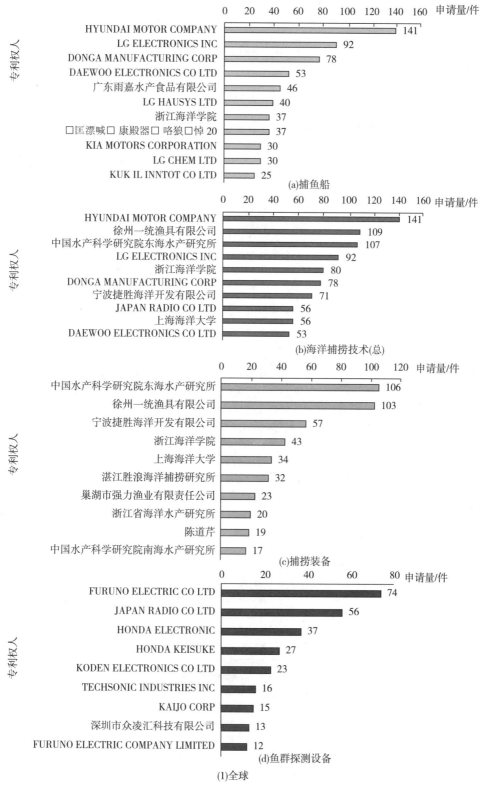

图 11 – 10　全球海洋捕捞设备领域主要专利权人排名

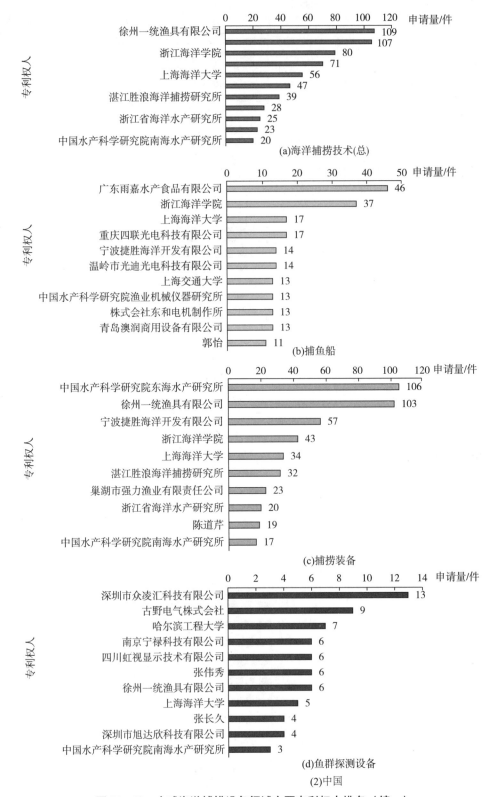

图 11-10　全球海洋捕捞设备领域主要专利权人排名（续一）

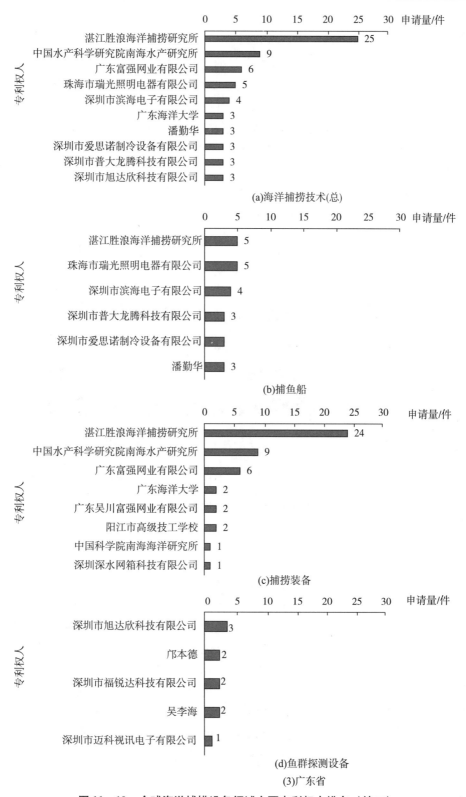

图 11 – 10　全球海洋捕捞设备领域主要专利权人排名（续二）

11.3.5 技术功效分析

图 11 – 11 示出了不同国家或地区在海洋捕捞设备领域专利技术功效比例情况。传统捕捞强国和地区如日本、中国台湾、韩国、挪威等在技术功效上注重设备的自动化、配套设备及设备可靠性等，上述技术功效实力较强且较为平均。而中国更注重简化结构、效率高和安全性，在设备自动化、配套设备和设备可靠性方面明显弱于其他国家，中国在自动化、配套设备及设备可靠性专利总量仅占中国专利总量的 20% 左右。可见，中国在海洋捕捞领域技术落后于其他国家或地区，主要体现在自动化程度低，配套设备不齐全，仪器设备可靠性差三个方面。因此，国内企业应在捕捞设备方面加强设备的自动化程度，增加捕捞配套设备并提高设备可靠性。

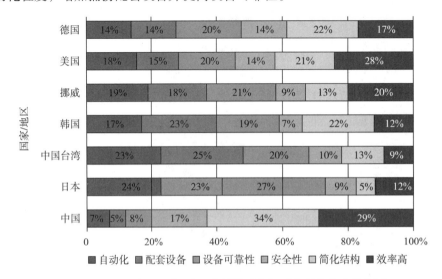

图 11 – 11　各主要国家/地区在捕捞设备领域专利技术功效比例

11.3.6 技术生命周期分析

图 11 – 12 为海洋捕捞设备领域的专利技术生命周期图，横坐标为专利数量，纵坐标为专利权人数量。从图中可以看到，从 1996 ~ 2002 年的 7 年间，这一阶段的专利申请人和专利数量增长较快，该阶段为技术发展期，在 2003 ~ 2007 年 5 年间，海洋捕捞设备发展趋势线呈现环状变化，即该领域专利权人和专利数量值均在 60 ~ 100 位范围内波动，该阶段为海洋捕捞设备发展的成熟期。2007 ~ 2011 年专利权人和专利数量在小范围内波动，可能海洋捕捞设备仍然处于成熟期后期，也有可能受全球金融危机的影响，海洋渔业企业受到冲击，海洋捕捞领域企业因此减少。在 2011 年之后，整体上该行业的厂商数量增加，专利量也随之增加，相对而言，介入的专利权人较多，该行业成为当时的热门研究领域，行业内企业、科研院所快速增多。

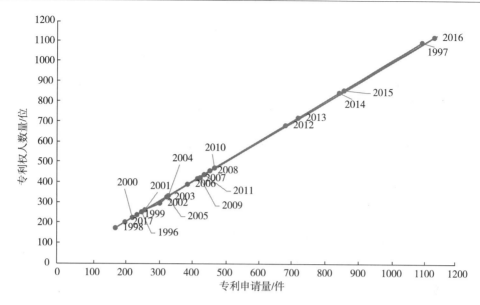

图 11 - 12　海洋捕捞设备领域专利技术生命周期

11.3.7　小结

海洋捕捞设备技术的专利量在全球呈现持续增长的发展态势，在中国近 20 年也呈现快速增长的趋势，而中国排名靠前的省市大部分在沿海，广东省在 2016 年呈现爆发式增长，专利量排名全国第二。广东省海洋捕捞设备研发主要集中在湛江、惠州和广州，研发方向包括集鱼灯、捕捞渔具、鱼群探测设备、制冰机等。广东省各专利权人研究领域较窄，仅侧重某一技术的研发。

捕捞装备、鱼群探测设备以及集鱼灯为海洋捕捞研究热点技术，而渔船整体、吸鱼泵和制冰机并非研究热点，因此广东省企业可以考虑在上述非热点领域加大研发投入，为企业寻求突破并有效避开技术雷区提供指导方向。

在技术功效上，传统捕捞强国注重设备的自动化、配套设备及设备可靠性上，而中国更注重简化结构、效率高和安全性上。因此，广东省企业应在捕捞设备方面加强设备的自动化程度，增加捕捞配套设备并提高设备可靠性。

11.4　海产品加工技术专利分析

11.4.1　申请态势分析

如图 11 - 13 所示，全球在海洋海产品加工领域的起步较早，最早起源于日本和韩国，这与其国家地理位置和食物来源有着重要的关系。日本和韩国为小面积岛屿国家，食物主要来源于海洋捕捞和海水养殖，因此在海产品加工方面研究较多。全球海产品加工技术的专利申请量在 2008 年之前较为平缓，2008 年至今呈迅速增长态势，并于 2016 年达到峰值 388 件；中国在海洋海产品加工领域的技术研究起步较晚，2004 年之

前处于技术萌芽阶段，专利申请量较少；2004 年之后专利申请量呈爆发式增长，目前
中国在该领域的专利申请量位于世界首位。

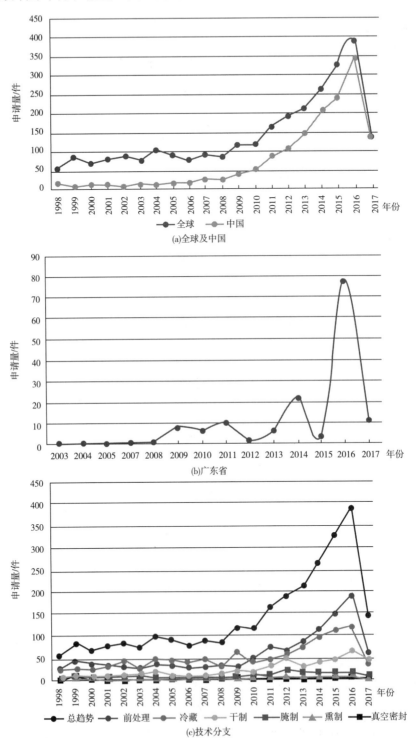

图 11-13　海产品加工全球、中国、广东省、各技术分支申请态势分析

广东省的海产品加工业在全国起步较晚,2004 年在该领域首次进行专利申请;2004～2008 年,年专利申请量平均在 2 件左右;2009 年之后每年申请量上升至 8 件左右;2012 年和 2013 年有小幅度下降;此后 2016 年申请量上升至峰值 77 件。

从海产品加工各技术分支态势图中可以看出,全球海产品加工技术整体上呈上升态势,尤其是近年来技术发展较快,专利申请量也相应迅速增长。其中,前处理技术的专利申请量高于其他各分支技术,干制技术、冷藏技术和腌制技术的专利申请量从 2000 年开始增长较为迅速,而熏制技术和真空密封技术的专利申请量始终处于较低水平。

11.4.2　地域分布分析

从图 11－14 中可以看出,专利申请量处于前五位的国家或地区依次为中国、日本、韩国、澳大利亚和丹麦。其中,中国以专利申请量 1641 件排名第一;日本的专利申请量为 828 件,排名第二;韩国的专利申请量为 607 件,排名第三。21 世纪之前,日本和韩国的海洋海产品加工技术较为发达,21 世纪之后,中国的海洋海产品加工技术才有所突破。

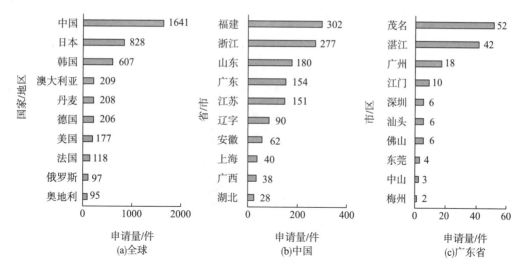

图 11－14　海产品加工专利全球、中国及广东省分布情况

中国的海产品加工技术主要集中在福建省、浙江省、山东省和广东省。福建省的专利申请量为 302 件,排名第一,这是由于福建省辽阔的海岸线和海域;浙江省的专利申请量为 277 件,排名第二,其中浙江海洋学院在海产品加工方面掌握着最多的专利;山东省的专利申请量为 180 件,排名第三,多家大型企业位于山东,如东方海洋、獐子岛集团股份有限公司等。

11.4.3　技术分布分析

海产品初加工按照步骤可以分为前处理、冷藏、干制、腌制、熏制和真空密封。

从图 11 - 15 所示的全球海产品加工技术的专利分布来看，研究主要集中在前处理技术，专利申请量占比 43%，这与日本、韩国在干制紫菜、鱿鱼、鱼干等海产品方面的研究相一致；其次干制和冷藏技术，占比 29% 和 21%；可以看出，中国在海产品加工领域的研究重点与全球大体一致，且在前处理和冷藏技术领域的占比较大，说明中国在前处理和冷藏技术领域的研究较多；从广东省海产品加工技术的专利分布来看，广东省在海产品加工领域的研究重点与中国大体一致，且在前处理技术领域的占比较大，说明广东省在前处理技术领域的研究较多，尤其是湛江新昶食品有限公司，其在前处理装置方面进行了多项技术改进。

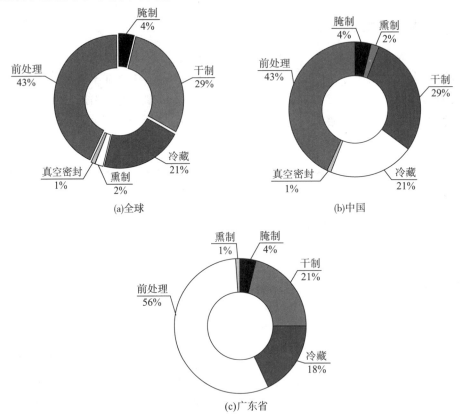

图 11 - 15　海产品加工全球、中国、广东省技术分布

11.4.4　专利权人分析

全球海产品加工技术排名前十的专利权人如图 11 - 16 所示。可以看出，前十位中有 8 位为国外申请人，2 位为中国申请人。从专利权人的类型来看，有 7 位企业申请，2 位高校申请，1 位个人申请；在前十位中，中国主要集中在高校申请，浙江海洋学院以 73 件专利位于第一，国外申请人多以企业为主。

从中国海产品加工技术的专利权人排名可以看出，排名前十位中有 6 位为高校和研究院所，3 位为企业，1 位为个人申请。浙江海洋学院的专利申请量为 23 件，排名

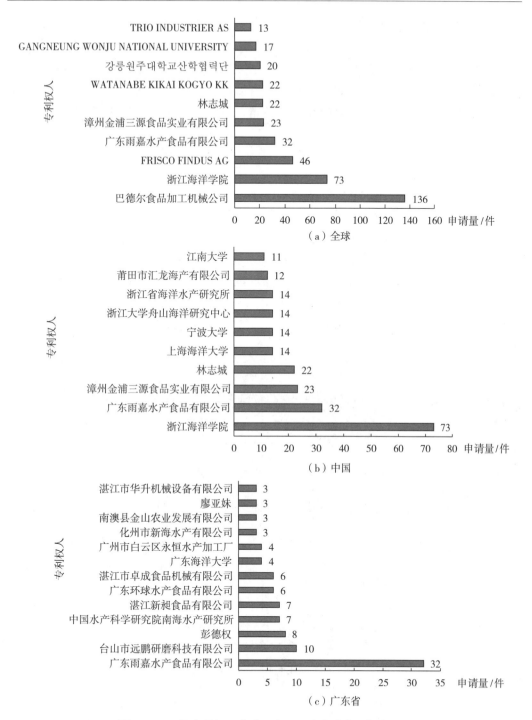

图 11-16　海产品加工全球、中国、广东省专利权人排名

第一，其在海产品前处理、冷藏、干制等方面均有专利布局；林志城以个人名义申请了 22 件专利，排名第四；漳州金浦三源食品实业有限公司的专利申请量为 23 件，排名第三，该公司是一家专业生产乐惠紫菜食品、调味品的公司，其先后引进数条紫菜加工流水线，同时对生产工艺、设备进行了更新，既保证了产品的质量，又降低了生产成本，从而增强了产品在市场上的竞争力。

从广东省海产品加工的专利申请人排名可以看出，排名前十位中有 7 家企业、2 所高校及研究所和 1 位个人。虽然广东省在海产品加工领域的专利申请量较少，但专利申请人类型较为丰富，且主要集中在企业申请，说明广东省在该领域的研究具有较高的产业化程度。

11.4.5 技术功效分析

如图 11－17 所示，海洋海产品加工从功效方面可以分为高效率、效果好、操作简便、低成本、高适用性和安全可靠六个方面，功效分布较为均匀。在海洋海产品加工技术的发展过程中，各国在各海产品的加工技术方面不断优化，从传统的手工加工已完全转型为高效自动化一体化加工，这与功效分布在高效率、操作简便和高适用性方面较为集中相一致。从各技术分支来看，前处理技术、腌制技术和干制技术的研究主要集中在高效率、操作简便和高适用性方面；冷藏技术的研究主要集中在高效率、操作简便和冷藏效果好方面；熏制技术和真空密封技术的研究主要集中在高效率和效果好方面。

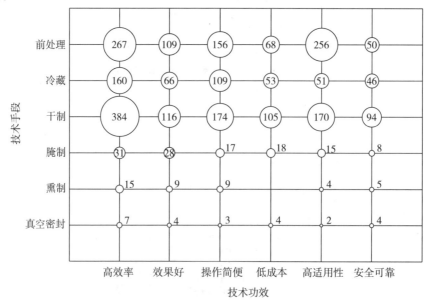

图 11－17　海产品加工技术功效分析

注：图中数字表示申请量，单位为件。

11.4.6 技术生命周期分析

随着全球海水养殖业和海洋捕捞业的快速发展，海洋海产品加工技术也不断改进创新。从图 11－18 所示的海产品加工技术生命周期图可以看出，1996～2008 年间，海产品加工技术的专利申请量呈波动态势，增长较为缓慢，专利权人数量也呈波动态势，该阶段主要由起步最早的日本和韩国的企业进行专利申请；2009 年至今，专利申请量呈迅速增长态势，新进入该领域的专利权人数量也不断增加，该阶段中国的专利申请量迅猛增长，至今已成为海产品加工领域专利申请量最多的国家。

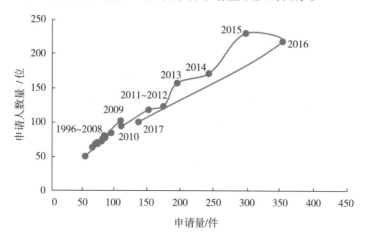

图 11 - 18　海产品加工技术生命周期

11.4.7　技术发展路径分析

早期的前处理技术多以手工加工为主，随着机械制造业的发展，海产品加工业朝着机械一体化发展。欧美等国家在海产品加工与流通方面具有较高的装备技术水平，主要体现在鱼、虾、贝类自动化处理机械加工设备。德国 BAADER 公司于 2008 年研发了鱼片细刺切割、鱼片整理和分段一体机，其鳕鱼片生产能力每分钟高达 40 片，其鲶鱼加工生产，从原条鱼开始到产出鱼片和鱼糜，形成了一整套生产流水线，生产过程中产生的脚料可用鱼糜机加工利用；瑞典 Arenco 公司同年开发了渔船用全自动鱼类处理系统，能精确地去除鱼头和鱼尾，并采用真空系统抽空鱼的内脏，开片、去皮操作全自动且可调节；2015 年，莆田市汇丰食品工业有限公司开发出一款清洗效果好，省时省力，结构设计巧妙的海参清洗加工设备；2016 年，河北农业大学针对扇贝体积大堵塞输送及间隙过小造成的扇贝机械破损等问题，开发出一种能解决该问题的扇贝清洗机摆动输送装置。国内的机械化前处理装备近年来发展迅速，尤其在海参前处理生产线和贝类无损伤分级与活体包装技术上有迅速的突破。

11.4.8　小结

全球海产品加工技术整体呈上升态势，近年来技术发展较快，专利申请量迅速增长。干制技术的专利申请量高于其他各分支技术，前处理技术、冷藏技术和腌制技术增长较为迅速，而熏制技术和真空密封技术处于较低水平。

中国的海产品加工起步较晚，目前呈迅速增长态势，尤其是前处理技术、干制技术和冷藏技术，随着中国海水养殖及海洋捕捞产量的增加，其加工技术也迅速发展。

广东省海产品加工在国内起步较晚，相对于国内海产大省山东省较晚进入该领域的研究。然而，广东省凭借自身良好的市场环境、科技意识和较强的经济运作能力，引进和自主研发先进技术，尤其是生物工程技术，改进传统的加工工艺，提高海洋渔业资源的加工精度，海洋渔业资源加工工业逐步发展壮大，具有较高的产业化程度，尤其在前处理技术领域。

广东省海洋海产加工领域的专利申请主要集中在湛江市，其次为广州市，再次为茂名市和东莞市。湛江市由于其优越的沿海地理优势，拥有广阔的海岸线，是最早进行海水养殖的城市，也是广东省最早进行海产品加工的城市，广东省多家大型海产加工企业均在湛江；广州的海域面积较小，相应的海水养殖产量和加工技术均次于湛江市，其海产品加工领域的专利主要由广东海洋大学进行申请。

从技术分布来看，广东省海产品加工技术主要集中在前处理技术；其次为干制技术和冷藏技术；在腌制、熏制和真空密封领域也有少量专利申请。中国在海产品加工领域的研究重点与广东省大体一致，且在前处理和干制技术领域的占比较大。

海洋海产加工从功效方面可以分为高效率、效果好、操作简便、低成本、高适用性和安全可靠六个方面，功效分布较为均匀。在海洋海产品加工技术的发展过程中，广东省在各海产品的加工技术方面不断优化，从传统的手工加工已完全转型为高效自动化一体化加工，这与功效分布在高效率、操作简便和高适用性方面较为集中相一致。

11.5 水产养殖投入品专利分析

目前水产养殖投入品种类繁多，从开塘前鱼池消毒处理，到鱼苗繁育、成鱼养殖、捕捞运输，直至进入流通市场，多个环节都有涉及投入品使用。按监管模式和主要用途区分，投入品大致可分为鱼用饲料、饲料添加剂、鱼用兽药、水环境调节剂等。本报告则重点分析饲料、饲料添加剂和水环境调节剂领域。

饲料添加剂是实现动物全价营养不可缺少的关键物质，是配合饲料的核心组成部分，与能量饲料、蛋白质饲料一起构成了配合饲料原料的三大支柱。饲料添加剂具有提高饲料转化率、改善饲料的适口性和畜禽健康状况、促进动物的正常发育和生长、提高动物的繁殖力和生产性能、便于饲料的贮藏与保存以及改善饲料的加工性能等多种作用。因此，在水产养殖业中合理地使用和添加饲料添加剂会带来显著的经济效益和社会效益。饲料添加剂工业是饲料工业发展水平的一个重要标志。

11.5.1 申请态势分析

如图 11 - 19 所示，在水产养殖投入品全球专利方面，全球关于水产投入品专利最早申请自 1953 年，随后的 40 余年的发展，专利申请量增长幅度很小，年申请量从个位数增长到近 50 件/年。在 2010 年以后专利申请量增加趋势明显，由早期的年申请量个位数，到 2015 年超 600 件的年申请量。水环境调节剂专利申请态势与饲料添加剂申请态势比较类似，早期专利申请同样稳定在年申请量 10 件左右，到 2013 年之后，该领域专利申请明显增加，于 2014 年达到申请高峰，年申请量 100 件左右。

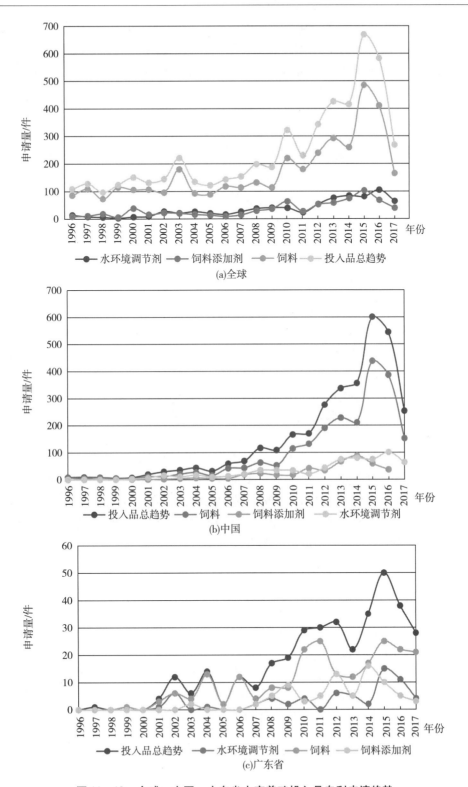

图 11－19　全球、中国、广东省水产养殖投入品专利申请趋势

在水产养殖投入品中国专利方面，中国水产投入品专利申请态势与全球申请态势类似，整体呈增长态势，2006 年以前饲料添加剂和水环境投入品专利申请稳定在个位数，2012 年之前两领域专利申请量有了明显增长，增幅较小，2013 年之后两领域专利申请量增幅明显，在 2014 年和 2016 年达到申请高峰。2016 年水产投入品专利申请总量和各分支技术专利申请量开始降低，在此不做详细分析。

在 2008 年以前，广东省水产养殖投入品专利年申请量均少于 10 件，个别年份没有专利申请，主要以水产饲料领域专利为主，而在 2012 年饲料领域专利突然下降，表明广东省在 2012 年左右将技术研发热点从水产品饲料领域转向饲料添加剂和水环境调节剂领域。2013 年及以后，各分支技术专利申请量仍波动明显，但总体为增长态势。2016 年水产投入品专利申请总量和各分支技术专利申请量开始降低，在此不作详细分析。

11.5.2　地域分布分析

如图 11 - 20 所示，各国家/地区在水产养殖投入品领域专利申请量排名靠前的两个国家均来自亚洲，依次为中国、日本，中国在水产投入品领域专利量占全球专利总量的 50%，远远超过其他国家/地区。

各省、直辖市在海水养殖投入品领域专利申请情况与其水产养殖饲料消费量排名情况有一定相关性。江苏省在海水养殖投入品领域专利申请量排名第一，占全国海水养殖投入品专利总量的 14%，广东省和山东省并列第二位，占全国海水养殖投入品专利总量的 11%。

广东省内各市在水产养殖投入品领域专利主要集中在湛江市和广州市。广州市在水产投入品领域专利量占广东省专利总量的 33%，排行第一。而广州市在饲料、饲料添加剂和水环境调节剂领域专利量较为均衡，其中广州在水环境调节剂领域有 20 件专利申请，在广东省各市中排在第一位。广东其他市，佛山、深圳、珠海、江门等市在水产投入品领域也有一定专利申请，但专利量相对较少。

11.5.3　技术分布分析

从全球水产养殖投入品专利分布情况（参见图 11 - 21）来看，水产饲料专利共 4392 件，占专利总量的 76%，中国在水产环节投入品领域专利同样集中在饲料领域，共 2173 件，占中国专利总量的 67%，广东省在水产环节投入品领域同样集中在饲料方面，总共 218 件，与全球及中国在水产养殖投入品专利分布情况基本一致，即在水产环节投入品领域专利主要集中在饲料领域。但广东省在饲料领域专利比重有所降低，占 61%，而饲料添加剂领域专利所占比重有所增加，占 22%。作为海洋大省，广东省应加大水产投入品的政策支持，提高企业对水产投入品在海水养殖中起到重要作用的认识，创造一个健康绿色的养殖环境。

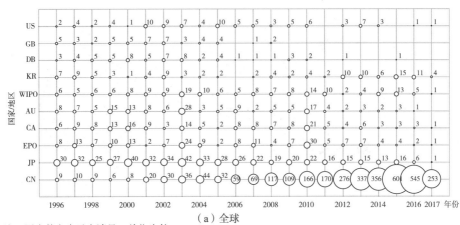

（a）全球

注：图中数字表示申请量，单位为件。

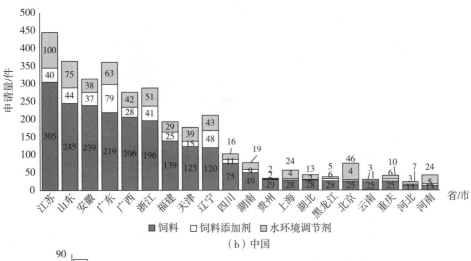

（b）中国

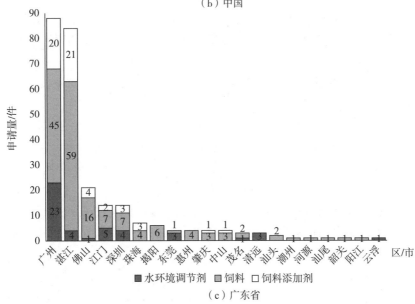

（c）广东省

图 11-20　水产养殖投入品全球、中国及广东省各地域申请趋势

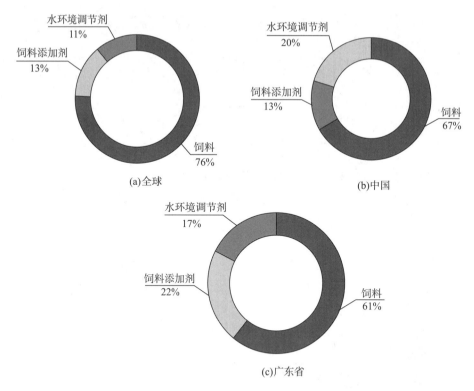

图 11 –21　全球、中国和广东省水产养殖投入品技术分布

11.5.4　专利权人分析

如图 11 –22 所示，在水产投入品领域专利申请人中，全球十大申请人的申请量之和为 447 件，占全球总申请量的 9.6%，主要来自挪威、日本和中国。日本 NIPPON SUISANKAISHA LTD 在水产投入品领域总专利最多，共 72 件，其中 68 件为饲料领域，处于领先地位。前十名中日本企业共有两家，为 DAI ICHI KOGYO SEIYAKU CO LTD 和 NISSHIN FLOUR MILLING CO，分别排在第五和第八位，这两家企业专利均以饲料为主，在海水养殖饲料领域均排进前十名。

中国水环境调节剂领域专利申请量小，前十名申请人拥有专利量大部分为个位数，且高校/科研院所占比重相当大，其中华南理工大学拥有 12 件专利，排在第三位，浙江大学、湖南农业大学、中国水产科学研究院淡水渔业研究中心分别拥有 8 件、8 件和 6 件专利。企业方面，大连赛姆生物工程技术有限公司排名第一，拥有 16 件专利。其余为北京大北农科技集团股份有限公司、广西新六合环保有限责任公司、青岛中仁药业有限公司、青岛东海药业有限公司、安徽省黄淮兽药有限公司和上海葵亚环保科技有限公司。

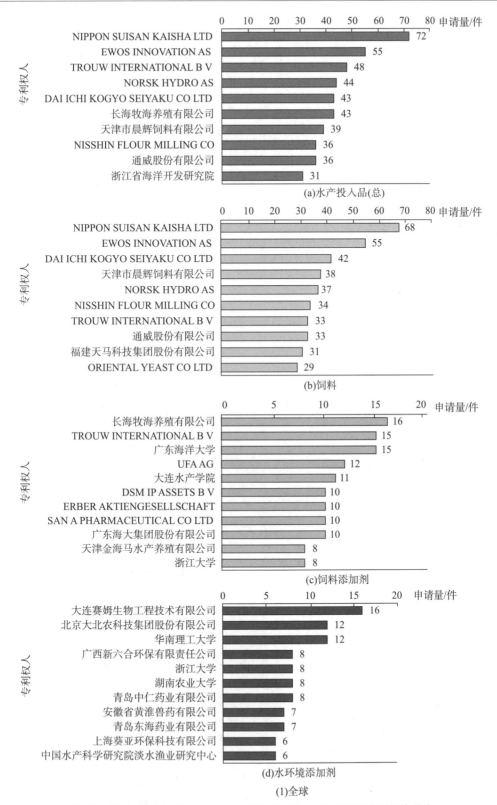

图 11 – 22　全球、中国、广东省水产养殖投入品专利主要专利权人排名

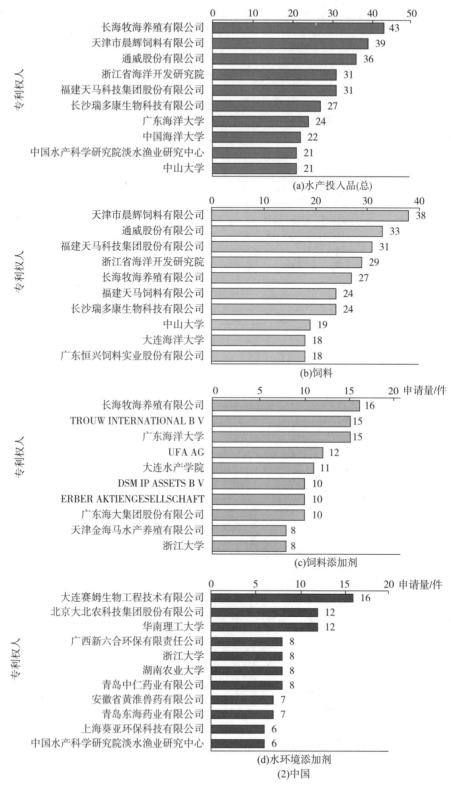

图 11-22　全球、中国、广东省水产养殖投入品专利主要专利权人排名（续一）

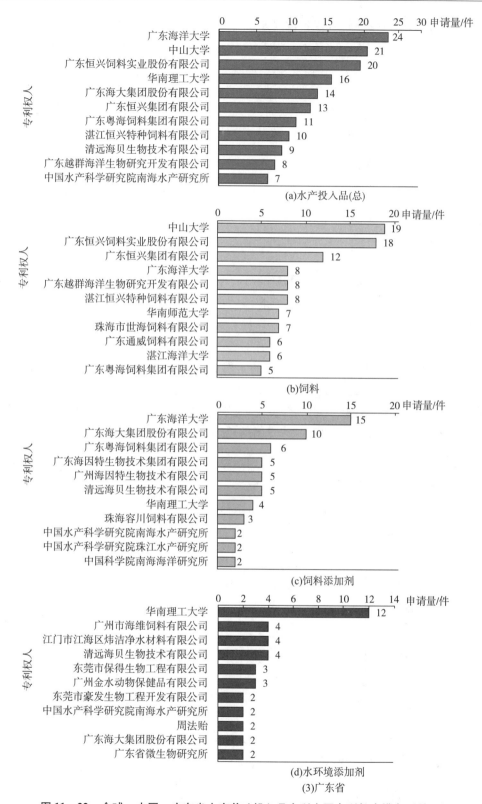

图 11-22　全球、中国、广东省水产养殖投入品专利主要专利权人排名（续二）

广东省在该领域专利权人排名情况如图 11－22 所示，广东省在该领域重点专利权人不仅包括水产饲料巨头企业还包括高校及科研院所。水产投入品（总）专利权人排名第一位的为广东海洋大学，在水产投入品领域共拥有专利 24 件，其中 8 件涉及水产饲料领域，中山大学排在第二位拥有 21 件专利，其中饲料领域 19 件，研发重点为饲料。广东省企业所在水产投入品领域也有一定专利申请量，其中 12 件专利涉及水产饲料。广东省专利权人类型较为丰富，表明技术较为活跃。

11.5.5 技术功效分析

从图 11－23 中可以发现，海水养殖饲料、饲料添加剂和水环境调节剂技术均主要关注经济效益、效率高、抗病能力及安全环保，饲料技术还注重适口性。其中，经济效益是企业最关注的热点，主要解决生产饲料、饲料添加剂、水环境调节剂过程中如何降低成本，达到提高产品质量、产量，提高养殖经济效益的目的。效率高作为功效关注热点之一，注重提高水产品对饲料的吸收率、水产品生长速度，提高饵料利用率、转化率、水体净化速率等。适口性是饲料技术的另一关注热点。值得注意的是，水产养殖投入品注重安全性与环境保护，水产投入品的研发不断降低对环境的污染，减少水产品对人身体及环境的安全隐患，尤其对食品安全问题的关注程度在逐渐增高，发展绿色水产投入品是饲料产业未来发展的必然趋势。水环境投入品的使用是否便捷、稳定直接影响其在水体中的使用及保存，应用是否广泛同样影响水产投入品的使用，企业在这几个方面的关注程度相对较低，为技术空白点。因此，企业可以在上述几个领域加大研发投入，提高水产投入品使用的便捷性、提高水产投入品的稳定性，延长其保存期、扩大产品使用范围，来寻求新的突破。

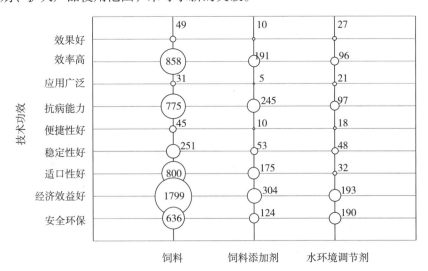

图 11－23　水产投入品专利技术功效图

注：图中数字表示申请量，单位为件。

11.5.6　技术生命周期分析

如图 11 − 24 所示，饲料领域方面，1996 ~ 1997 年，专利权人数量和专利量增长趋势明显，随后 1997 ~ 2006 年专利量和专利权人数量处于上下徘徊状态，随着技术的不断发展，市场不断扩大，技术的吸引力凸显，1978 ~ 2007 年间专利权人数量增加幅度较小，但专利量有明显增加，到 2011 年，专利量出现下降态势，反而在专利权人数上开始上涨。技术集中度变大。2015 年，专利量和专利权人数量均呈大幅增长态势，这也意味着饲料仍处于技术发展阶段，因市场需要，该行业人员对其研发仍保持极大兴趣。饲料行业此前一直处于分散状态，以中小企业居多，集中度不高。近年来，随着形势的发展，每年都将有大量企业在竞争中消失，市场集中度将会越来越高。

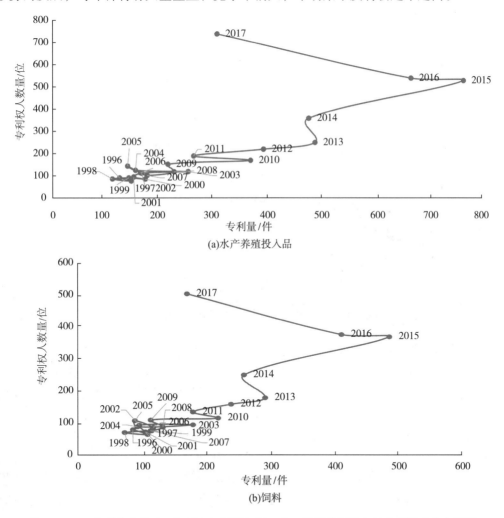

图 11 − 24　全球水产养殖、饲料、饲料添加剂、水环境调节剂投入品专利技术生命周期

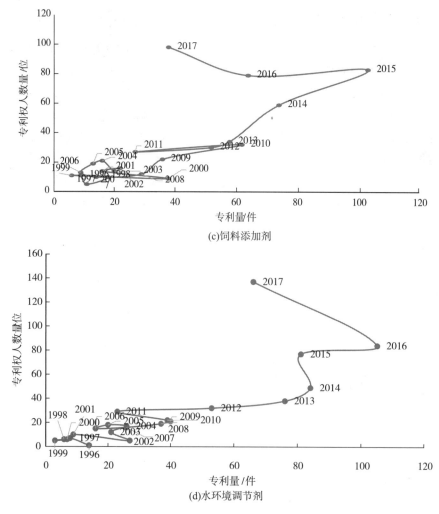

(c)饲料添加剂

(d)水环境调节剂

图 11 -24 全球水产养殖、饲料、饲料添加剂、水环境调节剂投入品专利技术生命周期（续）

在饲料添加剂领域，1996～2002 年，专利权人数量和专利量均呈增长趋势，随后 2003～2006 年专利量和专利权人数量处于上下徘徊状态，在 2006 年达到低谷专利年申请量 3 件，专利权人 3 位，但在 2007 年专利量和专利权人数量出现爆发式增长，随后两年间稍降低，至 2015 年整体上保持增加状态，但波动十分明显。

水环境调节剂领域在 1996～2001 年的 6 年间，专利申请人和专利数量均保持在个位数，且波动明显，处于技术萌芽期；从 2002～2004 年，专利权人数量和专利量明显增加，专利权人数量和专利量达到两位数，从 2007 年起专利量和专利权人数量开始增加，说明技术瓶颈有所突破，2008～2015 年进入技术发展期，专利权人数量和专利量均持续增加。整体上，水环境调节剂领域专利权人数量少于专利量，说明技术集中度较高。

11.5.7　技术发展路径分析

水产投入品中最主要的为水产饲料，水产饲料技术发展历史在一定程度上反映了水产环境投入品技术的发展情况。水产饲料是水产养殖的重要物质基础，被称为水产养殖业的粮草，在水产养殖业中具有举足轻重的地位。鱼虾类营养生理的研究可追溯到 100 多年前，但真正关于鱼虾营养需要与饲料开发相关技术的研究是在 20 世纪 20 年代才从美国开始。20 世纪 40 年代日本、欧洲也迅速开展相关研究，20 世纪 50 年代成功生产出商品鱼颗粒饲料。饲料领域专利申请较晚，1971 年加拿大人乌尔里希申请了专利公开号为 CA948020A，名为 "FISH FEED, ESPECIALLY FOR PET FISH" 的专利，通过黏合剂保持在一起的粉碎食品颗粒的食品体，其中食品体是具有更多面积的柔韧片体。随后配合饲料发展迅速，1988 年，日本申请了一件名为 "甲壳类动物配合饲料" 的专利，在相当长一段时间，海水养殖配合饲料在水产饲料市场占有很大份额。1999 年，日本公开号为 JP2000270788A、名为 "黏结剂膨化饲料养鱼和扩大颗粒饲料为养鱼复合黏结剂" 的专利，涉及渔用膨化饲料，提供黏结剂使膨化饲料具有良好的形状（外观）、硬度（弹性），保留在水中，提高了饲料在水中的稳定性。膨化饲料以其水中稳定性好，消化吸收率高等优点，已经成为水产养殖饲料的主流。浮性、沉性和半沉性的膨化饲料既能满足不同水产动物的摄食习性，又能保证水产动物充分摄食，提高了饲料利用率、降低了环境污染。例如，王渊源用膨化饲料、鲜活饵料和半沉性颗粒饲料饲喂美国红鱼，结果表明，膨化饲料组鱼的增重率最高，饲料系数最低。随着饲料产业的不断发展，环境问题日益凸显，绿色环保型水产投入品开始出现。2006 年，广东恒兴集团有限公司申请了一件名为 "一种绿色环保的卵形鲳鲹膨化配合饲料的加工方法" 发明专利，该发明配制简单、营养均衡，能满足卵形鲳鲹生长的需求，提高卵形鲳鲹免疫力和减少养殖过程水质污染。

图 11 - 25 是中国水产养殖投入品技术发展路线图。

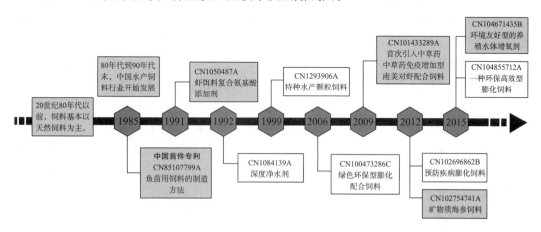

图 11 - 25　中国水产养殖投入品技术发展路线

中国是世界水产养殖大国之一，水产养殖总产量已连续多年居世界第一。中国水产饲料行业的发展总体来讲经历了三个阶段，第一阶段是 20 世纪 80 年代以前，饲料基本以天然饲料为主；第二阶段从 20 世纪 80 年代到 90 年代末，中国水产饲料行业开始发展，技术和市场逐渐形成，饲料工业年产量跃居世界第二位；第三阶段是 2000 年以后，行业政策日趋规范，市场集中化程度增强，创新成为企业制胜之道，饲料品种日渐增多。

11.5.8　小结

广东省在水产投入品领域专利整体也呈增长态势，但个别年份稍有波动。随着水产投入品市场的竞争程度日益强烈，知识产权重要性日益凸显，在水产投入品领域的投入越来越大，预计在未来一段时间，水产投入品领域专利量仍会继续增加。

全球水产养殖投入品专利以水产饲料为主。中国在水产养殖投入品领域的专利同样集中在饲料领域，无论全球还是中国，水产饲料技术为水产投入品领域的研发重点，而饲料添加剂和水环境调节剂技术并非研究热点。广东省在水产养殖投入品领域的专利也同样集中在饲料领域，共 164 件，占广东省专利总量的 62%，而广东省在饲料添加剂和水环境调节剂领域专利量占比分别为 21% 和 17%。由此可以看出，无论全球、中国还是广东省，水产饲料技术为水产投入品领域的研发重点，而饲料添加剂和水环境调节剂技术并非研究热点。广东省水产养殖投入品在 2012 年前以水产饲料为主，但专利比重有所降低，目前技术研发热点从水产饲料领域转向饲料添加剂和水环境调节剂领域。广东省应加大水产投入品的政策支持，提高企业对水产投入品在海水养殖中起到重要作用的认识，创造一个健康绿色的养殖环境。

中国对海水鱼虾类营养需求进行比较系统的研究是从"十五"开始的，研究相对滞后。经过几十年的发展，水产饲料从早期的颗粒饲料，发展到配合饲料，再后来发展了膨化饲料；饲料添加剂呈现多样化、功能化的发展趋势；水环境调节剂则正向健康环保方向发展。

从广东省水产投入品技术生命周期来看，早期水产投入品处于技术萌芽阶段/技术发展阶段早期，近年来水产投入品基本上仍处于技术发展阶段，行业人员对其研发仍保持极大兴趣，并且技术集中度逐渐变大。

从广东省水产投入品技术功效来看，海水养殖饲料、饲料添加剂和水环境调节剂技术均主要关注经济效益、效率高、抗病能力及安全环保，饲料技术还注重适口性。其中，经济效益是企业最关注的热点，主要解决生产饲料、饲料添加剂、水环境调节剂过程中如何降低成本，达到提高产品质量、产量，提高养殖经济效益的目的。效率高作为功效关注热点之一，注重提高水产品对饲料的吸收率、水产品生长速度，提高饵料利用率、转化率、水体净化速率等。适口性是饲料技术的另一关注热点。

随着人们对"绿色产品""无污染食品"需求的不断增长和对环境保护的日益关注，环保型水产投入品的应用将成为今后养殖业发展的方向，其前景是十分广阔的。广东企业可以在使用便捷性、稳定性、延长保存期、扩大产品使用范围等关注程度低的技术空白点上寻求新的突破。

11.6　水产装备技术专利全景分析

水产装备是指应用于水产养殖生产的机械、电气和电子监控等设施、仪器和设备。水产装备应用的目的是为了降低水产养殖业劳动强度、提高生产效率、达到精准养殖生产。水产养殖业对水产装备要求具有：安全、高效、节能、方便、耐用、价格适宜等特点。

11.6.1　申请态势分析

全球水产装备技术发展较早，养殖形式主要是循环水工厂化养殖和网箱设施养殖，装备及设施技术较为先进，工业化程度高，信息化技术已有相当程度的应用。由图 11 - 26 可知，全球水产养殖装备技术领域的专利申请量在 2006 年之前较为平缓，2006 年至今呈迅速增长态势，并于 2015 年达到峰值 1208 件。

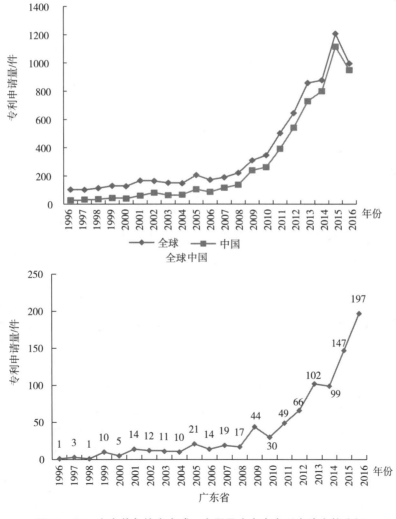

图 11 - 26　水产装备技术全球、中国及广东省专利申请态势分析

中国海水工业化循环水养殖产业经历了近30年的发展，中国的水产装备技术领域在全球起步较晚，最初由国外进口，学习其先进技术，后逐渐开始自主研发。中国在该领域的专利申请在2008年之前处于技术萌芽阶段，专利申请量较少；2008年之后专利申请量呈爆发式增长，目前中国在该领域的专利申请量位于世界首位。

广东省由于其沿海的地理优势，其水产装备技术在全国起步较早，1986年在该领域首次进行专利申请；2008年之前，年专利申请量平均不到20件；2008年之后每年申请量迅速增加，并于2016年达到峰值197件，近年来仍呈增长态势。中国各沿海省份从传统的水产养殖到科技化的设施化水产养殖经历了较长的发展过程，随着各种水产养殖设备的问世，水产养殖设备得到快速发展，各种新的装备仪器不断出现，其种类型号烦多，用途各异，大大地提高了水产养殖事业的效率，降低了各种养殖成本，为水产养殖提供了进一步的发展空间。

11.6.2　地域分布分析

从图11-27中可以看出，专利申请量处于前五位的国家或地区依次为中国、日本、美国、韩国和中国台湾。其中，中国以专利申请量6169件的绝对优势排名第一；日本的专利申请量为493件，排名第二；美国的专利申请量为426件，排名第三。

从中国各省份在水产装备技术领域的专利申请态势可以看出，中国最早进入水产装备技术研究的是山东省、浙江省、广东省和江苏省，说明沿海地域优势对发展水产装备技术具有一定的影响。山东省和广东省率先开始水产装备技术的研究，21世纪之后专利申请量迅速增长，近年来仍呈增长态势；江苏省从1998年开始进行该领域的专利申请，2008年之后申请量迅速增长，目前申请量已位于中国第一，江苏省水产装备技术的产业化程度较高，有多家国内知名企业，如金湖小青青机电设备有限公司、江苏恒深洋机械有限公司等。

由广东省各区域专利概览图可以看出，水产装备技术领域专利主要集中在广州市，其次为佛山市，再次为中山市和深圳市。广州市的海域面积较小，其在水产装备技术领域的专利主要由中国科院南海水产研究所、广东海洋大学等高校及科研院所进行申请；佛山市的生生农业集团于2009年，在顺德引进了颠覆过去传统的池塘养殖模式——工厂化养殖，建成了顺德乃至广东第一家工厂化水产养殖基地；中山市在水产装备领域有多家省内知名企业，如中山市翔实机械设备有限公司、中山诺顿科研技术服务有限公司等，其饲料投放设备技术处于国内领先水平。

11.6.3　技术分布分析

如图11-28所示，从全球水产加工装备技术的专利分布来看，研究主要集中于水质改良设备，占比41%，这与水质改良设备包含的具体设备类型较多有关；其次为饲料投放设备，占比21%，智能化投饲机目前研究较为集中；再次为水质监测设备和养殖网箱，占比分别为11%和10%；在抽水设备、苗种培育和水温调控设备方面也有一定数量的专利申请。在水质改良装备领域，主要集中在增氧机方面，申请量高达1823件；其次为过滤设备，申请量为1120件；在消毒设备和排污及污水处理设备方面申请量较少。

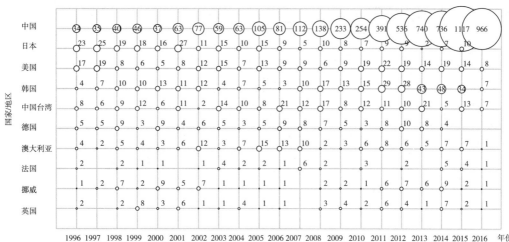

注：图（a）中数字表示申请量，单位为项。

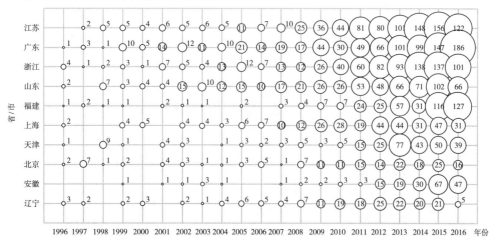

注：图（b）（c）中数字表示申请量，单位为件。

图 11-27　水产装备专利全球、中国、广东省地域分布

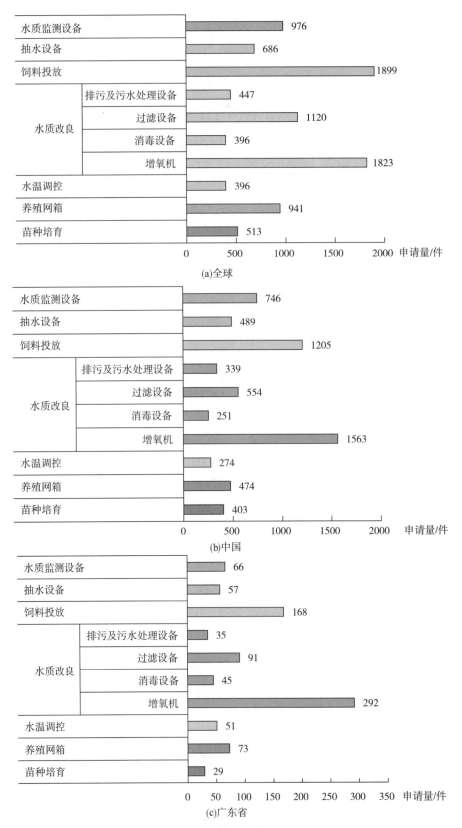

图 11-28　水产装备全球、中国及广东省技术分布图

从中国水产装备技术的专利分布来看，研究主要集中于水质改良设备，占比 43%，这与水质改良设备包含的具体设备类型较多有关；其次为饲料投放设备，占比 19%；再次为水质监测设备，占比为 12%；在养殖网箱、抽水设备、苗种培育和水温调控设备方面也有一定数量的专利申请。在水质改良装备领域，主要集中在增氧机方面，申请量高达 1563 件；其次为过滤设备，申请量为 554 件；在消毒设备和排污及污水处理设备方面申请量较少。可以看出，中国在水产装备领域的研究重点与全球大体一致，在水质改良和饲料投放领域的占比均较大，说明水质改良和饲料投放设备是研究热点。

从广东省水产装备技术的专利分布来看，广东省在水产装备技术领域的研究重点与中国大体一致，且在水质改良设备领域的占比较大，说明广东省在水质改良设备领域的研究较多，广东省有多家企业拥有水质改良设备的先进技术，如佛山市顺德区金顺达机器有限公司、广东振华电器有限公司、佛山市山湖电器有限公司等。

11.6.4　专利权人分析

全球水产装备技术排名前 20 位的专利权人如图 11 - 29 所示。可以看出，前 20 位中只有 1 位为韩国申请人，前 19 位均为中国申请人，说明近年来中国在该领域的研究迅速增加，其专利申请量在近 10 年来迅速增长，已成为全球申请量最多的国家，而国外企业虽然专利申请量较少，但仍掌握着水产装备技术领域的核心技术，如挪威 AKVA 公司、丹麦 Stensgarden aleopdeat 公司、丹麦 Billund 公司等。

从中国水产装备技术的专利权人类型可以看出，企业申请占比 41%，个人申请占比 33%，高校及科研院所申请占比 26%。其中，高校及科研院所占比最小，但排名前十位的专利权人中有 7 位为高校及科研院所，说明高校及科研院所集中研发程度高；企业占比最大，但前十位中只有两位企业，说明企业在该领域的专利申请较为分散，研发程度不集中；前十位中有 1 位个人申请，值得注意的是，该个人申请人吴为国是浙江富地机械有限公司法人，其专利申请是以个人名义进行的企业申请。

从广东省水产装备技术领域的专利申请人排名可以看出，排名前十位中有 5 家企业、2 所高校及研究所和 3 位个人。可以看出，广东省的专利申请人类型较为丰富，且主要集中在企业申请，说明广东省在该领域的研究具有较高的产业化程度。中国水产科学院南海水产研究所在该领域申请了 51 件专利，位居第一，其在水产装备领域的研究十分广泛，尤其在养殖网箱和水质改良方面有着先进的技术；中山市翔实机械设备有限公司的申请量为 35 件，排名第二，其专利申请主要集中在饲料投放设备领域；广东海洋大学以申请量 27 件排名第三。

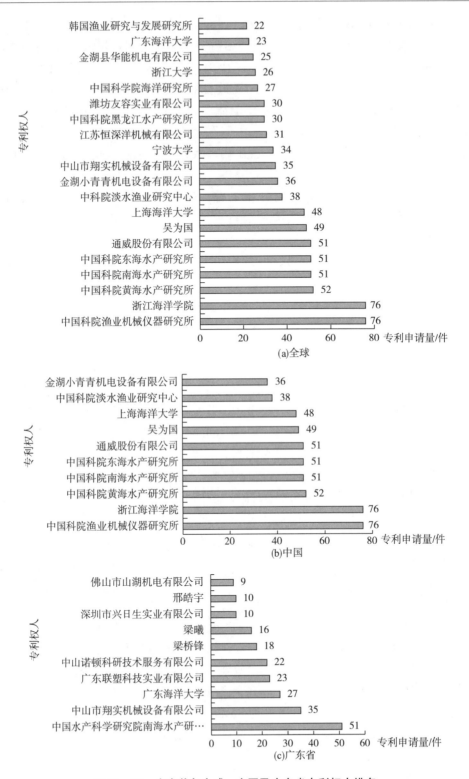

图 11-29　水产装备全球、中国及广东省专利权人排名

11.6.5　技术功效分析

从图 11-30 所示各分支技术来看，养殖网箱和饲料投放设备的研究主要集中在操作方便、结构简单和实用性强；水温调控和水质改良设备的研究主要集中在结构简单、实用性强和高效能；抽水设备的研究主要集中在实用性强、高效能和稳定性；苗种培育、水质监测设备的研究主要集中在操作方便、实用性强和高效能。从技术功效分布图可以看出，水产装备技术领域的技术热点集中在水质改良设备和饲料投放设备，功效热点集中在实用性强、高效能、结构简单和操作方便。苗种培育设备领域的专利数量较少，可作为技术突破点进行研发；具有降低成本、稳定性和环保无污染功效的专利较少，可作为功效突破点进行研发。

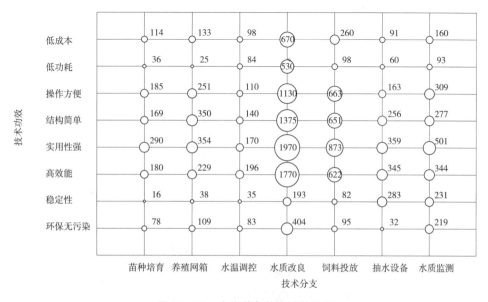

图 11-30　水产装备技术功效分析

注：图中数字表示申请量，单位为件。

11.6.6　技术生命周期分析

从图 11-31 所示水产装备技术生命周期图可以看出，1996～2008 年是水产装备技术的萌芽期，该阶段专利申请量徘徊不前，进入该领域的专利申请人数量也没有显著的增加，该阶段主要由起步最早的日本、美国和韩国企业进行专利申请，且发达国家在循环水养殖和网箱养殖领域的技术已达到国际先进水平，并掌握着国际领先的核心技术，而中国在该领域也仍处于萌芽阶段；2008 年至今，专利申请量呈迅速增长态势，新进入该领域的专利权人数量也不断增加，该阶段中国的专利申请量迅猛增长，至今已成为水产装备技术领域专利申请量最多的国家，在水产装备技术研发方面，近年来中国在海水工业化养殖的研究与应用方面取得了长足进展，一些实用性强、科技含量高、技术成熟度好的技术和装备快速实现了技术集成与整合，逐步建立起了适合我国水产养殖业发展的海水工业化循环水养殖模式，2009年研发了淡水鱼类标准化和经济型工厂化养殖设施系统、对虾工厂化循环水养殖系统、冷水鱼封闭循环养殖技术，其中包括：水处理系统（颗粒物处理系统、人工湿地）、在线监测和智能控制系统、纯氧增氧系统、生物过滤器等，缩短了中国循环水养殖装备技术与国际先进水平的差距。

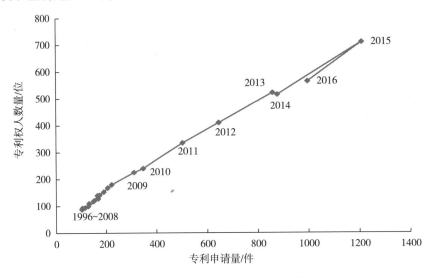

图 11 - 31　水产装备技术生命周期

11.6.7　技术发展路线分析

国外工厂化循环水养殖起步于20世纪60年代末，其技术基础来源于内陆海水水族馆和高密度流水养鱼，当时主要是采用单级净化装置来处理部分或全部养殖废水，并结合采用了控温和增氧等技术；20世纪70年代，研制开发了生物转盘、生物转筒，同时在生物处理前增加了前处理装置，滤除颗粒污物，以降低生物处理的负荷；20世纪80年代，开展了臭氧净化处理技术、离子交换处理技术以及生物接触氧化技术等的研究，并研制开发了新型生物滤料，生物处理效率有很大提高，总氨氮去除负荷达到每天 $200 \sim 600 \text{ml}/\text{m}^2$；与此同时，国外的工厂化循环水养殖设施和技术开始进入中国，1988年，中国水产科学研究院渔业机械仪器研究所在吸收消化国外技术的基础上，设计了国内第一个生产性的工厂化循环水养殖车间；20世纪90年代开始采用生物工程技术、微生物技术、膜技术和自动化控制技术等，在水体消毒、净化、池底排污、增氧及控温方面，几乎采用了现代所有可以引用的实用技术，养殖用水的循环利用率达到95%以上，并涌现出一批世界著名的水处理设施设备生产加工企业，如丹麦的斯堪龙公司、挪威的 Aqua Optima 公司等，在欧美经济发达国家已经采用环境立法的方式，对养殖排放废水加以限制，因此工厂化循环水系统作为一种高效节水的水产养殖方式得到了日益广泛的应用；同时，中国在淡水养殖方面，随着经济的快速发展，各地兴建了很多水产养殖示范区，建立了一批鱼类工厂化循环水养殖系统；21世纪国外企业结合各种实用技术，设计了多种适用于不同鱼品种的工艺流程，真正实现了高效工厂化循环水养殖体系。

11.6.8　小结

广东省由于其沿海的地理优势，其水产装备技术在全国起步较早，其水产装备各技术分支的发展趋势与全国一致。专利申请量主要集中在水质改良装备方面，专利申请量从 2006 年之后迅速增加；饲料投放设备、养殖网箱和抽水设备在近几年专利申请量有所增长；水温调控设备和水质监测设备的专利申请量一直较低。在发展先进水产装备技术方面，广东省尝试了引入国外先进技术、加强本土化自主研发等多种方式。

广东省水产装备技术领域的专利申请主要集中在广州市，其次为佛山市，再次为中山市和深圳市。广州市在水产装备技术领域的专利主要由中科院南海水产研究所等高校及科研院所进行申请；中山市在水产装备领域有多家省内知名企业，如中山市翔实机械设备有限公司、中山诺顿科研技术服务有限公司等，其饲料投放设备技术处于国内领先水平。

广东省在水产装备技术领域的研究重点集中在水质改良、饲料投放、水质监测设备和养殖网箱方面，且在水质改良设备领域的占比较大。随着各种水产养殖设备的问世，水产养殖设备得到快速发展，各种新的装备仪器不断出现，其种类型号烦多，用途各异，大大地提高了水产养殖事业的效率，降低了各种养殖成本，为水产养殖提供了进一步的发展空间。

广东省水产装备技术热点集中在水质改良设备和饲料投放设备，功效热点集中在实用性强、高效能、结构简单和操作方便上。苗种培育设备领域的专利数量较少，可作为技术突破点进行研发，具有降低成本、稳定性和环保无污染功效的专利较少，可作为功效突破点进行研发。

11.7　海洋水产医学专利全景分析

海洋水产医学，是通过科学或技术的手段处理海洋水产经济动物的各种疾病或病变的学科。鱼类的病害种类很多，其中病原性疾病包括病毒性疾病、细菌性疾病、真菌性疾病、藻类性疾病、原虫性疾病、蠕虫性疾病、甲壳动物疾病、蛭病、钩介幼虫病、其他寄生虫病等。非病原性疾病包括藻类中毒、饲料中毒、重金属化学中毒、机械损伤、理化刺激、环境和水质恶化、营养缺乏等病害。此外，按患病部位，可分为皮肤病、鳍病、鳃病、胃肠病、其他组织器官病、肿瘤等。海洋水产病害检测与防控，即利用经验、免疫学技术和分子生物学等技术，在水产养殖过程中对水产品病害（如病毒、病因）进行检测、诊断及对病虫害进行防控。

11.7.1　申请态势分析

截至目前，全球水产医学领域共申请专利 2652 件，其中渔药领域专利 1423 件，疫苗领域专利 621 件，病害检测防控领域专利 675 件。如图 11 – 32 所示，从近 20 年专利申请趋势上来看，整体上，水产医学专利申请呈稳步增长态势。各技术分支专利情况稍有不同，渔药领域专利较多，且中国专利所占比例约 50%，渔药领域专利申请态势与海洋水产医学专利申请态势保持一致，疫苗和病害检测防控领域专利较少，且以国外专利为主，整体增长幅度较小，疫苗领域专利申请在 2012 年出现小的申请高峰，但随后几年专利申请量降低，病害检测防控领域专利在 2012 年之后也有小幅度降低，可能受近年来低迷的养殖市场形势影响，各公司减少了在该方面的研发投入。

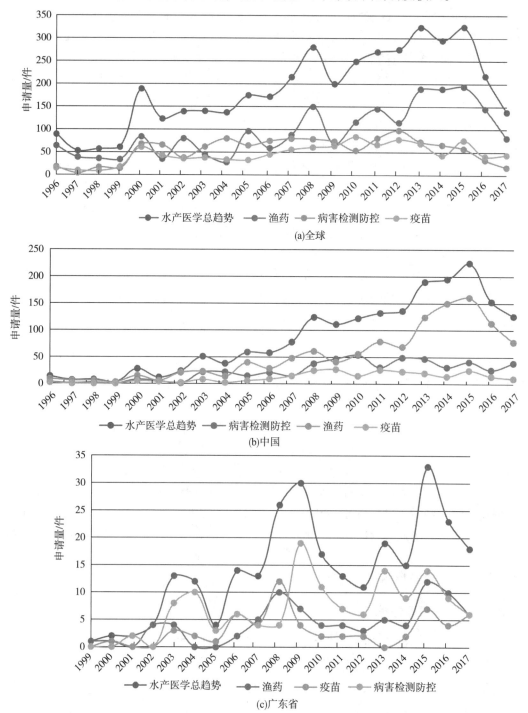

图 11−32　全球、中国、广东省海洋水产医学专利申请趋势

中国在海洋水产医学领域研发起步较晚，近 20 年水产医学专利整体上呈增长态势，尤其在近几年增势十分明显，且增势主要由病害检测防控、领域专利申请态势控制，然而 2001 年以前，渔药、疫苗和病害检测防控领域专利年申请量均稳定在个位数，随后各技术分支专利均有不同幅度的增长，其中渔药领域专利增长态势明显。

整体上，广东省在海洋水产医学领域专利量较少，整体波动明显，但在 2006 年以前专利申请不连续，如 2001 年疫苗领域专利申请 2 件，渔药和病害检测防控领域专利申请量为 0，2002 年申请渔药专利 2 篇，疫苗和病害检测防控领域专利申请量为 0，2006 年以后虽然每年各分支技术均有专利申请，但波动仍十分明显，到 2015 年各分支技术专利申请量均显著增加，说明在技术上有所突破。

11.7.2　地域分布分析

从图 11 -33 所示全球范围内海洋水产医学专利布局情况来看，排名靠前的主要有中国、美国、日本、加拿大、韩国和挪威等国家或地区。中国在海洋水产医学领域专利总量几乎为排名第二的美国的 5 倍，中国在数量上明显占优势，尤其中国在渔药领域专利远远多于其他国家或地区，其中一个主要原因就是中国中草药在渔药中的广泛应用。

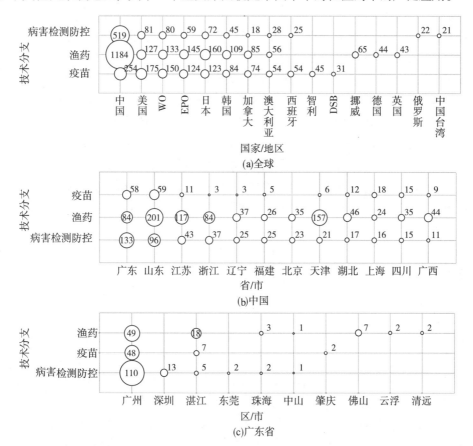

图 11 -33 全球、中国、广东省海洋水产医学专利技术分布

注：图中数字表示申请量，单位为件。

国内各省/市在海洋水产医学领域专利申请情况如上图所示。排名靠前的省/市大部分均沿海，均拥有较强的渔药企业和海洋院校、科研院所等。广东省海洋面积广、渔业资源丰富，是中国的海洋渔业大省，但在海洋水产医学领域拥有 273 件排在第二位，占全国专利总量的 16%。其他省/市专利量与山东省和广东省差距较大，分别占全国专利总量不足 10%。

从广东省海洋水产医学专利分布情况来看，广东省海洋水产医学技术研发地非常集中，主要集中在广州和湛江，广州市在渔药、疫苗和病害检测防控技术上均有涉及，且在病害检测防控领域专利量最多，达 110 件，渔药和疫苗领域专利量则分别为 49 件和 48 件。广东省其他市在海洋水产医学领域专利总量 35 件，仅占广东省专利总量的 13%，且各市技术较为单一，如深圳 13 件专利均为病害检测防控，佛山、珠海等技术集中在渔药领域。

11.7.3 技术分布分析

从图 11-34 所示全球海洋水产医学专利分布情况来看，渔药专利共 1423 件，占专利总量的 52%，多于疫苗和病害检测防控领域专利之和 1296 件。从全球专利总量上来看，渔药成为全球海洋水产医学研究热点技术，其次为病害检测防控，在全球范围内疫苗技术技术研究热度相对较低。然而，深入分析发现，实际上疫苗是全球海洋医学领域的研究热点，是海洋水产医学的重要的核心技术。

中国在海洋水产医学领域以渔药为技术研发重点，渔药领域共申请专利 956 件，占中国海洋水产医学专利总量的 64%，稍多于全球渔药专利所占比例，其原因就在于中国的中草药在渔药研发应用中起到了重要作用。而对疫苗技术的研发最弱，仅申请 185 件专利，占国内海洋水产医学专利总量的 12%，病害监测防控技术研究热度也相对较低，共申请专利 367 件，占全国海洋水产医学专利总量的 24%。

与全球和中国在海洋水产医学领域技术分布不同，广东省在海洋水产医学领域以病害检测防控为技术研发重点，病害检测防控领域共申请专利 93 件，占广东省海洋水产医学专利总量的 64%，其次为渔药，共申请专利 64 件，占广东省专利总量的 24%，与中国情况一致，广东省对疫苗技术的研发最弱，共申请 46 件专利，占广东省海洋水产医学专利总量的 12%。

11.7.4 专利权人分析

如图 11-35 所示，全球海洋水产医学领域前十位申请人主要来自医药公司、高校及科研院所，全球十大申请人的申请量之和为 525 件，占全球总申请量的 19.8%，主要来自瑞士、德国、美国、中国。全球渔药领域排名前十名专利权人中，中国有四位。整体上，中国在病害检测防控领域拥有一定的技术实力，但目前仍处于研究阶段，并未形成很好的市场效果。中国在病害检测防控领域专利权人排名明显占优，其原因在于中国作为全球养殖第一大国，水产病害问题限制了海水养殖的发展，进行海水养殖病害检测防控是解决上述问题的关键，这就促进了国内在海洋水产病害检测防控技术的发展。

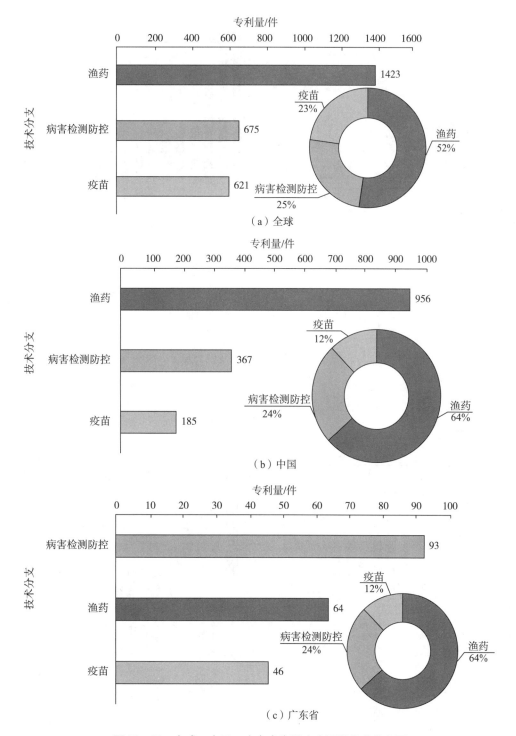

图 11-34　全球、中国、广东省海洋水产医学技术分布图

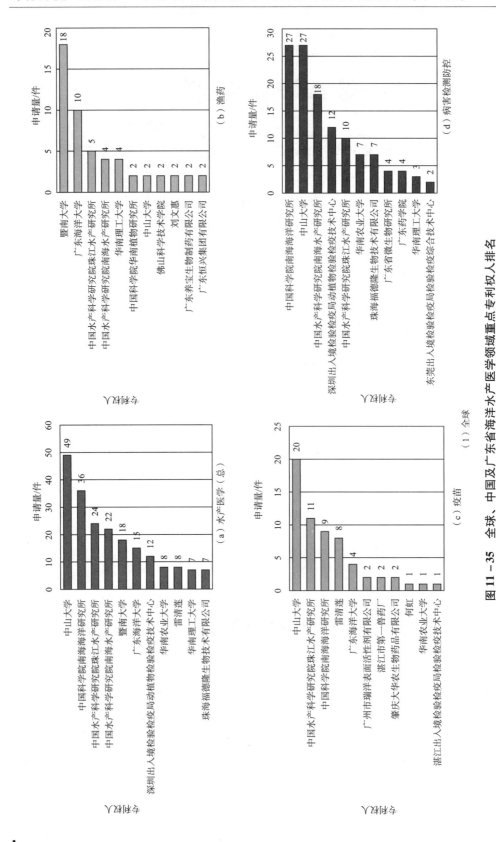

图 11-35 全球、中国及广东省海洋水产医学领域重点专利权人排名

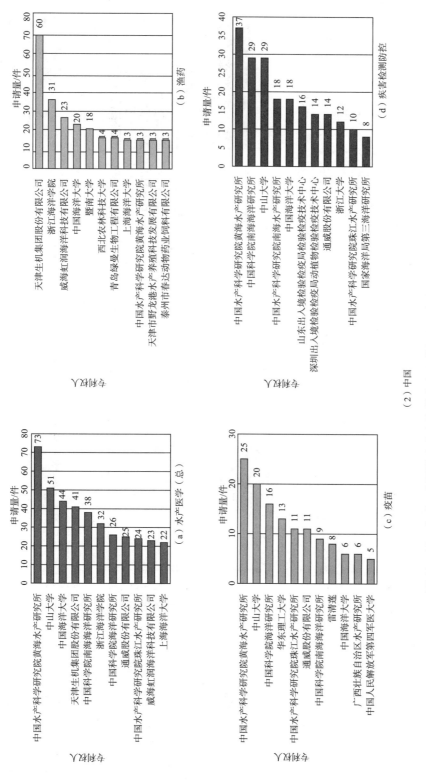

图 11 -35　全球、中国及广东省海洋水产医学领域重点专利权人排名（续一）

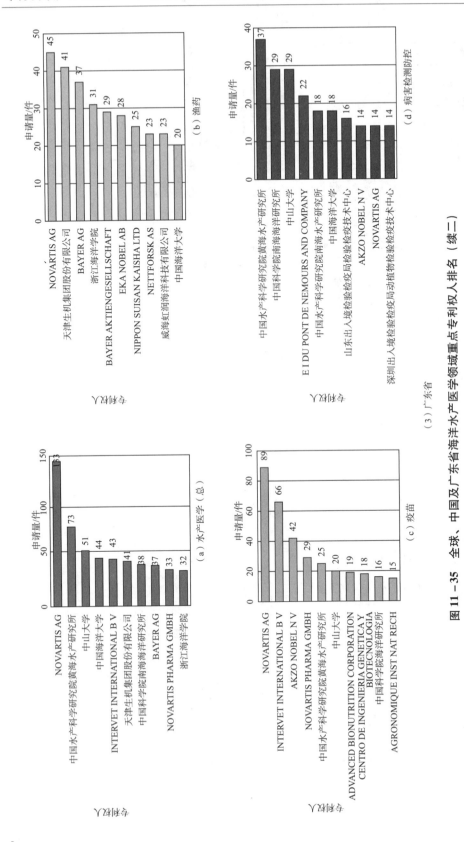

图 11-35 全球、中国及广东省海洋水产医学领域重点专利权人排名（续二）

从中国在海洋水产医学领域专利权人排名情况来看，国内渔药、疫苗和病害检测防控领域专利权人均以高校和科研院所为主，企业数量很少。渔药领域专利排名中，仅有天津生机集团股份有限公司、威海虹润海洋科技有限公司和通威股份有限公司 3 家公司，其余均为高校和科研院所。

广东省在海洋水产医学领域专利主要集中在疫苗领域，且该领域专利权人的专利数量也多。排名第一位的是诺华制药，广东省海洋水产医学领域前十位专利权人以高校和科研院所为主，说明广东省水产医学领域尚处在研究阶段，知识成果转化程度非常低。作为海水养殖大省，广东省应加强对海洋水产病害的研究，在病害检测防控领域争取早日突破，加强知识成果转化，尽快将成果转化成产品，并形成品牌。

11.7.5　技术功效分析

从图 11 - 36 所示海洋水产医学专利技术的分布情况来看，渔药是技术分布的热点，其次为疫苗，而病害检测防控研究相对较少。从图中可以发现，渔药、疫苗和病害检测防控技术重点关注的功效存在差异，但各技术均注重产品效果，渔药的治疗效果、疫苗的免疫效果及病害诊断效果是产品关键，因此实现产品的整体效果好是研究热点。渔药和疫苗在技术功效上关注点类似，除了注重产品整体效果好外，二者较为注重产品安全性、使用或生产便捷性，渔药和疫苗直接用于水产品，不仅关系到水产品的健康，同时与人类健康息息相关，近年来安全性得到了越来越多的关注，使用是否方便，材料的获取难易，都将影响渔药和疫苗的推广与使用。另外，如何降低成本也为各企业所关注。

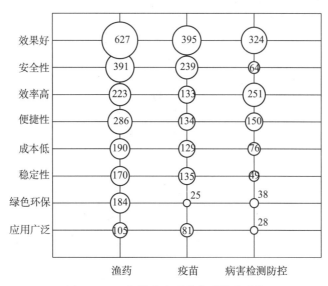

图 11 - 36　海洋水产医学专利技术功效

注：图中数字表示申请量，单位为件。

11.7.6　技术生命周期分析

图 11 - 37 为海洋水产医学领域的专利技术生命周期图，横坐标为专利数量，纵坐

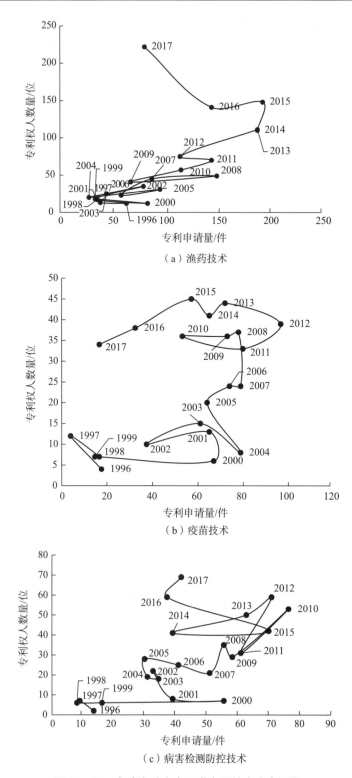

（a）渔药技术

（b）疫苗技术

（c）病害检测防控技术

图 11 - 37　全球海洋水产医学专利技术生命周期

标为专利权人数量。全球渔药专利领域内的专利权人数量和专利申请量都随年份的增加呈现持续增加的状态，但个别年份波动明显。表明渔药技术发展到一定程度，技术集中度逐渐增加，市场竞争将会越来越激烈，那些技术力量强，生产和管理水平高，产品质量和售后服务好的生产企业将会得以发展，并向规模化方向发展，部分企业逐渐被淘汰，渔药市场逐渐掌握在少数企业手中。

从疫苗领域的专利技术生命周期图来看，2004～2014 年，疫苗技术仍吸引大量的企业加入进来，而此时疫苗技术已逐渐趋向成熟，2015 年之后，专利数申请量和专利权人数量有所降低，但专利申请量多于专利权人数量，表明随着疫苗行业发展的深入，一些不注重发展品牌产品的企业和厂家或被有品牌产品的企业所兼并，或被市场所淘汰。有品牌产品的企业越做越大，品牌效应也日益明显。

从病害检测防控领域的专利技术生命周期图来看，1996～2004 年，该阶段前期专利申请量和专利权人数量先随年份的增加而迅速增加，说明早期病害检测防控为热门研究，相当一部分专利是对鱼病毒检测的研究，2009～2015 年，病害检测防控技术专利权人数量和专利量均先增加而后降低，该技术逐渐成熟，且技术集中度有所增加，随着病害检测防控行业发展的深入，一些不注重发展品牌产品的企业和厂家或被有品牌产品的企业所兼并，或被市场所淘汰，但病害检测防控技术专利权人数量仍较多，近年来与专利量相当，说明病害检测防控技术研发难度较大，需要多个专利权人合作研发。

11.7.7　技术发展路径分析

海洋水产医学的发展过程是伴随着海洋水产养殖生产发展而发展的，水产养殖生产发展方向也是水产医学开发研究的方向，渔药、疫苗和病害检测防控的基本任务就是能保证水产养殖业健康、良好的发展，取得良好的经济效益和社会效益。国外早在20 世纪初已有海水病害研究报告发表；到 20 世纪 60 年代已有大量的海水病害研究文献发表；在 20 世纪 80 年代至今，开始出现比较全面系统的研究综述和专著，海洋水产医学领域专利技术也在不断发展（参见图 11 – 38）。

中国水产医学研究是随着鱼病调查和对鱼类病原体研究而开始的。20 世纪二三十年代开始海水鱼类寄生虫病的研究。20 世纪 60 年代后，科技人员在总结群众中草药防治鱼病经验的同时，研究了大黄、乌桕、地锦草、板蓝根等中草药的药效和药理，开辟了我国渔药研究新思路。20 世纪 70 年代，初步开展海水鱼类细菌性病的研究。20世纪 80 年代以前，我国渔药研究偏重于药物筛选、有效浓度、安全浓度、应用范围和给药方法等应用方面，尚未形成商品。20 世纪 80 年代末，随着对细菌性鱼病研究的深入，出现了以鱼服康 A 型和 B 型为代表的商品性渔药。20 世纪 90 年代，中科院南海海洋研究所建立我国首个"海水养殖动物病害与防治研究中心"，开始系统进行海水病害研究。20 世纪 90 年代至今，海水病害研究发展迅速，为水产病害研究的热点（参见图 11 – 39）。

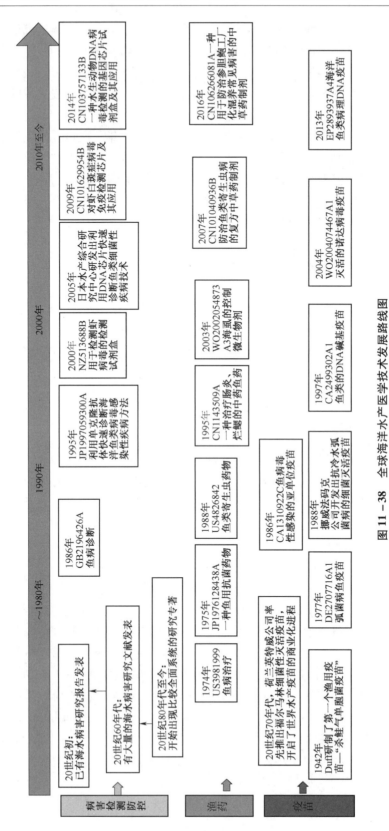

图 11-38　全球海洋水产医学技术发展路线图

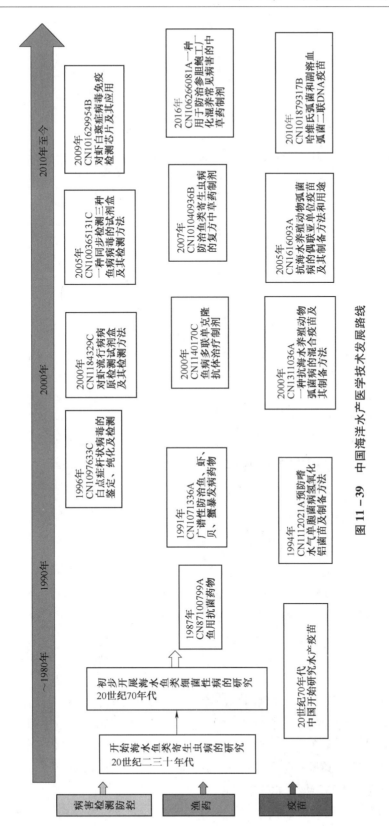

图 11 – 39　中国海洋水产医学技术发展路线

11.7.8 小结

广东省在海洋水产医学领域专利量较少，在 2006 年以前专利申请不连续，整体波动明显，2006 年以后虽然每年海洋水产医学各分支技术均有专利申请，但波动仍十分明显，到 2015 年各分支技术专利申请量均显著增加，说明在海洋水产医学技术上有所突破。

广东省海洋水产医学技术研发地主要集中在广州和湛江，广州市在渔药、疫苗和病害检测防控技术上均有涉及，且在病害检测防控领域专利量最多，其次为渔药和疫苗领域。广东省其他市在海洋水产医学领域专利总量仅占广东省专利总量的 13%，且各市技术较为单一，如深圳市专利技术均为病害检测防控，佛山、珠海等技术集中在渔药领域。

广东省海洋水产医学领域专利权人以高校和科研院所为主，知识产权转化程度非常低。作为海洋养殖大省，广东省应加强对海洋水产病害的研究，在病害检测防控领域争取早日突破，加强知识成果转化，尽快将成果转化成产品，并形成品牌。疫苗、病害检测防控技术研发难度较大，建议广东省企业多个专利权人合作研发。

广东省在渔药、疫苗和病害检测防控技术功效包括产品效果好、安全性、效率高、便捷性、成本低、稳定性、绿色环保、应用广泛等方面，三个分支技术均注重产品整体效果，是研究热点。近年来，广东省出台一系列关于海洋水产医学的政策，有利于广东省海洋水产医学的发展。

11.8 广东海洋渔业行业发展建议

11.8.1 海水养殖技术发展建议

11.8.1.1 政策及研发关注抗环境污染方向

从海水养殖技术的功效分布方面可发现，广东省当前技术研究主要集中在经济效益和易于实现两方面，但是在抗污染方面涉及较少。而实际上，在我国沿海地区，影响海水养殖业可持续发展的主要原因之一就是海水养殖的环境问题。实现海水养殖业的可持续发展，就要重视海水养殖的环境问题，通过采取措施，治理海水养殖区的环境污染问题，或者提高海水环境污染的抵抗能力，并根据海水的环境容量不断调整海水养殖的规模。

一方面，针对政府层面，需要制定相关措施或条例，严格控制工业污水排放，重视海水养殖区的废水排放问题，必要时采取相应措施（如征收环境保护税）；另一方面，针对企业或科研院所等研发主体层面，抗污染方面的技术研发关注度需要提高，比如海洋动物、海洋藻类等优良品种育种选种、低污染养殖技术研发等。

11.8.1.2 促进海水养殖产业化水平提升

从广东省内专利申请的专利权人类型和分布来看，大专院校和科研单位的专利申请量最多，企业的专利申请量较少，这也是国内行业领域所存在的现象，而相关专利的转让、许可或合作申请现象非常少，表明海水养殖专利技术并没有大规模地落地产业化。此外，在海水养殖技术发展中，必须发展智能化养殖技术。在智能化水平上对渔业生产、管理、经营、流通、服务等领域进行科学管理，达到合理利用渔业资源，降低生产成本，改善生态环境等目的。

11.8.1.3　促进海洋藻类养殖的工业化应用

当前，与全球和国内情况相同，广东省在海藻养殖方面的专利技术占比最小，代表海洋藻类养殖技术相对于海洋牧场养殖和海洋动物养殖，现有的产业化程度和应用规模均较小。但随着藻类在食品、医疗保健、化工原料、环保、能源等领域的开发应用价值逐渐成为人们关注的热点，微藻培养和相关产品开发成为新兴技术。比如利用微藻生产二十碳五烯酸（EPA）和二十二碳六烯酸（DHA）用于医疗领域；采用微藻——细菌氧化池系统或固定在流化床上的藻膜系统可以经济有效地去除废水中的有机物质、磷、氮和重金属；利用微藻固定 CO_2 的光生物技术被认为是一种有希望的、经济高效的新方法；将自养小球藻经异养转化后快速热解，可获得高产量的生物油制液体燃料。因此，从政府层面上，可重点支持藻类养殖相关产业或项目立项；从企业层面上，当前藻类养殖与应用技术在专利布局方面较其他方向稀疏，可加大在藻类养殖及工业化应用技术的投入力度。

11.8.1.4　完善水产养殖品质量安全标准体系

在广东省内乃至国内，水产养殖品质量安全研究十分薄弱，标准体系中还存在很多问题，诸如标准体系不健全，而标准体系的不明朗性也间接导致行业水平技术不达标、竞争混乱、环境破坏等问题产生。广东省内现存的标准，质量不高，配套性不强，严重滞后于我国国民经济的发展。且广东省的海水养殖产品出口市场主要为日本、美国、欧盟和韩国，进口国对海水养殖产品质量安全要求很高，主要体现在质量安全水平和生产管理两个方面。在海水养殖产品质量安全水平要求方面，日本、美国、欧盟和韩国对海水养殖产品的药物残留量要求十分严格，按照传统养殖方式生产的海水养殖产品难以达到出口贸易中的质量安全标准。在生产管理要求方面，国际上存在多种管理措施，例如 HACCP、ISO 9000 等体系认证，但在我省的海水养殖业中体系认证应用程度不高。当前，欧美多个国家推崇的质量安全追溯制度在国内海水养殖业中仍处于试点推广阶段。因此，完善广东省的海水养殖产品质量安全标准体系亟待完善。

11.8.2　海水捕捞技术发展建议

11.8.2.1　近海捕捞向远洋捕捞过渡

总体上，广东省捕捞技术与海洋渔业发达地区相比，在捕捞装备与技术方面存在的差距主要体现在捕捞设备的自动化程度低、相关配套设备不齐全、仪器设备可靠性差几个方面。建议省内企业可重点研究发展新型渔船，例如 FRP 渔船，注重船型优化等节能技术。此外，鉴于广东省地理位置海岸线较长，且近海捕捞为当前主要方式，优先发展围网、钓捕等适合海水中上层鱼类且选择性较强的捕捞设备；加快实现相关捕捞机械液压化、自动化和大型化，近海捕捞推向远洋捕捞。

11.8.2.2　借鉴国外领先技术

广东省虽然在海洋捕捞上历史久远，但较长时间处于传统的木制渔船和捕捞方式中，在现代化捕捞设备领域研发起步较晚，相比之下，相关核心技术仍掌握在国外手中。整体上，广东省造船虽然在国内领先，但整体技术仍明显落后于韩国、日本、美国、挪威等海洋强国，尤其远洋捕鱼船造船技术的研发尚处于起步阶段，短期内不能实现自主研发，目前远洋捕鱼船多购买自国外，甚至购买国外已淘汰的船只。因此，一方面，广东省应加大资金投入，可适当利用政策扶持刺激，发展新型渔船与配套发展自动化捕捞设备、助渔仪器；另一方面，应有效借鉴国外海洋强国或强企专利技术，寻求突破并有效避开技术雷区。

11.8.2.3　各类研究配套开展，加强社会合作

从广东省内的专利权人合作情况来看，企业之间、企业与高校/科研院所之间、高校与科研院所之间缺少技术合作。各专利权人技术方向单一，往往侧重于某一技术领域，研究领域窄。渔船研发设计单位一般招聘的技术人员专业为船、机电设计专业，而远洋渔船设计需要动用的专利还包括捕捞专业、光学专业、水声专业、水密专业、机械设计专业等等，显然单靠渔船研发设计单位，是无法胜任远洋渔船或捕捞装备研发这一重任的。因此，海洋捕捞技术的合作显得尤为重要，各类研究的合作进行，社会上企业和科研机构之间的合作研发，将很大程度上解决专业技术薄弱这一现象。

11.8.2.4　形成海洋捕捞设备行业标准

在广东省内乃至国内，海洋捕捞设备标准最突出的问题是现行的标准不能覆盖目前市场上的所有海洋捕捞设备产品，标准的缺口较大，且没有根据当前的研究技术水平进行标准的研究立项。为此，从政府层面上，需要起到组织调控作用，扩大宣传贯彻力度，提高生产企业参与标准化工作积极性；而企业或科研机构也可组织形成行业协会，进行标准制定和推广工作。

11.8.3　海洋海产品加工技术发展建议

11.8.3.1　加强海产品加工先进技术研发

尽管广东省在海洋海产品加工各技术分支均有研究，专利数量上也在国内具有一定的领先优势，但海产品加工先进技术及装备多由国外进口，与国外先进水平仍有一定的差距，仍需加强在海产品加工先进技术方面的研发。

11.8.3.2　提高海产品加工产业化水平

基于上述，广东省在海洋海产品加工领域的专利申请量近年来迅速增加，但专利申请多以高校及科研院所为主，企业申请数量较为分散，表明在该领域的技术多以实验室研究为主，产业化程度较低。

具体而言，鼓励企业通过兼并、重组、联营等分工协作，推动海产加工企业向集团化发展，通过产学研联合等方式，促进企业科技创新能力提升；根据现有海洋渔业和海产养殖资源配量，利用区域优势建立海产加工园区，大力发展海产流通，打造产

业品牌；开发和引进新工艺、新技术、新设备，提高加工保藏水平，逐渐完善海产品现代化物流体系；积极发展精深加工，生产营养、方便、即食、优质的海产加工品；挖掘海洋产品资源，加大海产品和加工副产物的开发利用力度，提高海产品附加值；实施海产加工产业结构调整和转型升级，引导海产加工企业重视节能环保，走可持续发展道路；利用现代食品加工技术，发展精深加工海产品，加快开发包括冷冻或冷藏分割、冷冻调理、鱼糜制品、罐头等即食、小包装和各类新型海产功能食品，鼓励企业建立标准化物流中心，重点开发、推广海产品保活保鲜运输技术，实施渔船保鲜、冷冻、冷藏贮运改造工程，建立符合中国国情的现代化海产品物流体系；同时，在远洋捕捞船载超低温急冻冷藏、鱼类加工、贝类的净化与加工、海藻加工及综合利用、优质名贵海产品的保鲜保活等运输装备方面，要继续走自主化发展道路。

11.8.3.3　促进海水养殖、海洋捕捞和海产品加工共同发展

广东省一直被誉为中国的"海洋大省"，在海产养殖技术方面有一定的优势，但是针对后端的海产品加工却因研究不深，技术水平远远落后于国外发达国家，广东省的海产品产业，60%还停留在传统鲜活销售过程上。相对于新世纪世界船舶技术发展及世界渔船发展趋势，广东省渔船装备、技术现状与世界先进水平存在相当的差距。因此，可从海水养殖、海洋捕捞技术发展入手，发展配套的海产业加工技术，涵盖保鲜、运输、腌制、食品加工等方面，形成配套技术链条。

11.8.3.4　借鉴国际先进经验，完善海产品加工产业链

广东省目前的海产品加工手段距发达国家还有段距离，应该紧跟国际步伐，学习他们的先进经验。以欧盟的鱼类产品为例，其加工具有以下五个优势：一是方便化。先用一些海产品加工鱼浆，再用鱼浆生产出各式各样产品供消费者直接食用，既营养丰富又耐贮存，携带方便。二是模拟化。可将鱼浆制成色、香、味、形近似蟹、虾、贝、鱼翅、鱼子等模拟产品。三是保健化。以海产品为原料，按照一定的配方，配以适当的药物，制成各种海产保健食品，使其成为真正的"药膳"。四是美容化。绝大部分的鱼子，不但味道鲜美，营养丰富，还是国际上流行的美容及保健食品，鱼子的深加工大有可为。五是鲜活分割化。海产品经过科学的分割处理后，能保持原有的新鲜口味，满足不同消费者的消费需求。因此，学习国际先进经验，提高省内企业创新能力，走机械化加工道路，打造企业自有品牌，才能逐步完善广东省的海产品加工产业链，形成有效竞争力。

11.8.4　水产养殖投入品技术发展建议

水产饲料发展水平低，成为制约水产养殖业持续健康发展的瓶颈。广东省水产饲料仍然存在成本过高、营养不平衡、饲料利用率较低、磷排放量大等不足。主要体现在以下几个方面：

1）饲料源（尤其是蛋白源）短缺是困扰广东省水产饲料工业发展的迫切问题。

2）安全、环境保护及资源可持续发展等问题凸显。

3）饲料添加剂的现状滞后于饲料加工业的发展要求。

4）没有系统研究鱼类生长期不同阶段的营养需求参数，致使部分鱼类养殖后期生长缓慢，饲料效率低下。

5）"营养—工艺—养殖模式—投饲策略"衔接不够紧密，难以生产出适合特定种类、特定养殖模式下营养平衡的饲料。

上述问题的存在，必须全面开展水产养殖投入品研究，开发优质高效的环境友好型配合饲料、水环境调节剂，提高饲料利用率，减少资源浪费和环境污染，才可保证水产养殖业的可持续健康发展。为此，提出以下建议。

11.8.4.1　加大新产品研发力度，保障水产养殖生产

目前广东省在水产投入品基础理论研究上还比较薄弱，加强这方面的研究是投入品安全使用的基础。应根据水产养殖生产实践中反映出的问题，有针对性地开展工作，确保投入品的质量和使用安全。

一是开展主养品种不同生长阶段的营养生理及饲料开发的研究，解决不同养殖品种不同生长期的营养需求问题。

二是为解决资源紧缺问题，应用生物技术等手段，开发利用多种蛋白源。

三是为减轻水体污染，需深入开展营养与环境、饲料工艺、投饲策略等方面的研究，并考虑天然生产力对养殖容量及饲料的贡献。

四是加强投入品对环境负面影响的考察。

11.8.4.2　加强研发与推广环保－资源节约型安全高效海水养殖投入品，促进海水鱼养殖业健康发展

研发环保型水产投入品的目的是提高饲料利用率、节约资源、降低养殖成本、减少污染和病害发生、保证水产品的食用安全，促进水产养殖的持续、健康发展。

价格不断上涨的鱼粉和渔业资源的日益匮乏要求省内企业必须研发环保型水产饲料，并尽可能提高对蛋白源的利用率，减少饲料中的蛋白质在水中的溶失。再者，随着人们对食品安全关注度的不断提高和水产品出口药物残留检测的日益严格，也要求我们采用营养学方法提高水产动物的免疫力和抗病力，通过环保型饲料的使用来实现健康养殖、保证水产品卫生安全并顺利进入国际市场。

11.8.4.3　规范水产投入品市场竞争环境

广东省在饲料原料质量控制、配方管理、生产经营等方面没有形成系统的标准，或者有些标准是参考国外的而不适合国内的养殖品种导致执法部门执法困难等。因此，规范水产投入品市场竞争环境有利于促进水产养殖的持续、健康发展。

11.8.4.4　建立完善的水产投入品的政策法规、质量标准和监管体系

为了生产出安全、高品质的畜产品，制定科学的饲料、饲料添加剂和水环境调节剂的质量标准是十分必要的。

国内自20世纪80年代中期以来，也已陆续颁布了多项饲料添加剂质量标准，此外，还制定了如《饲料和饲料添加剂管理条例》《饲料添加剂品种目录》等多种政策法规来对饲料行业进行规范化管理，并不定期地对制定的法规和质量标准进行必要的修正，但实际上，法律标准执行力度和效果不容乐观，监管与执法体系需进一步完善。

11.8.5　水产装备技术发展建议

11.8.5.1　加强水产装备先进技术研发

广东省在水产装备技术领域的专利申请量位于国内领先地位，且水产装备的申请量高于海水养殖。随着科学技术的发展，水产养殖已进入工业化和自动化养殖阶段，信息化技术已有相当程度的应用。水产装备技术对海水养殖的产量和效率有着至关重要的影响，通过发展水产装备先进技术才能进一步提高水产养殖的产量和效率。

11.8.5.2　提高水产装备产业化水平

广东省在该领域的专利申请量靠前的申请人以高校及科研院所为主要研发力量，企业申请数量较少。中国在该领域的技术多以实验室研究为主，产业化程度较低。

基于省内目前水产装备领域的现状，需联合科研院所和高校，实行产学研结合，不断开发出新产品、新技术、新工艺，同时，加快技术成果转化。

加强以企业为主体的产学研合作，加快推进产业集群发展。以具有良好技术基础和生产基础的企业为依托，联合国内知名科研院所，如中国水产科学院渔业机械仪器研究所、黄海水产研究所，中国科学院海洋研究所，中国海洋大学，上海海洋大学等进行产学研合作，支持企业自主开发和创新。加快建设循环水养殖系统发展平台和公共技术服务平台。根据国内水产养殖和育苗产业的发展规划，结合循环水养殖的技术特点，以重点和龙头企业为依托，集成科研院所技术力量，联合臭氧设备制造、水源热泵制造、海水净化设备制造等企业，形成工厂化循环水处理装备制造的完整配套，协同发展。同时，鼓励企业通过兼并、重组、联营等分工协作，推动水产装备企业向集团化发展，通过产学研联合等方式，促进企业科技创新能力提升；根据现有海产养殖资源配置量，利用区域优势建立水产装备园区，大力发展海产流通，打造产业品牌。

11.8.5.3　推广水产装备智能化应用

广东省企业可优先发展水产物联网技术，为水产养殖的水质监测提供 24 小时连续多参数实时在线监测手段，为水产养殖的水质调控提供一个 24 小时远程控制功能，为水产养殖的视频监控提供一个 24 小时图像监控手段，为渔业水产部门、水产养殖企业服务。通过使用投入式水质传感器，结合物联网技术，实现水产养殖信息化，改变渔业生产依靠经验的养殖模式，达到水质可测、自动增氧、按需投饵、鱼病可防、质量追溯的目的，是一个集水质在线监测、水质自动调控、鱼病测报、水产品质量追溯"四位一体"的物联网解决方案。

智能化养殖将提高整个水产养殖业的经济效益，通过精细化自动监控、调节水质，对水质进行有效控制，可以极大地降低饵料系数，提高池塘利用率，节约饲料成本。同时通过与光伏发电项目有机结合，利用同样的资源，能实现更丰厚的经济效益。

11.8.5.4　完善水产养殖装备标准体系

标准一方面是企业组织生产、检验和经营的依据，另一方面又是科研和生产发展到一定程度的产物和科学技术的发展密切相关。广东省水产品养殖装备技术的发展方向与国内一致，均是无污染、低消耗、有投资效益、保证操作安全等方向，而安全、卫生、环保也是标准化工作的主要内容，完善水产养殖装备标准体系主要的研究方向有以下几个方面。

（1）工业化养殖系统及装备技术要求

工业化养殖系统及装备技术要求主要研究海水养殖水循环系统技术及装备，养殖水体在线自动监控系统，水产苗种繁育系统技术，养殖生产机械化、自动化装备。

（2）集约化养殖设施系统技术

集约化养殖设施系统技术主要研究节水、经济型养殖设施系统技术，养殖环境生态（鱼、贝、虫、藻、植物）控制技术，池塘集约化养殖设施系统技术。

（3）海上养殖设施系统技术研究

海上养殖设施系统技术主要研究和发展更新型的海上养殖设施技术，如海洋养殖平台、游弋式养殖系统等。对研制出的深水网箱自动投饵机、气力投饵机、网衣清洗机、水下监视系统、吸鱼泵、网衣防污新材料、HDPE 新型网箱、抗流囊网、太阳能警示灯、用于起捕分级的柔性分离格栅等，按市场及生产状况进行标准化研究。

水产养殖装备标准是以装备科学技术和实践经验为基础，运用简化、统一、协调、选优原理制定的，是现代水产养殖装备技术和现代管理技术的有机结合。中国水产养殖装备生产规模小、经营分散，把千家万户的中小企业组织起来，实施专业化生产、产业化经营，是我省实现水产养殖装备现代化的必由之路。建立健全水产养殖装备标准体系，充分发挥标准化技术科学、统一、规范的特点，用标准化促进产业化，用产业化推动现代化，是中国水产养殖装备发展的必然选择。

11.8.6 海洋水产医学技术发展建议

11.8.6.1 加强人才培养，加大政策扶持

目前我国海洋水产医学产业人才十分匮乏，科研滞后的现象还很严重，这一问题同样存在于广东省内。在广东省当前发改、财政、科技等部门加大海洋水产医学体系建设的支持力度背景下，应逐步建立多元化投入机制，鼓励和引导企业和社会资金投入。水产行政主管部门有义务开展技术培训，宣传相关的法律、法规，使经营者做到既懂业务，又守法律，提高企业的专利保护意识，使伪劣产品无立足之地，渔药市场混乱局面得到根本性好转。对此，省内应给以政策支持，加强人才培养与科研投入，使渔药、疫苗和病害检测防控技术研究得到尽快的发展。

11.8.6.2 提高专利保护意识，加强知识成果转化

各渔药企业、高校及科研院所在加大疫苗和病害检测防控技术的研发的同时，积极申请专利进行技术保护，并从长远角度考虑加强专利的后期维护。高校和科研院所应加强合作，积极开展知识成果转化，将专利技术转化成产品。值得一提的是，省内各药企应借助中草药在渔药中的广泛应用，积极开展绿色渔药的研发，在国内乃至全球范围内进行专利布局，争取创建具有广东特色、中国特色的渔药品牌。

11.8.6.3 健全管理制度

管理制度方面应该理顺渔药管理渠道，健全有关法规，建立懂政策、懂业务的管

理队伍，严格执法，重新核定渔药生产许可证，政策向有条件的大企业倾斜，关、停、并、转那些技术水平低、产品质量差、生产能力小的企业，使生产格局趋于合理。

11.8.6.4　更新观念提倡无公害渔药

我国加入 WTO 后，水产品有更多的机遇进入国际大市场，但因我国的水产品质量不高，近年来连连受阻。尤其是欧盟一些国家对我国实行贸易歧视政策，如不尽快提高水产品的质量，不仅产品不能进入国际市场，就是省内国内市场亦会受到国外水产品的冲击。所以，开发和生产优质、高效的无公害渔药已经成为制约水产养殖业可持续发展的"瓶颈"，也是提高我省人民生活品质的迫切需要。大力发展高效、低毒、无残留的绿色药物防病治病是我国渔药市场的发展方向。

第 12 章　海洋油气及海底矿产开发利用产业专利分析及预警

12.1　海洋油气及海底矿产资源产业发展概况

12.1.1　研究背景

随着全球经济的快速增长，对能源的需求不断攀升，海洋油气及海底矿产资源成为全球油气和矿产资源的战略接替区。海洋中已探明的海洋油气、海底矿产资源储量巨大，专家预计未来全球油气田储量 40% 都将集中在深海。同时，伴随着国际海底矿产资源商业开采技术与经济的风险逐步明朗，国际社会再次聚焦海底矿产资源开发，新一轮国际海底矿区争夺日趋激烈。海洋油气及海底矿产资源是人类未来能源的发展方向，谁先掌握了海洋油气及海底矿产开发技术，谁就拥有了未来能源的话语权。

我国是一个海洋大国，有 300 多万平方公里的海洋国土，海洋油气和海底矿产是国家未来发展的重要资源。2015 年，国务院发布《全国海洋主体功能区规划》，要求提高海洋资源开发能力，实施海洋强国战略。该规划提出到 2020 年，达到海洋空间利用格局清晰合理，形成储近用远的海洋油气资源开发格局。要支持深远海油气资源勘探开发、海洋工程装备制造等产业发展，并提供政策保障。在政策的大力扶持下，我国海洋油气及海底矿产资源产业发展不断取得突破。

广东是海洋经济大省，海洋生产总值已连续 21 年领跑全国，但海洋相关产业发展现状与海洋经济强省的要求还有一定差距。本报告从全球、中国、广东三个层面对海洋油气及海底矿产资源产业的专利申请态势、地区分布、技术分布、重点申请人等进行了统计分析，以期从专利视角为广东省海洋油气及海底矿产资源产业发展提供建议。

海洋油气业指在海洋中勘探、开采、输送、加工原油和天然气的生产活动。天然气水合物作为一种非常规海洋油气，被誉为"21 世纪能源"，《国家中长期科学和技术发展规划纲要（2006—2020 年）》将"天然气水合物开发技术"列为重点研究发展的前沿技术。海底矿产通常是指处于海洋环境下的除海水资源以外的可加以利用的矿物资源，目前国家战略性新兴产业的重点发展方向主要是多金属结核、热液硫化物和富钴结壳。此外，海洋平台作为实施海洋油气及海底矿产勘探和开采的工作基地，在国家层面具有重要的战略意义。因此，本报告研究内容除了常规海洋油气及海底矿产资源，还特地对天然气水合物、海洋平台单独作为一个技术分支专列分析。综上，本报告研究范围为天然气水合物、常规海洋油气、海底矿产资源和海洋平台四个技术领域。

12.1.2　海洋油气产业发展概况

12.1.2.1　产业简介

海洋油气产业是指在海洋中勘探、开采、输送、加工原油和天然气的生产活动。海洋油气勘探开发具有高投入、高风险、高技术的特点。

（1）高投入

海洋油气勘探开发首先要经过海洋地质研究和海洋物理勘探，以确定海底地质构造、油气生成条件、油气藏的深度、面积等，其次再进行钻井井位确定。海上油田的建设成本为陆上的 3 ~ 5 倍，建设一个大型油田投资高达 20 亿 ~ 30 亿美元，只有大量的资本投入才能涉足海洋油气行业。

（2）高风险

首先，海上环境恶劣，地质条件复杂，极端天气频现，随着水深的增加，开发难度也逐渐加大。其次，海洋油气勘探开发的投资回报风险高。海洋油气勘探开发的投资巨大，其建设成本和生产成本都需大量资金投入，若在海上钻的勘探井并无开采油气价值，高投入将得不到任何回报。

（3）高技术

海洋中海水汹涌，随着水深增加，勘探开发的难度也不断增大，许多陆地勘探技术和方法都受到限制，必须使用最先进的科学技术，如海上钻勘探井和开发井须采用专门的钻井平台，海上采油与集输也要采用高技术性能的采油、集输工艺与装备，如各类生产平台和海底采油装置等。

12.1.2.2　全球发展概况

海洋油气的勘探开发技术是陆地油气勘探开发技术的继承与延续，它经历了一个由浅水到深海、由简易到复杂的发展过程。1887 年，在美国加利福尼亚海岸数米深的海域钻探了世界上第一口海上探井，拉开了海洋石油勘探序幕。2000 年以来，世界海上油气勘探开发步伐明显加快，海上油气新发现超过陆地上，储产量持续增长，海洋已成为全球油气资源的战略接替区。特别是随着海洋油气勘探新技术的不断应用和日臻成熟，全球已进入深水油气开发阶段，海洋油气勘探开发已成为全球石油行业主要投资领域之一。目前，全球海洋油气资源发展主要具有以下几个特点。

（1）海洋油气产量快速增长

海上油气勘探开发自 20 世纪 60 年代开始，先后形成了美国墨西哥湾、巴西、西非三大深水区油气开发的主战场。目前，海洋油气的总产量逐年增加，已占世界油气总量的 50%，巴西、英国等国的油气产业已主要依靠开发海洋油气资源。据美国地质调查局评估，未来世界油气产量 44% 将来自深水新增储量。2008 ~ 2014 年，全球原油储量增加最多的地区是拉美地区，新增储量 35 亿吨以上；全球天然气储量增长最多的是东非和南非，新增储量超过 2 万亿 m^3，提高了约 13.8 倍。2014 ~ 2018 年，海上原油产量增速预计将回升至年均 5%，到 2018 年度产量预计将达 17 亿吨。

（2）海洋油气已成为国际大石油公司勘探开发的重点

近几年，埃克森美孚、BP、壳牌石油、雪佛龙、道达尔国际五大石油公司的海洋油气年产量均超过 7000 万吨油当量，海洋油气年产量占公司总产量均在 50% 以上。深海、超深海油气储产量规模和生产能力已成为衡量国际大石油公司国际化程度的重要指标。

（3）海洋深水油气作业市场规模不断扩大

随着深水区域不断取得重大油气发现，深水油气勘探开发持续升温。据道格拉斯·韦斯特伍德公司的最新预测，2015～2019 年世界深水油气勘探开发投资将增加 69% 左右，即从上一个 5 年的 1240 亿美元增加到 2100 亿美元。

（4）深海油气装备技术不断走向全球化

大多数深水、超深水装备技术属于欧美专业公司所有，但随着深水技术在全球各大海域的应用，FPSO、半潜式钻井平台等装备技术正不断被当地公司掌握。而张力腿平台、SPAR 平台的设计和建造目前虽然集中在国外公司手中，但随着新技术不断应用推广，以及全球装备技术合资公司的增多，深水油气装备技术将进一步全球化。

12.1.2.3 中国发展概况

我国近海油气勘探始于 20 世纪 50 年代。20 世纪 70 年代，由原石油工业部和地质部系统在渤海、黄海、东海等海域展开了油气勘探，基本完成了中国近海各海域的区域地质概查，下一阶段的发展奠定了基础。20 世纪 70 年代末，海洋油气率先实行对外开放，开始引进外资和勘探技术，加快了海上石油勘探和开发进度。1982 年初，国务院颁布《中华人民共和国对外合作开采海洋石油资源条例》，我国海洋油气工业进入一个较快的发展时期。经过 30 多年的发展，我国在海洋油气资源开发技术和装备水平不断提高，中国海洋油气企业已经具备了走出国门、参与了国际竞争的能力。

伴随着"21 世纪海上丝绸之路"战略构想的提出，中国正式进入陆海统筹发展的新阶段。其中，海洋油气资源的开发最为引人注目。党的十八大报告明确提出"要提高海洋资源开发能力，发展海洋经济"。《中国制造 2025》战略规划指出，我国将大力发展深海探测、资源开发利用、海上作业保障装备及其关键系统和专用设备。当前，正值我国"十三五"发展时期，国家重点实施"一带一路"和"中国制造 2025"发展战略部署，强化发展海洋经济的信心和决心，将进一步支持具有自主知识产权的海洋油气勘探开采技术的开发。

12.1.2.4 广东发展概况

"十二五"期间，广东省围绕海洋强省建设目标，大力推进广东海洋经济综合试验区建设，海洋油气产业取得一定发展。中国科学院广州能源研究所（以下简称"中科院广州能源所"）在天然气水合物领域的研究处在国内领军、全球领先水平，已有以中集集团等企业为代表的企业在新技术、新产品研发方面取得了新突破。据《广东年鉴 2017》数据显示，2016 年，广东省海洋油气业增加值 324 亿元。广州海洋局先后在南海北部湾、珠江口、台湾海峡、南海北部陆坡、南海南部海域和南海北部中生界开展了油气资源调查和研究，发现并圈定了北部湾、琼东南、莺歌海、珠江口、万安、曾母等大型含油气盆地，取得了一大批重要成果。

　　总体上，广东省海洋油气产业发展有基础、有条件、有潜力，但目前尚未形成规模，创新体系还不够完善，产业竞争力不强，产业发展现状与海洋经济强省的要求还有一定差距。

12.1.3　海底矿产资源产业发展概况

12.1.3.1　海底矿产资源简介

　　海洋矿产资源非常丰富，其中具有商业开发前景的资源包括多金属结核、多金属硫化物和富钴结壳等金属矿产资源。海底矿产资源是未来人类开发利用有价金属的重要原料来源，研究开发海底矿产资源意义深远。

　　海洋矿产资源相对于其丰富蕴藏量而言，现有开发利用规模还比较小，开发利用潜力巨大，近几十年来世界各国纷纷抢滩于这一资源领域的调查和研究。有鉴于此，联合国海洋公约大会于 1994 年将世界海洋划分为 200 海里专属经济区（EEZ）和 200 海里以外的国际公海。广阔的国际公海中蕴藏的所有资源是属于"人类的共同财富"，各国可依法进行调查研究和申请开采。海洋矿产资源与陆地矿产资源相比，开发利用难度更大、风险更高，需要更高的技术，同时，还涉及国际海洋环境保护以及公海资源如何共享的问题。因此，海洋矿产资源的开发利用必须在政府政策和法律规定许可的范围内，在技术允许的条件下进行。

12.1.3.2　全球发展概况

　　深海金属矿产资源被认为是 21 世纪最重要的陆地矿产接替资源，作为人类尚未开发的宝地和高技术领域之一，已经成为各国的重要战略目标。深海矿产资源开采技术是海洋资源开发技术的最前沿，标志着一个国家开发海洋资源的综合能力和技术水平。西方各国从 20 世纪 50 年代末开始投资抢先占有最具商业远景的多金属结核富矿区，并且已形成了多金属结核商业开采前的技术储备。

　　在深海金属矿产资源开采技术和装备的研究中，开采对象是人类至今尚未涉足、地形和环境复杂多变、最大水深 6000m 的洋底，开采作业受到风浪、海流、高压及腐蚀等恶劣自然条件的影响，具有很大的不确定性。因此自 20 世纪 60 年代以来，发达国家相继投入大量的人力、物力和财力，进行采矿技术的全面开发和研究。总的说来，目前海底矿产资源在不同的区域和品种方面都有所发现，资源的赋存条件和开采技术都在变化，目前是以海底硫化物为主要开发研究对象。勘探则是以探测水体温度异常和浊度异常为主要手段，电法探测亟待加强。开采技术的工艺流程仍以管道提升，采矿机采掘和水面转运为主，选冶处理安排在陆地进行。管道输送以稀疏流体输送为主。

12.1.3.3　中国发展概况

　　我国是实际从事深海海底区域活动的主要国家之一。就国际海底矿区来说，1994年生效的《联合国海洋法公约》（以下简称《公约》）将国际海底区域（简称"区域"）及其资源确定为人类的共同继承财产，对"区域"内资源的一切权利由联合国国际海底管理局代表全人类行使。1996 年 5 月 15 日，第八届全国人大常委会第十九次会议审议通过了关于批准《公约》的决定，我国成为缔约国。自 2001 年至今，联合国国际海底管理局共批准或审核了 27 个国际海底矿区，其中我国拥有 4 块，成为全球拥有国际海底矿区最多的国家。2014 年 5 月，"深海采矿工程"被中央财经领导小组和国家发展和改革委员会遴选为"事关我国未来发展的重大科技项目"中九个重大工程之一，其重要性不言而喻。

2016 年我国公布了《中华人民共和国深海海底区域资源勘探开发法》，专设第四章"科学技术研究与资源调查"，就深海科学技术研究和资源勘探、开发的能力建设作出专门规定。从国际上看，关于深海资源开发的专门规章还在制定之中，深海资源的规模化商业开发尚未开始，我国《深海海底区域资源勘探开发法》的制定和实施将为我国深海法律制度的发展奠定基石。

与国外海底矿产资源开发利用技术相比，我国海底资源勘探技术基本上同国际接轨，选冶技术同处在小规模试验阶段，与国际水准相当。但采矿技术方面距国外先进企业尚存在较大差距，对海洋矿产开采的关键技术研究不够深入，尚待加强研发。

12.1.3.4 广东发展概况

1984 年，经国务院批准，（原）地质部和（原）国家海洋局共同实施太平洋多金属结核调查任务。作为我国大洋矿产资源调查研究工作的先驱单位之一，1986 年 11 月，"海洋四号"船首航太平洋执行大洋科学考察，1997 年又率先开展富钴结壳调查。2013 年，率先开展深海稀土资源调查。2014 年，"海洋六号"从广州启航，先后执行了深海资源调查航次和中国大洋 32 航次的科考任务，在深海稀土资源调查以及我国富钴结壳合同区、多金属结核合同区资源与环境考察以及海洋新技术新方法应用等方面取得了丰硕成果。至今，广州海洋局共实施了 14 航次的大洋多金属结核和富钴结壳资源调查，航迹遍布东、中、西太平洋，为我国多金属结核开辟区申请与履行《勘探合同》，以及富钴结壳矿区申请作出了重要贡献。

《广东省海洋经济发展"十三五"规划》中，海底矿产资源属于广东未来要积极布局的潜力产业，将积极发展和建立深海矿资源评价方法。目前，除了广州海洋地质调查局、中国科学院广州地球化学研究所在海底矿产资源调查研究方面已开展大量基础工作，其他涉足海底矿产资源领域研发的企业及研发机构甚少，总体上在该领域还处于前期探索阶段。

12.2 天然气水合物专利态势分析

12.2.1 全球专利态势分析

12.2.1.1 专利申请态势

截至 2016 年 8 月 31 日，全球天然气水合物领域已公开专利申请 1992 项。历年专利申请态势如图 12-1 所示。总体上，天然气水合物全球专利申请可分为 3 个阶段。

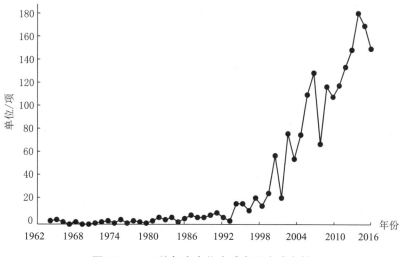

图 12 - 1　天然气水合物全球专利申请态势

（1）技术萌芽期（1994 年以前）

在此期间，全球天然气水合物专利申请较少。1960～1970 年是天然气水合物首次发现可能存在于海洋中的时期，相关专利在 1966 年开始出现。直到 1995 年本领域专利申请量较少，各年度未超过 10 项且基本为发明专利，专利技术主要是关于天然气水合物的钻探、运输、存储、抑制剂等方面。

（2）缓慢发展期（1995～2005 年）

1995 年，随着大洋钻探计划的进行，一系列深海钻探取得了大量水合物岩心，首次证明天然气水合物具有商业开发价值，此后，全球相关专利申请也慢慢增多。2000 年开始，可燃冰的研究与勘探进入高峰期，世界上超过 30 个国家或地区参与其中，历年专利申请量进一步增多，美国埃克森美孚、荷兰壳牌石油、瑞士科莱恩、法国石油研究院等的专利申请在此时期内具有明显优势，2005 年全球天然气水合物相关专利申请量达到 75 项，从该领域整个技术发展来看还处于缓慢发展期。

（3）快速发展期（2006 年至今）

这一时期，天然气水合物全球专利申请量稳步增加，相关技术快速发展。2006 年，相关专利申请首次突破 100 项，特别是 2011 年以来，天然气水合物专利呈稳定快读增长，年均增长率超过 10%。

资料显示，目前已有超过 40 个国家开展了天然气水合物研究，世界上 100 多个国家已发现了其存在的实物样品和存在标志。美国、加拿大、日本、德国、韩国和印度等单独或共同合作在天然气水合物领域进入了大规模发现阶段，进行了工业化钻探实验性开采。不过，相对于煤炭、石油、天然气等传统能源，天然气水合物研究刚刚起步，在开采、储存、运输等环节还有很多需要攻克的难关，迄今还没有一个国家在天然气水合物领域实现商业化运作。根据本领域全球研发现状及目前专利申请态势，预计全球天然气水合物专利申请将继续保持快速增长趋势。

12.2.1.2 国家或地区分布

从图 12 - 2 可以看出，天然气水合物专利申请量中国在全球排名第一位，其次是日本和美国分别排名第二位、第三位，俄罗斯、韩国、加拿大、澳大利亚等国在天然气水合物领域的专利布局也处于领先水平。

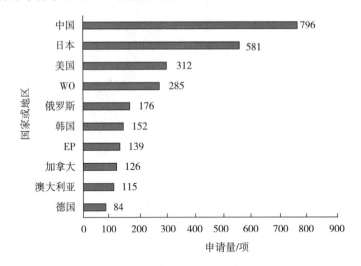

图 12 - 2　天然气水合物全球专利申请国家或地区分布

进一步检索发现，在中国申请的 796 项专利中，仅在中国本国申请的专利占比超过 90%，在国外专利布局很少，且专利申请人主要为国内研究机构和高校，企业申请人很少，这与中国在该领域的技术研究还处于发展阶段相吻合，其申请量上在全球领先，但从全球专利布局来看，尚未见专利优势。日本除了具有明显专利优势的三井造船以外，三菱重工、国家先进工业与技术研究所等也是该领域重要的专利申请人。美国的专利族数量与中国、日本有不小差距，但其大多数专利的布局区域更广，反映了美国申请人对于未来相关技术的市场占有着更前瞻的谋划布局。

12.2.1.3 专利技术分布

如图 12 - 3 所示，天然气水合物全球专利主要包括天然气水合物制备、勘探、开采和储运四大技术分支。其中，天然气水合物开采的相关专利申请最多，为 446 项；其次为天然气水合物制备的相关专利申请，为 380 项；天然气水合物储运的相关专利申请量 105 项，排在第三位；天然气水合物勘探的相关专利申请量最少，为 74 项。

12.2.1.4 主要申请人

如图 12 - 4 所示，左边是以"件"计数专利申请量的申请人排名（同一发明在多个国家申请，计数多件），右边是以"项"计数的申请人排名（同一发明在多个国家申请，计数 1 项），两者结果差距较明显。在以"项"计的前十申请人排名中，有多个中国研究机构和高校上榜，而在以"件"计的前十申请人排名则主要为本领域国际巨头，中国申请人则仅有中科院广州能源所上榜前十。由此可见：第一，国际巨头在全球专利布局方面优势明显，大多数中国申请人的专利以国内申请为主，走出国门在海外市场布局专利的意识尚待提高；第二，中科院广州能源所无论是专利申请数量还是地区布局范围，在中国均处于领先水平，但与国外领先企业还有差距。

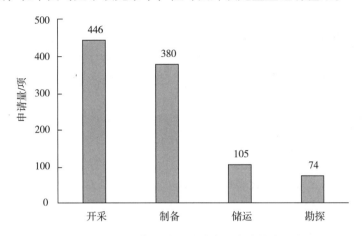

图 12 - 3　天然气水合物全球专利申请技术分布

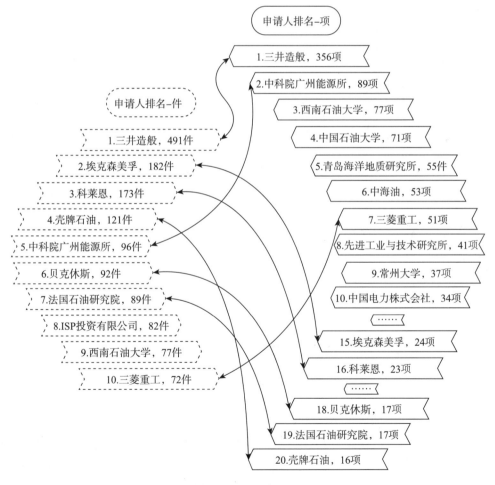

图 12 - 4　天然气水合物全球专利主要申请人

日本三井造船是本领域专利申请人的重要代表，1996年开始涉足相关专利技术，2002~2008年是其在本领域发展最快的阶段，年度相关专利申请量一度达到82件的高峰，2009年开始研究力度有所减弱。

美国埃克森美孚作为世界最大的非政府石油天然气生产商，1994年开始涉足相关技术研发，专利申请集中在1995~2000年，这6年里的专利申请量之和达到165件，2001~2013年仅有少量相关专利申请，近3年的专利申请有所增加。

瑞士科莱恩于1996年开始涉足本领域技术研发，1997年、2004年和2006年是其相关专利申请量的几个高峰，从专利申请情况来看，其2012年相关技术研究或有停滞。

荷兰壳牌石油作为世界著名的大型跨国石油公司，早在1966年就开始涉足本领域专利技术研发，其专利申请量经历了三个阶段，分别是：1966~1968年初期发展阶段、1993~2002年快速发展阶段、2012年以来突破性发展阶段。

中科院广州能源所作为本领域中国专利申请人的主要代表，在相关专利技术的研究方面保持着持续创新，1999年开始有相关专利申请，历年来专利申请总体保持增长态势。

12.2.2 中国专利态势分析

12.2.2.1 专利申请态势

在天然气水合物领域，1996~2016年8月共有737件中国专利申请公开，包括570件发明专利和167件实用新型专利（参见图12-5）。

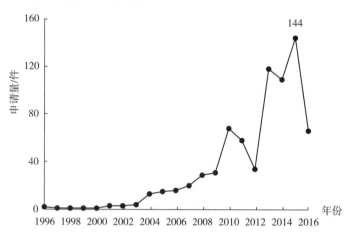

图12-5 天然气水合物中国专利申请态势

我国在天然气水合物领域研发起步较晚，国家科学技术部制定的"十一五"发展纲要中，天然气水合物的探索研究被列为能源领域的重点研究方向。从历年专利申请来看，2004年之前，本领域中国专利申请量很少，每年申请量不足10件，技术尚处于萌芽期。从2005年开始，我国天然气水合物领域每年专利申请量上升到10件以上，2013年专利申请量突破100件并保持稳定增长态势。可见，专利申请量的增长与国家支持天然气水合物研究发展的政策规划发布时间总体吻合。目前，我国天然气水合物研发日趋活跃，专利申请量持续增长，行业发展方兴未艾。

12. 2. 2. 2　地区分布

图 12 - 6 为天然气水合物中国专利主要省市分布。排名前三位的地区分别是北京、山东和广东，申请量分别为 140 件、122 件、109 件，四川以 100 件紧随其后排名第四位。这 4 个地区在天然气水合物领域的专利申请量明显高于其他省市，与其拥有在该领域具备较强研发实力的企业、高校、研究机构等密不可分。如北京主要有中海油（52 件）、中石油（20 件）；山东主要有青岛海洋地质研究所（54 件）；广东有广州能源研究所（90 件）、华南理工大学（16 件）；四川有西南石油大学（78 件）。这些大型国企、高校或老牌研究机构均为我国在天然气水合物领域最前沿的先行探索者，无疑也是该领域专利产出的主要力量。

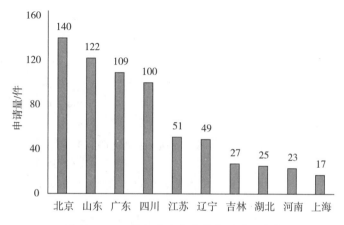

图 12 - 6　天然气水合物中国专利地区分布

12. 2. 2. 3　技术构成

如图 12 - 7 所示，截至 2016 年 8 月，涉及天然气水合物已经公开的中国专利申请共 737 件，其中钻井和开采（较多为模拟开采装置与方法）最多，占比为 33.4%，其次是理化性能占比 30.8%。而关于天然气水合物勘探、储运的专利申请相对较少，占比分别为 3.1%、5.3%，表明我国天然气水合物领域研究还主要集中在实验室模拟开采、理化性能研究方面，这也与我国在天然气水合物领域目前以基础物性的研究为主的现实一致。

全球范围内的天然气水合物尚未实现商业化开采。目前，世界各国共同面临的问题是首先需要研究天然气水合物赋存条件、相平衡等基础物性，还应弄清楚水合物开采技术方法、开采产生的环境后果及工程地质风险等。从专利申请来看，我国在研究探索天然气水合物基础物性的基础上，也已开展基于天然气水合物应用的储运技术等的研究，如中科院广州能源所于 2013 年申请了发明专利"一种基于水合物法的大型地下储气库及其地下储气方法"，该发明获得授权，目前有效。

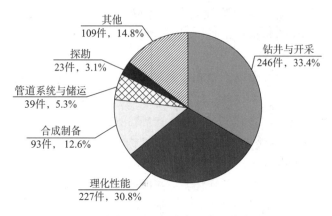

图 12 - 7　中国天然气水合物专利技术构成

12.2.2.4　主要申请人

天然气水合物中国专利申请量排名前十位的申请人见表 12 - 1。排名前十位的全部为国内申请人，这与目前国外企业对中国市场关注度不高有关。排名前十位的申请人中，有 2 个研究机构、6 所高校、2 家国字号大型企业。可见天然气水合物领域专利申请以高校和研究机构为主，涉足该领域研发的企业甚少，一方面与天然气水合物领域尚处于基础研究、尚未实现商业化的发展阶段相一致，另一方面，天然气水合物作为一种新型能源，其勘探、开采等技术研发成本极为高昂，且周期长，风险大，一般企业很难承担相关研发的人力、设备、经费。因此，除了实力雄厚的中海油这类国字号企业，很少见其他一般企业涉足天然气水合物领域进行研发和布局专利。

表 12 - 1　天然气水合物中国专利申请与授权前十排名统计表　　　　单位：件

排名	申请人	专利申请量	专利权人	专利授权量
1	中科院广州能源所	90	中科院广州能源所	41
2	西南石油大学	78	中海油	22
3	中国石油大学	67	中国石油大学	21
4	青岛海洋地质研究所	54	西南石油大学	17
5	中海油	52	青岛海洋地质研究所	17
6	常州大学	33	常州大学	14
7	大连理工大学	30	大连理工大学	14
8	吉林大学	25	中石油	13
9	辽宁石油化工大学	23	中国地质调查局油气资源调查中心	12
10	中石油	20	吉林大学	7

如表 12 - 1，在我国天然气水合物领域专利申请与授权前十位排名中，中科院广州能源所、西南石油大学、中国石油大学、青岛海洋地质研究所、中海油、常州大学、大连理工大学、吉林大学、中石油 9 位申请人在申请前十位和授权前十位中均入列，具有较高的一致性。其中，中科院广州能源所的专利申请与授权量均列第一，表明了其在我国天然气水合物领域的领先地位。从申请人／专利权人角度来看，我国天然气水合物领域专利产出较为集中，以相关科研机构、高校和以中海油公司为主。

12.2.3　广东专利态势分析

12.2.3.1　专利申请态势

CNIPR 检索结果显示，截至 2016 年 8 月 30 日，广东共有 109 件天然气水合物专利申请公开，其中发明专利 101 件、实用新型专利 8 件。

如图 12 - 8 所示，广东自 1999 年开始有天然气水合物专利申请，2000 年、2002 年、2003 年这 3 年里无相关申请，2004 年至今每年有申请，2015 年最多达 21 件。结合近年来的专利申请量可知，广东省相关申请人更加重视天然气水合物的研发和专利布局，专利申请量呈增长态势。

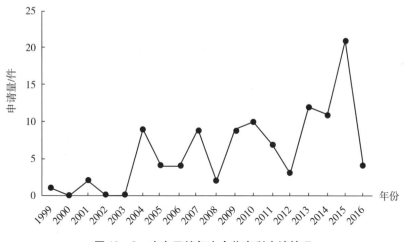

图 12 - 8　广东天然气水合物专利申请情况

12.2.3.2　技术构成

专利分析显示，目前广东天然气水合物领域研究主要集中在理化性能（即基础物性研究）和钻井与开采方面（目前主要是实验室模拟技术）。如图 12 - 9 所示，从专利技术主题来看，广东理化性能研究专利最多，占比为 40.4%，其次钻井与开展技术的专利占比为 27.5%，合成制备相关专利占比为 11.9%，而关于天然气水合物开发前端的勘探技术及后端的管道系统与储运技术的专利申请相对较少，占比分别为 1.8%、2.8%。从天然气水合物专利技术构成来看，广东与全国总体上保持一致，即钻井与开采、理化性能及合成制备专利较多，勘探与储运专利较少，但广东的专利更多侧重于基础物性研究，这与广东天然气水合物研究以中科院广州能源所为主，目前以基础物性探索研究的现实相吻合。

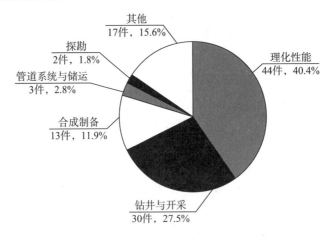

图 12 - 9　广东省天然气水合物专利技术构成

12.2.3.3　主要申请人

表 12 - 2 为广东天然气水合物专利的全部申请人情况。很明显，从申请量、授权量、专利活动年期、发明人数、主要技术布局等多个指标来看，中科院广州能源所都是广东的领军机构，这与其是全国第一、国际领先的天然气水合物研发机构，其相关专利申请量全国最多，在天然气水合物基础物性研究、实验室模拟开采、合成制备、勘探与储运等方面均有专利申请，与其作为我国天然气水合物研究的核心基地的地位相适应。

华南理工大学在天然气水合物领域也占有一席之地，其有相关专利申请 16 件，涉及模拟实验、测量、天然气水合物应用、开采方法等，在广东属于该领域第二大研究机构。

暨南大学的 2 件专利申请实为"一案两提"，即同一项发明于同日申请发明和实用新型专利。该发明主题为一种天然气水合物样品现场测量分析装置，该装置能在深海中对岩心进行非接触式的现场实时分析鉴别，有效地减少了制作成本与废心率，且该分析装置的效率较高，可在深海中重复使用，有效减少深海探测成本，能产生较好的经济效益。截至检索日期，该申请的实用新型已授权（发明名称：一种天然气水合物样品现场测量分析装置，专利号：201420343902.0），其发明申请尚处于在审状态。

此外，在报告期内，中山大学、中国科学院广州地球化学研究所、广州海洋地质调查局、深圳市雷斯特海洋工程有限公司和广州安能特化学科技有限公司各有 1 件天然气水合物专利申请，专利技术方向各有不同，详见表 12 - 2。

表 12 - 2　广东省天然气水合物主要专利申请人情况

序号	申请人	专利申请量/件	占广东专利申请比例	有效专利量/件	活动年期/年	发明人数/人	平均专利年龄/年	主要技术布局
1	中科院广州能源所	90	82.60%	39	15	62	6	基础物性研究、合成与开采模拟、开采方法、抑制剂、储气等
2	华南理工大学	16	14.70%	5	6	27	2	模拟实验、测量、笼形水合物应用、开采方法等
3	暨南大学	2	1.80%	1	1	4	2	样品分析
4	中山大学	1	0.90%	0	1	1	10	储存
5	中国科学院广州地球化学研究所	1	0.90%	0	1	3	6	渗漏流量速率测量
6	深圳市雷斯特海洋工程有限公司	1	0.90%	0	1	6	0	解堵系统
7	广州安能特化学科技有限公司	1	0.90%	0	1	6	1	样品处理
8	广州海洋地质调查局	1	0.90%	0	1	6	0	多节点 OBS 垂直缆地震采集系统

注：合作申请专利在此表中里进行了重复计数，因此专利申请总量大于广东专利申请总量 109 件，占比合计大于 100%。

12.3　常规海洋油气专利态势分析

12.3.1　全球专利态势分析

截至 2016 年 6 月 30 日，常规海洋油气领域的全球专利申请量分别为勘探 3885 项、开发 8448 项、储运 5562 项。本节基于该专利数据从专利申请态势、目标市场国家、主要申请人三方面进行重点分析。

12.3.1.1　专利申请态势

为了解常规海洋油气勘探、开发和储运的全球专利申请的变化趋势，对各领域的历年申请量按时间序列进行了统计分析。

如图 12 - 10 所示，常规海洋油气勘探全球专利申请趋势大致可分为三个阶段：第一阶段萌芽期（1965 年以前），全球年申请量不到 100 项，美国、德国、英国、法国等欧美发达国家是最先有专利申请的国家，申请人主要有埃克森美孚、菲利普斯、壳牌石油等国际大型石油企业。第二阶段平稳发展期（1966～1995 年），该时期内全球年申请量大幅增加，日本、挪威、加拿大、澳大利亚等国家也纷纷进行专利布局，法国石油研究所、斯伦贝谢、美国雪佛龙公司等公司纷纷加入该领域。第三阶段快速发展期（1996 年至今），这一时期国际大型石油企业在全球大量布局专利，中国、墨西哥、巴西、韩国等国家也有一定量的专利布局，全球年专利申请量稳步增长。

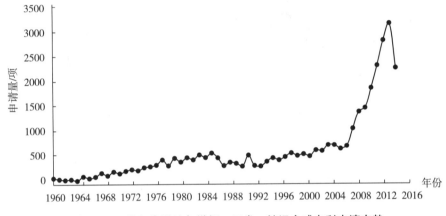

图 12 - 10　常规海洋油气勘探、开发、储运全球专利申请态势

在 1971 年前常规海洋油气开发全球年申请量基本维持在 500 项以下，而在 1972 年后申请量经历波动式增长，从 2007 年开始进入高速增长期，年申请量达 1500 项以上。

随着海洋油气勘探开发的逐渐深入和兴起，海洋油气的储运也逐渐成为研究的重点方向。在 1974 年前常规海洋油气开发全球年申请量基本维持在 500 项以下，在 1977 年达到了一个小高峰 802 件，1978～2006 年专利申请处于波动状态，2008 年申请量突破 1000 件。相对于勘探和开发领域，常规海洋油气储运专利历年来申请量波动更大。

总体上，常规海洋油气勘探、开发和储运的全球专利申请态势均在波动中增长，在 1978 年、2001 年前后均出现了两个小高峰，2006 年以来快速增长。随着全球能源需求刚性增长，油气需求绝对量持续增长，陆地油气增产困难，海洋油气大开发成为增产主战场，极大地推动了全球海洋油气资源开发活动的开展，该领域新技术的开发和改进也相应增多，专利申请愈发活跃。

12.3.1.2　国家或地区分布

为了解常规海洋油气主要目标市场，分别对常规海洋油气勘探、开发和储运全球专利布局的目标国家进行分析。专利布局目标国家是指专利申请进入的国家或地区，以专利申请进入到各国公开的专利数量进行统计，可以反映出世界范围内哪些国家或地区是相关技术的主要专利应用市场。

由表 12 - 3 中可以看出，美国是常规海洋油气勘探、开采领域最重要的专利布局目标国家，这与美国一直以来海洋油气开发业比较发达有关。而中国也是主要的目标市场之一，常规海洋油气勘探、开发领域中国公开的专利申请量分别达到 1414 项、3167 项，仅次于美国排名第二位，而在常规海洋油气储运领域，中国则以 2594 项超越美国排名全球第一位，这可能与我国中海油、中石油近年来在海洋油气管道建设领域大力投入有关。另外，专利数据显示，欧盟国家、澳大利亚及挪威也是海洋油气勘探、开发和储运重要的专利布局地区。

表 12 – 3　常规海洋油气勘探、开采、储运全球专利布局主要目标国家或地区　单位：项

技术领域	美国	中国	欧盟	澳大利亚	挪威
常规海洋油气勘探	2859	1414	1238	1166	899
常规海洋油气开发	5651	3167	2219	2208	2081
常规海洋油气储运	2313	2594	1310	1042	703

12. 3. 1. 3　主要申请人

海洋油气勘探、开发和储运具有投入大、范围广、周期长等特点，因此专利申请排名前十位的都是实力雄厚的国际大型企业。为了筛选常规海洋油气领域全球专利申请的主要申请人，分别对全球专利申请人在勘探、开发和储运三个技术分支的申请情况进行了排名。

如图 12 – 11 所示，海洋油气勘探全球专利申请前十位申请人中均为大型企业，其中美国有 5 位，可见美国在海洋油气勘探领域占有绝对优势。美国斯伦贝谢在海洋油气勘探技术领域申请有 545 项专利，排在第一位；挪威 PGS 公司、法国 CGG 公司分别以 313 项、285 项专利申请排在第二位、第三位；中国中海油和中石油两家公司分别排在第四位、第五位。

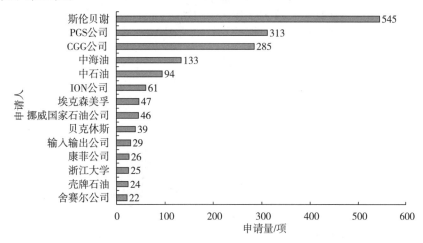

图 12 – 11　海洋油气勘探全球专利主要申请人

如图 12 – 12 所示，在海洋油气开发全球专利申请前十位申请人中，有 3 家中国企业、3 家美国企业、2 家韩国企业。其中中海油、中石油分别以 465 项、217 项专利申

请排在第一位、第三位，排名第二位的是美国通用石油天然气公司。可见，从专利申请量来看，中国在海洋油气开发领域的专利申请已处于领先水平。

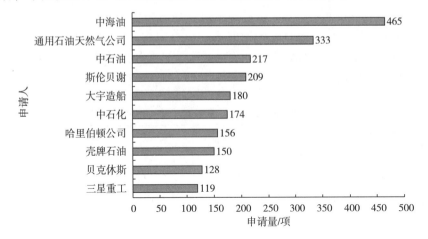

图 12 - 12　海洋油气开发全球专利主要申请人

如图 12 - 13 所示，在海洋油气储运全球专利申请前十位申请人中，有 3 家中国企业，3 家韩国企业，法国、意大利、挪威及荷兰各 1 位。中国的中海油在海洋油气储运领域申请有 405 项相关专利，排名第一位，是排名第二位的韩国大宇造船申请的相关专利量的近 2 倍，中石油以 180 项专利申请排名第三位，这与中海油、中石油近年来对海洋油气储运研究的重视密不可分，作为海洋油气领域的国内领先企业，在该领域的专利布局日益完善。

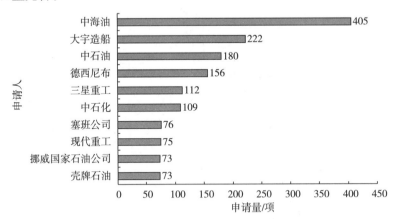

图 12 - 13　海洋油气储运全球专利主要申请人

12.3.2　中国专利态势分析

截至 2016 年 6 月 30 日，常规海洋油气领域的中国专利申请量分别为勘探 1173 件、开发 3327 件、储运 3009 件。本节基于该专利数据从专利申请态势、国内地区、主要申请人三方面进行重点分析。

12.3.2.1　专利申请态势

从图 12 - 14 可以看出，海洋油气勘探、开发和储运中国专利申请均呈稳步增长的发展态势。其发展态势基本相同：1995 ~ 2003 年前后处于起步阶段，历年申请量基本不超过 20 件，其中有不少专利为 PGS 公司、斯伦贝谢、艾克森美孚等国外企业来华申请；之后到 2008 年前后这一期间专利申请有明显增长，但历年申请量在 100 件以内。2008 年以后各技术分支专利申请量快速增长，反映出我国海洋油气资源勘探、开发和储运技术的不断发展以及对知识产权越来越重视。从专利申请来看，三个技术分支中，我国在海洋油气勘探领域的研发相对薄弱，专利申请量较少。

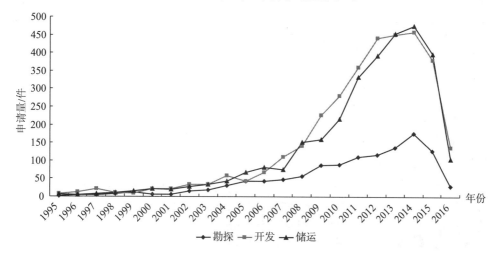

图 12 - 14　海洋油气勘探、开发、储运中国专利申请态势

12.3.2.2　国内地区分布

从表 12 - 4 可以看出，在海洋油气勘探、开发和储运领域的中国专利申请中，北京分别以 311 件、896 件、1204 件专利申请量遥遥领先，这与其科研实力雄厚及拥有中海油、中石油、中石化这 3 家国内行业龙头企业及众多科研院所及高校、科研实力雄厚有密切关系。其次是山东，国家海洋局、中国海洋大学、中国石油大学（华东）、中科院海洋研究所等是山东在该领域专利申请的主要力量。

表 12 - 4　常规海洋油气勘探、开发、储运中国专利申请地区分布

排名	海洋油气勘探		海洋油气开发		海洋油气储运	
	地区	专利申请量/件	地区	专利申请量/件	地区	专利申请量/件
1	北京	311	北京	896	北京	1204
2	山东	114	山东	389	天津	281
3	江苏	63	四川	186	山东	279
4	浙江	62	陕西	171	江苏	225
5	天津	52	江苏	156	上海	131

续表

排名	海洋油气勘探		海洋油气开发		海洋油气储运	
	地区	专利申请量/件	地区	专利申请量/件	地区	专利申请量/件
6	河北	43	天津	137	辽宁	127
7	湖北	43	湖北	111	浙江	111
8	上海	41	辽宁	104	广东	89
9	广东	32	浙江	97	河北	75
10	辽宁	30	上海	75	黑龙江	60

专利数据显示，在常规海洋油气勘探、开发和储运领域，北京专利实力遥遥领先，其次是山东、江苏、天津和四川等地区的专利产出也具有一定优势，其他地区相对均衡。

12.3.2.3　主要申请人

图 12-15 是海洋油气勘探中国专利申请排名前十位的申请人情况，其中 7 位为中国本申请人，3 位来自国外，分别是美国斯伦贝谢、挪威 PGS 公司和法国 CGG 公司。

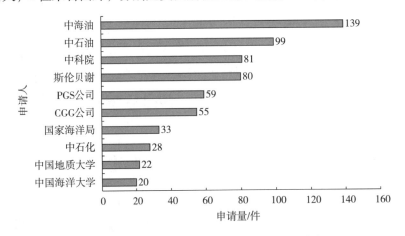

图 12-15　海洋油气勘探中国专利主要申请人

如图 12-16 所示，海洋油气开发中国专利申请中，中海油、中石油、中石化分别以 478 件、334 件、174 件专利申请依次排名前三位。上榜前十位的申请人还包括 4 所高校，分别是中国石油大学（华东）、西南石油大学、中国石油大学（北京）、长江大学。

如图 12-17 所示，在海洋油气储运中国专利申请中，中海油、中石油、中石化分别以 559 件、462 件、284 件专利申请依次排名前三位。上榜前十位的申请人还包括 5 所高校，分别位中国石油大学（北京）、天津大学、哈尔滨工程大学、上海交通大学和大连理工大学。

从常规海洋油气勘探、开发、储运中国专利申请主要申请人排名来看，我国油气

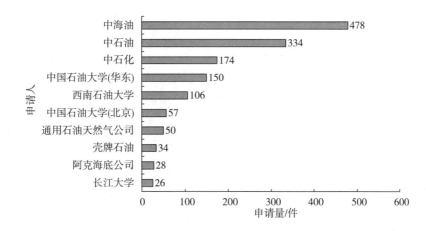

图 12 - 16　海洋油气开发中国专利主要申请人

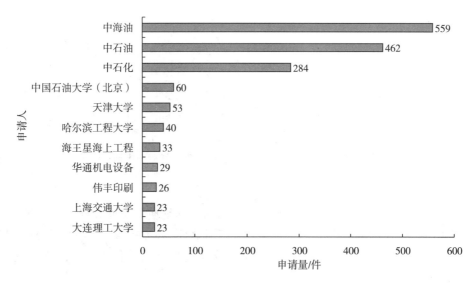

图 12 - 17　海洋油气储运中国专利主要申请人

领域三巨头中海油、中石油和中石化在三大技术分支的专利申请均上榜前十位，在整个海洋油气资源领域具有重要的影响。特别是中海油在三大技术分支的专利申请量均遥遥领先，成为我国海洋油气领域的领军企业。与此同时，以中国石油大学、西南石油大学、天津大学等为代表的高校成为我国海洋油气领域专利申请的另一支主力军。

　　此外，在海洋油气中国专利申请人中，外国企业的专利布局态势不容忽视。该领域国外来华申请专利的企业主要有美国的斯伦贝谢、通用天然气石油公司、挪威的阿克海底公司、PGS 公司，荷兰壳牌石油和法国 CGG 公司等国际巨头。相对于国内申请人，这些国外其来华专利申请总量并不算大，但一方面反映了这些企业对中国市场的重视，另一方面，总体上国外企业专利技术含量比较高，涉及核心技术较多，加大了我国在海洋油气勘探、开发和储运技术方面实施的专利风险，值得关注和重视。

12.3.3 广东专利态势分析

12.3.3.1 专利申请态势

由图 12-18 可见，广东在海洋油气领域的专利申请量很少，在海洋油气勘探领域专利历年申请量均为个位数，而在海洋油气开发及储运领域专利申请相对较多，但历年申请量也未超过 30 件。专利数据显示，广东在海洋油气勘探、开发和储运领域研发创新较少，专利申请量在全国处于中等水平，这与广东作为海洋经济大省的地位不相适应，还需要加强研发投入，进一步重视专利布局，为未来海洋油气资源争夺及市场竞争未雨绸缪。

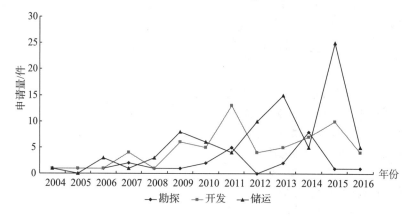

图 12-18　海洋油气勘探、开发、储运广东省专利申请态势

12.3.3.2 重要申请人分析

如表 12-5 所示，在海洋油气勘探领域，广东海洋地质调查局专利申请最多，为 7 件，专利申请量达到 2 件的申请人主要有广东工业大学（2 件均为与广州海洋地质调查局共同申请）、暨南大学、深圳市远东石油钻采工程有限公司和珠海市泰德企业有限公司。

表 12-5　海洋油气勘探广东省专利主要申请人

排名	申请人	申请量/件
1	广州海洋地质调查局	7
2	广东工业大学	2
3	暨南大学	2
4	深圳市远东石油钻采工程有限公司	2
5	珠海市泰德企业有限公司	2

在上述主要申请人中，广东海洋地质调查局主要涉及海洋油气资源的勘探设备及方法，如多节点 OBS 垂直缆地震采集系统、深海拖曳式的质子旋进磁力测量系统、高精度海底地温梯度探测设备、多路海底地震仪精密计时器等，多为发明专利。深圳市

远东石油钻采工程有限公司申请的 2 件专利分别为"可打水泥塞的深水弃井切割装置及其打水泥塞作业方法""一种深水弃井切割装置中的多位单向旁通接结构",均为涉及深水钻探作业设备领域的发明专利申请,截至报告检索日期都维持有效。进一步检索显示,该 2 件专利于 2013 年 4 月 24 日公告专利权转移给中海油,表明该专利技术具有较高的市场价值。

如表 12－6 所示,在海洋油气开发领域,深圳市远东石油钻采工程有限公司以 8 件相关专利申请量排在第一位,其次华南理工大学、中铁港航工程局有限公司分别以 6 件、4 件相关专利申请量排名第二位、第三位。其中,深圳市远东石油钻采工程有限公司 8 件专利均涉及水下钻井辅助工具或相关技术方法。

表 12－6　海洋油气开发广东省专利主要申请人

排名	申请人	申请量/件
1	深圳市远东石油钻采工程有限公司	8
2	华南理工大学	6
3	中铁港航工程局有限公司	4
4	中交第四航务工程勘察设计院有限公司	3
5	南海西部石油合众近海建设公司	3

如表 12－7 所示,在海洋油气储运领域,深圳市德润青华水下工程科技股份有限公司、中船黄埔文冲船舶有限公司和深圳海油工程水下技术有限公司分别以 4 件相关专利申请量并列排名第一位,华南理工大学和广州文冲船厂有限责任公司分别以 3 件相关专利申请排名第二位,其他申请人相关专利申请量均在 1～2 件。

表 12－7　海洋油气储运广东省专利主要申请人

排名	申请人	申请量/件
1	深圳市德润青华水下工程科技股份有限公司	4
2	中船黄埔文冲船舶有限公司	4
3	深圳海油工程水下技术有限公司	4
4	华南理工大学	3
5	广州文冲船厂有限责任公司	3

在上述申请人中,深圳市德润青华水下工程科技股份有限公司是水下工程检测、安装及施工领域全国领先的专业工程公司,其相关专利主要涉及水下机器人专用海底管道堵漏装置。广州文冲船厂有限责任公司主要制造和安装各种大型金属结构件工程以及成套机电设备,其专利技术涉及深水定深释放锁及水下电缆进线的水密封填料。

综上分析,广东在海洋油气勘探、开发和储运领域的专利申请偏少,离北京、山东等专利领先地区还有较大差距。申请人较为分散,尚未形成技术实力较强的龙头企业。主要申请人方面，广州海洋地质调查局、深圳市远东石油钻采工程有限公司、深圳市德润青华水下工程科技股份有限公司等为广东海洋油气领域具有优势的专利申请人。总的来讲，海洋油气资源领域深具潜力，国内外对于该领域的研发不断深入，作为海洋经济大省的广东，还需要努力追赶，加强研发创新和专利布局。

12.4　海底矿产资源专利态势分析

12.4.1　全球专利态势分析

12.4.1.1　专利申请态势

截至 2016 年 6 月 30 日，全球海底矿产资源领域已公开专利申请 3666 项。历年专利申请态势如图 12 - 19 所示。

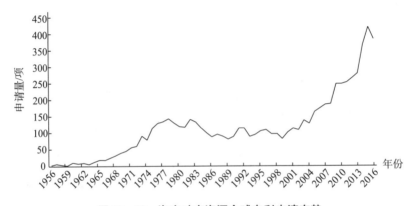

图 12 - 19　海底矿产资源全球专利申请态势

从历年的专利申请情况来看，1960 年以前，本领域专利申请很少，属于技术发展萌芽阶段。1960～1984 年海底矿产资源专利申请量呈现明显的增长趋势，并在 1978 年前后形成了一个小高峰，此为海底矿产资源技术发展的导入期。1984 年之后该领域发展进入调整期，专利申请量出现明显下挫。2000 年至今海底矿产资源领域专利增长相对较快，2015 年全球申请量突破 400 项。

从国际上看，关于深海资源开发的专门规章尚未发布，深海资源的规模化商业开发尚未开始，人类对海底矿产资源的研究也还处于基础研究阶段，全球专利申请历年增量情况及总量规模也说明了这一点。伴随着人类社会对金属需求的持续增加和陆地矿产资源的不断枯竭，开发和利用丰富的深海矿产资源日益受到重视，预计未来海底矿产资源专利申请量将越来越多。

12.4.1.2　国家或地区分布

如图 12 - 20 所示，专利数据显示，全球有超过 79 个国家或地区在海底矿产资源领域有相关专利申请。从专利申请总量来看，美国最高，超过 1033 项，中国有 817 余项，其次是日本，共 662 项，紧随其后的是俄罗斯，共 623 项。此外，另外欧洲地区的德国和英国都有超过 300 项的专利申请。尽管从专利数量来看，中国在海底矿产领域具有领先优势，但进一步的专利分析表明，中国专利基本为国内申请，尚未走出国门，而美国则对外专利布局活跃，并与其他国家拉开差距。

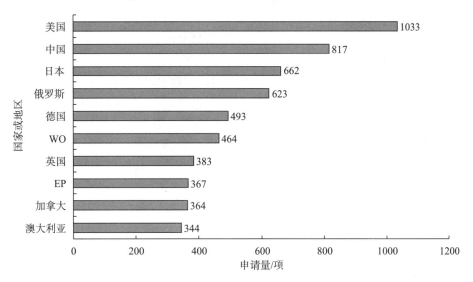

图 12-20　海底矿产资源全球专利国家或地区分布

12.4.1.3　主要申请人

如图 12-21 所示，在海底矿产资源全球专利前十名申请人中，包括 8 家企业、2 所高校。其中，中海油、中国五矿集团和浙江大学上榜全球前十位。

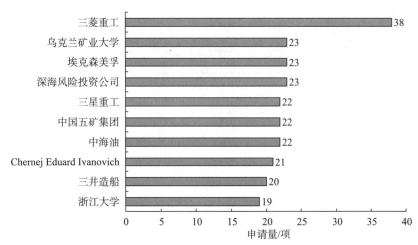

图 12-21　海底矿产资源全球专利主要申请人

全球海底矿产资源专利最多的申请人是日本的三菱重工，其相关专利申请 38 项，主要集中于海底矿产资源储运技术，另外来自日本的企业还有排名第九位的三井造船。这两家公司的专利技术主要研究海底矿产资源储运技术。其次是来自美国的深海风险投资公司、埃克森美孚和来自乌克兰的乌克兰矿业大学，以专利申请量 23 项并列第二位，其中，深海风险投资公司和埃克森美孚在海底矿产资源领域的专利主要涉及海底矿产资源开采技术，乌克兰矿业大学的主要研究方向则是海底矿产资源储运技术。来自中国的中海油、中国五矿集团和来自韩国的三星重工，分别以 22 项专利申请并列第三。

12.4.2 中国专利态势分析

12.4.2.1 专利申请态势

在报告检索期内，共有 598 件海底矿产资源中国专利申请公开。1993 年以前，相关专利年专利申请量低于 5 件，行业发展处于萌芽期。1994 ~ 2007 年，相关专利申请量缓慢上升，历年申请量均在 20 件以内。2008 年起，我国在该领域年申请量突破 30 件，除 2010 年有一定回落，至今均呈持续增长态势（参见图 12 - 22）。专利数据表明，我国对海底矿产资源的研究日趋活跃，但相对于海洋油气其他技术分支，海底矿产资源的研究还相对较少，专利申请总量不多。

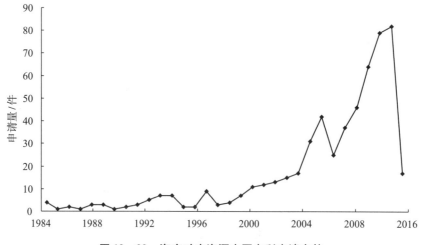

图 12 - 22　海底矿产资源中国专利申请态势

作为位列发展中国家的海洋大国，我国国际海底矿产资源的开发能够为经济可持续发展提供接续资源保障。党的十八大提出了提高海洋资源开发能力、发展海洋经济、建设海洋强国的发展战略。《中华人民共和国深海海底区域资源勘探开发法》已于 2016 年初发布，专门就深海科学技术研究和资源勘探、开发的能力建设作出专门规定。无疑这对推动行业技术创新发展起到积极作用。在此背景下，我国海底矿产资源相关的研发将日趋活跃，专利产出预计将逐步增长。

12.4.2.2 地区分布

如图 12 - 23 所示，海底矿产资源中国专利申请量前三名分别是湖南、北京和江苏，专利申请量分别为 89 件、66 件、52 件。湖南聚集了以长沙矿冶研究院、长沙矿山研究院、中南大学等为代表的一支较强的深海采矿技术研发群体，同时拥有深海矿产资源开发利用技术国家重点实验室，从而成为国内海底矿产资源领域的专利申请优势区域。此外，北京、江苏在海底矿产领域的专利申请在 50 件以上，其他地区专利申请均在 50 件以下。基于专利申请数量不难看出，目前我国在海底矿产资源领域的研发还处于起步阶段，专利产出还不多。

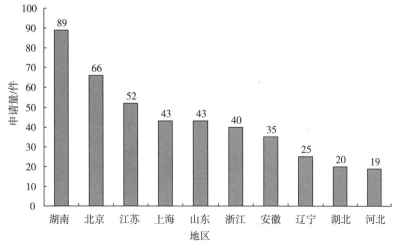

图 12 - 23　海底矿产资源中国专利申请地区分布

12.4.2.3　主要申请人

在海底矿产资源中国专利申请量排名前十名申请人中，包括 5 所高校、3 所科研机构和 2 家企业（参见图 12 - 24）。其中，中国矿业大学以 26 件专利申请量排名第一位，长沙矿山研究院、长沙矿冶研究院分别以 24 件、22 件申请量紧随其后排名第二位和第三位。除排名第八位的诺蒂勒斯矿物太平洋有限公司来自国外，其他均为中国申请人。可见，海底矿产领域国内外研发尚不多，国内申请人以高校和科研机构为主，国外也少有企业来中国布局专利，这与国际上尚未实现海底矿产资源商业开采有关。

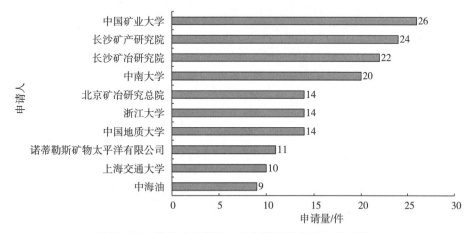

图 12 - 24　海底矿产资源中国专利申请 10 位申请人排名

12.4.3　广东专利态势分析

广东在海底矿产资源领域仅有 14 件专利申请，在国内各地区处于中等水平。其中包括 8 件为发明专利和 6 件为实用新型专利。可以看到，广东在海底矿产领域专利申请总量较少，专利技术也较为分散。详细专利申请情况参见表 12-8。

表 12-8 广东海底矿产资源中国专利申请清单

序号	申请号	发明名称	申请（专利权）人	专利类型
1	CN201510498427.3	防水防潮防腐电力控制箱	东莞市华源光电科技有限公司	发明
2	CN201410091254.9	海洋砂矿开采中防治泥沙污染的一种方法	广东安元矿业勘察设计有限公司	发明
3	CN201410059008.5	海洋砂矿无贫损开采的一种隔离方法	广东安元矿业勘察设计有限公司	发明
4	CN201510200398.8	浅海砂矿开采中隔离尾砂的简易方法	广东安元矿业勘察设计有限公司	发明
5	CN200610036043.0	深海热液喷口原位温度长期探测系统	中国科学院广州地球化学研究所	发明
6	CN201110000969.5	一种深水弃井切割装置中的多位单向旁通接结构	深圳市远东石油钻采工程有限公司	发明
7	CN201511034423.6	重载平台微小位移装置	广东工业大学	发明
18	CN201510200398.8	浅海砂矿开采中隔离尾砂的简易方法	广东安元矿业勘察设计有限公司	发明
9	CN200410028123.2	一种高强度放电点光源	南海市华星光电实业有限公司	发明
10	CN200910253514.7	一种浅海中厚砂矿床的无贫化隔离采矿法	刘照朗	发明
11	CN201220535501.6	海上平台多协议标签交换系统	东莞市华源光电科技有限公司	实用新型
12	CN201320081287.6	具有五个或五个以上多浮筒的钻井平台	李伟华	实用新型
13	CN85205771	气泡效应小峰值声压强的气体声源	地质矿产部第二海洋地质调查大队；地质矿产部海洋地质研究所	实用新型
14	CN200620060654.4	深海热液喷口原位温度长期探测装置	中国科学院广州地球化学研究所；浙江大学	实用新型

12.5　海洋平台专利态势分析

12.5.1　全球专利态势分析

12.5.1.1　专利申请态势

截至 2016 年 6 月 30 日，全球海洋平台领域已公开专利申请 18251 项。图 12-25 为海洋平台全球专利申请态势。

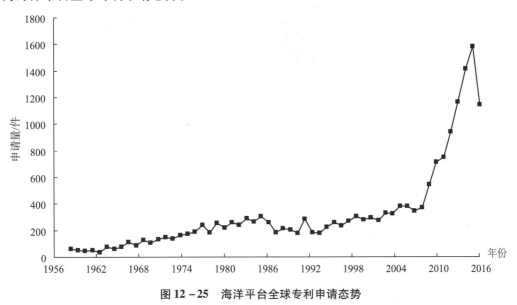

图 12-25　海洋平台全球专利申请态势

海洋平台全球专利申请趋势分为三个阶段：第一阶段，技术萌芽期（1888～1959 年），年申请量不到 50 项，除了美国、英国、法国、德国等国家有专利申请外，其他地区基本没有在海洋平台技术领域的专利申请；第二阶段，技术缓慢发展期（1960～2007 年），年申请量缓慢上升，从几十项上升至 400 项左右；第三阶段，技术快速发展期（2008 年至今），年申请量从 400 项骤升到 1600 项，专利申请格局发生了较大变化。

12.5.1.2　国家或地区分布

图 12-26 是海洋平台全球专利公开的国家或地区分布。可以看到，中国、韩国和美国排名全球前三名，专利公开量依次是 4052 项、3101 项、1966 项，全球占比依次是 21.8%、16.7%、10.6%；紧跟着是世界知识产权组织（WO）、日本和欧洲专利局，全球占比平均为 6.9%，接着是俄罗斯、澳大利亚、德国、巴西和挪威，全球占比平均为 3.5%。由此推断，海洋平台技术主要集中在亚洲、欧美国家经济比较发达的国家，还有巴西、澳大利亚等海洋资源大国。

第一名中国，海洋平台技术的专利公开量在 4000 多项，全球占比 21% 以上。进一步细分检索发现中国的绝大部分海洋平台技术的专利基本为"三桶油"申请，以平台总体为主要申请方向，其他相关技术也有所涉及；中国第二大海洋平台专利申请主体

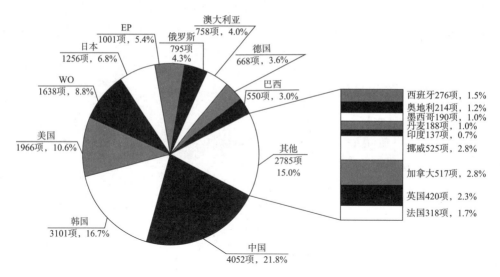

图 12 - 26　海洋平台全球专利申请公开国家或地区分布

为国有或曾经是国有现已改制的造船企业，也以平台主体为主要申请方向；中国第三大申请主体为涉油、涉海工程高校；最后是国外企业和中小型民营企业，中小民营企业申请集中在海洋平台的相关技术及零部件。

第二名韩国，海洋平台技术的专利公开量在 3000 多项，全球占比超过 16% 以上。韩国从 2008 年以后公开量暴增，其申请主要来自大宇造船、三星重工、现代重工三巨头，申请主要集中在平台总体及辅助设施设备。其他少量申请来自高校、中型企业及外国竞争对手。

第三名美国，海洋平台技术的专利公开量接近 2000 项，全球占比超过 10%。申请人来自全球的知名海洋平台制造和建设企业，欧洲、韩国、日本的企业申请最多，美国本土企业反而不占优势。

总体上，日本在最早的技术积累阶段比较突出，近年来专利申请呈降低趋势。而美国自海洋平台研究日趋成熟以来，申请量始终处于稳定增长状态。与全球趋势不同的是，中国和韩国在海洋油气开发产业起步较晚，但近年来专利申请量均呈现激增态势，目前，海洋平台在亚洲已受到广泛关注，成为各方竞争的焦点。

12.5.1.3　主要申请人

从图 12 -27 看到，在海洋平台全球专利申请前十名中，第一名是韩国大宇造船（897 项），第二名是三星重工（548 项），第三名是中海油（455 项），第四名是韩国现代重工（318 项），第五名是日本三菱重工（189 项）。

在专利申请量排名前十位申请人中，5 名来自中国，3 名来自韩国，中国只有中海油进入前三名，其他在第六名后，而韩国三个申请人都进入前四名。总体上，海洋平台专利申请主要来自亚洲企业，韩国最多，中国次之。

第一名韩国大宇造船，在海洋平台技术领域的专利申请 897 项，专利技术主要方向为半潜式平台和 FPSO 浮式装置。

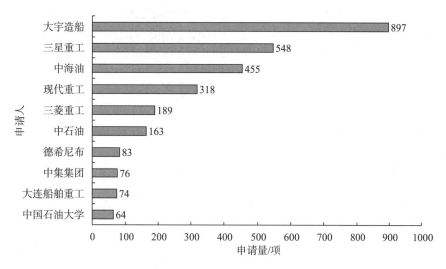

图 12 – 27　海洋平台全球专利主要申请人

第二名三星重工，在海洋平台技术领域的专利申请 548 项。三星重工自 2008 年以来在海洋平台领域的专利申请保持快速增长，主要在韩国本土申请，在日本、美国、欧洲和中国也有少量布局，研发重心主要为平台总体船舶技术、船上辅助设备和船舶推进装置以及井中开采油气技术。

第三名中海油，在海洋平台技术领域的专利申请 455 项，但其中 99% 为国内申请，在美国、马来西亚、澳大利亚仅有个位数的专利布局，其主要研发方向集中在船舶技术、井中开采油气技术、水利工程、水下结构物技术，其他检测平台技术和平台生活设施技术有少量涉及。

第四名韩国现代重工，在海洋平台技术领域的专利申请 318 项。其专利申请从 2008 年以来持续增长，多为韩国本土申请，海外市场有极少量布局，其主要研发方向为船舶技术本身和井中开采油气技术。

第五名日本三菱重工，在海洋平台技术领域的专利申请 189 项。三菱重工是老牌海工装备领域的代表，其在海工装备市场的布局比现在领先的韩国三巨头早了近 30 年，但从 2007 到现在，三菱重工在海洋平台的专利公开量逐渐回落。三菱重工的专利申请也以本国为主，此外在韩国、欧洲、美国有少量布局，浮式建筑及其附属设备为三菱重工研发重点。

12.5.2　中国专利态势分析

12.5.2.1　专利申请态势

如图 12 – 28 所示，到目前为止，海洋平台技术在中国经历了 3 个阶段：萌芽期（1985 ~ 1999 年），该阶段的年申请量为 10 件左右。主要申请人为少数国外企业、少数国内油企，及少数国内外个人；缓慢发展期（2000 ~ 2007 年），该阶段申请量由最初几年的 10 位数上升到年申请量突破 100 件，主要申请人已经从上一阶段发达国家企业变为国内企业和高校；快速发展期（2008 年至今），在此期间海洋平台专利申请量呈爆发性增长，从年申请量 100 件到突破 800 件，海洋平台技术在国内正处于研发活跃阶段。

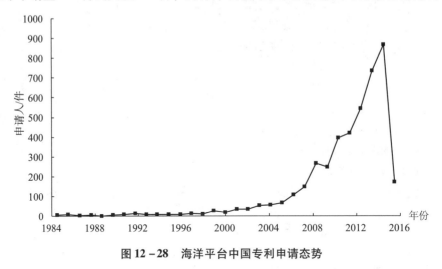

图 12 - 28　海洋平台中国专利申请态势

12.5.2.2　地区分布

如图 12 - 29 所示，在国内申请排名前十位中，北京申请量 658 件高居榜首，江苏申请量 484 件排名第二位，山东申请量 415 件排名第三位，广东、浙江、上海、辽宁申请量在 250 件左右，依次排名第四位到第八位，天津（申请量 213 件）、湖北（申请量 130件）排在第八位和第九位。这表明海洋平台技术领域北京研发实力最强，江苏、山东紧随其后；广东、浙江、上海辽宁研发实力较为接近，天津和湖北的研发实力也不容小觑。上述省市基本为沿海经济发达省市，海洋平台技术的人才和资源在上述地区相较为集中。

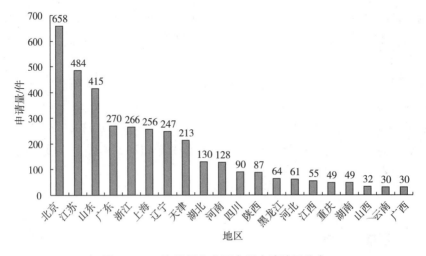

图 12 - 29　海洋平台中国专利申请地区分布

12.5.2.3　专利技术分布

从图 12 - 30 可以看出，海洋平台中国专利申请中，从海洋平台种类来看，移动式

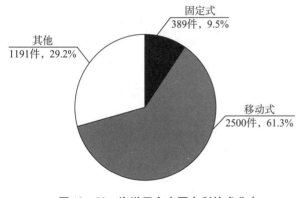

图 12 – 30　海洋平台中国专利技术分布

海洋平台专利占比最多，达 61.3%，固定式海洋平台专利申请占比仅为 9.5%，其他相关技术专利占 29.2%。上述技术分布与全球海洋平台专利技术分布基本相同，国内申请人同样关注和重视移动式海洋平台技术。结合文献调研分析原因，固定式海洋平台只能适用于浅水领域，其所占市场份额最小，已经接近被淘汰，而适用于深水领域的移动式海洋平台市场份额占比最大，与其配套的上游产业链也正蓬勃发展，相关技术研发及专利申请活跃。

12.5.2.4　主要申请人

从图 12 – 31 可以看出，中海油专利申请全国遥遥领先达到 401 件，高出排名第二位的中石油 200 多件，排名并列第三位的中集集团和大连船舶重工申请量均为 81 件，从第五名开始到第八名为国内相关高校，中国石油大学申请量为 67 件，大连理工大学申请量为 53 件，上海交通大学的申请量为 44 件，浙江海洋大学的申请量为 39 件，排名第九位的中远船务集团申请量为 37 件，江苏科技大学申请量为 30 件，排名第十位。数据显示，我国海洋平台专利主要来自国字号涉海涉油企业及高校，其中企业申请量大幅领先于高校，可见海洋平台技术领域市场化程度较高。适用于船舶的技术、水利工程技术、从井下开采油气技术、水下建筑物技术为上述国内主要申请人的主要研发方向，与全球海洋平台的研发方向基本一致。

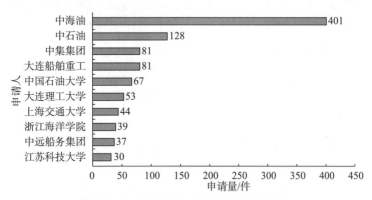

图 12 – 31　海洋平台中国专利主要申请人

12.5.3　广东专利态势分析

12.5.3.1　专利申请态势

本报告检索期内，广东在海洋平台领域共有 270 件专利申请公开，其中发明专利申请 80 件，占比仅 29.6%，实用新型专利 190 件，占比达 70.4%。图 12 – 32 是海洋平台广东省专利申请态势。

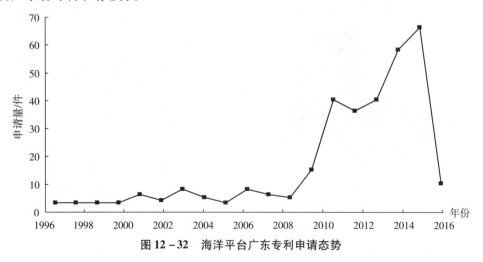

图 12 - 32　海洋平台广东专利申请态势

广东海洋平台专利申请态势与全国专利态势基本相同，1985～1999 年有一些零星申请，2000～2009 年申请量缓慢增长，年申请量均为个位数，2010 年至今申请量爆发式增长，年申请量从个位数突破半百，可见广东海洋平台领域技术研发日趋活跃。

12.5.3.2　主要申请人分析

从广东省海洋平台专利申请人类型来看，企业占比65%，个人占比24%，而高校、科研院所、机关团体类申请人占比之和还不到10%，可见广东海洋平台领域技术创新主要集中在企业。

如图 12 - 33，在广东省海洋平台专利申请前十名申请人中，包括 7 家企业、1 所高校、2 个个人，可见广东省海洋平台领域以形成以企业为主的专利创新主体格局，已涌现出一批以广东精铟集团、中集集团、深圳惠尔凯博海洋工程有限公司等为代表、在海洋平台领域具有一定专利优势的龙头企业，但该领域高校及科研机构研发力量相对薄弱。

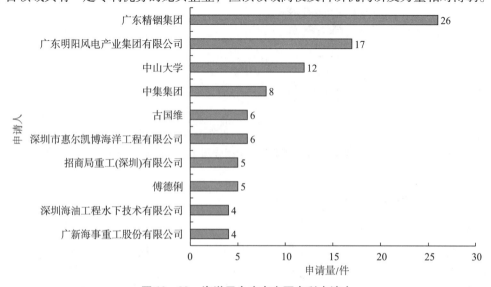

图 12 - 33　海洋平台广东主要专利申请人

12.6　结论与建议

12.6.1　海洋油气及海底矿产开发利用产业专利分析结论

12.6.1.1　天然气水合物专利分析主要结论

（1）全球专利态势

1）全球专利申请量波动增长，整体发展形势向好。天然气水合物全球专利申请量波动增长，2011～2014 年是该领域专利申请量快速稳定增长时期，年均增长率达 10% 以上。从该领域的技术发展阶段和前期专利增长态势来看，预计天然气水合物全球专利申请将继续保持快速增长。

2）中国、日本、美国成为主要专利布局目标区域。从该领域的全球专利分布情况来看，中国的相关专利申请量排在首位，相关专利主要来自相关研究机构和高校。日本起步较晚，但是在 2000 年以后增长迅速，排名第二位。美国在该领域的专利申请量全球排名第三位。俄罗斯、韩国、加拿大、澳大利亚等国在天然气水合物领域的专利布局也处于领先水平。

3）开采及制备技术成为热点，储运及勘探技术稍显薄弱。天然气水合物领域主要涉及天然气水合物制备、天然气水合物勘探、天然气水合物开采和天然气水合物储运四大技术分支。从全球专利公开情况来看，天然气水合物开采的相关专利数量最多，为 446 项；其次是天然气水合物制备 380 项；天然气水合物储运相关专利 105 项；天然气水合物勘探的相关专利较少，仅有 74 项。

4）美国、日本、欧洲企业专利实力强劲，国内高校及研究机构引领创新。全球专利申请人以日本三井造船、美国埃克森美孚、瑞士科莱恩、荷兰壳牌石油、中科院广州能源所、法国石油研究院等为重要代表，这些企业在专利申请量及专利布局地区方面具有明显优势，实力强劲，国内该领域专利创新以高校和科研机构为主，在专利布局方面与国外还有一定明显。

（2）中国专利态势

1）专利申请持续增长，行业发展方兴未艾。我国在天然气水合物领域研发起步较晚，2004 年之前，该领域中国专利申请量很少，每年申请量不足 10 件，技术尚处于萌芽期。从 2005 年开始，我国天然气水合物领域每年专利申请量上升到 10 件以上，2013 年专利申请量突破 100 件并保持稳定增长态势。目前，我国天然气水合物研发日趋活跃，专利申请量持续增长，行业发展方兴未艾。

2）北京、山东、广东领先，四川成后起之秀地区。多年来，北京、山东和广东在天然气水合物领域的专利申请量明显高于其他省市，这与其拥有在该领域具备较强研发实力的企业、高校、研究机构等密不可分。四川在天然气水合物领域的发展起步较晚，但 2015 年以来专利申请量超越北京位居国内第一，并保持着强劲的上升态势，值得关注。

3）天然气水合物基础物性研究及模拟开采技术是当前专利布局主要方向。分析显示，天然气水合物中国专利以钻井和开采为最多（主要为模拟开采装置与方法），占比为33.4%，其次是理化性能占比30.8%，而关于天然气水合物勘探、储运的专利申请较少，占比分别为3.1%、5.3%，这与目前我国在天然气水合物领域还处于以基础物性研究为主的发展阶段一致。

4）国内高校和科研机构引领创新，一般企业较少涉足。在天然气水合物中国专利申请量排名前十的申请人中，包括2家研究机构、6所高校、2家国字号大型企业。一方面与天然气水合物领域尚处于基础研究、尚未实现商业化的发展阶段相一致；另一方面，天然气水合物勘探、开采等研发成本极为高昂，且周期长、风险大，一般企业很难承担。

（3）广东专利态势

1）专利申请量总体呈增长态势。广东2004年以前的专利申请不太稳定，2004年至今持续有专利申请，2015年最多达21件。广东在天然气水合物领域的专利申请主要来自中科院广州能源所相关专利申请量的增长。

2）专利布局以基础物性及模拟开采技术为主，勘探储运有少量涉及。从专利技术构成来看，广东理化性能研究专利最多，占比为40.4%，其次钻井与开展技术的专利占比27.5%，合成制备相关专利占比11.9%，而关于天然气水合物开发前端的勘探技术及后端的储运技术的专利申请相对较少，占比分别为1.8%、2.8%。

3）中科院广州能源所是广东省天然气水合物专利申请主力，也是我国在该领域的先行者。从专利申请量、授权量、专利活动年期、发明人数、主要技术布局等多个指标来看，中科院广州能源所都是广东的领军机构，其在天然气水合物基础物性研究、实验室模拟开采、合成制备、勘探与储运等方面均有专利申请，与其作为我国天然气水合物研究的核心基地的地位相适应。此外，华南理工大学在天然气水合物领域有16件专利申请，在广东及全国也占有一席之地。

12.6.1.2 常规海洋油气专利分析主要结论

（1）全球专利态势

1）全球专利申请伴随波动持续增长。常规海洋油气勘探、开发和储运的全球专利申请态势均在波动中增长，在1978年、2001年前后均出现了两个小高峰，近年来专利申请快速增长持续增长。随着全球能源需求刚性增长，油气需求绝对量持续增长，陆地油气增产困难，海洋油气大开发成为增产主战场，极大地推动了全球海洋油气资源开发活动的开展，该领域新技术的开发和改进也相应增多，专利申请愈发活跃。

2）美国、中国是海洋油气领域专利布局主战场。美国是常规海洋油气勘探、开发领域最重要的专利布局目标国家，这与美国一直以来海洋油气开发业比较发达有关。而中国也是主要的目标市场之一，常规海洋油气勘探、开发领域中国公开的专利申请量分别达到1414项、3167项，仅次于美国排名第二位，而在常规海洋油气储运领域，中国则以2594项超越美国排名全球第一位，这可能与我国中海油、中石油近年来在海洋油气管道建设领域大力投入有关。另外，专利数据显示，欧盟国家、澳大利亚及挪威也是海洋油气重要的专利布局地区。

3）实力雄厚的大型企业是海洋油气领域专利产出的主要力量。海洋油气全球专利申请排名前十位的申请人均为实力雄厚的大型企业，如美国的斯伦贝谢、通用石油天然气公司，挪威的 PGS 公司，法国的 CGG 公司，韩国大宇造船，中国的中海油、中石油等企业。可见，大型企业已成为海洋油气领域引领创新的主要力量。

4）中海油已成为海洋油气领域全球领先、国内领军企业。中海油凭借自己得天独厚的地理优势，已经成为我国海洋油气勘探开发的主力军。特别是在海洋油气开发和储运领域，中海油分别以 465 项和 405 项专利申请量排名全球第一位，由此可以看出中海油在海洋油气领域近年来加大研发力度，已成为在全球具有重要影响的专利创新企业。

（2）中国专利态势

1）专利申请稳步增长。在海洋油气勘探、开发和储运领域中国专利申请均呈稳步增长的发展态势。2003 年以前处于起步阶段，历年申请量基本不超过 20 件，其中有不少专利为 PGS 公司、斯伦贝谢、艾克森美孚等国外企业来华申请，之后到 2008 年前后这一期间专利申请有明显增长，但历年申请量在 100 件以内。2008 年以后各技术分支专利申请量快速增长，反映出我国海洋油气资源勘探、开发和储运技术的不断发展以及对知识产权越来越重视。从专利申请来看，三个技术分支中，我国在海洋油气勘探领域的研发相对薄弱，专利申请量较少。

2）国内在海洋油气开发和储运领域专利申请更具优势。从海洋油气勘探、开发和储运三个技术分支的专利申请可以看出，我国目前在海洋油气开发和储运领域的技术研究和专利申请比较积极。在报告检索期内，这两个领域年专利申请量最高值均接近 500 件，而海洋油气勘探领域年申请量最高值仅 177 件。文献调研显示，随着我国海洋油气开发力度的加大的同时，海底管道建设的步伐也不断加快。中海油承担了大部分沿海地区的海洋油气管道建设。除此之外，中石油也不甘于油气资源陆地管线的长距离运输，早已对沿海油田进行了调研和规划，并已经宣布进军海领域。无疑这些都将大力促进海洋油气开发和储运领域的研发创新和专利布局。

3）北京专利实力遥遥领先。在海洋油气勘探、开发和储运领域的中国专利申请中，北京分别以 311 件、896 件、1204 件专利申请量遥遥领先，这与其科研实力雄厚及拥有中海油、中石油、中石化这 3 家国内行业龙头企业及众多科研院所及高校、科研实力雄厚有密切关系。其次是山东、江苏、天津和四川等地区的专利产出也具有一定优势，其他地区相对均衡。

4）国字号企业和高校是我国海洋油气领域专利申请的主力军。从常规海洋油气勘探、开采、储运中国专利申请主要申请人排名来看，我国油气领域三家国字号企业中海油、中石油和中石化在三大技术分支的专利申请均上榜前十位，在整个海洋油气资源领域具有重要的影响，特别是中海油在三大技术分支专利申请量均遥遥领先，成为海洋油气领域全球领先、国内领军的专利创新企业。与此同时，以中国石油大学、西南石油大学、天津大学等为代表的高校成为我国海洋油气领域专利申请的另一支主力军，在推动我国海洋油气资源开发大潮中也发挥着重要力量。

5）外国企业积极来华布局专利的态势不容忽视。在海洋油气中国专利申请人中，外国企业的专利布局态势不容忽视。该领域国外来华申请专利的企业主要有美国的斯伦贝谢、通用天然气石油公司，挪威的阿克海底公司、PGS公司，荷兰的壳牌石油和法国CGG公司等国际巨头。相对于国内申请人，这些国外其来华专利申请总量并不算大，但一方面反映了这些企业对中国市场的重视；另一方面，总体上国外企业专利技术含量比较高，涉及核心技术较多，加大了我国在海洋油气勘探、开发和储运技术方面实施的专利风险，值得关注和重视。

（3）广东专利态势

广东在海洋油气勘探、开发和储运领域的专利申请偏少，离北京、山东等专利领先地区还有较大差距。申请人较为分散，尚未形成技术实力较强的龙头企业。广州海洋地质调查局、深圳市远东石油钻采工程有限公司、深圳市德润青华水下工程科技股份有限公司等为广东海洋油气领域具有优势的专利申请人。

总的来讲，海洋油气资源领域深具潜力，国内外对于该领域的研发不断深入，作为海洋经济大省的广东，还需要努力追赶，加强研发创新和专利布局。

12.6.1.3 海底矿产资源专利分析主要结论

（1）全球专利态势

1）全球专利申请量持续增长。海底矿产资源全球专利申请量整体呈增长态势，特别是2000年以来专利增长相对较快，2015年全球专利申请量突破400项。海底矿产资源领域主要包括海底矿产资源勘探、开采和储运三大技术分支。其中，海底矿产资源开采技术所占比例最大，约为59%，其次，海底矿产资源储运技术全球专利申请量占比为27%，而海底矿产资源勘探技术领域的专利申请量最少，仅占14%。

从国际来看，深海资源的规模化商业开发尚未开始，人类对海底矿产资源的研究还处于基础研究阶段。随着人类社会对金属需求的持续增加和陆地矿产资源的不断枯竭，开发和利用丰富的深海矿产资源日益受到重视，预计未来海底矿产资源开发利用技术研发日趋活跃，专利申请量将日益增长。

2）美国、中国、日本是海底矿产资源专利技术主要产出国家。从专利申请量来看，美国、中国和日本名列前三。尽管从专利数量来看，中国在海底矿产领域具有领先优势，但中国专利基本为国内申请，尚未走出国门，而美国对外专利布局活跃，并与其他国家拉开差距。

3）全球范围已涌现出一批具有专利优势的骨干企业。在全球范围内，已涌现出一批在海底矿产资源领域具有一定专利优势的企业或高校申请人，如日本的三菱重工、三井造船，美国的深海风险投资公司、埃克森美孚等。此外，中国的中海油、中国五矿集团和浙江大学也上榜全球海底矿产资源专利申请排名前十位，可见中国在全球海底矿产资源领域占有重要位置。

（2）中国专利态势

1）海底矿产资源专利申请量总体不多。专利数据表明，我国对海底矿产资源的研究还相对较少, 专利申请总量不多, 2013 年申请量才突破 50 件, 但近年来增长较快, 2015 年达到 82 件, 反映出近年海底矿产资源研发日益受到的重视。党的十八大提出了提高海洋资源开发能力、发展海洋经济、建设海洋强国的发展战略。《中华人民共和国深海海底区域资源勘探开发法》已于 2016 年初发布实施, 在此背景下, 我国海底矿产资源相关的研发将日趋活跃, 专利产出预计将逐步增长。

2) 湖南在海底矿产资源领域的专利布局在国内处于领先地位。海底矿产资源中国专利申请量前三名分别是分别是湖南、北京和江苏, 专利申请量分别为 89 件、66 件、52 件。湖南聚集了以长沙矿冶研究院、长沙矿山研究院、中南大学、株洲南车时代电气有限公司为代表的一支较强的深海采矿技术研发群体, 同时拥有深海矿产资源开发利用技术国家重点实验室, 从而成为国内海底矿产资源领域的专利申请优势区域。

3) 高校和科研机构是我国海底矿产资源研究的主导力量。在海底矿产资源中国专利申请量排名前十名申请人中, 包括 5 所高校、3 所科研机构和 2 家企业。除排名第八位的诺蒂勒斯矿物太平洋有限公司来自国外, 其他均为中国申请人。可见, 国内专利申请主要来自高校和科研机构, 国外也少有企业来中国布局专利, 这与海底矿产领域国内外研发尚不多, 国际上尚未实现海底矿产资源商业开发有关。

（3）广东专利态势

截至报告检索日期, 广东在海底矿产资源领域共有 14 件专利申请公开, 在全国处于中等水平, 其中包括 8 件发明专利和 6 件实用新型专利。广东在海底矿产资源领域的基础还非常薄弱, 专利申请量少, 技术分散, 尚未见有关于海底矿产资源开发利用关键技术和核心装备的专利申请, 也未见具有技术优势的专利申请人。

12. 6. 1. 4　海洋平台专利分析主要结论

（1）全球专利态势

1) 全球海洋平台专利申请量持续增长, 海洋平台成专利布局重地。海洋平台全球专利申请趋势分为三个阶段: 第一阶段, 技术萌芽期（1888 ~ 1959 年）, 年申请量不到 50 项; 第二阶段, 缓慢发展期（1960 ~ 2007 年）, 年申请量缓慢上升, 从几十项上升至近 400 项; 第三阶段, 快速发展期（2008 年至今）, 2015 年申请量已上升到 1580 项。专利数据结合调研分析其原因, 在于目前传统船舶制造业已处于一种竞争激烈、利润率下降的状态, 有相当多的船企与新兴资本将目标对准了利润丰厚的海洋平台领域, 使得海洋平台在近几年得到了迅猛发展和长足进步, 并成为海洋油气产业专利布局重地。

2) 中国和韩国已成为海洋平台领域的新兴国家, 近年来专利申请量呈激增态势。从海洋平台专利公开的国家或地区分布来看, 中国、韩国和美国排名全球前三名, 专利公开量依次是 4052 项、3101 项、1966 项, 在全球海洋平台专利公开量占比依次为 21. 6%、16. 5%、10. 5%, 其次是日本, 占比 6. 9%。专利分析显示, 日本在最早的技术积累阶段比较突出, 近年来专利申请呈走低趋势。而美国自海洋平台研究日趋成熟以来, 申请量始终处于稳定增长状态并保持着优势地位。与全球趋势不同的是, 中国和韩国在海洋油气开发产业起步较晚, 但近年来专利申请量均呈现激增态势。目前,海洋平台在亚洲已受到广泛关注，成为各方竞争的焦点。

3）韩国企业在海洋平台领域专利优势突出，中国企业仍需努力追赶。在海洋平台全球专利申请前十名中，韩国大宇造船、三星重工、现代重工分别占据第一名、第二名和第四名，韩国相关企业在海洋平台领域的专利布局数量超过欧美和日本老牌企业，近年来赶超态势强劲，专利优势突出。而中国尽管近年来在海洋平台领域技术研发及专利申请发展快速，其专利申请与世界领先企业仍存在较大差距，仍需努力追赶。

（2）中国专利态势

1）海洋平台技术研发活跃，专利申请快速增长。我国海洋平台相关专利申请量持续增长，特别是 2008 年以来增长尤为快速，2014 年申请量已近 900 件，表明近年来海洋平台领域的专利申请呈现极为活跃的态势，属于目前海洋油气产业中技术研发的重点领域。

2）北京、江苏、山东为海洋平台中国专利主要产出地区。从海洋平台中国专利申请地区分布来看，北京、江苏、山东分别以 658 件、484 件、415 件排名前三位，成为海洋平台中国专利主要产出地区。广东、浙江、上海、辽宁等地区紧随其后。

3）处于生产和制造一线的大型企业是专利申请的主要力量，校企合作渐成趋势。在海洋平台中国专利申请前十名申请人中，中海油、中石油、大连船舶重工集团有限公司等企业处于生产和制造一线的涉海涉油及船舶制造企业占据了主导地位，中国石油大学、大连理工大学、上海交通大学和浙江海洋学院等国内高校则构成了另外一支专利申请的主力军。结合专利合作申请情况分析可知，在我国海洋平台领域，一批创新能力突出的高校与企业之间建立了较为广泛的合作关系，中海油、大连船舶重工集团有限公司、大连理工大学等申请人均有不同程度的合作，其中中海油以 74 件合作专利申请量、25 个合作申请人成为我国海洋平台领域产学研合作的先锋。

（3）广东专利态势

1）广东专利申请量在波动中增长，近年发展势头强劲。广东海洋平台的专利技术发展趋势与全国趋势基本相同，1985～1999 年有一些零星申请，2000～2009 年申请量开始缓慢增长，年申请量个位数以内，2010 年到现在申请量快速增长，年申请量从个位数突破半百，可见广东海洋平台技术近年发展势头强劲。

2）已形成以企业为主的专利创新主体格局。在广东海洋平台专利申请中，企业申请占比 65%，个人占比 24%，而高校、科研院所占比之和不足 10%。企业申请人主要有广东精钢集团（26 件）、广东明阳风电产业集团（17 件）等，从专利申请来看，尚未见已具有突出优势的企业，高校申请人只有中山大学（12 件），其他申请人海洋平台专利申请均在 10 件以下。总体上讲，广东海洋平台领域已形成以企业为主的专利创新主体格局，已涌现出一批以广东精烟集团、中集集团、深圳惠尔凯博海洋工程有限公司等为代表、在海洋平台领域具有一定专利优势的龙头企业，但该领域高校及科研机构研发力量相对薄弱。

3）专利申请多为外围技术，专利布局质量有待提高。在广东海洋平台专利申请中，实用新型专利占比高达 70.4%，发明专利占比仅为 29.6%。由于实用新型专利仅保护产品结构，不保护技术方法及材料，对于海洋平台技术的保护力度相对有限。此外，根据进一步专利分析，广东省海洋平台专利多为辅助设备及测量技术，甚少涉及核心技术，这与国内北京、江苏等地区企业及高校的专利布局还存在较大差距。

12.6.2　广东海洋油气及海底矿产开发利用产业发展建议

12.6.2.1　广东天然气水合物领域发展建议

（1）加强天然气水合物勘探、开采、储运等关键技术的研发

天然气水合物资源开发是我国打造能源革命的新引擎，广东作为拥有我国天然气水合物理论研究和技术创新的核心基地之一，未来要在全球竞争中拥有更多话语权，就必须拥有更多的核心技术。目前，广东在专利申请涉及最多的是天然气水合物合成方法与模拟实验技术及装置，开采与储运有少量涉及，尚未见涉及天然气水合物勘探技术的专利。即尽管广东省在天然气水合物领域的专利布局在国内外都具有一定的领先优势，但在天然气水合物勘探、开采、储运等关键技术领域的专利储备还存在不足，亟待加强研发。

（2）密切跟踪关注重要国家及竞争对手的专利动态

天然气水合物作为一种重要的战略资源，在国民经济、社会发展及国家能源战略安全方面所起的作用毋庸置疑。目前，全球各国正竞相研究天然气水合物资源的开发利用技术。日本在天然气水合物领域的研究虽然起步较晚，但在 2000 年以后发展迅速，目前专利申请量已领先于美国、俄罗斯等国家，仅次于中国，排名第二位。美国相比于其他国家更早进行专利布局且一直处于稳定增长状态，在全球专利布局方面具有较大优势，专利申请全球排名第三位。此外，加拿大与澳大利亚在天然气水合物领域的专利布局也举足轻重，建议广东重点关注这些国家的天然气水合物专利动态。

我国以中科院广州能源所为代表的天然气水合物专利申请人在全球虽然占有一席之地，但国外专利申请领先的多为大型企业，在专利技术的商用化方面较我国更具优势，这些国外企业的专利无疑值得广东重点关注。从专利申请量来看，日本的三井造船、美国的埃克森美孚、瑞士的科莱恩、荷兰的壳牌石油是天然气水合物专利布局的重要申请人，建议对这些企业的专利申请动态保持关注。

（3）加强向国外布局专利的力度

从天然气水合物全球专利数量来看，中国排名第一位，日本和美国紧随其后分别排名第二位、第三位。但是，中国相关专利基本来自本国申请，当然，广东亦如此，在国外的专利申请很少，而国外的三井造船、埃克森美孚、科莱恩等巨头则在全球范围布局了大量的专利。在 PCT 申请与欧专局公布的天然气水合物相关专利族中，与美国产生专利技术关联的专利族占比分别达到 69% 和 87%，反映出美国在全球积极布局专利。

天然气水合物在未来世界能源战略中占有非常重要的位置，随着天然气水合物研究工作的不断开展，新成果日新月异，预计在不久的将来就能在保证环境安全的同时顺利开发和利用天然气水合物资源。一旦技术瓶颈被攻克，来自国外的专利风险必然

陡增，进而对我国天然气水合物开发利用带来巨大的影响和冲击。因此，非常有必要学习和借鉴该领域国外巨头成熟的专利部署和策略经验，加强向国外布局专利的力度，将广东在天然气水合物领域的独有优势技术专利化，确保广东甚至我国在未来天然气水合物资源开发国际市场的竞争优势。

（4）产学研合作共同推进天然气水合物专利创造与运用

广东在天然气水合物领域科研实力全国一流，如中科院广州能源所、华南理工大学、暨南大学等，不仅培育了大批天然气水合物领域的专业人才，还承担了国家及地方的前沿研究课题，在行业的专利申请也处于领先地位。但是，该领域广东企业力量还比较薄弱，来自企业的相关专利申请很少，报告期内仅见广州安能特化学科技有限公司和深圳市雷斯特海洋工程有限公司（同深圳市盛福机械设备有限公司共同申请）分别有 1 件相关专利申请。另外，相关研究机构与企业合作申请的专利极少，相较于北京差距较大，与山东、四川相比也稍显落后。建议广东向北京、山东等先进地区学习，加强科研机构、高校与企业的研发合作，共同推进天然气水合物专利创造与运用。

12.6.2.2 广东常规海洋油气领域发展建议

（1）加强研发创新，为南海油气资源勘探开发做好专利技术储备

作为海洋生产总值已连续 21 年领跑全国的海洋经济大省，广东在海洋经济发展"十三五"规划中定下的目标是：到 2020 年，将围绕海洋经济培育超 100 亿元规模企业达 20 家，超 500 亿元产业集群达 10 个，海洋战略性新兴产业增加值年均增速 15% 以上。为了实现此目标，专利创新必不可少。

尽管广东在海洋油气基础研究和技术创新方面具备一定的基础，但总的来讲，研发能力还比较薄弱。从专利视角来看，专利申请量、专利申请人数以及合作申请专利数都较少，反映出广东海洋油气领域在专利创新能力、研发团队及创新资源对接等方面还存在不足，迫切需要加大投入、补足短板。未来，广东要大力鼓励研发创新，引进国内外深海研究力量，研究攻克海洋油气勘探、开发、储运关键技术，为南海油气资源开发做好技术积累和专利储备。

（2）推动产学研协同创新，提升广东省海洋油气产业的整体专利实力

协同创新正成为科技创新发展的重要形式。资料显示：国际石油公司和技术服务公司均注重专利技术的协同创新，2004~2013 年，埃克森美孚与 93 家企业、高校及研究机构共同申请专利，斯伦贝谢也与 132 家企业、高校及研究机构开展广泛的协同创新。这些国外企业的做法，非常值得广东相关单位借鉴。

广东海洋油气领域的专利申请人既有企业，也有高校和研究机构，如深圳市远东石油钻采工程有限公司、珠海市泰德企业有限公司、广东工业大学、暨南大学、广州海洋地质调查局等。这些申请人之间也有专利合作申请，如在海洋油气勘探领域，广州海洋地质调查局与广东工业大学合作申请了"高精度海底地温梯度探测设备""高精度海底地热流探测设备"专利，但总的来讲，广东海洋油气领域尚未见专利产出具有突出优势的龙头企业，创新主体合作专利申请量较少，协同创新有待加强。海洋油气产业具有研发投入高、风险大的特点，产学研协同创新可提高研发效率，降低研发风

险，同时有利于培育壮大企业创新主体，促进高校和科研机构技术创新成果转移转化，达到人才培养、技术创新与市场转化并举的目的，有利于实现海洋油气领域创新链各环节之间的知识扩散和技术融合，进而提升广东省海洋油气产业整体专利实力。

（3）构建开放创新格局，强化与国内外海洋油气产业专利优势地区的合作

2015 年 3 月 28 日，国家发展和改革委员会、外交部、商务部联合发布《推动共建丝绸之路经济带和 21 世纪海上丝绸之路的愿景与行动》，明确了海洋经济合作领域和拓展空间。2017 年，广东省海洋与渔业厅、广东省发展和改革委员会联合印发《广东省海洋经济发展十三五规划》，指出广东要充分利用广东的地缘优势和油气服务基础优势，鼓励相关企业积极融入全球海洋发展，与有实力的国内外公司合资合作或兼并重组，加强技术创新和专利布局，推进成果运用，不断推升广东海洋油气产业发展。

从国外海洋油气公司的发展经验来看，技术创新与发展主要有自主研发和兼并收购两种方式，典型的如斯伦贝谢加大测井领域的技术研发并且不断兼并各种测井服务公司，使其专利数量和市场份额不断扩大，这种做法也为广东相关企业发展提供了借鉴。

广东各相关企业要积极融入全球海洋油气产业发展，要强化与国内外海洋油气产业专利优势地区的合作。一方面，强化与泛珠三角以及北京、山东等海洋油气领域专利优势地区在海洋油气勘探、开发、储运等领域开展一系列技术研发合作；另一方面，优化利用珠江口盆地油气资源，推进涉海企业与国外海洋油气产业重点国家或地区的专利优势企业合作，支持相关单位创新深远海海洋油气合作开发模式，吸引国际大型石油公司和油气服务公司参与开发。从全球及中国专利申请情况来看，建议将下列国内外主要专利申请人作为潜在合作对象加以重点跟踪：①海洋油气勘探领域：中海油、中石油、挪威 PGS 公司、斯伦贝谢、法国 CGG 公司等；②海洋油气开发领域：中海油、中石油、中石化、通用石油天然气公司、斯伦贝谢、大宇造船等；③海洋油气储运领域：中海油、中石油、中石化、大宇造船、德西尼布集团、三星重工等。

（4）关注产业前瞻格局，积极攻克海洋油气勘探开采智能化前沿关键技术

当今智能化时代，智能化能力将取代工程能力成为海洋油气企业的核心竞争力。对相关企业战略决策者而言，相对开发模式从水面向水下发展的认识，更重要的认识是海洋油气开发的智能化。未来如何打造智能化勘探开采技术及设备，是海洋油气产业当前必须谋划的重要战略，攻克如何实现海洋油气勘探开采智能化，以大幅降低海洋油气开发成本并提高安全性，是企业科技创新的主攻方向。

海洋油气产业要发展，必须要有一批创新型企业，要重点培育一批技术领先的龙头企业和具有成长力的新型企业。专利检索显示，广东在海洋作业智能化方面已取得一些创新成果，在水下机器人、深海传感器等领域已布局一批专利，如深圳市德润青华水下工程科技股份有限公司申请了多件涉及水下机器人专用海底管道堵漏装置的专利，深圳市发利构件机械技术服务有限公司申请有"深海海底管道智能检测器及检测方法"的发明专利，深圳市智慧海洋科技有限公司、广州海洋地质调查局、中国科学院南海海洋研究所等均有深海传感器相关专利申请。建议重点支

持上述已有一定研究基础的专利申请人，鼓励攻克海洋油气勘探开采智能化前沿关键技术取得新突破。

（5）积极开展海外专利布局，为国际市场拓展提供保障

目前，广东在常规海洋油气产业有专利申请的企业数不多，以深圳市远东石油钻采工程有限公司、深圳海油工程水下技术有限公司和中铁港航工程局有限公司等公司为代表，专利申请总量也不大，相比北京、山东等地区的专利申请人数及专利申请量还有较大差距。此外，专利统计数据显示：全球大型海洋油气公司均重视在多个国家保护其专利技术，平均每项发明在5个国家申请专利保护。本报告检索显示，斯伦贝谢在全球42个国家或地区组织有专利布局，贝克休斯公司在全球30余个国家有专利布局。

专利分析表明，广东海洋油气产业专利申请总量偏少，基本为本国申请，在海外专利布局方面更待加强。建议广东海洋油气企业在立足于自身专利技术基础上，结合企业市场策略，适时开展海外专利布局工作，尽早"专利"圈地，积极为拓展国际市场做好专利保障。

12.6.2.3 广东海底矿产资源领域发展建议

（1）组织力量加强研发，做好专利布局，为相关政策规划实施做好支撑

广东是海洋经济大省，"十三五"时期，"一带一路"建设对广东海洋发展提出了更高要求。《广东省海洋经济发展十三五规划》指出，要积极布局海洋潜力产业，发展和建立深海矿产资源评价方法。而从专利布局来看，目前广东在海底矿产领域整体基础比较薄弱，专利量少，技术分散，尚未见有关于采矿系统中关键技术和核心装备的专利申请，也未见有专利创新在行业内突出的专利申请人，在深海矿产资源调查及评价方法方面的专利布局基本还处于空白。因此，建议广东要从政策上加大支持力度，协调广东省科技厅、广东省发展和改革委员会等部门，加大深海矿产资源开发领域科技项目的投入，组织有关力量加强研发，做好专利布局，为相关政策规划实施做好支撑。

（2）积极跟踪国际海底矿产资源技术发展方向，选择性研发和储备一批发展潜力巨大的专利技术

在全球范围内，已涌现出一批海底矿产资源领域的技术先驱者，并在其研发的细分技术领域已具有一定的专利优势，如川崎重工业株式会社，其专利布局重点关注海底矿产开采和储运技术，三菱重工的专利布局侧重海底矿产资源储运技术，埃克森美孚则主要关注于海底矿产资源开采技术，肯尼科特犹他铜业公司的专利技术侧重海底矿产资源的加工应用。这些公司在全球范围进行专利布局，专利实力雄厚，建议广东各研发主体重点跟踪关注这些企业的专利动态，及时了解国际海底矿产资源技术发展方向，并加强对专利信息的吸收再利用。

专利分析结合行业调研显示，目前海底矿产资源领域，深海精确地形测绘技术、海洋地震勘探技术、深海定位技术与仪器设备、深海矿产资源评价方法、海底矿产资源采集及储运技术与设备、海底行走技术等在一段时间内将仍是该领域的研发重点。而广东在这些技术领域的专利布局还处于空白状态，广东各研发单位应当特别重视，

要积极跟踪国际海底矿产资源技术发展方向，结合广东现有基础和规划发展方向，选择一批具有发展潜力和市场前景的技术，加强研发投入，争取取得具有自主知识产权的技术成果，为未来海底矿产资源开发做好技术储备，使广东在全球海洋矿产资源领域更有话语权。

（3）加强与国内外相关科研机构的专利合作，提升广东在海底矿产资源领域的专利实力

广东作为海洋经济大省，具有显著的海洋资源和区位优势，但专利申请量少且未涉及海底矿产资源核心技术及装备，如广东安元矿业勘察设计有限公司的 4 件专利申请，主要为海洋砂矿开采中防治泥沙污染的方法，深圳市远东石油钻采工程有限公司的 1 件专利则为深水弃井切割装置有关。各申请人的专利技术相对分散，没有形成合力，尚未形成整体研发的共识。基于上述区域差异及广东现状，建议广东相关单位与国内外优势机构开展合作研发，资源互补，有效开展技术攻关，为广东培养一批海底矿产资源领域的研发人才，提升广东在海底矿产资源领域的专利实力，促进广东海底矿产资源领域的创新发展。

从专利申请情况来看，国外的川崎重工业株式会社、肯尼科特犹他铜业公司、埃克森美孚等，以及国内的中国矿业大学、长沙矿冶研究院、中南大学等具有专利优势的申请人都是可以重点考虑的合作对象。特别是湖南作为国内海底矿产资源领域专利创新优势区域，但地处内陆，不接邻海洋，广东可与湖南相关单位加强合作，实现地区间资源优势互补。

12.6.2.4　广东海洋平台领域发展建议

（1）加强海洋平台关键技术研发

海洋平台技术领域作为战略性新兴产业的重要组成部分，其专利申请十分活跃，是海洋油气产业的专利重地。从海洋平台技术发展来看，半潜式平台、FPSO 等属于全球海洋平台重点发展方向，也是广东应加强研发的关键技术领域。目前，各国际巨头已通过专利布局在某一个或多个细分领域中形成规模和专利技术优势，如韩国大宇造船、三星重工、现代重工三巨头在半潜式平台、FPSO 进行的专利申请非常频繁，均在海洋平台领域中已形成了比较完备的专利体系，但其各自研发方向侧重有所不同，如在 FPSO 技术领域，韩国大宇造船、韩国三星重工的主要研发方向为系泊系统和天然气储卸系统设备，现代重工的研发方向主要为系泊系统。此外，国内中海油在国内申请人中占领军地位，其研发技术领域最宽，大连船舶重工、大连理工大学等也有涉足上述领域研发，但专利量还不多，总体上国内还处于海洋平台建造市场的第三阵营。这些国内外专利申请人的专利技术研发方向及布局策略都值得广东相关研发单位学习借鉴。

中国现在面临南海开发，将海上油气资源开采挺进到深海领域，恰恰给了广东相关企业加强海洋平台关键技术研发、发展高性能海洋平台的契机。建议广东海洋平台领域相关企业积极研发半潜式平台、FPSO 等关键系统和设备，逐步实现自主设计建造，加快在中国区域内的专利布局。同时，关注国外成熟而国内空白的技术，结合自

身技术现状，在这些领域加强投入研发，加快专利申请布局，促进自身在某一细分技术领域形成专利优势。

（2）推进形成产学研一体的专利创新格局

在广东海洋平台专利申请中，64.8%的专利来自企业申请，已涌现出一批以广东精烟集团、中集集团、深圳惠尔凯博海洋工程有限公司等为代表、在海洋平台领域具有一定专利优势的龙头企业，但该领域高校及科研机构研发力量相对薄弱。从合作申请来看，广东海洋平台领域专利申请合作较少，同行之间尚未建立起技术优势互补的研发合作方式。而国内同行的中海油，在海洋平台领域的专利合作申请人达25个，无论是从合作者地理空间上还是合作者类型方面均具有突出优势，值得广东学习借鉴。广东的中山大学在海洋平台领域申请了12件专利，其专利技术主要涉及浮式及半潜式移动平台浮式海洋平台、重力锚泊技术，在省内具有一定优势。此外，国内的中海油、中石油等大型企业，大连理工大学、上海交通大学等高校以及韩国大宇造船、日本三菱重工等都是海洋平台领域专利领先者，其研发技术各有侧重，可以作为未来可能开展研发合作的对象加以跟踪关注。建议广东相关部门努力推进形成产学研一体的专利创新格局，促进广东海洋平台领域相关企业加强与省内外、国内外高校及科研机构、同行企业的合作研发，进一步提升专利技术实力和市场竞争力。

（3）重视海外专利布局

全球、中国海洋平台领域的专利申请快速增长，显示了世界各国加紧在海洋平台进行专利布局的态势。国外巨头已通过各种专利战略在海洋平台领域构筑了坚固的技术壁垒，并逐步将研发重点转向中国市场，近年来在中国的专利申请量逐年增多，中国将成为世界海洋平台技术市场的必争之地。较之而国外企业在我国积极布局专利的情况，报告期内，未见广东在海洋平台领域有海外专利申请。广东是海洋经济大省，"十三五"时期，"一带一路"建设对广东海洋油气产业发展提出了更高要求。由于南海油气开发的紧迫形势，加强海洋平台技术开发、加强专利海外布局势在必行。广东的海洋平台企业应尽快提高面向国际市场的专利布局意识，未雨绸缪，为未来"走出去"保驾护航。

（4）强化专利信息利用

建立专利动态监测机制，强化专利信息利用，促进广东海洋平台相关企业重视并利用产业专利技术信息。通过专利信息洞察国内外海洋平台最新技术发展趋势，发现广东本行业内的专利空白点和危险区域，并以国内外同行知名企业为跟踪目标，分析预测各优势企业的专利布局动向，一方面可以根据行业技术发展的方向和热点来指导或调整企业的研发方向，必要时进行规避设计，另一方面，通过对相关专利信息的消化吸收再创新，促进技术创新能力和市场竞争力的提升，还可以借助专利信息可发现潜在或新出现的竞争对手或者合作伙伴，进一步结合专利及市场等信息获得更多竞争情报，为企业选择合作、并购对象等经营决策提供有益参考。

第13章 海洋可再生能源开发产业专利分析及预警

13.1 产业发展

13.1.1 产业研究背景

能源是社会发展和经济增长的基本动力，是人类赖以生存的基础。当今社会主要依赖于传统的化石能源，全球总能耗的74%来自煤炭、石油、天然气等矿物能源。然而，社会的高速发展使得能源需求量越来越大，势必造成严重的能源危机。同时，传统能源的过度开采和利用对自然环境造成了巨大破坏，导致大气中温室气体浓度增加，臭氧层被破坏，引起全球气候近50年来以变暖为主要特征的显著变化，对全球自然生态系统产生了明显影响，给人类社会的生存和发展带来诸多问题。

在新的时期，积极发展清洁、可再生能源（太阳能、风能、地热能、海洋能等）已成为国际社会的共识。许多国家提出了明确的发展目标，制定了支持可再生能源发展的法规和政策，使可再生能源技术水平不断提高，产业规模逐渐扩大，逐渐成为促进能源多样化和实现可持续发展的重要能源。

海洋被认为是地球上最后的资源宝库，也被称作为能量之海。21世纪，海洋在为人类提供生存空间、食品、矿物、能源及水资源等方面将发挥重要作用。海洋能作为一种清洁、可再生的能源，对环境的影响甚微，海洋能利用不占用土地资源，全球的海洋可再生能源丰富，其理论总量达 $7.66 \times 10^5 \mathrm{GW}$，有非常可观的开发前景。海洋可再生能源主要包括海洋风能、潮汐能、海洋波能（波浪能、潮流能和海流能）、海洋温差能、海洋盐差能和海洋生物质能。

13.1.2 产业发展概况

13.1.2.1 全球发展概况

勒夫达尔（Lovdal）和诺依曼（Neumann）对全球海洋可再生能源的调查研究中发现，在全球海洋可再生海洋能源产业中57%的企业从事波能技术开发，27%的企业从事潮汐能技术开发，16%的企业则同时从事波能和潮汐能技术开发。所有这些海洋可再生能源企业分布在全球的四个洲，其中49%分布在欧洲，35%分布在北美洲，12%分布在大洋洲，4%分布在亚洲。从国别分布来看，美国和英国的公司占全球海洋可再生能源企业的52%。从企业成立的时间长短来看，所有企业中94%属于新成立的企业，只有6%的企业从事的是成熟公司内的项目开发。从经费来源来看，在所有的被调查公司中，平均来说，27%的研发经费来自政府资金，其余73%则主要依靠私人资金。由此可见，沿海发达国家是国际海洋可再生能源产业发展的主力军。

其中，除了潮汐能已经商业化以外，其他的海洋能的装机均处于商业推广应用前的示范试验阶段。潮汐能、潮流能是全球范围内海洋能开发的趋势。其中，潮汐能是全球范围内装机容量最大且已进入商业运用的海洋能。当前开展潮汐能利用的国家有韩国、法国、加拿大、英国、中国和美国等。未来波能的利用将主要集中在欧洲，英国、瑞典、法国、比利时等国均已获批10兆千瓦级别的波能发电装机容量。盐差能的大规模示范试验项目将在荷兰展开，其已获批百兆千瓦级别的装机容量。温差能的示范试验项目主要在韩国展开，其在现有220kW装机容量的基础上，又获批220kW的装机容量。

13.1.2.2　国内发展概况

我国大陆海岸线长达18000多千米，拥有6500多个大小岛屿，海岛的海岸线总长约14000多千米，海域面积达470多万平方千米，海洋能源十分丰富，达5亿多 kW。《海洋统计年鉴（2010）》的数据显示，目前我国辽宁、上海、江苏、浙江、福建、山东、广东和海南等沿海省市的风能发电能力为239.06万 kW，主要潮汐能电站装机总容量为5100kW。尽管我国海洋风能、潮汐能的发展速度都比较快，但是和我国海洋能源理论蕴藏量6.3亿 kW相比，我国沿海地区对海洋可再生能源的利用率、利用空间有待进一步提高。

近期我国建设的海洋新能源利用示范工程主要有：

1）由财政部和国家海洋局主办的海洋可再生能源特别基金（SFPMRE）支持的江夏（浙江）潮汐电站已于2015年8月完成升级改造，发电能力达到4.1MW，新的1号机组已运行超过1000h。

2）大万山岛（广东）独立混合发电示范电站，该站包括300kW波浪能装置，100kW风力发电机和300kW太阳能发电装置。

3）嵊山岛（浙江）独立混合发电示范电站，该站包括300kW波浪能装置、150kW风力发电机、50kW生物能发电装置、25kW太阳能发电装置。

4）2015年12月，岱山（浙江）潮流能发电技术示范电站，海能三期（2×300kW）浮式V轴轮机经修复后已于龟山峡谷投入海试。

根据我国波浪能、潮流能产业技术发展现状，结合国外海洋能试验场建设经验和我国的海洋能资源分布特点，我国的海洋能试验场将分别建成针对海洋能发电装置模型/小比例样机试验的浅海海上综合试验场、针对波浪能发电装置原型试验与测试的波浪能试验场和针对潮流能发电装置原型试验与测试的潮流能试验场。

我国首个国家级浅海海上试验场于2014年11月落地山东威海，该试验场海域的波浪和潮流资源可满足波浪能、潮流能发电装置模型/小比例尺样机试验的需求，同时周边科研、交通、制造加工等基础条件优越，可为后续试验场的建设运行积累经验。

潮流能试验场选址浙江舟山，舟山海域的潮流能资源丰富，是我国潮流资源最好的海域，可以充分开展兆瓦级潮流能发电装置的实海况试验、测试和评价。试验场潮流能年均能流密度为 1.5kW/m²，规划建设 3 个具备 1MW 测试能力的泊位。

波浪能试验场选址广东万山，该海域波浪资源条件优越，是我国近海岸波浪条件最好的海域之一，可充分满足对波浪能发电装置大比例尺样机及原型样机开展试验、测试和评价的需要。该试验场年均波能密度 4kW/m，自 2015 年起将开展国家波浪能试验场 3 个测试泊位及其配套设施的建设工作。

目前，威海浅海海上综合试验场已经进入建设阶段，舟山潮流能试验场和万山波浪能试验场已完成选址和总体设计。这三大海洋能试验场作为中国海洋能发电装置试验、测试与产业培育基地，将为中国海洋能技术成熟度的提升、海洋能产业的发展提供支持。

13.1.2.3　广东省发展概况

广东是我国海洋大省，海洋资源丰富。广东长达 3368km、约占全国 1/5 的海岸线主要分布在东西两翼地区，大小港口 510 个，海岛 1431 个，岛岸线长达 2400 多公里，约占全国岛岸线的 1/6。由广东所辖的海域面积共 45 万平方公里，相当于陆地面积的 2.5 倍多。广东拥有丰富的港湾、滩涂、生物、能源、旅游等海洋资源。

早在 2004 年广东省委省政府就作出了《关于加快海洋经济发展的决定》，对广东省海洋经济的指导思想、原则和目标作出了指示，随后海洋经济开发受到省委省政府的高度重视。

2008 年，《广东省海洋功能区划》出台，2011 年，《广东海洋经济综合试验区发展规划》（以下简称《规划》）获国务院批准。国务院对"广东海洋经济综合试点规划"的批复中明确指出，要将广东海洋经济综合试验区"建设成为我国提升海洋经济国际竞争力的核心区、促进海洋科技创新和成果高效转化的集聚区、加强海洋生态文明建设的示范区和推进海洋综合管理的先行区"。《规划》给出了广东海洋经济开发的战略定位和空间布局等发展思路。《规划》提出的战略定位有四点：一是提升我国海洋经济国际竞争力的核心区；二是促进海洋科技创新和成果高效转化的集聚区；三是加强海洋生态文明建设的示范区；四是推进海洋综合管理的先行区。在构建海洋综合开发新格局方面，《规划》提出，广东将提升优化珠三角海洋经济区的核心作用，发展壮大粤东海洋经济区、粤西海洋经济区两个增长极，形成"一核、两极、三圈、四带"的空间布局。

广东还相继出台了《珠江三角洲地区改革发展规划纲要（2008～2020）》和《关于加快发展我省服务业的实施意见》等促进海洋科技服务业发展的相关政策与措施，明确提出了加快海洋科技服务业对经济增长的支撑及对制造业创新的促进作用，并将海洋科技服务业培育工作列入了 2009 年省十大科技创新工程之一。

以中山大学、中科院南海海洋研究所、广东海洋大学等在粤科研院校为支撑，建成了覆盖海洋生物技术、水生经济动物良种繁育、海洋防灾减灾、近岸海洋工程、海洋药物等领域的省级以上重点实验室 25 个，居全国首位。目前，广东主持参与公益性科研专项项目14个，涉及科研经费近7000万元，有力地提升了广东海洋科技研发与应用水平。中科院广州能源研究所、中山大学等承担的海岛波浪能独立电力系统规模化应用示范工程、新型高效波浪能发电装置的研发与应用等海洋可再生能源技术研发与应用取得了突出成绩。

作为国家级三大实验场的波浪能试验场选址广东万山，该海域波浪资源条件优越，是我国近岸波浪条件最好的海域之一，可充分满足对波浪能发电装置大比例尺样机及原型样机开展试验、测试和评价的需要。

13.2　全球专利状况分析

13.2.1　申请趋势分析

全球范围内的海洋可再生能源专利申请量在2012年出现了拐点，由之前的不断增长转变为小幅下滑（参见图13-1），这主要是由欧洲国家（如德国、英国、法国等）以及日本在2012年之后在海洋可再生能源领域中的研发力度下降所致。

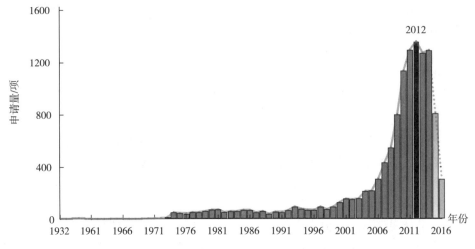

图13-1　海洋可再生能源全球专利申请趋势

根据海洋可再生能源技术领域专利布局的特点，将技术发展分为4个阶段：

第一阶段为萌芽期（1973年之前）。这一阶段，每年全球专利只有几项，且专利主要集中在欧美等发达国家，在该阶段每年专利的申请量变化不大，整体上专利技术发展缓慢，以英国为代表的欧美国家在20世纪70年代，制定了强调多元化的能源政策，鼓励发展包括海洋能在内的多种可再生能源，海洋可再生能源的技术研发也源于欧美国家。

第二阶段为平稳增长期（1973~2000年）。德国、英国、法国、日本、韩国等国家在该领域逐步增加了专利布局量，而美国申请人在全球范围内的专利布局出现了减少，在该阶段任何一个国家的专利申请量都没有超过50件，整体呈现缓慢增长的态势。

第三阶段为快速增长期（2000～2012 年）。在该阶段，中国在海洋节能环保政策的促进下，该领域中的中国专利申请量迅速增加，我国在 2006 年颁布实施了《中华人民共和国可再生能源法》（以下简称《可再生能源法》），把可再生能源的开发和利用提高到"增加能源供应，改善能源结构，保障能源安全，保护环境，实现经济社会的可持续发展"的战略高度；2009 年，全国人大对《可再生能源法》进行了修订，有力地推动了我国可再生能源产业的健康发展。同时美国申请人在该阶段的专利申请量出现了反弹，韩国申请人的布局量也迅速增加，这些因素整体推动了在 2012 年之前专利申请量的迅速攀升，美国议会于 2005 年通过了《能源政策法案》，法案中明确了海洋可再生能源开发相关税收激励和贷款保障等激励政策，极大地激励了企业对海洋可再生能源投资的信心，促进了海洋可再生能源领域中技术的研发与推广；韩国于 2008 年发布了《新能源及可再生能源研发及示范战略 2030 – 海洋》，韩国的海洋可再生能源战略规划分为 3 个阶段，2008～2012 年为第一阶段，主要由政府资助进行适合近海海域的海洋可再生能源技术研发及示范，从而极大地推动了海洋可再生能源产业的发展。

第四阶段为成熟期（2012～2014 年）。该阶段日本以及欧洲国家在该领域的研发热度有所下降，整体专利申请量出现了下滑，经过前一阶段的快速增长，海洋可再生能源产业的技术发展趋于平稳，该阶段海洋风能这一技术比较成熟的领域技术研发热度出现了明显的下滑，而其他技术分支出现了平稳增长或者波动，从而使海洋可再生能源领域的整体专利布局出现下滑。

图 13 – 2 展示了 6 个技术分支专利申请的变化情况。具体到各个技术分支专利申请总量，全球范围内海洋波能、海洋风能两个分支的专利布局相对较多，海洋潮汐能、海洋生物质能布局相对较少，海洋温差能以及盐差能专利布局量最少。专利布局水平在整体上反映了技术的成熟程度以及技术的推广使用度，海洋波能、海洋风能的利用技术最成熟，技术范围内使用也最广泛，海洋温差能以及盐差能技术在实际产业中利用不多，专利布局整体偏少。在全球海洋可再生海洋能源产业中 57% 的企业从事波能技术开发，27% 的企业从事潮汐能技术开发，16% 的企业则同时从事波能和潮汐能技术开发。

就各个技术分支专利申请趋势而言，海洋波能专利申请量随时间一直在增长，海洋波能技术在近些年一直是热点技术，全球范围内企业把主要的精力投入到海洋波能的技术研发中；海洋风能专利数量在 2012 年达到峰值，单年的专利申请量超过 900 件，之后专利申请量迅速下降，近些年技术热度有所降低，技术相对比较成熟；海洋潮汐能以及生物质能专利申请的峰值出现在 2011～2012 年前后，之后专利申请出现了波动，近些年这两个技术领域中专利布局的增速放缓；海洋温差能以及海洋盐差能整体布局量较少，每年的专利申请量在几十件量级上，专利布局整体呈现波动中不断上升的趋势，但是这两个技术在 2013～2014 年增速出现了明显的放缓，因此海洋温差能以及海洋盐差能技术还处在缓慢发展阶段。

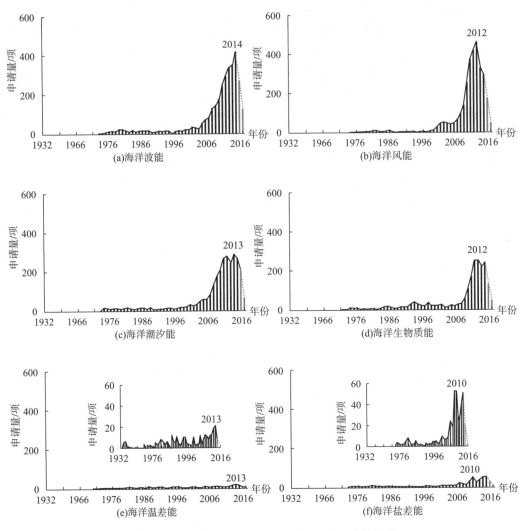

图 13 - 2　海洋可再生能源各技术分支专利申请趋势

13. 2. 2　主要申请人分析

　　全球海洋可再生能源主要的申请人集中在中国，从图 13 - 3 中可以看出，在全球排名前 20 位中，有 16 位申请人来自中国，其中，国内以高校申请居多，这主要是由于海洋可再生能源中很多能源利用技术还停留在理论研究层面，高校在这方面有研究的优势。国外主要申请人为市场主体申请人，如三菱重工、西门子等，国外申请人申请的专利与企业的发展息息相关。

　　广东相关创新主体在遇到技术瓶颈时，可以考虑与高校进行合作来提高研发效率，比如与浙江海洋学院、浙江大学等进行合作研发，将相关的技术转化为生产力、转化为经济效益。由于国外在海洋可再生能源领域研发较早，20 世纪初欧美等发达国家已经就潮汐能等进行了研究，广东在进行相关领域技术研发过程中也可以与国外企业等

申请量/项

图 13 – 3　海洋可再生能源全球主要申请人专利申请排名

创新主体合作。

　　表 13 – 1 给出了各技术分支中，国外主要申请人全球专利布局，可以帮助广东创新主体围绕具体技术进行有针对性的合作，比如在海洋波能领域中，可以与福伊特专利有限公司、三菱重工等展开合作；同时，由于国外的一部分专利技术超出了专利的保护期等，已处于失效状态，对于这样的专利广东创新主体可以吸收其中对自己有价值的技术，在此基础上开展研究活动，提高研发起点和研发高度；同时在生产实践中，需要留意规避相关创新主体的专利壁垒，比如海洋风能领域中，三菱重工在除了本土外很多其他地区布局了专利，国内主体尤其是广东的创新主体在进行海洋风能领域的研发过程中需要留意相应的风险，提前做好应对风险的预警工作。

表 13 – 1　海洋可再生能源各技术分支创新国外主要申请人全球布局

海洋波能	海洋潮汐能	海洋风能
福伊特专利有限公司	潮汐发电有限公司	三星重工
三菱重工	HONG MOON PYO	维斯塔斯系统公司
JUNG MIN SHY	劳斯莱斯股份有限公司	现代重工株式会社
海洋能技术有限公司	福伊特专利有限公司	恩梯恩公司
三星重工	现代重工株式会社	大宇造船和船舶工程公司
谷口茂	韩国海洋科学技术研究所	三菱重工

续表

海洋波能	海洋潮汐能	海洋风能
山下俊彦	卡梅伦国际公司	现代重工株式会社
日立造船公司	PARK SEONG SOO	
Hyun Ik Gun	韩国海洋科学技术研究所	
海蓝宝石动力有限公司		
海洋生物能	**海洋盐差能**	**海洋温差能**
三菱重工	TANIGAWA HIROYASU	韩国海洋科学技术研究所
川崎钢铁公司	韩国能源研究所	
FERMENTALG	KRISHNAMOORTHY SRINIV ASAN	
海洋生物技术研究所株式会社	韩国海洋科学技术研究所	
日清制油有限公司	日立造船公司	
三井造船株式会社		

13.2.3　专利流向分析

如图 13 - 4 所示，中国是海洋可再生能源专利申请的主要布局目标市场，全球该领域中将近 1/3 的专利在中国进行了布局，布局的专利量主要集中在 2000 年之后，尤其是从 2006 年开始，国家密集出台了多项政策促进可再生能源的发展，该阶段中国海洋可再生能源专利申请量迅速增加，比如 2014 年，中国布局了 800 余件专利，单年的布局量已经超过了海洋可再生能源技术强国英国累积的专利布局量。

全球海洋可再生能源企业主要分布在四大洲，其中，49% 的企业分布在欧洲，35% 的企业分布在北美洲，产业的发展带动了该领域中知识产权的保护，欧洲布局的专利占总专利量的 20%，美国布局的专利占总专利量的 13%，上述两个地区近些年的专利布局量也出现了增长，但是增长幅度明显要弱于中国。欧美国家在该领域中专利布局的持续性比较好，在 20 世纪六七十年代之前已存在专利申请，专利累积形成了相对比较密集的专利布局。

日本的专利布局态势与欧美国家的趋势接近，专利布局整体持续性好，专利布局很好地配合了产业发展；韩国专利布局受政策影响，在 2009 年发布了《海洋能研发项目行动计划的发展》，促进了海洋可再生能源产业的发展，专利申请量从之前的很少有布局发展到后期高速增长，整体的发展态势与中国发展过程相似，政策环境带动了整个产业的高速发展。

在海洋可再生能源领域中，中国、美国以及欧洲是该领域中主要的专利布局目标市场，相关创新主体在进入上述市场开展经营活动过程中需要留意规避相关的专利风险，避免专利侵权而导致的决策失误和经济损失。

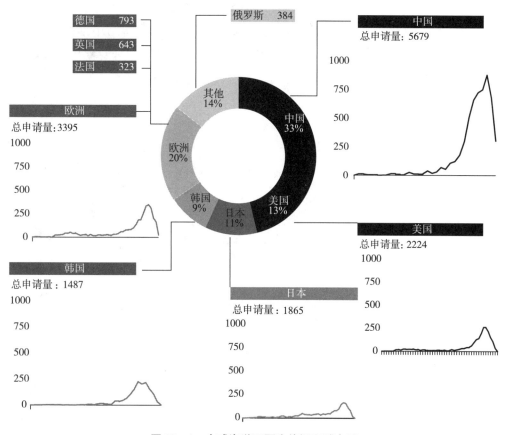

图 13 - 4　全球海洋可再生能源区域布局

注：图中数字表示申请量，单位为项。

在各个专利布局的目标市场中，海洋温差能以及海洋盐差能的占比均比较低，专利申请量也不大，在海洋温差能领域中，冷水管技术、平台水管接口技术、海底电缆技术以及各部分的整装集成技术等均存在问题，同时盐差发电尚处于研究阶段，技术尚不成熟，技术瓶颈限制了产业的发展。同时，日本在海洋温差能领域技术最为先进，1990 年在日本鹿儿岛县建成的 1000kW 岸基封闭循环式发电站，是世界上最大的实用型海水温差发电系统，日本在海洋温差能领域专利申请量占比相对较大。

海洋波能、海洋潮汐能、海洋风能以及海洋生物质能领域中的专利布局量相对比较大，在全球范围内，这些技术领域的能量利用技术相对比较成熟。其中，中国在海洋波能领域、韩国在海洋潮汐能领域、欧洲在海洋风能领域、日本在海洋生物质能领域中都具有相对密集的专利布局，上述技术分支在对应国家得到了良好的发展。我国对海洋波浪能的研究和利用虽起步较晚，但发展很快，经过 30 多年的研发，先后研建了 100kW 振荡水柱式和 30kW 摆式波浪能发电试验电站，小型岸式波力发电技术已进入世界先进行列，航标灯所用的微型波浪发电装置已经商品化。

由于受政策环境影响，中国申请人在 2000 年之后，尤其是在 2006 年之后申请了大量专利，海洋可再生能源领域中，中国原创技术量明显多于其他各个国家和地区，占比达到了49%；美国、欧洲以及日本在该领域中技术研发时间较早，持续时间长，技术的研发有很好的延续性，技术原创实力整体上也比较强；韩国与中国的情况相似，受到政策推动，该产业专利原创实力也比较强，尤其在海洋潮汐能领域中，韩国申请人申请了大量的专利，如图 13 - 5 所示。

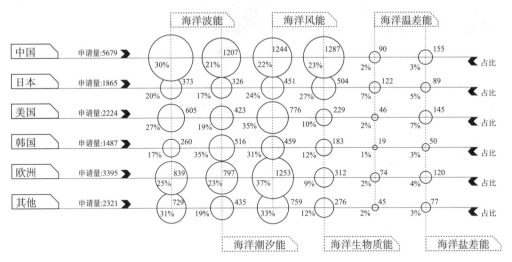

图 13 - 5　全球海洋可再生能源各技术分支领域专利区域布局

注：图中数字表示申请量，单位为项；百分比表示申请量占比。

13.2.4　新进入者分析

对于某一项技术而言，新进入者数量越多、新进入者涉及的技术研究越深入，则该技术对于该新进入者来说越有意义，在一定程度上反映出新进入者对未来技术发展方向的判断。因此，新进入者技术布局的方向在一定程度上能够体现产业中的技术发展方向，在一定程度上能够反映未来技术的发展热度。如图 13 - 6 所示，本节通过分

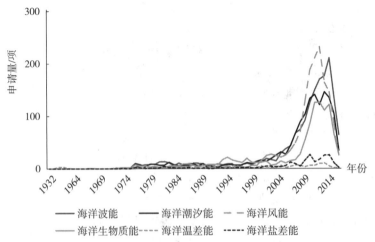

图 13 - 6　海洋可再生能源全球新进入者专利申请趋势

析新进入者的趋势来反映各技术分支中技术的研发热度。

通过整体的分析可以看出，国外新进入者在各技术分支中技术布局的比例大部分小于国内新进入者技术布局的比例，这也在一定程度上说明我国在大部分技术领域中的技术发展处于起步阶段，有更多新的创新主体不断出现，推动我国相应的技术追赶甚至赶超国外。全球以及中国近些年在海洋可再生能源领域，合作申请人的数量不断下降，但是全球范围内海洋波能降幅较小，中国范围内海洋潮汐能以及海洋生物质能的降幅较小，相对于其他技术，上述技术处于相对比较热的阶段。

13.3　中国专利状况分析

13.3.1　国内省市分析

表 13-2 展示了国内海洋可再生能源领域各省市专利申请布局情况，除北京外，国内该领域的专利申请主要来源于沿海地区，北京聚集了大量的高校以及科研院所，在海洋可再生能源领域中也进行了大量的研究，并申请了较多的专利。

表 13-2　海洋可再生资源国内省市专利申请量排名

省市	申请量/件
浙江	672
江苏	557
山东	548
北京	513
广东	407
上海	357
辽宁	236
天津	204
福建	154
河北	147
黑龙江	145
湖北	140
湖南	132

排名第一的浙江蕴藏着大量的潮汐能，浙江杭州湾最大超差达 8.9m，目前浙江运行了国内为数不多的潮汐能发电站，如总装机容量 3900kW 和 150kW 的浙江温岭江厦站和浙江玉环海山站，同时，浙江在潮流能以及波浪能领域的研究也处于领先位置。排名第二、第三的山东和江苏风能资源丰富，山东长岛海上风电场、江苏如东海上示范风电场均已经开工建设，同时在潮流能以及波浪能领域中具有较强实力。上述地区借助得天独厚的海洋资源开展了大量的资源开发利用工作，推动了海洋可再生能源技术的发展。

　　广东紧随北京在海洋可再生能源技术领域中排名第五，专利申请量占据了国内总申请量的9%；2010年4月，中国首个波浪能发电项目落户广东省葛洲岛，首台模机于5月初正式投入使用，计划投资3.5亿元，建设5万kW·h，可年发电3亿kW·h，这是我国首个利用国外技术建造的波浪能电站；同时波浪能试验场选址在广东大万山。虽然广东在海洋风能、潮汐能、潮流能以及波浪能四个产业化程度比较高的技术领域中不具有最丰富的自然资源，但是依托于技术创新，广东在海洋可再生能源领域中已经开展了相关的实践工作，并积累了一定的技术储备。

　　如图13-7所示，在国内海洋可再生能源资源比较丰富的地区，如浙江、江苏、

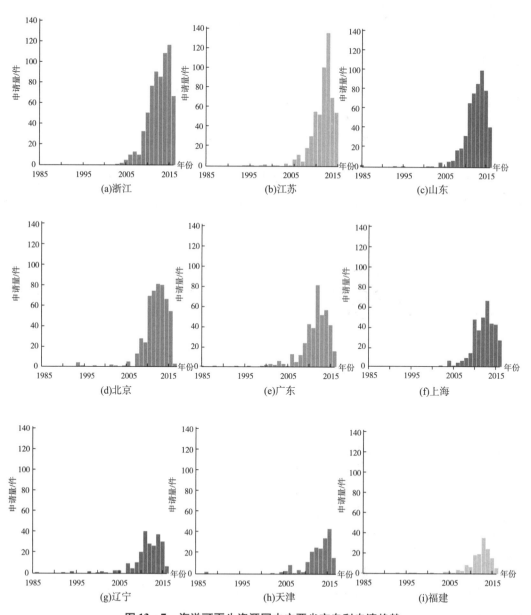

图13-7　海洋可再生资源国内主要省市专利申请趋势

山东等, 近些年专利申请呈现逐步递增的态势, 对于包括广东在内的资源不是特别丰富的地区专利申请在近些年申请量出现下降, 整体呈现波动上升的态势。丰富的海洋可再生资源给技术进步提供了充足的保障, 而技术的研发与保护又在一定程度上促进海洋可再生能源技术的发展与利用。

13.3.2　合作分析

图 13-8 给出了各技术分支合作申请的占比情况。在全球范围内, 海洋生物质能、海洋风能以及海洋盐差能集中较大比例的合作申请, 在上述领域中全球申请人展现了较高的合作意愿; 在中国范围内, 申请人更多的在海洋生物质能、海洋盐差能、海洋温差能领域展开合作, 全球以及中国范围内合作申请的领域比较接近, 说明在上述领域中技术起点比较高, 申请人需要相互借助对方的优势克服技术上的困难与瓶颈。

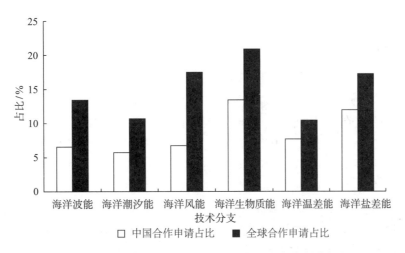

图 13-8　海洋可再生能源中国各技术分支合作申请占比

13.3.3　国内新进入者分析

通过之前的全球新进入者分析可以看出, 国外新进入者在各技术分支专利布局的比例大部分小于国内新进入者专利布局的比例, 这也在一定程度上说明我国在大部分技术领域中的技术发展处于起步阶段, 有更多新的创新主体不断出现, 推动我国相应的技术追赶甚至赶超国外。而海洋温差能和盐差能由于还处在试验阶段, 因此新进入者非常少, 如图 13-9 所示。

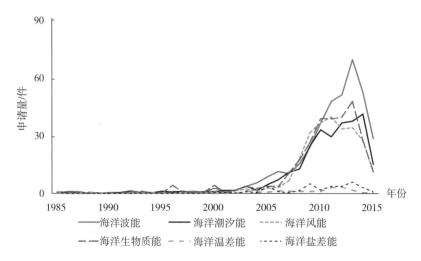

图13-9　海洋可再生资源各技术分支中国新进入者专利申请趋势

13.3.4　国内申请人分析

专利具有地域性的特点，只有在中国申请的专利才能在中国市场中得到保护。图13-10分析了海洋可再生能源领域，在中国布局的国内外申请人中，国内申请人数量占总数量的3/4。在中国申请人中，浙江的申请人申请最多，达到了672件，广东申请人的专利量处于中上游，达到了407件。与其他省市相比，广东个人申请人申请的专利量很多，而公司、科研院所申请的专利量相对较少，说明广东在海洋可再生能源领域中，大部分专利技术集中在个人手里，在开展技术研发过程中，需要充分利用这一优势，发挥个人的主观能动性，提升产业质量。对于国外来华申请，美国的申请人数最多，其次是日本和欧洲国家申请人，这些国家在海洋可再生能源领域技术研发早，技术相对成熟，荷兰在中国的人均申请量接近3件，荷兰申请人非常重视中国市场，在中国布局专利的密度最大，因此，在研发过程中，尤其需要关注荷兰申请人在中国的专利申请。

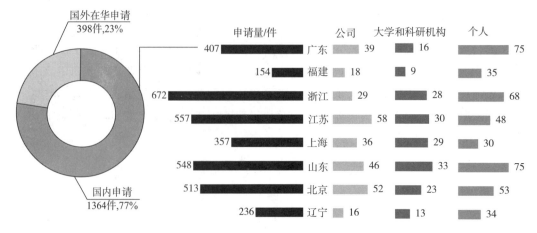

图13-10　海洋可再生资源国内申请人专利申请分析

13.4　广东专利状况分析

13.4.1　海洋风能

13.4.1.1　申请趋势分析

从总量来说，国内申请量为 1244 件，全球总申请量为 3610 项，中国申请占总申请量的 34.5%。从全球专利申请总体趋势来看，可以分为以下 3 个阶段（参见图 13 - 11）。

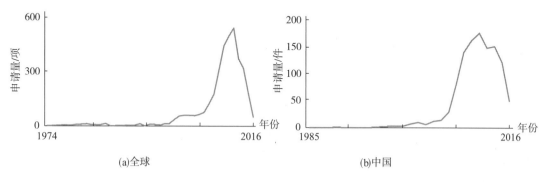

图 13 - 11　海洋风能全球和中国专利申请趋势

1974 ~ 1999 年为海洋风能专利申请起步阶段。随着风电技术发展，人们将目光投向近海，相关海洋风能申请开始出现。但受制于技术和市场需求，申请量一直维持在低位；1999 ~ 2007 年处在平稳发展期。伴随着全球风能投入商用，申请量保持稳定增长；2008 年至今，风能申请呈快速发展，处在快速发展期。

国内申请趋势和全球基本一致，从起步到平稳发展，再到快速发展。只是国内在平稳发展期更短，经过几年的积累，迅速进入快速发展期。在海洋风能全球申请量分布中，可以看出占比最高的是风力发电平台，其次是设备维护、运输机吊装设备、电能存储传输设备和发电设备。国内申请占比和全球接近，只是占比更均匀一些，从而可以看出国内和全球技术改进侧重点不同。

从各省市申请排名中可以看出，广东的专利申请数量名列第五位。排在前面的省市还有北京、江苏、上海和浙江。而排在广东后面的，相比其差距较大。总的来说，排名靠前的地区均是经济发达地区，对于新型能源具有较大的需求，地区扶持力度大，当地有相应的大型风电企业。一旦地区开发能够取得规模效应，相应产业下的各分支具有带动作用。广东各分支专利布局均有涉及，主要集中于风力发电平台、其他（关于设备防腐、叶片改进、运行监控以及电缆维护等领域）和运输机吊装设备，在其他分支跟进较少。省内企业主要是广东明阳风电，其产品主要是以陆地风电设备为主。由于缺少其他分支的配套企业，广东该领域申请主要是以广东明阳风电为带动。由于海洋可再生能源发展持续升温，广东可以通过引进相关领域企业方式，利用自身的地理优势，在省内发展海上风能，带动本地企业形成规模优势，从而提高地区竞争力。

13.4.1.2 申请人分析

按照全球申请人专利申请量进行排序，结果如图 13－12 所示。其中韩国、日本的申请人排名靠前，占比较大，这与韩国、日本领海的地域特点相关，使得它们对于海洋能源利用的关注度更高。另外，通过对上述排名的申请人进行分析，发现大公司之间多采用合作的模式进行技术研发和联合申请专利，例如，风电领域强国丹麦的维斯塔斯风力系统集团也从陆上风力发电技术扩展到了海上风电技术的研发，并于 2013 年 9 月开始与三菱重工业株式会社合作成立专门生产海上风力发电设备的合资公司，并联合研发并申请多项发明专利。

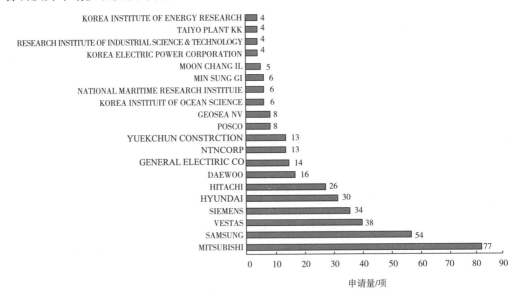

图 13－12 海洋风能全球主要申请人专利申请排名

目前，英国是世界上海上风电最大的市场，而丹麦是世界上最早开发海上风电的国家，拥有先进的海上风电技术和成熟的产业链以及完善的专利池构建。2016 年 9 月 8 日，世界上最大容量海上风电机组型号 MHI Vestas V164－8.0MW 成功安装，用于英国 Burbo Bank 海上风电扩建项目，这是该风电机首次安装于商业项目，该风电机来自维斯塔斯风力系统集团，其中各个系统、部件以及控制均拥有发明专利遍布全球。维斯塔斯风力系统集团几乎在风电产业每个环节都有涉及，当然也有侧重点，在发电机组整机和关键部件的专利申请远远高于其他领域，在关键部件中，关于叶片的专利申请最多，占将近30%，整机和叶片是维斯塔斯风力系统集团的主要产品。在其涉足海上风电领域后，海上风电基础平台也成为其主要申请领域之一。

如图 13－13 所示，在国内申请人排名中，广东企业明阳风电排名第一。广东明阳风电产业集团有限公司从 2006 年 6 月进入风力发电新能源行业，2007 年 8 月首台风电机投产。其 SCD 系列产品针对海上环境气候和水文地质条件能实现防烟雾、抗雷击、抗台风、高发电量等特点，适应于极端台风气候条件。其针对海上风力发电申请的专利主要集中在导管架结构的基础，先后于 2012～2015 年，提出多件发明和实用新型专利申请。除了上述导管架结构，还涉及设备防腐、海上风力发电机组的安装方法等。除了广东明阳风电产业集团，广东缺乏对应的科研院所。借助科研院所的研发实力，配合省内优秀企业，能够加快技术转化升级，保持企业的市场控制力。在其他整机竞争对手中，江苏金风科技排名第七，还有部件供应商申请量也较多。相比广东，浙江和江苏等均有科研院所上榜，比如浙江海洋学院、中国水电顾问集团华东勘测设计研究院、上海交通大学和天津大学等。

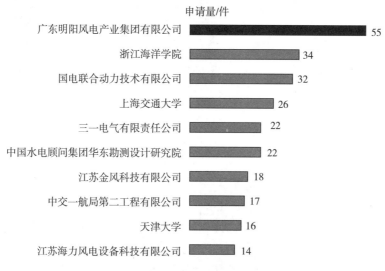

图 13 - 13　海洋风能国内主要申请人专利申请排名

目前，专门针对海上风电技术的专利申请，除了基础平台方面，其他关于设备防腐、海陆并网、装配作业、减震等技术比较分散，广东可以抓住机会，借鉴我国海上大型工程的建设经验，按照海上风电的大容量、深海型的趋势加大研发力度，尽早申请相关专利，以争取海上风电市场的先机，较早进行专利布局。

13.4.1.3　海洋风能壁垒分析

通过图 13 - 14 可知，我国关于风力发电平台专利申请量最多。其也是海上风能区别陆地风能的主要技术点，可以看出相关申请人已经进行了大量布局。运输机吊装设备有效专利壁垒也较多，但潜在壁垒较少。其他分支则占比较少。综上可知，我国虽然起步较晚，但申请量及专利壁垒数量比较可观，已经形成一定竞争力。广东可以借助国内的优势，带动省内企业技术研发的同时注意专利壁垒，合理完成专利布局。

广东海洋风能领域中的各个技术分支的发展区别明显：第一类技术——风力发电平台技术在广东海洋风能技术中占比最大（37.5%），是技术突破最多的技术分支，2014 年专利申请近 20 件，源于广东省海洋风能专利申请爆发式增长，成为该领域的优势技术领域；与之相反，在发电设备技术方向，广东省的专利申请量为零，即使在专利井喷的 2014 年也未有技术突破，成为短板技术领域；第三类技术包括运输机吊装设备、设备维护、电能存储传输设备和其他技术，其中，电能存储传输设备相关专利较少，运输机吊装设备专利较多，整体来看，第三类技术专利年申请量几乎都为个位数，可加快布局，形成具有一定竞争力的技术方向。

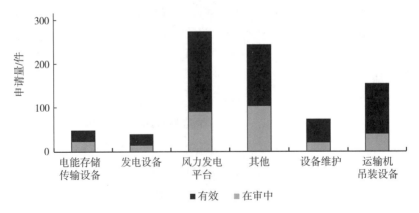

图 13－14 海洋风能国内各技术分支专利申请分布

13.4.1.4 海洋风能国内区域分析

表 13－3 展示了国内海洋风能领域中，主要省市专利申请量随申请时间的变化情况。在主要省市中，江苏、北京、浙江等省市专利申请量最多，江苏的发明专利申请以及实用新型专利申请分别达到了 89 件、51 件，北京的发明专利申请以及实用新型专利申请分别达到了 86 件、61 件，浙江的发明专利申请以及实用新型专利申请分别达到了 48 件、66 件，广东的发明专利申请以及实用新型专利申请相对比较集中，在 2012 年申请了较多的专利，其他年份申请的海洋风能领域专利相对较少。广东相对于其他主要省份在专利申请量上没有优势，同时专利申请的延续性不够，除了部分年份申请了较多专利外，布局专利的势头没有延续下来。

表 13－3 近 10 年海洋风能国内主要省市专利申请汇总 单位：件

省市	申请类型	2007年	2008年	2009年	2010年	2011年	2012年	2013年	2014年	2015年	2016年	总计
北京	发明申请	1	5	5	16	19	14	9	4	12	1	86
	实用新型	0	2	2	10	11	16	5	5	10	0	61
福建	发明申请	0	0	0	0	0	2	3	1	1	0	7
	实用新型	1	0	1	2	0	0	0	1	2	1	8
广东	发明申请	0	1	0	2	4	21	14	7	7	1	57
	实用新型	0	0	1	1	0	20	8	4	4	0	38
河北	发明申请	0	0	0	0	1	0	1	0	0	1	3
	实用新型	0	0	0	0	0	1	0	1	1	0	3
江苏	发明申请	0	0	3	9	16	8	17	19	11	6	89
	实用新型	0	0	1	2	12	4	11	8	12	1	51

省市	申请类型	2007年	2008年	2009年	2010年	2011年	2012年	2013年	2014年	2015年	2016年	总计
辽宁	发明申请	0	1	4	1	4	6	1	3	2	0	22
	实用新型	0	0	2	5	2	2	0	2	0	0	13
山东	发明申请	0	0	3	3	3	1	3	9	2	1	25
	实用新型	0	0	1	6	1	3	1	6	3	2	23
上海	发明申请	3	0	4	10	12	6	16	9	5	10	75
	实用新型	0	0	6	10	4	3	3	5	5	1	37
天津	发明申请	0	0	0	4	2	5	5	6	5	2	29
	实用新型	0	0	0	1	3	2	1	4	4	0	15
浙江	发明申请	2	0	6	2	5	5	6	8	3	11	48
	实用新型	0	0	12	16	8	4	4	6	12	4	66
总计		7	9	51	100	107	123	108	108	101	42	756

表 13 - 4 展示了海洋风能领域中，国内主要省市专利授权量的变化情况。在授权总量方面，北京、江苏、浙江处于全国的领先位置，北京的发明专利授权量、实用新型专利授权量分别为 36 件、61 件，江苏的发明专利授权量、实用新型专利授权量分别为 37 件、51 件，浙江的发明专利授权量、实用新型专利授权量分别为 16 件、66 件，广东相对于上述 3 省市在专利授权量方面没有优势。广东在 2013 年、2014 年发明专利授权量比较集中，这主要是由于广东省在 2012 年申请了大量的发明专利，这部分专利在 2013 年、2014 年得到授权。

表 13 - 4　近 10 年海洋风能国内主要省市专利授权量汇总　　单位：件

省市	申请类型	2007年	2008年	2009年	2010年	2011年	2012年	2013年	2014年	2015年	2016年	总计
北京	发明申请	0	0	0	3	2	5	13	1	9	3	36
	实用新型	0	0	2	5	11	8	16	5	11	3	61
福建	发明申请	0	0	0	0	0	0	0	0	1	0	1
	实用新型	0	1	1	0	2	0	0	1	1	2	8
广东	发明申请	0	0	0	0	1	1	1	3	12	2	20
	实用新型	0	0	0	1	0	7	13	10	5	1	38
河北	发明申请	0	0	0	0	0	0	0	1	0	0	1
	实用新型	0	0	0	0	0	0	1	1	0	1	3
江苏	发明申请	0	0	0	0	1	5	4	6	0	12	28
	实用新型	0	0	1	0	5	9	10	10	8	8	51

续表

省市	申请类型	2007年	2008年	2009年	2010年	2011年	2012年	2013年	2014年	2015年	2016年	总计
辽宁	发明申请	0	0	0	0	2	1	2	4	0	2	11
	实用新型	0	0	0	2	5	2	2	1	1	0	13
山东	发明申请	0	0	0	1	2	2	2	0	2	0	9
	实用新型	0	0	0	2	4	3	3	6	1	4	23
上海	发明申请	0	0	2	1	2	5	5	8	3	4	30
	实用新型	0	0	0	10	7	2	6	4	5	3	37
天津	发明申请	0	0	0	2	0	2	3	4	0	2	13
	实用新型	0	0	0	0	2	4	0	3	5	1	15
浙江	发明申请	0	0	0	0	2	1	3	0	5	5	16
	实用新型	0	0	0	23	8	7	5	3	11	9	66
总计		0	1	6	50	57	64	90	70	89	62	489

13.4.1.5　海洋风能省内专利分析

表 13 - 5 分析了近 10 年海洋风能广东省主要地市专利申请量。从时间来看，以 2011 年为界，广东涉及海洋风能专利的地区可以分为较早进入和较晚进入两类：第一类地区包括深圳、东莞、汕头和珠海，在 2010 年之前已有海洋风能相关专利申请，进入该技术领域的时间较早，然而这类早期进入的地区在 2012 年之后再没有专利产出，最突出的是深圳，2008 年申请了第一件海洋风能相关技术的发明专利，2009 年申请了实用新型专利，之后没有该技术的相关专利产出；第二类地区属于该技术领域的较晚参与者，包括广州、中山、佛山、湛江，大多从 2011 年之后才开始有海洋风能的相关专利申请，其中表现突出的是中山，虽然进入领域较晚，但作为后起之秀，2012 年以两位数的专利申请成绩表现亮眼，而且专利申请在之后几年都有延续，可见中山是广东主要的海洋风能技术输出地。

表 13 - 5　近 10 年海洋风能广东省主要地市专利申请量　　　　单位：件

地市	专利类型	2007年	2008年	2009年	2010年	2011年	2012年	2013年	2014年	2015年	2016年	总计
东莞	实用新型	0	0	0	1	0	1	0	0	0	0	2
佛山	发明申请	0	0	0	0	0	0	0	2	1	0	3
	实用新型	0	0	0	0	0	0	0	1	0	0	1
广州	发明申请	0	0	0	0	3	4	2	3	5	1	18
	实用新型	0	0	0	0	0	6	0	2	2	0	10
汕头	发明申请	0	0	0	1	0	0	0	0	0	0	1

续表

地市	专利类型	2007年	2008年	2009年	2010年	2011年	2012年	2013年	2014年	2015年	2016年	总计
深圳	发明申请	0	1	0	0	0	0	0	0	0	0	1
	实用新型	0	0	1	0	0	0	0	0	0	0	1
湛江	发明申请	0	0	0	0	0	0	0	1	0	0	1
中山	发明申请	0	0	0	0	1	17	12	1	1	0	32
	实用新型	0	0	0	0	0	13	8	1	2	0	24
珠海	发明申请	0	0	0	1	0	0	0	0	0	0	1
总计		0	1	1	3	4	41	22	11	11	1	95

表 13 - 6 分析了广东省近 10 年海洋风能主要地市专利授权量，从总量来看，中山的授权专利量最多，从 2013 年开始有专利授权，属于相对较新的技术；从专利类型来看，中山的专利在 2013 年、2014 年授权的主要是实用新型专利，之后主要授权专利为发明专利，可见中山市的专利技术水平不断提高。整体来看，中山虽然进入较晚，但专利布局呈现技术水平逐年增高、专利质量不断提高、技术创新不断、布局良好的可喜态势；类似具有良好专利产出情况的还有广州，虽然授权专利总量与中山还有差距，但布局趋势一致；其他地区则在某个年份有少量的专利授权。

表 13 - 6　近 10 年海洋风能广东省主要地市专利授权量　　　　单位：件

地市	专利类型	2007年	2008年	2009年	2010年	2011年	2012年	2013年	2014年	2015年	2016年	总计
东莞	实用新型	0	0	0	1	0	1	0	0	0	0	2
佛山	实用新型	0	0	0	0	0	0	0	0	1	0	1
广州	发明申请	0	0	0	0	0	1	0	1	5	1	8
	实用新型	0	0	0	0	0	4	2	1	2	1	10
深圳	发明申请	0	0	0	0	1	0	0	0	0	0	1
	实用新型	0	0	0	1	0	0	0	0	0	0	1
中山	发明申请	0	0	0	0	0	0	1	1	7	1	10
	实用新型	0	0	0	0	0	3	10	0	2	0	15
珠海	发明申请	0	0	0	0	0	0	0	1	0	0	1
总计		0	1	1	3	4	41	22	11	11	1	95

13.4.2　海洋波能

海洋波能包括 5 个技术分支，涉及振荡浮子类型、摆式类型、振荡水柱类型、筏式类型和收缩坡道类型。

13.4.2.1 申请趋势分析

波浪能发电技术研究主要集中于波浪能捕获装置的优化设计，从较早的振荡水柱式，到近些年来发展较好的摆式、振荡浮子式装置。从波浪能发电装置的几个技术分支的优缺点以及目前存在的问题来看，振荡浮子式波浪能发电装置具有很明显的优势。因为其效率高、成本低、可靠性好，因此是今后波浪能发电装置的重要发展方向，这也能够从下述的专利申请趋势中体现出来。利用海洋能量的国家如英国、澳大利亚、美国、荷兰、瑞典、丹麦、中国均开展了振荡浮子式波浪能装置的研究。

筏式波浪能转换装置也是研究热点之一，与其他波浪能转换装置相比，具有单机功率大、转换效率高、海况适应性好的优势，目前对该类型装置的研究主要以数值计算和模型实验为主。

总体而言，波浪能发电技术尚处于技术攻关阶段。从申请量总体构成来讲，在 5 个技术分支中，振荡浮子技术分支无论在国外还是在国内都占据了最大的比例，分别达到了 40% 和 56%；其次是摆式技术分支，其专利申请在国外占据了 20% 而在国内占据了 22%；振荡水柱、筏式和收缩坡道技术分支申请量所占比例则相对较小。

从专利申请总体趋势来看，可以分为以下 3 个阶段：

1）1975～1981 年为海洋波浪能专利的第一个申请高峰期，这与 20 世纪 70 年代的世界石油危机密切相关，世界海洋国家纷纷把目光转向海洋，不断投入大量资金和人力开展波浪能开发利用研究，该时段为波能装置的理论研究和实验室研究阶段，对应专利技术的萌芽期。此阶段因国内并未建立专利制度而没有相关的专利数据。

2）1982～2000 年是相对平稳期，为海况实验及实验性应用阶段。从 20 世纪 80 年代初到 90 年代末，波浪能专利申请数量无论是在国外还是国内都保持在较为平稳的状态，国内年申请量保持在个位数，全球范围年申请量则保持在 20 件左右。这是因为经过 20 世纪 70 年代的理论研究后，波浪能量利用逐步开始实验室研究和应用示范研究，并进行了波能装置的海况试验，为理论向应用的转化期，一些波浪发电技术逐步达到或接近实用化水平，此阶段多种波能转换装置投入实际应用，日本、英国、挪威等国建成了多座波浪能示范电站。

3）2000 年以后是快速增长期，尤其是自 2004 年起，在全球和国内，专利申请都出现快速增长趋势，至今仍保持强劲的增长势头。这与陆地矿物燃料日趋枯竭，环境污染日趋严重，环保、可持续发展等观念的日益普及直接相关，使世界上一些主要的海洋国家再一次把目光转向海洋，对波浪发电的研究日趋深入，出现了新的技术创新，带来了新一轮专利申请高峰。

13.4.2.2 申请人分析

国外海洋波能的主要专利权人的专利技术拥有量可以分为三个梯队：第一梯队专利拥有量最多，每家都在 20 件左右，包括 Voith Patent GmbH 和 Mitsubishi，其中，Voith Patent GmbH 以 20 件专利技术在全球海洋波能领域排名第一；第二梯队专利拥有量为 10 余件，包括 Ocean Power Technologies Inc 等 2 名成员；第三梯队包括 Korea Ocean Research and Development Institute 等 16 家，专利拥有量在 10 件以内。从整体来看，国外海洋波能领域主要专利权人的专利数量差距不大，尚未形成专利实力金字塔（参见图 13 - 15）。

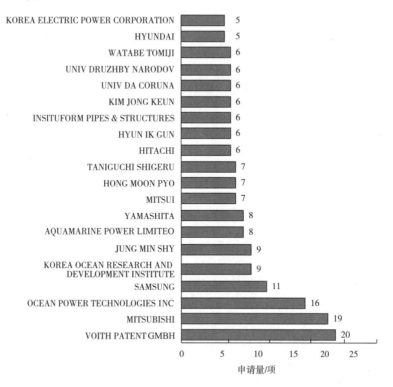

图 13 - 15　海洋波能国外主要专利权人排名

如图 13 - 16 所示，国内海洋波能领域中，除了无锡津天阳激光电子有限公司外，其余都是高校或者科研院所。无锡津天阳激光电子有限公司以 91 件的专利申请量排在第一位，浙江海洋学院、长沙理工大学、河海大学以及天津大学分别以 80 件、50 件、43 件以及 38 件的专利申请量位列第 2～5 位。国内高校在海洋波能领域进行了深入广泛的研究，国内创新主体在海洋波能产业化利用过程中可以与高校合作，发挥高校的技术优势，提高技术转化利用率。

通过广东海洋风能主要专利权人的专利技术仅拥有量分析，将创新主体分为三个梯队（参见图 13 - 17），第一梯队专利拥有量在 20 余件，仅有中科院广州能源研究所一家；第二梯队专利拥有量在 10 余件，仅有华南理工大学一家；中山大学等其他 10 余位申请人的专利量都是个位数。从专利权人的类别看，专利权人前三强均为高校和研究所，其专利拥有量之和近 50 件，而作为拥有专利最多的公司——中山市探海仪器有限公司则仅有 5 件专利；因此，广东省海洋波能专利技术的大部分技术源自科研院所，需要加强其科研成果的产业化应用，促进产学研联合，以将技术成果转化为产业成果，增强广东海洋波能的产业实力。

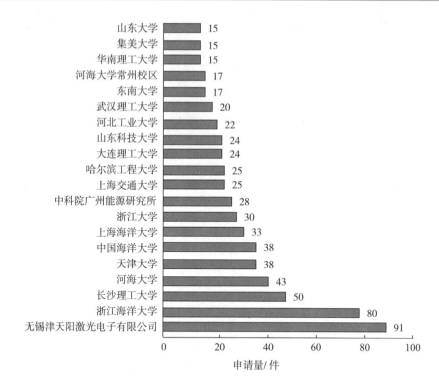

图 13-16　海洋波能国内主要专利权人排名

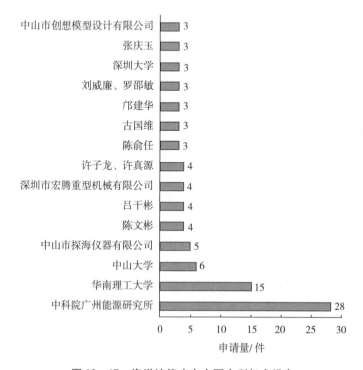

图 13-17　海洋波能广东主要专利权人排名

13.4.2.3　海洋风能专利申请分析

波浪能技术领域国内专利申请在各个技术分支的分布如图 13-18 所示，其中，在审中的专利为潜在专利壁垒，有效状态的专利为专利壁垒，包括发明专利和实用新型专利。

结合图 13-18 和各个技术分支的专利技术分析如下：

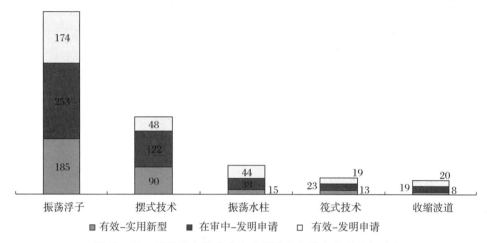

图 13-18　波浪能各技术分支专利壁垒和潜在专利壁垒对比

注：图中数字表示申请量，单位为件。

（1）振荡浮子

振荡浮子的专利技术壁垒至少有以下技术：①直线发电机技术，直接将浮子的振荡转换为电能输出；②功率解耦型波浪能发电装置液压传动系统及其控制方法；③压电装置的使用将液压能量转化为电能。

（2）摆式

摆式的专利技术壁垒至少有以下技术：①潮位自适应的漂浮摆式波浪能发电系统，摆动装置能够对一定范围的潮位变化适应自动适应；②多维并联摆动海浪发电装置。

（3）振荡水柱

振荡水柱的专利技术壁垒至少有以下技术：①参数共振的近岸波能发电系统，在外部激励振幅大幅度增大的情况下，水箱水位振幅只是小幅度的增加；②波能转换气动发电方法和装置，采用一种无论往复运动的空气向哪个方向运动都能向一个方向转动的叶轮；③基于压电效应的振荡水柱式波浪能发电装置解决了海洋中小型电器设备的无线供能问题。

（4）筏式

筏式的专利技术壁垒至少有以下技术：①若干节波浪能采集浮体，若干个连接相邻两所述浮体的连接构件，一个连接在首节所述浮体前端的锚固装置，当遭遇台风等波况较为恶劣的海洋环境或需要对该发明进行检修时，可以在水面上拆卸浮子与首节浮体之间的连接，将波浪能采集浮体拖运到安全海域避险或检修；②筏式磁流体波浪能发电装置，其发电单元包括筏体、液压磁流体发电装置，更有效地吸收了波浪使筏体产生的角位移的能量；③筏式柔性结构波能发电装置，包括涡轮发电机、锚杆和由柔性材料制作的敞口式腔体，所述敞口式腔体的一端设有喇叭口状的进水段，另一端设有涡轮发电机。

（5）收缩波道

收缩波道的专利技术壁垒至少有以下技术：①海堤跃浪叶轮式波能发电装置群，波能收集转化装置叶轮机壳斜上部连通有楔形体收缩波道，楔形体收缩波道连接有设置在海堤表面上的进水口，相邻两个进水口间距相同并且呈高低错落设置；②随潮位自动升降的跃浪叶轮式波能发电装置，包括连接有楔形体收缩波道和排水管道的波能收集转化装置，波能收集转化装置安装在浮箱内部；可以布置于不同海区，适应多种海况条件，并且可随潮位的起伏自动、稳定地调节高程以保证发电效率的功能；③海岸波能旋流发电方法和装置，迎海面斜坡上设置高于平均潮位的多层捕获海浪的取水口，最下层的第一层取水口与蓄积海水的水池连接，水池的底板上设置收缩导流墙，基础可采用粗骨料混凝土沉箱基础和钢筋混凝土上层结构，与防波堤结合修建。

13.4.2.4　海洋波能国内区域分析

就全国范围来看，波浪能开发和利用的相关研发工作主要集中在东部的沿海省份，这与波浪能的海洋属性密切相关，从图 13 – 19 中可以看出，广东的专利申请数量名列第四，前三名依次是江苏、浙江和山东。排分靠前的还有三大直辖市上海、天津和北京。这些地区均是经济发达地区，并且对于能源具有较大的需求，一旦一个地区的研究开发能够取得较大的进展，就有大规模应用的潜力。鉴于波浪能产业整体处于起步阶段，这些波浪能研究开发较快的地区应当加强合作，共同促进产业向应用阶段的进化。

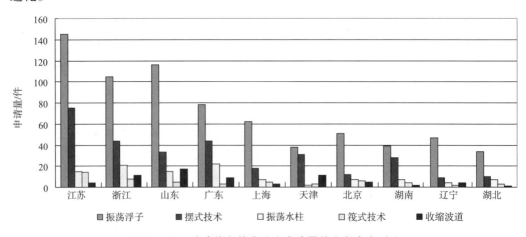

图 13 – 19　波浪能各技术分支申请量前十名省市对比

如表 13 – 7 所示，在国内海洋波能领域中，江苏与广东的专利申请量领先于国内其他省份，广东的专利申请量处于中上游位置。国内主要省市在 2011 年之后开始进行了比较密集的专利布局，海洋波能领域的专利申请主要集中在这一段时间，广东省发明与实用新型的专利申请集中在 2011 年。在海洋波能领域中，我国的专利保护意识在近些年得到了不断的提升，通过专利申请实现有效保护海洋波能领域中的相关技术。

表 13 - 7　近 10 年海洋波能国内主要省市专利申请量汇总　　　　单位：件

省市	申请类型	2007年	2008年	2009年	2010年	2011年	2012年	2013年	2014年	2015年	2016年	总计
北京	发明申请	6	0	3	4	6	7	9	8	6	0	49
	实用新型	2	2	1	0	2	4	6	2	5	0	24
福建	发明申请	1	2	0	1	5	6	9	3	1	1	29
	实用新型	0	0	2	0	3	3	3	2	0	0	13
广东	发明申请	1	4	8	8	15	12	11	14	12	5	90
	实用新型	1	0	2	7	9	7	6	8	4	1	45
河北	发明申请	0	1	0	0	0	0	1	4	5	0	11
	实用新型	1	0	0	3	0	4	1	1	5	0	15
江苏	发明申请	3	3	4	3	7	21	28	42	23	17	151
	实用新型	5	0	4	3	1	6	21	33	12	8	93
辽宁	发明申请	0	1	1	1	4	6	4	7	8	4	36
	实用新型	1	0	0	1	4	1	5	6	9	0	27
山东	发明申请	2	6	6	4	8	11	16	14	16	14	97
	实用新型	0	0	4	6	7	11	17	16	12	11	84
上海	发明申请	1	0	1	6	3	9	12	6	8	11	57
	实用新型	1	0	1	5	3	10	5	3	8	0	36
天津	发明申请	1	0	0	2	6	7	3	12	12	3	46
	实用新型	0	2	1	3	4	6	2	4	7	5	34
浙江	发明申请	3	2	3	6	18	13	17	19	16	18	115
	实用新型	4	1	1	3	13	10	10	12	11	2	67
总计		33	24	42	66	118	154	186	216	180	100	1119

与专利申请量相对应，国内主要省市的专利授权集中在 2012 年之后，广东的发明专利授权集中在最近三四年，实用新型专利授权集中在 2012 年。在国内海洋波能领域中，广东的专利授权量处于中上游位置，浙江、江苏处于全国专利授权量的领先位置。通过专利申请量以及授权量的分析（参见表 13 - 8）可以看出，江苏、浙江是海洋波能领域中主要的技术产出省份，广东在该领域中具有一定的实力。

表13-8　近10年海洋波能国内主要省市专利授权量汇总　　　　　　单位：件

省/市	授权类别	2007年	2008年	2009年	2010年	2011年	2012年	2013年	2014年	2015年	2016年	总计
北京	发明申请	0	1	1	2	1	2	5	4	7	3	26
	实用新型	0	2	2	1	0	3	5	6	3	2	24
福建	发明申请	0	0	0	0	0	0	1	2	7	4	14
	实用新型	0	0	0	2	0	4	3	4	0	0	13
广东	发明申请	0	1	1	3	4	5	5	6	6	6	37
	实用新型	4	1	0	5	6	9	6	7	8	3	49
河北	发明申请	1	1	0	0	0	0	0	0	0	0	2
	实用新型	0	1	0	1	2	4	0	1	3	3	15
江苏	发明申请	0	0	1	1	3	4	2	5	11	16	43
	实用新型	1	5	2	3	3	1	9	18	42	10	94
辽宁	发明申请	0	0	0	0	1	1	0	3	3	5	13
	实用新型	0	1	0	0	4	1	2	10	4	5	27
山东	发明申请	0	0	0	0	2	4	5	1	10	10	32
	实用新型	1	0	1	4	6	9	18	20	0	17	85
上海	发明申请	0	0	0	0	0	3	2	1	10	3	19
	实用新型	1	1	0	2	4	3	11	5	6	4	37
天津	发明申请	0	0	0	0	1	1	2	1	2	5	12
	实用新型	0	0	1	2	3	6	5	4	6	7	34
浙江	发明申请	0	1	2	2	2	3	7	9	10	12	48
	实用新型	2	4	1	3	10	7	12	10	12	8	69
总计		10	19	12	31	52	70	100	117	159	123	693

13.4.2.5　海洋波能省内分析

如表13-9所示，从专利布局的延续性看，广州和深圳是最早进入海洋波能技术的区域，在2007年即有专利申请，而且在该技术领域有持续的研发和专利产出，专利延续性较好；相对来说，茂名、汕尾、中山和珠海第一件专利产出时间较晚，都有一定时间的持续布局，但年申请量不大；其他地区专利布局的持续性较差，单年专利申请量较少。

表13-9　近10年海洋波能广东省主要地市专利申请量汇总　　　　　　单位：件

地/市	专利类型	2007年	2008年	2009年	2010年	2011年	2012年	2013年	2014年	2015年	2016年	总计
东莞	发明申请	0	0	0	0	0	0	1	0	0	0	1
	实用新型	0	0	0	1	0	0	0	0	0	0	1

续表

地/市	专利类型	2007年	2008年	2009年	2010年	2011年	2012年	2013年	2014年	2015年	2016年	总计
佛山	发明申请	0	0	0	2	0	1	0	0	0	0	3
	实用新型	0	0	0	1	0	0	0	0	1	0	2
广州	发明申请	0	2	6	1	5	6	2	7	8	3	40
	实用新型	1	0	1	2	4	4	3	5	2	1	23
惠州	发明申请	0	0	0	0	0	0	2	0	0	0	2
江门	发明申请	0	0	0	0	0	0	1	0	0	0	1
	实用新型	0	0	0	1	0	1	0	0	0	0	2
茂名	发明申请	0	0	0	1	1	1	0	0	0	1	4
	实用新型	0	0	0	0	1	0	0	0	0	0	1
梅州	实用新型	0	0	0	0	0	0	0	0	1	0	1
汕尾	发明申请	0	0	0	0	1	1	2	0	2	0	6
	实用新型	0	0	0	0	0	0	2	0	0	0	2
深圳	发明申请	0	0	0	0	0	0	0	0	0	0	0
	实用新型	0	0	0	0	0	0	0	0	0	0	0
阳江	发明申请	0	0	0	0	1	0	0	0	0	0	1
湛江	发明申请	0	0	0	0	0	0	0	1	0	0	1
	实用新型	0	0	0	0	1	1	0	0	0	0	2
中山	发明申请	0	0	1	2	2	0	0	0	0	0	5
	实用新型	0	0	1	2	1	1	1	0	0	0	6
珠海	发明申请	0	0	0	0	0	0	0	0	0	0	0
	实用新型	0	0	0	0	0	0	0	0	0	0	0
总计		2	4	10	15	24	19	17	22	16	6	135

如表 13-10 所示，从专利授权的延续性看，广州表现最佳，年专利授权量逐渐增加，而且发明专利占比增大，可见广州在海洋波能技术领域创新成果频出，而且技术高度较高。另外，深圳和中山除了 2008 年、2009 年没有收获外，其他年份都有专利被授权，实用新型和发明的占比相当；其他地区则只有个别年份有专利授权。整体来看，广州是广东海洋波能领域的技术优势区域，深圳和中山技术实力较强。

表 13-10　近 10 年海洋波能广东主要地市专利授权量汇总　　　　单位：件

地/市	授权类型	2007年	2008年	2009年	2010年	2011年	2012年	2013年	2014年	2015年	2016年	总计
东莞	发明申请	0	0	0	0	0	0	0	0	0	0	0
	实用新型	0	0	0	0	0	0	0	0	0	0	0

续表

地/市	授权类型	2007年	2008年	2009年	2010年	2011年	2012年	2013年	2014年	2015年	2016年	总计
佛山	发明申请	0	0	0	0	0	0	0	0	0	1	1
	实用新型	0	0	0	0	1	0	0	0	0	1	2
广州	发明申请	0	1	1	1	2	3	1	3	5	3	20
	实用新型	1	1	0	2	1	5	4	3	5	2	24
河源	实用新型	0	0	0	0	0	0	0	0	0	0	0
江门	实用新型	0	0	0	0	1	0	1	0	0	0	2
茂名	发明申请	0	0	0	0	0	0	0	0	0	1	1
	实用新型	0	0	0	0	0	1	0	0	0	0	1
梅州	实用新型	0	0	0	0	0	0	0	0	1	0	1
汕尾	实用新型	0	0	0	0	0	0	0	2	0	0	2
深圳	发明申请	0	0	0	2	1	2	3	1	0	0	9
	实用新型	2	0	0	0	1	1	0	2	0	0	7
湛江	实用新型	0	0	0	0	0	1	1	0	0	0	2
中山	发明申请	0	0	0	0	1	0	1	1	1	0	4
	实用新型	1	0	0	3	1	1	0	1	0	0	7
珠海	发明申请	0	0	0	0	0	0	0	1	0	1	2
总计		4	2	1	8	10	14	11	13	14	9	86

13.4.3 海洋潮汐能

13.4.3.1 申请趋势分析

图 13-20 展示了海洋潮汐能发电技术的专利申请量趋势。从 20 世纪 70 年代开始，全球海洋潮汐能专利申请总体呈现稳步上升趋势，尤其是进入 21 世纪以来，由于技术的积累和全球对于可再生能源的市场需求，全球潮汐能的专利申请进入快速发展时期，

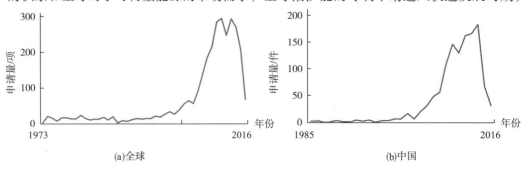

(a)全球　　　　　　　　　　　　　(b)中国

图 13-20　海洋潮汐能全球和中国专利申请趋势

专利申请量大幅度增加；而从 20 世纪 80 年代以来，中国海洋潮汐能专利申请总体呈上升发展趋势，自 2000 年以后，呈现快速增长趋势。

13.4.3.2　申请人分析

图 13 - 21 示出了海洋潮汐能全球专利申请主要申请人前 20 位排名。通过该图可以看出，这 20 位申请人包括德国 Voith Patent GmbH 公司、现代建设集团、韩国海洋研究所、Rolls - Royce 公司等。作为传统的德国 Voith Hydro 公司、英国 TGL 公司和英国 MCT 公司在专利申请上占据一定地位，韩国具有较丰富的海洋潮汐资源，其在潮汐能发电上也具有一定的研发能力。

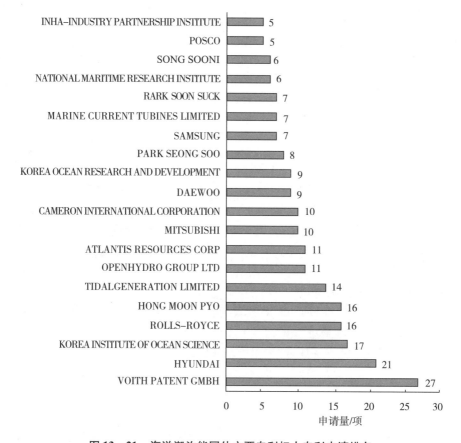

图 13 - 21　海洋潮汐能国外主要专利权人专利申请排名

图 13 - 22 示出了海洋潮汐能中国专利申请量排名前 20 位的申请人。通过分析可以看出，海洋潮汐能中国专利申请量排名前十位的申请人大部分为大专院校，包括浙江海洋学院、哈尔滨工程大学、大连理工大学、河海大学、浙江大学、上海海洋大学、中国海洋大学和山东大学，仅有国电联合动力技术有限公司一家企业。其中，浙江海洋学院申请量最多。

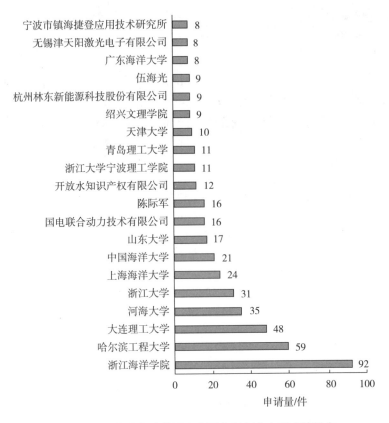

图 13 – 22　海洋潮汐能国内主要专利权人专利申请排名

13.4.3.3　海洋潮汐能壁垒分析

通过对比中国地区海洋潮汐能专利法律状态，对海洋潮汐能的潮汐能流和筑坝式技术领域的国内专利壁垒进行了简单评估（参见图 13 – 23）。自由技术包括国外优先权超过规定时间未进入中国的专利技术以及国内已经失效的专利技术，潜在壁垒包括处于审查状态的国内专利，国内壁垒包括获得国内授权并处于有效期内的专利技术。

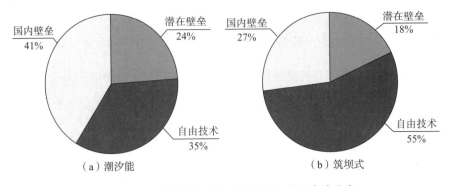

图 13 – 23　潮汐能和筑坝式领域国内专利申请分布

由图 13-23 可见，潮汐能流技术领域专利壁垒数量较多，接近一半，而筑坝式专利壁垒仅为 27%。

13.4.3.4　海洋潮汐能国内区域分析

由表 13-11 和表 13-12 可知，国内潮汐能的专利申请以及授权主要集中在 2010 年之后，浙江在潮汐能领域明显领先于国内其他省份，专利申请量与授权量都处于全国的领先位置。广东的申请量以及授权量也集中在 2010 年之后，发明专利申请量为 35 件、实用新型专利申请量为 19 件，发明专利授权量为 19 件、实用新型专利授权量达到了 20 件，广东在海洋潮汐能领域处于全国主要省市的中游位置。在海洋潮汐能领域中，浙江是我国的主要技术产出省份，相比于其他省份具有较明显的技术优势。

表 13-11　近 10 年海洋潮汐能国内主要省市专利申请量汇总　　单位：件

省市	申请类别	2007 年	2008 年	2009 年	2010 年	2011 年	2012 年	2013 年	2014 年	2015 年	2016 年	总计
北京	发明申请	2	2	3	1	7	4	2	5	10	0	36
	实用新型	1	0	1	2	4	5	5	5	8	0	31
福建	发明申请	2	1	2	0	0	3	9	2	2	1	22
	实用新型	0	0	2	0	1	1	2	6	2	0	14
广东	发明申请	2	2	3	8	4	5	4	3	2	2	35
	实用新型	1	1	1	2	2	5	2	1	4	0	19
河北	发明申请	1	0	0	0	0	0	0	1	1	2	5
	实用新型	0	0	1	1	1	1	0	1	1	2	8
江苏	发明申请	1	2	1	3	7	2	15	15	3	18	67
	实用新型	0	0	1	2	4	1	1	5	2	0	16
辽宁	发明申请	6	0	1	7	10	6	7	7	3	3	50
	实用新型	0	0	0	5	14	2	2	1	3	0	27
山东	发明申请	2	4	1	1	10	7	16	11	10	2	64
	实用新型	0	4	1	3	11	4	13	6	9	0	51
上海	发明申请	0	1	0	5	3	6	3	5	5	2	30
	实用新型	0	1	0	2	6	3	5	5	6	0	28
天津	发明申请	0	0	0	0	0	0	3	1	4	6	14
	实用新型	0	0	0	0	0	1	0	0	9	0	10
浙江	发明申请	1	3	6	10	12	25	13	18	27	21	136
	实用新型	1	4	4	12	15	19	25	18	33	3	134
总计		20	25	28	64	111	100	127	116	144	62	797

表13-12　近10年海洋潮汐能国内主要省市专利授权量汇总　　　　单位：件

省市	授权类别	2007年	2008年	2009年	2010年	2011年	2012年	2013年	2014年	2015年	2016年	总计
北京	发明申请	0	0	0	3	2	1	3	2	2	3	16
	实用新型	0	0	1	1	2	5	8	6	5	3	31
福建	发明申请	0	0	0	1	0	0	0	0	4	3	8
	实用新型	1	0	0	2	0	2	2	4	2	2	15
广东	发明申请	0	0	1	0	0	4	1	6	6	1	19
	实用新型	1	2	0	1	2	4	4	2	4	0	20
河北	发明申请	0	0	0	1	0	0	0	0	0	0	1
	实用新型	1	0	0	2	0	0	1	0	2	2	9
江苏	发明申请	0	0	0	0	1	1	3	1	4	15	25
	实用新型	0	0	0	2	1	4	1	1	6	1	16
辽宁	发明申请	0	0	1	1	0	7	4	3	5	2	23
	实用新型	0	0	0	0	0	11	1	2	3	1	27
山东	发明申请	0	0	0	2	0	4	3	0	5	13	27
	实用新型	0	2	2	2	6	9	6	13	9	2	51
上海	发明申请	1	0	0	0	0	1	5	1	0	3	11
	实用新型	0	0	1	0	5	3	8	0	10	1	28
天津	发明申请	1	1	0	0	0	0	0	0	0	0	2
	实用新型	0	0	0	0	0	0	1	0	4	5	10
浙江	发明申请	0	2	2	2	4	3	6	10	9	8	46
	实用新型	3	1	6	8	10	17	18	29	30	15	137
总计		8	8	14	28	42	77	75	80	110	80	522

13.4.3.5　海洋潮汐能省内分析

表13-13统计了广东主要地市近10年海洋潮汐能专利申请量，从专利技术的进入时间看，广州、湛江和东莞是最早进入海洋潮汐能技术的区域，其中，湛江在2010年发明专利申请量达到8件，成为全省的亮点；但从专利布局的延续性看，湛江在2010年之后几乎没有专利申请，深圳和茂名的专利布局持续性较好。

表13-13　近10年海洋潮汐能广东主要地市专利申请量汇总　　　　单位：件

地市	专利类型	2007年	2008年	2009年	2010年	2011年	2012年	2013年	2014年	2015年	2016年	总计
潮州	发明申请	0	0	0	0	0	0	1	0	0	0	1
	实用新型	0	0	0	0	0	0	1	0	0	0	1

续表

地市	专利类型	2007年	2008年	2009年	2010年	2011年	2012年	2013年	2014年	2015年	2016年	总计
东莞	发明申请	1	0	0	0	0	0	1	0	0	0	2
	实用新型	0	0	0	1	0	0	1	0	0	0	2
佛山	发明申请	0	0	0	0	0	2	0	0	0	0	2
	实用新型	0	0	0	0	0	2	0	0	0	0	2
广州	发明申请	1	1	0	0	0	0	0	1	0	0	3
	实用新型	0	1	0	0	0	1	0	1	0	0	3
河源	实用新型	0	0	0	1	0	0	0	0	0	0	1
茂名	发明申请	0	0	0	0	1	1	1	0	1	2	6
	实用新型	0	0	0	0	2	1	0	0	0	0	3
梅州	实用新型	0	0	0	0	0	0	0	0	4	0	4
汕尾	发明申请	0	0	0	0	1	1	0	0	0	0	2
深圳	发明申请	0	1	3	0	0	0	0	0	1	1	6
	实用新型	0	0	1	0	0	0	0	0	0	0	1
湛江	发明申请	0	0	0	8	0	0	0	1	0	0	9
	实用新型	1	0	0	0	0	0	0	0	0	0	1
中山	发明申请	0	0	0	0	1	0	0	0	0	0	1
	实用新型	0	0	0	0	0	1	0	0	0	0	1
珠海	发明申请	0	0	0	0	1	1	1	0	0	0	3
总计		3	3	4	10	6	10	6	4	6	2	54

对于广东海洋潮汐能主要地市专利授权量，如表 13-14 所示，从近 10 年专利授权的总量和专利技术的布局时间来看，湛江以 10 件授权专利表现最佳，其中 9 件是发明专利，且均为 2012 年之后的新技术，说明其专利技术较新且创新度较高。广东其他地市在海洋潮汐能领域中的专利布局量较少，对海洋潮汐能技术的研究较少。

表 13-14　近 10 年海洋潮汐能广东主要地市专利授权量汇总　　　　单位：件

地/市	授权类型	2007年	2008年	2009年	2010年	2011年	2012年	2013年	2014年	2015年	2016年	总计
潮州	发明申请	0	0	0	0	0	0	0	0	1	0	1
	实用新型	0	0	0	0	0	0	0	1	0	0	1
东莞	发明申请	0	0	0	0	0	0	0	0	1	0	1
	实用新型	0	0	0	0	1	0	1	0	0	0	2
佛山	发明申请	0	0	0	0	0	0	0	0	2	0	2
	实用新型	0	0	0	0	0	1	1	0	0	0	2

续表

地/市	授权类型	2007 年	2008 年	2009 年	2010 年	2011 年	2012 年	2013 年	2014 年	2015 年	2016 年	总计
广州	实用新型	0	1	0	0	0	0	1	1	0	0	3
河源	实用新型	0	0	0	0	1	0	0	0	0	0	1
茂名	实用新型	0	0	0	0	0	2	1	0	0	0	3
梅州	实用新型	0	0	0	0	0	0	0	0	4	0	4
汕尾	实用新型	1	0	0	0	0	0	0	0	0	0	1
深圳	发明申请	0	0	1	0	0	3	0	0	0	0	4
深圳	实用新型	0	0	0	1	0	0	0	0	0	0	1
湛江	发明申请	0	0	0	0	0	1	1	6	0	1	9
湛江	实用新型	0	1	0	0	0	0	0	0	0	0	1
中山	发明申请	0	0	0	0	0	0	0	0	1	0	1
中山	实用新型	0	0	0	0	0	1	0	0	0	0	1
珠海	发明申请	0	0	0	0	0	0	0	0	1	0	1
总计		1	2	1	1	2	8	5	8	10	1	39

13.4.4　海洋温差能

13.4.4.1　申请趋势分析

如图 13 - 24 所示，海洋温差能的全球专利申请趋势可分为 3 个阶段，结合其申请趋势可以看出不同时段其研究重点的变化。

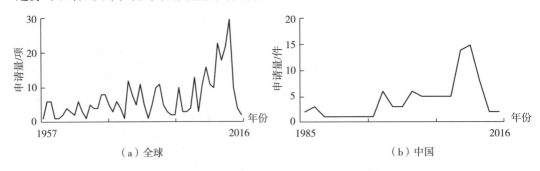

（a）全球　　　　　　　　　　　（b）中国

图 13 - 24　海洋温差能全球和中国专利申请趋势

（1）缓慢发展期（1957～1986 年）

随着对海洋温差能发电的初步认识，海洋温差能全球专利申请进入缓慢发展期。自 1957 年第一件申请出现到 1986 年这 30 年间，每年都有申请，但申请量仅为个位数。整体来说，缓慢发展期专利申请较少，仅有少数企业参与。由于海洋温差能尚处于探索阶段，没有进入大规模生产，因此该阶段多以技术储备为主。

（2）快速发展期（1987～2013 年）

由于技术的积累和市场需求，海洋温差能全球专利申请进入快速发展期，申请量呈现稳定上升趋势，于 1987 年第一次突破 10 位数，达到 12 件；1988～2004 年，围绕 10 件申请波动，于 2010 年第一次突破 20 位数，达到 23 件，随后围绕 20 件申请波动；于 2013 年达到顶峰，申请量为 30 件。

（3）调整期（2014～2016 年）

随着对海洋温差能综合开发的逐渐深入，由于温差能的利用存在一些不稳定因素，导致 2014 年全球申请量突然下落，降为 10 件。近两年更是下落到个位数，2015 年为 4 件，2016 年仅为 2 件。

相对全球申请，中国申请呈现整体基本温和稳定的趋势。1985 年，中国才有第 1 件专利申请，来自海军北海舰队司令部通信处，公开号为 CN85105909A，申请日为 1985 年 7 月 27 日，发明名称为直接接触热交换法的温差发电，属于闭式循环系统。随后 20 余年间，每年的申请量很少，围绕 5 件波动。2012 年突破 10 位数，达到 14 件；2013 年达到顶峰，为 15 件；随后急剧下落，到 2016 年仅为 2 件。

13.4.4.2　申请人分析

由图 13－25 可知，国外全部专利权人的专利拥有量都在个位数，排名第一的两家企业专利申请量仅为 8 件，从专利体现的技术实力差距不大。整体上看，一方面说明国外该领域尚未形成寡头垄断局面，另一方面说明该技术方向的技术突破量较少，技术研发难度较大。从整体申请情况可以看出，各个国家均有公司在研究海洋温差能领域，但

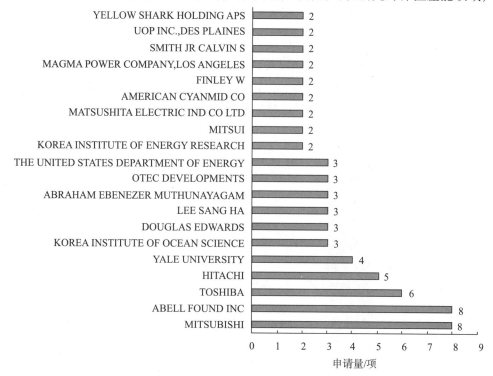

图 13－25　海洋温差能领域国外主要专利权人专利申请排名

是专利申请数量均不多，反映出对温差能的研究尚处于探索阶段，没有大规模应用。

图13-26显示国内在海洋温差能领域排名前五位的申请人。其中，上海交通大学排名第一，申请量为7件，国家海洋局第一海洋研究所及罗良宜并列第二，申请量均为4件。从整体申请情况可以看出，在海洋温差能领域，国内的申请人主要集中在大学及科研单位，专利申请量差距不大，均处于专利积累阶段，与全球申请量的整体发展趋势一致。

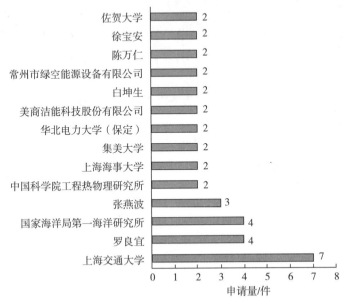

图13-26　海洋温差能领域国内主要申请人专利申请排名

13.4.4.3　海洋温差能壁垒分析

通过图13-27可以看出海洋温差能专利壁垒情况。在3个技术分支中，闭式循环系统的中国专利壁垒为11件，潜在专利壁垒3件；开式循环系统专利壁垒数量相对较少，为6件，无潜在专利壁垒；混合式循环系统专利壁垒数量更少，为2件，潜在专利壁垒2件。

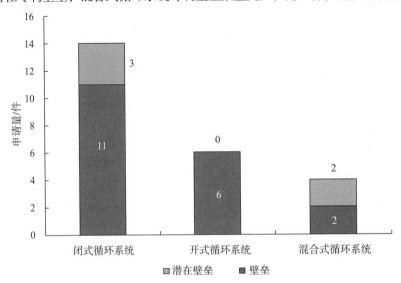

图13-27　海洋温差能领域中国专利壁垒分布

13.4.4.4　海洋温差能国内区域分析

由表 13 - 15 和表 13 - 16 可知，近 10 年国内海洋温差能领域中的专利申请与专利授权都比较分散，而且申请量与授权量都不多，广东申请了 8 件发明专利申请、2 件实用新型专利，排在所有省市的第一位；上海授权了 4 件发明专利、4 件实用新型专利，排名位于所有省市的第一位。从整体上看，国内主要省市对海洋温差能的研究较少，专利布局量都不多，同时技术开发具有较大的上升空间。

表 13 - 15　近 10 年海洋温差能国内主要省市专利申请量　　　　单位：件

省市	申请类别	2007 年	2008 年	2009 年	2010 年	2011 年	2012 年	2013 年	2014 年	2015 年	2016 年	总计
北京	发明申请	1	0	1	0	0	1	1	0	0	0	4
	实用新型	0	0	0	0	0	1	0	0	0	0	1
福建	发明申请	0	0	0	0	0	1	0	1	0	0	2
广东	发明申请	0	0	0	2	0	2	1	2	0	1	8
	实用新型	0	0	0	0	0	2	0	0	0	0	2
河北	发明申请	0	0	0	0	0	0	0	1	1	0	2
	实用新型	0	0	0	0	0	0	0	0	1	0	1
江苏	发明申请	2	0	0	0	0	0	0	0	0	0	2
辽宁	发明申请	0	0	0	0	0	0	0	1	0	0	1
山东	发明申请	0	0	0	0	1	0	2	0	0	1	4
	实用新型	0	0	0	0	0	0	2	0	0	0	2
上海	发明申请	0	1	0	0	0	0	0	0	0	0	1
	实用新型	0	1	0	0	0	1	0	0	0	0	2
浙江	发明申请	0	0	0	0	0	0	1	1	0	0	2
总计		3	2	1	2	1	8	7	6	2	2	34

表 13 - 16　近 10 年海洋温差能国内主要省市专利授权量　　　　单位：件

省市	授权类别	2007 年	2008 年	2009 年	2010 年	2011 年	2012 年	2013 年	2014 年	2015 年	2016 年	总计
北京	发明申请	0	0	0	0	1	0	0	1	0	0	2
	实用新型	0	0	0	0	0	0	1	0	0	0	1
福建	发明申请	0	0	0	0	0	0	1	0	0	1	2
广东	发明申请	0	0	0	0	0	2	0	0	1	0	3
	实用新型	0	0	0	0	0	0	2	0	0	0	2
河北	实用新型	0	0	0	0	0	0	0	0	1	0	1

省市	授权类别	2007年	2008年	2009年	2010年	2011年	2012年	2013年	2014年	2015年	2016年	总计
山东	发明申请	0	0	0	0	1	0	1	0	0	1	3
	实用新型	0	0	0	0	0	0	0	2	0	0	2
上海	发明申请	3	0	0	0	0	1	0	0	0	0	4
	实用新型	2	0	1	0	0	0	1	0	0	0	4
浙江	发明申请	0	0	0	0	0	0	0	0	1	0	1
总计		5	0	1	0	2	3	6	3	3	2	25

13.4.4.5 海洋温差能省内区域分析

由表 13 - 17 和表 13 - 18 可知，广东温差能技术有授权专利布局的地区有东莞、广州和湛江，目前专利年申请量和授权量都不大。在 2010 年出现第一件专利申请，在 2012 年出现第一件授权专利，广东各地区在海洋温差能领域的发展非常有限。

表 13 - 17　近 10 年海洋温差能广东主要地市专利申请量　　　单位：件

地市	专利类型	2010年	2012年	2013年	2014年	2016年	总计
东莞	发明申请	0	2	0	0	0	2
	实用新型	0	2	0	0	0	2
广州	发明申请	1	0	0	1	1	3
深圳	发明申请	0	0	1	1	0	2
湛江	发明申请	1	0	0	0	0	1
总计		2	4	1	2	1	10

表 13 - 18　近 10 年海洋温差能广东主要地市专利授权量　　　单位：件

地市	授权类型	2012年	2013年	2015年	总计
东莞	实用新型	0	2	0	2
广州	发明申请	1	0	1	2
湛江	发明申请	1	0	0	1
总计		2	2	1	5

13.4.5 海洋盐差能

13.4.5.1 申请趋势分析

盐差能发电主要有反向电渗析电池法、渗透压法、蒸汽压法 3 种。

如图 13 - 28 所示，由于起步较晚，海洋盐差能全球专利申请趋势可分为 3 个阶段，可以看出不同时段其研究重点的变化。

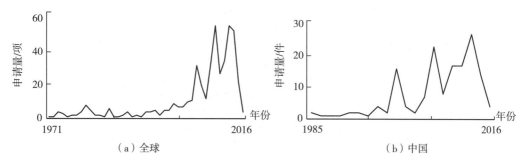

图 13 - 28　海洋盐差能全球和中国专利申请趋势

（1）技术萌芽期（1970 ~ 1995 年）

从 20 世纪 70 年代到 90 年代是盐差能的技术萌芽期。这一时期，盐差能的年申请量在个位数，基本维持在 5 件以下，处于研发起步阶段，由于盐差能研究成本高、研发周期相对较长、技术实验难度高，因此这一阶段申请量较低。可以说，从 20 世纪 70 年代开始，各国才逐渐开展了关于盐差能的调查研究，由于盐差能没有进入大规模实验、生产，因此该阶段多以技术储备为主。

（2）技术发展期（1996 ~ 2014 年）

从 1996 年开始，由于技术的积累以及石油资源价格不断上涨，加上廉价膜材料制备技术的发展，盐差能得到了发展。其专利申请进入技术发展期，专利申请量明显上升。在经历 2002 年和 2011 年两次小的波动后，申请量直线上升，2014 年达到顶峰，为 26 件。这是由于 STATKRAFT 等企业加入，盐差能申请量持续走高。

（3）调整期（2015 年至今）

从 2015 年至今，盐差能的申请量处于下降趋势，由于前期申请的直线增长和实际应用的欠缺，盐差能的技术发展进入了瓶颈期，导致 2015 年全球申请量掉为个位数。当然这也与全球部分申请还未公开有关。随着高效、耐久、廉价渗透膜的研制，盐差能发电的成本不断降低，能效和功率密度不断提高，相信在不久的将来，盐差能申请量还会有所上升。

相对全球申请情况，中国申请整体趋势基本和全球申请趋势类似，但有一定滞后性。1985 年，中国才有 3 件申请，这与中国《专利法》1985 年实施有关。1985 ~ 2003 年是技术萌芽期，2004 ~ 2014 年进入技术发展期，技术发展期与外国公司对中国市场的重视程度的提高以及本国申请人的专利意识的提高有关，2015 年至今是调整期，整体来说，早期进入国内的专利很少，近年来，基本有一半专利选择进入中国。

13. 4. 5. 2　申请人分析

图 13 - 29 统计了国外海洋盐差能的主要专利权人的专利技术拥有量，国外全部专利权人的专利拥有量都在个位数，专利拥有量最多的 TANIGAWA 只有 9 件专利，从专利体现的各权利人专利技术实力差距不大，这说明该技术目前各技术方向的技术突破

不多，该领域尚未形成全面高速发展的局面。盐差能专利申请较为分散，并不是集中在大的跨国企业，而是较多由科研院所申请。

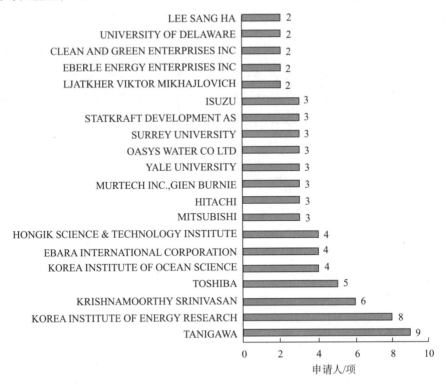

图 13 - 29　海洋温差能全球申请人专利申请排名

如图 13 - 30 所示，在国内申请人排名中，河海大学和广东海洋大学并列第一，有7 件申请，高校是盐差能申请的主力军，其申请量处于领先地位，相较于大学申请，国内企业申请量较少，无论在技术上还是市场上都不占有主导地位。整体来说，由于市场和产品特点等原因，国内企业基本均处于专利积累阶段。

13.4.5.3　海洋盐差能壁垒分析

通过图 13 - 31 和图 13 - 32 可以看出国内专利壁垒情况。盐差能国内申请量为 155件，在 3 个分支中，国内专利壁垒和潜在壁垒分别为：反向电渗析电池法有 42 件，渗透压法有 43 件，蒸汽压法有 18 件，总量为 103 件，说明国内专利壁垒分布，渗透压法和反向电渗析电池法分支占比相对较多，分别占到总体的 42% 和 41%。广东企业应注意国内壁垒分布的差异，从而更好地调整研发。

13.4.5.4　海洋盐差能国内区域分析

由表 13 - 19 和表 13 - 20 可知，海洋盐差能专利国内专利布局较少，全国范围内主要省市近 10 年海洋盐差能领域的申请总量仅为 79 件，专利授权量也仅为 52 件。其中，广东、浙江、北京等省市近 10 年在海洋盐差能领域研究较多，专利申请量以及授权量均处于全国领先位置。2010 年之后，国内申请人才开始在国内对该领域进行相对密集的布局，在之前几乎没有专利申请。说明国内创新主体逐渐增加了海洋盐差能领域的研究，加大了在该领域的专利保护力度，但海洋盐差能整体的专利布局数量有限。

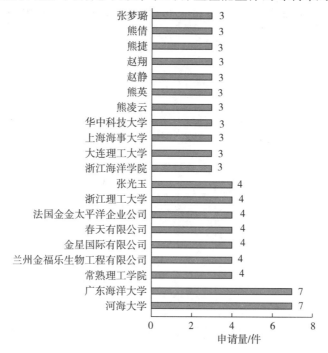

图 13-30　海洋温差能国内申请人专利申请排名

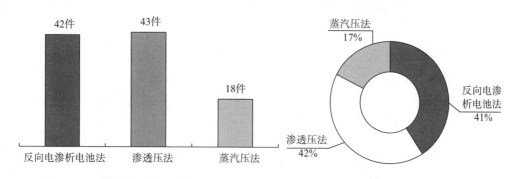

图 13-31　海洋盐差能国内专利壁垒分布　　图 13-32　海洋盐差能国内专利壁垒占比

表 13-19　近 10 年海洋盐差能国内主要省市专利申请量　　单位：件

省市	申请类别	2007 年	2008 年	2009 年	2010 年	2011 年	2012 年	2013 年	2014 年	2015 年	2016 年	总计
北京	发明申请	0	1	0	2	0	0	4	1	2	1	11
	实用新型	0	1	0	1	0	0	0	0	0	0	2
福建	发明申请	0	0	0	0	0	1	1	0	1	1	4
	实用新型	0	0	1	0	0	2	0	1	0	0	4
广东	发明申请	0	0	0	9	0	0	0	0	0	1	10

省市	申请类别	2007年	2008年	2009年	2010年	2011年	2012年	2013年	2014年	2015年	2016年	总计
河北	发明申请	0	0	0	0	0	0	0	1	0	0	1
江苏	发明申请	0	0	0	0	2	2	0	2	0	0	6
	实用新型	0	0	0	1	1	2	1	3	1	0	9
辽宁	发明申请	0	0	0	0	0	1	1	0	1	0	3
	实用新型	0	0	0	0	0	1	0	0	1	0	2
山东	发明申请	0	0	0	0	1	0	0	1	2	0	4
	实用新型	0	0	0	0	0	0	0	1	1	0	2
上海	发明申请	0	0	0	1	0	1	1	0	0	1	4
	实用新型	0	0	0	0	0	2	0	0	0	0	2
天津	实用新型	0	0	0	1	0	0	0	0	0	0	1
浙江	发明申请	0	0	1	0	1	2	1	4	1	0	10
	实用新型	0	0	0	0	0	2	0	2	0	0	4
总计		0	2	2	15	5	16	9	16	10	4	79

表 13 - 20　近 10 年海洋盐差能国内主要省市专利授权量　　　　单位：件

省市	授权类别	2007年	2008年	2009年	2010年	2011年	2012年	2013年	2014年	2015年	2016年	总计
北京	发明申请	0	0	0	0	1	0	1	1	0	0	3
	实用新型	0	1	0	0	1	0	0	0	0	0	2
福建	发明申请	0	0	0	0	0	0	0	0	1	0	1
	实用新型	0	0	0	1	0	1	1	1	0	0	4
广东	发明申请	0	0	0	0	0	1	1	7	0	0	9
江苏	发明申请	0	0	0	0	0	1	0	1	1	2	5
	实用新型	0	0	0	0	2	0	2	3	2	0	9
辽宁	发明申请	0	0	0	0	0	0	0	0	1	0	1
	实用新型	0	0	0	0	0	1	0	0	1	0	2
山东	发明申请	0	0	0	0	0	0	0	0	0	1	1
	实用新型	0	0	0	0	0	0	0	0	2	0	2
上海	发明申请	0	0	0	0	0	1	0	0	0	0	1
	实用新型	0	0	0	0	0	2	0	0	0	0	2
天津	实用新型	0	0	0	1	0	0	0	0	0	0	1
浙江	发明申请	0	0	0	0	0	0	1	1	0	3	5
	实用新型	0	0	0	0	0	0	2	0	2	0	4
总计		0	1	0	2	4	7	8	14	10	6	52

13.4.5.5　海洋盐差能省内区域分析

由表 13 - 21 和表 13 - 22 可知，从时间上来说，广东海洋盐差能专利布局较为离散，仅在 2002 年前后、2010 年和 2016 年有专利申请，全省在海洋盐差能领域的专利拥有量为 14 件。专利布局整体情况为：专利数量不大，申请年份较为离散，海洋盐差能目前并不是广东的研发热点领域。

表 13 - 21　近 10 年海洋盐差能广东主要地市专利申请量　　　　单位：件

地市	专利类型	2010 年	2016 年	总计
广州	发明申请	0	1	1
深圳	发明申请	1	0	1
湛江	发明申请	7	0	7
珠海	发明申请	1	0	1
总计		9	1	10

海洋盐差能技术主要包括 3 个技术方向：渗透压法、蒸汽压法和反向电渗析电池法。其中，渗透压法技术 2010 年 9 件专利申请表现突出，但之后没有专利产出；另外两个方向也仅在个别年份有专利布局。广东在海洋盐差能领域专利申请缺乏连续性，同时各个领域专利布局量不多，在海洋盐差能领域没有具体的研究热点。

表 13 - 22　近 10 年海洋盐差能广东主要地市专利授权量　　　　单位：件

地市	授权类型	2012 年	2013 年	2014 年	总计
广州	发明申请	0	0	0	0
深圳	发明申请	1	0	0	1
	实用新型	0	0	0	0
湛江	发明申请	0	1	6	7
珠海	发明申请	0	0	1	1
总计		1	1	7	9

13.4.6　海洋生物质能

海洋生物质能是海洋植物利用光合作用将太阳能以化学能的形式贮存的能量形式，目前该领域内的专利申请主要集中在两个方向，即藻类养殖和藻类提取。

13.4.6.1　申请趋势分析

图 13 - 33 展示了海洋生物质能全球和中国专利申请量的变化情况。由该图可以看出，虽然国内对于海洋生物质能的研究和专利申请起步较晚，但在专利申请量具有一定的后发优势，经过近 30 年的发展，国内相关专利申请量已达到全球申请量的一半左

右，这与近年来国家在宏观政策以及法律法规方面对于海洋生物质能的推广有着密切的关系。另外，全球范围内的相关专利申请在 20 世纪 90 年代有一个较快速的增长期，这是因为美国于 20 世纪 70 年代提出的"水生物种计划"逐步摸索出一套能够有效提高微藻油脂含量的方法，从而带动了 20 世纪八九十年代全球性的产油微藻的研发热潮，我国正是在这一时期开始了海洋生物质能的研究。除此以外，全球范围内以及我国的海洋生物质能专利申请在近些年均有着较快的增长，这是现阶段节能减排以及逐年上升的能源需求所决定的。

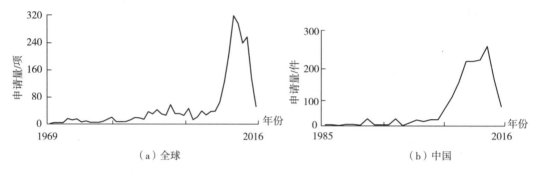

（a）全球　　　　　　　　　　　（b）中国

图 13-33　海洋生物质能全球和中国专利申请趋势

从全球相关专利申请量来看，海洋生物质能的研究以 20 世纪 90 年代为分界线，基本可以分为以下两个阶段：

（1）缓慢发展期

国际上对于微藻产油的研究实际上在"二战"期间已有萌芽，但初期的研究基本属于前期探索，并未有实质上的技术成果。虽然 20 世纪 70 年代，美、日、欧等发达国家接连推出了一系列的研究计划，但初期的成果并未体现在相关专利申请中。

（2）快速发展期

由于各国对海洋生物质能的大力推崇，并且经过一段时间的研究，相关技术有了一定的积累，并且产生了一定的技术成果，从 20 世纪 90 年代以后，海洋生物质能的专利申请量进入一个快速增长的阶段，同时也意味着相关技术进入了快速发展期，并在 2011 年达到了申请量的顶峰，当年全球专利申请量达到了 320 项。而中国也正是在这一阶段加入了研究的队伍，并在 2014 年达到了申请量的高峰，当年中国国内相关专利申请量为 213 件。海洋生物质能的快速发展得益于早期研究的技术积累，同时也是由当时全球能源危机的出现刺激了各国加大了这一领域的研究投入。

13.4.6.2　申请人分析

如图 13-34 所示，对于生物质能国外主要专利权人的专利拥有量，从专利量体现的技术实力可以分为四个梯队，第一梯队专利拥有量在 40 件以上，只有 MITSUBISHI 以 42 件专利上榜；第二梯队专利拥有量在 20～40 件，成员只有 KAWASAKI 和 HELIAE DEV LLC，且专利均为 20 余件，可见第一、第二梯队实力差距明显；第三梯队专利拥有量为 10 余件，包括 AGENCY OF IND SCIENCE & TECHNOL 等 11 位申请人；第四梯队包括 INHA - INDUSTRY PARTNERSHIP INSTITUTE 等 6 位申请人，专利拥有量在个位数。

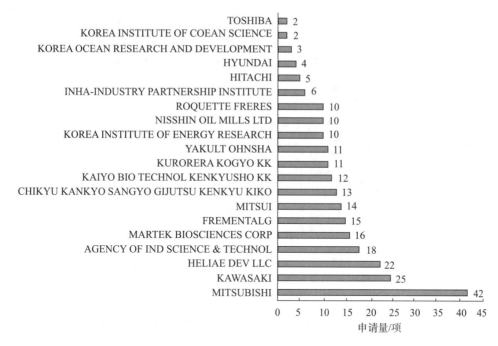

图 13 - 34　海洋生物质能国外主要专利权人专利申请排名

如图 13 - 35 所示，国内海洋生物质能领域中，中国石油化工股份有限公司以及新奥科技发展有限公司申请处于第一梯队，专利申请量都突破了 80 件；包括临沂大学、中国科学院大连化学物理研究所等研究机构在内的第二梯队申请专利量相对较少，均少于 30 件。说明我国部分企业对海洋生物质能的技术研发投入较大，同时许多高校也开展了相应的研究工作。

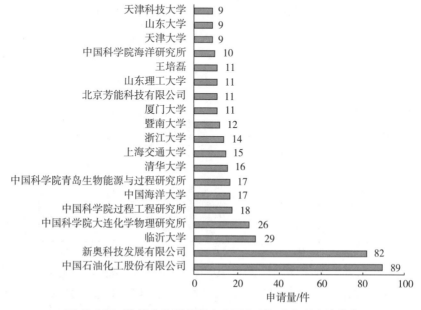

图 13 - 35　海洋生物质能国内主要专利权人专利申请排名

13.4.6.3 海洋生物质能壁垒分析

从目前世界范围内海洋生物质能的研究来看，美国和日本依然具有较大的技术优势，并且在各国都申请了相关专利保护。然而，总体来说，利用海洋生物质能的研究依然处于战略研究阶段，大规模的产业生产还远未达到成熟的程度，因此对于国内的研究机构和企业来说机遇与挑战并存，首先，发挥国内相关研究的优势，着力于低成本、高油脂含量藻类的开发和养殖技术，为后续的藻类提取提供基础；其次，在国内外现有研究内容的基础上，加快藻类燃料转化技术的研究，尤其是海藻的乙醇和甲醇转化，寻求具有高转化率的、适于产业生产的提取方法。此外，还需注意的是，某些国外研究机构或企业的相关国际申请目前并未进入中国国家阶段，国内企业在研究过程中，应对此给予持续的关注，以规避潜在的风险。

13.4.6.4 海洋生物质能国内区域分析

由表13-23可知，在海洋生物质能领域国内专利申请中，北京、山东申请量最多，均超过了100件，北京发明专利申请为193件，山东发明专利申请达到了176件，而广东位于主要省市的中游位置，发明申请达到了67件，实用新型专利为1件。主要省市专利申请均集中在2011年之后，说明近几年海洋生物质能得到持续关注，专利申请量不断增加。

表13-23 近10年海洋生物质能国内主要省市专利申请量 单位：件

省市	申请类型	2007年	2008年	2009年	2010年	2011年	2012年	2013年	2014年	2015年	2016年	总计
北京	发明申请	0	15	8	34	26	30	40	37	2	1	193
福建	发明申请	0	0	1	4	10	1	9	8	7	2	42
广东	发明申请	0	4	9	4	4	8	6	18	9	5	67
	实用新型	0	0	0	0	1	0	0	0	0	0	1
河北	发明申请	0	2	17	7	9	18	2	13	16	1	85
江苏	发明申请	1	0	5	7	6	7	6	8	6	5	51
	实用新型	0	0	0	1	0	0	1	1	0	0	3
辽宁	发明申请	3	3	3	1	3	4	7	11	4	9	48
山东	发明申请	3	4	4	10	25	40	17	37	25	11	176
上海	发明申请	1	5	2	9	6	9	22	11	6	2	73
天津	发明申请	0	2	1	1	7	5	11	8	3	0	38
浙江	发明申请	2	0	0	2	5	11	9	21	14	8	72
总计		10	35	50	80	102	133	130	173	92	35	840

由表13-24可知，海洋生物质能近10年的专利授权中，北京与山东的授权量最大，北京的专利授权量达到了95件，山东的专利授权量为75件，且北京与山东的专利均为发明专利。广东在海洋生物质能领域中的专利授权量并不突出，近10年授权了22

件，其中包括 21 件发明专利以及 1 件实用新型专利。近 10 年国内主要省市的海洋生物质能专利授权集中在 2012～2014 年，说明国内创新主体越来越重视海洋生物质能的开发利用，在该领域进行了越来越密集的技术研究与专利布局。

表 13 - 24　近 10 年海洋生物质能国内主要省市专利授权量　　　　单位：件

省市	申请类型	2007 年	2008 年	2009 年	2010 年	2011 年	2012 年	2013 年	2014 年	2015 年	2016 年	总计
北京	发明申请	1	0	1	2	5	11	29	18	5	23	95
福建	发明申请	0	0	0	0	1	0	6	2	5	7	21
广东	发明申请	0	0	0	0	4	8	4	1	3	1	21
	实用新型	0	0	0	0	0	1	0	0	0	0	1
河北	发明申请	0	0	0	0	10	6	6	6	18	7	53
江苏	发明申请	0	2	3	1	5	3	6	4	2	2	28
	实用新型	0	0	0	0	1	0	0	2	0	0	3
辽宁	发明申请	0	0	1	0	1	2	1	5	0	2	12
山东	发明申请	1	2	0	1	5	8	18	26	5	9	75
上海	发明申请	0	0	0	1	0	2	6	5	1	12	27
天津	发明申请	0	2	0	2	0	2	1	4	4	0	15
浙江	发明申请	0	1	0	0	0	0	2	11	3	6	23
总计		2	7	5	7	32	43	79	84	46	69	374

13. 4. 6. 5　海洋生物质能省内区域分析

表 13 - 25 和表 13 - 26 统计了广东省近 10 年海洋生物质能主要地市专利申请量以及授权量。从专利技术的进入时间看，广州、深圳和湛江是最早进入海洋生物质能技术的区域，之后都有较好的延续布局；从专利授权情况看，广州的表现最好，几乎每年都有一定量的授权专利，可见其之前申请的专利技术创新程度较高。

表 13 - 25　近 10 年海洋生物质能广东省主要地市专利申请量　　　　单位：件

地市	专利类别	2007 年	2008 年	2009 年	2010 年	2011 年	2012 年	2013 年	2014 年	2015 年	2016 年	总计
东莞	发明申请	0	0	0	0	0	0	1	4	0	0	5
佛山	发明申请	0	0	0	0	0	0	0	1	0	0	1
广州	发明申请	0	2	5	1	2	5	3	10	2	1	31
	实用新型	0	0	0	0	1	0	0	0	0	0	1
汕头	发明申请	0	0	0	0	0	0	0	1	1	0	2
深圳	发明申请	0	1	4	2	0	2	2	2	2	4	19
湛江	发明申请	0	1	0	1	2	1	0	0	2	0	7
中山	发明申请	0	0	0	0	0	0	0	0	2	0	2
总计		0	4	9	4	5	8	6	18	9	5	68

表 13 -26　近 10 年海洋生物质能广东省主要地市专利授权量　　　　　单位：件

地市	授权类型	2011 年	2012 年	2013 年	2014 年	2015 年	2016 年	总计
广州	发明申请	3	2	3	1	3	0	12
	实用新型	0	1	0	0	0	0	1
梅州	发明申请	0	0	0	0	0	0	0
汕头	发明申请	0	0	0	0	0	1	1
深圳	发明申请	0	5	0	0	0	0	5
湛江	发明申请	1	1	1	0	0	0	3
总计		4	9	4	1	3	1	22

13.5　主要结论与建议

13.5.1　主要结论

13.5.1.1　全球专利状况主要结论

（1）海洋可再生能源专利申请量在 2012 年出现了拐点

全球范围内的海洋可再生能源专利申请量在 2012 年出现了拐点，由之前的不断增长转变为小幅下滑，这主要是由欧洲国家（如德国、英国、法国等）以及日本在 2012 年之后在海洋可再生能源领域中的研发力度下降所致。

全球海洋可再生能源专利申请主要分为四个阶段，即萌芽期、平稳增长期、快速增长期以及成熟期，目前海洋可再生能源处于成熟期，专利技术的布局逐渐趋于平稳；海洋波能、海洋风能专利技术研发较多，而对于大规模商业开发的技术研发相对较少。

（2）全球海洋可再生能源企业主要分布在欧洲

全球海洋可再生能源企业分布在 4 个洲，其中，49% 分布在欧洲，35% 分布在北美洲，产业的发展带动了该领域知识产权的保护，欧洲布局的专利占总量的 20%，美国布局的专利占总量的 13%，上述两个地区近些年的专利布局量也出现了增长，但是增长幅度明显弱于中国。欧美国家在该领域专利布局的持续性比较好，在 20 世纪六七十年代之前已存在专利申请，专利累积形成了相对比较密集的专利布局。

日本的专利布局态势与欧美国家的趋势接近，专利布局整体持续性好，专利布局很好地配合了产业发展；韩国专利布局受政策影响，在 2009 年发布了《海洋能研发项目行动计划的发展》，促进了海洋可再生能源产业的发展，专利申请量从之前的布局很少发展到后期的高速增长，整体的发展态势与中国发展过程相似，政策环境带动了整个产业的高速发展。

（3）海洋波能是热点研究领域

海洋波能是全球范围内热点研究的技术领域，中国范围内海洋波能、海洋生物质能以及海洋潮汐能研究的热度持续升高。国外主要申请人为市场主体，如三菱重工、西门子等，国外申请人申请的专利与企业的发展息息相关。

13.5.1.2 中国专利状况主要结论

（1）中国是海洋可再生能源专利的主要目标市场

全球近 1/3 的专利在中国进行了布局，主要集中在 2000 年之后，尤其是从 2006 年开始，国家密集出台了多项政策促进了可再生能源的发展，该阶段中国海洋可再生能源专利申请迅速增加，比如 2014 年中国布局了 800 余件专利，年申请量超过了海洋可再生能源技术强国英国累积的专利布局量。

（2）除北京外国内专利申请主要来源于沿海地区

在国内海洋可再生能源资源比较丰富的地区，如浙江、江苏、山东等沿海省市，近些年专利申请量呈现逐步递增的态势。由于北京聚集了大量的高校以及科研院所，在海洋可再生能源领域进行了大量的研究，并申请了较多的专利。对于包括广东在内的资源不是特别丰富的地区，专利申请在近些年整体呈现波动上升的态势。丰富的海洋可再生资源给技术进步提供了充足的保障，而技术的研发与保护又在一定程度上促进海洋可再生能源技术的发展与利用。

（3）国内申请人在海洋生物质能、海洋盐差能、海洋温差能领域展开合作

在中国范围内，申请人更多地在海洋生物质能、海洋盐差能、海洋温差能领域展开合作，全球以及中国范围内合作申请的领域比较接近，说明上述领域技术起点比较高，申请人需要相互借助对方的优势克服技术上的困难与瓶颈。

（4）浙江申请人专利申请最多

浙江申请人专利申请最多，达到了 672 件，广东申请人申请的专利量处于全国的中上游，达到了 407 件。与其他省市相比，广东个人申请人申请的专利量较多，而公司、科研院所申请的专利量相对较少，说明广东在海洋可再生能源领域中，大部分专利技术集中在个人手里，在开展技术研发过程中，需要充分利用这一优势，发挥个人的主观能动性，提升产业质量。对于国外来华申请，美国的申请人数量最多；其次是日本以及欧洲国家申请人数量，这些国家在海洋可再生能源领域中技术研发早，技术相对比较成熟；荷兰在中国的人均申请量接近 3 件，荷兰申请人非常重视中国市场，在中国布局专利的密度最大，广东在研发过程中，尤其需要关注荷兰申请人在中国的专利申请。

13.5.1.3 广东专利状况主要结论

（1）广东在海洋可再生能源技术领域国内专利申请排名第五

广东紧随北京在海洋可再生能源技术领域排名第五位，专利申请量占据了国内总申请量的 9%，虽然广东在海洋风能、潮汐能、潮流能以及波浪能这四个产业化程度比较高的技术领域中不具有最丰富的自然资源，但是依托于技术创新，广东在海洋可再生能源领域中已经开展了相关的实践工作，并积累了一定的技术储备。

（2）海洋风能领域专利申请相对集中

广东的发明专利申请以及实用新型专利申请相对比较集中，在 2012 年申请了较多专利，其他年份申请的海洋风能领域专利相对较少。广东相对于其他主要省份在专利

申请量上没有优势，同时专利申请的延续性不够，除了部分年份申请了较多专利外，布局专利的势头没有延续下来。

（3）海洋波能专利申请排名靠前

在国内海洋波能领域中，江苏与广东的专利申请量领先于其他省市，广东的专利申请量处于主要省市的中上游位置。国内主要省市在2011年之后开始进行了比较密集的专利布局，海洋波能领域的专利申请主要集中在这一段时间，广东发明与实用新型的专利申请集中在2011年。在海洋波能领域中，我国申请人的专利保护意识在近些年得到了不断的提升，通过专利申请可以有效保护海洋波能领域中的相关技术。

（4）海洋潮汐能专利申请处于中游位置

广东的申请量和授权量也集中在2010年之后，发明专利申请量为35件、实用新型申请量为19件，发明专利授权量为19件、实用新型授权量为20件，广东在海洋潮汐能领域处于全国主要省市的中游位置。广州、湛江和东莞是最早对海洋潮汐能技术进行研发的区域，其中，湛江在2010年发明专利申请量达到8件，成为全省的亮点；但从专利布局的延续性看，湛江在2010年之后几乎没有专利申请，深圳和茂名的专利布局持续性较好。

（5）海洋温差能专利申请排名第一

在海洋温差能技术领域，广东提出了8件发明专利申请、2件实用新型专利，排在所有省市的第一位。广东温差能技术有授权专利的地区包括东莞、广州和湛江，目前专利年申请量和授权量都不大。在2010年出现第一件专利申请，在2012年出现第一件授权专利，广东各地区在海洋温差能领域的发展非常有限。

（6）海洋盐差能领域专利布局分散

从时间上来说，广东海洋盐差能专利布局较为离散，仅在2002年、2010年和2016年有专利申请，全省在海洋盐差能领域的专利拥有量为14件。专利布局整体情况为：专利数量不大，申请年份较为离散，海洋盐差能目前并不是广东的研发热点领域。

13.5.2 发展建议

13.5.2.1 政府层面

就广东海洋新能源产业创新驱动发展战略的实施，应在科技金融、成果转化、知识产权保护、创新人才引进与培养等方面寻求创新，建议从如下几方面着手。

（1）保持现有优势，加强省内企业与省内高校、研究机构的合作

在引导与服务方面，实施示范工程和研究项目（技术应用与扩散、技术发展），政府拨出专项科学研究成果与动态政策创新驱动新能源产业发展；进行研发支持与建立示范工程是发展可再生能源技术的一项非常重要的政策。应出台配套文件，加快新型研发机构发展、加快科技企业孵化器建设等，同时依托具备研发传统、人才储备、技术经验、设备支撑的现有产业实体。为校企开展产学研合作牵线搭桥。

广东海洋波能专利技术大部分源自科研院所，需要加强其科研成果的产业化应用，促进产学研联合，以将技术成果转化为产业成果，增强广东海洋风能和波浪能的产业

实力。加大政府财政对基础研究、关键共性技术、公共服务平台等具有明显正外部性的科技投入力度，大力支持行业协会等组织开展行业关键共性技术的集体攻关，并对所取得的研究成果对行业内企业免费或者低价开放。建设知识产权联盟或者构筑与运营产业专利池，达到知识产权的生产与运营并举的目的。培育新能源产业创新人才，注重人才培养和引进的有机结合，创造良好的人才激励氛围，吸引国内外一流人才进入新能源产业中，从事技术开发等工作。注重在新能源的创新实践中，培养应用型技术人才，以产业、企业研发机构为载体，结合国家和地方重大科技项目，培养一批具有自主创新能力的新能源产业技术创新带头人。

（2）推动建立产业专利联盟

虽然广东海洋可再生能源专利的数量和质量与日本、美国、欧洲等企业相比还有一定的差距，但在国家知识产权战略的指引下，以及在国家对海洋可再生能源技术创新的大力支持下，专利申请数量增长较快，质量也有一定的提高，为专利联盟的构建提供了前提。

建议广东就海洋可再生能源发展的海洋风能和海洋波浪能领域分别组建技术创新战略联盟，例如，企业与企业联盟，企业与研究机构、高等院校等联盟，域内企业和国内企业、研究机构、高等院校的联盟，或域内企业与国外企业的联盟。当技术积累到一定的阶段，在此基础上组建产业专利联盟。

在组建专利联盟时，应着眼于如下问题：

1）加强产业关键领域知识产权运营。①建立订单式知识产权研发体系；②构筑和运营产业专利池；③推进知识产权与标准的融合；④共同防御知识产权风险。

2）支撑成员单位创新发展。①开展产业专利导航分析服务；②构建以专利池为基础的产业发展核心要素池；③搭建知识产权产业化孵化体系。

3）服务知识产权创新创业。①创新知识产权创新创业模式；②开展具有产业特色的大众创业服务。

（3）设立专项部门，培养或者引进专利服务机构，加大对小微企业的支持力度

考虑设立专项部门，培养或者引进专利服务机构，对于国外重点企业，例如福依特专利有限公司（VOITH PAPER PATENT GMBH）、OCEANLINX 公司、三菱重工等企业进行监控，防止其在我国形成完整的波能发电专利布局，阻碍我国波能技术发展。对于微型波能发电领域，由于研发主体为科研单位，缺乏企业参与，应当进一步考虑将其小型化、商业化。目前并没有企业在该领域作出创新，可以考虑扶持相关企业，例如具备一定波能发电专利储备的中山市探海仪器有限公司，或者成立一些创新公司。波浪能发电成本较高，运营初期，可以考虑政府给予补贴，同时引导社会资本加大对小微企业支持力度。

13.5.2.2 企业层面

（1）海上风电安装设备和方法、提高风能利用率的部件改进、智能控制技术是今后研发热点

在海洋风能领域，未来全球范围内海洋风能的产业发展方向有很大概率是在海洋

发电平台的固定技术领域，尤其是桩式和浮式两种技术。从相关专利信息来看，在海洋风能领域，未来全国范围内海洋风能的产业发展方向与全球发展方向一致。现阶段，全球陆地风力发电技术发展趋于成熟稳定，由于陆地风电存在弃风率过高等问题，很多国家已经将目光转向前景更佳的海上风电。

在海上风电技术领域，除了专利申请量第一的海上风电基础稳定性方面，降低运行成本、提高风能利用率也是各大企业竞争的主要方面。技术创新方面，应当着重于此并进行专利布局。另外，除了技术创新，成本管控和产业协同发展也是其开发成本下降的主要方式。除了在安装技术上进行创新外，出色的基础结构方案和可靠性设计、优化安装和海上设备运输能力、工业化物流和优化的服务策略以及丰富的项目管理经验和控制风险成本的能力，在降低海上风电成本方面同样非常关键。

广东明阳风电是广东风电行业的领军企业，一直着重在海上风力发电基础领域进行研发，主要涉及导体架基础。近年来，海上风电竞争越来越激烈，主要竞争点在于如何降低投资成本和运行成本。对于这方面的技术支持，可以涉及海上风电安装设备和方法、提高风能利用率的部件改进、智能控制技术等。广东明阳风电对于风电各个环节的研发都没有放松，但从专利申请量来看，对某些领域的研发力度不够，或者说对专利布局还不够敏感。例如，广东明阳风电的 MySE 系列机组采用半直驱技术，所使用的中速齿轮箱效率高于双馈、直驱，重量更轻，适用于低风速、复杂山地、海上及台风区域等环境。对于这项技术，与国外企业相比，其国内外专利布局较弱。

另外，对于降低投资成本和运行成本方面的研究稍显力度不够。虽然广东明阳风电已经意识到了未来各企业的主要竞争点在于此，但从专利申请量来看，对此方面的研究还不够深入，也没有重大的突破。建议今后可以与其他企业或科研单位合作，加大对该方面的研究，一旦获得重大突破，则势必对其市场地位产生重大的影响。

（2）提升波能转化电能效率

对于波浪能发电装置而言，依旧存在待需攻克的技术难题，由于波浪聚集的不规则性，导致波浪能转化电能效率低，电力输出波动性较大，从而影响波浪能发电的大规模开发利用。目前，大多利用增设储能电站的方式来平抑由于波浪能发电系统的随机性导致的并网困难。在波浪能发电具体应用方面，广东具有明显优势，"九五"期间完成的重点科技项目——汕尾 100kW 岸式波浪能试验电站，由中国科学院广州能源研究所研发的鹰式波浪能发电装置万山号、鹰式一号、100kW 鸭式波浪能装置等，相比浙江省的海院 1 号，具有明显优势。

基于上述信息，可以明确，广东的波浪能发电项目均是由政府主导的，以大专院校为研发主体的试验电站，其研发可持续性较差，无法形成专利布局。广东的申请人专利保护意识不强，使得专利申请量远低于其他省市。建议政府在管理方面加强对关键技术专利保护，并且配备专利人材，进行有效的专利布局。在波浪能发电领域，由于具有汕尾 100kW 岸式波浪能试验电站的基础，大型发电项目选择振荡水柱要比收缩波道更具有技术基础和专利基础。对于微型波浪能发电装置，由中科院广州能源研究所设计的鹰式发电技术已经获得多国的发明专利，并且作为独立的能源供应站，可以为边远海岛和海上设备供电，但是该产品还没有商业应用。

广东想要发展大型波浪能发电设备，特别是振荡水柱式波浪能发电装置，应当考虑持续投入资金，选取适合的研究团队，对于关键技术进行研究，使得中国在该领域能够逐步跟上世界先进技术的脚步。并且对于该领域的重要申请人福依特专利有限公司和 OCEANLINX 公司等进行重点关注。

在波浪能微型发电领域，广东已经处于领先地位，并且具有一定的研究成果。现阶段，应当考虑如何将已有的技术应用到商业领域。可以考虑，研发团队和公司协同发展，例如，在波浪能发电领域，有一定专利积累的中山市探海仪器有限公司与中国科学院广州能源研究所联合开发，将鹰式波能发电装置进一步轻量化、商业化。

目前波能发电技术还处于研究阶段，并未形成成熟的商业应用。广东在大型波能发电领域应当考虑设立专项基金，促使企业和科研院所在该领域的研发，政府应当起到战略指导。对于微型波能发电领域，由于研发主体为科研单位，缺乏企业参与，应当进一步考虑小型化、商业化。由于没有公司在该领域作出创新，可以考虑扶持相关企业，例如具备一定波能发电专利储备的中山市探海仪器有限公司，或者成立一些创新公司。波浪能发电成本较高，运营初期，可以考虑政府给予补贴，同时引导社会资本加大对小微企业支持力度。

（3）主推省内龙头企业，提升通风、密封、轴承的布置和运行方面的研发

国内外在潮汐能技术领域的研究主要集中在潮汐能流领域，中国的专利布局主要集中于潮汐能流领域的关键技术，例如潮汐能发电设备或机组、潮流发电装置、潮汐能流与其他能源组合发电装置等方面。省内企业广东梅雁吉祥水电股份有限公司首先应加大研发投入，进行专利挖掘、解读和规避，完成专利储备，建立内部专利体系，进行有效的专利布局，为未来的专利技术转让或许可进行准备，实现专利和技术研发并行，并形成自己内部的专利管理制度，从而评估企业在市场上的位置，确定专利策略。其次，企业应积极与高校合作，通过广东政府的参与和支持，建立科技创新体系来实现科技成果转化，广东政府积极提供相关的政策，企业提供专利研发的资金，高校提供专利成果，并由政府负责企业和高校之间的专利转化。

国内许多高校与科研机构陆续进行了各种不同特性的发电设备研究，诸如浙江大学、哈尔滨工程大学、中国海洋大学等高校在潮汐能领域均有研究，且均有各自的专利布局。广东梅雁吉祥水电有限公司作为广东潮汐能专利申请量较多的企业，目前的 6 座电站均为坝式水电站，枢纽工程由科研机构承担设计，企业研究重点主要集中在发电装置中的电能转化装置方面。

潮汐电站造价比常规水电高 2~3 倍，其中，机电设备的投资占总投资的 50% 以上，因此，如何降低机电装备的投资和采用合适的施工技术是建设潮汐电站的关键，低水头的灯泡贯流机组是目前大型潮汐电站最有可能使用的机组类型。贯流式机组水流畅直，水力效率比较高，有较大的单位流量和较高的单位转速，在同一水头、同一方向出力下，发电机与水轮机都较小，从而缩小了厂房尺寸，减小了土建工程量。目前，广东梅雁吉祥水电有限公司兴建的水电站中有 3 个采用了灯泡贯流机组。但是发

电机装在水下密闭的灯泡体内，给电机的通风、密封、轴承的布置和运行检修带来了困难，对电机的设计制造提出了特殊要求，是潮汐电站机组研究和发展的方向。

在潮汐水电站中，水轮机组造价占比很大，要降低潮汐电站机电设备的造价，必须简化水轮机结构。而简化水轮机结构的最大潜力是简化其调节机构的导水机构。研究表明，取消活动导水叶，增设少数固定导水叶，保留转叶调节的水轮机结构，可以大大简化机组结构，显著降低机组造价，对水轮机的水力特性也不会产生大的影响。至于环量的形成，可以借助固定导水叶造型设计，在保证水轮机的水力特性的前提下，借助固定导水叶造型来简化水轮机结构，是现在以及未来潮汐电站水轮机组的研究方向。

潮汐机组过流部件长期接触海水和盐雾，对机电设备特别是水轮机组及附属设备的选择提出考验，如何通过防腐措施和选择合适的材料来解决海水腐蚀和水生物附着的问题，也成为潮汐电站机组需要尽快解决的问题，该方向可作为专利布局的侧重点。新型正交水轮机费用较低，使用简单，其与浮运施工法结合为大规模利用潮汐能开辟了新的道路并降低了工程造价，其也是未来潮汐电站机组研究和发展的方向。

对于广东企业，例如广东梅雁吉祥水电有限公司，在筑坝式领域，基于目前相对较为成熟的水电站枢纽工程，可以将研究集中在灯泡贯流机组中电机的通风、密封、轴承的布置和运行方面的设计研发、简化水轮机结构的研究以及对机组过流部件防腐措施的研究。对于近年来发展较为迅速的潮汐能流发电技术，广东企业可以和高等院校以及个人合作，进一步向潮汐能流领域研究并发展，借鉴英国、瑞典等国家潮汐能流相对成熟的经验，围绕潮汐能流领域的关键技术进行研究开发，可以集中在开发加装导流聚能装置的潮汐能流水轮机及支承系统的抗倾覆性能技术领域，形成基础专利及外围专利，并进一步实现产业化。

（4）海洋温差能和海洋盐差能以高校研究为主，企业辅助进行创新

海洋温差能发电装置的核心技术包括泵与涡轮机技术、平台技术、平台定位技术、热交换器技术、冷水管技术、平台水管接口技术及水下电缆技术。目前比较成熟的技术有泵与涡轮机技术、平台技术、平台定位技术以及热交换器技术，而冷水管技术、平台水管接口技术、海底电缆技术以及各部分的整装集成技术等均存在瓶颈，制约了100MW的离岸式海洋温差能发电装置的产业化应用。

在世界温差能研究领域，美国与日本的技术最为先进。我国温差能技术还处于起步阶段，尚未建成实海况运行的实验电站，一旦技术成熟，在西沙、南沙诸岛屿的开发中应该有较好的市场。

广东海洋温差能相关技术从2010年之后才有专利申请，但专利申请量少，且年申请量不足5件，整体呈震荡状态，全省海洋温差能相关专利申请共计10件。与国内其他省份相似，海洋温差能技术研发相对较少，相应的专利布局与其他技术分支相比还存在明显的差距。

在海洋温差能技术三个技术方向中，广东在每个技术分支专利申请量都不大，且专利技术均出现在近几年。国内的申请人主要集中在大学及科研单位，专利申请数量

均不大，均处于专利积累阶段，与全球申请量的整体发展一致。

广东海洋温差能的主要专利权人的专利技术拥有量，其中自然人罗良宜拥有 4 件专利，其他机构都只有 1 件专利，海洋温差能不是广东创新主体研究的重点方向。

广东温差能技术拥有授权专利的地区包括东莞、广州和湛江，目前专利年申请量和授权量都不大。在 2010 年出现第一件专利申请，在 2012 年出现第一件授权专利，广东各地区在海洋温差能领域的发展非常有限。

按照企业发展大致可以分为初始阶段、战略制定阶段和专利实施阶段。其中，初始阶段以专利检索、专利事务管理为主要工作；战略制定阶段以健全专利体系、专利浸透企业经营，而最高的专利实施阶段以专利、经营、研发战略实现"三位一体"。

现阶段广东的企业在温差能领域，还谈不上专利布局，仍处于初期专利积累。总体来说，广东的企业可以加强和科研院校的合作，进行专利储备，完成初步布局。在形成一定规模后，可以尝试收储、许可和转让等专利运营活动。从企业发展目标来看，企业处于初始阶段，需要建立内部专利体系，使得专利和技术研发并行。另外，企业需要在几年内形成自己内部的专利管理制度，通过评估其市场位置，确定需要什么样的专利策略。例如，有的需要保护创新，有的需要合理借鉴，有的工艺不需要专利进行保护，评估时把自身的研发能力考虑进去。在研发流程中加入专利挖掘、解读和规避的环节，并引进专职专利工程师或聘请外部专利管理企业。

从全球范围来看，由于盐差能研究成本高、研发周期相对较长、技术难度高，其专利申请量较风能、潮汐能的申请量较少，处于起步阶段。从时间上来说，广东海洋盐差能专利布局较为离散，仅在 2002 年、2010 年和 2016 年有专利申请，全省在海洋盐差能领域的专利拥有量为 14 件。专利布局整体情况为：专利数量不大，申请年份较为离散，目前海洋盐差能并不是广东的研发热点领域。

从专利信息来看，盐差能的研究在国内未成规模，基本处于理论实验研究阶段，广东目前没有企业对盐差能进行系统化和规模化的研究，广东海洋大学作为广东高校的代表，是盐差能的初始研究单位，但仅有个位数专利申请，现阶段还谈不上专利布局，处于专利积累初期。总体来说，广东海洋大学应加大研发的投入，完成专利储备，进行有效的专利布局，为未来的专利技术转让或许可进行准备，其次，广东海洋大学要积极实现科技成果转化，通过广东政府的参与支持，即建立科技创新体系来实现科技成果转化，这个体系在于政府、企业及掌握专利技术的高校协调统一，广东政府提供相关的积极政策，企业提供专利研发的资金，高校提供专利成果，并由政府负责企业和高校之间的专利转化。

对于广东的企业，首先要形成自己的研发团队，进行专利的挖掘、解读和规避，在形成一定专利量储备后，需要建立内部专利体系，实现专利和技术研发并行。另外，企业需要在几年内形成自己内部的专利管理制度，通过评估企业的市场定位，确定其专利策略。

首先，对于广东海洋大学等高校来说，在盐差能膜领域进一步发展，研究、生产渗透能量密度更高，成本更低的生物膜是最合理的选择。一方面有效提高压力延迟渗透过程的能量密度是盐差能技术的核心和关键技术，基于压力延迟渗透原理，寻找耐压性高、水通量大、盐渗透率低、结构参数小、膜污染小、成本低的 PRO 膜是目前全球科研的重点方向，另一方面，盐差能发电试验对水的浓度和海水的规模等都有严格要求，生物膜相对处于基础科学，实验环境和实验成本相对要求不高，对于高校和初创企业来说，生物膜专利申请的潜力最大。

其次，对于广东的初创企业来说，广东在海洋盐差能领域的研究主体是高校，企业很少涉及该领域，建议政府鼓励初创企业与高校合作研究和开发盐差能的相关产品，侧重投入生物膜、渗透压法和反电渗析电池法，而蒸汽压法模拟试验和实际应用难度较大，不建议初创企业在该领域寻求突破。

（5）海藻养殖培育方面着力

针对广东讲，主要申请人有暨南大学、中国科学院南海海洋研究所、深圳大学、中国科学院广州能源研究所、广东海洋大学、华南理工大学、东莞市绿安奇生物工程有限公司、北京大学深圳研究生院、清华大学深圳研究生院等。重要申请人基本都是科研院所。东莞市绿安奇生物工程有限公司作为初创企业，仅有 8 件专利申请与藻类养殖相关，但与燃料提取关系不大，还谈不上专利布局，处于初期专利积累。由于现阶段主要市场还是中国，可以只在国内进行专利布局。总体来说，两家企业首先要做的是完成专利储备，进行初步布局。在形成一定规模以后，可以尝试收储、许可和转让等专利运营活动。从企业发展目标来看，企业处于初始阶段，需要建立内部专利体系，使得专利和技术研发并行。与其他形成规模的初创企业相比，均需要在几年内形成自己内部的专利管理制度，并引进专职专利工程师或聘请外部专利管理公司。

对于研究主力科研院所来讲，需要就其作出的研究成果与产业界例如上述公司进行有效的产学研结合，为其研究寻找价值方向和市场。就藻类养殖和藻类提取两个技术分支来讲，广东气候条件相对于北方的诸沿海省份更具优势，在化工基础方面则是北方沿海省份相对较强，因此，广东应该继续扩大自己在藻类养殖规模，加大对海藻的低成本养殖、品种筛选、代谢调控等方面的科研投入。与北方省份如山东进行产业联动与优势互补，共同储备海洋生物质能开发的技术资源。广东的研究机构和企业的专利申请占比不大，但已经涉及藻类养殖和提取的各个方面。相对于国内的其他研究主体来讲，基本上是数量上的差异，而在研究的深度上基本保持一致。广东仍然需要依靠产业优势，在海藻养殖培育方面着力研究与发展。

附录 A 技术分解表

附表 A-1 新一代显示技术产业技术分解表

一级分支	二级分支	三级分支
3D 显示技术	头戴式	机械结构
		光学设计
		图像算法
	眼镜式	—
	裸眼式	—
	体三维	—
	全息	—
激光显示技术	光源	三原色
		激光荧光
		混合光源
	图像调制	扫描式
		LCD
		LCOS
		DLP
		GLV
	屏幕	—
柔性显示技术	OLED	塑料基板
		玻璃基板
		金属基板
	EPD	—
	LCD	—
HEVC 编码技术	图像分块	—
	帧间预测	—
	帧内预测	—
	变换量化	—
	熵编码	—
	环路滤波	—
	SEI 消息	—

附表 A–2　集成电路产业技术分解表

一级分支	二级分支	三级分支	四级分支
集成电路设计	模拟电路	标准模拟电路	放大器
			锁相环
			模数转换器
			数模转换器
			滤波器
			比较器
			参考电路
		专用模拟电路	电源管理 IC
			RF
	逻辑电路类	缓冲器	—
		驱动器	—
		电平转换器	—
		采样、保持器	—
	存储器	存储阵列	铁电式
			磁阻式
			相变式
			可变电阻式
		读写控制	时序控制
			灵敏放大器
			其他
		译码单元	电路结构
			布线
			其他
	处理器	功耗	存储器优化
			电源管理（频率、电压、功率调整）
			时钟
			处理器切换、核切换
		功能	音视频类 IC
			通信类 IC
			显示触控类 IC
			智能穿戴类 IC

一级分支	二级分支	三级分支	四级分支
集成电路制造	氧化工艺	热氧化	干氧（$Si + O_2 = SiO_2$）
			湿氧（$Si + H_2O + O_2 \rightarrow SiO_2 + H_2$）
			水汽
		低温（相对于热氧化）氧化	掺氟法
			臭氧法
			等离子氧化法（热）
	图形转移	光刻工艺	双重图形工艺
			多重图形工艺
			极紫外工艺
			纳米压印工艺
			DSA 定向自组装工艺
			电子束光刻工艺
			离子束光刻工艺
			X 射线光刻工艺
			其他
		刻蚀工艺	湿法刻蚀
			干法刻蚀
	薄膜制备	物理气相沉积	蒸发
			溅射
		化学气相沉积	按压力分
		外延	气相外延 VPE
			液相外延 LPE
			固相外延 SPE
	掺杂与退火	扩散掺杂	气态源扩散
			液态源扩散
			固态源扩散
		离子注入掺杂	离子注入
		退火再分布	传统退火
			射束退火
			快速热退火

一级分支	二级分支	三级分支	四级分支
集成电路制造	晶圆减薄技术	机械法	研磨法
			磨削法
			干式抛光
		化学法	湿式腐蚀
			电化学腐蚀
			等离子腐蚀
		机械+化学	化学机械抛光
		技术组合使用	磨削+研磨
			磨削+CMP
			磨削+干法抛光
			磨削+湿式腐蚀
			磨削+ADPE
			磨削+PACE
			智能剥离+CMP
			其他
		其他	智能剥离技术
			其他
	集成电路互连	铜互连	铜互连线
			籽晶层
			扩散阻挡层
			盖帽层
			黏结层
			层间介质层
			刻蚀停止层
			孔/沟槽
			空气隙
			缓冲层
			研磨停止层
			硬掩模层
			抗反射层
			其他

一级分支	二级分支	三级分支	四级分支
集成电路封装	单芯片封装	芯片键合	正装
			倒装
		引脚互连	引线键合（Wire Bonding，WB）
			载带自动焊（Tape Automated Bonding，TAB）
			凸点/凸块
			埋置芯片互连技术 后布线技术
		封装形式	插装型
			表面安装型
		封装结构	气密性封装
			非气密性封装
			电磁屏蔽
	多芯片封装	二维封装	器件排列和布局
			以布线为特征
			电磁屏蔽
		三维封装技术	结构类型
			电磁屏蔽
	封装基板	材料	有机基板
			无机基板
			复合基板
		结构	多层基板
			单层基板
	散热	材料	衬底材料
			封装材料
		结构	热沉
			强风冷或液冷
			微管导热

续表

一级分支	二级分支	三级分支	四级分支
集成电路封装	封装测试	电学性能	CP 测试
			FT 测试
		可靠性测试	芯片黏结测试
			压焊强度测试
			渗漏测试
			老化测试
			剥离测试
		测试设备	—

附表 A - 3 风能产业技术分解表

一级分支	二级分支	三级分支	四级分支
风电场选址	检测装置	—	—
	分析方法	—	—
风力发电机的结构部件	风力发电机的整体结构	—	—
	风能获取系统	叶轮	叶轮的整体结构
			叶片
			轮毂
		主轴	水平轴
			垂直轴
		变桨系统	控制系统与方法
			转子
			机械结构
			监测
		偏航系统	控制系统与方法
			机械结构
			保护装置
			监测
	风电转换系统	发电机	同步型发电机
			异步型发电机
			其他发电机
		齿轮箱	圆柱齿轮增速箱
			行星齿轮增速箱

一级分支	二级分支	三级分支	四级分支
风力发电机的结构部件	电力传输系统	变流系统	升压系统
			输电系统
			电网调节技术
		电力传输	系统接入与稳定运行技术
			柔性直流输电技术
			交流输电技术
			直流输电技术
			海上变电站技术
		并网技术	恒速恒频风力发电机组的并网控制技术
			变速恒频风力发电机组的并网控制技术
运输与安装	支撑系统	机舱组件	机械结构
			保护装置
			制造与装配
		塔架	结构与材料
			连接和装配
			附件
			监测
	叶片的安装与运输	连接构件	—
		基础	陆上
			海上
		海上	—
		陆上	—
	发电机组的运输与安装	海上	—
		陆上	—
运行与维护	风电主控系统	监控系统	—
		主控系统	—
		变桨控制系统	—
		变频系统	—
	故障处理	故障检测预警系统	—
		故障数据收集与分析系统	—
		故障恢复后诊断与性能评估系统	—

附表 A－4　核电产业技术分解表

一级分支	二级分支
先进核电工程技术	快中子堆核电机组
	高温气冷反应堆核电机组
	先进压水堆核电机组
	模块化小型核能装置
核燃料加工与设备制造	铀地质设备
	铀矿冶纯化转化设备
	铀浓缩设备
	高性能燃料组件
	先进乏燃料后处理装置
	铀钚混合氧化物燃料制备装置
	核设施退役与放射性废物处理和处置装置
	核辐射安全与监测装置
核电站设备及零部件制造	核安全技术保障平台
	反应堆堆芯及配套系统
	核应急装置
	核级海绵锆
	核级泵、阀、电缆
	核电用锆合金包壳管
	核级不锈钢无缝管
	核电用防辐射铅材料
	不锈钢管道配件
	核电用钛合金管道配件
	核动力蒸汽发生器传热管用辅助设备

附表 A－5　高端新型电子信息材料产业技术分解表

一级分支	二级分支	三级分支
高性能膜	金属膜或金属复合膜	Au 及其复合膜
		Ag 及其复合膜
		Al 及其复合膜
		Cu 及其复合膜
		Pd 及其复合膜
		其他金属膜

续表

一级分支	二级分支	三级分支
高性能膜	氧化物膜	SnO_2
		In_2O_3
		CdO
		ZnO
		FTO（SnO_2：F）
		ATO（SnO_2：Sb）
		ZAO（ZnO：Al）
		ITO（In_2O_3：Sn）
		CTO（Cd_2SnO_4）
		其他氧化物膜
	高分子膜	PPY – PVA
		聚苯胺
		其他高分子膜
	石墨烯膜	—
第三代半导体材料	碳化硅材料	—
	氮化镓材料	—
	氮化铝材料	—
	氧化锌材料	—
	金刚石材料	—

附表 A –6 高性能油墨产业技术分解表

一级分支	二级分支	三级分支
油墨（按印版分类）	传统版式油墨	平版
		凹版
		网孔版
		凸版
	喷墨油墨	印纸
		织物
		陶瓷

一级分支	二级分支	三级分支
油墨（按功能分类）	导电油墨	金属
		碳系
	防伪油墨	热敏
		压敏
		磁性
		生物
		化学变色
		电学

附表 A－7　新材料产业技术分解表

技术领域	产业链	涉及技术	
轨道交通	产业链上游	制备工艺	—
		合金类型	铝镁
			铝硅
			铝铜
			铝锌
			铝锰
	产业链中游	深加工	焊接
			表面处理
			挤压
			锻造
			轧制
	产业链下游	结构	底架
			转向架
			侧墙
			门窗
			梯
			座椅
			车体
			型材

技术领域	产业链	涉及技术	
轨道交通	产业链下游	型材类别	泡沫蜂窝铝
			板材
			管材
			棒材
			线缆
			带材
		设备装置模具	—
汽车	产业链上游	制备工艺	—
		合金类型	铝镁
			铝硅
			铝铜
			铝锌
			铝锂
	产业链中游	深加工	铸造
			浇铸
			挤压
			焊接
			锻造
			轧制
	产业链下游	结构	车轮或轮毂
			车架或车身
			发动机
			散热器
			横梁
			活塞
			变速器
			保险杠
		型材类别	泡沫蜂窝铝
			板材
			管材
			棒材
			线缆
			带材
		设备装置模具	—

技术领域	产业链	涉及技术	
航空航天	产业链上游	制备工艺	—
		合金类型	铝镁
			铝硅
			铝铜
			铝锌
			铝锂
	产业链中游	深加工	铸造
			浇铸
			挤压
			焊接
			锻造
			轧制
	产业链下游	结构	飞机蒙皮
			发动机
			机翼
			起落架
			机舱
			尾喷管
		型材类别	泡沫蜂窝铝
			板材
			管材
			棒材
			线缆
			带材
		设备装置模具	—
船舶	产业链上游	制备工艺	—
		合金类型	铝镁
			铝硅
			铝铜
			铝锌
			铝锂

续表

技术领域	产业链	涉及技术	
船舶	产业链中游	深加工	铸造
			浇铸
			挤压
			焊接
			锻造
			轧制
	产业链下游	结构	船体
			船舱
			发动机
			桅杆
			船舷
		型材类别	泡沫蜂窝铝
			板材
			管材
			棒材
			线缆
			带材
		设备装置模具	—

附表 A-8 绿色建筑材料产业技术分解表

一级分支	二级分支	三级分支
新型墙体材料	砌块	普通混凝土砌块
		轻质混凝土砌块
		加气混凝土砌块
		石膏砌块
	砖	空心砖
		煤矸石砖
		页岩砖
		粉煤灰砖
		灰砂砖

续表

一级分支	二级分支	三级分支
新型墙体材料	板材	GRC 板
		石膏板
		纤维增强板
		复合墙板
防水密封材料	防水	卷材
		刚性防水材料
		涂料
		沥青
		油毡
		油毯
	密封	密封胶
		密封膏
保温隔热材料	无机	金属
		玻璃
		胶凝材料
		烧土制品
		混凝土
		天然矿石
	有机	合成高分子
		植物质材料
		沥青材料
	复合	金属－非金属复合
		非金属－有机复合
装饰装修材料	墙体	板材
		涂料油漆
		墙面砖
		壁纸
		油毡
	地面	塑料地板
		木材地板
		涂料
		地毯
		地砖

续表

一级分支	二级分支	三级分支
装饰装修材料	顶部	艺术玻璃
		扣板
		软膜天花
		石膏板
	门窗	门
		窗
	装饰线板	踢脚线
		天花角线
		门边线
		收边线

附表 A-9   海洋生物及微生物产业技术分解表

一级分支	二级分支	三级分支
海洋生物与微生物活性物质	抗肿瘤	动物
		植物
		微生物
	抗菌抗病毒	动物
		植物
		微生物
	神经系统	动物
		植物
		微生物
	心血管	动物
		植物
		微生物
海洋生物基因	海洋极端环境基因	嗜热
		嗜冷
		嗜盐
		其他

续表

一级分支	二级分支	三级分支
海洋生物基因	海洋核心种质基因	鱼类
		虾蟹类
		贝类
		藻类
		其他
	海洋药物功能基因	—
	海洋功能酶基因	—

附表 A－10　海洋渔业产业技术分解表

一级分支	二级分支	三级分支
海水养殖技术	海洋动物养殖	海鱼类养殖
		甲壳类动物养殖
		海洋软体动物养殖
		棘皮动物养殖
		其他水生动物养殖
	海洋藻类养殖	大型藻类养殖
		小微型藻类养殖
	海洋天然牧场	—
海洋捕捞设备	捕鱼船	渔船整体结构
		集鱼灯
		吸鱼泵
		制冰机
	捕捞装备	捕捞渔具
		捕捞装备
	鱼群探测设备	—
海洋海产品加工	前处理	—
	冷藏	—
	干制	—
	腌制	—
	熏制	—
	真空密封	—

一级分支	二级分支	三级分支
水产投入品	饲料	—
	饲料添加剂	—
	水环境调节剂	—
水产装备	苗种培育设备	—
	养殖网箱	—
	水温调控设备	—
	水质改良设备	增氧机
		消毒设备
		过滤设备
		排污及污水处理设备
	饲料投放设备	—
	抽水设备	—
	水质监测设备	—
海洋水产医学	渔药	—
	疫苗	—
	病害检测防控	—

附表 A－11 海洋油气及海底矿产技术分解表

一级分支	二级分支	三级分支	四级分支
天然气水合物	制备	—	—
	勘探	地球物理勘探	—
		地球化学勘探	—
		钻探取芯	—
	开采	降压法	—
		注热法	—
		注化学试剂法	—
		二氧化碳置换法	—
		微波加热法	—
	储运	—	—

续表

一级分支	二级分支	三级分支	四级分支
常规海洋油气	油气勘探	地球物理勘探	地震勘探
			重力勘探
			磁力勘探
			电法勘探
		地球化学勘探	—
		钻探	—
	油气开发	钻井	钻井工艺
			钻井设备
		采油	采油方法
			采油设备
		油气水分离	—
	油气储运	油气储存	—
		油气输送	—
海底矿产	工艺	勘探	—
		采矿	集矿
			扬矿
			水面支持系统
		储运	—
	种类	多金属结核	—
		富钴结壳	—
		热液硫化物	—
海洋平台	固定式	导管架式平台	—
		重力式平台	—
	移动式	坐底式平台	—
		自升式平台	—
		钻井船	—
		半潜式平台	—
		张力腿式平台	—
		牵索塔式平台	—

附表 A-12 海洋可再生能源产业技术分解表

一级分支	二级分支	三级分支
海洋风能	风力发电平台	重力式
		桩式
		吸力式
		浮式
	设备维护	—
	发电设备	—
	电能存储传输设备	—
	运输机吊装建设	—
	施工建设	—
	其他	—
海洋波能 （海洋波浪能＋海洋潮流能＋海洋海流能）	振荡水柱（越浪式）	—
	筏式技术	—
	摆式技术	—
	振荡浮子（点吸收）	—
	点头鸭式	—
	收缩波道（波龙）	—
潮汐能	筑坝式	—
	潮流能	—
温差能	开式循环系统	—
	闭式循环系统	—
	混合式循环系统	—
盐差能	渗透压法	—
	蒸汽压法	—
	反向电渗析电池法	—
生物质能	藻类提取	—
	藻类养殖	—

附录 B 检索结果统计表

附表 B-1 新一代显示技术产业专利检索结果统计表

主要技术分支	全球/项	中国/件	广东/件
3D 显示技术	30284	16880	2298
激光显示技术	18256	9367	508
柔性显示技术	4059	1830	180
HEVC 编码技术	4533	2732	228

附表 B-2 集成电路产业专利检索结果统计表

集成电路设计			
申请量	全球/项		306322
	中国/件		99562
主要申请区域	全球/项		美国（166226）、日本（114174）、中国（40542）、韩国（32343）
	中国/件	国内	55309
		国外来华	美国（15838）、日本（11810）、韩国（6034）
集成电路制造			
申请量	全球/项		536047
	中国/件		125725
主要申请区域	全球/项		日本（229715）、美国（136639）、中国（101715）、韩国（72725）
	中国/件	国内	68279
		国外来华	日本（28467）、美国（17299）、韩国（9572）

集成电路封装		
申请量	全球/项	179183
	中国/件	37669
主要技术来源/区域	全球/项	日本（78839）、美国（39952）、中国（25768）、韩国（16593）
	中国/件　国内	22558
	中国/件　广东	2556
	中国/件　国外来华	日本（6250）、美国（3556）、韩国（1803）、德国（1245）

附表 B-3　风能产业专利检索结果统计表

技术			全球/项	中国/件	广东/件
风能			94085	40426	2392
风能	风力发电机的整机结构		14016	5836	489
	风能获取系统		20809	9485	554
	风能获取系统	叶轮	15366	5770	350
		变桨系统	3474	2370	86
	风电转换系统	发电机	4586	2209	91
		齿轮箱	2802	1297	44
	电力传输系统		3263	3256	206
	电力传输系统	电力传输	1279	1062	103
		并网技术	1539	1329	78

附表 B-4　核电产业专利检索结果统计表

技术分支	区域	专利申请量/件
先进核电工程技术	全球	14691
	中国	1752
	广东	136

续表

技术分支	区域	专利申请量/件
核燃料加工与设备制造	全球	51321
	中国	3367
	广东	246
核电站设备及零部件制造	全球	64813
	中国	8699
	广东	713

附表 B-5　高端新型电子信息材料产业专利检索结果统计表

技术分支	全球申请量/项	中国申请量/件	广东申请量/件
高性能膜	148982	30974	4658
金属膜或金属复合膜	38440	9644	883
氧化物膜	97948	19463	3584
高分子膜	10246	1260	139
石墨烯膜	2348	607	52
第三代半导体材料	129637	18975	1376
碳化硅	37047	3608	99
氮化镓	38791	7434	624
氮化铝	19810	2670	252
氧化锌	20164	4160	326
金刚石	13825	1103	75

附表 B-6　高性能油墨产业专利检索结果统计表

技术分支		全球/项	中国/件	广东/件
油墨	喷墨油墨	27341	6122	398
	织物油墨	5257	2104	77
	陶瓷油墨	3165	1593	187
墨盒	墨盒重注	7935	4340	—
	墨余量检测	8300	2039	—
	压力平衡系统	9324	4848	—
	机械结构	10600	5545	—
	墨盒总数	18004	7215	1477

附表 B-7　新材料产业专利检索结果统计表

技术分支	全球/项	中国/件	广东/件
轨道交通	2435	1281	96
汽车	23574	7039	420
航空航天	23087	5069	225
船舶	14832	2876	218

附表 B-8　绿色建筑材料产业专利检索结果统计表

一级分支	二级分支	总专利申请量/件
新型墙体材料	砌块墙体材料	11803
	砖墙体材料	8567
	板材墙体材料	18102
防水密封材料	防水材料	19741
	密封材料	9532
保温隔热材料	无机保温隔热材料	29360
	有机保温隔热材料	20462
	复合保温隔热材料	9088
装饰装修材料	墙体装饰材料	19596
	地面材料	13560
	顶部装饰材料	8297
	门窗材料	8659
	装饰线板	2512

附表 B-9　海洋生物及微生物产业专利检索结果统计表

技术分支		全球/项	中国/件	广东/件
海洋生物与微生物活性物质		93555	28221	3221
海洋生物与微生物活性物质	抗肿瘤	7358	2046	243
	抗菌抗病毒	11431	5285	695
	神经系统	4661	1341	216
	心血管	4349	1079	113
海洋生物基因		5404	1256	201
海洋生物基因	海洋极端环境基因	242	64	3
	海洋核心种质基因	2298	659	118
	海洋药物功能基因	1121	275	50
	海洋功能酶基因	414	98	12

附表 B-10　海洋渔业产业专利检索结果统计表

一级分支	数量/件	二级分支	数量/件
海水养殖技术	4915	海洋动物养殖	931
		海洋藻类养殖	452
		海洋天然牧场	2029
海洋捕捞	2755	捕鱼船	1018
		捕捞装备	1134
		鱼群探测设备	603
海产品加工	4249	前处理	2166
		冷藏	457
		干制	1372
		腌制	221
		熏制	58
		真空密封	64
水产投入品	4126	饲料	3186
		饲料添加剂	602
		水环境调节剂	338
水产装备	8951	苗种培育设备	513
		养殖网箱	941
		水温调控设备	396
		水质改良设备	3786
		饲料投放设备	1899
		抽水设备	686
		水质监测设备	976
海洋水产医学	2426	渔药	1315
		疫苗	700
		病害检测防控	485

附表 B-11　海洋油气及海底矿产专利检索结果统计表

技术分支	全球专利/项	中国专利/件	广东专利/件
天然气水合物	1992	737	109
海洋平台	18251	4080	270
常规海洋油气	17895	7509	182
海底金属矿产	3666	598	15
合计	41804	12924	576

附表 **B - 12** 海洋可再生能源产业专利检索结果统计表

一级分支	二级分支	全国/件	全球/项
海洋风能	风力发电平台	642	1334
	设备维护	523	915
	发电设备	337	781
	电能存储传输设备	296	811
	运输机吊装建设	197	593
	施工建设	134	450
	其他	523	818
海洋波能	振荡水柱（越浪式）	135	537
（海洋波浪能 + 海洋潮流能 + 海洋海流能）	筏式技术（海蛇式）	156	396
	摆式技术（点头式）	796	1345
	振荡浮子（点吸收）	640	1650
	收缩波道（波龙）	235	535
潮汐能	筑坝式	244	696
	潮汐能流	680	1378
温差能	开式循环系统	23	80
	闭式循环系统	52	186
	混合式循环系统	4	9
盐差能	渗透压法	62	185
	蒸汽压法	29	99
	反向电渗析电池法	40	71
生物质能	藻类提取	618	1153
	藻类养殖	832	1352

参考文献

第2章

［1］ 赵学武，李卫. OLED 专利技术发展态势分析［J］. 电子知识产权，2010（3）：84 - 90.

［2］ 罗佳秀，范兵. OLED 公司专利许可与诉讼情况浅析［J］. 中国集成电路，2011（8）：82 - 87.

［3］ 许祖彦. 激光显示：新一代显示技术［J］. 激光与红外，2006，36（增刊）：737 - 741.

［4］ 柴燕，毕勇，颜博霞，等. 全球激光显示技术专利分布格局与态势分析［J］. 液晶与显示，2011，26（3）：329 - 333.

［5］ 杨思维. 浅析新型平板显示产业的现状与趋势［J］. 电信网技术，2011（6）：52 - 55.

［6］ 季国平. 中国新型显示产业的现状与发展［J］. 现代显示，2003（6）：4 - 6.

［7］ 游俐斐. 广东新型平板显示产业的促进政策探究［J］. 广州航海高等专科学校学报，2012，20（4）：40 - 42.

第3章

［1］ 中国电子信息产业发展研究院，工业和信息化部赛迪研究院. 集成电路产业发展白皮书（2015版）［R/OL］.（2015 - 04 - 30）［2015 - 04 - 30］. http：//www. ccidthinktank. com.

［2］ 中国产业调研网. 中国半导体行业调查分析及市场前景预测报告（2015—2020 年）［R/OL］.（2015 - 12 - 31）［2015 - 12 - 31］. http：//www. cir. cn.

［3］ 冯秋峰. 基于全球视角下中国半导体产业发展战略研究［D］. 上海：上海交通大学，2013.

［4］ 张云伟. 跨界产业集群之间合作网络研究：以张江与新竹 IC 产业为例［D］. 上海：华东师范大学，2013.

第4章

［1］ 叶杭冶. 风力发电机组的控制技术［M］. 北京：机械工业出版社，2015：1 - 6.

［2］ 仲昭阳，王述洋，徐凯宏. 风力发电的现状及对策［J］. 林业劳动安全，2008（3）：36 - 37.

［3］ 国家能源局. 风电发展"十三五"规划［EB/OL］.（2016 - 11 - 01）［2017 - 12 - 26］. http：//www. ndrc. gov. cn/fzgggz/fzgh/ghwb/gjjgh/201708/W020170809595909131668. pdf.

［4］ 中国可再生能源学会风能专业委员会. 中国风电装机容量统计［EB/OL］.［2017 - 12 - 26］. http：//www. cwea. org. cn/industry_ data. html.

［5］ 苏凯，王健，倪森. 海上风电基础结构研究现状及发展趋势［J］. 中国新通信，2016，48（1）：139 - 140.

［6］ 刘圣桂. 上海电气风电设备有限公司发展战略研究［D］. 上海：华东理工大学，2012：5 - 6.

［7］ 王长路，王伟功，张立勇，等. 中国风电产业发展分析［J］. 重庆大学学报，2015，38：148 - 154.

第 5 章

[1] 叶奇蓁. 为什么要发展核电 [M]. 北京：中国原子能出版社，2014：6－14.

[2] 邹树梁，刘文君，王铁骊，等. 我国核电产业现状及其发展的战略思考 [J]. 湖南社会科学，2005（1）：104－108.

[3] 辛越. 见证中国核电产业"自主崛起" [J]. 广西电业，2010（10）：15.

[4] 段异兵. 世界核电产业的发展 [J]. 中国高校科技与产业化，2004（10）：54－56.

[5] 伍浩松. 日本东芝公司即将成功收购西屋电气公司 [J]. 国外核新闻，2006（2）：10.

[6] 缪鸿兴. AP1000 先进核电技术 [J]. 自动化博览，2009（8）：32－35.

[7] 葛焰. 演绎奇迹：中国核建集团公司建造 AP1000 核电纪实 [J]. 施工企业管理，2013（8）：108－109.

第 6 章

[1] 石墨烯六大应用领域全面分析 [EB/OL]. （2018－02－02）[2018－05－02]. http：//www. elecfans. com/xinkeji/628893. html.

[2] 红色供应链之 OLED 面板 [EB/OL]. （2017－08－22）[2018－05－02]. http：//www. so-hu. com/a/166439187_ 313170.

[3] 2015 年度广东电子信息产业运行情况公告 [EB/OL]. （2016－04－07）[2018－05－02] http：//www. gdeia. com/index. php? c = search&a = serverdetail&id = .

[4] 半导体器件应用网 [EB/OL]. （2016－11－11）[2018－06－28]. http：//ic. big－bit. com/news/237270. html.

[5] 世界各国第三代半导体材料发展情况 [EB/OL]. （2016－11－10）[2018－06－28]. http：//lights. ofweek. com/2016－11/ART－220020－8140－30064902_ 4. html.

[6] 全方位解读广东 LED 产业发展现状 [EB/OL]. （2014－03－25）[2018－06－28]. http：//lights. ofweek. com/2014－03/ART－220001－8420－28790840. html.

第 7 章

[1] ROMANO F S. 喷墨印刷 [M]. 北京：印刷工业出版社，2010：84－126，279－448.

[2] 黄颖为. 特种印刷 [M]. 北京：化学工业出版社，2011：102－106.

[3] 楚高利. 特种印刷技术 [M]. 北京：文化发展出版社，2009：125－134.

[4] 考文科，史密斯，申东勇. 喷墨打印微制造技术 [M]. 北京：机械工业出版社，2015.

[5] 辛秀兰. 水性油墨 [M]. 2 版. 北京：化学工业出版社，2011：253－255，258－265.

[6] MAGDASSI S. 喷墨打印油墨化学 [M]. 上海：华东理工大学出版社，2016.

[7] 杨铁军. 专利分析实务手册 [M]. 北京：知识产权出版社，2015.

[8] PORTER A L，CUNNINGHAM S W. 技术挖掘与专利分析 [M]. 北京：清华大学出版社，2012：70－133.

[9] 陈燕，黄迎燕，方建国. 专利信息采集与分析 [M]. 2 版. 北京：清华大学出版社，2014.

[10] 毛金生，冯小兵，陈燕. 专利分析和预警操作实务 [M]. 北京：清华大学出版社，2009.

[11] 杨铁军. 产业专利分析报告（第 1 册）[M]. 北京：知识产权出版社，2011.

[12] 杨铁军. 产业专利分析报告（第 27 册）：通用名化学药 [M]. 北京：知识产权出版社，2015.

［13］杨铁军. 产业专利分析报告（第29册）：绿色建筑材料［M］. 北京：知识产权出版社，2015.

［14］杨铁军. 产业专利分析报告（第37册）：高性能膜材料［M］. 北京：知识产权出版社，2015.

［15］张婉. 喷墨印刷油墨的现状及发展趋势［J］. 印刷技术，2007（27）：47－48.

［16］陈锦新. 喷墨印刷技术原理与发展趋势［J］. 广东印刷，2009（2）：42－46.

［17］胡锦龙. 喷墨印刷的市场发展前景［J］. 今日印刷，2010（8）：53－54.

［18］曲婷，詹仪. 喷墨印刷记录材料的研究现状：油墨［J］. 网印工业，2016（6）：30－32.

［19］宋奇. 喷墨印刷中的油墨性质浅析［J］. 网印工业，2007（9）：23－26.

［20］彭卫东. 大幅面喷墨印刷［J］. 今日印刷，2009（10）：11－14.

［21］珠海打印耗材产业集群规划［EB/OL］. ［2014－06－03］. http：//wenku. baidu. com/view2f7
　　　f7652c281e53a5802ff7b. html.

第 8 章

［1］邱晓华，郑京平，万东华，等. 中国经济增长动力及前景分析［J］. 经济研究，2006（5）：4－12.

［2］姜玉敬. 世界再生铝行业发展呈现的新形势［J］. 中国金属通报，2017（1）：41.

［3］戚文军，农登，刘志铭，等. 广东省铝加工技术的创新与成果［J］. 材料研究与应用，2011，5
　　（3）：167－172.

［4］吴海旭，杨丽，王周兵，等. 我国轨道交通车辆用铝型材发展现状［J］. 轻合金加工技术，
　　2014，42（1）：18－20＋33.

［5］王祝堂. 轨道交通用铝步入又一黄金需求期［N］. 中国有色金属报，2016－04－12（3）.

［6］胡敏. 我国轨道交通的发展对铝合金需求的分析［J］. 铁道运输与经济，2007（11）：83－85.

［7］王刚，王明坤. 轨道交通用铝合金挤压型材的发展现状［J］. 世界有色金属，2016（10）：23－25.

［8］充利鹏，王爱琴，谢敬佩，等. 铝基复合材料在汽车领域的应用研究进展［J］. 稀有金属与硬质
　　合金，2013，41（2）：44－48.

［9］王竑，陈昌明，吴宪. 铝在现代汽车轻量化中的应用［J］. 上海汽车，2004（12）：32－34.

［10］兰冬云，郭敖如. 国内外汽车发动机铝缸体铸造技术［J］. 铸造设备研究，2008（4）：45－49.

［11］吴秀亮，刘铭，臧金鑫，等. 铝锂合金研究进展和航空航天应用［J］. 材料导报，2016，30
　　　（S2）：571－578＋585.

［12］李红萍，叶凌英，邓运来，等. 航空铝锂合金研究进展［J］. 中国材料进展，2016，35（11）：
　　　856－862.

［13］何建伟，王祝堂. 船舶舰艇用铝及铝合金（1）［J］. 轻合金加工技术，2015，43（8）：1－11.

第 9 章

［1］李静. 论我国绿色建材的发展趋势［J］. 河南建材，2016（1）：37－39.

［2］马成福. 论我国新型建材工业的发展［J］. 科技信息，2009（25）：778＋443.

［3］吕玉香. 新型墙体材料应用分析与对策［D］. 济南：山东大学，2006.

［4］迟建生. 浅谈新型建筑材料的使用与发展趋势［J］. 林业科技情报，2009，41（3）：144－145.

［5］刘荣，高文元. 新型建筑保温隔热材料的研究及应用进展［J］. 中国陶瓷工业，2013，20（5）：
　　25－28.

［6］促进绿色建材生产和应用行动方案［J］. 建材发展导向，2016，14（8）：91.

［7］关于加快推动我国绿色建筑发展的实施意见［J］. 建筑节能，2012，40（6）：1－2.

［8］2014 年广东省建筑节能与绿色建筑发展工作要点发布［J］. 广东建材，2014，30（3）：1－2.

第 10 章

［1］陈利国. 海洋生物技术的应用及前景［J］. 北京农业，2016（3）.

［2］国家海洋局. 2015 年中国海洋经济统计公报［EB/OL］.（2016－03－02）［2016－07－08］. http：//www. soa. gov. cn/xw/hyyw_ 90/201603/t20160302_ 50203. html.

［3］陈云. 广东省生物制药业发展现状与发展战略［J］. 产业经济与行业，2007（4）.

［4］王茵，吴成业. 厦门市水产品加工业发展现状及建议［J］. 福建水产，2011，31（3）：82－86.

［5］励建荣，马永钧. 中国水产品加工的现状及发展［J］. 食品科技，2008（1）：1－5.

第 11 章

［1］孙瑞杰，李双建. 世界海洋渔业发展趋势研究及对我国的启示［J］. 国家海洋信息中心，2014，31（5）：85－89.

［2］国外海水养殖渔业发展现状、趋势及借鉴［D］. 生态环境保护论文，2014.

［3］孙吉亭. 中国海洋渔业可持续发展研究［D］. 青岛：中国海洋大学，2003.

［4］黄小晶. 农业产业政策理论与实证探析［D］. 广州：暨南大学，2002.

第 12 章

［1］吴兴南. 走向海洋：海洋资源的开发利用与保护［M］. 北京：社会科学文献出版社，2017：65－80.

［2］谢玉洪. 中国海洋石油总公司油气勘探新进展及展望［J］. 中国石油勘，2018（1）：26－35.

［3］马昌峰，王宝毅，张光华. 中国石油海洋油气业务发展的机遇与挑战［J］. 国际石油经济，2016（3）：17－24.

［4］吴家鸣. 世界及我国海洋油气产业发展及现状［J］. 广东造船，2013（1）：29－32.

［5］阳宁，陈光国. 深海矿产资源开采技术的现状综述［J］. 矿山机械，2010（10）：12－18.

［6］刘晓慧. 我国开发国际海底矿产资源尚待补缺［N］. 中国矿业报，2016－03－12.

［7］司云波. 全球油气领域专利态势分析［J］. 石油科技论坛，2014（6）：66－71.

第 13 章

［1］科学技术部，国家发展和改革委员会. 可再生能源与新能源国际科技合作计划［Z］. 2007.

［2］中国科学技术协会. 中国能源研究会. 能源科学技术学科发展报告［R］. 北京：中国科学技术出版社，2008.

［3］晏清. 国际海洋可再生能源发展及其对我国的启示［J］. 生态经济，2012（8）：33－38.

［4］蔡兵. 建设海洋经济强省：广东的机遇与挑战——广东海洋经济发展研究初探［J］. 岭南学刊，2012（4）：102－107.

［5］郑伟仪.《广东海洋经济综合试验区发展规划》的六大特点［J］. 港口经济，2012（10）：22－23.